JUCA PARANHOS, O BARÃO DO RIO BRANCO

LUÍS CLÁUDIO VILLAFAÑE G. SANTOS

Juca Paranhos,
o barão do Rio Branco

1ª reimpressão

COMPANHIA DAS LETRAS

Copyright © 2018 by Luís Cláudio Villafañe G. Santos

Grafia atualizada segundo o Acordo Ortográfico da Língua Portuguesa de 1990,
que entrou em vigor no Brasil em 2009.

Capa e cadernos de fotos
Victor Burton

Imagem de capa
José Maria da Silva Paranhos Júnior, Barão do Rio Branco, Carlos Servi (1871-1947), óleo sobre tela, 81 × 60 cm.
Coleção MRE/ERERIO/Itamaraty — Museu Histórico e Diplomático

Imagem de quarta capa
Charge de Belmiro de Almeida (1858-1935), *c.* 1910

Preparação
Cacilda Guerra

Índice remissivo
Luciano Marchiori

Revisão
Ana Maria Barbosa
Huendel Viana

Dados Internacionais de Catalogação na Publicação (CIP)
(Câmara Brasileira do Livro, SP, Brasil)

Santos, Luís Cláudio Villafañe G.
    Juca Paranhos, o barão do Rio Branco / Luís Cláudio Villafañe
G. Santos. — 1ª ed. — São Paulo : Companhia das Letras, 2018.

    Bibliografia
    ISBN 978-85-359-3152-5

    1. Biografias 2. Brasil – Relações exteriores – História 3. Rio
Branco, José Maria da Silva Paranhos, Barão do, 1845-1912 I. Título.

18-18204   CDD-327.81

Índice para catálogo sistemático:
1. Brasil : Política externa 327.81
1. Brasil : Relações internacionais 327.81

Iolanda Rodrigues Biode – Bibliotecária – CRB-8/10014

[2021]
Todos os direitos desta edição reservados à
EDITORA SCHWARCZ S.A.
Rua Bandeira Paulista, 702, cj. 32
04532-002 — São Paulo — SP
Telefone: (11) 3707-3500
www.companhiadasletras.com.br
www.blogdacompanhia.com.br
facebook.com/companhiadasletras
instagram.com/companhiadasletras
twitter.com/cialetras

Para Bruno

¡Hijo soy de mi hijo!
*[...] ¡Él me rehace!**
José Martí, "Musa traviesa"

* "Filho sou de meu filho! / [...] Ele refaz-me!"

Sumário

Prefácio 11

PARTE I: JUCA PARANHOS — NA SOMBRA DO PAI (1845-76)

1. E agora, José? 21
2. Em família 29
3. Juca Paranhos 36
4. Vida de estudante 42
5. Viagem à Europa e difícil começo no Brasil 53
6. O deputado Paranhos Júnior 59
7. Em nome do pai: *A Nação* e *A Vida Fluminense* 69
8. O boêmio 76
9. A tormentosa remoção 85

PARTE II: A REDENÇÃO DO BOÊMIO (1876-1902)

10. Cônsul-geral do Brasil nos domínios da rainha Vitória 99
11. Paris e São Petersburgo 111
12. O publicista do Terceiro Reinado 120
13. Discutindo a abolição 135

14. Enfrentar a República ou aderir a ela?........................... 144

15. A Questão de Palmas.. 161

16. Nova York e Washington....................................... 177

17. De volta a Paris.. 199

18. A Questão do Amapá.. 209

19. Berna.. 229

20. Berlim... 244

PARTE III: UM SAQUAREMA NO ITAMARATY (1902-12)

21. *Tel brille au second rang qui s'éclipse au premier*.................... 261

22. No imbróglio do Acre, no meio do fogo político do Rio,
    entre gente toda nova 282

23. O Tratado de Petrópolis....................................... 308

24. O pesadelo do Barão... 338

25. Por preguiça e hábito... 364

26. Rio Branco, os Estados Unidos e o monroísmo.................... 385

27. Que classe de país é este?..................................... 403

28. O ataque surpresa contra o Rio de Janeiro....................... 422

29. Há muito tempo nas águas da Guanabara........................ 448

30. Sim, agora, morto, é que ele começava realmente a viver............ 475

Notas 493

Fontes.. 511

Referências bibliográficas 513

Cronologia 523

Árvore genealógica 529

Créditos das imagens 531

Índice remissivo 535

Prefácio

Em 2010, publiquei um livro centrado na análise da relação — intricada e extremamente rica — entre a evolução da política externa brasileira e as correspondentes transformações da identidade nacional. Como na maior parte dos Estados nacionais, também no Brasil o Estado precedeu a nação, e o aparato estatal revelou-se um elemento crucial para a invenção e consolidação do sentimento nacional. Como ressaltei naquela obra, a política externa desempenha um papel relevante — diria mesmo insubstituível — na tarefa de impor o sentimento de brasilidade como a identidade primária do conjunto de cidadãos brasileiros. Naturalmente, por sua importância para a política externa e também para o enraizamento do sentimento nacional, o barão do Rio Branco teria de ser mencionado. Para ilustrar o tema, resgatei para o título do livro — e para a abertura e fecho do texto — a anedota, que então andava um pouco esquecida, sobre a tentativa frustrada de adiamento do Carnaval de 1912 por conta da morte de Paranhos Júnior. O livro chamou-se, assim, *O dia em que adiaram o Carnaval* e, por tratar de forma pioneira o papel da política externa na construção da identidade brasileira, obteve uma boa recepção de crítica e em termos acadêmicos, com boas resenhas no Brasil e no exterior e aproveitamento em vários cursos universitários.

Alguns, contudo, entenderam que a obra tratava especificamente da vida e obra do Barão e fui solicitado a pesquisar e publicar mais sobre José Maria da Silva Paranhos do Rio Branco, desafio a que atendi com muito gosto. Desde então, escrevi vários artigos sobre aspectos específicos de sua biografia e de sua atuação político-diplomática e, em 2012, ano do centenário de sua morte, publiquei um pequeno ensaio sobre as políticas de Rio Branco, *O evangelho do Barão*, saudado muito generosamente em uma resenha do professor de relações internacionais Matias Spektor como "um sopro de bom senso" nos estudos sobre o patrono da diplomacia brasileira. Naquele mesmo ano, coube-me a curadoria da exposição patrocinada pelo Itamaraty e pela Fundação Alexandre de Gusmão para marcar o centenário da morte do Barão (Rio Branco: 100 Anos de Memória), que teve lugar nos dois Palácios Itamaraty, em Brasília e no Rio de Janeiro. O trabalho de pesquisa e preparação da mostra me propiciou alguns meses de contato diário com a documentação e a iconografia relativa ao Barão preservada no Arquivo Histórico, na Mapoteca e no Museu Histórico do Itamaraty, no Rio de Janeiro, um bem-vindo acréscimo às pesquisas que já vinha desenvolvendo não somente nessas fontes.

Com esses antecedentes, animei-me a dar o passo seguinte e preparar esta nova biografia do barão do Rio Branco que o leitor ou a leitora tem em mãos. Tratava-se de um desafio difícil, na medida em que o Barão é, junto com Rui Barbosa, o personagem da história brasileira que mereceu maior número de relatos sobre sua vida e obra. Além do muito que se publicou sobre ele até 1912, duas décadas depois de sua morte surgiu uma primeira série de estudos biográficos: *Rio-Branco*, de Max Fleiuss (1931); *O Barão*, de João Lyra Filho (1936); *Duas histórias em três vidas*, de David Carneiro (1939); *O segundo Rio-Branco*, de Aluízio Napoleão (1940); e *História do grande chanceler*, de Deoclécio de Paranhos Antunes (1942), entre vários outros livros. Para as comemorações do centenário de nascimento de Rio Branco, em 1945, o Itamaraty incentivou e mesmo encomendou — como no caso da obra de Álvaro Lins — uma nova sucessão de publicações: *Rio Branco (biografia)*, de Álvaro Lins; *Rio-Branco*, de Afonso de Carvalho; *Pequena biografia do barão do Rio-Branco*, de Demósthenes de Oliveira Dias; e *Perfil de um estadista da República: Ensaio biográfico do barão do Rio Branco*, de Antônio Carlos Villaça. Destas, a biografia de Álvaro Lins se destaca pela qualidade da pesquisa primária realizada e até hoje se sustenta como referência incontornável para o estudo da vida e da obra de Paranhos Júnior. Nos dez anos que se seguiram, novas biografias foram publicadas. Entre outras, vale mencionar *Rio-Branco*, de Gilberto Amado (1947), e *O barão do Rio Branco*, de Mário de Barros e Vasconcellos (1954). Em 1959, a editora José Olympio apresentou o trabalho *A vida do barão do Rio Branco*, do então já renomado biógrafo Luís Viana Filho. Trata-se, sem dúvida, do trabalho mais sólido e bem escrito publicado até então. Feito o balanço da extensa bibliografia sobre o personagem, não resta dúvida de que os textos hoje considerados "clássicos" em relação à vida e à obra de Rio Branco são os livros de Lins e de Viana Filho.

A partir do início da década de 1960, a historiografia brasileira se voltou para um enfoque totalizante da história, com ênfase em seus aspectos estruturais e nas análises centradas nas vertentes socioeconômicas da realidade social. Não somente os trabalhos biográficos passaram a ser vistos com desconfiança como os próprios estudos de história política — identificados com uma certa noção de "história historizante" —, de uma forma geral, tornaram-se mais raros. Com razão, sepultou-se então determinado tipo de história política, caracterizada pela narrativa linear e teleológica em torno de uma sucessão de acontecimentos, muitas vezes desconectados dos processos de maior abrangência. Foram também postos em questão os estudos biográficos centrados na apresentação dos biografados como personagens exemplares, "formadores da nacionalidade", sem contradições e definidos por trajetórias lineares. Como resultado direto dessas críticas, a produção de estudos biográficos escasseou.

Mais recentemente, essa ambição totalizadora e a ideia de uma "história sem sujeito", em que a ação humana muitas vezes era apresentada como prisioneira absoluta de estruturas e processos sociais mais amplos, passou a ser criticada e iniciou-se um movimento de recuperação da feição humana da história. Tratou-se de trabalhar as tensões entre a ação humana e as estruturas sociais. Nas palavras de Chartier (1994): "O objeto da história, portanto, não são, ou não são mais, as estruturas e os mecanismos que regulam, fora de qualquer controle subjetivo, as relações sociais, e sim as racionalidades e as estratégias acionadas pelas comunidades: as parentelas, as famílias e os indivíduos". Esse olhar renovado sobre a história abriu espaço para o retorno dos estudos biográficos, que, aliás, têm se multiplicado no Brasil.

A história política e a história diplomática, igualmente renovadas em termos metodológicos, também voltaram à cena. Assim, os estudos sobre a vida e a obra do barão do Rio Branco seriam retomados, mas de forma fragmentada, em torno de temas específicos e, na maior parte dos casos, no âmbito de iniciativas promovidas pelo Ministério das Relações Exteriores, como no caso das obras coletivas publicadas por ocasião dos centenários da assunção de Rio Branco no Itamaraty, *Rio Branco: A América do Sul e a modernização do Brasil* (2002), e de sua morte, *Rio Branco: 100 anos de memória* (2012). Surgiram, ainda, ensaios de qualidade, como os dois de autoria do embaixador Rubens Ricupero: *José Maria da Silva Paranhos, barão do Rio Branco: Uma biografia fotográfica* (1995) e *Rio Branco: O Brasil no mundo* (2000).

A lacuna de uma nova biografia de Rio Branco, abrangente e sintonizada com a renovação metodológica da pesquisa e da escrita biográfica, ainda estava por ser preenchida. Este livro tem por objeto reapresentar a complexa e muitas vezes contraditória trajetória pessoal de Paranhos Júnior dentro do contexto das grandes transformações vividas pelo Brasil e pelo mundo ao longo dos seus quase 67 anos de vida. O momento é, certamente, propício para revisitar o itinerário e a obra política de Rio Branco, pois ao contrário da época em que proliferaram as biografias sobre o patrono da diplomacia brasileira, hoje há no país uma pujante comunidade acadêmica na área de relações internacionais. Em paralelo, assiste-se a um renovado interesse pelos estudos de história das relações exteriores.

No que se refere à pesquisa primária, vale dizer que os fatos e documentos mais representativos permanecem, em grande medida, os mesmos utilizados pelas biografias anteriores mais bem trabalhadas, ainda que — convém enfatizar — o presente texto tenha recuperado documentos até agora inéditos ou mal explorados. O Arquivo Histórico do Itamaraty é, de longe, a maior fonte dos documentos que alimentaram esta investigação. A cuidadosa releitura dessas fontes permitiu realçar alguns elementos não abordados, por diversas razões, em biografias anteriores. Durante a pesquisa, surgiram ainda alguns novos documentos que iluminaram pontos específicos ou deram ensejo a novas interpretações.

Na medida em que as biografias falam sobre seus biografados e suas épocas, mas também sobre a visão de mundo prevalecente no momento em que são escritas, o presente texto difere substancialmente dos trabalhos publicados ao longo do século passado. O Brasil e o público leitor de hoje são muito distintos daqueles de 1945 e 1959 (para restringir-me às biografias "clássicas"). As interpretações serão necessariamente diversas, incorporando temas e o olhar do momento em que se relê a vida e a obra do biografado. Muitos elementos de ordem moral, de costumes ou mesmo da cosmovisão prevalecentes durante a vida de Rio Branco, e que em meados do século passado ainda estavam suficientemente próximos da vivência do leitor ou da leitora de então, hoje podem beneficiar-se de alguma contextualização para facilitar a quem lê a tarefa de relacionar-se empaticamente com os sentimentos pessoais, as preocupações e os dilemas morais que enfrentou ao longo de sua vida um personagem nascido em 1845 e criado em um ambiente social determinado.

Do mesmo modo, a abordagem biográfica evoluiu, e hoje, sem que se perca o que de genial e meritório exibiu o biografado, já não se admitem narrativas que pretendam projetar personagens exemplares com o intuito, às vezes explícito, de servir de inspiração e modelo e, assim, contribuir para a construção da nacionalidade. Tampouco resiste hoje o que Pierre Bourdieu (1996) chamou de "ilusão biográfica": personagens planos cujas principais características sociais, pessoais e de caráter seguem praticamente inalteradas ao longo de toda a sua trajetória pessoal, a despeito das influências e dilemas de cada momento. O percurso de uma vida não se esgota em uma única representação, uma identidade fixa que já se anuncia na infância e se desenvolve linearmente, livre de contradições, avanços, hesitações, recuos ou mesmo momentos em que essa identidade pessoal é reinventada. Para Bourdieu, o elemento que costura esse enredo é o nome próprio, para ele "o atestado visível da identidade de seu portador através dos tempos e dos espaços sociais, o fundamento da unidade das suas sucessivas manifestações e da possibilidade socialmente reconhecida de totalizar essas manifestações em registros oficiais". No caso de nosso biografado, nem mesmo essa referência é perfeitamente estável. Ao contrário, ele nasceu José Maria da Silva Paranhos Júnior e tornou-se sucessivamente Juca, Juca Paranhos, Paranhos Júnior, Paranhos, barão do Rio Branco, José Maria da Silva Paranhos do Rio Branco, Rio Branco e, finalmente, ficaria para a posteridade (mas assim reconhecido ainda em vida) como o Barão, por antonomásia, não apenas um dos inúmeros barões do Império, mas o Barão por excelência.

Não se justifica, portanto, a imagem criada por Constâncio Alves, e depois insistentemente repetida, de um personagem que já estava "pronto" desde o início, "um rio subterrâneo" quando ainda era um desconhecido, ou mesmo em sua remota infância, com as mesmas caraterísticas pessoais e políticas que exibiria na etapa final de sua vida. Constâncio Alves, comparando a etapa da vida de Paranhos anterior à divulgação do laudo sobre a disputa de Palmas à notoriedade e aos momentos de glória que ele viveria depois, afirmou que "nos dois lances do seu caminho, embora em terrenos diversos, é a mesma linfa que corre". Naturalmente, não foi esse o caso. Nem poderia ter sido, pois, em sua humanidade, Rio Branco não se distingue de nenhum de nós, e todos estamos cotidianamente nos reinventando em alguma medida. Contudo, sua trajetória pessoal foi, não há dúvida, única e extremamente interessante, e sua obra política, extraordinária, razão pela qual merecem ser estudadas e discutidas, inclusive porque sua atuação político-diplomática e sua vida fascinante são o mote para iluminar um longo e importante período da história brasileira, do Segundo Reinado à consolidação da República Velha. Ainda que o presente texto esteja centrado na trajetória do biografado, não seria possível entendê-lo fora de suas circunstâncias e do momento de extrema complexidade em que ele viveu e atuou politicamente. Assim, foi realizado um esforço para, sem perder o foco na trajetória de Rio Branco, contextualizá-la em relação às transformações por que passavam o Brasil e o mundo.

Este texto está destinado ao público em geral e, portanto, não me servi de notas de rodapé para referenciar citações, pois seriam em número excessivo e perturbariam o fluxo da leitura. As referências aos trechos citados poderão ser facilmente encontradas pelo leitor especialista nas diversas obras da bibliografia, muitas delas repetidas em vários livros ou em documentos de acesso público e fácil. Incluí um número limitado de notas não remissivas para facilitar a tarefa de quem queira identificar as fontes. Ainda que encontráveis em fontes secundárias, durante a pesquisa para este livro busquei, sempre que possível, confirmar as citações na documentação ou nas fontes secundárias originais, conforme o caso. As transcrições mais difíceis de serem identificadas, em especial os artigos de jornal, tiveram a fonte indicada no corpo do próprio texto.

Naturalmente, ao tratar de um período importante e relativamente longo da história brasileira e mundial e em cada um dos episódios mais relevantes da trajetória pessoal de Rio Branco, este trabalho aborda temas para os quais a historiografia reserva múltiplas interpretações e, em alguns casos, debates acirrados. Não poderia, em um trabalho biográfico — em benefício da fluidez da leitura e da estrutura da narrativa —, dar conta dessas discussões e dos distintos pontos de vista para cada caso. Adotei as interpretações que me parecem mais convincentes e mais bem articuladas e, em muitos pontos, avancei minhas próprias ideias, que em alguns casos se chocam com as explicações e a narrativa geralmente aceitas. A discussão acadêmica fica reservada para os foros e publicações técnicas, com as referências e demonstrações que se façam necessárias.

Incorri em inúmeras dívidas no longo processo de pesquisa e preparação deste texto, e agradecimentos sempre serão incompletos. Não posso deixar, contudo, de registrar o carinho e a cumplicidade intelectual de minha esposa, Sabrina, e desculpar-me pelo muito tempo que roubei dela e do pequeno Bruno, a quem dedico este trabalho. Uma palavra de gratidão também para meu irmão Luís Paulo, com quem discuti o manuscrito e cujas sugestões foram acatadas. A elaboração do livro contou com o apoio inestimável da Biblioteca Embaixador Antonio Francisco Azeredo da Silveira, na sede do Itamaraty em Brasília, desde suas amáveis e competentes bibliotecárias, Madalena de Abreu Ribeiro, Jaqueline Campelo Moretti e Lúcia Teixeira Lemme, até os estagiários Artur, Flávio, Helena, Márcio, Rômulo, Tiago, Diego, Alexandre, Lucas, Márcio, Claudiane, Marianna e Alessandra, que me atenderam quase diariamente com paciência e dedicação nos dois anos e tanto que tomaram a redação deste livro. Meu muito obrigado a todos. Pouco poderia ter avançado sem o apoio do Centro de História e Documentação Diplomática (CHDD) do Itamaraty, no Rio de Janeiro, a cuja competente equipe muito agradeço, com uma menção especial ao carinho e ao entusiasmo contagiante de sua então coordenadora de pesquisa e documentação, minha querida amiga Maria do Carmo Strozzi. Reconheço ainda minha dívida de gratidão para com as equipes do Arquivo Histórico, da Mapoteca, do Museu Histórico e Diplomático do Itamaraty e dos demais arquivos que consultei.

Uma palavra final de agradecimento ao cuidadoso trabalho de edição de Heloisa Jahn, que suavizou o texto, aprimorou a linguagem e me fez reformular muitas passagens menos claras. Naturalmente, essa inestimável ajuda, como a de todos os demais, não me exime da responsabilidade pelas eventuais falhas e lacunas do texto.

Brasília, agosto de 2014/novembro de 2016

PARTE I

JUCA PARANHOS — NA SOMBRA DO PAI

(1845-76)

1. E agora, José?

Era uma bomba. Ao identificar o nome da remetente, José Maria adivinhou que aquela carta que havia atravessado o Atlântico desde Paris no último paquete daquele final do ano de 1872 vinha recheada de recriminações e lhe despertaria emoções contraditórias. Precisava manter a calma. Hesitou. Não se decidia entre romper o lacre do envelope ou simplesmente queimá-lo sem se dar ao trabalho de ler o que dizia a ex-amante. Acabou por abrir a correspondência. Antes mesmo de examinar o conteúdo, simplesmente sentir o perfume do papel timbrado com o monograma "MPS" já lhe causou um torvelinho de recordações boas e más: o sorriso tímido, os olhos negros em contraste com o rosto pálido emoldurado pelos cabelos castanho-claros, a lembrança do volume do corpo da moça nas pontas dos dedos, ela nua no palco, os dois se amando, os comentários invejosos dos amigos sobre mais essa conquista, as fofocas maldosas na corte sobre o *affaire* e, enfim, o peso da desaprovação do poderoso visconde do Rio Branco, José Maria da Silva Paranhos, seu pai.

No íntimo, Paranhos Júnior reconhecia que o pai tinha razão. Aquela aventura não podia ser mais inadequada e havia chegado longe demais. Uma loucura que só contribuía para reforçar sua fama de boêmio incorrigível, que tanto queria mudar. Em breve, passada a intemperança da juventude, seu lugar na sociedade estaria assegurado e os pequenos deslizes seriam rapidamente esquecidos. Por enquanto, as luzes do palco do Alcazar, as alegres noites do Rio de Janeiro, os amigos menos convenientes e as desejadas amigas inconvenientes das madrugadas, tudo permaneceria onde estava, sem contaminar sua vida e seu futuro. Marie precisava aprender a manter-se em seu lugar, que ela bem conhecia. Essa era, afinal, a regra de ouro do Império: cada indivíduo sabia reconhecer sua situação na ordem das coisas e se conformava com o que o destino lhe reservara. Do imperador aos escravos, a sociedade estava escrupulosamente dividida: nobres e plebeus, bacharéis e analfabetos, senhores e escravos, ricos e pobres, homens e mulheres, moças de boa família e raparigas de má fama, brancos, mestiços, índios e negros. No fim das contas, aquela civilização estava alicerçada na hierarquia: cada indivíduo e cada família deviam ter bem claro o papel que lhes estava destinado e aceitá-lo, pois, com a graça de Deus, a posição de cada um neste mundo vinha definida desde o berço.

É certo que as bênçãos do Senhor se manifestam de diversas maneiras, e algumas pessoas, naturalmente, terminam mais bem aquinhoadas pela sorte do que outras. O destinatário da carta, ao contrário da própria Marie, parecia estar entre os eleitos pela fortuna. O porvir não poderia parecer mais risonho para José Maria da Silva Paranhos Júnior no fim do ano de 1872. Filho do presidente do Conselho de Ministros — portanto, do primeiro-ministro, o maior nome do governo, depois do imperador —, José Maria recém iniciara seu segundo mandato como deputado por Mato Grosso, província representada no Senado pelo seu pai, senador vitalício desde 1863. Ainda que a vitória fosse certa, na então recente campanha eleitoral pela reeleição o herdeiro do visconde do Rio Branco até se dera ao trabalho de viajar ao interior do país para visitar, pela primeira vez, aquele rincão que vinha representando na Câmara Baixa desde 1869 e cabalar em pessoa o voto dos 138 eleitores que escolhiam, em última instância, os dois representantes da província na Câmara dos Deputados.

O voto censitário facilitava as campanhas políticas. Para começar, só aqueles cujos rendimentos excedessem os 100 mil-réis anuais estavam habilitados a votar. Os eleitores de uma determinada paróquia — apenas do sexo masculino e que atendessem a outras exigências além da renda — reuniam-se e elegiam seus representantes, os eleitores de comarca, e a estes cabia eleger os deputados gerais. Nas duas instâncias, a influência do governo e do imperador mostrava-se decisiva, pois, entre outras coisas, cabia a d. Pedro escolher os presidentes das províncias, e os poderes públicos locais não deixavam de pesar nas decisões tomadas nas etapas que levavam ao sucesso de uma candidatura a deputado. Na prática, esse sistema resultava em um parlamentarismo "às avessas". Uma vez que o imperador decidisse o nome do primeiro-ministro, convocavam-se eleições, nas quais, de um jeito ou de outro, o partido do novo chefe de governo acabava sempre majoritário. Ainda assim, a primeira eleição de José Maria para a Câmara dos Deputados fora ainda menos trabalhosa. Naquela ocasião, não tinha sido necessário nem mesmo que o candidato saísse do Rio de Janeiro para buscar os votos mato-grossenses. Bastou o prestígio paterno e o rebento foi eleito para representar uma província onde jamais pusera os pés. Então, depois de os caciques do Partido Conservador aprovarem o lançamento do nome do filho do visconde para deputado pelo Mato Grosso, e não pelo Rio de Janeiro, pretensão inicial do neófito político, o então ainda candidato a deputado chegou a comentar ironicamente com seu amigo Francisco Luís da Veiga: "Veremos se a província de Mato Grosso quererá *ter a honra* de eleger-me...".

Ainda que a reeleição fosse certa, não havia por que melindrar os chefes políticos da província. Assim, atendendo à determinação do patriarca, o jovem deputado fora ter com seus eleitores para assegurar a recondução à Câmara. Para o visconde, além do gesto simpático para com a província que ele representava no Senado, a viagem do herdeiro político facilitou a tarefa de embarcar a inconveniente Marie Philomène Stevens em um navio com destino à Europa. Para o pai zeloso, a providência se justificava: o filho ficaria afastado em definitivo da péssima influência daquela atrevida aventureira chegada da Bélgica para "fazer a América" no Rio de Janeiro. Mesmo que as pequenas transgressões fossem perfeitamente toleráveis para um rapaz, passava da hora de pensar em um bom casamento para o primogênito, já com 27 anos. José Maria deveria casar-se com uma jovem donzela de alguma das famílias tradicionais do reino, uma união que consolidasse de uma vez por todas os Paranhos no seio da alta sociedade do Império. Além de um sobrenome tradicional, a esposa ideal aportaria um dote polpudo e, no futuro, uma considerável herança em terras e escravos — um engenho de açúcar ou uma fazenda de café — ou, quando menos, uma fortuna expressiva. Os Paranhos ostentavam poder e prestígio, mas não possuíam propriedades ou capitais que garantissem às gerações seguintes da família a manutenção da posição social que desfrutavam. Depois da morte do visconde, seu título nobiliárquico e a renda recebida pelos cargos que ocupava no Estado não seriam legados aos filhos. Feitas as contas, o poder — para o terror de quem o detém — sempre acaba por revelar-se transitório e precário.

O destino de José Maria estava traçado: a segunda geração dos Paranhos na corte carioca consolidaria, pela política e por um bom casamento, a extraordinária ascensão social do visconde do Rio Branco. Com a morte do pai, Paranhos Júnior, mesmo sem herdar o título de visconde, receberia o bastão de patriarca da família, com toda a responsabilidade decorrente, não só sobre seus descendentes diretos, como também sobre os irmãos, tios, primos e sobrinhos e todos os outros agregados. No tempo do Império, tanto a política como as relações pessoais giravam em torno das unidades familiares estendidas e, dentro de cada família, como na sociedade em geral, obedecia-se a uma hierarquia clara. O primogênito do poderoso primeiro-ministro do Império brasileiro, herdeiro da chefia de um clã ainda em consolidação, não teria como escapar de suas responsabilidades.

Aliás, naquele momento ninguém apostaria em uma hipótese alternativa. A carreira política de José Maria Júnior afigurava-se extremamente auspiciosa. Na legislatura anterior, encerrada pouco antes, ele chegara a assumir o cargo de segundo secretário da Câmara e, com sua atuação nos bastidores, ajudara o visconde a conseguir a aprovação da Lei do Ventre Livre, vencendo a resistência dos "emperrados", a ala mais reacionária do partido de ambos, o Conservador. Além de deputado, o rapaz firmava-se como jornalista, vocação que trazia como mais um predicado da herança paterna. Com seu amigo Gusmão Lobo, editava o jornal *A Nação*, combativo porta-voz dos conservadores, um leão na selva da imprensa carioca. Ademais, seguindo outra vez o exemplo do pai, cujo êxito devia muito a seus contatos e ao prestígio na maçonaria, o jovem deputado fora aceito na Loja Maçônica do Rio de Janeiro.

O que poderia representar aquela aventura — uma relação que datava de menos de um ano com uma corista secundária de uma casa de espetáculos pícaros — diante do futuro brilhante que se abria para ele? O que dizer de uma jovem chegada da Europa havia um par de anos, sozinha, solteira e sem família no Brasil, e que desde então se exibia, desinibida, nos palcos de um cabaré? Não era de estranhar que confundissem a belga com as muitas francesas e polacas de má fama que vendiam os corpos para sobreviver...

Mesmo assim, a carta de Marie, ainda por ser lida, nas mãos de José Maria, que divagava, causou-lhe uma terrível sensação de insegurança.

Não se comunicava com a namorada desde a partida do Rio de Janeiro para a campanha política no Mato Grosso. Podia adivinhar que a carta continha um rosário de queixas contra o pai, e de cobranças pelas promessas e pelos sentimentos em suspenso desde a separação. Pouco poderia fazer, afinal. A decisão paterna era irrevogável e indiscutível: não havia como juntar mundos tão distantes quanto os deles. Em todo caso, José Maria esperava penosos protestos e lamúrias.

A despeito de todas essas certezas, não estava preparado para a novidade que encontraria na cartinha escrita em francês. De Paris, Marie lhe comunicava sua gravidez, àquela altura já avançada.

José Maria ia ser pai.

A notícia cairia como uma bomba no colo do primeiro-ministro: um neto bastardo, e logo do primogênito e sucessor na política e na chefia do clã. Ele próprio filho ilegítimo, o visconde do Rio Branco percorrera um longo caminho para alcançar o poder e o prestígio, mas ainda lhe faltava um elemento indispensável para a consagração de seus descendentes no rol das famílias tradicionais do Império: uma ascendência ilustre. A gravidez da amante do irresponsável Juca punha em risco esse objetivo. Vencera todos os obstáculos desde a partida da Bahia, ainda adolescente, pobre e sem protetores, para tornar-se um caso extraordinário de ascensão naquela sociedade rígida. Porém somente pelo casamento de seus filhos a família Paranhos poderia passar a contar com ancestrais que igualassem o clã às grandes linhagens brasileiras. O visconde não lhes poderia legar algo que nunca tivera. Seus pais jamais haviam estado unidos pelo matrimônio e, com a morte prematura do pai, a casa materna afundara na pobreza. A despeito desse início desfavorável, havia superado todas as dificuldades e se tornara o visconde do Rio Branco, primeiro-ministro do Império. Fizera sua parte. A responsabilidade de associar os Paranhos às grandes famílias do reino pelo casamento cabia primordialmente a José Maria Júnior.

Os Paranhos provinham da região do Porto, em Portugal, de uma família de comerciantes e militares que, conquanto não fossem ricos, tinham boa situação financeira. Os irmãos João e Agostinho emigraram para o Brasil no início do Oitocentos a convite de um tio, o capitão-mor Antônio da Silva Paranhos, e fixaram-se na Bahia. Em 1811 nasceu o primeiro filho de Agostinho, batizado com seu nome. A mãe do recém-nascido, Josefa Emerenciana Barreiros, estava então separada de João da Silva Telles, um português com quem tivera dois filhos, já falecidos. Agostinho e Josefa geraram mais dois filhos: Antônio, em 1818, e José Maria, em 1819. O caçula seria, décadas depois, o visconde do Rio Branco. De acordo com os parâmetros da época, os três filhos de Josefa Emerenciana, ainda que frutos de uma longa relação com Agostinho, foram inapelavelmente concebidos fora do casamento, pois, a rigor, o pai continuava solteiro e a mãe ainda era casada com outro homem.

No seu leito de morte, em 1822, Agostinho afinal reconheceu os filhos, mas a partir daí iniciou-se uma longa luta por seu espólio, entre Josefa Emerenciana e João, irmão de Agostinho. A mãe do futuro visconde do Rio Branco ainda concebeu outra filha fora do casamento, Maria Luísa, com o então juiz de órfãos Luiz Paulo de Araújo Bastos (depois visconde de Fiais), mas empobreceu em razão da disputa com o cunhado e da vida desregrada do primogênito, Agostinho, de cujo destino posterior não se tem notícias. Depauperada, para sobreviver Josefa Emerenciana passou a depender da ajuda do irmão, Eusébio Barreiros, que desde as lutas pela independência seguira bem-sucedida carreira militar. Com a ajuda desse tio materno, em 1836 José Maria foi enviado para o Rio de Janeiro, para estudar na Academia de Marinha. O irmão Antônio seguiu a carreira militar no Exército e, depois de combater a Sabinada na Bahia, seguiu com a tropa para o Rio Grande do Sul. A morte de Josefa Emerenciana, três anos depois, pouco deixou para os filhos. Para José Maria, uma escrava, Faustina, com a condição de que pudesse comprar sua liberdade por 225 mil-réis.

No Rio de Janeiro, José Maria concluiu com sucesso a Academia de Marinha; em 1840 obteve a promoção a guarda-marinha. Em 1842, pouco antes de graduar-se como tenente, casou-se com Teresa de Figueiredo Rodrigues de Faria, irmã de um colega da academia. A noiva contava pouco mais de treze anos. A idade reduzida da moça não fugia aos padrões da época. O casal viveu um matrimônio duradouro e feliz e teve nove filhos: José Maria da Silva Paranhos Júnior, Maria Luísa, Amélia Agostinha, Augusta Amélia, Luísa (falecida aos dezenove anos), Maria Honorina (que não chegou a completar seu primeiro ano de vida), João Horácio, Pedro Maria (falecido aos treze anos) e Alfredo (morto aos vinte).

Em uma sociedade na qual o poder estava nas mãos dos latifundiários e dos bacharéis em direito, o jovem tenente de Marinha com pendor pelas matemáticas buscou caminhos alternativos. Depois de ingressar na maçonaria, aproximou-se das lideranças do Partido Liberal. Atuou também no jornalismo. Em 1844, estreou na imprensa como redator do jornal *O Novo Tempo*, porta-voz dos liberais.

A carreira política no partido progrediu rapidamente e Paranhos galgou posições no governo da província do Rio de Janeiro, tendo sido eleito para a Câmara provincial em 1845. Associou-se ao poderoso visconde de Sepetiba, Aureliano Coutinho, então presidente da província. Essa proximidade com Sepetiba lhe valeu a alcunha claramente depreciativa de "Caixeiro do sr. Aureliano", mas também a eleição, em fins de 1847, para deputado-geral pela província do Rio de Janeiro, na brevíssima 7ª Legislatura, que mal chegou a se reunir. A Câmara foi dissolvida e o Partido Conservador voltou ao poder. Derrotados os liberais, Paranhos afastou-se temporariamente da política e, para garantir o sustento da família, abraçou o magistério em setembro de 1848. Manteve sua participação no jornalismo como redator do *Correio Mercantil*, ligado aos liberais, e, mais tarde, do *Jornal do Comércio*, órgão menos diretamente partidário. Neste último, foi responsável pela coluna "Cartas a um Amigo Ausente", em que defendia uma posição mais ativa do Brasil no Prata, em oposição ao caudilho argentino Juan Manuel de Rosas, em sintonia com o que propagavam os conservadores. A prédica de Paranhos atraiu a atenção de Honório Hermeto Carneiro Leão, visconde (depois marquês) do Paraná, líder conservador designado plenipotenciário no rio da Prata. Apesar de ainda ligado ao Partido Liberal, o jornalista acabou convidado para secretário da missão e aceitou a oferta — um pequeno escândalo, numa época em que trocar de partido era extremamente incomum e malvisto. É célebre a frase atribuída a Paranhos em resposta ao convite de Honório Hermeto: "Com vossa excelência irei até para o inferno!". Não se sabe se esse arroubo de entusiasmo corresponde aos fatos ou se trata de maledicência difundida pelos liberais, decerto irritados com a traição. A verdade é que o "Caixeiro do sr. Aureliano" mudou de partido e de protetor.

A partir daí, Paranhos iniciou brilhante carreira no Partido Conservador. Com o sucesso da missão no Prata, passou à condição de protegido do visconde do Paraná e acabou nomeado, aos 33 anos, ministro (equivalente, hoje, a embaixador) em Montevidéu. Com a ascensão de Honório Hermeto à chefia do Gabinete de Ministros, em 1853, Paranhos tornou-se ministro da Marinha (de 1854 a 1855) e em seguida ministro dos Negócios Estrangeiros (1855-7). Chegou a acumular as duas pastas entre 1856 e 1857. Nesse último ano recebeu o encargo de chefiar uma missão no Prata. Retornou ao ministério como ministro dos Negócios Estrangeiros (1858-9), sendo depois alçado à chefia do Ministério da Fazenda (1861-2). Em 1862, o imperador recompensou seus serviços escolhendo-o para o

Senado vitalício como representante da província de Mato Grosso, cargo em que foi empossado em maio do ano seguinte. Entre 1868 e 1870 assumiu novamente o Ministério dos Negócios Estrangeiros, e entre 1869 e 1870, na qualidade de chanceler, voltou ao Prata para reorganizar o governo paraguaio durante a ocupação do país pelas tropas brasileiras. Essa trajetória impressionante teve seu ápice em 1871, quando o imperador lhe confiou o cargo de presidente do Conselho de Ministros, transformando-o, com isso, em primeiro-ministro e chefe do governo. O gabinete Rio Branco se estendeu até 1875; foi o mais longo e certamente um dos mais importantes de todo o período monárquico. Sua gestão ficou marcada pela aprovação da Lei do Ventre Livre, que libertou os filhos de escravas nascidos a partir de sua promulgação.

O visconde do Rio Branco figura como um dos grandes protagonistas da vida política brasileira daqueles anos do auge e do início da decadência do Segundo Reinado. Ainda assim, a despeito de todo o seu brilho como estadista e diplomata, o visconde carecia dos elementos que verdadeiramente sustentavam o poder naquela sociedade, pois não possuía terras ou escravos e nem mesmo capitais do comércio. Seus empregos no Estado garantiam-lhe vida confortável, mas a política, na época, não produzia grandes fortunas. Tampouco ele podia exibir laços de sangue com alguma família tradicional. Ainda que desfrutando de uma existência desafogada, plenamente integrados ao núcleo de poder do Império e cercados de prestígio, decerto não escaparia aos Paranhos a fragilidade de sua posição social quando as faculdades do patriarca viessem a falhar. Ninguém terá sofrido com mais agudeza a angústia dessa situação ambígua e algo precária da família do que o primogênito José Maria, sucessor natural do patriarca e de quem muito se esperava.

Como poderia o visconde admitir que uma pequena aventureira belga se interpusesse na trajetória de consolidação dos Paranhos entre as grandes linhagens do Império? A confirmação da paternidade de um filho bastardo já seria um possível empecilho para a união de Paranhos Júnior com as herdeiras de muitas famílias tradicionais. Reconhecer a criança seria desastroso. O casamento do primogênito e sucessor com uma corista de cabaré prefigurava-se algo inimaginável.

E agora, José Maria?

2. Em família

Entardecia e a noite prometia ser fresca naquele sábado de outubro de 1855. As mal calçadas ruas do Rio de Janeiro, encharcadas pela chuva que caíra havia poucas horas, ainda estavam repletas de poças que acumulavam água suja, lama e detritos de toda espécie. O ministro dos Negócios Estrangeiros, acompanhado da família, voltava para casa depois de uma visita à residência do antecessor, o visconde de Abaeté. Na verdade, José Maria da Silva Paranhos, o protegido do primeiro-ministro Honório Hermeto Carneiro Leão, fora remanejado no âmbito do chamado "gabinete da conciliação" e transferido da pasta da Marinha para a dos Negócios Estrangeiros. Sua trajetória ascendente na política parecia irrefreável, pois ele esbanjava prestígio junto ao presidente do Conselho de Ministros e começava a aproximar-se do próprio imperador.

O Rio de Janeiro padecia de uma epidemia de cólera-morbo que aterrorizava a cidade. Em uma população de menos de 270 mil pessoas, estima-se que cerca de 11 mil morreram vitimadas pela doença entre agosto de 1855 e março do ano seguinte. Os escravos eram as vítimas preferenciais, em virtude das más condições sanitárias em que viviam. A mortandade dos cativos foi tamanha que chegou a preocupar os escravagistas, aturdidos com a súbita destruição de seu patrimônio. O jornal *A Marmota Fluminense*, em sua edição de 5 de outubro, registrou a situação com humor de mau gosto:

> Um gaiato disse há dias o seguinte, que não deixa de ser uma "pilhéria". Até aqui dizia-se que a escravatura era um mal, e que era preciso acabar com ela. Veio a "moléstia reinante" e principiou a levar os escravos para melhor vida: agora andam os senhores a "segurar" os pretos para que eles não morram! Ora, assim, não sabe Deus como há de governar o seu mundo!...
> Então: querem ou não querem, que se acabe a escravatura?

A despeito de a enfermidade ter sido atribuída aos maus costumes, à pouca religiosidade e à falta de higiene dos doentes e, portanto, aos "vícios" de suas vítimas, a epidemia não atingiu apenas escravos e pobres. Os enfermos mais afortunados foram atendidos no hospital de Santa Isabel. O próprio imperador demonstrou preocupação com a disseminação da praga e inspecionou pessoalmente os sanatórios onde os doentes recebiam tratamento. Uma dessas visitas de 1855 ficou imortalizada em um óleo de François-René Moreaux, *Dom Pedro visitando os coléricos*, em que se vê um monarca altivo e ainda jovem, de barba escura, em uniforme militar e espada no cinto, acompanhado de seus ministros, inclusive do primeiro-ministro Honório Hermeto. O imperador e comitiva estão retratados em uma enfermaria apinhada de pessoas das classes populares. O quadro é de 1867, o que mostra a persistência da doença. Em uma sociedade marcada pelo analfabetismo, a divulgação de imagens do soberano preocupado com a saúde de seus súditos auxiliava no esforço de legitimar e popularizar a monarquia.

A situação era grave e preocupante, mas uma epidemia que vitimava preferencialmente as pessoas mais desvalidas não constituía novidade ou mesmo problema capaz de alterar a rotina da vida carioca. Além do cólera, muitas outras doenças costumavam assolar a capital do Império: tifo, malária, disenteria, varíola, sarampo, tuberculose, entre outras. A maior parte da população vivia em condições sanitárias tão precárias que chegaram a ocorrer brotes de peste negra. Além da extensa fauna de insetos de todos os tipos, roedores infestavam tanto as mansões dos poderosos como as senzalas e os casebres apinhados dos pobres. Nas ruas, cães e gatos vadios se misturavam com animais de criação. Naquela década de 1850, uma nova enfermidade começou a ser transmitida pelos incontáveis mosquitos da cidade. A febre amarela desembarcara de um navio vindo dos Estados Unidos em dezembro de 1849 e fizera uma aparição inaugural assustadora, em um surto que se estendeu até o fim do verão do ano seguinte. O número de doentes ultrapassou a cifra de 90 mil pessoas — mais de um terço da população —, com 4160 óbitos.

Ao contrário do cólera, as principais vítimas fatais da febre amarela foram os brancos, em especial estrangeiros. Passado o verão, o surto amainou. A partir daí, a doença passou a fazer parte do já extenso rol de endemias da cidade, explodindo periodicamente em novos surtos até a campanha de erradicação dos focos de mosquitos e controle da contaminação promovida por Oswaldo Cruz, já no século xx. Não era sem fundamento — muito ao contrário — a péssima fama do Rio de Janeiro, conhecida como a "Cidade da Morte", um cemitério para os estrangeiros. Os navios de passagem pela costa brasileira preferiam evitar, sempre que possível, o "Porto Sujo", outra alcunha sugestiva da capital do Império.

A despeito do grande impulso recebido quando da vinda da corte portuguesa, na década de 1850 a cidade propriamente dita ainda se reduzia a um pequeno retângulo que tinha como um dos lados a faixa de litoral, dentro da baía de Guanabara, que ia do Arsenal de Marinha, em frente à ilha das Cobras, até o morro do Castelo. Ali se encontravam o porto, a alfândega e o Paço Imperial. Perpendicularmente a essa linha espalhava-se um emaranhado de ruas estreitas com um casario desordenado de residências e prédios comerciais de distintas categorias até o Campo de Santana, onde, em ocasiões festivas, a população se divertia assistindo a touradas. Em 1852, a cidade era formada por sete freguesias — Sacramento, São José, Candelária, Santa Rita, Santa Ana, Engenho Velho e Glória —, que, somadas, contavam menos de duzentos quarteirões. O comércio de luxo se concentrava em torno da rua do Ouvidor, nas ruas do Ourives, do Rosário, da Alfândega e de São Bento. Mais afastado desse pequeno centro urbano estava o Palácio de São Cristóvão, residência do imperador, e, para o sul, surgiam chácaras em lugares longínquos como o Catete ou Botafogo.

O Palácio de São Cristóvão tinha sido doado à Coroa portuguesa em 1809 por um comerciante luso-libanês. Localizado em uma imensa chácara situada em terreno elevado, dele se avistava, de um lado, a baía de Guanabara e, do outro, a floresta da Tijuca e o Corcovado. Não por acaso, o lugar ficou conhecido como Quinta da Boa Vista. O Paço Imperial, onde o monarca despachava, situava-se na orla da baía; da Quinta da Boa Vista até o centro da cidade havia um longo e tortuoso caminho a ser percorrido. Para superar o desconforto, aterrou-se parte dos manguezais que cercavam a propriedade para permitir a construção de uma estrada iluminada por lâmpadas de óleo de baleia em postes espaçados a cada cem passos. A estrada ficou conhecida, primeiro, como caminho das Lanternas, depois como caminho do Aterrado. Hoje ela corresponderia, aproximadamente, à avenida do Mangue.

Edificado em estilo neoclássico, com referências orientais — dadas por seu primeiro proprietário — e complementado por várias reformas desencontradas, o palácio foi um dos primeiros exemplos do ecletismo arquitetônico do século XIX deste lado do Atlântico. As opiniões sobre o bom gosto e a funcionalidade da residência dos monarcas brasileiros eram, em geral, desabonadoras. Ainda assim, há testemunhos favoráveis, como o da inglesa Maria Graham, preceptora da princesa Maria da Glória, que descreveu os corredores, escadarias e salas do palácio como "simples e belos". Qualquer que seja o veredito sobre a grandiosidade da residência dos imperadores brasileiros, foi em torno do São Cristóvão que funcionou a vida cortesã da "Versalhes tropical". Em terras americanas, salvo por breves e desastradas experiências no Haiti e no México, apenas no Brasil prosperaram os complicados códigos de conduta e o protocolo das cortes europeias, ainda que de forma algo caricata e adaptados às condições locais. As elites brasileiras orgulhavam-se de ser regidas por um descendente da dinastia de Bragança e da própria monarquia como instituição que, externamente, diferenciava o Império de seus vizinhos e, internamente, justificava as aberrantes diferenças sociais. Pequenos e grandes privilégios eram concedidos por graça real, como demonstração recorrente da ideia que fundamentava as instituições e o imaginário do Antigo Regime: as diferenças entre as pessoas, assim como a hierarquia, proviriam da vontade divina, devendo, portanto, ser aceitas como naturais e legítimas. Os brasileiros eram súditos, e a ideia de cidadania como convivência de pessoas com direitos e deveres iguais ainda teria um longo caminho a ser percorrido. As hierarquias sociais eram ostensiva e orgulhosamente pavoneadas pelos títulos nobiliárquicos e revividas no cerimonial que cercava o soberano.

Essa dimensão da vida brasileira de então estava presente não só na brutalidade das relações senhor-escravo, mas também no âmbito familiar e nos gestos mais rotineiros. No início daquela noite de 1855, os Paranhos voltavam para casa tranquilamente, seguindo o ritual habitual das famílias senhoriais: à frente, um escravo com uma lanterna na ponta de um varapau para iluminar o caminho; em seguida o patriarca, liderando a trupe, acompanhado, passos atrás, pela esposa e, em fila indiana, pelos filhos em ordem de idade, com o menino José Maria, de dez anos, em primeiro lugar, e depois as duas irmãs, Maria Luísa e Amélia Agostinha, de oito e cinco anos respectivamente. Por último, um par de mucamas. A família já não morava no número 8 da antiga travessa do Senado, chamada hoje rua Vinte de Abril, em homenagem ao dia em que, uma década antes, nascera naquela casa o primogênito do casal José Maria e Teresa Paranhos. Depois de ter vivido brevemente em Montevidéu, no finalzinho de 1853, a família se mudara para um casarão alugado, mais amplo e confortável, no caminho do Aterrado, entre o centro da cidade e o Palácio de São Cristóvão.

Muitas coisas haviam ocorrido naqueles dez anos, desde o nascimento de José Maria Júnior. Em 1845, o patriarca dos Paranhos recém concluíra a Academia de Marinha e lá lecionava. Iniciava sua carreira política: fora eleito deputado na Assembleia Legislativa da província do Rio de Janeiro, pelas mãos de Aureliano Coutinho e do Partido Liberal. Em 1855, depois de ocupar os cargos de ministro residente em Montevidéu e ministro da Marinha, ocupava a pasta dos Negócios Estrangeiros — carreira fulgurante feita sob a proteção do poderoso Honório Hermeto Carneiro Leão — e já obtinha o reconhecimento do mundo político como um dos mais promissores militantes do Partido Conservador. José Maria da Silva Paranhos trocara de partido político e de protetor, mas não restavam dúvidas de que sua carreira política seguia avançando e de que ele e sua família conquistavam um espaço cada vez mais destacado na sociedade e na corte.

A despeito dos problemas, o Rio de Janeiro e o Império progrediam graças à nova riqueza gerada pelos cafezais do Vale do Paraíba. A geografia do poder aos poucos se modificava no país. Em contraste com a rápida ascensão do café e de seus barões, os engenhos de açúcar do Nordeste decaíam lentamente. Porém, não perdiam a majestade, e passaram a vender parte de seus escravos para os fazendeiros cada vez mais ricos das províncias do Rio de Janeiro e de São Paulo. O efetivo fim do tráfico de escravos africanos, ainda recente, fora uma bênção para os senhores de engenho nordestinos, que viram sua escravaria se valorizar com a demanda por mão de obra cativa dos cafezais. O Império começava a viver cada vez mais sob a hegemonia dos donos das plantações de café. Esses fazendeiros, chamados genericamente de saquaremas, passaram a dominar o Partido Conservador, a ponto de a denominação "saquarema" tornar-se sinônimo de militante desse partido. Os liberais, por sua vez, tinham recebido de seus oponentes a alcunha de "luzias", em alusão à derrota do partido em Minas Gerais, em 1842, na chamada batalha de Santa Luzia, que encerrou uma das muitas revoltas liberais da década de 1840. Ainda que ambos os partidos tivessem sua origem na facção liberal moderada das Regências, a rivalidade entre conservadores e liberais fora intensa e as disputas haviam sido resolvidas, muitas vezes, pela força das armas. Com a prosperidade trazida pela crescente demanda europeia e norte-americana pelo café brasileiro, a distância entre os dois grupos políticos reduziu-se, e a luta entre eles passou a reger-se por parâmetros mais comportados. Começava-se a viver o período que o historiador Ilmar Rohloff de Mattos chamou de "Tempo Saquarema".

A partir do início da década de 1850, a situação política brasileira tinha se estabilizado com a bonança trazida pelo café. Um dos grandes marcos dessa transição foi o chamado "gabinete da conciliação", que durou de 1853 a 1856, presidido pelo protetor de Paranhos, Honório Hermeto, marquês de Paraná. A partir daí, o imperador passou a exercer o papel de maestro, alternando os dois partidos no poder, mas mantendo a hegemonia das ideias e práticas dos conservadores. Depois da Conciliação, como resumiu o político pernambucano Holanda de Cavalcanti, havia por que dizer-se que "nada mais parecido com um saquarema do que um luzia no poder". As ideias de consenso, de conciliação e de preservação da ordem passaram a dominar a cena política. Os anos de lutas internas, os conflitos armados, as ameaças separatistas e as crises de toda ordem do Primeiro Reinado e das Regências passaram a ser apresentados — ainda que preservada a figura de d. Pedro I, pai do imperador — como uma época terrível, uma situação de despotismo e de quase anarquia cujo retorno era preciso evitar a todo custo. De acordo com essa narrativa, haviam sido anos em que as rivalidades internas fizeram o Brasil parecer-se a seus turbulentos vizinhos e, inclusive, a integridade territorial do reino teria estado ameaçada. A partir da política de conciliação o Império finalmente parecia fazer jus a sua autoimagem de civilizada monarquia tropical — um sólido e próspero Império ancorado na sabedoria de suas instituições, na glória de seu soberano e na vastidão e riqueza de seu território, em contraste com as anárquicas republiquetas vizinhas. Na verdade, entretanto, por trás da fachada de uma monarquia parlamentar ao estilo europeu escondiam-se os graves problemas sociais, a dependência da exportação de uns poucos produtos agrícolas e as iniquidades de uma sociedade sustentada pela brutalidade da escravidão.

José Maria da Silva Paranhos aproveitou melhor do que ninguém aquele tempo de acomodação social e de progresso econômico. A posição já alcançada e as perspectivas que continuavam a se abrir para ele na política e na administração pública eram inimagináveis para o adolescente que saíra da Bahia sem maiores recursos, com o apoio do tio, para matricular-se na Academia de Marinha. Graças a seu talento, a família Paranhos afirmava-se no cenário da corte brasileira. Podia-se vislumbrar a possibilidade de que sua extraordinária ascensão social se traduzisse na prosperidade de seus descendentes e na consolidação dos Paranhos como uma das grandes famílias do Império. Não poderia haver maior ambição para os que, como ele, partilhavam os valores e a visão de mundo daquela sociedade: transcender sua condição social original e fundar uma nova linhagem, para além do próprio sucesso pessoal. Assim, o patriarca cuidava com especial atenção do futuro do primogênito. O primeiro passo estava sendo dado. O menino José Maria — ou Juca, como era conhecido — vinha sendo preparado para ingressar no Colégio Pedro II, a mais prestigiosa instituição de ensino básico e secundário do Império. O neto de Josefa Emerenciana Barreiros compartilharia salas de aula e professores com filhos de nobres, latifundiários e ricos comerciantes — a nata da corte carioca. A avó paterna de Juca, de origem modesta, filha de um sargento, mãe de seis filhos nascidos de três relacionamentos (dois destes fora do casamento), morreu empobrecida e amparada apenas pelo irmão. Naquela sociedade marcada pelas hierarquias, pelo preconceito, por uma moralidade obtusa e pela escassa mobilidade social, Josefa jamais poderia ter sonhado com um futuro tão promissor para um neto.

3. Juca Paranhos

Uma fotografia de 1850 estampa a imagem mais antiga de Juca Paranhos ainda hoje preservada. Mostra um menino de cinco anos, semblante sério, olhar compenetrado, com os cabelos negros e lisos cuidadosamente penteados para o lado de modo que a franja lhe cubra parcialmente a testa alta. Como não poderia deixar de ser para uma fotografia dessa época, um processo então ainda pouco comum, caro e demorado, a pose terá sido preparada com esmero. Vê-se Juca sentado, rígido e impecavelmente vestido com um casaco escuro de larga gola branca, desabotoado até a metade do peito para proporcionar um perfeito caimento sobre a roupa clara. Emulando o imperador d. Pedro II, o patriarca dos Paranhos mostrava-se um entusiasta da fotografia, cuja evolução apenas se iniciava, e fez com que fotografassem seu pequeno herdeiro. Os daguerreótipos desenvolvidos a partir da década de 1830 começavam a ser substituídos pelo uso de papel impregnado em iodeto de prata, revelado com ácido gálico e fixado com tiossulfato de sódio, um processo mais eficiente e menos custoso adotado a partir de 1840. Ainda assim, em meados do século XIX, ser fotografado e fazer com que familiares também o fossem constituía clara evidência de prosperidade e de sintonia com os avanços tecnológicos recentes. Para alguns, fotografar crianças poderia ser considerado quase uma extravagância ou, no mínimo, um esbanjamento. A despeito dos custos, Paranhos, em plena ascensão social, não deixou de acompanhar a nova tendência. A Mapoteca do Itamaraty preserva fotos não só do casal José Maria e Teresa Paranhos como também de alguns dos filhos: Juca, Maria Luísa, João Horácio e Augusta Amélia, às quais, certamente, há de se somar as muitas outras que se perderam com o tempo.

José Maria da Silva Paranhos Júnior, o Juca, nasceu em 20 de abril de 1845, na antiga travessa do Senado, no centro do Rio de Janeiro, em um casarão neoclássico de dois andares enfeitado por quatro grandes portas de madeira e vidro que se abriam para uma estreita sacada no segundo andar. O imóvel ainda existe e hoje é aproveitado como escola de teatro. O logradouro deixou de ser a travessa do Senado e acabou rebatizado com o dia do aniversário de seu morador famoso. Em 1909, para comemorar o natalício de Rio Branco, convocaram-se várias manifestações populares, iniciativa interpretada por muitos como o ensaio do lançamento da candidatura do Barão à presidência da República. Uma grande passeata saiu do Palácio Monroe, subiu a avenida central até a rua Larga e passou pela praça da República até chegar na travessa do Senado — que foi rebatizada naquele dia — para inaugurar, na fachada do número 14 da rua que passou a se chamar Vinte de Abril, entre os dois grandes portões do andar térreo, uma placa de bronze com um relevo do rosto do barão do Rio Branco e a explicação que ele ali havia nascido e "que pelo talento, saber e patriotismo, dilatou o território da pátria do norte ao sul", além de mencionar que, no governo, tinha contribuído para nobilitar, engrandecer e elevar o nome do país.

Embora primogênito, Juca acabaria por sobreviver aos oito irmãos, alguns deles falecidos ainda jovens. Os relatos de seus vários biógrafos coincidem na imagem de uma criança introvertida. O pai acompanhou pessoalmente seu aprendizado das primeiras letras e, além dos estudos de línguas — português, francês, latim e inglês —, buscou interessá-lo em matemática e ciências exatas, de acordo com sua própria formação. Sem sucesso, pois, como Raul (filho de Juca) assinalaria muitos anos depois, "as matemáticas lhe inspiravam grande repugnância". De acordo com esse depoimento, tampouco as ciências naturais eram estudadas de boa vontade: "Lembrava meu pai sempre as horas consagradas em sua infância às ciências, as quais não lhe tinham dado prazer e não lhe tinham sido de serviço na vida".

Juca era um menino sério e estudioso, mas também revelou um lado travesso, com momentos de mau comportamento atestados pelo castigo que recebeu da mãe em determinada ocasião e do qual se lembraria até a idade madura: "Por um cordel passado em torno da cintura, ficou atado ao pé da mesa da sala de jantar, sítio habitual, nesses tempos, de algum macaco domesticado". Os anos iniciais da infância, ao que tudo indica, transcorreram em ambiente feliz, marcado pela presença do pai, que, em vista dos crescentes compromissos com a política, depois seria menos constante. Em outubro de 1851, Paranhos deixou a família no Rio de Janeiro e partiu para sua primeira missão no Prata, secretariando Honório Hermeto. Lá permaneceria até fins de 1853.

Em novembro de 1852, com sete anos — acompanhado das irmãs Maria Luísa e Amélia Agostinha, os três escoltados pelo tio Antônio Paranhos —, Juca viajou para Montevidéu, onde, depois de mais de um ano de separação, iria reunir-se ao pai. Em abril, Paranhos assumira o cargo de ministro residente do Império na capital uruguaia. Ao contrário do previsto, a permanência da família no Uruguai acabou sendo relativamente curta. Em dezembro de 1853, todos voltariam ao Rio de Janeiro, pois em setembro daquele ano o mesmo Honório Hermeto fora escolhido pelo imperador para assumir a presidência do Conselho de Ministros e convidara Paranhos a ocupar a pasta da Marinha.

De volta à corte, as novas responsabilidades do patriarca fizeram com que a tarefa de acompanhar a educação do menino fosse confiada ao tio materno, Bernardo de Figueiredo Rodrigues de Faria, um viúvo sem filhos. Até sua morte, tio Bernardo seria uma presença constante na casa da irmã e do cunhado, prestando-lhes toda classe de favores. Antes do retorno da família, coube-lhe buscar uma residência para o recém-indicado ministro da Marinha, pois o sobrado na travessa do Senado não parecia condizente com as novas funções. Em carta a Paranhos, em setembro de 1853, logo depois de conhecido o convite para o cargo, ele informou haver identificado "uma casa digna de um alto personagem como é vossa excelência", ofertada pela quantia de 400 mil-réis por ano, "a qual só no segundo andar tem oito ou dez quartos, muitas acomodações para escravos, cocheira etc.". O preço, no entanto, era salgado, e a família Paranhos acabou por preferir uma opção mais em conta.

O impacto da experiência de morar no exterior e acompanhar, mesmo que pelo prisma de um menino, as funções do pai terá tido impacto na formação de Paranhos Júnior. Seu gosto pela história diplomática e militar logo começou a revelar-se, ainda como estudante secundário. De volta ao Rio de Janeiro, Juca Paranhos completou os estudos primários e aos dez anos, em fins de 1855, foi matriculado no Colégio Pedro II em regime de semi-internato. Inaugurado em 1837, na data do aniversário do imperador, 2 de dezembro, o colégio fazia parte do esforço de incluir o Brasil no rol das nações civilizadas, forjando uma elite intelectual e consolidando uma identidade nacional.

Em 1838, ano em que o Colégio Pedro II recebeu sua primeira turma de alunos, também sob os auspícios do imperador, fundou-se o Instituto Histórico e Geográfico Brasileiro (IHGB), com a missão de "coligir, metodizar, publicar ou arquivar os documentos necessários para a história e a geografia do Brasil". Se o instituto estava destinado a escrever a história pátria de acordo com os valores da monarquia, o colégio voltava-se para a preparação dos filhos da elite política e econômica do Império, no bojo de um projeto que visava equiparar, em termos de civilização e cultura, a classe dirigente da monarquia brasileira a suas congêneres europeias. Pelas instalações da rua larga de São Joaquim (ou, simplesmente, rua Larga; hoje, avenida Marechal Floriano, onde o Colégio Pedro II segue tendo uma de suas sedes) passaram crianças que depois ocupariam altos cargos na política, nas letras e nas artes brasileiras. O grau de importância conferido às duas novas instituições no âmbito do projeto civilizatório da monarquia pode ser medido pelo fortíssimo envolvimento do imperador no dia a dia tanto do instituto quanto do colégio. Com grande frequência, d. Pedro II não só presidia as sessões do IHGB como participava ativamente de suas reuniões. O monarca também era um assíduo visitante da escola que levava seu nome e até costumava inquirir pessoalmente alguns alunos sobre as matérias lecionadas.

O curso de história figurava como um dos pontos fortes do colégio, o que terá contribuído para consolidar a paixão de Juca por essa disciplina. Nas aulas de geografia e história antiga, o menino Juca teve como professor o frei Camilo de Monserrate, mas a influência mais duradoura, sem dúvida, ficou por conta de seu mestre na cadeira de geografia e história média, moderna e pátria, o então já famoso escritor Joaquim Manuel de Macedo, autor do romance *A moreninha*. Ainda que Juca não fosse um aluno destacado nas outras matérias, "ninguém o batia em sabatinas e provas sobre geografia e história do Brasil". Além de assentar em bases permanentes o gosto pelos temas históricos, em um plano mais anedótico os anos passados no Colégio Pedro II criaram no jovem Juca uma resistência duradoura aos pratos à base de aves, já que a carne de galinha era presença constante no menu do refeitório da escola. Juca não chegou a concluir o curso no Pedro II, tendo optado por se apresentar diretamente aos exames promovidos pela Direção de Instrução Pública. Aprovado no concurso aos dezessete anos incompletos, matriculou-se na Faculdade de Direito de São Paulo. Em 21 de fevereiro de 1862 partiu da corte, de navio, rumo ao porto de Santos, para de lá alcançar a capital paulista, então uma cidade "triste, monótona e desanimada", na definição de um contemporâneo.

Os registros sobre os anos de educação básica e secundária são esparsos. É certo que na meninice e na adolescência Juca obtinha boas notas, mas a maior peculiaridade se deve a seu entusiasmo precoce e à espontaneidade de sua grande dedicação aos estudos históricos. Ainda em seus quinze, dezesseis anos, aluno do preparatório, lia apaixonadamente sobre o tema, empenhava-se em pesquisas de arquivo e discutia com o pai, com os tios e mesmo com as muitas personalidades que frequentavam a casa dos Paranhos os acontecimentos da história militar e diplomática, já antigos ou ainda recentes, ouvindo muitas vezes o relato em primeira mão dos protagonistas de algum episódio. Por essa época, chegou a escrever uma pequena biografia do capitão de fragata Luís Barroso Pereira, comandante do navio *Imperatriz*, morto em combate durante a Guerra da Cisplatina. O texto foi publicado na *Revista Popular* em 1862. Ainda que com o passar dos anos Paranhos Júnior viesse a reconhecer que suas ponderações naquele trabalho juvenil continham falhas, ele nunca deixou de se referir com carinho a esse seu primeiro estudo histórico: "Comecei a reunir materiais em 1861, depois de ter revolvido os nossos arquivos e jornais, tanto do Brasil como do rio da Prata, submeti um resumo do trabalho a exame e correção de muitos homens que já morreram: Leverger, Inhaúma, e outros".

Em face dessa vocação clara para historiador, a escolha pela Faculdade de Direito explica-se, primeiramente, pela inexistência, na época, no país, de cursos universitários na área de história. A título de comparação, Manuel de Oliveira Lima obteve sólida formação na matéria ao frequentar o Curso Superior de Letras em Lisboa, que contava com disciplinas de história lastreadas na historiografia alemã, com o estudo das obras de Leopold von Ranke, Ernst Curtius, Theodor Mommsen e Otfried Müller. Vivendo em Portugal, Oliveira Lima acabou por também travar contato com a obra do grande historiador lusitano Oliveira Martins, a cujo estilo e metodologia ficou devedor. Mandar o filho estudar na Europa representaria, entretanto, uma carga financeira pesada demais para a família Paranhos, o que fechava essa porta. Contudo, mesmo que Juca pudesse ter continuado seus estudos históricos em nível universitário, permanecerá a dúvida sobre se essa teria sido sua escolha, pois graduar-se em direito, em São Paulo ou no Recife (as duas únicas opções existentes no país), constituía o percurso-padrão para os jovens da elite do Império ávidos por fazer carreira na política ou na administração pública. O caminho trilhado por Paranhos pai — uma formação em matemática e engenharia — aparecia como a exceção que confirmava a regra de uma elite de bacharéis em direito. Dada a ojeriza de Juca pelas matemáticas, essa alternativa também estava afastada. O melhor era não arriscar.

4. Vida de estudante

Juca compensava pela via do esforço e da dedicação sua patente falta de entusiasmo pelo estudo das leis. Ainda assim, não se distinguiu nos estudos universitários. Os exames prestados na Faculdade de Direito de São Paulo foram analisados detidamente por Álvaro Lins e seu veredito é severo: "Provas como as suas são comuns entre os acadêmicos apenas aplicados e sensatos". O ponto mais interessante dessa documentação fica por conta da resposta que o estudante Juca Paranhos — que, anos depois, ajudaria o pai a aprovar a Lei do Ventre Livre — deu a uma questão que pedia comentários sobre o direito dos senhores de negar aos escravos que dispusessem de meios a compra da própria liberdade:

> Não pode esse senhor substituir o braço escravo pelo livre, cujo trabalho é, sem dúvida, muito mais aproveitável? Mas ainda concedendo (o que é muito) que isso ofende à plenitude do direito de propriedade, não será ainda de imensa utilidade, sob qualquer ponto de vista, para o Brasil, a completa extinção da escravidão? Por certo que sim; e como imensas dificuldades se apresentam para que essa abolição se faça com a rapidez que era de desejar, por que se não deixará que ela termine vagarosa e parcialmente?

Juca mostrava-se um aluno sem maior brilho nas ciências jurídicas, mas seu interesse juvenil pela história e pela geografia aplicadas aos temas militares e diplomáticos não diminuiu, ao contrário. Na faculdade, junto com outros colegas, logo no início do curso, fundou o Instituto Científico, um grêmio estudantil de nome pomposo que passou a editar uma revista. Sob o pseudônimo de X, publicou no boletim uma série de artigos sobre temas históricos: "Episódios da Guerra do Prata". Três anos mais tarde, em 1865, Juca escreveu uma biografia de José de Abreu Mena Barreto (1771-1827), o barão de Cerro Largo. Embora não muito extenso, tratou-se, afinal, de um trabalho brilhante para um jovem de vinte anos de idade. O biografado combatera em todas as campanhas das tropas portuguesas e depois brasileiras de 1801 a 1827 no que hoje é o Uruguai, e falecera na batalha de Passo do Rosário, em 20 de fevereiro de 1827. Sobre esse trabalho de Juca, Viana Filho comentou que, "seguramente informado de seu assunto, senhor de copiosa documentação, o autor, ao narrar os feitos do biografado, ia pondo as coisas em seus lugares". Viana Filho ainda acrescentou que Paranhos Júnior "não se eximiu sequer de apontar alguns erros de Varnhagen e Pereira da Silva, na ocasião os mais reputados historiadores do Brasil".

O sólido estudo de Juca sobre Mena Barreto estava destinado a ser bem aproveitado em termos da construção de sua carreira não apenas intelectual, mas também política. Em novembro de 1866, Paranhos Júnior teve seu nome proposto para membro do Instituto Histórico e Geográfico Brasileiro. O IHGB brilhava como a mais importante instituição científica do país e reunia os mais expressivos intelectuais residentes no Império, além de muitas personalidades da política, dos meios militares e da diplomacia. O imperador presidia pessoalmente a muitas das reuniões do instituto, que ostentava em seu brasão — tradição mantida até hoje — a frase em latim *Auspice Petro Secundo* (sob os auspícios de Pedro II). No ano seguinte, 1867, com apenas 22 anos, foi aceito como sócio correspondente, tendo apresentado para sua admissão seu "Esboço biográfico do general José de Abreu, barão do Cerro Largo", texto publicado no ano seguinte na *Revista do Instituto Histórico e Geográfico Brasileiro*. A *Revista*, aliás, segue ativa e é o mais antigo periódico científico de publicação contínua do continente americano.

Ao contrário, por exemplo, da Academia Brasileira de Letras (ABL), onde se faz necessária uma postulação expressa do interessado, no IHGB a proposta parte necessariamente de algum dos sócios, que elegem os novos confrades dentre os candidatos por eles apresentados. No caso, Juca foi apadrinhado por Manuel Ferreira Lagos e Joaquim Manuel de Macedo. Sem nenhum demérito para a excelência da biografia de Mena Barreto e para a forte vocação de historiador de Juca Paranhos, as ligações de seu pai, ex-ministro e já então senador vitalício, certamente terão contado a seu favor para a apresentação e o acolhimento favorável dessa candidatura precoce ao instituto. Manuel Ferreira Lagos era diretor da Primeira Seção do Ministério dos Negócios Estrangeiros e, portanto, ligado ao visconde do Rio Branco, que já chefiara a repartição um punhado de vezes. Joaquim Manuel de Macedo era um antigo professor de história e geografia de Juca no Colégio Pedro II, onde ainda lecionava, e um ativo sócio do instituto. A postulação contou com um padrinho forte, pois Macedo mantinha relação estreita com o imperador. Pertencer aos quadros do IHGB traduzia-se em proveitosa rede de contatos e, mesmo, na oportunidade de interação direta com o próprio d. Pedro em um ambiente de especial interesse do monarca. Para um jovem aspirante a altos cargos do Império, tratava-se de vantagem inegável.

A vida de estudante, ontem como hoje, não se resumia aos estudos, e Juca não deixou de conhecer outras facetas dessa etapa de experimentações, vivendo longe da família pela primeira vez. Como a maior parte dos colegas, ao chegar a São Paulo passou a residir em uma das várias "repúblicas" de estudantes da capital paulista. A esmagadora maioria dos alunos da faculdade pertencia a famílias abastadas, mas ainda assim muitos filhos dos donos de fazendas e engenhos preferiam integrar-se à vida gregária das "repúblicas". Havia, no entanto, uma natural variação entre as condições dos estudantes. Manuel Francisco de Paula Bittencourt, por exemplo, amigo e companheiro de Juca em uma "república", fazia-se acompanhar de um piano de cauda e de um escravo.

Não há, aliás, consenso entre os biógrafos sobre as "repúblicas" em que morou o jovem Juca Paranhos ou sobre seus amigos de então. Viana Filho indica que, ao chegar, ele teria ficado na rua da Santa Casa, em frente ao solar dos barões de Limeira. Álvaro Lins, em contraste, afirma que a "primeira *república* em que morou Juca Paranhos estava instalada na rua do Riachuelo; mudou-se depois para a rua do Meio (hoje Rodrigo Silva), na esquina da popular ladeira Beco dos Cornos". Tampouco há certeza sobre seus companheiros de vida estudantil, mas alguns deles são conhecidos, como Paula Bittencourt, Francisco Veiga, José Carlos Rodrigues (que já cursava o terceiro ano quando Juca chegou, em 1862), Anastácio Teixeira de Souza Bittencourt, Paulo Rodovalho Marcondes dos Reis e Hermano da Silva Ramos. Segundo consta, então, seu companheiro mais chegado foi o gaúcho Graciano Alves de Azambuja.

As fotografias da época mostram um jovem elegante, de testa alta e cabelo liso repartido ao meio e penteado para trás. Sem sombra ainda da figura de formas arredondadas que depois caracterizaria sua imagem, Juca era antes magro que gordo. Tampouco, então, adivinhavam-se os vastos bigodes brancos do Barão nos pelos finos e ralos que se espalhavam, esparsos, pela face do estudante. Na verdade, o passar do tempo fixado nas diferentes imagens de Paranhos Júnior desde a infância até a morte revela mudanças muitas vezes surpreendentes. Os cabelos vastos e longos rapidamente desapareceriam. A calvície foi precoce e antes que ele completasse trinta anos já se instalara de maneira inexorável. Depois daqueles anos de rapaz quase imberbe, em alguns momentos deixou crescer uma barba cerrada, em outros um cavanhaque. Em algumas ocasiões exibiu a face bem barbeada e só adotou a opção pelo rosto ornado por vastos bigodes na maturidade. Por muito tempo, a estatura elevada acentuou a impressão de magreza, em contraste com a figura corpulenta que se fixou na imaginação popular. A permanência mais forte nas muitas fotografias que registram o decorrer dos anos fica por conta dos olhos: negros e pequenos, com um olhar sério e compenetrado que seguiu inalterado desde a imagem do menino Juca, de cinco anos, ao senhorial barão do Rio Branco — a mesma expressão do jovem universitário das fotos de 1862 a 1866.

Ainda que não tão alto quanto o pai, que media mais de 1,90 metro, Juca também foi um homem de grande estatura em relação aos companheiros de geração. Com 1,82 metro, o jovem esbelto possuía boa figura. Apesar de sempre ter se caracterizado pelo temperamento reservado, o Juca estudante era tido como pessoa alegre, "estimadíssimo na academia", nas palavras de um contemporâneo. Preferia concentrar-se por inteiro em uma só tarefa por vez, característica que preservou na maturidade; assim, adotava um método curioso para regular sua vida: "Dois a três dias e noites dedicava-se aos prazeres e às distrações mundanas; e duas ou três semanas ao trabalho, não admitindo então que, quem quer que fosse, o desviasse dos estudos políticos ou literários ou das pesquisas históricas de sua predileção".

Certamente não passava dificuldades. Mas, em termos de disponibilidades financeiras, nem de longe se ombreava com muitos de seus colegas, alguns deles herdeiros de extensas propriedades e pequenos exércitos de escravos. Aliás, a partir da mudança para São Paulo, Juca deixou de receber mesada regular do pai, e complementava sua renda dando aulas particulares aos colegas. As memórias de então revelam pouca preocupação com conforto ou requinte: durante um longo período teve como travesseiro "um velho paletó, que meteu a socos numa fronha". Os castiçais das velas que iluminavam seus estudos e suas noitadas eram garrafas de cerveja. Como exercício de autodisciplina, por um tempo dispensou a cama, dormindo sobre um lençol estendido no assoalho e tendo como travesseiro "um grosso volume de direito". Contudo, as baratas que passeavam pelo quarto fizeram com que abandonasse o hábito. Ainda como prova de autocontrole, costumava fazer jejuns de um ou dois dias por mês — ocasiões em que padecia voluntariamente de "fraqueza nas pernas, dores de estômago e tonteiras".

As diversões na pacata capital da província de São Paulo não eram muitas: excursões de barco e banhos de rio no Tamanduateí ou no Tietê; cavalgadas pela Penha, por Pinheiros ou pelo Ipiranga; e reuniões nas confeitarias ou na Casa Garraux, livraria inaugurada pelo francês Anatole Louis Garraux na rua do Rosário no início da década de 1860, que logo se transformou em ponto de encontro de intelectuais e estudantes. À noite, serenatas animadas por flautas, violões e cavaquinhos, declamações de poesia e discursos. As festas públicas se resumiam a eventos religiosos, com suas procissões e missas cantadas.

Assim como não se identificava por completo com o direito, Juca não compartia o entusiasmo de seus colegas pela retórica excessivamente floreada, característica da época cultivada com especial empenho naquele meio de futuros bacharéis. Ainda que apreciasse música, não tocava nenhum instrumento com competência. Caso tenha escrito poemas, nenhum deles sobreviveu ao tempo e não há testemunhos desses hipotéticos versos. Ainda assim, Júca se divertia e viveu "algumas aventuras romanescas, nem sempre louváveis", e participou das serenatas à noite "sob certas janelas", como confessaria ao filho décadas depois. As transgressões estudantis das quais participou incluíram, inclusive, roubos de leitões de um mosteiro. Com a repetição dos assaltos, os transgressores foram combatidos pelos padres com a adoção de cães de guarda, medida de segurança que, à custa de roupas rasgadas e algumas escoriações, "acabou com as façanhas dos futuros defensores do direito, tão pouco respeitadores da propriedade alheia".

Quando regressou ao Brasil, depois de décadas vivendo na Europa e nos Estados Unidos, já no século xx e na qualidade de chanceler, Paranhos Júnior diria que fora em São Paulo que tivera "a fortuna de passar os melhores anos" de sua vida. Pouco antes do início do quarto ano do curso, contudo, a tranquilidade da rotina estudantil foi rompida por um evento que viria a marcar o auge e o início da decadência do Império — a Guerra da Tríplice Aliança. Em resposta ao apresamento de um navio brasileiro, o vapor *Marquês de Olinda*, e à invasão do Mato Grosso por tropas do ditador paraguaio Francisco Solano López, em dezembro de 1864, o Império brasileiro declarou guerra ao Paraguai. Solano López, por sua vez, respondia à intervenção brasileira no Uruguai, então ainda em curso, que resultaria na deposição do presidente Atanasio Aguirre, do Partido Blanco, que ameaçava tornar sem efeito o Tratado de Limites assinado com o Brasil em 1851.

Coube ao pai de Juca, o então senador Paranhos, conduzir a parte política da intervenção brasileira no Uruguai. Essa missão foi-lhe incumbida pelo gabinete chefiado por Francisco José Furtado, do Partido Liberal. Quando da invasão do Mato Grosso por tropas paraguaias, a situação na república oriental ainda não estava decidida. Na virada do dia 31 de dezembro de 1864 para 1º de janeiro do ano seguinte, a cidade de Paissandu, um porto no rio Uruguai, foi conquistada em uma batalha sangrenta durante a qual a urbe foi bombardeada pela esquadra comandada pelo almirante Joaquim Marques Lisboa, então barão de Tamandaré. O chefe das forças navais brasileiras planejava repetir a dose contra a capital uruguaia. Para evitar nova carnificina na anunciada ocupação violenta de Montevidéu, Paranhos aceitou fazer pequenas concessões e celebrou a Convenção de Paz de 20 de fevereiro de 1865, que encerrou o conflito no Uruguai, com a derrocada de Aguirre. A deposição de Aguirre redundou na constituição de um governo provisório chefiado pelo general Venancio Flores, do Partido Colorado e aliado do Brasil.

As notícias sobre o acordo obtido pelo senador Paranhos chegaram à corte nos primeiros dias de março e, no início, foram bem recebidas, pois os objetivos brasileiros haviam sido alcançados, ainda que sem as punições que Tamandaré pregava contra os setores uruguaios mais hostis ao Brasil. No clima bélico e de exaltação patrioteira daquele começo do conflito contra o Paraguai, parte da imprensa passou a atacar Paranhos por sua postura conciliatória, e o gabinete liberal acabou por exonerá-lo sumariamente da chefia da missão a seu cargo. A demissão foi publicada de forma seca no *Diário Oficial*:

O governo imperial resolveu dispensar da missão diplomática, que lhe estava confiada, o conselheiro Paranhos. O acordo celebrado não atendeu tanto quanto devia às considerações que fizemos anteriormente. Contudo o governo imperial reputa de sua lealdade manter o que foi acordado.

Mantinham-se os compromissos assumidos com o governo uruguaio, mas fazia-se uma censura pública ao plenipotenciário brasileiro.

A forma humilhante com que o senador Paranhos foi exonerado de suas funções terá calado fundo no pai e no filho. Chegou-se a acusar o patriarca dos Paranhos não apenas de incompetência, mas mesmo de traição, ofensas terríveis que não poderiam deixar de repercutir e ser repetidas também em São Paulo, em especial em um meio politizado como o universitário. Por essa época, Juca terminava de escrever seu ensaio sobre o barão de Cerro Largo e fechou o texto de seu estudo com uma conclusão que parecia também dedicar ao pai:

> Bem o disse Madame de Sevigné: "Há serviços tão grandes e tão importantes, que só a ingratidão os pode pagar". Mas acima das fragilidades e misérias dos contemporâneos, acima de seus ódios e de seus erros, eleva-se um dia o juízo da posteridade, pode-se já dizê-lo, há de destinar a tão exímio cidadão e tão ilustre vítima um lugar distinto entre os mais gloriosos e prestantes filhos da terra de Santa Cruz.

Pai e filho viviam dias difíceis.

Ao tomar conhecimento de sua demissão, ainda no Uruguai, Paranhos fez publicar na imprensa carioca uma carta "Aos meus concidadãos" e, depois, recolheu-se ao silêncio. De volta ao Rio de Janeiro, o plenipotenciário demitido e senador pelo Partido Conservador reagiu à decisão do governo liberal no plenário do solar do conde dos Arcos (onde hoje funciona a Faculdade de Direito da Universidade Federal do Rio de Janeiro). Na abertura dos trabalhos do Senado, em 5 de junho de 1865, fez sua defesa pública. Nas galerias, entre as testemunhas desse desabafo, estava ninguém menos que o jovem jornalista Joaquim Maria Machado de Assis, que depois registraria em seu livro *O velho Senado* suas impressões sobre a forma como Paranhos sustentou sua decisão de evitar um ataque a Montevidéu com a assinatura da Convenção de Paz de 20 de fevereiro de 1865:

> Galerias e tribunas estavam cheias de gente; ao salão do Senado foram admitidos muitos homens políticos ou simplesmente curiosos. Era uma hora da tarde quando o presidente deu a palavra ao senador por Mato Grosso; começava a discussão do

voto de graças. Paranhos costumava falar com moderação e pausa; firmava os dedos, erguia-os para o gesto lento e sóbrio, ou então para chamar os punhos da camisa, e a voz ia saindo meditada e colorida. Naquele dia, porém, a ânsia de produzir a defesa era tal, que as primeiras palavras foram antes bradadas que ditas: "Não a vaidade, sr. presidente...". Daí a um instante, a voz tornava ao diapasão habitual, e o discurso continuou como nos outros dias. Eram nove horas da noite, quando ele acabou, estava como no princípio, nenhum sinal de fadiga nele nem no auditório, que o aplaudiu. Foi uma das mais fundas impressões que me deixou a eloquência parlamentar. A agitação passara com os sucessos, a defesa estava feita.

O gabinete caíra em maio, e o antigo primeiro-ministro Furtado e seu ministro de Negócios Estrangeiros, João Pedro Dias Viera, presentes à sessão, não deixaram de receber um recado direto de Paranhos: "Nunca dei nem darei a ninguém o direito de tratar-me como a um lacaio [...]. De sorte que posso hoje dizer com desvanecimento que a demissão que recebi dos senhores ex-ministros foi para mim muito mais honrosa do que a sua nomeação". José Maria da Silva Paranhos não se deixava intimidar. O desagravo foi bem recebido e as críticas amainaram. Contudo, o Partido Conservador só voltaria ao governo em 1868, e apenas a partir daí o senador readquiriu totalmente seu prestígio e poder. Em todo caso, o pior havia passado. Juca compartilhou a dor do patriarca e o percalço revigorou sua identificação com o velho Paranhos. Anos depois, registraria em seus *Cadernos de notas*: "O discurso de meu pai, no Senado, sobre a Convenção de 20 de fevereiro, deu-me a maior emoção da minha vida no período acadêmico. Vi mais do que nunca quanto havia colocado a minha existência na dele". O coração do estudante sangrava pela dor paterna e, decerto, Juca tampouco admitiria provocações contra a honra familiar.

Por essa época, há o relato de um incidente em que Paranhos Júnior quase teria assassinado um colega de faculdade, em tese inadvertidamente. Segundo sua versão, transmitida ao filho Raul décadas depois, ao voltar de uma caçada nos arredores de São Paulo, apontou uma arma, que julgava sem munição, contra um companheiro. O tiro por pouco não atingiu a cabeça da quase vítima, ficando o episódio apenas no susto. De qualquer modo, espalhou-se o boato de que, em um momento de fúria, Juca teria tentado matar um colega. É fácil adivinhar que aquele ano de 1865 teria sido pródigo em desentendimentos entre Juca e alguns de seus colegas, mas haveria a situação chegado a esse ponto? Nas palavras do filho Raul, "mais tarde, esse incidente, quando ele entrou na política, foi deformado e explorado para indicá-lo como um homem irascível, capaz de abrir fogo em derredor sem o menor pretexto". Não há elementos factuais para estabelecer a verdadeira distância entre a versão e o fato, mas é possível especular que o rapaz não estivesse disposto a admitir dúvidas sobre o patriotismo e a competência do pai.

Talvez em consequência desses dias tormentosos, Juca decidiu fazer o quinto e último ano do curso na Faculdade de Direito do Recife. Iniciar os estudos em São Paulo e terminá-los no Recife, ou vice-versa, era uma escolha que não chegava a ser incomum na época, mas é muito provável que as atribulações daquele ano tenham contribuído para tornar bem-vinda a mudança de ares. O convite para que estudasse em Pernambuco partiu de um amigo do senador Paranhos, o monsenhor Pinto de Campos, que se tornara íntimo da família quando de sua estada no Rio de Janeiro como deputado por sua província. Com a derrota dos conservadores, não se reelegera e retornara ao Recife. O diretor da Faculdade de Direito, visconde de Camaragibe, também pertencia ao círculo de amizades do senador Paranhos, o que facilitava a transferência. Assim, em 1866, Juca Paranhos viveu na capital pernambucana e lá obteve seu diploma de bacharel em direito, aprovado com a menção "plenamente", em 21 de novembro daquele ano.

Ao contrário de São Paulo, no Recife as "repúblicas" ainda não eram comuns e restava a opção de alojar-se em pensões familiares, sem dúvida ambiente menos propenso a aventuras estudantis. Em termos acadêmicos, o curso transcorreu sem maiores incidentes. As atenções de todos estavam voltadas para as notícias sobre os avanços das tropas brasileiras no Paraguai, e Juca firmou-se, junto aos colegas e professores, como um bem informado especialista em temas militares e na política do rio da Prata. O jovem se correspondia com o tio Antônio Paranhos, então coronel, e recebia as novas diretamente da frente de batalha. Por intermédio do pai, também tinha acesso a notícias frescas e a testemunhos das lideranças políticas e militares sobre o andamento do esforço de guerra. As boas fontes, aliadas a seu já vasto cabedal de conhecimentos sobre temas militares e diplomáticos, transformaram-no em exímio analista do conflito, ainda que, na verdade, nada imparcial. Começou desde então a buscar e colecionar mapas, fotografias, retratos, ilustrações e documentos sobre os conflitos no Prata. Imaginava escrever uma *História militar e diplomática do Brasil*, que o consagraria como historiador.

O último ano da Faculdade de Direito tampouco despertou seu entusiasmo pelos temas jurídicos, mas marcou o nascimento de outra vocação, que o acompanharia a partir daí: a paixão pelo jornalismo. Juca se tornara correspondente da revista *L'Illustration Française* e mandava para Paris, além de textos variados, resenhas das principais batalhas, bem como desenhos e croquis das movimentações de tropas e manobras militares. A colaboração, iniciada em 1865 e muito assídua em 1866, foi interrompida em 1867 e retomada no ano seguinte — quando se registram as vitórias decisivas das tropas comandadas pelo marechal Luís Alves de Lima e Silva, então marquês de Caxias. Em 1869 essa colaboração foi declinando até cessar, em 1870. Em contraposição a uma imprensa internacional em geral simpática ao Paraguai, Juca contribuía para propagar uma versão positiva para a causa brasileira. No Recife também teve seu batismo na imprensa nacional, tornando-se ativo colaborador do hebdomadário editado pelo monsenhor Pinto de Campos: uma folha ultraconservadora chamada *Vinte e Cinco de Março*, um "jornal político, literário e noticioso". A publicação teve vida efêmera — durou de novembro de 1865 a dezembro do ano seguinte. A linha editorial foi definida a partir do artigo-programa do jornal: "Ataquemos de frente os desvarios dos que, sem rebuço algum, calcam e recalcam as nossas liberdades públicas e rasgam, uma a uma, as páginas daquela liberalíssima Constituição que o Império jurou no memorável dia 25 de março de 1824". O jornal, constata-se, fazia franca oposição ao governo liberal; os artigos de Juca atacavam a condução política do conflito com o Paraguai. Em alguns casos, também criticavam acidamente algumas lideranças militares da guerra, com especial empenho nas censuras contra Tamandaré, desafeto do senador Paranhos por conta dos desentendimentos durante a então recente intervenção brasileira no Uruguai. Entre seus vários artigos, o jovem Paranhos publicou no *Vinte e Cinco de Março* uma pequena biografia do pai — aliás, uma tradução para o português de texto que enviara antes a *L'Illustration* — e, como seria de esperar, dedicou outro texto especificamente à defesa do tratado de 20 de fevereiro de 1865.

Não faltaram ataques duríssimos contra o desempenho do chefe da esquadra brasileira, como se pode ver no comentário que publicou em 4 de outubro de 1866:

O almirante Tamandaré declarara antes aos generais aliados que havia reconhecido o rio até Curupaiti, acrescentando que nenhum perigo havia em desembarcar nas proximidades desse forte as tropas do sr. Porto Alegre. Entretanto, *no lugar explorado*, surgiu inopinadamente uma formidável bateria cuja expugnação custou-nos mais de 1000 homens fora de combate e, *nas águas reconhecidas*, voou um dos nossos melhores encouraçados, em consequência da explosão de três torpedos!

Para não deixar dúvidas, Juca concluía o artigo com um juízo impiedoso: "Não basta, para ser-se general, a bravura. O general deve possuir, ao lado dela, inteligência, conhecimentos profissionais e muita prudência. Os fatos têm demonstrado que, no sr. Tamandaré, não se encontram estes últimos dotes". Não por acaso, depois, quando se dedicou a escrever sobre as personalidades históricas brasileiras em suas *Efemérides brasileiras*, omitiu os feitos do patrono da Marinha brasileira.

Ainda que a real repercussão do *Vinte e Cinco de Março* jamais tenha ultrapassado os limites da província de Pernambuco, o fato é que Juca Paranhos estreou na imprensa nacional como um feroz jornalista de oposição, bem informado e implacável, mesmo que lidando com um tema complexo e perigosamente emocional, como a participação do país em uma guerra, fonte de fáceis explorações patrioteiras a título de contra-argumentação. O desassombro e a violência com que atacava o chefe da esquadra de seu país em tempos de guerra causa certo espanto. Iniciava-se uma longa atividade jornalística na qual Paranhos Júnior acabaria assumindo múltiplos papéis nas diferentes etapas de sua vida: correspondente de jornais estrangeiros no Brasil, jornalista "de oposição", jornalista "governista", membro da direção de jornal, editorialista, cronista, correspondente brasileiro no exterior, fonte e — a partir de determinado momento, ele próprio — notícia. Sua vivência e intimidade com o meio jornalístico acabariam por representar valioso ativo, que sempre procurou cultivar e que soube aproveitar como ninguém em cada passo de sua carreira política.

5. Viagem à Europa e difícil começo no Brasil

Com o título de bacharel em direito nas mãos, em fins de 1866, abriam-se muitas perspectivas para o jovem de 21 anos: a advocacia, uma carreira na magistratura ou, quem sabe, seguir o caminho aberto pelo pai na administração pública e na política. Essa última opção, contudo, estava temporariamente prejudicada pelo fato de os liberais continuarem no poder. Na oposição, o acesso a empregos públicos tornava-se muito mais difícil e era remota a possibilidade de sair-se vitorioso em uma disputa eleitoral com a chefia do governo nas mãos dos liberais. Porém, Juca tinha sorte. Ganhara doze contos de réis na loteria, quantia que, somada a uma ajuda recebida do pai, lhe permitiu viajar pela Europa por alguns meses e adiar as decisões sobre seu futuro profissional. Uma estada no Velho Continente era um rito de passagem quase obrigatório no processo de socialização de um jovem candidato a altos cargos do regime.

Assim, em março de 1867 o rapaz cruzou o Atlântico para iniciar um périplo de quase um ano que incluiu Portugal, Espanha, França, Alemanha e Áustria. Na travessia, dividiu camarote com um médico, como ele recém-formado, Hilário de Gouveia. Juntos, os dois visitaram Portugal, onde se separaram para reencontrarem-se meses depois, na Alemanha. O fato de conhecer em primeira mão a matriz civilizatória que o Império tentava emular representou um marco na formação de Juca: sua admiração pela cultura e pelas instituições europeias permaneceria até o fim da vida. A impressão mais marcante ficou por conta da França, onde visitou a Exposição Universal de Paris, para a qual fora construído, no Campo de Marte, um gigantesco edifício oval de 490 metros de comprimento e 390 de largura, coberto por lâminas de aço. A Exposition Universelle d'Art et d'Industrie recebeu mais de 9 milhões de visitantes durante os sete meses em que esteve aberta — o maior evento do tipo até aquela data. Ainda em Paris, Juca assistiu à opereta *La Vie parisienne*, de Jacques Offenbach, em cartaz desde outubro do ano anterior no Théâtre du Palais-Royal. Do enredo consta um personagem ao qual Juca não terá sido indiferente: o Brasileiro, um novo-rico simpático, mas de maus modos e péssimo gosto, além de perdulário, ingênuo e dado à ostentação. A caricatura refletia a imagem que se fazia do Brasil em certos círculos europeus: "Um dos países mais ricos da Terra, povoado por nababos de prodigalidade fenomenal, sem preocupação mesmo de seus interesses legítimos", conforme comentaria com o filho Raul décadas depois. Em seu canto de apresentação, o Brasileiro explicava que vinha do Rio de Janeiro carregado de ouro, ainda mais rico que depois da visita anterior. Voltava a Paris vindo do Brasil pela terceira vez, sempre com ouro na bagagem e diamantes na camisa. Em suas passagens prévias pela cidade, permanecera tempo suficiente para fazer duzentos amigos e conquistar quatro ou cinco amantes, em seis meses de intoxicação amorosa. Havia aproveitado bem a vida até Paris tomar-lhe todo o dinheiro trazido. E, ainda assim, voltava, entusiasmado. Por essa época, os franceses cunharam a palavra *rastaquouère* — que no Brasil acabou aportuguesada para "rastaquera" — para definir o tipo de novo-rico cujo arquétipo passou a ser o Brasileiro de Offenbach. Juca não terá achado especialmente graciosa essa representação do Brasil na Europa: a caricatura feria o sentimento de identidade com a civilização a que as elites brasileiras imaginavam pertencer. Se a monarquia brasileira se imaginava europeia, não havia reciprocidade. O Velho Continente via o Brasil de uma forma mais próxima da realidade: um país atrasado, com grandes riquezas naturais, dirigido por uma elite pouco afeita ao trabalho. A impressão deve ter sido dolorosa: a imagem do país no exterior iria tornar-se uma das grandes preocupações de Paranhos Júnior no desempenho de suas funções diplomáticas e na chefia da chancelaria.

A viagem formativa incluiu visitas a sítios históricos, bibliotecas, livrarias e museus, bem como contatos com personalidades da vida cultural. Juca Paranhos comprou livros e mapas. De autoria do célebre geógrafo Henry Harrisse, adquiriu uma edição da *Bibliotheca Americana Vetustissima*, uma resenha erudita dos estudos sobre a América publicados na Europa entre 1492 e 1551. Mas, muito à sua maneira, tampouco descuidou do lado mundano da aventura. Frequentou os grandes cafés e restaurantes da moda, entre os quais, em Paris, "um restaurante alegre, que ficou sendo depois um dos centros da vida noturna, o Moulin Rouge". Ainda que não fosse um apreciador de cerveja, em Viena e Munique desfrutou das cervejarias com música. Contudo, se a sorte o acompanhava nessa viagem, o jovem recebeu uma lição sobre quão efêmera a fortuna pode ser: depois de ganhar muito dinheiro em uma noite de jogo no cassino de Monte Carlo, perdeu tudo na companhia de duas mulheres que encontrara por acaso. Como contou ao filho anos mais tarde, teria conhecido duas brasileiras na estação de trem, já de partida para Nice com os bolsos abarrotados de dinheiro, e elas o teriam convencido a voltar ao cassino para dar-lhes sorte. Seja por ter voltado ao jogo, seja por ter seguido outro rumo na companhia das novas amigas, o fato é que no dia seguinte Juca perdera todos os seus ganhos, "só ficando com o bilhete de volta".

Em janeiro de 1868 o viajante estava de volta ao Brasil para enfrentar o inevitável início da vida profissional. Os liberais continuavam no poder, com o gabinete chefiado por Zacarias de Góis e Vasconcelos, o que lhe fechava muitas portas. No entanto, a mesma circunstância criou uma oportunidade inesperada. Joaquim Manuel de Macedo, padrinho de Juca no Instituto Histórico e Geográfico Brasileiro, havia assumido uma cadeira na Câmara dos Deputados pelo Partido Liberal, deixando vago o posto de professor de história e geografia no Colégio Pedro II. Graças à indicação de Macedo, em 23 de abril Paranhos Júnior foi nomeado professor interino. Logo depois, em junho, tomou posse no IHGB, título social e científico sem dúvida invejável, mas não remunerado. O escasso entusiasmo pelo direito, que vinha dos tempos de estudante, seguia inalterado ou se acentuara. "Ando por aqui em uma advocacia muito insípida, convencendo-me cada vez mais que não tenho vocação para isto", escreveu ao amigo Francisco Veiga. "Hoje, para ser advogado é preciso ter-se o espírito um pouco mercantil. Não sirvo para isto decididamente. Não sei entrar em ajustes pecuniários e andar pedindo dinheiro; nem gosto de levar calotes."

Achando-se com pouco talento para a advocacia e sem chance na política, Paranhos Júnior parecia destinado a desenvolver sua enorme vocação de historiador na cátedra que ocupava no Colégio Pedro II e no IHGB. Continuava a acompanhar o desenrolar da guerra pela correspondência com o tio Antônio desde os campos de batalha, nas conversas na casa paterna e nas discussões com os confrades do IHGB. Seguia escrevendo para *L'Illustration* e narrava as vitórias brasileiras, com ênfase nas façanhas do então marquês de Caxias, amigo da família, e por quem nutria grande admiração. A afeição era mútua: mais tarde, Caxias passaria a tratá-lo carinhosamente por "meu Juca". Visto na perspectiva daquele momento, o futuro de Paranhos Júnior parecia inclinar-se para uma brilhante carreira de historiador, o que, provavelmente, lhe teria agradado, mas não correspondia às expectativas de seu pai.

O destino, porém, tem suas manhas, e a vida de professor duraria pouco. Em julho daquele ano de 1868, caiu o gabinete Zacarias e os conservadores voltaram ao poder. Em 16 do mesmo mês, o imperador incumbiu o visconde de Itaboraí de formar o novo gabinete. O pai de Juca voltou a contar com as boas graças do poder e aceitou o convite de Itaboraí para assumir a chefia do Ministério dos Negócios Estrangeiros. Com o novo primeiro-ministro, dissolvia-se a Câmara dos Deputados, e não era segredo que a antiga maioria dos luzias seria substituída por uma Assembleia majoritariamente saquarema. Incentivado pelo pai, Paranhos Júnior movimentou-se para disputar uma cadeira de deputado pela província do Rio de Janeiro. Contudo, seus planos não coincidiam com o que pretendiam os caciques do Partido Conservador na província. Paulino Soares de Souza e o próprio chefe do gabinete tinham outros candidatos. A solução foi candidatar-se pela província do Mato Grosso, pela qual o pai era senador vitalício. A alternativa recebeu as bênçãos da alta cúpula saquarema.

As eleições aconteceriam em 31 de janeiro do ano seguinte, mas, com a volta do titular da cadeira, que tinha perdido seu posto de deputado, dissolvida a Câmara, Paranhos teve de deixar seu emprego no Colégio Pedro II. No plano familiar, uma tragédia enlutava os Paranhos. Em fins de agosto, morrera Pedrinho, um dos irmãos de Juca, dez anos mais moço, que padecia de paralisia, ao que tudo indica decorrente de poliomielite. Pelo visto, essa tristeza não encontrava compensação na vida amorosa: em carta a seu amigo Veiga, que acabava de se casar, Juca confessou que "desejaria também encontrar alguma fada que me enfeitiçasse e viesse a espalhar alguma alegria em meus dias, que vão passando vazios e monótonos".

Desde julho o jovem Paranhos havia perdido o posto no Pedro II, mas o pai, novamente poderoso, conseguiu-lhe o cargo de promotor na cidade de Nova

Friburgo, que ele assumiria apenas nos últimos dias de dezembro. Era um emprego temporário, pois pai e filho contavam com a eleição de Juca para a Câmara. Graças à influência paterna na província, o pleito em si, no final de janeiro, parecia apenas uma formalidade. O candidato nem se deu ao trabalho de ir conhecer o distante Mato Grosso, mesmo tendo a intenção de ser eleito um dos dois representantes daquele rincão na Câmara Baixa. Vencida a eleição sem fazer campanha, contava tomar posse meses depois, em maio, quando o Parlamento retomasse seus trabalhos. Até lá, o plano era se refugiar do calor do verão na altitude de Nova Friburgo, tranquila cidade de colonos suíços e alemães, e viver dos proventos obtidos com o cargo de promotor. A cidade deixou boa lembrança, em especial os "folguedos do Carnaval, às vezes brutais com o entrudo".

A prática do entrudo — que consistia em lançar nos transeuntes limões de cheiro, pequenos globos de cera cheios de água, urina e outras substâncias — não era exclusividade da serra fluminense. Conta-se que durante o Carnaval o próprio imperador, oculto atrás das cortinas das janelas do Paço Imperial, divertia-se lançando limões de cheiro nos passantes. Os festejos começavam a assumir formas mais próximas do modelo europeu, com cordões de mascarados e animados bailes. O entrudo, por sua vez, já passava a ser malvisto, mas apenas em 1890 proibiu-se a venda de limões de cheiro, e a prática passou a ser efetivamente reprimida.

Porém o destino, uma vez mais, desviaria Juca de seu trajeto. Em janeiro de 1869, Assunção foi ocupada pelas tropas brasileiras. Além de continuar a caçada a Solano López, que fugira da capital, fazia-se necessário concertar os arranjos relativos à paz — uma negociação complicada que envolveria a Argentina, o Uruguai e um governo ainda indefinido para representar o país derrotado. O primeiro passo seria organizar o governo provisório do Paraguai. Para assumir a delicada tarefa, o imperador enviou seu ministro dos Negócios Estrangeiros. Paranhos partiu da corte de volta ao Prata nos primeiros dias de fevereiro. O filho, já eleito, seguiu o pai em fins do mesmo mês. Seria uma estada curta, pois em maio assumiria sua cadeira na Câmara. Ainda assim, permaneceu no Paraguai um período ligeiramente mais longo que o par de meses passados em Nova Friburgo.

Paranhos Júnior acompanhou o pai apenas em caráter não oficial, a despeito da tradição na diplomacia de então, em que muitas vezes os plenipotenciários se faziam acompanhar pelos filhos na qualidade oficial de secretários ou adidos, o que garantia, além da remuneração que aumentava a renda familiar, um começo na carreira diplomática para os rebentos. Como no resto da máquina pública — diminuta para os padrões atuais —, as nomeações na diplomacia eram produto de indicações políticas e não havia carreira propriamente dita. No entanto, a experiência como secretário ou adido não deixaria de ser um elemento positivo em futuras indicações. Ainda que extraoficial, a experiência foi um momento importante no aprendizado do jovem herdeiro do senador Paranhos. Às vésperas de seu 24º aniversário, Juca assistiu em primeira mão às tratativas do pai para o estabelecimento do governo provisório no Paraguai. Além disso, em nota que na ocasião terá passado totalmente despercebida, a estada no Paraguai lhe permitiu conhecer um "obscuro major", Floriano Peixoto, a quem teve a "oportunidade de prestar pequenos obséquios" graças à posição de poder que detinha como secretário do pai.

O marquês de Caxias havia retornado ao Rio de Janeiro, considerando a guerra encerrada com a ocupação da capital paraguaia. O comando-geral das forças brasileiras passou às mãos do conde D'Eu, então com 27 anos. Paranhos chegou a Assunção pouco depois da partida de Caxias e lá aguardou a chegada do novo comandante em chefe das Forças Armadas brasileiras. Para o plenipotenciário brasileiro, terá sido um desafio a mais conviver com o consorte da herdeira do trono sem causar-lhe desconforto, retendo ao mesmo tempo a independência no comando de sua missão. De volta à corte, depois da experiência de aprendiz de diplomata, Paranhos Júnior iniciou sua vida na política como deputado do partido do qual seu pai já figurava como um dos principais próceres. A advocacia ficava para trás. Aparentemente, a vocação de historiador também ficaria suspensa com a entrada na vida parlamentar. Não poderia deixar de haver uma grande expectativa sobre como seria o desempenho na política do primogênito do senador Paranhos, um reconhecido expoente nessa difícil arte e um orador consumado. Estaria o filho à altura do pai?

6. O deputado Paranhos Júnior

O acordo para a formação do novo governo paraguaio só foi firmado em junho de 1869, em Buenos Aires. A essa altura, Juca já tinha retornado ao Rio de Janeiro para tornar-se o deputado Paranhos Júnior, empossado em 15 de maio pelo visconde de Camaragibe, o mesmo que dois anos e meio antes assinara seu título de bacharel em direito, na qualidade de diretor da Faculdade de Direito do Recife. Os saquaremas retomavam o controle da Câmara Baixa do Parlamento e, com sua maioria também no Senado vitalício, tudo indicava que poderiam impor sua agenda. Desde o início da legislatura, o jovem deputado Paranhos contava com alguns amigos na bancada do Partido Conservador. Além de Camaragibe, o antigo editor do *Vinte e Cinco de Março*, monsenhor Pinto de Campos, retomou sua cadeira na Câmara. Juca também tornou-se amigo de outro deputado conservador da província de Pernambuco, João Alfredo Correia de Oliveira, que voltava à Câmara depois da queda dos liberais. Dez anos mais velho que Paranhos Júnior, mais adiante João Alfredo estaria fortemente associado à trajetória dos dois Paranhos.

Na legislatura de 1869-72, o neófito Paranhos Júnior teve uma atuação bastante apagada. Tímido, orador medíocre, sem maior talento ou atração pelos floreios retóricos característicos da época e, ainda, com uma voz que por momentos soava excessivamente aguda, Paranhos Júnior pouco participou dos debates parlamentares. Álvaro Lins resumiu a situação: "Não subia à tribuna senão quando a isso se via obrigado, para tratar de questões objetivas em que se sentia seguro e dominador". Entre os colegas deputados, mesmo os do Partido Liberal, mostrava-se afável, mas tampouco revelou maior vocação para as articulações de bastidores. Na linguagem de hoje, Paranhos Júnior certamente estaria incluído no rol dos membros do "baixo clero" daquela Câmara de 122 deputados, ainda que ao fim dessa 14ª Legislatura tenha ascendido à posição de segundo secretário da casa, mais por conta do prestígio paterno do que pelos próprios méritos como parlamentar.

O senador Paranhos seguia no cargo de ministro dos Negócios Estrangeiros e retornou à corte somente em agosto de 1870, a tempo de assistir à queda do gabinete chefiado pelo visconde de Itaboraí. Com o governo provisório paraguaio instalado, procurara assentar as bases do pós-guerra em um tratado preliminar de paz, mas ainda era preciso convencer argentinos e uruguaios a aceitar o acordo, pois o Tratado da Tríplice Aliança previa que nenhum dos três aliados poderia assinar um armistício em separado com o Paraguai. No plano pessoal, retornava ao Rio de Janeiro abalado pela morte do irmão Antônio, pouco antes promovido a brigadeiro, perda sem dúvida muito dolorosa também para o sobrinho Juca. As ambições políticas do senador seguiam crescentes: voltava com a esperança de suceder Itaboraí na chefia do gabinete. Na data em que assinou o Tratado Preliminar de Paz com o Paraguai, 20 de junho de 1870, recebera do imperador o título de visconde do Rio Branco, em alusão a um rio da província do Mato Grosso ao longo do qual o Paraguai pretendera, sem sucesso, que fosse traçada a fronteira entre os dois países, que acabou definida pelo rio Apa. A atribuição do título nobiliárquico dava uma ideia do prestígio gozado por Paranhos junto ao monarca. Considerado um dos membros mais influentes do Partido Conservador, o novo visconde vinha confirmando de maneira inequívoca seus dotes de diplomata e estadista. Esquecidos estavam os dias de desprestígio vividos em 1865. Por que não sonhar com a presidência do Conselho de Ministros?

A queda do gabinete Itaboraí deveu-se, sobretudo, a sua incapacidade de conseguir avanços na "questão servil" — ou seja, a escravidão —, que passara a fazer parte da agenda do imperador. A abolição gradual da escravatura figurava (havia relativamente pouco tempo, é verdade) como uma das bandeiras dos liberais, mas um segmento do Partido Conservador, no qual se incluía Paranhos, entendia que continuar insistindo na manutenção do trabalho escravo poderia levar a uma ruptura violenta, de consequências imprevisíveis. O exemplo da guerra civil estadunidense era recente e assustador. Para desaire da história da diplomacia brasileira, o Império havia simpatizado com a Confederação e chegara a caracterizar os estados sulistas como beligerantes — um passo na direção de seu reconhecimento diplomático. Além do risco de uma crise interna, a vigência da escravidão era cada vez mais criticada internacionalmente e, a essa altura, sua continuidade tornava insustentável o discurso sobre a superioridade da "civilização" brasileira frente às repúblicas vizinhas. Desde a guerra contra o Paraguai, o imperador incluía o tema na pauta das discussões no âmbito do Conselho de Estado. Em 1867, no discurso anual de abertura dos trabalhos do Parlamento — conhecido como a "Fala do Trono" —, d. Pedro disse aos deputados e senadores, com todas as letras, que "elemento servil no Império não [pode] deixar de merecer [vossa] consideração". Durante a guerra, a libertação dos escravos que quisessem se alistar no Exército chegou a ser cogitada pelo Conselho de Estado, mas a defesa do direito de propriedade dos escravocratas falou mais alto. O Congresso também resistia à ideia.

Ainda não seria aquela a vez do visconde do Rio Branco. A preferência do imperador para a chefia do gabinete recaiu sobre o visconde de São Vicente, José Antônio Pimenta Bueno, que, nas discussões no âmbito do Conselho de Estado, se revelara um paladino da ideia da abolição gradual da escravatura. Com a assunção do gabinete chefiado por São Vicente, em fins de setembro de 1870, o visconde do Rio Branco deixou o Ministério dos Negócios Estrangeiros e reassumiu sua cadeira no Senado. O novo primeiro-ministro chamou João Alfredo Correia de Oliveira para a pasta dos Negócios do Império; o companheiro de Paranhos Júnior na Câmara dos Deputados ascendia rapidamente. Numa escolha de grande carga simbólica, a pasta da Fazenda foi ocupada por Francisco Sales Torres Homem, que depois obteve do imperador o título de visconde de Inhomirim. O novo responsável pelas finanças públicas era mulato, neto de uma escrava e filho de um padre com uma quitandeira do largo do Rosário conhecida como Maria Patrícia "Você me Mata". Alvo de charges que o retratavam como um macaco, Torres Homem não se abalava. Ao contrário, era notória sua preocupação com a elegância, que explicava pela necessidade de "não deixar aos medíocres e tolos sequer essa superioridade: trajarem bem. As exterioridades têm inquestionável importância". Pareciam bem fundadas as esperanças de que com o novo gabinete a tese da abolição progressiva ganharia força.

O visconde do Rio Branco permaneceu pouco tempo na corte. Em outubro daquele mesmo ano de 1870 coube-lhe nova missão no Prata. Na verdade, uma continuação da anterior. Paranhos voltava ao Paraguai como "procônsul", na definição acertada de Oliveira Lima, pois o governo provisório paraguaio tinha pouca margem de manobra para contrariar o homem que, em última instância, comandava as tropas estrangeiras que ocupavam o país. O Império e o governo paraguaio compartilhavam dois objetivos: manter o Paraguai como Estado independente e não aceitar a pretensão da Argentina de definir sua fronteira com o país vencido pela linha estabelecida no Tratado da Tríplice Aliança, do qual, naturalmente, o Paraguai não havia sido parte. Com a convergência circunstancial de interesses entre o Império e o governo provisório paraguaio, os ex-aliados, Brasil e Argentina, passaram a ocupar lados opostos. Não cabe aqui analisar as intricadas tratativas comandadas pelo visconde do Rio Branco entre dezembro de 1870 e fevereiro de 1871.

Em recesso parlamentar, Paranhos Júnior pôde acompanhar o visconde e desfrutou de uma segunda oportunidade de ver de perto um dos melhores diplomatas do Império em uma negociação complexa. No Rio de Janeiro, nas diversas ocasiões em que o visconde chefiou o Ministério dos Negócios Estrangeiros, Paranhos Júnior havia testemunhado o trabalho diário da chancelaria. De acordo com seu próprio relato, "quando ministro [o pai], trabalhava em casa, no seu gabinete, e tinha sempre ao seu lado dois ou três auxiliares". Assim, Juca viu "funcionar em casa a Secretaria dos Negócios Estrangeiros". Ao contrário da experiência de 1869, Juca Paranhos teve sua participação como secretário da missão oficializada pelo governo imperial, outro sinal claro do crescente prestígio paterno. Aliás, talvez como desforra e prova de poder, o visconde foi além. Em carta a um amigo, explicou: "Meu filho vai como meu secretário, e levo duas adidas, que são minhas filhas maiores, que achei muito magrinhas", razão sem dúvida prosaica para justificar a obtenção de um cargo público. Paranhos não deixou de apresentar o auxiliar às altas autoridades dos países que visitava. Como obrigação inerente ao cargo, cabia ao filho cuidar da correspondência oficial da missão; Juca aprendia o ofício. As negociações mais importantes ocorreram em Buenos Aires; o visconde e família se alojaram em Belgrano, nos arrabaldes da capital argentina. O tema era complexo, e os argentinos, com base nas disposições do tratado que constituiu a Tríplice Aliança, mostravam-se inflexíveis quanto a suas pretensões sobre o território paraguaio. Assim, as discussões progrediam com muito vagar. Reaberto o Parlamento, Paranhos Júnior voltou à corte para reassumir sua cadeira na Câmara. Meses depois, o visconde também partia sem concluir a negociação; acabaria por assistir ao encerramento da questão enquanto ocupava outro cargo, que o esperava no Rio de Janeiro. Fora chamado com urgência de volta à corte.

O gabinete comandado por São Vicente não soube dar andamento às reformas exigidas por d. Pedro, pois a resistência às mudanças partia de setores do próprio Partido Conservador. A convite do imperador, o visconde do Rio Branco passou à chefia do Conselho de Ministros. Em 7 de março de 1871, assumiu a função de primeiro-ministro e começou a comandar o gabinete de mais longa duração em todo o período monárquico, tendo se prolongado até junho de 1875. João Alfredo Correia de Oliveira manteve o cargo de ministro dos Negócios do Império e, além de continuar responsável pelos temas de política interna, passou a braço direito do visconde. Rio Branco levou para o ministério três outros deputados ainda mais jovens, Manuel Francisco Correia (Negócios Estrangeiros), Manuel Antônio Duarte de Azevedo (Marinha) e Teodoro Machado Pereira da Silva (Agricultura, Comércio e Obras Públicas). O primeiro-ministro assumiu pessoalmente o Ministério da Guerra, e para o Ministério da Justiça convidou Francisco de Paula de Saião Lobato. Ao contrário do que acontece hoje, o governo compunha-se de poucas pastas. O gabinete Rio Branco representou um esforço importante de reforma e atualização da ordem saquarema. O visconde se assenhoreou de várias das bandeiras dos liberais e promoveu avanços consideráveis. Sofrendo resistência por parte de setores de seu próprio partido, fez com que fosse promulgada a Lei do Ventre Livre em 28 de setembro de 1871, rompendo os tradicionais alinhamentos partidários e fraturando o Partido Conservador.

A Guerra do Paraguai marcou o apogeu e o começo do fim dos anos dourados do Império, iniciados no alvorecer da década de 1850. Terminada a guerra civil estadunidense, nas Américas apenas o Brasil e Cuba permaneciam como regiões onde a escravidão ainda era praticada em larga escala. A terrível instituição revelava-se cada vez mais anacrônica, com a difusão crescente do trabalho assalariado, que começava a concorrer com vantagem com a exploração de homens e mulheres escravizados. Com o fim do tráfico, as más condições de vida das senzalas resultavam no decréscimo da população escravizada e na progressiva diminuição da mão de obra cativa frente a uma expansão contínua da fronteira agrícola. Nos anos imediatamente seguintes ao fim da imigração forçada de africanos, a venda dos escravos excedentes dos engenhos e plantações decadentes do Nordeste do país para as fazendas do Sudeste matizou o problema, mas esse comércio interno não tinha como ser uma solução permanente. Ao mesmo tempo, não há como subestimar o peso das lutas dos próprios cativos na conquista da liberdade. Ao contrário do que pregou certa historiografia, o fim da escravidão não pode ser apresentado como uma dádiva da população branca, pois resultou de um conjunto de fatores em que as diversas formas de resistência dos escravizados também desempenharam papel fundamental.

As tensões acumuladas por aquele sistema político excludente, centrado na alternância dos partidos Conservador e Liberal como fachada parlamentarista — mas, na essência, pouco permeável a mudanças —, começaram a transparecer com dureza, e com isso o mundo construído pela hegemonia saquarema desabava. Em 1870 foi publicado o "Manifesto republicano", assinado, entre outros, por Quintino Bocaiúva e Salvador de Mendonça. Quebrou-se a bipolaridade partidária com a fundação do Partido Republicano, que propunha sem rodeios o abandono do sistema monárquico. A expressão intelectual desse descontentamento expressou-se na afirmação da chamada "Geração de 1870", cujas teses se articulavam em torno de quatro grandes temas, antes praticamente interditados ao debate público: a abolição, a separação de Igreja e Estado, o federalismo e o fim da monarquia. Iniciou-se, assim, uma fase de contestação aberta das instituições basilares do Império. O traço comum desse grupo de intelectuais e políticos residia na experiência de marginalização dentro da ordem saquarema. A exclusão, claro, era relativa, sendo aquela uma elite letrada que, em qualquer circunstância, estava muito acima da massa da população em termos políticos, econômicos e sociais. No entanto, o fato é que os postos mais altos na administração pública estavam quase sempre reservados para os filhos de um pequeno estamento senhorial. O visconde do Rio Branco e outros poucos apareciam como notáveis exceções, mas até no caso de Paranhos o lugar de sua família na ordem saquarema continuava, na verdade, precário e contingente.

Em termos cronológicos, Juca, nascido em 1845, poderia ser enquadrado na Geração de 1870. Sua opção pessoal, contudo, jamais foi no sentido de contestar a ordem estabelecida. Ao contrário, ele procurou de modo quase obsessivo a ela pertencer, integrar-se àquele universo de ideias e práticas sociais que ruía. Recém-

-chegados a uma festa que terminava sem que os convidados tivessem como adivinhar o desenlace, os Paranhos se identificavam com uma cosmovisão e com estruturas sociais cada vez mais questionadas. A ascensão da família na ordem saquarema ainda não estava concluída e as regras do jogo social e político já começavam a ser ameaçadas por transformações imprevisíveis. O fim do Tempo Saquarema ameaçava o futuro dos Paranhos.

Em um prazo mais dilatado, a despeito do sucesso pontual das reformas implementadas — sendo a mais importante delas a Lei do Ventre Livre —, o gabinete Rio Branco fracassaria na tentativa de salvar a ordem saquarema de sua decadência. Naquele momento, inclusive, a unidade dos conservadores sofreu um abalo do qual não se recuperaria. No Parlamento, daí em diante, o Partido Conservador, dividido e enfraquecido, passou a enfrentar não só a oposição dos liberais como também a de um Partido Republicano pequeno mas barulhento, que simbolizava a possibilidade de uma ruptura profunda da ordem estabelecida. No campo social, novas forças surgiam e velhos arranjos começaram a ser desfeitos. As mudanças trazidas pelo visconde do Rio Branco vieram tarde demais e foram excessivamente tímidas. Em menos de duas décadas o Brasil assistiria à vitória das grandes bandeiras progressistas consagradas na década de 1870: o fim da escravidão, a separação entre Igreja e Estado, o federalismo e a república. Naqueles anos, contudo, poucos poderiam antever a rapidez e a contundência das mudanças que estavam por chegar.

No período final da 14ª Legislatura, Paranhos Júnior passou a carregar também a responsabilidade de ser filho e herdeiro político do então primeiro-ministro. Viana Filho resumiu a nova situação do deputado de forma ferina: "Afinal, Juca Paranhos encontrou, na Câmara, alguma coisa que lhe agradava fazer: ajudar o pai". Mesmo assim, essa colaboração ficou restrita aos bastidores, pois o filho não chegou a ocupar a tribuna para defender as reformas propostas pelo gabinete. Na Câmara Baixa, esse esforço foi liderado pelo deputado e ministro João Alfredo. No Senado, o próprio visconde do Rio Branco encarregou-se da tarefa. Os dois, aliás, eram vizinhos na rua do Conde (hoje rua Visconde do Rio Branco) e, juntos, comandaram a luta parlamentar pela aprovação da Lei do Ventre Livre. Em 27 de maio de 1871 foi apresentado ao Congresso o projeto de lei que previa que os filhos das escravas nascidos daí em diante tivessem garantida sua liberdade, ainda que na prática pudessem permanecer sob a tutela dos senhores até os 21 anos. As alas mais progressistas dos saquaremas, lideradas por Rio Branco e aliadas às minorias luzia e republicana, apoiaram a reforma contra os "emperrados", os setores mais reacionários do Partido Conservador. Travou-se, ao longo de cinco meses, uma das mais intensas disputas parlamentares do Segundo Reinado, acompanhada dia a dia, nos jornais e nas discussões públicas e privadas, por uma opinião pública que começava a surgir, ainda restrita ao reduzido círculo de letrados da corte e das capitais de algumas províncias.

A batalha pela imprensa foi especialmente difícil, pois mesmo o jornal dos conservadores, o *Diário do Rio Janeiro*, abrira suas páginas às reclamações dos escravagistas. Amparada pela indiferença editorial, a seção de publicações "A Pedido" foi invadida por ataques ao projeto de reforma e mesmo ao gabinete. Sob o pseudônimo "Um agricultor", um articulista escreveu quase diariamente, por semanas a fio, artigos cheios de indignação, com acusações do tipo: "Pela primeira vez na nossa história política, o governo tomou o archote dos incendiários e a responsabilidade de uma revolução que, se fosse possível vingar, transformaria completamente a sociedade". Além das diferenças políticas no seio dos conservadores, pesava contra Rio Branco o fato de o comando do jornal estar nas mãos de Saldanha Marinho, líder da corrente da maçonaria oposta à do Grande Oriente, liderada pelo visconde. Para contra-arrestar a oposição, seguindo uma tradição da política brasileira que já vinha do início do Segundo Reinado, pelo menos, o visconde do Rio Branco financiava com verbas públicas a publicação de artigos na imprensa em defesa da reforma e remunerava jornalistas simpáticos a sua causa. Denunciado no Senado, em um discurso datado de 5 de agosto o primeiro-ministro confirmou, sem maiores escrúpulos, sua política em relação à imprensa: "Todos os ministros do Brasil, sem exceção, têm lançado mão desse meio, têm mandado para os órgãos de publicidade artigos que explicam e justificam os seus atos, defendendo os princípios e os interesses que incumbe sobretudo ao governo defender e sustentar". A prática do apoio financeiro a órgãos simpáticos ao governo e do suborno descarado a jornalistas continuaria até a queda do Império, sendo interrompida pelos generais presidentes Deodoro e Floriano, que, pura e simplesmente, passaram a censurar os artigos considerados inconvenientes e mesmo a fechar jornais. A corrupção descarada da imprensa acabou sendo retomada pelos presidentes civis da República Velha.

Em meio a essa confusão, muito convenientemente, o imperador partira para sua primeira viagem ao exterior, deixando a princesa Isabel como regente. Em termos políticos, essa ausência se justificava como estratégia para minimizar o anunciado desgaste que a lei, se aprovada, causaria junto aos escravocratas, grupo que fazia parte da base de apoio da Coroa. Por outro lado, firmando uma posição simpática à reforma, a princesa poderia mostrar-se sintonizada com os novos tempos, granjeando simpatias para um futuro Terceiro Reinado. Em agosto, o projeto foi aprovado pela Câmara. Em 28 de setembro, o Senado confirmou a decisão e, no mesmo dia, a Lei do Ventre Livre foi sancionada pela princesa Isabel.

O que dizer da discretíssima participação do deputado Paranhos Júnior na discussão e aprovação do projeto mais importante da gestão do visconde do Rio Branco? Além da conveniência óbvia de lutar pelo sucesso do patriarca, a proposta também ia inteiramente ao encontro de suas convicções pessoais, como fica claro na leitura de sua resposta, já mencionada, à questão que lhe foi proposta como estudante da Faculdade de Direito de São Paulo. A explicação talvez fique por conta de sua timidez e da intimidação diante da imensa projeção da figura paterna. Ao contrário do filho, o visconde era um polemista de primeira grandeza e um orador consumado. Na Câmara, disputar a liderança com João Alfredo, ministro dos Negócios do Império e parlamentar mais experiente, não seria tarefa fácil ou isenta de perigos. Os amigos, como José Avelino Gurgel do Amaral, propagaram uma versão generosa para a ausência de Paranhos Júnior dos debates:

Filho do grande homem que presidia o gabinete de Sete de Março, o dr. Paranhos nem podia bater-se, nem expandir-se na tribuna com a liberdade necessária, sem pôr em risco delicadezas e suscetibilidades que a sua entranhada afeição filial tinha que acatar, como medida de boa política.

Explicação plausível, mas só parcialmente verdadeira.

Aprovada a Lei do Ventre Livre, uma nova quebra de braço entre as duas alas do Partido Conservador culminou com a dissolução da Câmara. Novas eleições foram realizadas em 1872, nas quais o visconde pôde assegurar para seu grupo uma confortável maioria na Câmara dos Deputados. Reeleito deputado, Paranhos Júnior também participou, de forma igualmente discreta, da 15ª Legislatura (1872-5). Dessa vez, contudo, Paranhos Júnior se deu ao trabalho de ir fazer campanha no Mato Grosso para conhecer a província que representava desde 1869. Dessa nova legislatura participaria, ainda, outro deputado por Pernambuco, Francisco Leopoldino de

Gusmão Lobo, com quem Paranhos Júnior logo desenvolveu a sólida amizade que se prolongaria até a morte do pernambucano, em 1900.

O visconde do Rio Branco havia assegurado uma base robusta na Câmara, mas na imprensa o gabinete continuava a enfrentar forte oposição e não contava com o apoio irrestrito nem mesmo do jornal ligado a seu partido. A solução passava pela criação de um novo órgão, dirigido por gente de sua estrita confiança.

7. Em nome do pai: *A Nação* e *A Vida Fluminense*

Ainda que dispusesse de uma sólida base parlamentar depois da renovação da Câmara dos Deputados, o visconde do Rio Branco — ele próprio tendo sido jornalista — percebia a necessidade de contar com um veículo que funcionasse como porta-voz oficioso das posições de seu grupo e que pudesse rebater os ataques veiculados nas folhas oposicionistas. O jornal ligado aos conservadores, o *Diário do Rio de Janeiro*, não se alinhou claramente com a defesa da Lei do Ventre Livre e, a partir daí, passou a fazer oposição pontual a medidas do governo. O gabinete Rio Branco, portanto, era combatido na imprensa não só pelos liberais e pelos republicanos, mas também pelas alas mais reacionárias do próprio partido, além de ter sofrido forte oposição por parte da imprensa católica durante a chamada Questão Religiosa. Cada grupo dispunha de um ou mais órgãos para a divulgação de suas ideias: o *Diário do Rio de Janeiro*, dirigido por Antônio Ferreira Vianna, representava os conservadores contrários ao gabinete Rio Branco; o jornal *Reforma* traduzia o pensamento do Partido Liberal; e *A República*, de Quintino Bocaiúva, o dos republicanos. O visconde do Rio Branco foi combatido, ainda, por uma folha católica ultramontana, *O Apóstolo*.

Naquela época a imprensa brasileira não cultivava a ilusão da isenção. Sem ambiguidades, Paranhos Júnior resenhou os jornais de acordo com suas simpatias políticas. Ao longo de sua história, o Partido Conservador recebera apoio dos seguintes jornais: *O Chronista* (1836-9), *O Brazil* (1840-52 e 1881-5), *Correio da Tarde* (1848-52 e 1855-62), *O Regenerador* (1860-1), *O Constitucional* (1862-4), *Correio Mercantil* (1867-8), *Diário do Rio de Janeiro* (1868-78) e *A Nação* (1872-5). Os liberais, por sua vez, também tiveram seus órgãos de imprensa: *O Despertador* (1838-52), *O Maiorista* (1841), *Novo Tempo* (1844-5), *Correio Mercantil* (1844-67), *Atualidade* (1858-64), *Diário do Povo* (1867-9) e *A Reforma* (1869-79). Os republicanos no Rio de Janeiro foram defendidos pelos seguintes jornais: *O Repúblico* (1853-5), *Correio Nacional* (1864-70), *A República* (1870-4) e *O Globo* (1874-8).

Menos imerso no dia a dia da luta partidária encontrava-se o tradicional *Jornal do Comércio*, fundado em 1827. Como se vê pela longa lista de jornais publicados apenas no Rio de Janeiro, o Segundo Reinado foi pródigo em órgãos de imprensa, em sua maioria de curta duração e reduzida tiragem, é verdade. Aos já arrolados, haveria de acrescentar-se, ainda, o *Diário Oficial* (publicado sob vários nomes desde 1808) e os jornais das colônias estrangeiras. Não se deve esquecer também de registrar a existência, desde 1857, com o surgimento do *Charivari Nacional*, dos jornais ilustrados: *Bazar Volante* (1863-75), *A Vida Fluminense* (1869-75), *O Mosquito* (1868-77), mais a *Revista Ilustrada* e *O Mequetrefe*, fundados em 1876 e 1875, respectivamente, e que seguiram existindo até os anos iniciais da República.

Os jornais da época eram publicações de poucas páginas, algumas delas dedicadas a anúncios e à reprodução de medidas oficiais, chegadas e partidas de navios e coisas do gênero. A parte mais substantiva se dividia entre a imprensa política e a literária, esta favorecida pela grande popularidade dos folhetins — novelas publicadas em capítulos —, que, de acordo com Nelson Werneck Sodré, eram "o melhor atrativo do jornal, o prato mais suculento que podia oferecer, e por isso o mais procurado". Muitas obras importantes da literatura brasileira foram publicadas originalmente sob a forma de folhetim nas páginas da imprensa carioca. Para além dos folhetins, também os debates político-partidários animavam as páginas dos diários e das revistas semanais. Outra seção muito lida e muito rendosa para os editores eram as "publicações a pedidos". Dentro dos limites do publicável, bastando pagar a quantia exigida pelo jornal, qualquer indivíduo, assumindo a responsabilidade pelo texto, sob pseudônimo ou mesmo de forma anônima, via impressos notas e artigos seus ou de outrem com pesados ataques pessoais contra inimigos políticos ou de qualquer outra esfera da vida pública ou privada. Muitas vezes os ofendidos respondiam pela mesma seção, em violentas trocas de impropérios que faziam a alegria dos leitores e reforçavam o caixa das publicações.

Para atender ao desejo do visconde de contar com um jornal que representasse o pensamento de seu grupo político, em julho de 1872 apareceu o diário *A Nação*, um "jornal político, comercial e literário" composto de quatro páginas. Os anúncios normalmente ocupavam as duas últimas. Na segunda, saíam as notícias do exterior, os avisos e os resumos de jornais estrangeiros. Apenas a primeira página era dedicada aos editoriais e artigos sobre política. O infalível folhetim vinha no rodapé das páginas. Paranhos Júnior colaborou em *A Nação* desde o primeiro número e em 1873 assumiu a redação do jornal junto com Gusmão Lobo, seu colega na Câmara. Ali publicou artigos e crônicas, além da primeira série de suas "Efemérides Brasileiras", retomada, muitos anos depois, nas páginas do *Jornal do Brasil*. Quanto à divisão dos temas no jornal entre os dois redatores, Paranhos teria preferência pela composição, "além do artigo de fundo, dos temas de política externa", ao passo que Gusmão Lobo cuidava dos assuntos de política interna. No início, aliás, comentou-se que os textos sobre temas de política internacional seriam escritos pelo próprio visconde, maledicência que provavelmente era falsa, ainda que se possam supor conversas frequentes entre pai e filho sobre a linha a ser adotada pelo jornal da situação.

A Nação polemizava ferozmente com a imprensa oposicionista. Nos debates sobre política externa, Paranhos Júnior exibiu seu extenso conhecimento das relações internacionais no rio da Prata, com a vantagem de contar com informações privilegiadas sobre as negociações em curso. Na ocasião, as discussões com a Argentina relativas aos acordos que deveriam pôr fim à Guerra do Paraguai arrastavam-se e criavam um clima pré-bélico entre os antigos aliados. Esse mal-estar entre os dois vizinhos era fonte de muitas críticas por parte dos jornais oposicionistas. Com argumentos sólidos, Paranhos Júnior rebatia os ataques da oposição nas páginas de *A Nação*, sem deixar de lançar mão de apelos emocionais, como na edição de 25 de julho de 1872, quando chegou a insinuar que os críticos do governo incorriam em crime de lesa-pátria:

> Continuam *A Reforma* e *A República* a advogar a causa do estrangeiro, com satisfação da República Argentina e pesar dos brasileiros. Que sejam felizes. [...] Prossi-

gam os adversários do governo imperial a sua ingrata tarefa, frua o estrangeiro a satisfação dessa defesa; curaremos nós dos reais interesses da pátria.

Curiosa linha de argumentação vinda do mesmo articulista que atacara de forma tão destemida, nas páginas de um jornal de província, a condução das operações militares contra o Paraguai.

É possível inferir o especial prazer de Paranhos Júnior em polemizar com *A República*, pois, além de opor-se a seu pai, a folha de Salvador de Mendonça e Quintino Bocaiúva advogava o fim da monarquia, instituição que ele prezava intensamente. Seguindo a cartilha antimonárquica, o jornalismo dos arquirrivais apoiava pretensões argentinas em nome de um americanismo que o jovem Paranhos não partilhava. Os republicanos acusavam a monarquia de desenvolver uma política intervencionista e belicista que estava na raiz dos conflitos no Prata; essa orientação iria na contramão do "espírito americano" que deveria reger as relações continentais. O impasse com a Argentina após a Guerra do Paraguai e o risco de um conflito com Buenos Aires, que acabou por não acontecer, eram apontados pelos republicanos como resultado de um intervencionismo e de um belicismo que eram atributos do regime monárquico. Os dois países chegaram enfim a um acordo, e, em 26 de novembro de 1872, *A Nação* publicava um artigo intitulado "O patriotismo de *A República*", que dizia: "A questão argentina teve um desenlace pacífico e amigável. Não haverá a guerra que tanto receavam os adversários do gabinete e pela qual já o responsabilizavam em nome dos interesses americanos". Aproveitando-se do sucesso diplomático, Paranhos Júnior tripudiou sobre o adversário pela previsão equivocada e não deixou de atacar a ideologia da publicação. Para ele, o jornal falava "a linguagem de uma paixão política que se enfurece contra a repulsa que suas loucas aspirações encontram todos os dias no bom senso e no amor dos brasileiros às suas instituições juradas". O jornalismo de Paranhos Júnior e Gusmão Lobo estava claramente pautado pela defesa do gabinete e por sua fidelidade à monarquia. As páginas de *A Nação* também estiveram engajadas na defesa do visconde durante a Questão Religiosa, disputa que acabou por ter papel decisivo na queda do gabinete Rio Branco.

Enquanto se dedicava com afinco ao debate dos temas do dia a dia pela imprensa, Paranhos Júnior não descuidava de seus estudos históricos. Aliás, muitos de seus artigos em *A Nação* trazem análises bem informadas sobre os antecedentes das questões de política internacional, como a série de textos que publicou entre dezembro de 1872 e maio do ano seguinte sobre a questão da fronteira entre Brasil e Peru, então em tumultuado processo de demarcação. Seu empenho em coligir dados e colecionar documentos, publicações e mapas sobre a história militar e diplomática na região do rio da Prata virara obsessão. Manteve o hábito de pedir relatos verbais ou por escrito diretamente aos protagonistas desses eventos pelo lado brasileiro. Não se tratava de coleta de depoimentos genéricos, mas da busca sistemática de informações sólidas e detalhadas, e suas entrevistas obedeciam a um roteiro e a perguntas cuidadosamente preparadas. Para ilustrar com um exemplo, Juca enviou ao marechal Osório, que, ainda como alferes, participara da batalha de Sarandi (em 12 de outubro de 1825, durante a Guerra Cisplatina, ou seja, quase cinquenta anos antes), o seguinte questionário:

1º) Bento Manuel ao sair de Montevidéu recebeu ordem de atacar o acampamento inimigo, ou simplesmente para reconhecê-lo? 2º) Quais os corpos que compunham a coluna de Bento Manuel e qual a sua força? 3º) No dia 12 de outubro (dia do combate) que disposições tomou Bento Manuel para atacar o inimigo? Em que ordem seguiu a nossa coluna, e que força tínhamos? 4º) Que tempo durou o combate? 5º) É exato que a infantaria guarani desertou no começo da ação, passando para o inimigo? Ou não tínhamos infantaria? Que corpo comandava o coronel Alencastre? 6º) O Regimento de Bento Gonçalves chegou a entrar em ação? 7º) Que perda tivemos? Os orientais dizem que tivemos mais de 572 mortos, 133 feridos prisioneiros e 573 prisioneiros sãos, entre os quais 52 oficiais. Isso elevaria nossa perda a mais de 1278 homens. Não haverá exageração nisso? 8º) Depois do combate, em que direção seguiu Bento Manuel? Foi perseguido? Quantos homens o seguiram?

Suas fontes não se restringiam às altas chefias militares. Durante a estada no Paraguai como secretário do pai, portanto em cargo de relevo, Paranhos Júnior pôde travar contato e, em alguns casos, estabelecer amizade com oficiais ainda jovens que depois ocupariam cargos importantes no Império e na República: Floriano Peixoto, Pires Ferreira, Saldanha da Gama, Custódio de Melo, Eduardo Wandenkolk e Joaquim Antônio Mauriti, entre outros. O interesse do deputado pelos temas militares e seu profundo conhecimento terão servido para estreitar esses laços pessoais que, sem que Juca pudesse então adivinhar, no futuro lhe seriam úteis. Entre suas fontes testemunhais sobre a Guerra da Tríplice Aliança contou, inclusive, com os relatos do general paraguaio Bernardino Caballero, depois presidente daquele país entre 1882 e 1886. Caballero, o oficial paraguaio de mais alta patente a sobreviver ao conflito, foi capturado pelas tropas brasileiras em Cerro Corá e levado ao Rio de Janeiro, onde viveu em relativa liberdade até 1871, quando retornou ao Paraguai. Em certa ocasião, Paranhos lhe teria perguntado como se explicava que um soldado valoroso tivesse servido por tanto tempo a um tirano como Solano López. Em resposta, Caballero teria dito: "Ah! Sr. Paranhos, é difícil descrever o que significava uma ordem do Supremo!". O destino daquele enorme acervo de informações, documentos, depoimentos, livros, mapas e imagens que Juca acumulava sem cessar ainda era incerto. Pretendia escrever uma *História militar e diplomática do Brasil*, mas adiava o início da redação da obra. Aparentemente, não dispunha de disciplina ou tempo para dedicar-se à composição dos livros que o projetariam como acadêmico, mas transformava-se pouco a pouco num erudito e bem documentado especialista na história militar e diplomática brasileira, assim como em questões de fronteiras.

Na edição de 25 de novembro de 1874, *A Nação* começou a publicar, em capítulos, a tradução dos dois primeiros volumes de *Der Krieg der Triple Allianz gegen die Regierung der Republik Paraguay* [*A Guerra da Tríplice Aliança contra o governo da República do Paraguai*], escrito pelo alemão Louis Schneider. Os editores do jornal, no entanto, assinalaram que "reproduzindo em nossas colunas a tradução da obra do sr. Schneider, retificaremos em notas algumas proposições do texto". As anotações, de autoria de Paranhos Júnior, corrigiam informações e contestavam interpretações antibrasileiras. Muitas vezes de grande extensão, não raro contradiziam frontalmente o autor alemão. A boa repercussão desses comentários levou o ministro da Guerra, João José Junqueira Júnior, a encomendar a Paranhos Júnior uma edição comentada da obra de Schneider. Entre setembro e dezembro de 1875, Juca completou o primeiro volume e no ano seguinte, o segundo. A redação do terceiro e último volume, contudo, estendeu-se por décadas e, se chegou a ser concluída, nunca foi publicada.

Numa faceta menos conhecida de sua atividade jornalística, Paranhos Júnior revelou-se incansável defensor do pai também pelas páginas de *A Vida Fluminense*. Já no número inaugural, a revista ilustrada semanal definiu claramente sua linha editorial: "*A Vida Fluminense* será uma folha joco-séria, publicará retratos, biografias, caricaturas, figurinos de modas, músicas, romances nacionais e estrangeiros, artigos humorísticos, crônicas, revistas etc.". Assim, ainda que abordasse temas políticos, a revista estava mais dirigida a resenhar a vida social em tom satírico. A publicação encontrou em Paranhos Júnior um bem-humorado colaborador. Sob o pseudônimo de Nemo (alusão óbvia ao personagem de Júlio Verne, cujo livro *Vinte mil léguas submarinas* fora lançado em 1869), das profundezas de seu anonimato, ele escreveu crônicas e artigos comentando, em tom pícaro, as festividades do Carnaval, os espetáculos da vida boêmia da capital, além de textos sobre temas menos lúdicos. Em defesa do gabinete Rio Branco, rebatia com humor, e até deboche, muitas das críticas dos jornais da oposição. Nem mesmo o clero escapava dos ataques de *A Vida Fluminense*. Na crônica de 20 de fevereiro de 1875, por exemplo, Nemo / Paranhos Júnior rebatia artigo da folha católica *O Apóstolo* que explicava os problemas do gabinete Rio Branco como castigo divino por seus atentados contra a fé:

> É velha mania do *Apóstolo* encontrar em cada doença e em cada óbito uma *graça* ou um *castigo*. Mas se religiosamente a coisa é assim, a gota de que sofre Pio IX será *graça* ou *castigo*? Escreveria sua santidade coisas *injuriosas contra a Igreja*?... Mandar-lhe-ia o governo brasileiro a moléstia de presente pelo telégrafo elétrico?... Leria alguma vez em voz alta o *Galileu*?... Atacaria foguetes à chegada de algum bispo?

Os embates contra a Igreja em defesa do pai acabariam por deixar sequelas na religiosidade de Paranhos Júnior.

A personalidade de Juca Paranhos exibia muitas facetas. A vocação de historiador seguia sempre presente, ao contrário da advocacia, já esquecida, e da vida parlamentar, abraçada a contragosto. A alma de jornalista, em contraste, conseguia abarcar suas contradições e acomodar seus múltiplos interesses. Pela imprensa, Paranhos Júnior advogava com exuberância as causas que lhe tocava defender, exibindo acurado tino político e fazendo bom uso de sua já grande bagagem de informações históricas, produto de muitas leituras e de pesquisas sistemáticas. Se no plenário da Câmara ele se revelara tímido e se de sua eventual participação nas articulações políticas pouco se conhece, no jornalismo sentia-se à vontade. Pelas páginas dos jornais, polemizava com gosto e desenvoltura. Mesmo a vertente mundana de Juca encontrou bom abrigo na cobertura jornalística que o jovem filho do primeiro-ministro arriscava-se a fazer dos espetáculos e festas da cidade e nas crônicas escritas a partir das impressões que soube recolher nas animadas noitadas cariocas.

8. O boêmio

Em paralelo com suas atividades como deputado e jornalista e de seus estudos históricos, Paranhos Júnior também encontrava tempo para a diversão. Nesses anos de 1869 a 1876, aproveitou como poucos a vida social do Rio de Janeiro. Brilhou nos salões da aristocracia, inclusive na casa dos pais, ocasiões em que os "homens bons" e senhoras e senhoritas "de família" desfrutavam de saraus, bailes e outros divertimentos bem-comportados. Exibindo a promessa de uma carreira brilhante na política e na administração pública, Juca, "um dos elegantes do Rio de Janeiro", fazia sucesso entre as jovens casadoiras da aristocracia. Nos salões das famílias poderosas e abastadas discutiam-se negócios e política, entre conversas de salão, bailes, jogos e apresentações musicais e poéticas. Pandiá Calógeras observou que a viscondessa do Rio Branco distinguia-se como anfitriã desses eventos sociais e que em sua casa "aprendiam-se a cortesia, o respeito às opiniões alheias: as maneiras de apurado tom, que o Barão conservou até o último momento, nele constituíam segunda natureza e tanto prendiam a quem com ele tratava". Nesses encontros privados, além do estreitamento das amizades e das redes de contato entre os membros da elite carioca e das províncias, que não deixavam de visitar a corte, nasciam namoros e casamentos que consolidavam os vínculos de sangue e propriedades da aristocracia. Como seria de esperar, o filho do primeiro-ministro participou intensamente dessas atividades, fez amigos e conquistou corações. Nessas veladas, disputava as atenções com Joaquim Nabuco, poucos anos mais jovem que ele, mas já conhecido nos salões cariocas como "Quincas, o Belo", filho do senador Nabuco de Araújo, nome dos mais cotados para assumir a presidência do Conselho de Ministros em um futuro gabinete liberal.

Além dos saraus, havia os bailes no Cassino Fluminense e outros clubes e festas promovidas pela realeza e pela alta aristocracia. Em 19 de julho de 1870, por exemplo, abriram-se pela primeira vez as portas do Palácio Itamaraty para um grande baile promovido pela Guarda Nacional da corte em homenagem ao conde D'Eu, que voltava vitorioso do Paraguai. O evento contou com presença da família real e reuniu 2 mil convidados. O *Jornal do Comércio* descreveu o ambiente:

As numerosas e suntuosamente decoradas salas do palacete, obsequiosamente prestadas para esta festa, resplandeciam de luzes, espelhos, sedas, tapeçarias e custosas galas. Por todas elas havia um indescritível burburinho de homens e senhoras ricamente trajadas, ornadas de brilhantes, pedras preciosas e vistosos enfeites. No meio da multidão um sem-número de fardas agaloadas de ouro.

Não foi nessa oportunidade que o visconde do Rio Branco estreou nos salões cariocas o título nobiliárquico, recebido pouco menos de um mês antes, uma vez que naquela data ainda se encontrava no Prata. Certamente, contudo, o deputado Paranhos Júnior não terá perdido o baile. Pode-se supor, ainda, que tenha servido de acompanhante da mãe, esta sim ostentando pela primeira vez o título de viscondessa do Rio Branco. A noite terá sido agradável para os dois, mas não haveria como mãe e filho suspeitarem, então, quão associado ao imóvel e à própria palavra "Itamaraty" viria a estar o nome "Rio Branco", que a família apenas começava a exibir.

O Palácio Itamaraty foi construído entre 1851 e 1854, por encomenda do primeiro barão de Itamaraty, Francisco José da Rocha, um rico comerciante de pedras preciosas e dono de plantações de café. Rocha, entretanto, não chegou a ver o edifício entregue, pois morreu em 1853. Seu filho, de mesmo nome, receberia o título de segundo barão de Itamaraty no ano seguinte, a tempo de batizar o palácio com o apelativo nobiliárquico copiado do pai. A palavra "Itamaraty" provavelmente decorreu da primeira atividade comercial da família, pois *itá*, em tupi, significa "pedra", *mará* decorre de *pará* (palavra tupi para "mar") e *ty* significa "água". Itamaraty, portanto, significa algo como "pedra de água do mar" — diamantes, talvez. A família dos barões de Itamaraty, contudo, jamais residiu no palácio: continuou a viver no sobrado que existia ao lado do edifício. Nos verões, para se refugiar do calor carioca, mudava-se para sua chácara na Tijuca. Aliás, o palácio não se prestava para moradia, tendo sido projetado como palco das atividades sociais de seus proprietários. Contudo, apesar do vultoso investimento, o segundo e último barão do Itamaraty não parecia dado a festas: tendo ficado pronto em 1854, o edifício só foi inaugurado em 1870 e permaneceu praticamente sem uso até depois da morte de seu proprietário, em 1884, sendo vendido pela viúva em dezembro de 1889. O novo dono, o governo republicano, ali instalou de início a sede da presidência da República, que acabou transferida para o Palácio do Catete em março de 1899. Somente a partir de então o Palácio Itamaraty passou a abrigar o Ministério das Relações Exteriores.

As atividades lúdicas dos jovens herdeiros cariocas não se esgotavam nos saraus e festas bem-comportadas. O Rio de Janeiro também oferecia opções mais atrevidas. Uma das grandes atrações da boemia chique de então era o Alcazar Lyrique du Père Arnaud, fundado na virada para a década de 1860 na atual rua Uruguaiana. Decerto a casa de espetáculos mais polêmica do Rio de Janeiro na segunda metade do século XIX, o Alcazar introduziu na vida da cidade um teatro de variedades que se chocava frontalmente com o moralismo da época. Machado de Assis registrou a impressão causada pela inauguração do cabaré na modorrenta capital do Império:

> Há nesta cidade do Rio de Janeiro um estabelecimento, onde, todas as noites, por entre baforadas de fumo e de álcool, se vê e se ouve aquilo que nossos pais nunca viram nem ouviram, embora se diga que é um sinal de progresso e de civilização. Chama-se este estabelecimento — Alcazar Lírico.

Os shows eram pródigos em canções com letras de duplo sentido e piadas grosseiras e sexistas. Exibiam-se generosamente os "corpos apetitosos" das vedetes em roupas ousadas. A casa ficou famosa pelas "odaliscas alcazalinas", como eram conhecidas suas artistas, em alusão ao nome de evocações orientais do estabelecimento. Juca, retraído e reservado em outros contextos, era frequentador habitual. Não raro as apresentações no animado cabaré eram seguidas de barulhentos distúrbios nas madrugadas cariocas. Juca não deixou de participar dessas confusões. Conta-se que, "de cavanhaque ruivo, calças cor de alecrim, *croisé* e bengala grossa, ele era o chefe de um dos partidos que aplaudiam Mlle. Resette e Mlle. Aimée e depois trocavam pauladas na rua, em homenagem às divas de suas preferências".

Na verdade, a vida mundana o atraía: "mostrava-se exímio nas valsas e polcas" dos bailes da cidade. Nas festas de Momo, aproveitando-se da fantasia de cronista social de *A Vida Fluminense*, desfrutava dos bailes e desfiles das sociedades carnavalescas. Com seu antigo colega da Faculdade de Direito em São Paulo, Paula Bittencourt, e novos amigos de boemia, Paranhos Júnior saía "em grupo a dar seu passeio vespertino, todos de calças brancas e as infalíveis cartolas". Almoçava pelo meio da tarde e jantava de madrugada, em um tempo em que o almoço era servido no meio da manhã e o jantar, ao anoitecer. Seus companheiros de noitada eram, em sua maioria, amigos recentes, como José Avelino Gurgel do Amaral, pois exceto Paula Bittencourt, delegado de polícia no Rio de Janeiro, os velhos colegas da faculdade estavam distantes: Francisco Veiga vivia em Minas Gerais e Graciano de Azambuja voltara para o Rio Grande do Sul. José Carlos Rodrigues já se destacava e vivia em Nova York, onde editava a revista mensal em português *Novo Mundo*, fundada em 1870. Ainda que publicado nos Estados Unidos, o periódico chegou a ter grande repercussão no Brasil, com tiragem de 8 mil exemplares.

Por outro lado, ao rol dos "homens sérios" amigos de Juca, além de Gusmão Lobo, casado com a zelosa d. Sinhá, em 1875 veio juntar-se o italiano Tommaso Gaudenzio Bezzi, que logo contrairia núpcias com a neta do mordomo do Paço Imperial, Francisca Beléns. Entre muitas empreitadas, o arquiteto Bezzi foi responsável, na década de 1880, pelo projeto e construção do Museu do Ipiranga, em São Paulo. As esposas de Gusmão Lobo e Tomás Bezzi toleravam com simpatia o amigo de seus maridos, "que aparecia para almoçar ou jantar em horas imprevistas".

Sobre esses anos da mocidade de Paranhos Júnior há, ainda, testemunhos de que o jovem teria sido exímio capoeirista, um "bonzão", nas palavras de um contemporâneo, "e disso se orgulhava nas palestras íntimas em que era tão picaresco". Mesmo que malvistas, as maltas de capoeiristas serviam de "força de choque" da política do Segundo Reinado (cavalheiresca apenas na aparência) para dar segurança às atividades de seus protetores e promover confusões e dissolver os comícios dos adversários. Não há registros de que as habilidades de Paranhos Júnior como lutador tenham sido testadas na prática, mas durante as duríssimas discussões sobre a Lei do Ventre Livre, em que sempre escoltava o pai na entrada e na saída do Parlamento, sua fama de "bonzão" certamente terá sido útil, pois "receava-se que o primeiro-ministro fosse agredido por homens assalariados pelos escravocratas". A imagem de plácido e bonachão do Barão na maturidade estava longe da realidade daqueles dias do jovem Juca.

No Alcazar, ele conheceu Marie Philomène Stevens, jovem belga que viera tentar a sorte no Rio de Janeiro e que, desde fins de 1870, apresentava-se em números de *pose plastique* no palco do cabaré, às vezes com pouca roupa, em outras ocasiões com menos ainda. Franzina, de olhos negros e cabelos castanho-claros, não chegava a ser exuberante e, talvez por isso, jamais tenha ido além de papéis secundários nos teatros cariocas. O fato é que, naquele ano de 1872, Paranhos Júnior e Marie Stevens viviam um tórrido romance. A relação de seu filho com a artista não era do gosto do poderoso visconde, e a belga foi embarcada de volta para a Europa quando Juca teve de ausentar-se da corte na campanha de reeleição como deputado por Mato Grosso.

Em Paris, em 20 de fevereiro de 1873, nasceu Raul, o primeiro dos cinco filhos que o casal Juca Paranhos e Marie Stevens teria em sua vida em comum. A notícia da gravidez de Marie terá surpreendido Juca e, entre os dois extremos das soluções possíveis — casar-se e assumir a paternidade ou renegar o filho e deixar Marie e a criança entregues à própria sorte —, Paranhos Júnior escolheu uma saída intermediária. Fez com que a belga retornasse ao Rio de Janeiro com o recém-nascido, mas, em lugar de sacramentar a união pelo casamento, instalou a amante e o menino na casa de número 34 da rua da Praia do Cajueiro. O arranjo feito por Juca não contou com a aprovação paterna: o visconde jamais demonstrou interesse pelos netos e nunca aceitou Marie. Ainda que a solução de uma "segunda casa" (não havendo, no caso, uma "oficial", pois ele continuava solteiro) para acomodar amante e filhos fora do casamento nada tivesse de incomum, a situação ganhava ares de escândalo e contribuía para acentuar a já sólida fama de boêmio de Juca. Vale dizer que ele assumiu prontamente a paternidade do bebê de Marie. O batizado de Raul, porém, tardou quase dois anos em ser realizado porque, talvez como forma de forçar a aceitação do menino pelos avós, a viscondessa foi convidada a assumir o papel de madrinha, que relutou em aceitar. Afinal, como solução de compromisso, Raul finalmente recebeu o sacramento do batismo em novembro de 1874, tendo Paula Bittencourt como padrinho e a avó como madrinha. D. Teresa Paranhos, porém, não se fez presente, sendo representada por Gusmão Lobo. Para o batizado de Maria Clotilde, nascida em maio do ano seguinte, observou-se uma fórmula mais prática, que dava a medida da continuada desaprovação do visconde: dessa vez o padrinho seria, outra vez, Paula Bittencourt, e a madrinha, Nossa Senhora do Amparo.

O futuro barão do Rio Branco seguia dividido. Ao deputado, filho do primeiro-ministro, contrapunha-se o boêmio incorrigível. O pai devotado contrastava com a alma avessa ao compromisso formal com a mãe dos filhos, que se multiplicavam: depois de Raul e Clotilde, logo Marie estaria grávida pela terceira vez. O seriíssimo jornalista de *A Nação*, empenhado na defesa do gabinete conservador, media-se com o cronista malicioso da revista ilustrada *A Vida Fluminense*.

Assinando "Nemo", Juca descreveu o Carnaval de 1875 para os leitores da revista em uma deliciosa crônica datada de 13 de fevereiro:

> As ruas estavam inundadas de povo, o prazer mostrava-se em todos os rostos e as sociedades, prontas a entrar na liça, aguardavam com impaciência o momento de expor à vista dos curiosos muita coisa bonita, rica e chistosa. [...] Dançava-se a custo e, mesmo para passear, pouco espaço sobrava. Como era natural, houve sopapo, leques quebrados, desmaios, ataques de nervos e outros episódios mais ou menos sérios, mais ou menos burlescos. Às 3h, o Carnaval de 1875 estorcia-se nas ânsias da morte e, ao raiar da aurora de quarta-feira, expirava nos hotéis, entre os vapores do *champagne*, para ceder o campo... aos 40 dias do senhor bispo.

A relação com Marie não representou obstáculo para que Juca continuasse a desfrutar dos Carnavais. Inclusive, constata-se que não somente nos dias da folia de Momo o despreocupado pai de família conseguia fugir da mulher e dos filhos pequenos para deleitar-se nas noites cariocas. Sua atividade de cronista social documentou as escapadas de forma inapelável. Em outra crônica, publicada em *A Vida Fluminense* em 13 de outubro daquele ano, Paranhos Júnior relatou de forma saborosa uma apresentação dos cafés-concertos da cidade:

> Ora, pois, viva lá a sra. Suzana Castera. Não é mulher aquilo; é um diabrete. Qual o ministro plenipotenciário que a vence em diplomacia? Qual o espectador que não fica de queixo caído perante a exibição da *Chave*? Qual o rapaz que não sente cóce-

gas nas palmas das mãos ao vê-la em cena? Qual o velho que deixa de saborear gostosa pitada após os requebros da senhorita X?

Aliás, essa Suzana Castera, que tanto entusiasmou Juca, décadas depois se tornaria proprietária de um dos mais famosos e requintados bordéis do Rio de Janeiro.

Juca Paranhos tampouco deixou de frequentar os elegantes salões da elite saquarema, onde ele certamente não ousaria exibir a companhia de Marie. No contexto bem-comportado de algum sarau, Juca começou um flerte com Maria Bernardina, então uma adolescente de quinze anos, filha do visconde de Tocantins e sobrinha do duque de Caxias. Na época, a pouca idade da moça não era empecilho para namoro e eventual matrimônio, hipótese que uniria os Paranhos a uma das mais tradicionais famílias ligadas ao Partido Conservador. Para adoçar a perspectiva, o visconde de Tocantins, militar e político, também acumulara considerável fortuna no comércio, o que tornava sua filha uma candidata ideal para garantir a tranquilidade financeira e a continuidade da carreira política de Juca, além de linhagem inatacável para seus descendentes. Tratava-se de um arranjo conveniente para as duas partes. Por um lado, Paranhos Júnior podia, sem dúvida, ser considerado um bom partido: político promissor, jornalista, íntimo dos altos círculos do poder. Em troca, o casamento com uma Lima e Silva proporcionaria ao clã dos Paranhos, além da segurança financeira, a ambicionada linhagem aristocrática para os descendentes do visconde do Rio Branco, um recém-chegado no círculo das elites do Império. Esse matrimônio deixaria o visconde radiante de satisfação.

A preocupação com um casamento com uma herdeira de alguma família tradicional não deve ser entendida como puro arrivismo. Mesmo personagens reformistas como Oliveira Lima e Joaquim Nabuco também buscaram projetar sobre si uma linhagem aristocrática, simbolizada, nos dois casos, pelo engenho. No caso de Nabuco, o engenho de açúcar, de nome Massangana, de sua madrinha, onde passou os sete primeiros anos de vida. Não por acaso, esse é o título do capítulo xx de sua autobiografia *Minha formação*, em que ele recorda a tenra infância e, em tal contexto, situa explicitamente sua identidade: "O traço todo da vida é para muitos um desenho da criança esquecido pelo homem, e ao qual este terá sempre que se cingir sem o saber...". O caso de Oliveira Lima, filho de um comerciante português, era mais difícil. Em todo caso, em suas *Memórias*, o pernambucano construiu a imagem do pai como um senhor de modos fidalgos, sugerindo uma ascendência aristocrática sem respaldo nos fatos. Do lado materno, essa identificação foi menos artificial, embora a família da mãe não fosse proprietária, mas locatária de um pequeno engenho. Foi pelo casamento com Flora Cavalcanti de Albuquerque, de família tradicional na oligarquia pernambucana, que Oliveira Lima finalmente solidificou sua identidade com os "homens bons" da ordem saquarema, não deixando de se referir em sua autobiografia à família da esposa e, com especial destaque, ao engenho do avô materno de Flora. Também Nabuco, depois do fracasso de seu longo romance com Eufrásia Teixeira Leite, uma das mulheres mais ricas de seu tempo, reforçou sua posição social casando-se com Evelina Torres Soares Ribeiro, filha do barão de Inoã e neta do barão de Itambi.

O peso das preocupações com o matrimônio como forma de criar alianças familiares, bem como as motivações pecuniárias atinentes, ainda que ocultas sob a capa do romantismo predominante, está muito bem documentado pelos cronistas da época. Em 1872, o *affaire* entre Juca e Marie atingira seu auge, para ser interrompido pelo embarque da corista para a Europa. Naquele mesmo ano, Machado de Assis lançou seu primeiro romance, *Ressurreição*, uma estreia bem recebida pela crítica literária. Em 1870, o autor publicara seus *Contos fluminenses*, com histórias curtas também centradas em seduções, namoros e casamentos no contexto da corte carioca. As tramas dos dois livros estão recheadas de referências a caça-dotes, solteirões boêmios, adolescentes cortejadas por homens maduros e relações extramatrimoniais consolidadas. Nos *Contos fluminenses*, são abundantes as referências ao Alcazar. Os personagens que povoam as páginas das duas obras, ainda que ficcionais, dão a dimensão, na visão aguda e irônica do grande escritor, do contexto, dos valores e das regras não escritas vigentes na alta sociedade carioca das décadas de 1860 e 1870. É fácil imaginar Juca Paranhos convivendo com o protagonista de *Ressurreição*, dr. Félix, um solteirão para quem o amor é "o idílio de um semestre, um curto episódio sem chamas nem lágrimas". Ou concebê-lo como companheiro de noitada do boêmio Luís Soares, que, arruinado, se suicida após o fracasso no intento de conseguir a fortuna do tio pelo casamento com a prima. A notícia da morte de Luís Soares não dissuadiu seus companheiros de boemia de uma noitada no Alcazar, onde a única oração fúnebre que os amigos íntimos lhe dedicaram foi a música de uma opereta francesa. Ou, ainda, tampouco seria estranho pensar em Juca Paranhos convivendo com Vasconcelos e Gomes, dois amigos de farra, ambos decididos a conquistar a fortuna um do outro pelo casamento do último com a filha de quinze anos do primeiro, estando os dois falidos sem que o outro soubesse. Revelada a mútua insolvência e desfeitas as ilusões, Machado de Assis concluiu o conto de forma magistral: "Vasconcelos e Gomes encontram-se às vezes na rua ou no Alcazar; conversam, fumam, dão o braço um ao outro, exatamente como dois amigos, que nunca foram, ou como dois velhacos que são".

Em todo caso, a continuidade da relação de Juca com Marie fechava as portas a um casamento que servisse para alavancar sua carreira política e consolidar a situação social e financeira da família Paranhos. Para desespero do visconde, a amante e os filhos de Juca não eram sua única dor de cabeça. Maria Luísa, a mais velha de suas meninas, apaixonara-se por um rapaz de recursos modestos, José Bernardino Silva, e, certa da oposição paterna, fugira com o namorado ao tempo em que o pai comemorava a aprovação da Lei do Ventre Livre. Assistia-se a outro pequeno escândalo familiar. Por carta, o visconde chegou a pedir o conselho do próprio imperador, ainda na Europa. O monarca, sábio, ponderou com seu primeiro-ministro: "Na atualidade é preciso fazer um bom genro do autor do mal". A situação foi contornada pelo casamento dos fugitivos e a instalação de José Bernardino em um emprego no serviço público. Pelo desenlace da questão é possível perceber que, ontem como hoje, nem só de assuntos de Estado se ocupam as altas autoridades.

Para amenizar tais contratempos, o visconde teve ocasião de comemorar, em 1875, o casamento da filha Amélia Agostinha com o bacharel Pedro Afonso Ferreira, político pernambucano ainda jovem, mas já testado na presidência das províncias do Piauí e de Santa Catarina. Além disso, Augusta logo contrairia matrimônio com Luís Cavalcanti, também com a aprovação do visconde e da viscondessa. Das filhas vivas do casal, apenas Luísa, ainda adolescente, permanecia solteira. Dentre os varões, com a morte prematura de Pedro Maria, sem contar o incorrigível José Maria, de situação matrimonial ambígua, restavam João Horácio, adolescente como a irmã Luísa, e Alfredo, então uma criança. Os dois meninos ainda não haviam se tornado os filhos problemáticos que depois tanto afligiriam a viscondessa.

9. A tormentosa remoção

A confortável situação de Paranhos Júnior não podia ser eterna: deputado, jornalista, historiador de futuro, cronista social, expoente da *jeunesse dorée* do Império, bom partido para as moças de família, boêmio, popular entre as raparigas de má fama, solteirão — ainda que mantendo amante fixa — e, sobretudo, filho do primeiro-ministro. À época em que Marie dava à luz o segundo filho do casal (dessa vez uma menina: Maria Clotilde), em 17 de maio de 1875, o gabinete Rio Branco começava desmoronar com a notícia de que o Banco Mauá suspendia seus pagamentos. O barão de Mauá e o visconde do Rio Branco mantinham relações estreitas e, inclusive, pouco antes o governo confiara 7 mil contos de réis à casa bancária. Já enfraquecido pela Questão Religiosa, ainda sem solução, o gabinete Rio Branco não resistiu aos problemas decorrentes da crise nos negócios de Mauá. Em 22 de junho, o visconde entregou o cargo a Sua Majestade e três dias depois foi sucedido por outro gabinete conservador, chefiado por seu amigo duque de Caixas, coadjuvado por outro íntimo dos Paranhos, o barão de Cotegipe, João Maurício Wanderley, na posição de ministro dos Negócios Estrangeiros.

Menos mal que ainda não chegara a hora do retorno dos liberais ao poder, mas a queda do gabinete representou um desagradável choque de realidade para a família. A fragilidade do clã mostrou-se em toda a sua dimensão. Os políticos possuidores de grandes capitais no comércio ou proprietários de engenhos ou de fazendas de café, nos momentos de dificuldades na vida política, dedicavam-se a seus negócios e esperavam confortavelmente a volta de sua facção política ao governo. Detendo as bases reais da riqueza daquela sociedade, o poder, na verdade, jamais chegava a escapar-lhes das mãos, e seus interesses centrais estavam garantidos, qualquer que fosse o partido no comando. Tal não era o caso da família Paranhos, cuja inserção nas altas rodas da sociedade carioca comprovava-se precária e contingente. Afastado da presidência do Conselho de Ministros, o visconde passava a contar apenas com os rendimentos de seu cargo vitalício como senador e com seu prestígio no âmbito do Partido Conservador, que sua gestão fraturara em duas alas antagônicas. Ao mesmo tempo, ele se dava conta de que sua influência ficaria ainda mais esvaziada no momento em que os liberais retomassem o poder, perspectiva que já se apresentava e que se concretizaria cerca de dois anos e meio depois.

O zênite dos Paranhos parecia haver chegado. Daí em diante as perspectivas mostravam-se pouco promissoras. Para Juca, a quem caberia liderar a família no futuro, tudo era muito mais grave. De um momento para outro sua situação pessoal se tornara assustadora. Com a dissolução da Câmara, seu cargo de deputado se extinguia e talvez nem fosse renovado na eleição que se aproximava, para sustentar o gabinete Caxias ou — aí decerto — em um futuro governo liberal. Aos trinta anos, ele não possuía fortuna, terras ou a promessa de uma boa herança, própria ou adquirida pelo matrimônio. As atividades que de fato o seduziam, a pesquisa histórica e o jornalismo, eram fonte de prejuízos financeiros. Foi esse, inclusive, o argumento definitivo da carta que dirigiu a Cotegipe para entregar o cargo que ocupava na direção de *A Nação*, em novembro de 1875: "O que desejo sinceramente é pôr-me fora disto [...] não sou capitalista e [...] estou aqui a comprometer umas magras economias". Sua colaboração com *A Vida Fluminense* terminou de forma mais natural, pois a última edição da revista circulou no Natal daquele ano, e Juca, sob pseudônimo, despediu-se: "Nemo morre com a *Vida Fluminense*". Suas perspectivas profissionais fora dos empregos no Estado eram pouco animadoras, pois ele seguia convencido de não ter vocação ou gosto pela advocacia. Sua vida pessoal continuava complicada. Além de sustentar Marie e os filhos Raul e Maria Clotilde, a amante logo estaria grávida outra vez. Tinha perdido os rendimentos de deputado e, sem postular-se na eleição que se seguiu, via-se no desespero de não contar com nenhuma fonte de renda.

O imaginário político dos saquaremas projetava no Primeiro Reinado a ideia de um momento no qual o "despotismo" do primeiro imperador teria ameaçado a liberdade (da classe dominante) e nas Regências o signo da anarquia e da "desordem", quando as lutas internas teriam chegado a ameaçar a integridade territorial e a própria instituição da escravidão. A ideologia do Tempo Saquarema privilegiava, em contraste, as ideias de conciliação, prudência e consenso. As reformas, se imprescindíveis, deveriam ser lentas, judiciosas e consensuais, e obedecer aos ditados da "opinião pública", que se resumia ao restrito círculo de grandes proprietários, em espaços de discussão selecionados: na imprensa e na Câmara dos Deputados, mas especialmente no Senado e no Conselho de Estado, colegiados vitalícios nos quais predominavam os grandes nomes dos dois partidos. A consolidação dessa estrutura política e ideológica demarcara as práticas sociais consideradas "aceitáveis" e cristalizara valores compartilhados, instâncias que estabeleciam limites aos temas e ao conteúdo dos debates públicos, seja em relação às propostas políticas, seja no plano das ideias. Manejava-se um repertório restrito de conceitos, teorias, esquemas explicativos, narrativas e mitos, presos ao centro de gravidade dado pelos valores reconhecidos como consensuais. Alguns temas, como a escravidão, a religião de Estado, o centralismo e a monarquia, foram congelados em um acordo tácito sobre a própria natureza do regime e, informalmente, a possibilidade de sua contestação fora excluída do âmbito das discussões aceitáveis.

Para além das instituições políticas, a ordem estabelecida no Segundo Reinado criou um imaginário de valores e regras de comportamento que moldava as trajetórias individuais de todas as camadas da população. Aquela sociedade hierarquizada e exclusivista baseava-se na violência e na repressão, em especial sobre as classes subalternas, mas também na cooptação e na introjeção dos valores que naturalizavam as exclusões e as hierarquias. Exibir linhagem nobre e dominar as sutilezas das regras de etiqueta e do bom gosto aristocrático faziam toda a diferença naquela sociedade em que o trabalho manual era desprezado e associado à condição de escravo e à inferioridade social e mesmo racial. Outros mecanismos de cooptação eram menos sutis: ao contrário do que ocorria na maior parte das monarquias europeias, os títulos nobiliárquicos brasileiros não eram hereditários; com isso, a cada nova geração os membros das elites buscavam renovar sua relação com o soberano pela confirmação dos títulos atribuídos a seus pais. Preservar o nome Rio Branco, por exemplo, exigiria de Paranhos Júnior buscar a graça do monarca. A concessão de títulos e honrarias pela Coroa, aliás, multiplicou-se à proporção que a monarquia perdia prestígio e o fim do Império se aproximava.

Em uma perspectiva de mais largo prazo, as mudanças implementadas pelo gabinete Rio Branco devem ser entendidas como uma tentativa de salvar a ordem saquarema, em rápida decomposição desde o conflito contra o Paraguai. A Guerra da Tríplice Aliança deixou a descoberto muitas das falências do regime, inclusive devido à incapacidade do Estado imperial em mobilizar seus súditos em defesa da pátria invadida pelo pequeno Paraguai. O manifesto de 1869, dos liberais, definiu a palavra de ordem para as décadas que se seguiram: "Ou a reforma ou a revolução". Pela primeira vez incluiu-se na plataforma liberal a emancipação, ainda que gradual, dos escravos. No ano seguinte publicou-se o "Manifesto republicano" e fundou-se um partido cuja principal proposta era extinguir a monarquia. O repertório do debate político viu-se subitamente alargado. A abolição, a religião de Estado, o poder Moderador, o federalismo e a república, temas antes interditados, passaram ao primeiro plano das discussões políticas. Esse novo espaço político e intelectual foi imediatamente ocupado pelo "bando de ideias novas" da Geração de 1870.

As propostas da Geração de 1870 para superar a ordem saquarema não tinham unidade. Cada grupo propunha sua alternativa particular para transformar as instituições e ideias que obstaculizavam suas trajetórias coletivas e pessoais. Em todo caso, temas que estavam na base das relações políticas e sociais estabelecidas passaram a ser questionados: a justificação do regime pelo direito divino do monarca, a existência e a instrumentalidade de uma religião de Estado, a ideia de uma "desigualdade natural" entre os grupos étnicos e sociais (que legitimava a sociedade hierarquizada e, em última análise, a escravidão), a submissão das províncias ao poder central pela indicação de seus presidentes diretamente pelo imperador e, por fim, a própria monarquia. Os contestadores da ordem atacaram duramente o sistema de ensino voltado para o restrito círculo do poder, sem criar a noção de cidadania nem uma opinião pública ampla capaz de ter influência sobre o sistema político e dirigi-lo. A elite saquarema (e não mais o povo) passou a ser apontada como responsável pela ineficácia do sistema político desenhado para perpetuar o poder dessa elite, e não para permitir o amadurecimento e a progressiva inclusão dos novos setores no debate político. As práticas clientelistas, a patronagem no preenchimento dos cargos públicos e a lógica estamental foram denunciadas como obstáculos injustificáveis para a ascensão dos elementos educados e talentosos externos às clientelas e parentelas das classes senhoriais — razão da inoperância e do aviltamento do Estado e do estreitamento da carreira pública.

As reformas operadas pelo gabinete Rio Branco não foram profundas o suficiente para acomodar os setores excluídos do poder (nem poderiam ser, pois seu objetivo era preservar a essência da ordem saquarema) e acabaram por dar mais visibilidade às camadas não plenamente integradas à ordem escravocrata. A urbanização criara grupos de dinamismo crescente, mas desvinculados da propriedade rural. Mesmo no campo, novas áreas agrícolas criavam e reforçavam estratos sociais sem laços diretos com as elites escravocratas. A própria agricultura baseada na mão de obra escrava passara a competir com formas plenamente capitalistas, em uma convivência cada vez mais difícil.

Paranhos Júnior, no entanto, não se congraçava em nada com esse espírito contestador. Para ele, os limites das mudanças desejáveis na ordem política estavam dados pelas reformas capitaneadas pelo pai. Monarquista convicto, via as propostas federalistas como a antessala da fragmentação territorial do Brasil. Condenava a escravidão, que considerava imoral, mas entendia que o direito de propriedade sobre outros seres humanos estava estabelecido na legislação brasileira e que a abolição progressiva se mostrava um caminho mais sábio e menos perigoso do que sua extinção imediata. No plano dos valores, prezava e compartia plenamente os modos aristocráticos e os hábitos da sociedade cortesã de seu tempo. Contrário à contestação da ordem saquarema, Paranhos Júnior ambicionava a ela pertencer integralmente. Com o arrebatamento dos recém-chegados, os Paranhos aceitavam as regras do jogo e buscavam assegurar não só a continuidade da projeção social e política alcançada pela família como o próprio conjunto de valores, ideias e instituições que regiam aquela sociedade.

Juca não chegaria em nenhum momento a descrer dos princípios, conceitos e estruturas daquele mundo que estava por desabar, ou mesmo a questioná-los. No entanto, sabia ser urgente assegurar seu futuro, pois se o gabinete Caxias ainda lhe era favorável, o próximo poderia não ser, como de fato aconteceu. Permanecer na atividade política indefinidamente parecia inviável, ainda que ele conseguisse a reeleição para a legislatura seguinte, que, era sabido, continuaria com maioria saquarema, dada a continuidade dos conservadores no comando do Conselho de Ministros. Em algum momento, porém, os liberais voltariam ao poder. Além do mais, a experiência nas duas legislaturas em que atuara como deputado confirmou sua falta de vocação para a atividade parlamentar. Com muito discernimento, anos mais tarde, ao refletir sobre sua decisão, diria: "Deixei a política porque entendo que deve ser homem político quem tem alguma renda e não precisa de empregos públicos". No seu caso, o emprego público não só era necessário como urgente. Até pelo exemplo do pai, a diplomacia o atraía e, além disso, sair do Brasil, ainda que temporariamente, poderia oferecer uma solução para um acerto amigável com a amante, um arranjo que lhe permitisse manter o acesso aos filhos e o liberasse do ônus da situação conjugal irregular. Afastada Marie, as portas para um casamento condizente com suas expectativas de projeção social se abririam. As perspectivas imediatas, aliás, continuavam positivas nesse campo: o flerte com Maria Bernardina prosseguia, e ela, inclusive, passara à condição de sobrinha do primeiro-ministro. Por fim, fora do país, a fama de boêmio, que naquele momento lhe pesava, certamente se dissiparia depois de uma boa temporada longe dos olhos e da maledicência da corte.

Naquela conjuntura, havia dois cargos vagos no exterior: uma posição de secretário na legação (hoje diríamos embaixada) em Bruxelas e o cargo de cônsul-geral em Liverpool, cujo titular falecera havia pouco. A opção pela Bélgica tinha vários inconvenientes, um deles incontornável. Com mais de trinta anos, entrar na carreira diplomática como secretário parecia um passo excessivamente modesto para o ex-deputado. Além disso, mesmo sem chefiar a legação, uma função diplomática exigiria gastos de representação que ele poderia economizar em um cargo consular. Sem contar que, se a escolha recaísse na legação, seria preciso resolver sua situação conjugal antes de apresentar-se ao círculo diplomático, pois a função exigiria intenso convívio social, ao contrário do consulado. E, por fim, Marie era... belga. Se o passado da companheira, desde sua chegada ao Brasil, já assombrava Juca, que dizer dos fantasmas, reais ou mais provavelmente imaginários, da vida pregressa de Marie e de sua família. A vaga de cônsul-geral em Liverpool, por outro lado, era cobiçadíssima, uma vez que estava cotada como o emprego mais rendoso do Estado brasileiro. Na época, a título de remuneração, os cônsules embolsavam o grosso da arrecadação de suas repartições, e o porto de Liverpool era a principal via de entrada e saída do comércio com a Inglaterra. Um posto assim atrativo não deixou de ter outros candidatos, entre eles o barão de Santo Ângelo, Manuel de Araújo Porto-Alegre, já então pintor reconhecido, e que naquele momento ocupava o consulado-geral em Lisboa. Além de Porto-

-Alegre, também os cônsules em Hamburgo e no Porto concorriam pela vaga em Liverpool.

Em todo caso, os Paranhos, pai e filho, passaram à luta pelo emprego. Contando com a amizade e o apoio do primeiro-ministro, Caxias, e do ministro dos Negócios Estrangeiros, Cotegipe, restava a tarefa, que se revelou impossível, de convencer o imperador. Em uma carta em que superestimava sem rodeios a participação pessoal de d. Pedro em seus percalços anteriores, Paranhos Júnior queixou-se a Cotegipe:

> Sei que o imperador há de objetar: ele me tem contrariado sempre. Entendeu que eu não deveria ser deputado em 1868, quando tive a infeliz ideia de querer sê-lo, por supor que isso me facilitasse os projetos, que já então formava, de entrar para a carreira diplomática. Opôs-se a que acompanhasse meu pai, como secretário, em 1868, quando antes o conselheiro Otaviano pôde obter essa nomeação para um seu parente, e quando, ainda hoje, o visconde de Itajubá pode ter junto a si um filho.

A carta prossegue, em tom teatral, com exagero evidente: "Tudo o que é fácil para os outros é difícil, senão impossível para mim".

Cotegipe levou o pleito ao imperador, que recusou a candidatura do filho do antigo primeiro-ministro. O corpo diplomático brasileiro da época era diminuto. Em 1875 havia, no exterior, pouco mais de cinquenta diplomatas e 24 cônsules. A reputação e os atributos pessoais de seus representantes diplomáticos figuravam como tema de interesse pessoal do imperador: "A fiscalização na nomeação e promoção dos diplomatas era uma das suas maiores preocupações no governo. Conhecia, pode-se dizer, a vida de cada um". Não escapava ao soberano a fama de boêmio de Juca, sua relação com Marie e os filhos fora do casamento. Gilberto Amado, comentando esse episódio, fez um juízo severo sobre d. Pedro:

> Moço sem mocidade, velho hostil ao gênio, inimigo de José de Alencar, gostando só e só da moderação, dos pacatos, dos sem imaginação, dos temperamentos de água com açúcar, de chá e de mingaus, de liberalismo e de abdicação, como poderia Pedro II adivinhar em Juca Paranhos, em quem via o pândego, sem lhe ver na precocidade dos dotes revelados nos primeiros ensaios históricos o futuro conquistador e alargador do Império do Brasil que lhe caiu nas mãos sem gosto para a luta, incapaz de sentir na palma o gosto do leme, o prazer do comando, mãos que não

cresceriam no punho das espadas e só contentes de folhear, em movimentos de curiosidade curta, livros de toda espécie, principalmente relatórios, memoriais e compêndios?

De fato, há um quase consenso sobre a resistência do imperador ao nome de Paranhos Júnior provir do mau conceito de d. Pedro em relação à vida privada do candidato. A nota dissonante fica por conta da opinião expressa por José Honório Rodrigues em artigo publicado na edição de 28 de abril de 1957 do *Jornal do Brasil*, segundo a qual "d. Pedro tinha um candidato para o posto, Domingos Gonçalves de Magalhães, e o duque de Caxias outro, José Maria da Silva Paranhos filho. Não houve oposição ao Juca Paranhos boêmio, como propalam alguns estudiosos". As evidências indicam, no entanto, que nesse caso o eminente historiador fez uma avaliação equivocada. Como razão verdadeira ou como escusa, a fama de farrista de Juca pesou, e muito, na protelação do desenlace dessa nomeação.

A recusa do imperador à candidatura do filho trouxe amargura e irritação ao visconde do Rio Branco, que, em carta a Cotegipe, desabafou:

> Um bacharel em leis pode ser adido de 1ª classe sem outro título; e ninguém dirá, com razão, que deva valer menos para um lugar de cônsul, que a nossa lei dispensa de qualquer exame.
>
> Sou amigo do barão de Sto. Ângelo, e não lhe desejo mal algum: mas o que ele era quando foi para Lisboa? Professor da Academia de Belas-Artes. É porventura habilitação consular? Os seus serviços como cônsul são distintos?
>
> Só em nossa terra o ter sido deputado da nação é um título de inferioridade ou exclusão!

Apesar da pressão do antigo primeiro-ministro, não houve maneira de persuadir o imperador. Para sorte de Paranhos Júnior, porém, no início de 1876 d. Pedro partiu para sua segunda viagem ao exterior, deixando a princesa Isabel como regente. Por um lado, removia-se o veto de d. Pedro, mas por outro constava que o conde D'Eu também teria um nome de sua preferência para o posto. A candidatura foi submetida à regente nos primeiros dias de maio e novamente rechaçada. A queda do gabinete Rio Branco já quase completava um ano e a situação de Juca só piorava. Em carta do dia 5 daquele mês de maio, Juca pediu a Gusmão Lobo que convencesse Cotegipe a fazer uma nova investida e agregou novos argumentos que mostravam seu grau de desespero com a situação. Jogava a última cartada. Baldados todos os argumentos políticos e de mérito, apelou para seus problemas pessoais. Gusmão Lobo deveria dizer a Cotegipe que *"esta nomeação prende-se à solução de outros assuntos importantíssimos* para mim [...] se perco esta oportunidade de *consertar* a minha vida estou perdido para sempre".

A pressão do visconde para empregar o filho no consulado em Liverpool tornou-se objeto de chacota na imprensa. A revista ilustrada *O Mosquito*, mesmo antes de o tema estar definido, imprimiu na capa de sua edição semanal uma charge do visconde despedindo-se do filho no cais, de partida para Liverpool. Paranhos Júnior leva um papagaio como recordação do Brasil e a cena inclui um Gusmão Lobo às lágrimas com a partida do amigo. O visconde diz a Juca: "Vai meu filho, vai não tenhas receio. Trata bem o papagaio e deixa correr o marfim [dados, para indicar sorte], que tens pai alcaide [padrinho a quem não se recusa nada]...". Na verdade, a charge jogava contra as pretensões de Paranhos Júnior ao expor a influência do antigo primeiro-ministro naquela escolha em um momento delicado, pois a princesa ainda não se decidira a assinar a remoção para Liverpool.

Com a autorização de Caxias, o barão de Cotegipe transformou o caso em questão de honra para o gabinete. Ao sair de casa para despachar outra vez o tema com a princesa, teria dito: "Hoje ou sai a nomeação de Paranhos, ou sai a demissão do gabinete". A ameaça de renúncia na ausência do imperador não poderia deixar de ser levada em conta pela regente e, em 27 de maio de 1876, ela se rendeu à pressão e assinou a nomeação de José Maria da Silva Paranhos Júnior para o cargo de cônsul-geral do Brasil em Liverpool. Gilberto Amado, comentando a decisão da princesa, sentenciou: "Bendita seja entre as mulheres, Isabel, a Redentora, que não tivestes para o Juca Paranhos das noitadas exuberantes o julgamento sem compreensão do imperador". Na verdade, Isabel, ainda mais carola que o pai, apenas se rendera às pressões políticas.

Arrancada essa difícil nomeação, restava a parte mais delicada: como faria Juca para "consertar" sua vida?

O roteiro parecia já estar decidido. Dois dias depois da nomeação, batizou a filha Maria Clotilde e, em seguida, embarcou Marie e os dois filhos para a França. O terceiro filho, Paulo, nasceu em Paris, em 10 de julho. Apenas em fins de setembro o novo cônsul-geral seguiu para seu destino. Passou por Paris, onde ficou até o fim de novembro, e de lá escreveu ao amigo Tomás Bezzi para contar que "minha gente ficará em Paris, e vi que nenhuma objeção me foi apresentada a essa separação. Já é alguma coisa". Adiantou que iria a Liverpool assumir seu cargo e voltaria à capital francesa em março, para uma conversa definitiva com Marie. Nessa ocasião, Bezzi propunha que Paranhos desse um "golpe de Estado" e alcançasse um acordo amigável com a amante que lhe permitisse abandoná-la sem perder o acesso aos filhos. Com isso, o amigo e confidente no Rio de Janeiro acreditava que estaria aberto o caminho para o casamento com Maria Bernardina. Esta, ao que tudo indica, era assediada por outros pretendentes, mas mantinha as esperanças no matrimônio com Juca Paranhos.

A conversa definitiva com Marie, a quem algumas vezes Juca se referia como a "marechala", malogrou — ou nunca chegou a ocorrer —, e Paranhos acabou por dissipar as ilusões da adolescente Maria Bernardina. Em carta escrita em francês, datada de 18 de abril de 1877, dirigida a seu amigo Bezzi, selou a questão:

> Não é o meu interesse que consulto, é o interesse, principalmente, dessa moça, que é digna de encontrar um marido que não tenha as complicações de que me vejo cercado. Ela está errada ao recusar a proposta que lhe fizeram, e está errada ao me acreditar digno de sua afeição.

Acrescentou que era "muito difícil, muito doloroso para um pai não saber qual será o destino e o futuro dos seus filhos". Sem conseguir "consertar" sua vida, Juca desistiu do namoro com a herdeira dos Lima e Silva: "Respeito muito, amo muito essa família para não me comprometer a fazer senão o que *pudesse fazer* e *imediatamente*, agindo como homem de honra, e homem de coração, e profundamente reconhecido à jovem pessoa em questão e a seus pais". Em outro trecho da mesma missiva, Paranhos confessou: "*Se estivesse livre de agir segundo meu coração e meu entendimento, se pudesse casar-me*, enfim, não seria senão com nossa encantadora amiguinha". Em tom sempre dramático, o novo cônsul terminava a carta ao amigo declarando que as patuscadas estavam terminadas para ele: "*A vida boêmia* acabou para mim, e dela sofro hoje as consequências". Assegurava, então: "Agora não gozo senão do prazer de poder de tempos em tempos ir ver os meus filhinhos". Certamente, não foi assim. A relação com Marie persistiu, ainda que tempestuosa. Depois de Raul, Maria Clotilde e Paulo vieram ainda duas outras filhas: Maria Amélia, nascida em 1878, e Hortênsia, em 1885. A vida boêmia também prosseguiu. Por mais de uma década depois dessas promessas, Paranhos Júnior continuou descrevendo-se como um *vieux garçon*, um solteirão, o que não contribui para que se acredite nas juras de 1877, de que os tempos das farras estavam encerrados. A ambiguidade de seu relacionamento com Marie se manteve inalterada por mais uma década sem que, na verdade, ele algum dia a considerasse uma companheira à altura de seus talentos e de sua posição social. Na carta a Bezzi, seu diagnóstico sobre Marie está longe da paixão que certamente chegou a nutrir pela amante nos tempos do Alcazar e revela apenas condescendência e conformismo: "A pobre mulher! Ao fim, ela não tem nenhuma culpa: ela é mãe, e... você o sabe, ela não tem espírito".

PARTE II

A REDENÇÃO DO BOÊMIO

(1876-1902)

10. Cônsul-geral do Brasil nos domínios da rainha Vitória

O *exequatur*, a carta de aceitação, por parte de um governo, da indicação de um cônsul estrangeiro (correspondente ao *agrément*, no caso dos embaixadores), foi concedido pela rainha Vitória em 18 de novembro de 1876; no início de dezembro Paranhos Júnior assumiu seu posto. A sede do consulado-geral do Brasil em Liverpool situava-se no número 51 da South John Street e ocupava o segundo andar de um edifício de quatro pavimentos destruído pelos bombardeios alemães durante a Segunda Guerra Mundial. Os consulados em Liverpool e em Londres tinham sob sua jurisdição 48 vice-consulados no Reino Unido e nas possessões britânicas espalhadas pelo mundo. A repartição em Liverpool, além de responder pelo porto que logo seria o mais importante do mundo, supervisionava o trabalho dos vice-cônsules em Glasgow, Milford, Swansea, Cardiff, Newport, Bristol, Falmouth, Southampton, Plymouth, Manchester, Dublin, Cork, Belfast e Limerick. Além disso, fora das ilhas Britânicas, subordinavam-se a Paranhos os vice-consulados em Bombaim, Rangum, Sydney, Melbourne, Adelaide, ilhas Maurício, Santa Helena, Terra Nova e Trinidad. O sol jamais se punha na rede consular comandada por Paranhos. O cargo, portanto, afigurava-se trabalhoso, somente pelo porto de Liverpool transitavam mais de 20 mil navios por ano e, destes, cerca de seiscentos se dirigiam ao Brasil ou vinham do Brasil.

O consulado-geral subordinava-se administrativamente à legação do Brasil em Londres, então chefiada por Francisco Inácio de Carvalho Moreira, o barão de Penedo. Não poderia ter havido maior sorte para Paranhos do que ter Penedo como chefe. Mantidas as devidas aparências, não haveria constrangimentos em relação à situação conjugal ou às aventuras amorosas do novo cônsul, pois Penedo gozava, com justiça, da fama de mulherengo, a ponto de seu amigo Francisco Torres Homem apelidá-lo de "O Barão das Moças". Além do mais, o ministro brasileiro era um velho camarada do visconde do Rio Branco, de quem fora colega na brevíssima 7ª Legislatura (1848) da Câmara. Quando o visconde assumiu a chefia do Conselho de Ministros, em 1871, Penedo estava em desgraça, posto "em disponibilidade" pelo gabinete Zacarias devido a acusações de enriquecimento ilícito por causa das comissões que embolsava pela tramitação dos empréstimos contraídos pelo Brasil junto aos Rothschild. Naquela época, receber comissão por mediar empréstimos não era considerado ilegal, mas a continuada preferência pela mesma casa bancária gerou acusações de favorecimento, que Penedo negava, sem lograr convencer os liberais de sua probidade. A ponto de completar cinco anos em disponibilidade, pelo regulamento vigente estava prestes a ser excluído do corpo diplomático.

Antes de ser afastado por Zacarias, Penedo vinha ocupando desde 1855 a posição de representante do imperador junto à corte de Saint-James, com um pequeno interregno durante a Questão Christie, quando as relações entre Brasil e Grã-Bretanha estiveram rompidas. A amizade com o visconde do Rio Branco contou muito para sua reabilitação junto ao imperador e, em abril de 1873, Penedo assumiu pela terceira vez o cargo de ministro residente em Londres, que manteria até 1889. No início de 1875, ainda durante o gabinete Rio Branco, Penedo contratou novo empréstimo, de 5 milhões de libras, outra vez com a casa bancária dirigida por Lionel Rothschild. O negócio e a comissão embolsada pelo ministro brasileiro foram duramente atacados pela imprensa oposicionista, em especial pelo jornal *Reforma*, e, como seria de esperar, a defesa ficou a cargo da folha dos conservadores, *A Nação*, dirigida então por Paranhos Júnior e Gusmão Lobo. Portanto, pelas afinidades pessoais e pelas dívidas de amizade e apoio político com o pai e consigo próprio, Juca Paranhos não poderia dispor de melhor aliado na capital inglesa.

Na frente interna, contudo, a situação era menos favorável. O dia a dia do consulado estava nas mãos do vice-cônsul José Marques Braga, que em 1876, quando Paranhos assumiu, contava 71 anos e já trabalhava no consulado havia 26. Antecipando em tom menor a situação que viveria décadas depois, ao assumir o Ministério das Relações Exteriores, a primeira preocupação do recém-chegado foi assenhorear-se da repartição, havia tantos anos comandada, na prática, por Braga. Com paciência, concedendo ao vice-cônsul uma série de honrarias enquanto lhe retirava os poderes, em agosto de 1879 afastou Braga definitivamente, outorgando-lhe em contrapartida o título de cônsul honorário e o grau de cavaleiro da Ordem da Rosa. Em carta ao barão de Penedo, comemorou: "Mas que trabalho, meu caro barão! Que homem teimoso! Faltou-me só meter um ferro de fogão pela garganta...".

Contratou um novo vice-cônsul, Joaquim Teixeira de Miranda, que faleceu em 1888, e a partir daí entronizou na função o inglês William Oliver Punshon. Este já trabalhava no consulado, no cargo de chanceler, por ocasião da chegada de Paranhos. Pouco a pouco, Punshon tornou-se o homem de confiança do cônsul. Em todo caso, com a saída do velho Braga, Paranhos estruturou a repartição de modo a poder ausentar-se sem perder o comando ou enfrentar problemas que afetassem a rotina da repartição. Afinal, a sombria Liverpool ficava a apenas cinco horas de Londres e a quinze de Paris!

Pelo regulamento em vigor, seu amigo barão de Penedo detinha o poder de autorizar-lhe ausências de até quinze dias, que Paranhos se acostumou a estender para além do prazo regulamentar, com a complacência do ministro em Londres. Além disso, solicitou ao ministério, no Rio de Janeiro, longas licenças: uma para acompanhar o pai quando o visconde visitou a Europa, e outras três quando necessitou viajar ao Brasil para resolver problemas de família. Assim — contando apenas as licenças devidamente sacramentadas —, no decorrer dos pouco mais de dezenove anos em que esteve à frente do consulado-geral em Liverpool (de 6 de dezembro de 1876 a 2 de fevereiro de 1896), Paranhos passou seis anos e dois meses afastado do trabalho consular. Ademais, no período de junho de 1891 a março de 1893, quando acumulou com o consulado a chefia da Superintendência Geral do Serviço de Emigração para o Brasil na Europa, com sede em Paris, podia estar naquela cidade sem necessitar licenciar-se da repartição consular e pouco terá vivido em Liverpool nesses quase dois anos. A bem da verdade, há de se descontar, desses cerca de oito anos de ausências, várias missões oficiais: os 25 dias em que esteve em Luxemburgo para representar o Instituto Histórico e Geográfico Brasileiro, várias semanas de pesquisas em Paris para o terceiro volume da edição comentada da obra de Schneider encomendada pelo Ministério da Guerra, oito meses e meio como chefe da delegação brasileira na Exposição Internacional de São Petersburgo e, principalmente, os dois anos que passou em Washington, como advogado do Brasil na Questão de Palmas.

Ao menos no tempo em que Penedo esteve em Londres, esgotado o período das licenças oficiais, o retorno a Liverpool sempre podia ser adiado extraoficialmente por uns quantos dias ou semanas. Em carta a Penedo, de 28 de setembro de 1881, por exemplo, Paranhos explicou:

> A minha licença termina no dia 30 [...]. Tenho porém, necessidade de demorar-me aqui [em Paris] até o dia 12 ou 14 de outubro, e espero que v. exa. permita que até essa data eu me deixe ficar aqui *incógnito*. Tenho ao chegar a Liverpool várias maçadas grandes: exposição de café, relatório etc. e isso não me permitirá voltar aqui antes de fins de dezembro ou princípios de janeiro.

Penedo gostosamente fazia vistas grossas às ausências do filho de seu estimado visconde do Rio Branco.

A boa estruturação das rotinas do consulado e os hábitos de trabalho cultivados por Paranhos desde os tempos da Faculdade de Direito permitiam ausências prolongadas sem maiores prejuízos para o desempenho de suas funções. Quando em Liverpool, dedicava-se por inteiro às atividades consulares, em longas horas de trabalho ininterrupto. Os relatórios trimestrais eram entregues pontualmente. Extensos e muito detalhados, os informes eram apreciados no Rio de Janeiro. Em documentos que às vezes ultrapassaram oitenta páginas manuscritas, Paranhos coligiu dados e estatísticas, redigiu estudos sobre o consumo de chá, café e cacau no Reino Unido, informou sobre direitos aduaneiros, oscilações de preços, e mandou notícias e reclamações sobre a adulteração do café brasileiro e sobre a qualidade dos envios de algodão e de outros produtos. Com o mesmo afinco com que se dedicava aos temas de sua preferência pessoal, tornou-se grande conhecedor dos regulamentos e procedimentos consulares. Também controlava com atenção e, muitas vezes, dureza o desempenho de seus vice-cônsules espalhados pelo mundo, exigindo-lhes relatórios e estatísticas e cobrando providências.

Além das constantes idas a Paris, onde manteve Marie e os filhos, Londres ficava muito próxima, e com frequência ele visitava a capital inglesa e participava das atividades sociais promovidas pelo titular da legação do Brasil. Ao retomar seu posto como ministro residente em Londres, em 1873, reabilitado pelo imperador graças à ajuda do visconde do Rio Branco, o barão de Penedo alugara uma esplêndida mansão no número 32 de Grosvenor Gardens, onde depois, no século xx, moraria o primeiro conde de Birkenhead, Frederick Edwin Smith, político conservador inglês, íntimo amigo e aliado de Winston Churchill. O belo endereço, próximo ao Palácio de Buckingham, serviu de palco para a intensíssima vida social do ministro brasileiro, a começar pela presença assídua do então príncipe de Gales e futuro rei Eduardo vii. Além de Paranhos, outra testemunha da vida cortesã da Inglaterra vitoriana nas dependências do número 32 de Grosvenor Gardens foi Joaquim Nabuco, que deixara seu cargo nos Estados Unidos e fora para Londres em 1877, onde, no início do ano seguinte, obteria a colocação de adido na legação do Brasil. Rememorando essa época, Nabuco diria: "Além da família real de Inglaterra e da alta sociedade de Belgravia e Mayfair que a cerca, vinham à legação príncipes estrangeiros reinantes ou destronados". E não apenas a aristocracia movimentava os salões de Penedo: também banqueiros, industriais e financistas. Outro convidado habitual, o banqueiro Lionel Nathan de Rothschild, era um polo de atração para a nata dos capitalistas londrinos e europeus.

Os gastos com aluguel e manutenção da mansão e as despesas com os sucessivos e suntuosos eventos sociais de Penedo superavam em muito seu salário e os recursos disponibilizados pelo governo para o custeio da legação. O patrimonialismo funcionava em via de mão dupla, pois as polpudas comissões obtidas pelo barão nos seis empréstimos que negociou para o Estado brasileiro — que o próprio Penedo estimou em 200 mil libras (algo na casa de 25 milhões de dólares em valores de 2017) — foram gastas também nessas atividades de representação que, ainda que de caráter social, estavam diretamente ligadas ao exercício de suas funções. O barão de Penedo, a quem Oliveira Lima depois chamaria de "o mais notável dos nossos diplomatas do Império", soube praticar melhor que nenhum outro brasileiro a diplomacia cortesã pelas regras do Antigo Regime europeu, financiado pelas comissões que embolsava — é verdade — e por sua fortuna pessoal. Em um círculo diplomático em que nobres representavam seus soberanos na corte de outros reis e rainhas, a eficácia de um diplomata media-se, em grande parte, pelo esplendor das atividades sociais que o aproximavam da nobreza e do soberano local. Nesses termos, na corte da rainha Vitória, poucos diplomatas estrangeiros poderiam se gabar de ter melhor desempenho que o barão de Penedo, a despeito de este representar uma monarquia distante e um país considerado atrasado e exótico. A estreita convivência de Paranhos com Penedo terá contribuído para acentuar esses aspectos de sua visão de mundo e confirmar e consolidar seus valores conservadores e aristocráticos, aliás compartilhados por Nabuco, que diria a respeito do casal Penedo: "No estrangeiro, eles são para mim a família e a pátria, é um canto do Brasil". Certamente, um "canto do Brasil" bastante pouco representativo do país real, mas muito próximo da visão idealizada de civilização que a monarquia brasileira queria representar e em que Paranhos e Nabuco se esforçavam por acreditar.

Em contraste com o brilho da Inglaterra vitoriana e da legação brasileira em Londres, a versão algo caricata dessa ideia de civilização europeia vigente no Brasil decompunha-se rapidamente. O Tempo Saquarema esvaía-se sem apelação. Após a Guerra do Paraguai, o sistema político e a ordem social passaram a ser questionados de forma cada vez mais intensa. D. Pedro não deixou de tentar adaptar-se e reinventar sua dimensão simbólica, ensaiando uma transformação em "monarca-cidadão". Afastou-se dos eventos da elite carioca, simplificou o cerimonial que cercava seus contatos com os súditos e passou cada vez mais a apresentar-se aos olhos da população despojado dos símbolos tradicionais do poder real: um imperador sem cetro, sem coroa e sem indumentária de monarca. Gilberto Freyre resumiu em uma imagem muito reveladora essa tentativa de adaptação aos novos tempos ao comentar que d. Pedro tinha trocado "a coroa pela cartola". Longe do Brasil, espectador muito próximo e engajado na brilhante performance do barão de Penedo na corte de Saint-James, Paranhos não podia ter uma dimensão clara da rapidez e da contundência com que ruía o conjunto de ideias, valores e instituições que deixara no Brasil.

No plano pessoal, como acontece muitas vezes na vida dos diplomatas, o novo cargo representou para ele um recomeço. A passagem de d. Pedro pela Inglaterra, em junho de 1877, ilustra bem seu esforço nesse sentido. Depois de conhecer os Estados Unidos, a Grécia, o Oriente Médio e a Escandinávia, o imperador visitou as terras da rainha Vitória, que o recebeu com a pompa devida, em um grande baile. Paranhos escreveu aos amigos da imprensa carioca pedindo que sua presença na comitiva oficial e, especialmente, na festa fosse omitida, "porque conheço a nossa gente e as bem afiadas línguas da rua do Ouvidor". Não obteve sucesso em sua tentativa de evitar fofocas, pois a fama de festeiro que tentava mudar ainda embalava a imaginação dos conhecidos no Rio de Janeiro.

Queixou-se depois, em carta a Penedo: "Há dias recebi já nada menos de cinco cartas de amigos e todas fazem menção ao *baile da Rainha*".

Se procurava desfazer a reputação de farrista, outra de suas prioridades era reaproximar-se daquele monarca contra quem lançara amargas queixas. Vindo da Irlanda, d. Pedro passou algumas horas em Liverpool. Por dever de ofício, os preparativos para acolhê-lo na cidade ficaram por conta de Paranhos. O cônsul-geral recebeu o soberano com esmero. Apesar da brevidade e do caráter não oficial da passagem de d. Pedro pela cidade, Paranhos Júnior conseguiu motivar o *Liverpool Daily Post* a escrever um longo editorial sobre o imperador do Brasil. É claro que uma cópia do artigo, com o cônsul como principal fonte, foi remetida ao Rio de Janeiro por um ofício que anunciava sua remessa

> devido à pena do sr. Richard Russel, principal redator daquele jornal, [que] trata de S. M. o imperador, a cujo saber, consagração ao bem público e fidelidade ao regime constitucional faz a devida justiça, augurando para a causa do progresso moral e material do Brasil os mais brilhantes resultados das novas luzes e experiência que o mesmo augusto senhor tem adquirido em suas viagens.

Os elogios ao imperador na imprensa inglesa, arrancados pelo cônsul-geral, fariam boa figura na tarefa de recomposição da imagem de Paranhos Júnior. Eram um pequeno passo na caminhada que se afigurava longa.

Desfeitas as ilusões de casamento com alguma rica herdeira de família tradicional, a relação de Paranhos com Marie seguiu seu curso. Segundo o relato do filho Raul, em 1877 teria havido uma tentativa fugaz de estabelecer a família em Liverpool, mas o fato é que Marie e os filhos continuaram vivendo na França. Ainda que não a assumisse como esposa, o cônsul-geral mantinha vida conjugal com a artista que conhecera no Alcazar. Em 22 de junho de 1878 nasceu o quarto filho do casal, uma menina: Maria Amélia. À medida que consolidava seu controle sobre os temas do consulado, Paranhos passava cada vez mais tempo em Paris.

Em suas também frequentes visitas a Londres, Paranhos estreitou sua amizade com Joaquim Nabuco e com Artur Silveira da Mota, então adido naval na legação. Os três formaram um "grupo brasileiro, que, em Mayfair, ia colher os encantos da Inglaterra". Nabuco, como Paranhos e por razões bastante similares, encontrara resistência do imperador a atender seu pedido por um cargo. Como Paranhos, só obtivera sua nomeação na ausência de d. Pedro, pelas mãos da princesa Isabel, mas para a função de adido em Washington, em 1876. Depois de um ano na capital estadunidense, conseguira a transferência para Londres, de onde partiria de volta ao Brasil depois da morte do pai, em 1878, para ingressar na vida política. Com o retorno dos liberais ao poder, Nabuco elegeu-se deputado por Pernambuco, mas acabou por distanciar-se dos chefes do partido por conta de seu envolvimento cada vez maior com a causa abolicionista. Quando apresentou nova candidatura a deputado, em 1881, seus atritos com a direção partidária prenunciavam derrota certa.

Paranhos apoiou as gestões do amigo junto ao barão de Penedo na busca de um emprego em Londres, caso a anunciada derrota se confirmasse. O ex-chefe de Nabuco recomendou-lhe que se estabelecesse como correspondente de algum jornal brasileiro para, a partir daí, obter a diretoria de alguma companhia na cidade. A morte do correspondente do *Jornal do Comércio*, Mr. Clark, não poderia ter sido mais oportuna para esse projeto, pois a forte influência de Penedo no mais importante diário carioca já fora testada com sucesso por Paranhos em 1878, quando este lhe pediu que influísse na obtenção de um emprego para seu grande amigo Gusmão Lobo na redação do *Jornal do Comércio*, no Rio de Janeiro. Assim, em 4 de outubro de 1881, Paranhos escreveu a Nabuco:

> Este inesperado acontecimento da morte do Clark vem facilitar muito, a meu ver, a realização de seus projetos. O *Jornal* [*do Comércio*] não poderá dar-lhe menos de umas £ 600, e a posição de correspondente o habilitará a relacionar-se com o *haute finance* de Londres passando você a ser como era o Clark, o conselheiro natural de todas as empresas brasileiras. Se você mostrar-se homem *prático*, poderá em pouco tempo conquistar uma pequena fortuna, e lançar-se então de novo aos mares agitados da política.

Confirmada a derrota nas urnas, Nabuco deixou o Brasil de volta a Londres em dezembro de 1881. O salário pago pelo jornal ficou aquém das expectativas, trinta libras por mês, ou seja, 360 libras anuais, pouco mais da metade do que Paranhos havia previsto que seria pago ao amigo, que assim mesmo aceitou o emprego.

Paranhos Júnior também se empenhava em cuidar do próprio patrimônio. Registrou em seus *Cadernos de notas* que, a partir do início de 1879, passara "a empregar em títulos algumas economias que comecei a fazer desde que tomei conta do consulado-geral em Liverpool em 1876". A partir daí seguem-se com alguma regularidade anotações sobre a evolução de seu portfólio. Em janeiro de 1880, seu patrimônio alcançou 1228 libras, equivalentes a 160 mil dólares em 2017. Em abril de 1881, em títulos bancários, possuía 1774 libras, ou seja, 233 mil dólares em 2017. Em fevereiro de 1882, 3280 libras, ou 430 mil dólares em 2017, um aumento expressivo em certa medida oriundo de sua parcela na herança paterna. Em janeiro de 1883, seu patrimônio alcançou 3416 libras, o que em 2017 equivalia a 448 mil dólares. Os registros seguem relativamente ordenados até 1886. Em dezembro daquele ano Paranhos Júnior juntara 8407 libras e tinha 326 libras emprestadas com diversas pessoas. As 8 mil e tantas libras equivaleriam, em 2017, a cerca de 1,237 milhão de dólares, um patrimônio considerável. Quanto aos empréstimos que fez, alguns foram poucos felizes. Anotou, por exemplo, que Francisco A. Cabral de Melo lhe devia 94 libras e que considerava esse valor "dívida perdida". Em 1884, emprestara quarenta libras ao general paraguaio Bernardino Caballero, seu antigo amigo das noitadas cariocas. Caballero logo depois foi eleito presidente do Paraguai, mas não saldou a dívida. O comentário é seco: "Também perdido". Emprestou também a Joaquim Nabuco, mas este não deixou de pagar.

Na data em que escreveu aquela carta a Nabuco aconselhando-o a assumir o cargo de correspondente do *Jornal do Comércio* em Londres, Paranhos recém regressara da segunda das duas longas licenças gozadas entre 1878 e 1881. A primeira, de pouco mais de sete meses, de outubro de 1878 a junho do ano seguinte, destinou-se a acompanhar o pai, que somente no inverno de sua vida política e pessoal pôde conhecer a Europa. No Brasil, caíra o gabinete liderado pelo duque de Caxias, passando a reinar os liberais. Em boa hora, portanto, o visconde do Rio Branco decidira visitar o Velho Continente. Percorreu Portugal, Espanha, França, Itália, Alemanha, Áustria e Inglaterra acompanhado de um criado, o alemão Jacó Gross, e, em parte do percurso, do filho. A viscondessa permaneceu no Rio de Janeiro, onde as más notícias para o clã dos Paranhos se avolumavam: Pedro Afonso, marido da filha Amélia Agostinha, havia sido derrotado na eleição para a Câmara dos Deputados; a filha mais moça, Luísa, começava a apresentar os sintomas da tuberculose que lhe tiraria a vida; o filho João Horácio gastava "como se tivéssemos minas de ouro". A desgraça rondava os Paranhos. Foi durante essa viagem à Europa que começou a se manifestar o câncer que em pouco tempo levaria o visconde à morte.

Nessa peregrinação pelo Velho Mundo, Paranhos Júnior acompanhou o pai em suas jornadas pela França, Itália, Alemanha e Áustria. Juntos, visitaram monumentos, palácios, museus, igrejas e ruínas. De 27 de fevereiro a 8 de março de 1879 estiveram em Nice para uma programação menos cultural: veladas de jogo nos cassinos de Monte Carlo. Juca continuava com sorte, e anotou os ganhos e perdas em seu diário. No primeiro dia, lucrou 250 francos. Perdeu 65 no dia seguinte para recuperar 55 no subsequente. No dia 7 de março ganhou 640 francos, mas no último dia perdeu 330. Registrou na caderneta: "Portanto, o meu lucro ficou reduzido a 550 francos. Conta do hotel em Nice de 27 de fevereiro a 8 de março, inclusive (10 dias) — 440,15 francos, dos quais 178 francos, da minha parte e 262,15 a de meu pai". Esses 550 francos equivaliam a 35 libras e, em 2017, corresponderiam a cerca de 5 mil dólares. Nada mau e, dessa vez, não consta que tenha perdido seu lucro na companhia de mulheres conhecidas ao acaso.

Seguiram para a Itália, depois visitaram Alemanha, Áustria e Inglaterra. Em Londres, o visconde hospedou-se com o velho amigo barão de Penedo. Paranhos Júnior acompanhou o pai até o dia 6 de junho, quando, esgotado o orçamento previsto para a viagem, retornou a Paris. Anotava os gastos diários com minúcia: "19 março. Nada gastei. 20 março. Creio que dei 0,50 a um pobre". Tinha planejado gastar 156 libras na viagem; nos 104 dias do périplo pela Europa (de 23 de fevereiro a 6 de junho) acompanhando o pai, despendeu cerca de duzentas libras, o equivalente, em 2017, a cerca de 26 mil dólares.

As cartas do visconde para a esposa relatando cada passo da viagem são saudosas e repletas de ternura por d. Teresa e pelos filhos que deixara no Brasil. Tampouco faltam referências carinhosas ao primogênito, que não encontrava havia mais de três anos. No entanto, como observou Viana Filho, "em toda aquela correspondência, às vezes minuciosa, cheia de pormenores sobre a viagem, apenas um assunto nunca foi aflorado: Marie e os filhos". Em Paris, o visconde hospedou-se com seu amigo conde de Nioac, no número 88 do Boulevard Malesherbes, e não na casa de Juca e Marie; não há indícios de que tenha conhecido os netos. Ele mesmo filho ilegítimo, reconhecido pelo pai apenas no leito de morte deste, o visconde não pôde superar a frustração de suas expectativas de ver o primogênito assegurando uma ascendência aristocrática para a linhagem da família. Aliás, acabaria por morrer sem vislumbrar a futura glória do então obscuro cônsul. Na conclusão da viagem, o visconde já estava atormentado pelo câncer, que progredia a despeito das inúmeras consultas e tratamentos médicos. Seu balanço da visita ao Velho Continente foi melancólico. Escreveu para a viscondessa:

Aqui termina a minha longa excursão. Estou cansado e com muitas saudades da família e da minha terra, que não troco por esta, ao menos com a vida que tenho levado. Fui infeliz: doenças aí, loucuras de um filho, câmbio baixo, e por fim um inverno muito rigoroso na Europa, e uma primavera chuvosa e variável todos os dias.

O visconde terá morrido pouco otimista com o futuro do clã que fundou, sem ter como adivinhar que o nome Rio Branco e a grandeza dos Paranhos acabariam muito mais associados ao filho do que a ele. Para seu desgosto, àquela altura Juca parecia destinado à obscuridade, e sua família, à decadência. Em seus últimos anos de vida, essa percepção terá sido fonte de frustração para aquele homem que, vindo da pobreza, moço de província, por seus próprios méritos conseguira se tornar um dos políticos e estadistas mais importantes do Império.

Em julho de 1879, Paranhos despediu-se do pai, que voltava ao Rio de Janeiro. Reassumira a chefia do consulado no mês anterior, dando por encerrada a licença. Voltaria a Paris no início de setembro e, em seguida, de 22 daquele mês a 11 de outubro, descansou em uma estação de banhos perto de Clemont-Ferrand. De lá regressou à capital francesa, e apenas em meados de dezembro voltou à Inglaterra para, depois de quatro dias em Londres, instalar-se em Liverpool. A rotina entre Paris, Londres e Liverpool repetiu-se ao longo de 1880 até que, na madrugada de 28 de setembro, leu aflito um telegrama de Gusmão Lobo dizendo: "Venha já". Juca estava em Paris "incógnito", o que o obrigou a escrever às pressas a Penedo para que este regularizasse sua ausência de Liverpool a posteriori. À licença dada pelo barão, de quinze dias, seguiu-se outra concedida pelo ministro dos Negócios Estrangeiros, que se prolongou até outubro de 1881. Paranhos Júnior chegou ao Rio de Janeiro a tempo de acompanhar a morte do visconde, ocorrida em 1º de novembro de 1880.

Pouco antes, em junho, Paranhos Júnior perdera a irmã Augusta Amélia. A maré de falecimentos na família prosseguiu. Em abril de 1881 foi a vez da irmã caçula, Luísa, de dezenove anos. As duas irmãs e o marido de Augusta morreram vítimas da tuberculose. O filho do casal, Luís Paranhos Cavalcanti, foi entregue aos cuidados da avó. Em seguida, em agosto de 1882, foi-se o tio Bernardo, irmão da viscondessa e apoio da família em tarefas de toda ordem. "A tuberculose devastava a família. [...] Apavorado pelas sombrias perspectivas, Paranhos encharcava-se em opulentas doses de fígado de bacalhau, agarrava-se à vida enquanto os parentes tombavam a seu lado." A insalubridade da cidade do Rio de Janeiro atingia em cheio a família, e Juca passou a pressionar a mãe para que fosse residir com ele na Europa, sugestão que naquele momento d. Teresa recusou.

Só depois de dez meses o governo concedeu à viúva a pensão do falecido senador, e depois de resolvida essa questão Paranhos pôde reassumir seu posto em Liverpool e sua vida em Paris. Mas o clã dos Paranhos ainda vivia momentos terríveis. Dos oito irmãos de Juca, quatro (Augusta Amélia, Luísa, Maria Honorina e Pedro Maria) já haviam falecido. A solução para o caso de João Horácio, uma vez que a família não detinha "minas de ouro", foi engajá-lo no Exército. Em contrapartida, o irmão mais novo, Alfredo, adolescente de quinze anos quando da morte do visconde, logo passaria à vida boêmia, para desespero da viscondessa, que, além desse jovem problemático, desde a morte de Augusta Amélia tinha sob sua guarda o neto Luís Cavalcanti. Apenas Maria Luísa e Amélia Agostinha, casadas, não representavam maiores preocupações para o novo patriarca da família Paranhos.

11. Paris e São Petersburgo

Ao reassumir seu posto em outubro de 1881, Juca se transformara, quisesse ou não, no patriarca da família Paranhos. Seu emprego em Liverpool lhe garantia vida confortável e recursos para, se necessário, socorrer a mãe e os outros familiares no Rio de Janeiro. Contudo, com a morte do pai, agora era responsável, em última instância, pela sorte não só da mulher e dos filhos como também de irmãos e sobrinhos. Assim, a possibilidade de perder a sinecura tornou-se um pesadelo constante. Deixar o consulado seria a ruína para toda a família. Quando remetia os relatórios sobre a arrecadação consular, tinha o cuidado de pedir ao barão de Penedo, seu superior imediato e amigo, que o documento fosse encaminhado "sem que seja visto, examinado e comentado pelos meus jovens amigos da legação". Era importante evitar "fazer água à boca de muito empregado público mal pago". Essa insegurança permanente passou a refletir-se na fantasia, muitas vezes repetida aos amigos, de comprar uma "fazendola em São Paulo" e estabelecer-se como agricultor. Ou seja, deixar de depender do emprego no Estado para consolidar sua posição social como proprietário de terras, sem temer as idas e vindas da política, à imagem de muitos de seus amigos. Ciente de que se tornar um próspero plantador de café não passava de sonho, consolava-se: "Conservo-me aqui porque não vejo coisa melhor".

Assim, na falta de "coisa melhor", durante sua prolongada estada no Rio de Janeiro Paranhos dedicou-se a trabalhar sua imagem de funcionário sério e competente e fez publicar seu relatório sobre "a navegação e comércio entre o Brasil e os portos de dependência do consulado-geral do Império em Liverpool (1876--1877)". Ademais, ressuscitou o projeto de escrever os comentários do terceiro tomo de *A Guerra da Tríplice Aliança contra o governo da República do Paraguai*, de Schneider. O primeiro e o segundo volumes haviam sido publicados antes de sua partida para Liverpool, em 1875 e 1876, respectivamente. Pouco depois, o próprio primeiro-ministro, Caxias, lhe encaminhara o terceiro volume traduzido, encomendando seus comentários. Bem ao seu feitio, agora preocupado em manter seu posto, relembrou o pedido ao ministro da Guerra e prontificou-se a completar o trabalho, mas pediu em contrapartida licenças para pesquisar e preparar, em Paris, suas anotações à obra do autor alemão. Assim, de 30 de maio a 4 de junho e entre 13 e 25 de novembro de 1882 contou com justificativas oficiais para ausentar-se do consulado. A boa vontade de Penedo estendia generosamente essas licenças. O então ministro da Guerra, barão Homem de Melo, antigo professor de história no Colégio Pedro II e colega de Paranhos no Instituto Histórico e Geográfico Brasileiro, destinou dois contos de réis para financiar a publicação do terceiro volume comentado em uma gráfica europeia. Homem de Melo fora amigo do visconde do Rio Branco e sua afeição crescente por Paranhos Júnior traduziu-se também na outorga da medalha de cavaleiro da Ordem da Rosa, que o condecorado se queixava de ter-lhe sido sonegada pelo imperador quando ele trabalhava como secretário da missão do pai no Prata. A correspondência com Homem de Melo passou a ser frequente, e seguiam para o Rio de Janeiro os avances do trabalho encomendado. Em junho de 1882, Paranhos escreveu ao barão para comentar que o terceiro volume comentado já estava "perto das 1000 páginas" e que, assim, os dois contos destinados a sua publicação seriam insuficientes. O apelo deu resultado, pois a dotação foi dobrada. Da corte carioca, Homem de Melo enviava mapas, relatos e documentos para alimentar as pesquisas. Na Europa, Paranhos trabalhava incessantemente: segundo seu relato, dedicava "15 a 16 horas por dia" à elaboração da obra. O burocrata competente, mas acomodado, entusiasmava-se pela retomada de sua vocação de historiador e projetava escrever em seguida uma *História da Guerra do Paraguai*, redigida em francês como forma de contrabalançar as visões antibrasileiras predominantes na Europa. O projeto se inspirava no sucesso do livro *Histoire de la*

Guerre du Pacifique, do chileno Diego Barros Arana, publicado em Paris em 1881, com a versão chilena do conflito em que o Chile enfrentou e venceu a Bolívia e o Peru. A ideia era escrever em seguida uma *História militar e diplomática no rio da Prata*, desde a fundação da Colônia do Sacramento, em 1680, até a separação da Cisplatina, em 1829.

A passagem de Homem de Melo pelo Ministério da Guerra foi breve, alguns meses em 1880, mas a amizade com Paranhos se consolidou e daí em diante os dois seguiram trocando impressões sobre temas militares. Em agosto de 1883, anunciava-se uma séria crise nas relações entre o Império e a Argentina por conta do reavivamento da disputa sobre o território de Palmas. Paranhos escreveu a Homem de Melo preocupado, pois "pela primeira vez, desde que o Império existe", o Brasil estava "à mercê da República Argentina, sem Exército, sem esquadra e sem torpedos, quando nossos vizinhos têm tudo isso". Na verdade, a decadência do Império refletia-se também na rápida erosão da antiga preponderância política e militar no Prata. O tempo do intervencionismo brasileiro na região chegara ao fim, pois o Império, cada vez mais combalido, já não podia sustentar suas políticas com armas e dinheiro, como outrora. Paranhos, exímio especialista em história militar do Prata, percebeu claramente o que ocorria: em sua correspondência já se vislumbrava a nostalgia do monarquista ferrenho pelo passado de poder e glória do Império.

No plano pessoal, a vida de Paranhos estabilizou-se e passou a centrar-se cada vez mais em Paris, para onde ele escapava graças às permissões, "várias vezes repetidas tão bondosamente", concedidas por Penedo de forma extraoficial. Aos brasileiros que encontrava ao acaso nas ruas parisienses, repetia sempre o mesmo álibi: "Cheguei ontem e parto amanhã". Nessa época, na capital francesa, conheceu um militar da reserva do Exército francês, Isidore Nicolas Dumontier, de quem se faria grande amigo. Gourmet refinado, Dumontier era um poliglota de primeira linha: dominava, além do francês, o português, o espanhol, o italiano, o inglês, o alemão, o russo e o árabe. Também compartia com Paranhos um vivo interesse pela história militar. Nas palavras do filho Raul, durante vinte anos Dumontier foi "o amigo mais constante e desinteressado" de Paranhos.

Em contraste, no Rio de Janeiro a situação de sua família não melhorava. Embora, para tranquilidade da mãe, o irmão João Horácio tivesse sido engajado no Exército, o caçula Alfredo, então com dezessete anos, tornara-se incontrolável. Quando a viscondessa pediu a Paranhos que o levasse para junto dele, a solução foi concretizar a proposta feita à mãe em 1880 e reunir a família na Europa. Assim, em novembro de 1883, o cônsul-geral em Liverpool iniciou outra de suas longas licenças oficiais e voltou ao Rio de Janeiro para buscar d. Teresa, Alfredo e o sobrinho Luís Cavalcanti. Somente reassumiria seu posto em fevereiro de 1885.

À beira dos quarenta e já chefe do clã Paranhos, o passar dos anos apagava sua imagem de boêmio. O pândego Juca Paranhos parecia relegado ao passado. Ainda a caminho do Rio de Janeiro, recebeu a notícia de que fora promovido ao grau de dignitário da Ordem da Rosa, decerto um bom augúrio. De fato, no Brasil contou com as boas-vindas não só de políticos conservadores como de lideranças liberais, como os senadores Manuel Pinto de Souza Dantas e Afonso Celso. Aliás, o filho do primeiro, Rodolfo Dantas, amigo de Gusmão Lobo e de Joaquim Nabuco, logo se juntou à confraria dos íntimos de Paranhos no Rio: José Avelino, Tomás Bezzi e, especialmente, Gusmão Lobo. Ao assumir, em 1882, o Ministério da Justiça, aos 27 anos, Rodolfo Dantas fora, ainda que em gestão breve, o ministro mais jovem do Império. Estando todos casados, somente Paranhos destoava em sua condição de *vieux garçon* e, certamente, de acordo com a imagem que procurava consolidar, seu reencontro com as noites alegres do Rio de Janeiro, se ocorreu, terá sido discretíssimo.

No intuito de reciclar sua imagem na corte, Paranhos buscou aproveitar sua temporada ali para reforçar seus contatos políticos e propagar as próprias virtudes, com vistas a manter o cargo de cônsul-geral a salvo de eventuais pretendentes e mesmo insinuar-se para outras funções de maior relevância. Naturalmente, tinha na bagagem as provas do terceiro volume de Schneider, trabalho que ainda considerava incompleto, mas cuja preparação não custava divulgar. O amigo Gusmão Lobo perdera sua cadeira de deputado quando da volta dos liberais ao poder, em 1878, e agora, além do emprego de jornalista no *Jornal do Comércio* (conseguido com a ajuda de Paranhos), trabalhava como assessor do ministro da Agricultura, Afonso Pena. Lobo era talentoso. Passara a ser um dos principais redatores do diário carioca e no cargo público gozava da confiança do ministro. Graças a isso, conseguiu que, antes de partir de volta a Paris, Paranhos fosse indicado delegado do governo brasileiro na Exposição Internacional de São Petersburgo e presidente da comissão do Centro da Lavoura e do Comércio no evento.

Aceito o encargo, Paranhos partiu do Rio de Janeiro acompanhado do inquieto irmão Alfredo, da mãe e do sobrinho Luís, que deixou em Paris antes de seguir para a Rússia, levando da capital francesa seu amigo Dumontier como tradutor. Com as más relações entre a viscondessa e Marie, as duas partes da família foram instaladas em dois endereços distintos: no número 56 do Boulevard Saint-Michel ficaram a viscondessa, o irmão e o sobrinho, e no número 75 da Rue de Rennes, Marie e os quatro filhos. As duas senhoras teriam de entender-se ou, o que era mais provável, de ignorar-se até que ele voltasse. Na passagem por Paris a caminho da Rússia, teve tempo para frequentar galerias de arte. Gastou quatrocentos francos na compra de uma gravura de Charles-Louis Kratké e 2 mil francos com a tela *Casamento de Baco*, do pintor alemão Johann Georg Platzer, além de adquirir oito quadros de menor valor por 784 francos. No total, 3184 francos, cerca de 18,5 mil dólares em valores de 2017. Provavelmente, a coleção estava destinada a decorar a casa de d. Teresa.

Em São Petersburgo, Paranhos contou com o apoio do ministro brasileiro José Bernardo de Figueiredo, barão de Alhandra, velho amigo de seu pai. O prestígio de Alhandra assegurou boa localização para o pavilhão brasileiro, e Paranhos esmerou-se na divulgação de nosso maior produto de exportação de então, o café. Pouco consumida na Rússia e distribuída no estande brasileiro, a bebida teve uma acolhida que o cônsul-geral tratou de multiplicar pela imprensa. Reservava duas horas por dia "para fazer a corte aos jornalistas" e colecionava e mandava traduzir as notas que saíam nos jornais russos para enviá-las ao Ministério da Agricultura e aos jornais brasileiros por intermédio de Gusmão Lobo. "Acredito muito no poder da publicidade pela imprensa, pelos anúncios convenientemente espalhados", declarou. Nada mais verdadeiro, pois as notícias que mandava para o Brasil sobre o sucesso do pavilhão geravam notas na imprensa carioca, em especial no *Jornal do Comércio*, enaltecendo o chefe da delegação nacional. Para divulgar o país na feira, preparou um livrinho de pouco mais de cem páginas, *Le Brésil à l'Exposition de St. Petersbourg*, oferecendo uma imagem positiva do Brasil para a elite russa. No início de junho de 1884, Paranhos enviou um detalhado relatório ao ministro Afonso Pena, dando conta do trabalho realizado e fazendo recomendações sobre as possibilidades das exportações de café para a Rússia. Em agosto, o *Jornal do Comércio* publicou o documento. "Jamais se falou tanto de outra exposição nem de delegados do governo. Foste remunerado com um belo título e toda a opinião te fez justiça", escreveu Gusmão Lobo ao amigo, comentando a repercussão da presença brasileira na feira russa. De fato, o sucesso do pavilhão brasileiro, reforçado pela "publicidade pela imprensa" e pelos "anúncios convenientemente espalhados", rendeu a Paranhos o título de conselheiro do

Império. Aliás, Afonso Pena (que depois seria presidente, com Paranhos como ministro das Relações Exteriores) também ostentava o título de conselheiro. Era uma distinção relevante, apenas um degrau abaixo de um título nobiliárquico propriamente dito — demonstração inequívoca de que o esforço de Juca para apagar a lembrança do pândego e reforçar a posição que ocupava na burocracia do Império rendia frutos.

Além do reconhecimento do governo brasileiro, Paranhos recebeu do imperador russo a medalha da Ordem Imperial de Santo Estanislau, no grau de grande oficial. A troca de medalhas entre visitantes e visitados faz parte das tradições diplomáticas e, para facilitar, muitas vezes são intercambiadas listas indicando quais membros das respectivas delegações devem receber as condecorações que a outra parte oferece. A elaboração da lista dos brasileiros gerou um grande desentendimento entre Paranhos e os representantes do Centro da Lavoura e do Comércio. O delegado governamental pediu apoio ao barão de Alhandra para a "guerra defensiva contra os *rastaqueras*" do centro e, afinal, impôs a inclusão do nome de seus amigos Dumontier, José Avelino e Gusmão Lobo na lista dos agraciados com as condecorações de Santo Estanislau. No entanto, no calor da luta para incluir seus favoritos, uma grave omissão acabou ocorrendo. O então barão de Cabo Frio, Joaquim Tomás do Amaral, não estava na lista enviada ao tsar. Diretor-geral da Secretaria dos Negócios Estrangeiros pela primeira vez já em 1865, desde 1869 ele de novo ocupava o segundo cargo mais importante da chancelaria. Ainda que Cabo Frio tivesse sido subordinado ao visconde do Rio Branco, Paranhos temia uma possível mágoa pelo lapso, pois admitia que suas relações com o antigo auxiliar do pai não eram de amizade, mas de "pura cortesia", e que, em relação a ele, o diretor-geral teria, inclusive, "até certas prevenções". Cabo Frio não acusou o golpe, mas terá anotado a falha como uma descortesia.

A Exposição Internacional de São Petersburgo encerrou-se em 1º de junho de 1884. De volta à França no início de julho, Paranhos manteve o cargo de delegado do governo brasileiro na já encerrada exposição até 31 de outubro e emendou o fim dessa licença com outra, de 1º de novembro a 31 do mês seguinte, dessa vez concedida pelo Ministério da Guerra, com o objetivo de prosseguir na redação do terceiro volume da versão comentada da obra de Schneider. Em 12 de abril de 1885 nasceu Hortênsia, a caçula dos cinco filhos de Juca e Marie. Residindo, na prática, em Paris, com frequentes idas a Liverpool e Londres, Paranhos dedicava-se com intensidade crescente a seus estudos históricos e avançava na redação dos comentários (que lhe valeria ainda outra licença, de seis meses, em 1886). Em Londres, já não contava com a companhia de Joaquim Nabuco, que retornara ao Brasil em meados de 1884; em compensação, reencontrou na corte inglesa José Carlos Rodrigues, antigo companheiro da Faculdade de Direito de São Paulo, que deixara Nova York e se estabelecera em Londres como advogado de sucesso. No Brasil, Joaquim Nabuco, Rodolfo Dantas e Gusmão Lobo engajavam-se fortemente na campanha pela abolição da escravatura, causa da qual Paranhos mantinha distância, a despeito da força simbólica de seu nome para exigir um avanço para além da Lei do Ventre Livre.

Em paralelo com o interminável terceiro volume dos comentários ao livro de Schneider, Paranhos prosseguia em seus estudos históricos, com planos que variavam entre escrever uma *História naval dos conflitos no Prata* e uma ambiciosa *História militar e diplomática do Brasil*. Adquiria livros com assiduidade; sua biblioteca teria alcançado os 6 mil volumes, a maior parte deles relativos à geografia e à história do Brasil. Trocava dados, documentos e impressões com pesquisadores e eruditos, no Brasil e na Europa. Tornara-se correspondente do eminente historiador Capistrano de Abreu, com quem começou a intercambiar informações e papéis a partir de 1886. A admiração de Capistrano pelas qualidades de Paranhos como historiador levou-o a confessar que "nunca, até hoje, estudei questões do Sul à espera da obra de v. excia.". Em 1887, Capistrano chegou a saudar o aparecimento próximo da *História naval* de Paranhos "daqui a uns 400 dias, multiplicados por 24 horas e estas pelos respectivos minutos e segundos" para cobrar-lhe que, em seguida, escrevesse uma *História militar*.

A verdadeira dimensão da biblioteca privada de Paranhos nunca foi estabelecida com precisão. De acordo com diversas fontes, seriam 6 mil livros; porém, quando, depois de sua morte, ela foi vendida pelos herdeiros e incorporada ao acervo do Itamaraty, o bibliotecário Jango Fischer, encarregado de preparar um estudo sobre a biblioteca de Rio Branco para as comemorações do centenário de seu nascimento, em 1945, comentou que "muitos livros citados pelo Barão e que certamente faziam parte de sua biblioteca estão desaparecidos e alguns em mãos de particulares". O certo é que se tratava de um acervo de livros e documentos considerável e bastante valioso, que Rio Branco estudou com cuidado, como comprovam as muitas observações e notas que registrava nos próprios livros. Fischer dedicou-se a examinar as anotações de Paranhos nos exemplares de sua coleção particular. De acordo com sua pesquisa, Paranhos estudou "1157 obras de 966 autores em cujos 1848 volumes foram anotadas 27458 páginas, acrescidas de 594 notas coladas e mais de 767 soltas". Se a quantidade de anotações por si só impressiona, a extensão e o método (ou a aparente falta deste) deixa claro o empenho com que ele perscrutava seus livros e documentos:

> É de observar que, se há páginas com apenas uma palavra ou uma cifra como anotação, numerosas são as que, repletas as margens e até mesmo as entrelinhas, ele as continuava em pedaços de papel de tamanho vário, ora colados, ora soltos entre as folhas. Algumas, quando numerosas as folhas, eram amarradas com barbante ou presas por alfinetes; outras foram coladas em seguimento, chegando, por vezes, a medirem 65 e até 78 centímetros de comprimento [...] em diversos [livros] há notas que são verdadeiros capítulos acrescentados ao texto.

O bibliófilo Paranhos não poupava os livros de suas anotações e intervenções.

A vida de nosso personagem parecia seguir seu rumo sem sobressaltos. Sua situação política melhorava, pois em agosto de 1885 os liberais deixaram o poder, e o barão de Cotegipe, velho amigo do visconde do Rio Branco e responsável direto pela nomeação do irrequieto Juca para Liverpool, assumiu o cargo de presidente do Conselho de Ministros. Em contraste, a vida familiar continuava a ser fonte de problemas. Em abril de 1887, Paranhos Júnior teve de empreender nova viagem ao Rio de Janeiro, agora para reestruturar a vida da irmã Maria Luísa, pois o cunhado José Bernardino, "dominado pelo espiritismo", enlouquecera, tornando-se violento, e a situação poderia "acabar em tragédia, pelo assassinato ou pelo suicídio", avaliou Juca. Chegando ao Brasil, em maio, ele internou o cunhado e tratou de acertar a vida da irmã e dos sobrinhos.

Paranhos chegou ao Rio a tempo de acompanhar o desfecho da chamada Questão Militar, com a concessão do perdão ao general Deodoro da Fonseca e aos coronéis Sena Madureira e Cunha Matos e a demissão do ministro da Guerra. A polêmica foi encerrada, mas fortaleceu os militares, cada vez mais associados à causa abolicionista e (ainda que menos claramente) ao republicanismo. Para piorar, o imperador estava enfermo desde fevereiro e eram frequentes os episódios de confusão mental e falhas de memória. O republicano Quintino Bocaiúva chegou a escrever a seu correligionário Salvador de Mendonça, cônsul em Nova York: "Tudo depende atualmente do Cotegipe, que é o verdadeiro imperador do Brasil, porque o outro, coitado, parece ter chegado ao termo de sua carreira e da sua vida". O amigo Cotegipe, aliás, não deixou de oferecer a Paranhos o posto de ministro em alguma capital da Europa. Contudo, as razões pelas quais ele preferira pleitear o consulado em Liverpool, em 1875, permaneciam. Ou, mais precisamente, haviam se acentuado. A situação conjugal ainda era irregular, mas agora com cinco filhos, e não dois. A mãe, o irmão caçula e um sobrinho tinham passado a viver em Paris e dependiam dele. Assim, os altos rendimentos auferidos na atividade consular e o benefício dos poucos gastos de representação que o consulado lhe exigia eram ainda mais necessários. À frente de uma legação, essa equação se inverteria: ele ganharia menos e gastaria mais. Realista, respondeu que "preferia continuar na posição mais modesta que ocupava como cônsul-geral".

O momento da passagem de Paranhos pelo Rio de Janeiro em 1887 não poderia ter sido mais inquietante para um monarquista sincero como ele. A abolição estava na ordem do dia e possivelmente depois da libertação dos escravos viriam a república e o federalismo. Isabel, a herdeira do trono, princesa pouco carismática e casada com um estrangeiro, oferecia parcas perspectivas de apoio popular a um Terceiro Reinado. O pessimismo de Paranhos pode ser medido pela decisão que tomou, de regresso a Liverpool, ao encomendar papel timbrado para uso na repartição: substituir a expressão "consulado-geral do Império do Brasil" por "consulado-geral do Brasil". Ainda assim, fez questão de adiar a partida do Rio de Janeiro para viajar no navio que, em 30 de junho, levou o imperador para tratamento médico na Europa. Viana Filho comentou o fato com malícia e precisão: "Como deveria ser agradável, nas horas vazias do Atlântico, arrefecido o protocolo, conversar longamente com aquele rei ameno e culto". As antigas restrições de d. Pedro ao filho do visconde foram definitivamente superadas no curso das conversas mais descontraídas durante a travessia oceânica, e ele, que já contava com a simpatia do primeiro-ministro, por fim caiu nas graças do imperador. Sua situação política não poderia ser melhor, descontado o detalhe — nada desprezível — de que a própria monarquia balançava.

12. O publicista do Terceiro Reinado

De volta a Paris, em meados de julho de 1887, Paranhos experimentava sentimentos contraditórios. Ainda que reconciliado com o imperador e amigo do primeiro-ministro, não lhe convinha deixar seu cargo de cônsul-geral, mesmo para uma função mais prestigiosa, de chefe de alguma legação na Europa, ainda que a possibilidade o seduzisse. A passagem pelo Brasil, no clímax da Questão Militar, bem como a correspondência que recebia dos amigos na corte, levava-o a prever perspectivas sombrias para o futuro da monarquia. Caso o regime fosse derrubado, a precariedade de sua situação ficaria evidente. Gusmão Lobo escreveu-lhe sem meios-tons: "O imperador é homem perdido, e a princesa, moça caprichosa, ignorante, e deusa das camarilhas, não poderá manter o trono". No entanto, Paranhos exibia otimismo, talvez por falta de melhor alternativa. A despeito das avaliações de que o imperador não se recuperaria, enviava aos amigos notícias sempre positivas sobre a saúde do soberano, com quem buscava manter o contato: "Achei-o mais forte, e muito bem, e não pude, ainda desta vez, notar *esquecimento* algum", escreveu a Penedo, por exemplo.

Seu círculo de amizades na capital francesa expandiu-se com a chegada de Eduardo Prado. Quinze anos mais jovem e filho de uma família de prósperos plantadores de café, Prado tornou-se o mais íntimo amigo. Paranhos acercou-se, por meio de Eduardo, do grupo de intelectuais portugueses na cidade liderado por Eça de Queirós, que em 1888 (ano em que publicou *Os Maias*) assumiu o cargo de cônsul de Portugal em Paris. Além de Eça de Queirós, participavam lusitanos ilustres, como Ramalho Ortigão e Oliveira Martins. Quanto aos brasileiros, além de Paranhos e Eduardo Prado, também Rodolfo Dantas e Joaquim Nabuco juntavam-se ao seleto grupo de intelectuais luso-brasileiros em suas muitas passagens por lá. Outro grande companheiro do cônsul-geral na época foi Frederico José de Santana Néri, um "propagandista voluntário" do Brasil na Europa. Nascido na província do Amazonas e doutorado em direito pela Universidade de Roma, Santana Néri recebera do papa Leão XIII o título de barão, por defender os interesses do Vaticano. Na França, firmou-se como jornalista e literato. Desde 1881, dirigia o periódico *Le Brésil*, editado em Paris, e mantinha uma coluna regular no *Jornal do Comércio*. Participou, ainda, da fundação da *Revue du Monde Latin*, da qual foi redator-chefe entre 1885 e 1889. Nesse último ano, apresentado por Eduardo Prado, Paranhos conheceu também o jovem escritor e correspondente da *Gazeta de Notícias* Domício da Gama, que seria seu maior discípulo e mais longevo e leal colaborador nas funções diplomáticas que o futuro lhe reservava. Domício trazia uma carta de apresentação de Capistrano de Abreu. Entre outras recomendações, a carta dizia: "Ele e Raul Pompeia são as duas vocações literárias mais vigorosas e brilhantes que conheço". Em que pese o bom juízo de Capistrano, com o correr do tempo a carreira diplomática de Domício eclipsou suas realizações na literatura.

Contando com a boa renda de seu consulado e desfrutando do convívio com a alta intelectualidade luso-brasileira de Paris, Paranhos vivia bem. A saúde até então estava em ordem, "a não ser um ou outro resfriado passageiro, que ele tratava com homeopatia". Com uma rotina de "ginástica de quarto", mantinha o peso por volta dos 75 quilos, o mesmo desde os tempos de boemia no Rio de Janeiro e bastante adequado ao seu 1,82 metro. Esgrimista competente, também atirava bem com pistola — duas opções para eventuais duelos, na época uma prática ainda extraoficialmente tolerada na França. Aliás, ele era "adepto do duelo", pois acreditava que, à medida que esse recurso desaparecesse, "aumentaria a falta de maneiras, o que seria de se lastimar". Inclusive, em certa ocasião esteve prestes a resolver uma disputa por essa via, mas seu adversário, "um parisiense muito conhecido então como artista e industrial", retratou-se a tempo de evitar o confronto. Vale dizer que, em seu círculo de amizades, Paranhos não era o único a admirar essa maneira radical de solucionar desavenças. Ficara célebre o duelo ocorrido em 1866, com armas brancas, entre Ramalho Ortigão e Antero de Quental, por conta de uma discussão literária. O embate acabara em prejuízo do primeiro, ferido no pulso pelo florete do adversário. Vê-se que, entre os portugueses, a literatura era tema de vida ou morte, ou quase.

Com a vida arrumada, Paranhos deixava Paris apenas para as imprescindíveis idas a Londres e Liverpool. Contudo, estava sempre presente a sombra da situação política brasileira, que em um golpe repentino poderia desestruturar toda a sua existência.

Por essa época, ele decidiu criar para si um ex-líbris, etiqueta que estamparia nos livros de sua vasta biblioteca, como era costume entre os bibliófilos da época. Depois de alguns ensaios, fixou-se em uma imagem da baía de Guanabara vista desde Niterói, tendo em primeiro plano a pedra de Itapuca e ao fundo o Rio de Janeiro, destacando-se o Pão de Açúcar e o Corcovado. Por sobre a paisagem, o lema: *"Ubique Patriae Memor"* — "Onde estiver, pensando na pátria". De fato, ainda que distantes, os acontecimentos no Brasil ocupavam o centro de suas preocupações, e a continuidade da agradável rotina europeia dependia diretamente da evolução deles. Em momentos de insegurança sobre os rumos da vida, retomava a fantasia recorrente de refugiar-se em próspera e tranquila vida rural no Brasil. Em carta ao amigo Francisco Veiga, desabafou: "Oh! Que saudades tenho da nossa terra! Se eu pudesse ir viver, como você, a vida calma de província, em Ouro Preto. Não imagina quanto desejo tenho de voltar". O mote das ilusões da modernidade urbana e do retorno à vida rural na busca da verdadeira felicidade circulava entre aqueles intelectuais luso-brasileiros, tema recorrente da obra e fio condutor do último livro de Eça de Queirós, *A cidade e as serras*, publicado em 1901, um ano após a morte do escritor. Aliás, Eduardo Prado foi apontado como o modelo no qual Eça calcou a personalidade do protagonista do livro, o irrequieto Jacinto de Tormes.

A vida profissional de Paranhos parecia estabilizada, salvo uma reviravolta política no Brasil. Nessa quadra, seu prestígio intelectual em Paris rendeu-lhe um convite que o levou a abandonar o interminável trabalho de comentar o terceiro volume de *A Guerra da Tríplice Aliança contra o governo da República do Paraguai*, bem como a adiar mais uma vez a redação da *História naval*, já anunciada e saudada por Capistrano de Abreu. Igual destino teriam os projetos de uma *História militar* e da ambiciosa *História militar e diplomática no rio da Prata de 1680 a 1828*. Na verdade, não terá faltado tempo para que as investigações se transformassem em livros. O preciosismo com que conduzia as pesquisas e a falta de disciplina faziam-nas intermináveis e inibiam a publicação dos estudos. Ainda assim, mesmo não tendo publicado nenhum trabalho histórico nesse longo período desde a partida do Brasil, em 1867, Paranhos concluíra os manuscritos de duas pequenas biografias — uma dedicada ao almirante inglês James Norton, redigida nos primeiros anos de Liverpool, outra sobre o visconde do Rio Branco, preparada logo depois da morte do pai. Os dois ensaios permaneceram inéditos por muitos anos. O texto sobre o almirante inglês veio à luz somente em 1911, na edição de 12 de outubro do *Jornal do Comércio*, sob o pseudônimo de Bernardo de Faria, nome do tio materno. A biografia do visconde, por sua vez, saiu apenas depois da morte de seu autor, nas páginas da *Revista Americana*, em edições publicadas em 1916 e 1917.

Mesmo sem Paranhos ter publicado nenhuma obra de maior expressão, sua erudição começava a tornar-se famosa entre os amigos e conhecidos. É conhecida a passagem de Eduardo Prado em que este mostrou seu assombro com o grau de detalhe em que podia relatar os fatos do passado brasileiro:

> É capaz de descrever, sem esquecer uma minúcia, como eram feitas as naus de Pedro Álvares Cabral, de que tecido vinham vestidos seus marinheiros e o nome das plantas mais vulgares na praia de Porto Seguro, onde ancoraram as naus. Leu tudo quanto há impresso, copiou ou fez copiar todos os manuscritos, fez deles extratos, distribuiu esses extratos, em forma de notas, pelas páginas de todos os livros que tratam do Brasil; retificou, esclareceu, corrigiu, explicou, emendou e ampliou todos esses livros; e com o mundo de suas notas, poderá ele um dia publicar uma história e uma descrição do Brasil, que será um monumento.

Frustrava-se, contudo, com o fato de que, ainda que dono de uma cultura histórica admirável, fora do círculo de amizades as qualidades intelectuais do cônsul-geral eram pouco conhecidas. O historiador Paranhos seguia devendo a publicação da grande obra que o consagraria como erudito.

Mesmo que restrita aos mais próximos, a fama de Paranhos propiciou o contato com um dos grandes geógrafos e economistas franceses da época, Émile Levasseur. Este fora incumbido pela editora de Charles Delagrave de elaborar um novo mapa do Brasil para ser adotado nas escolas do Rio de Janeiro. O ministro brasileiro em Paris, Tomás Fortunato de Brito, barão de Arinos, indicou Paranhos para auxiliar Levasseur na revisão do trabalho. A colaboração rendeu frutos, e um convite do sábio para ajudá-lo na redação do verbete relativo ao Brasil em *La Grande Encyclopédie*, proposta altamente honrosa, na tradição francesa da importância conferida ao trabalho de enciclopedista. O texto original de Levasseur sobre o Brasil não tinha mais que quinze páginas e trazia os equívocos e estereótipos habituais. O oferecimento constituía uma oportunidade para apresentar o Brasil e a monarquia, que sofria de progressivo descrédito, de forma positiva, esforço que também ia ao encontro dos interesses pessoais de Paranhos. Assim, ele aceitou prontamente a oferta de Émile Levasseur para retratar o Brasil na enciclopédia. Incumbiu-se de escrever as partes relativas à história, à imprensa, às belas-artes, e acabou colaborando também no item sobre antropologia. Convocou dois amigos para abordar outros aspectos, o visconde de Ourém (José Carlos de Almeida Areias) e Eduardo Prado. Levasseur, por seu turno, pediu contribuições de especialistas franceses: o geólogo Claude-Henri Gorceix (então diretor da Escola de Minas de Ouro Preto), o botânico Paul Maury, o zoólogo Édouard Louis Trouessart e o antropólogo Sigismond Zaborowski.

No Brasil, o gabinete do barão de Cotegipe caiu. O primeiro-ministro foi substituído, em março de 1888, por outro velho conhecido, João Alfredo Correia de Oliveira, discípulo político de Paranhos pai e colega de Juca na 14ª e na 15ª Legislaturas da Câmara dos Deputados. O Ministério dos Negócios Estrangeiros passou às mãos de Antônio da Silva Prado, irmão de seu grande companheiro Eduardo. O gabinete de 1888 tinha uma meta clara: abolir a escravidão. Em 13 de maio, a princesa Isabel assinou a Lei Áurea. Seis dias depois, Paranhos recebeu um telegrama do Rio de Janeiro: "Agraciado barão do Rio Branco. João Alfredo". O fim da escravidão punha em perigo o apoio dos escravocratas à Coroa, e o recurso à vaidade como arma política levou o governo a conceder uma enxurrada de títulos nobiliárquicos. Aproveitando-se da maré, o primeiro-ministro obteve o baronato para Paranhos. O novo barão respondeu pelo telégrafo: "Cordiais agradecimentos. Favor beijar a mão princesa regente. Parabéns pela grande lei".

O fim da escravatura acirrou os ânimos políticos. A monarquia perdia o apoio dos setores mais conservadores. As hostes liberais, por sua vez, entendiam que a reforma vinha tarde demais e que a ela deviam se seguir o federalismo e a própria república. D. Pedro continuava ausente do país e muito doente. Em Milão, em fins de maio, o imperador chegara a receber a extrema-unção. O Império parecia pender por um fio. Cauteloso, Paranhos hesitou por vários meses em ostentar o baronato. No Rio de Janeiro, Maria Luísa adoecera. A agonia da irmã, desamparada do marido internado num hospício e mãe de cinco filhos, constituía um lembrete de suas responsabilidades familiares e da eterna precariedade das rendas providas pelo consulado. Também a viscondessa estava com a saúde fragilizada, e o irmão caçula, Alfredo, já exibia os primeiros sintomas de tuberculose. Maria Luísa não resistiu, também vítima da doença que assolava os Paranhos. O comentário mordaz de um jornal carioca refletiu a delicadeza da situação familiar:

> Quem viu passar o modesto préstito fúnebre, composto apenas do coche mortuário, do carro do vigário da freguesia, de mais cinco... recordou-se necessariamente dos tempos em que a casa do pai enchia-se de amigos oficiosos, cada qual mais pressuroso, nos dias de festa como nos de luto, que os teve bastantes.

Maria Luísa foi a última do clã dos Paranhos a residir na capital carioca, pois a outra irmã sobrevivente, Amélia Agostinha, se mudara para Pernambuco com o marido, Pedro Afonso Ferreira, cuja carreira política se eclipsou. O irmão João Horácio seguia engajado no Exército, no Sul do país. Para Paranhos, perder o emprego no consulado seria a pá de cal a consagrar a falência da família. Por que ostentar um baronato que poderia resultar em retaliações, caso fosse instaurada a república?

Os amigos, no entanto, insistiam — como Gusmão Lobo, que lhe escreveu após a morte da irmã: "Você fará muito mal não usando o seu título. É o nome de Rio Branco que você elimina de si mesmo. Peço-lhe por tudo que não dê para semelhante sestro". Paranhos por fim capitulou e passou a assinar "barão do Rio Branco", redobrando sua aposta na continuidade da monarquia e no sonho do Terceiro Reinado capitaneado pela imperatriz Isabel. A princípio, verdade seja dita, a parada pareceu tomar contornos mais favoráveis. D. Pedro restabeleceu-se inesperadamente e sua miraculosa recuperação gerou uma onda de entusiasmo pelo monarca, recebido de volta ao Brasil com grandes comemorações. Em 23 de julho de 1890, d. Pedro II completaria cinquenta anos no trono brasileiro. O jubileu do Segundo Reinado poderia ser a chave para a continuidade do regime. Nas décadas de 1870 e 1880 a própria monarquia inglesa estivera ameaçada pelo sentimento republicano; o entusiasmo popular nas comemorações do jubileu da rainha Vitória, em 1887, parecia ter afastado definitivamente a hipótese. Por que não repetir o truque no Brasil? O recém-agraciado barão do Rio Branco decidiu engajar-se com toda a sua energia no combate pela manutenção da monarquia.

No decorrer de 1889, três obras publicadas na França contribuíram para o esforço de promover a monarquia brasileira, e Paranhos participou delas diretamente. A primeira foi o verbete relativo ao Brasil em *La Grande Encyclopédie*, organizada por Émile Levasseur. Depois, para a Exposição Universal de Paris daquele ano, a Comissão Franco-Brasileira responsável pelo pavilhão do país publicou o livro *Le Brésil en 1889*, com um capítulo escrito por Paranhos. Finalmente, o barão do Rio Branco foi o "verdadeiro autor" da biografia de Pedro II publicada como sendo obra do rabino Benjamin Mossé.

Entretanto, não bastava trabalhar pela monarquia. Paranhos via claramente a conveniência de aproveitar o esforço para fortalecer sua posição junto ao velho monarca e, sobretudo, junto à herdeira do trono. Para que o soberano e a princesa herdeira soubessem de seu empenho na defesa da continuidade do regime, Paranhos buscou contato com a família real: o objetivo era explicitar seu papel nas três iniciativas. Assim, no início de 1889 remeteu cópia das primeiras provas do verbete de *La Grande Encyclopédie* ao barão de Ramiz Galvão, preceptor dos príncipes imperiais, netos de d. Pedro, "para que [Galvão] pudesse mostrar ao imperador, à princesa Isabel e ao conde D'Eu o que ia aparecer na G^{de}. *Encyclopédie*". O lance, algo audacioso, surtiu efeito: d. Pedro não apenas apreciou a iniciativa e o conteúdo dos temas desenvolvidos por Paranhos como passou a enviar correções e acréscimos, dando início a uma troca de correspondência entre os dois que se estendeu de abril de 1889 a junho de 1891. Rio Branco atingira em cheio o ponto mais sensível do monarca — sua vaidade intelectual.

Entusiasmado com o verbete de Rio Branco para *La Grande Encyclopédie*, o imperador ordenou a impressão de uma separata sob o título *Le Brésil*. Para a segunda edição da obra, remeteu um artigo sobre as línguas indígenas no Brasil, escrito por seu professor de línguas orientais, Christian Friedrich Seybold. Como o texto foi publicado sem atribuição de autoria, ficou a impressão de que teria sido preparado pessoalmente por d. Pedro. Na apresentação da segunda edição de *Le Brésil*, Levasseur contribuiu para a confusão, provavelmente de forma voluntária. Ao se referir ao item "Algumas notas sobre a língua tupi, por **", ressaltou que a contribuição "nos foi endereçada do Rio de Janeiro por um membro do Institut de France, que sabe dividir seu tempo entre as grandes preocupações da política e o culto das boas letras". A descrição, era óbvio, remetia ao monarca, mas Levasseur não explicava que d. Pedro se limitara a enviar o texto escrito por Seybold; e assim o artigo sobre a língua tupi teve sua autoria oficiosamente atribuída ao próprio imperador. Levasseur também obteve um texto do eminente jurista francês Ernest D. Glasson para inclusão nessa segunda edição.

Ainda que por interposta pessoa, a troca de correspondência entre Rio Branco e o soberano se intensificou. Em resposta a uma carta de Ramiz Galvão, de 25 de abril de 1889, Rio Branco elaborou um relato detalhado de seu esforço de defesa e divulgação da monarquia brasileira. Além de falar de *La Grande Encyclopédie*, fez uma longa exposição sobre o texto que preparava para *Le Brésil en 1889* e deixou bem claro que a redação da biografia de d. Pedro (que era do conhecimento do imperador e, provavelmente, fora encomendada por ele) estava em suas mãos:

> Hoje recebi as provas da última parte de um livro que sobre Sua Majestade vai aparecer e que passará aos olhos do público como escrito por B. Mossé. O imperador sabe dessa publicação pelo conde de Nioac, a quem Mossé pediu notas, que me encarreguei de dar. Achei o trabalho primitivo muito ruim, e fiz tudo de novo.

Não deixou de prometer também o envio das primeiras provas do livro de Mossé a d. Pedro, pois, segundo afirmou a Galvão, "desejo que o imperador leia o livro antes que ninguém".

As respostas de d. Pedro incluíam expressões de apreço e carinho por Paranhos: "Rio-Branco, gosto de chamá-lo assim", disse em uma. Em outra, assinou: "Seu muito afeiçoado d. Pedro d'Alcântara". As gentilezas continuaram, e o imperador acabaria por conceder a Paranhos o direito de corresponder-se diretamente com ele, dispensando a intermediação de Ramiz Galvão. A resposta de Rio Branco, em longa carta com data de 7 de junho, começa por um agradecimento à "grande honra que vossa majestade me fez, e que é a maior de quantas tenho recebido da benevolência de vossa majestade". Não deixou de realçar seu compromisso com as publicações em curso:

> Tenho estado estes últimos tempos muito sobrecarregado de trabalho, deitando-me quase sempre às 3, 5 e 6 horas da manhã, e só para tomar repouso insuficiente pois preciso acudir à revisão de provas que me chegam de diferentes lados: as da tiragem à parte do *Brésil*; as de um resumo mais desenvolvido da nossa história para o livro *Le Brésil en 1889* que o Comité Franco-Brésilien da exposição vai publicar;

a da biografia de vossa majestade [...]; as dos artigos biográficos e geográficos referentes ao Brasil que redigi para o VIII volume da *Encyclopedia*; finalmente, as provas do folheto dando conta do banquete comemorativo da abolição.

O esforço intelectual de Paranhos, ainda que destinado a contribuir para sua trajetória pessoal, envergava as roupagens do patriotismo e do amor pela monarquia, sentimentos sem dúvida sinceros. O barão do Rio Branco cultivava a vaidade de d. Pedro e dava sua contribuição para propagar a conveniência da continuidade do regime monárquico, com o cuidado de não ter seu nome envolvido diretamente na luta partidária.

Fazia isso com competência. O verbete sobre o Brasil em *La Grande Encyclopédie* ocupou 51 páginas, em lugar das quinze propostas por Levasseur. Obteve mais espaço do que a Bélgica, com vinte. Surpreendentemente, superou em extensão até mesmo o verbete relativo à Inglaterra, a maior potência mundial de então, com pouco mais de quarenta páginas. Ao realçar para o imperador que, "como brasileiro", tivera "grande contentamento" em concorrer para esse resultado, Rio Branco assinalava também que o texto dava "exata e lisonjeira ideia de nossos progressos e nossa civilização" e ganhava credibilidade ao ser publicado por "um nome europeu, como o de M. Levasseur, reunindo, portanto, para os estrangeiros, as condições de imparcialidade que são para desejar em trabalhos dessa ordem". Outra pequena vitória obtida por meio da colaboração com o sábio francês foi incluir em *La Grande Encyclopédie* uma interpretação favorável às teses brasileiras na questão limítrofe com a Guiana Francesa. A um amigo, Paranhos pôde gabar-se: "O negócio do Oiapoque o Levasseur o engoliu todo [...] sem perceber que assina uma sentença favorável ao Brasil". Naturalmente, outro objetivo seu era obter boa repercussão do texto no Brasil; para tanto, empenhou seus contatos na imprensa carioca.

A separata *Le Brésil* foi publicada com os auspícios da Comissão Franco-Brasileira e distribuída na Exposição Universal de Paris de 1889. A primeira edição esgotou-se antes do encerramento da feira e uma nova tiragem foi impressa. Ainda para a Exposição Universal de Paris, a comissão preparou a publicação do livro *Le Brésil en 1889*, coordenado por Santana Néri, para o qual Rio Branco escreveu o capítulo sobre a história do Brasil também publicado em separata sob o título *Esquisse de l'histoire du Brésil* [Esboço da história do Brasil]. Da obra de Santana Néri, além de Paranhos e do próprio organizador do volume, participaram

128

Henri Morize, Luís Cruls, Henri Gorceix, Favilla-Nunes, André Rebouças, Leitão da Cunha, Amaro Cavalcanti, Luiz Rodrigues d'Oliveira, Fernandes Pinheiro, Ferreira de Araújo, Ladislau de Souza Mello Neto, Marco Antônio de Araújo e Abreu (barão de Itajubá), Samuel Wallace MacDowell, Eduardo Prado, Alves Barbosa e Antônio Luís von Hoonholtz (barão de Tefé). A extensa lista de colaboradores do volume lembra que a participação de Rio Branco, ainda que importante, deve ser relativizada, pois, das quase setecentas páginas da obra, o *Esboço da história do Brasil* ocupa pouco mais de oitenta. O papel central na iniciativa coube sem dúvida a Santana Néri, que assinou vários capítulos e foi o responsável pela obtenção do apoio financeiro do governo brasileiro e pela escolha dos demais coautores.

Ainda para a Exposição Universal, Rio Branco foi incumbido de organizar um volume com imagens do país. *L'Album des vues du Brésil* reunia quase uma centena de imagens de autoria de Marc Ferrez, Rodolfo Lindemann, Joaquim Insley Pacheco, Alfredo Ducasble e Augusto Riedel, entre outros, e constitui-se em excelente resenha dos trabalhos dos principais fotógrafos e gravuristas brasileiros e estrangeiros residentes no país naquele fim de século.

Rio Branco afirmou ter preparado o *Esboço da história do Brasil* em pouco mais de quinze dias. A despeito da extensão razoável do trabalho e de sua grande qualidade, parece bastante plausível que tenha sido escrito em espaço tão curto de tempo. Desde os tempos da Faculdade de Direito, Paranhos tinha por método dedicar-se a pesquisas extensas e aparentemente desordenadas, elaborar notas dispersas sobre os temas mais variados e deixar a redação final dos textos para muito perto do prazo final de entrega, um pouco à maneira dos jornalistas pressionados pelos prazos de fechamento. Assim seria também com as defesas que depois redigiria para as duas arbitragens em que advogou a causa brasileira. Além disso, o *Esboço* aproveitou generosamente as ideias e mesmo copiou trechos inteiros do capítulo sobre história do Brasil de *La Grande Encyclopédie*. Na realidade, o *Esboço da história do Brasil* basicamente ampliou e detalhou a pesquisa feita para o item sobre a história brasileira no verbete da enciclopédia.

O livro *Dom Pedro II, empereur du Brésil* [Dom Pedro II, imperador do Brasil], biografia de d. Pedro II assinada por Benjamin Mossé, grande rabino de Avignon, seria um caso bastante distinto. O trabalho foi encomendado a Mossé pelo conde de Nioac, camarista do imperador e velho amigo do visconde do Rio Branco. O rabino era então um escritor de algum renome na França, o que facilitaria a divulgação e daria mais credibilidade à obra. Uma boa biografia publicada em francês, língua internacional de então, seria um meio inestimável de divulgação da monarquia brasileira no exterior e serviria para promover o imperador também no Brasil. A dificuldade imposta pelo pouquíssimo conhecimento que Mossé tinha do país e de seu biografado acabou contornada por Nioac com a solicitação a Paranhos para que "auxiliasse" o escritor na redação do livro. A qualidade e o detalhamento das informações, especialmente as relativas a temas diplomáticos e militares, deixam claro que o barão do Rio Branco foi "o verdadeiro autor desse livro", fato reconhecido pelo próprio Mossé em carta que lhe escreveu. Com bastante malícia, Viana Filho comentou que a parceria se desenvolveu em "perfeito entendimento, pois, enquanto um se preocupava com os proventos que devia perceber, o outro se comprazia em divulgar as próprias ideias". Paranhos, em correspondência pessoal, foi bastante explícito ao falar sobre seu grau de liberdade na preparação do texto. Ao referir-se a Mossé, esclareceu em carta a Nabuco que "o homem é pois um testa de ferro de que me servi para dizer à nossa gente o que penso com mais liberdade, e não ficar com a fama de incensador de poderosos". Sua pluma estava, não há dúvida, muito mais livre na biografia de d. Pedro do que nos dois outros trabalhos da época. Em primeiro lugar, não havia rigidez de formato; ademais, no caso de *La Grande Encyclopédie*, Rio Branco reconhecia que Levasseur detinha "a *haute-main* em tudo" e não deixava de modificar, cortar e emendar os textos a ele submetidos. Mas, mesmo nesse caso, Paranhos resistiu. Aconteceu de reescrever alguns trechos "mais de dez vezes", pois só desse modo, em suas palavras, pôde "restabelecer o que escrevi e evitar asneiras". Ainda assim, Levasseur teve constante ingerência no seu texto, ao contrário do que ocorreu no livro assinado por Mossé.

D. Pedro II, imperador do Brasil pode ser considerado a melhor expressão do pensamento de Rio Branco como historiador e como publicista. O livro revela com clareza sua posição frente à conjuntura política brasileira logo depois da abolição. Aparentemente dirigido ao público francês, na verdade serviu de instrumento para tentar influir no debate interno no Brasil. Contribuía para fortalecer sua posição pessoal (e de seus amigos) junto ao imperador, mas também para divulgar suas próprias ideias. Mossé/Rio Branco insistia, por exemplo, no repúdio ao federalismo, tema que passou a ocupar o centro das discussões políticas depois de decretado o fim da escravidão. Projetando no passado um debate crucial no momento em que era escrito — na resenha histórica da evolução política brasileira, ao analisar o Ato Adicional de 1834 —, o texto dava grande ênfase ao "bom senso" demonstrado pelos políticos das regências ao não permitir que os presidentes das províncias passassem a ser eleitos e continuassem a ser indicados pelo Rio de Janeiro. Essa era, exatamente, uma das principais discussões políticas daquele ano de 1889. A firme oposição ao federalismo, entendido como o primeiro passo para a fragmentação territorial do Brasil, não poderia estar mais evidente. Ao mesmo tempo, o elogio ao centralismo repetia-se em diversas partes do livro, inclusive repisando o velho argumento saquarema de que as tendências federalistas e republicanas teriam levado à desintegração da antiga colônia espanhola na América e que, em contraste, o centralismo e a monarquia haviam preservado a unidade nacional, pois os próceres brasileiros "haviam desejado construir um Brasil e não Guatemalas e Costas Ricas".

Sentindo-se fortalecido, Rio Branco tratou de participar do debate interno e se alinhou com os defensores da Coroa no combate à federação e à república — duas mudanças que sua índole conservadora abominava. Para ele, tratava-se de manter o país no rumo da estabilidade gerada pela monarquia centralista. Mais uma vez, estava na contramão das reformas exigidas pelas principais vozes da Geração de 1870. Em lugar das transformações estruturais propostas pelos críticos do regime, acreditava que o progresso devia se traduzir em melhorias nas "coisas sérias", e não em mudanças que solapassem as bases da ordem saquarema. Indicou a um amigo em carta privada:

> Como vamos de federação nessa terra de doidos? Como é que se atira um palavrão desses para agitar o país sem explicar bem o que se deve entender por ele?... Acabou a agitação abolicionista e começam outra, em vez de cuidar de coisas sérias, de caminhos de ferro, de imigração e de instrução pública nessa terra de analfabetos.

Dentro do mais puro espírito saquarema, Rio Branco mostrava-se refratário às mudanças súbitas e obtidas em meio à "agitação", em vez dos lentos consensos da ordem conservadora.

Os estudos de Paranhos sobre história e geografia do Brasil começavam a dar frutos. Procurou-o o eminente geógrafo francês Jean Jacques Élisée Reclus — fora indicado como um brasileiro a quem o erudito poderia recorrer a propósito da elaboração dos dois volumes referentes à América do Sul de sua *Nouvelle Géographie universelle*, obra monumental publicada em dezenove volumes entre 1876 e 1894 —

ao todo, quase 18 mil páginas e mais de 4 mil mapas. A parceria entre Paranhos, monarquista e conservador, e Reclus, ativo anarquista, não poderia parecer mais improvável, mas o conjunto de dados, mapas e documentos de que dispunha o brasileiro e o amplo conhecimento que demonstrou nas conversas entre os dois terão sido úteis ao desenvolvimento do projeto. Rio Branco também ajudou Reclus a planejar a viagem ao Brasil e a estabelecer contatos quando da elaboração do capítulo dedicado ao país, no 19º volume da obra. Como reconhecimento da solidez dos seus conhecimentos e prova da amizade criada entre ambos, Reclus faria Paranhos ser eleito membro correspondente da Royal Geographical Society, de Londres, distinção que foi motivo de grande orgulho para o brasileiro. Mais importante, porém, a colaboração anônima de Paranhos traduziu-se na descrição das fronteiras do país na *Nouvelle Géographie universelle* de forma simpática às posições brasileiras, fato que se revelou extremamente importante — para o próprio Paranhos e para o Brasil — quando, anos depois, o Conselho Federal suíço, sem desconfiar do antecedente, tomou a obra de Reclus como uma das principais fontes a lastrear sua decisão na arbitragem sobre a região do Amapá.

Reconciliado com o poder e colhendo os primeiros frutos de sua dedicação como erudito conhecedor da história e da geografia do Brasil, Paranhos parecia ter sepultado sua antiga fama de boêmio. Menos esquecidos "pelas línguas afiadas da rua do Ouvidor" estavam sua situação conjugal irregular e o passado de Marie nos palcos do Alcazar — apesar de transcorrida mais de uma década e meia desde sua partida definitiva do Rio de Janeiro. Quando Rio Branco recebeu o título de barão, seus detratores trataram de relembrar a quase esquecida artista belga e apontar a ainda presente coabitação fora do casamento com a mãe de seus filhos. Feitas as contas, com o passar dos anos, o fato de ele não estar casado se tornara mais embaraçoso do que as histórias de tempos já remotos.

Em casa, Paranhos estava o tempo todo absorvido por suas pesquisas e pouco participava da vida familiar. Costumava almoçar e jantar sozinho e em horários irregulares e "frequentemente se satisfez com somente uma refeição, o almoço, composto de filé grelhado e espinafres, tudo preparado à última hora". Mesmo considerando, como em 1877, que Marie "não tem espírito", ele decidiu, por fim, regularizar sua situação conjugal. Estavam juntos havia mais de dezessete anos, tinham cinco filhos em comum. O primogênito contava mais de dezesseis anos, e a continuidade da situação só alimentava maledicências. No início de setembro de 1889, Rio Branco viajou com Marie para Londres. Hospedaram-se em hotéis separados, em benefício das aparências, e no dia 18 daquele mês casaram-se na capela da Sardenha, no distrito de St. Giles. Presentes, além do padre Delaney, o ministro em Londres, João Artur de Souza Corrêa (que pouco antes substituíra Penedo), e o fiel auxiliar de Paranhos em Liverpool, William Oliver Punshon. A namorada de Juca tornava-se, finalmente, Marie Philomène Paranhos, baronesa do Rio Branco. Coube ao amigo Rodolfo Dantas a melhor expressão do real sentido daquela decisão tão tardia: "Em toda sua vida, tão provada no cumprimento dos mais árduos deveres de família, não há ação que mais o eleve, que tanto o deva reconciliar consigo próprio e que mais possa torná-lo querido de amigos e estranhos". De fato, a consagração oficial da união parece mais motivada pelo "cumprimento dos mais árduos deveres de família" do que propriamente por reconhecimento e afeto pela companheira de tantos anos.

Celebrado o casamento, a atenção de Rio Branco centrou-se na evolução da situação política brasileira e na esperada repercussão de seus textos na corte. Nutria a esperança de ver-se reconhecido publicamente como erudito e ter apreciada sua obra de divulgação do Brasil e da monarquia, em especial no caso do verbete sobre o país em *La Grande Encyclopédie*. Decepcionou-se, porém, ao ver seu trabalho "acolhido com a maior indiferença por quase todos os nossos jornais", segundo sua avaliação. Não foi bem assim. Publicaram-se algumas boas resenhas, como as de Capistrano de Abreu e José Veríssimo; fora dos círculos intelectuais mais restritos, porém, a divulgação dos textos ficara muito aquém de suas expectativas, na verdade exageradas.

Os amigos, porém, não o esqueciam. Rodolfo Dantas tomou a iniciativa de enviar uma cópia do verbete de *La Grande Encyclopédie* a Rui Barbosa, na época editor do *Diário de Notícias*, e de pedir-lhe que desse "notícia desenvolvida e lisonjeira desse trabalho, que a merece, e que, sem regatear ao Levasseur as honras de autor, muito explicitamente salientes que ao Rio Branco (Paranhos) se deve principalmente o serviço que advirá ao Brasil dessa publicação". Rui era uma estrela ascendente no mundo político e intelectual brasileiro e, inclusive, se recusara a assumir um ministério no gabinete do visconde de Ouro Preto, que acabava de suceder a João Alfredo como primeiro-ministro. Pelas páginas do *Diário de Notícias*, Rui se tornara o maior algoz de Ouro Preto, e seu jornal era uma das folhas mais influentes de então. Uma boa resenha de Rui Barbosa cairia como uma luva nos planos de Rio Branco. Rodolfo Dantas solicitara também que, logo depois da publicação da resenha sobre *La Grande Encyclopédie*, o periódico desse conhecimento público da verdadeira autoria da biografia de d. Pedro II, revelação que Rio Branco se esforçava em difundir. Ao longo de sua carreira no Partido Liberal, Rui Barbosa fora protegido de Manuel Dantas, prócer dos liberais na Bahia, e não só era tratado quase como filho pelo patriarca dos Dantas como mantinha com Rodolfo relações verdadeiramente fraternais.

Os excessos do jovem Juca nas noites cariocas haviam ficado no passado; sua vida familiar estava regularizada. Como o pai, podia exibir um título nobiliárquico. No plano político, conquistara a afeição do imperador e gozava de prestígio junto às altas autoridades do regime. Sua trajetória pessoal apontava novamente para um futuro promissor. O barão do Rio Branco, patriarca da família Paranhos, sentia-se apto para voos mais altos naquele ocaso do governo de d. Pedro II e no futuro Terceiro Reinado. A obscuridade do consulado em Liverpool já não fazia sentido. Passava da hora de dar um salto adiante.

13. Discutindo a abolição

Decretada a abolição, não escaparia nem ao mais apaixonado súdito do imperador que as mudanças não parariam por aí. O que se seguiria, em contraste, estava aberto a interpretações e especulações de toda sorte. O denominador comum do projeto das forças de oposição à ordem saquarema podia ser resumido em um pequeno número de demandas: a abolição, o fim da religião de Estado, a extinção do poder Moderador, o federalismo e a república. Não havia, contudo, consenso ou clareza sobre como organizar a sociedade e o Estado depois de atingidos esses objetivos. Inclusive, até mesmo o peso relativo que cada grupo atribuía a cada uma dessas reivindicações, comuns apenas em tese, era muito distinto. A abolição, ainda que festejada por todos, fora um objetivo meramente retórico para muitos opositores da monarquia. A separação entre Igreja e Estado figurava como prioridade para os positivistas, mas se mostrava pouco importante para outros grupos. O federalismo, ainda que geralmente aceito, também tinha seus detratores. Havia até mesmo aqueles, como Joaquim Nabuco, que defendiam a continuidade da monarquia, conjugada com um modelo federalista.

Rio Branco associava o sucesso de sua trajetória pessoal ao futuro do regime monárquico. Depois de sua saída do Brasil, em 1876, houvera um longo interregno em que os sucessivos gabinetes liberais, bem como seu estranhamento com o imperador, tinham sido obstáculos intransponíveis para que ascendesse na administração pública ou na diplomacia. Agora, naquele momento de crise aguda do regime, tudo isso parecia superado. Paranhos contava com as boas graças do monarca e tinha de novo acesso privilegiado ao primeiro-ministro. Seus interesses concretos estavam amarrados à monarquia e coincidiam plenamente com as ideias políticas, os valores e a visão de mundo que alimentava.

Em todos os seus escritos do período 1888-9 e em sua correspondência privada de antes e depois, Rio Branco sempre se mostrou fortemente contrário ao federalismo, a ponto de assumir-se como um "selvagem unitário" em dedicatória a José Veríssimo, que fizera uma resenha favorável de seu *Esboço da história do Brasil*. A expressão remete às lutas platinas, em particular à campanha contra Rosas, que empregava os dois adjetivos de forma pejorativa contra seus inimigos. No discurso político saquarema, a dicotomia civilização-barbárie estava associada à monarquia unitária brasileira em antinomia aos vizinhos republicanos. Ao vincular a ideia de federalismo a Rosas, personagem execrado pela historiografia saquarema, Rio Branco implicitamente acusava os federalistas brasileiros de bárbaros que ameaçavam a "civilização". Paranhos insistiu como ninguém na relação da fragmentação do legado espanhol nas Américas em numerosas repúblicas "caudilhescas" com as tendências federalistas e a ausência de um soberano que lhes fosse comum. Para ele, a manutenção da integridade territorial da ex-colônia portuguesa era consequência direta da monarquia centralizadora.

Outra demanda da Geração de 1870 era a separação entre Igreja e Estado. A ideia de uma monarquia amparada pela fé católica configurava um dos sustentáculos da legitimidade da Coroa, e o apelo à religiosidade popular poderia funcionar como recurso de algum peso para desmoralizar os críticos do regime. Contudo, o forte papel desempenhado pela Questão Religiosa na derrubada do gabinete Rio Branco não estava esquecido pelo antigo jornalista de *A Vida Fluminense* e *A Nação*. Além disso, sua fé religiosa, bastante débil, "chegando um momento quase ao agnosticismo, evoluiu, a princípio, para um deísmo bastante inconsistente". Claro, ele nunca deixou de prestar as reverências necessárias à Igreja e à religião católica, condizentes com o que se esperaria de um católico não praticante em seu contexto social e histórico. Mas, em consonância com suas convicções íntimas, Paranhos em nenhum momento explorou o catolicismo como argumento em defesa da continuidade da dinastia.

Mais interessante foi sua posição quanto à escravidão. Embora nunca tivesse apoiado o escravismo como instituição, como se comprova pelas posições assumidas desde os tempos da Faculdade de Direito, ao contrário de muitos de seus amigos íntimos, como Joaquim Nabuco e Gusmão Lobo, tampouco se associou à campanha abolicionista. Ainda que essa atitude pudesse ser atribuída ao intuito de não melindrar setores do Partido Conservador, ela decorria sobretudo de seus próprios princípios, como atestaria depois seu filho Raul:

> Julgava meu pai a lei de 28 de setembro de 1872 mais sábia e mais prudente que a de 13 de maio de 1888, sentimental e cheia de desilusões individuais, pois os senhores sofreram, descrendo do regime, e os servos, habituados à escravidão, julgaram que a liberdade seria ociosidade.

Ou seja, para Rio Branco, teria sido preferível que a escravatura no Brasil fosse extinta somente com a morte do último cativo nascido antes da Lei do Ventre Livre, decretada quando seu pai estava na chefia do gabinete. A sua ojeriza muito saquarema às mudanças que considerasse radicais somava-se o sentimento, jamais explicitado, de não subtrair do visconde do Rio Branco a glória de abolir a escravidão no Brasil.

No momento em que Paranhos estava no auge de sua autoimposta tarefa de publicista da monarquia, a Lei Áurea já fora decretada e a ideia da abolição progressiva já deixara de fazer sentido. O que seguia incerto era o impacto que a lei sancionada pela princesa Isabel exerceria sobre as perspectivas de continuidade da monarquia. Em termos imediatos — inclusive porque esse aspecto fora intencionalmente omitido da lei aprovada —, continuava em aberto o debate sobre a exigência de setores escravagistas de uma indenização do Estado pela "expropriação" do que consideravam propriedade amparada pelo direito brasileiro. Nos textos publicados por Rio Branco em 1889, a questão está discutida em detalhe apenas em *D. Pedro II, imperador do Brasil*, obra que teve a vantagem adicional de, sendo assinada por Mossé, deixar Paranhos livre para expressar claramente seu ponto de vista. Como o objetivo era a defesa da monarquia, Rio Branco cingiu-se a um difícil equilíbrio entre a celebração da medida — sem mencionar que era percebida de maneira quase unânime como tardia — e a preservação da figura de d. Pedro junto aos escravistas. Mesmo assim, ou talvez justamente por isso, o historiador José Maria da Silva Paranhos Júnior compôs uma narrativa sobre a escravidão que, em linhas gerais, se repetiu na historiografia relativa ao tema até bem avançado o século xx. Do mesmo modo, muitos de seus argumentos sobre a política brasileira até 1889 foram mais tarde recuperados por historiadores conservadores em plena era republicana.

A abolição, então um fato recente e de incontornável importância, serviu de tema para nada menos que seis dos dezesseis capítulos de *D. Pedro II*. As consequências políticas e sociais da medida e seus efeitos sobre a continuidade da monarquia ainda não estavam claros. A modernização da agricultura, a pressão dos setores abolicionistas e a crescente resistência dos escravos haviam tornado insustentável sua manutenção. Ainda que d. Pedro ii, desde a Fala do Trono de 1867, houvesse expressado muitas vezes sua preocupação com a "questão servil", a participação da Coroa no processo foi vista como tímida e tardia. Em contraste, os setores mais reacionários se consideraram traídos pela monarquia e exigiam ser indenizados pelo Estado por causa da libertação de seus escravos. Vendiam a ideia de que a abolição seria fonte de rebeliões e de anarquia, promovidas pelos libertos e outros grupos subalternos, e que daí adviria a ruína da principal atividade produtiva do Brasil, com a desorganização da produção agrícola.

Em *D. Pedro II*, Rio Branco tratou de enfrentar essas questões e de enquadrar suas respostas na perspectiva da continuidade da monarquia, inclusive para além da existência física do soberano. Na década de 1880, a abolição era uma causa muito popular no Brasil e no exterior. A persistência de tal aberração em um eventual Terceiro Reinado era vista como um ônus insustentável para a futura monarca. Uma das chaves do discurso de Paranhos estava, portanto, em associar a libertação dos escravos muito mais claramente à herdeira Isabel e a seu marido, o conde D'Eu, do que propriamente a d. Pedro. Rio Branco, inclusive, deu um passo além, ao relatar que os netos do imperador, desde crianças, mantinham um pequeno jornal em que "os sentimentos abolicionistas dos jovens príncipes, marcados do mais puro liberalismo, ressaltam bem antes da promulgação da grande lei de 13 de maio de 1888, a propósito da libertação dos escravos da cidade de Petrópolis". Importava projetar a imagem da "redentora" Isabel como promotora da modernidade e do futuro, uma líder de visão que garantiria aos brasileiros a estabilidade e os ganhos alcançados pela dinastia.

A análise de Rio Branco via a escravidão como um indesejável legado histórico da colonização portuguesa, problema enfrentado de acordo com a lógica saquarema, de forma gradual, cuidadosa, mediante sucessivos consensos. Explicava que "como o trabalho da lavoura, a grande riqueza do Brasil, era confiado aos escravos, seria necessário realizar esta reforma com prudência para não arruinar a agricultura e o país". Realçou o caráter gradual do processo, com ênfase na ideia de um movimento conduzido pelas elites; lento, mas sempre crescente e seguro: a Lei Eusébio de Queirós (1850) extinguiu o tráfico; a Lei Rio Branco (1871) decretou a liberdade dos recém-nascidos; a Lei dos Sexagenários (1885) libertou os maiores de sessenta anos; e, finalmente, a Lei Áurea, de 13 de maio de 1888.

D. Pedro aparece sempre descrito como preocupado com a questão da escravatura e favorável à abolição; "não sendo, porém, um rei absolutista, não podia decretá-la com uma simples penada. O que se podia fazer era empregar todo o seu prestígio e encorajar os esforços dos políticos que trabalhavam nesse sentido". Antes de mais nada, em uma proposição que refletia a visão saquarema sobre as relações sociais estabelecidas no Brasil e que se repetiria na historiografia posterior, Rio Branco procurava convencer seus leitores de que as condições a que eram submetidos os escravos no Brasil não eram tão ruins. Valeu-se (em muitas partes do livro) do testemunho de um francês para dar credibilidade a suas afirmações e argumentar que "no Brasil o preconceito de raça não existe" e que o escravo "é um trabalhador preso ao solo em condições às vezes mais suaves que as de muitos assalariados na Europa". E, com a voz de Benjamin Mossé, complementava:

> Desde a supressão do tráfico [em 1850] o escravo no Brasil passou a ser bem alimentado, bem alojado e bem vestido pelos lavradores. O trabalho a que se submetia era moderado, encontrando por parte dos senhores solicitude e proteção. O lavrador tinha mesmo interesse em ser humano, para poupar e prolongar a existência desses homens-máquina.

É certo que não se pode atribuir a Rio Branco a invenção dessa tese sobre um suposto caráter benevolente da relação senhor-escravo no Brasil, argumento comum na historiografia e nas discussões políticas do século XIX. Surpreende sobretudo o fato de essa narrativa ser revisitada e reelaborada muitas vezes desde então, inclusive na obra de Gilberto Freyre.

Com a dupla vantagem de reforçar o caráter gradual e negociado do processo de abolição e de homenagear o pai, Paranhos deu grande destaque à Lei do Ventre Livre, à qual se refere como "Lei Rio Branco". Sem atacar a Lei Áurea, deixou implícita sua convicção de que a questão estaria resolvida ao associar-se a reforma feita pelo pai com a extinção do tráfico. A escravidão acabaria paulatinamente, pois já não seriam escravos os nascidos no Brasil e não podiam ser importados outros cativos da África. O raciocínio está correto, mas por essa via a escravidão no Brasil teria se estendido até bem avançado o século xx. De todo modo, a argumentação de Rio Branco teve o sentido mais explícito de que a lei de 1871 teria "preparado" o Brasil para que a abolição se completasse sem sangue ou desordem.

Ao resenhar a campanha abolicionista, centrou-se na ação dos ativistas mais próximos da monarquia e, muitas vezes, de seus amigos pessoais. Joaquim Nabuco desempenha um papel fulcral na narrativa; também comparecem seu querido companheiro Gusmão Lobo e João Alfredo Correia de Oliveira e Antônio Prado, membros do gabinete de 1888. Nabuco foi citado de forma recorrente: suas credenciais abolicionistas eram impecáveis. Como razão adicional, seu discurso e suas convicções encaixavam-se perfeitamente no projeto de associar a monarquia ao esforço de abolir a escravidão. Mas, se era importante ligar a monarquia ao abolicionismo, também seria crucial não perder o apoio dos setores mais reacionários, que figuravam até então como um dos sustentáculos da Coroa. Nesse sentido, as questões da esperada indenização aos antigos senhores, da possível desorganização da lavoura e da possibilidade de anarquia e desordens promovidas pelos antigos escravos teriam de ser enfrentadas.

Rio Branco descreveu o crescente movimento abolicionista como uma tendência irresistível, com vagas cada vez mais frequentes de alforrias espontâneas por parte dos senhores, e apresentou a família Prado, de São Paulo (de seu amigo Eduardo), como exemplo. Os escravos estariam, também, deixando as fazendas por conta própria. Segundo essa narrativa quase idílica, ao confrontar-se com polícias e soldados que tentavam detê-los, eles responderiam altivamente: "Atirai sobre nós, se quiserdes; não temos armas e não queremos nos defender. Mas somos homens como vós e queremos que nos restituam a liberdade que todo homem recebe de Deus. Vamos procurar trabalho onde nos receberem como homens livres!". Essa imagem irrealista apontava para a inevitabilidade da abolição. Os antigos escravos, de forma pacífica e ordeira, não fariam mais que se adaptar às novas condições de trabalho e, no limite, caso a "nação" tivesse decidido em contrário, poderiam ter sido coagidos a permanecer em sua condição de cativos. Assim, em contradição com a ideia de reforma inevitável, Rio Branco também insistiu na interpretação da abolição como uma concessão feita graciosamente pelos senhores. Sua narrativa realçou o caráter ordeiro da transformação com a ênfase atribuída ao debate parlamentar sobre a Lei Áurea, descrito em nada menos que sete páginas. Nelas, descreve com generosidade a resistência dos escravagistas liderada pelo conselheiro Paulino de Souza, finalmente vencida pela vontade geral, em discussão marcada pelo cavalheirismo e pela altivez. A narrativa reforçava a ideia da abolição como dádiva dos senhores, produto do debate de ideias e valores no seio da elite, evolução natural do processo civilizatório e, em consequência, desconectada das lutas concretas dos próprios escravos e de outros setores.

Sobre a possível desorganização da produção com o fim do trabalho escravo, "Mossé" apresentava cifras e dados concretos:

> Ora, os libertos não deixaram de trabalhar, e as grandes culturas não se perderam. Os embarques de café, no Rio e em Santos, foram mais consideráveis neste ano [de 1889] do que no ano precedente [...]. Os títulos brasileiros são cotados acima do par; o câmbio subiu rapidamente, foi além do par e atingiu a uma taxa que não se conhecia há muito tempo, e o Império pôde contrair, em Londres, um empréstimo mais vantajoso do que todos os que tinham sido feitos anteriormente. Há mais ainda. A corrente de emigração para o Brasil aumentou de tal sorte que o número de 1888 é seis vezes maior do que a média dos anos precedentes.

Uma das características da argumentação de Rio Branco, tanto em seus estudos históricos como nas defesas preparadas para as arbitragens em que atuou, é a riqueza e o grau de detalhe das informações factuais.

O tema melindroso, ainda que claramente conjuntural, da exigência de indenização pelo Estado dos senhores que se diziam lesados pela expropriação de seus escravos foi tratado com extremo cuidado e em diversos planos. Rio Branco partiu da afirmação de que a "verdade histórica obriga-nos, porém, a reconhecer que, recentemente, e sobretudo em 1871, houve lavradores que gritaram bem alto que estavam sendo despojados de uma propriedade legítima". O questionamento moral da escravidão em si é o ponto de partida da contra-argumentação, temperada pela premissa de que, com seu trabalho não remunerado, o escravo teria compensado rapidamente o valor despendido em sua compra. Com base na quantidade de sacas colhidas e no preço do café, calculava que dois anos de trabalho seriam mais que suficientes para repor o capital investido na compra do escravo. Com uma longa exposição baseada em pesquisa cuidadosa e detalhada, dedicou-se também a refutar a afirmação de que em todos os países onde a escravidão foi abolida teriam sido pagas indenizações. Repassou o caso dos países americanos e de diversos países europeus, concluindo que, nas ocasiões em que efetivamente foi paga indenização (Dinamarca, Suécia, Holanda, Inglaterra e França), o dinheiro gasto "não foi ajudar a agricultura; caiu quase inteiramente nas mãos dos corretores do Havre, de Paris, de Londres e de Liverpool". Naquele momento, a questão do pagamento de indenizações aos senhores estava nas mãos do Congresso, e Rio Branco argumentou que "não haverá jamais um parlamento, no Brasil, capaz de votar semelhante indenização, isto é, impor ao povo tão pesado tributo". Contrabalançou a afirmação com um comentário usado com perícia para preservar o imperador diante de tema assim espinhoso: "Entretanto, se uma indenização, que, a nosso ver, seria grande injustiça, fosse votada pelos representantes do povo brasileiro, d. Pedro II não recusaria sanção à lei; porque, já o dissemos, ele nunca usou do direito de veto". A monarquia, contraditoriamente, por um lado aparecia como promotora da reforma, e por outro apenas obedecia aos desígnios da nação. "Mossé" inclusive arriscou uma proposta sua para resolver a pendência:

> Cremos que a única lei razoável e justa neste assunto seria a que concedesse uma compensação aos antigos senhores de escravos comprados depois da lei de 28 de setembro de 1885, desde que ficasse provado que esses escravos não eram africanos importados depois da lei de 4 de novembro de 1831.

Essa e outras propostas que pontuam *D. Pedro II, imperador do Brasil* dão uma boa medida das ambições políticas de Rio Branco naquele momento.

O fim da escravidão era uma questão crucial na política interna, mas tinha também reflexos importantes no plano externo e, especialmente, em um ponto muito caro a Rio Branco: a questão da imagem internacional do Brasil. Por isso ele julgou necessário divulgar a reforma na Europa: ela teria marcado "o fim da escravidão no mundo civilizado". No livro de Mossé, concluía: "Agora é para a África, para a Turquia e para a Pérsia que os abolicionistas de todos os países devem voltar os olhos". A noção do Brasil como parte da "civilização" europeia e, inclusive, um país mais fiel que nossos vizinhos hispânicos à matriz civilizacional do Velho Continente devido à presença da monarquia: eis uma das noções básicas da identidade que as elites brasileiras cultivavam para si. Terá sido um grande alívio deixar de ser o único país "civilizado" a manter a escravidão. A repercussão internacional, em especial na França, da abolição da escravidão foi mostrada em um capítulo sobre um banquete que os abolicionistas franceses e os brasileiros ilustres residentes em Paris, liderados pelo barão de Santana Néri, organizaram para comemorar o evento. O centro da narrativa está no protagonismo que teria sido dado ao papel de d. Pedro II, representado na cerimônia por seu neto Pedro Augusto. No relato do jantar, o impacto positivo da medida no noticiário da imprensa francesa e europeia foi realçado, e Rio Branco encontrou um momento para comentar que seu dileto amigo Eduardo Prado reunira uma coleção de mais de quatrocentos artigos de jornais diversos sobre o fim da escravidão, compilação essa que enviara à Biblioteca Nacional, no Rio de Janeiro. Certamente, trata-se de uma menção mais derivada da amizade que os unia que à importância do feito. Também nesse sentido, segue-se curiosa referência a outro companheiro, este muito mais jovem, Domício da Gama, como exemplo de jovem brasileiro educado, que fala bem francês e conhece literatura. Joaquim Nabuco, Eduardo Prado, Domício da Gama e o próprio Rio Branco são retratados em tom laudatório. Enquanto cuidava de seus interesses, Paranhos não deixava de dar provas de amizade.

14. Enfrentar a República ou aderir a ela?

Em 15 de novembro de 1889 proclamou-se a República no Brasil. O barão do Rio Branco expressou melhor do que ninguém o desapontamento dos saquaremas com o fim do regime monárquico: "Parece-me ainda tudo isso um sonho. Em algumas poucas horas ficaram destruídas as instituições que nos legaram nossos pais e que nos haviam dado tantos anos de paz, de prosperidade e de glória". Para o monarquista convicto, mas reconciliado com o círculo íntimo do poder do Império só em seu momento derradeiro, a queda do regime representou terrível ameaça para sua trajetória pessoal. A República feria suas convicções pessoais, punha fim à recuperação da posição de herdeiro do visconde na ordem saquarema e ameaçava até mesmo seu emprego no Estado.

A deposição de d. Pedro II por meio de um golpe militar terá sido especialmente dolorosa para Rio Branco, fervoroso admirador do Exército e da Marinha. Desde 1880, o reequipamento das Forças Armadas brasileiras fazia parte de suas preocupações, como demonstram abundantes notas pessoais e cartas particulares sobre o assunto. Culpava os gabinetes liberais que sucederam Caxias pela má situação de um "Exército esquecido, mal organizado, mal instruído e mal pago" e de uma "Marinha pela qual pouco se fez desde a Guerra do Paraguai". Em sua última estada no Rio de Janeiro, testemunhara o recuo do governo frente à agitação dos militares e, com o golpe, viu confirmar-se sua prevenção contra Deodoro da Fonseca, um dos líderes da agitação de 1887 e principal figura na derrocada da monarquia. Ainda no início de novembro tinha reunido uma coleção de livros militares franceses "nos quais se ensina o que o oficial e o soldado devem aos poderes constituídos, e à fidelidade ao seu juramento" e os enviara ao primeiro-ministro visconde do Ouro Preto, para que fossem traduzidos e distribuídos entre os oficiais brasileiros. Esforço inútil, pois os livros deixaram Paris no dia seguinte à insurreição liderada pelo marechal Deodoro.

Dos amigos monarquistas do outro lado do Atlântico, recebeu relatos de desconsolo. Gusmão Lobo escreveu-lhe: "Tudo isso parece um sonho, um pesadelo terrível! O imperador deixou muitas saudades. O povo não o baniu; não foi parte nisso; presenciou atônito o espetáculo, cheio de surpresa". O visconde de Taunay iria mais longe: "Quem diria, Paranhos, quem diria que haveríamos de assistir cenas destas?! O que sinto cá dentro é uma saudade imensa dos tempos idos e uma imensa vergonha de não ter morrido". Nabuco, depois de exalar todo o seu pessimismo em relação ao futuro do país ("Não creio na possibilidade de uma república. Iremos de tirania em tirania, de despotismo em despotismo, até o desmembramento ou a perda completa da noção de liberdade"), retirou-se em autoexílio na ilha de Paquetá, na baía de Guanabara.

Nem tudo, porém, eram más notícias para Paranhos. Na primeira página da edição de 14 de outubro do *Diário de Notícias*, que só chegou às suas mãos pouco antes da proclamação da República, veio estampado um longo artigo sob o título "O Brasil na Grande Enciclopédia". O redator-chefe, Rui Barbosa, atendendo ao pedido do amigo Rodolfo Dantas, dedicara cinco das oito colunas da página de abertura do jornal carioca à matéria. Rui deu grande destaque à participação de Paranhos na obra:

A parte visível do barão do Rio Branco, nesse trabalho coletivo, é, pois, quase igual à do conceituado polígrafo [Levasseur], cuja sombra o apadrinha no frontispício do volume. Prestação, porém, não menos considerável do que essa é a com que concorreu o nosso laborioso compatriota na lucubração geral dessa monografia.

Em seu estilo característico, Rui concluía a resenha realçando a importância do trabalho:

Quem quer que, de ora avante, quiser conhecer o Brasil, seu passado, sua evolução, sua atualidade, aí tem o pórtico e o estádio de iniciação nessa monografia, à qual toca de direito lugar insuprível na estante de todos os brasileiros que traduzirem o francês, enquanto uma boa versão em linguagem a não puser na mesa de trabalho de todos os que sabem ler.

O elogio em um jornal de grande circulação e influência chegava tarde, mas ainda assim era bem-vindo. Lamentar-se não traria a monarquia de volta. A possibilidade de exonerar-se do cargo de cônsul-geral em Liverpool e aderir abertamente à oposição ao novo regime esbarrava na falta de outra fonte segura de renda. Paranhos sabia que a ideia de se tornar plantador de café no Brasil não passava de ilusão. Apostar na obscuridade do consulado e simplesmente esperar que o esquecessem por lá daria margem a que a lucrativa prebenda passasse às mãos de algum apaniguado das autoridades recém-instaladas. O consulado-geral em Liverpool continuava sendo o emprego mais bem remunerado do Estado brasileiro e não faltariam candidatos entre os antigos opositores ao regime vencido — agora triunfantes — e os adesistas entusiasmados. Para deixar a situação ainda mais delicada, no alvorecer da República o corpo diplomático brasileiro, visto como reduto de monarquistas, foi objeto de severo escrutínio. As carreiras individuais de seus membros passaram a depender de provas de entusiasmo republicano, circunstância a que alguns não se submeteram, e outros sim. Além das conversões e adesões por parte dos que ficaram, republicanos históricos — em sua maioria sem nenhuma experiência anterior nas lides diplomáticas — assumiram a chefia de algumas das principais representações no exterior: Salvador de Mendonça (Washington), Francisco Xavier da Cunha (Roma), Ciro de Azevedo (Santiago), Gabriel de Toledo Piza e Almeida (Berlim) e Joaquim Francisco de Assis Brasil (Buenos Aires). Outros, mais jovens, foram admitidos em cargos de adidos ou secretários: Augusto Cochrane de Alencar, Oscar Reydner do Amaral, Antônio do Nascimento Feitosa, Artur Moreira de Castro e Lima, Artur Stockler Pinto de Menezes, João Fausto de Aguiar. Nesse último grupo incluiu-se também Manuel de Oliveira Lima, então fervoroso republicano, que acabou designado secretário na legação em Washington. Oliveira Lima, historiador de formação, desde 1888 se correspondia com Rio Branco: os dois trocavam informações e documentos sobre temas históricos.

O impacto das mudanças em uma carreira que contava com poucas dezenas de membros foi bastante acentuado. No entanto, provavelmente para consternação de Paranhos, no Rio de Janeiro o velho Joaquim Tomás do Amaral, então visconde do Cabo Frio, foi mantido no cargo de diretor-geral (que ocupava desde 1869) da antiga Secretaria dos Negócios Estrangeiros, renomeada pela república Ministério das Relações Exteriores.

Com d. Pedro e a família real banidos do Brasil, parte dos monarquistas residentes em Paris mobilizou-se para receber o soberano deposto em Lisboa, onde desembarcaria para iniciar seu exílio europeu. Aconselhado por Gusmão Lobo — "não o visite nem o procure em Lisboa" —, Rio Branco eximiu-se de recepcionar d. Pedro e pediu ao conde de Nioac que explicasse sua ausência e lhe desse notícias sobre a reação do rei sem coroa à sua omissão. Um telegrama sem assinatura, enviado da capital portuguesa em 8 de dezembro, deu conta do sucesso de Nioac em sua missão e do comentário do imperador derrocado, que Rio Branco registrou em seus *Cadernos de notas*: "Frase textual: Sei tudo. Quero-lhe muito; diga que fique, peço que fique; é seu dever. Sirva seu país". Com data do dia anterior desse telegrama, Rio Branco endereçou a d. Pedro II uma carta carregada de sentimento em que condensava os argumentos que teriam sido adiantados por Nioac:

> Desde muitos dias estou para escrever a vossa majestade imperial e não tenho tido coragem. Agora mesmo é com extrema dificuldade que tomo a pena, e em tal estado de abatimento que faria compaixão a vossa majestade se pudesse ver-me. Estive em Paris com o conde de Nioac, a quem já havia escrito, e de viva voz repeti o pedido que em carta lhe fizera de beijar por mim uma e muitas vezes a mão de vossa majestade e de assegurar-lhe que os meus sentimentos são e serão sempre os mesmos. Sinto que grandes encargos de família me não deixem a liberdade de ação que outros, mais felizes, ou menos infelizes, podem ter. Vossa majestade me perdoará o não ter ido até Lisboa, e suplico-lhe que diretamente ou por intermédio do conde de Nioac me mande uma palavra de perdão que me dê algum conforto, pois nunca atravessei dias tão cruéis.

Ao contrário do que recomendaria a sabedoria política, a data da carta parece indicar que ela foi escrita um dia antes de conhecida a reação de d. Pedro, mas não há registro do momento de sua expedição. Ao que parece, a renúncia à chefia do consulado jamais chegou a ser considerada seriamente. Os amigos Gusmão Lobo e Rodolfo Dantas também insistiram para que Paranhos não abdicasse de seu cargo. Mais efetivo foi o barão Homem de Melo, combativo abolicionista e simpático à causa republicana, embora não assumisse nenhum cargo no novo regime. Ele procurou o recém-empossado ministro das Relações Exteriores, seu "amigo, o cidadão Quintino Bocaiúva", para advogar pela permanência de Rio Branco no consulado. Concluída a entrevista, telegrafou ao aflito cônsul-geral: "Estive com Quintino, funcionários garantidos". Na carta de agradecimento, Paranhos repisou sua fantasia rural:

> Em todo caso, se o vendaval derrubar-me também, tratarei de fixar-me como colono no estado de São Paulo, boa terra a que me prendem as gratas recordações do tempo de estudante. Irei para S. Paulo, com a família que tenho às costas, fazer coisa que nunca entendi: plantar café em algum sitiozinho, e vegetar.

De forma cautelosa, comentou ainda que

> à federação monárquica, sonhada pelo nosso amigo Nabuco — um agitador e não um estadista —, eu preferia e prefiro a república unitária. Mas estou entrando pelo terreno político, e, mais do que nunca, quero limitar-me ao campo que escolheu o nosso passado militar, as guerras do Brasil colônia, do Brasil reino e do Brasil imperial.

No relatório encaminhado ao ministro Quintino Bocaiúva em dezembro, Rio Branco insistiu no caráter apolítico que atribuía a suas funções de cônsul: "As notícias políticas não são da minha competência e a legação brasileira em Londres terá sem dúvida transmitido a v. excia. os comentários da imprensa inglesa sobre os últimos acontecimentos do Brasil". Prosseguia relatando que as relações comerciais mantinham-se em perfeita normalidade e dava conta dos temas burocráticos de sua repartição. Em contraste com seu esforço de mostrar-se cordato com as autoridades do novo regime, na correspondência com amigos exibiu desprendimento de seu cargo, como se verifica em carta enviada a Afonso de Taunay: "Se eles me mandarem passear, fique certo que receberei a demissão com a maior calma. Venderei os meus livros, renunciarei à minha *História militar e naval (até 1870)* e irei ser colono no estado de São Paulo". Na verdade, se por um lado escondia das autoridades republicanas sua ojeriza ao regime recém-instituído, por outro ocultava dos amigos os esforços que começava a envidar para aproximar-se da República.

Dentre as autoridades do governo provisório, Rio Branco devotava verdadeiro horror a duas em especial: ao próprio marechal Deodoro da Fonseca e a seu ministro da Guerra, Benjamin Constant. Em compensação, o então todo-poderoso ministro da Fazenda era o mesmo Rui Barbosa que resenhara seus textos em *La Grande Encyclopédie* de forma tão favorável. A acirrada oposição do jurista baiano ao gabinete Ouro Preto, inclusive em temas financeiros e econômicos, atraíra para ele a atenção dos conspiradores; Rui acabara homem de confiança de Deodoro e uma espécie de delfim do novo regime. Naturalmente, não seria desagradável contar com sua simpatia. A amizade fraternal que unia o ministro da Fazenda e Rodolfo Dantas, responsável pelo interesse do baiano pelo verbete da enciclopédia, acabaria por desfazer-se devido às diferenças políticas entre os dois, com a conversão de Rui à República. Paranhos, no entanto, não tivera oportunidade de agradecer a resenha do antigo editor-geral do *Diário de Notícias*, agora o ministro mais influente do governo provisório. Depois de reunir os comentários recebidos por seu trabalho com Levasseur — de Capistrano de Abreu, na *Gazeta de Notícias*; de Carlos de Laet, na *Tribuna Liberal*; e de Charles Morel, em *L'Etoile du Sud*, com o destaque, é claro, do artigo do novo ministro da Fazenda —, Paranhos mandou imprimi-los em um folheto e enviou o "número 1" a Rui Barbosa, com seu "eterno reconhecimento pela grande honra que recebeu". A gratidão pela resenha favorável não poderia ter alvo mais conveniente. Na carta dirigida a Rui, ainda em dezembro, Paranhos observava: "A questão hoje, como v. exa. disse em um telegrama, não é mais entre a monarquia e a república, mas entre a república e a anarquia". Ele tomou a iniciativa de preparar um posfácio para a edição da separata do verbete relativo ao Brasil em *La Grande Encyclopédie* dando conta da mudança de regime e submeteu o novo texto ao crivo do influente ministro. Em carta de fevereiro de 1890, agradeceu a aprovação de Rui e explicou: "O *postface* era necessário para dar notícia exata dos últimos acontecimentos políticos e habilitar o leitor do *Brésil* a conhecer as principais reformas decretadas e as modificações que devem ser feitas no capítulo 'Governo e administração'".

Em correspondência com o barão Homem de Melo, também de dezembro de 1889, Rio Branco mostrou-se igualmente descrente da possibilidade de uma restauração da monarquia: "Agora a república está firmada. Creio que não haverá quem seriamente pense em voltar atrás. Que o Brasil continue unido, grande e próspero, é o que sinceramente deseja este selvagem unitário". Já nas cartas trocadas com outros amigos claramente monarquistas, como Dantas, Nabuco e Gusmão Lobo, essa certeza não aparece tão explícita, chegando a transparecer uma ponta de esperança no retorno do imperador. Em Paris, no círculo de intelectuais luso-brasileiros que frequentava, a queda do regime monárquico no Brasil mereceu desaprovação geral, e a ideia de uma restauração monárquica não estava afastada.

Ainda naquele dezembro iniciou-se a publicação, na *Revista de Portugal*, editada por Eça de Queirós, de uma série de artigos assinados por Frederico de S. — um pseudônimo. As críticas ferozes do articulista ao marechal Deodoro e aos ministros Benjamin Constant, Quintino Bocaiúva e Rui Barbosa se estenderam até junho de 1890, quando foram reunidas em um livro, *Fastos da ditadura militar no Brasil*. Eduardo Prado assumiu a autoria dos artigos; contudo as digitais de Rio Branco aparecem ao longo de toda a obra. Os arquivos do Instituto Histórico Geográfico Brasileiro guardam notas de Paranhos para Eduardo Prado com dados e comentários reproduzidos depois por Frederico de S. Também na coleção de Rio Branco no Arquivo Histórico do Itamaraty há um manuscrito sem assinatura com fortes críticas a Deodoro da Fonseca, utilizando expressões que se repetem nos artigos atribuídos a Eduardo Prado. O desprezo de Prado/Paranhos pelo chefe do governo provisório e seu ministro da Guerra fica patente em vários trechos dos artigos de Frederico de S., com ataques como este:

> Mas quais os novos feitos dos srs. Deodoro e Benjamin Constant? Aquele comandou uma revolta, de que tirou honras e proveitos, e onde não correu perigo algum a sua existência; o tenente-coronel (hoje brigadeiro) Benjamin Constant, enquanto seus colegas se batiam no Paraguai, acumulava empregos no Rio de Janeiro, ensinava o positivismo e dirigia o Instituto dos Meninos Cegos.

A atuação do ministro da Fazenda também é recorrentemente criticada. As crônicas de Frederico de S. afirmam, entre muitas outras provocações, que

> cada vez que o sr. Rui Barbosa telegrafa à Europa, a baixa é certa nos fundos brasileiros. [...] A algaravia financeira que ele escreveu em seu funesto relatório veio tirar as últimas ilusões aos que confiavam ainda na competência do ministro das Finanças do sr. Deodoro.

Essa avaliação é diametralmente oposta à expressa nas cartas de Rio Branco a Rui, nas quais, entre outras coisas, ele afirmava que "tenho desmentido sempre que posso as falsas notícias que de Nova Iorque, Hamburgo, Lisboa e Paris têm sido espalhadas com o fim de produzir a baixa dos nossos fundos". Acrescentou, defendendo-se explicitamente daqueles que estariam ambicionando seu posto em Liverpool, que não procedia a ideia de que, na Europa, se estivesse organizando um partido para promover a volta da monarquia: "Tudo isso é invenção dos que se querem recomendar para empregos ou comissões do governo".

As críticas de Frederico de S. mostraram-se especialmente ferozes contra a atuação do ministro das Relações Exteriores na questão do território de Palmas. A fronteira oeste do estado de Santa Catarina continuava sendo objeto de disputa entre o Brasil e a Argentina. No fim do Império, em setembro de 1889, os dois países haviam acordado submeter o litígio fronteiriço à arbitragem do presidente dos Estados Unidos. No entanto, em nome do espírito americanista propalado pelo governo republicano, Quintino Bocaiúva decidiu desconhecer o trato e negociar diretamente com os argentinos um ajuste de limites. Partiu para o Prata com toda a pompa, a bordo de um navio de guerra, para concretizar o acerto entre as duas repúblicas. Frederico de S. fez um comentário mordaz à iniciativa:

> No Rio de Janeiro o ministro democrata mandava fazer grandes obras a bordo do encouraçado *Riachuelo*, para acomodar sua família, os seus genros, amigos, *reporters*, que no meio de grande fausto o deveriam acompanhar a Buenos Aires, formando um séquito régio, não pelo brilhantismo dos personagens, mas pelas grandes somas que ao Tesouro brasileiro custou esta embaixada *rastaquouère*!

O resultado da negociação com o governo argentino — a divisão do território em litígio — foi impiedosamente condenado, com base em detalhes técnicos que indicam, no mínimo, a colaboração de Rio Branco na elaboração do texto. Frederico de S. apelou inclusive para comentários de cunho geopolítico: "Pela fronteira aberta pelo sr. Quintino Bocaiúva, os argentinos entram de plano no Brasil, invadindo três estados, cortando as comunicações entre eles e ferindo em pleno coração o Brasil meridional". Havia até um apelo aberto aos militares para que promovessem, pelos meios que se fizessem necessários, a rejeição do acordo: "O sr. Quintino Bocaiúva desaparecerá em breve, perdido na grande perspectiva da história; mas a responsabilidade do Exército onipotente, essa, ficará!". De fato, a repercussão da negociação no Brasil foi extremamente negativa, inclusive na caserna, e o tratado acabou rejeitado pelo Congresso. Desse modo, voltou a prevalecer a solução arbitral: o presidente dos Estados Unidos decidiria a disputa.

Em abril de 1890, Benjamin Constant passou a chefiar o Ministério da Instrução Pública, Correios e Telégrafos e o Ministério da Guerra passou às mãos de Floriano Peixoto, militar que desempenhara um papel controvertido no movimento de derrubada da monarquia. Em 15 de novembro de 1889, Floriano tinha a missão de proteger o visconde de Ouro Preto, mas não apenas se recusou a repelir os revoltosos como deu voz de prisão ao primeiro-ministro, decepcionando e indignando os monarquistas. Ainda assim, por intermédio do barão Homem de Melo, já em junho Rio Branco fazia chegar ao novo ministro da Guerra as provas do terceiro volume da tradução comentada de *A Guerra da Tríplice Aliança contra o governo da República do Paraguai*, de Schneider. Esse terceiro volume constava da bibliografia do livro sobre d. Pedro publicado no ano anterior, com a observação: "Esta tradução ainda não foi terminada". Tratava-se de verdadeira odisseia intelectual, pois a preparação daqueles comentários já se estendia por mais de uma década. Quando Homem de Melo estava à frente do Ministério da Guerra, em 1880, Paranhos conquistara não apenas sua amizade e admiração intelectual como também uma dotação de quatro contos de réis para publicar o livro na Europa. Ao que parece, quase dez anos depois, a mágica se repetiu. Em 26 de julho, Floriano Peixoto ordenou ao Tesouro Nacional que pusesse à "disposição do barão do Rio Branco, em Londres, a importância de 6:015$000, destinada a completar a impressão de sua notável *História da Guerra da Tríplice Aliança* [sic]". Infelizmente, a despeito dos mais de dez contos de réis destinados à publicação — somados os recursos liberados em 1880 com a dotação concedida por Floriano, o total corresponderia a quase 150 mil dólares em valores de 2017 —, a obra jamais chegou a ser publicada. Nesse caso, o Odisseu não chegou a seu destino. Certamente uma lástima, porém, mais que ver os três volumes da tradução comentada nas estantes, Rio Branco desejava abrir uma linha de comunicação direta com o ministro da Guerra, que em breve seria vice-presidente e, com a renúncia de Deodoro, assumiria as rédeas da República. Um desenvolvimento que Paranhos não tinha como adivinhar ao buscar aproximar-se de Floriano naquele momento — sua boa estrela continuava a brilhar.

Rio Branco continuava propenso a manter o uso de seu título de barão, mas temia ofender a República. Já em março de 1890, escreveu ao barão Homem de

Melo, seu velho amigo, bem relacionado no novo regime, para descrever a lógica que sustentava sua decisão de insistir no baronato, não como sinal de rebeldia contra o novo regime, mas porque se tratava do

> nome por que se tornou mais conhecido no estrangeiro meu pai, e por isso entendi que deveria adotá-lo. Acresce que aqui na Europa já muita gente me conhece por esse nome... se forem abolidos [os títulos nobiliárquicos], acrescentarei ao meu nome antigo o nome Rio Branco, para não andar fazendo mudanças todos os dias.

De fato, a Constituição de 1891 declarou extintos os foros de nobreza no Brasil, e o antigo barão adotou o nome de José Maria da Silva Paranhos do Rio Branco e a assinar, em muitos casos, apenas "Rio Branco".

Em prol da manutenção de seu emprego, Paranhos aproximou-se dos poderosos da República de modo discreto, mas sistemático. Ao mesmo tempo, de acordo com suas convicções e protegido pelo anonimato, continuou engajado nas diatribes de seus amigos "monarquistas de pena" em textos contra o novo regime. Em 7 de setembro de 1890, Joaquim Nabuco publicou no *Jornal do Comércio* um longo manifesto intitulado "Por que continuo a ser monarquista", em que admitia a impossibilidade de uma restauração monárquica, mas ainda assim reiterava a

> convicção de que a república no Brasil há de ser fatalmente uma forma inferior de despotismo, desde que não pode ser uma forma superior de anarquia; não basta, porém, a certeza que têm todos de que a monarquia não voltará mais, para eu deixar de ser monarquista.

Os comentários de Rio Branco ao libelo, em carta privada a Nabuco, dão uma clara medida da visão de mundo que ambos partilhavam e dos sentimentos que os moviam contra a República:

> Eu desejo, porém, vê-lo quanto antes decidido a dar nova carta, falando não só ao coração, mas à razão, lembrando àquela gente que a monarquia parlamentar é uma forma de governo mais adiantada que a república, e que não foi em benefício da família de Bragança, mas em benefício do país, que os Andradas, Vasconcelos, Feijós, Evaristos procuraram fazer do Brasil uma exceção na América.

Para Nabuco, Rio Branco e os demais órfãos da monarquia, a instauração do governo republicano significou muito mais que uma mudança de regime político — por si só uma transformação importante. Toda uma cosmovisão havia desmoronado. Os ideais republicanos desafiavam a ideia saquarema de uma "nação" de famílias de grandes proprietários que, distinguidas por suas tradições e modos aristocráticos, teriam o direito e o dever de conduzir os destinos do país com base nos consensos alcançados nas restritas instâncias políticas às quais só elas tinham acesso: a Coroa, o Conselho de Estado e as duas casas do Parlamento. Ainda que, em termos imediatos, a queda da monarquia se traduzisse em governos militares e uma forte instabilidade política, com a explosão de conflitos regionais e movimentos messiânicos, na República o poder passou a ser compartido por novas elites econômicas e políticas e também pelos militares. Entretanto, o largo inventário de conflitos dos anos iniciais do regime e a própria emergência de novos atores no cenário político potencializavam o sentimento de repúdio dos saudosistas da monarquia à nova situação.

O rompimento com as políticas, os hábitos e as práticas da monarquia passou ao primeiro plano do discurso político como uma exigência dos novos tempos. Os modos aristocráticos passaram a ser criticados e ridicularizados em favor de comportamentos mais burgueses. A cautela, a ênfase na ideia de continuidade, com mudanças lentas e consensuais apenas quando imprescindíveis, foram substituídas por uma ânsia de transformações. A República buscava apresentar-se como ruptura radical na história brasileira. A reafirmação das hierarquias sociais pelos rituais da corte e pela ostentação de títulos de nobreza, de linhagens, de tradições e de hábitos refinados, característicos da monarquia, contrastava com o estilo rude e direto dos presidentes-marechais e das elites mais burguesas que agora se afirmavam. No plano da política exterior, o espírito americanista da República buscou finalmente trazer o Brasil para a América, no espírito do "Manifesto republicano", de 1870. Em contraste com a política europeísta da monarquia, as relações com os países vizinhos e com os Estados Unidos passaram a ser valorizadas. Rompia-se ruidosamente com as tradições da diplomacia saquarema.

Também em termos sociais os "monarquistas de pena" lamentaram a queda do antigo regime. Para eles, no fim das contas, a República representava a vitória dos arrivistas, de pessoas que consideravam pouco educadas e desqualificadas. Do mesmo 7 de setembro de 1890 em que Nabuco publicou seu "Por que continuo a ser monarquista" está datada a introdução da primeira edição da obra

Fastos da ditadura militar no Brasil, na qual Eduardo Prado defende seu fictício Frederico de S. das acusações de traidor da pátria pelas críticas feitas à República. Prado compara-se aos argentinos que, no exílio, glosaram o governo do ditador Juan Manuel de Rosas: "Chamavam-os, de certo, assim os jornais de Rosas. A história, porém, coroará os nomes daqueles amigos da liberdade". Trazendo a dicotomia civilização e barbárie para dentro da luta política brasileira e associando o novo regime a Rosas, a República figurava claramente no campo da barbárie. Para os órfãos da monarquia não havia dúvida: os bárbaros haviam vencido e a "civilização" fora derrotada pelos rastaqueras.

A despeito de não ter ido a Lisboa recepcioná-lo quando de sua chegada ao exílio europeu, Rio Branco continuou a corresponder-se com d. Pedro II e passou a visitá-lo em Paris, onde este se estabelecera. Esquecidas estavam as queixas do jovem Juca em relação ao soberano. A atitude magnânima do imperador derrocado diante da ausência de Paranhos em Lisboa terá contribuído para o sincero (e, afinal, desinteressado) estreitamento das relações e o crescente afeto entre os dois. Rio Branco telegrafava ou escrevia a d. Pedro II — quando não o visitava — em todas as datas significativas, e suas cartas sempre foram plenas de nostalgia pela monarquia e elogios ao imperador. Em missiva de 22 de julho de 1890, por exemplo, diz:

> Na nossa história, quando a pudermos ter livre e imparcial, não haverá nome que possa igualar em grandeza ao do soberano ilustre que durante quase meio século presidiu aos destinos da nação brasileira, dando-lhe, com os maiores exemplos de patriotismo, de desinteresse e de respeito à religião do dever, um governo liberal e honesto e tantos dias de glória que contam e contarão sempre entre os primeiros do Brasil.

Mantida a relação com d. Pedro II sob um manto de discrição, minimizava-se o risco de ela ser usada como evidência do envolvimento de Rio Branco em alguma conspiração restauradora. Como o imperador jamais buscou liderar ou incentivar tentativas de restabelecê-lo no poder, as conversas dos súditos saudosistas com ele atraíam pouca atenção. D. Pedro enfrentou com resignação e altivez a situação, e as atenções recebidas no exílio o terão emocionado. Para Rio Branco, a possibilidade de partilhar da intimidade do soberano e da família real reforçava a nostalgia pelo mundo de ideias, valores e práticas encerrado com a proclamação da República. Mesmo marcados pela tristeza da situação, os encontros entre o súdito e seu soberano eram uma oportunidade de compartilhar esses sentimentos de saudade e perda. A última carta de Rio Branco ao monarca data de 12 de junho de 1891. A saúde do imperador se deteriorara e, em 5 de dezembro daquele ano, d. Pedro ii falecia em seu quarto do hotel Bedford, na Rue de l'Arcade, em Paris, aos 66 anos.

No ano anterior, em setembro de 1890, Paranhos perdera a mãe, a viscondessa do Rio Branco. Já muito doente, ela pedira a Juca que cuidasse do irmão caçula e do neto, caso viesse a falecer. Em outubro, um mês depois da morte de d. Teresa, a tuberculose levou Alfredo, e Paranhos ficou responsável pela criação do sobrinho, Luís Cavalcanti. No ano seguinte, em Pernambuco, morreu a irmã Amélia Agostinha. O último irmão, João Horácio, faleceu anos depois, em 1900, também vítima de tuberculose. Na prática, encerradas as sucessivas crises familiares de 1889-90 (além da queda da monarquia), período que considerou *année térrible,* restou a Paranhos Júnior a tarefa de prover ao sustento dos cinco filhos, do sobrinho e da esposa Marie. A responsabilidade era desafiadora, e em 1891 ele "estava muito desanimado com os filhos homens e moças, precisando ocorrer aos gastos de todos e dar-lhes destino, sem que as atuais finanças o ajudem". Em 20 de junho daquele ano o ministro da Agricultura, barão de Lucena, convidou-o a ocupar o cargo de superintendente do Serviço de Emigração brasileiro, com sede em Paris, pois o irmão de Eduardo, Antônio da Silva Prado, recusara a oferta e o nome de Paranhos fora lembrado. Este aceitou o convite, agregando a nova posição à de cônsul-geral em Liverpool. Ainda que não recebesse proventos pelo novo emprego, pois a legislação não permitia que se acumulassem duas remunerações, passou a ter como justificar as longas temporadas na capital francesa e pôde, ainda, contratar o amigo Domício da Gama para auxiliá-lo na superintendência, inaugurando uma relação profissional que se estenderia por mais de vinte anos. Além disso, obteve a contratação de outro de seus companheiros, o barão de Santana Néri, que anos antes o convidara a escrever um capítulo do livro *Le Brésil en 1889.* O consulado certamente continuava rendoso e proporcionava aos Paranhos um padrão de vida invejável e mesmo uma considerável poupança. Contudo, a falta de perspectivas e a sensação de decadência e de insegurança quanto ao futuro continuavam opressivas.

Pouco antes da proclamação da República, Rodolfo Dantas comunicara a Rio Branco sua intenção de fundar um jornal em defesa da monarquia. O *Jornal do Brasil*, no entanto, só se tornou realidade em abril de 1891, não mais para ajudar na sustentação do combalido trono brasileiro, mas já como folha de oposição aos governos de Deodoro e, logo depois, de Floriano e como órgão simpático ao regime deposto. Além do próprio Dantas, de Joaquim Nabuco (inicialmente em Londres e, de junho em diante, no Rio de Janeiro) e de Gusmão Lobo, o jornal reuniu uma extensa rede de colaboradores no Brasil e no exterior: Oliveira Lima, Domício da Gama, os portugueses Jaime Amorim de Séguier e Oliveira Martins, o francês Paul Leroy-Beaulieu, o italiano Edmundo De Amicis, o alemão Wilhelm Schimper, entre outros.

Gusmão Lobo deixara o *Jornal do Comércio* atendendo ao chamado de Rodolfo Dantas. A relação de Rio Branco com o mais tradicional diário carioca, no entanto, não só sobreviveu como saiu fortalecida. O *Jornal do Comércio* fora comprado, em outubro de 1890, por um grupo de homens de negócios liderado por José Carlos Rodrigues, seu velho amigo de São Paulo e Londres. Assim, Paranhos passou a relacionar-se diretamente com o próprio diretor da publicação. Além de manter a associação com o *Jornal do Comércio*, Rio Branco participou ativamente do *Jornal do Brasil*, ainda que, temendo represálias do governo republicano, tivesse buscado ocultar sua colaboração. Além da inofensiva coluna "Efemérides Brasileiras", que levava sua assinatura, escreveu sob diversos pseudônimos (Henrique Batalha, M. Ombou), sendo o mais conhecido Ferdinand Hex, ao abrigo do qual cobriu o funeral de d. Pedro II. Sob as iniciais F. H., publicou suas "Cartas de França". Tornou-se, ainda, uma espécie de representante informal do jornal na Europa, encarregando-se de pagar os correspondentes europeus e de assinar diversas publicações. Às vésperas do lançamento do *Jornal do Brasil*, Rodolfo Dantas lhe escreveu: "Magníficas, magníficas, as suas Efemérides. [...] Vamos dizer que são suas, nos termos que v. terá e darão a entender que sua colaboração se limita a isso e a trabalhos de história, especialmente a militar". Rodolfo foi generoso com o amigo e ofereceu-lhe um salário anual de 12 mil francos (equivalentes, em 2017, a cerca de 45 mil dólares).

As "Cartas de França", por sua vez, têm origem em um pedido expresso de Dantas a Rio Branco para que comentasse as novidades de Paris. Conhecendo o lado boêmio do amigo, não perdeu a piada ao fazer a encomenda: "Dê-nos notícias da gente e das coisas brasileiras aí: essas notícias são lidas com muita curiosidade. Você percebe que não é aos *cancans* e às frioleiras da colônia que eu lhe pediria que tomasse a maçada e o tédio de referir-se". As "Cartas de França", compostas de pequenas notas sobre assuntos diversos da vida política e social francesa e temas de interesse brasileiro em Paris, foram publicadas entre 12 de abril e 18 de junho de 1891. Em 22 de dezembro, o *Jornal do Brasil* publicou uma crônica assinada por Ferdinand Hex sobre a morte de d. Pedro, ocorrida no dia 5 daquele mês. O artigo arrola o próprio Ferdinand Hex/Rio Branco entre os presentes ao funeral. No correr do mês de janeiro de 1892, o jornal publicou, em partes, um longo artigo intitulado "A morte e os funerais de d. Pedro ii" na coluna "Cartas de França", que passou a ser assinada por Ferdinand Hex, e não mais pelas iniciais F. H. Nos pequenos detalhes, Rio Branco deixou clara sua presença nas exéquias do imperador. Ao relacionar as coroas de flores recebidas, sem identificar o ofertante, registrou uma com os dizeres: "Ao grande brasileiro benemérito da pátria e da humanidade — *Ubique Patriae Memor*". Aos amigos não restariam dúvidas sobre o autor da homenagem e, talvez mais importante, os adversários não teriam provas.

A participação de Rio Branco no *Jornal do Brasil* foi intensa. Como revelou em carta ao amigo, Rodolfo Dantas pretendia oferecer sociedade na empresa a ele e a Gusmão Lobo: "É meu propósito torná-lo e ao nosso Lobo proprietários, como eu, apenas eu veja que daí lhes possa provir resultados. Aquilo é nosso, sr. Juca, e nesta intenção fundei a folha". Além das "Efemérides" e das "Cartas de França", Paranhos publicou, anonimamente ou protegido por pseudônimos, artigos e notas que davam vazão a seus reais sentimentos em relação ao fim da monarquia e aos governos militares. As aparências, porém, deviam ser mantidas. Em carta a Rio Branco datada de 7 de março de 1891 (ou seja, quando ainda se organizava a publicação), Joaquim Nabuco o censura por um arroubo de entusiasmo que teria evidenciado o grau de oposicionismo do jornal ao convidar o escritor italiano De Amicis para colunista:

> De Amicis parece-me antes não querer figurar em um jornal reacionário do que [ser] republicano. V. não se manifeste tão francamente a respeito das nossas coisas a menos de querer deixar o consulado, porque esse italiano pode muito inocentemente tomá-lo por um ultra e dizê-lo.

A Nabuco coube refrear (quem diria?) as ânsias oposicionistas do amigo e explicar-lhe: "O Rodolfo não fará por certo um jornal *reacionário*. [...] O Rodolfo terá por programa provavelmente: *a melhor república possível*". Em todo caso, Domício da Gama foi incumbido de ir a Roma entrevistar-se com De Amicis; como resultado da conversa, esclareceu a Rio Branco que a "única coisa que o fez perguntar se o jornal era contra a República foi a circunstância dele ser estrangeiro e não querer por preço algum parecer dar o seu apoio moral a um órgão de reação fosse qual fosse a causa defendida por ele". De Amicis acabou contratado como comentarista de assuntos literários.

Em sua primeira fase o *Jornal do Brasil* foi, inegavelmente, uma folha monarquista. O certo, porém, é que até por sua correspondência com Paranhos é possível concluir que Dantas não acreditava na hipótese de restauração da monarquia, ainda que compartisse com os demais a nostalgia pelo regime derrocado. Em setembro, em carta a Paranhos, faria uma previsão sombria: "Se o jacobinismo consegue instalar-se no governo, ninguém sabe o que poderá suceder. Deus inspire Deodoro, cuja vida hoje é uma garantia de ordem, para que ele ao menos conserve as coisas como estão". A previsão pessimista se cumpriu. Com a renúncia de Deodoro em 23 de novembro de 1891 e o início do governo Floriano, viveu-se uma exacerbação do radicalismo republicano e, em 16 de dezembro, a redação do *Jornal do Brasil* foi atacada a tiros, com a complacência das autoridades. Rodolfo Dantas e Joaquim Nabuco entenderam o recado dado pelos disparos contra o prédio da empresa e fugiram para a Europa. O controle do jornal foi vendido. Mais tarde, em 1893, sob nova direção e com Rui Barbosa como editor, o *Jornal do Brasil* acabaria fechado por ordem de Floriano Peixoto, por publicar o manifesto do contra-almirante Custódio de Melo quando da eclosão da Revolta da Armada. Rui também se exilaria, e o jornal teve sua publicação interrompida por mais de um ano.

A colaboração de Rio Branco com o *Jornal do Brasil* continuou, em tom menor, ao longo de 1892. No entanto, com a saída de Rodolfo Dantas da direção do jornal, extinguiu-se a atuação de Paranhos como jornalista de oposição. Não deixa de ser curioso que o mesmo Floriano com quem ele tentava retomar os laços e que, segundo um descendente do marechal, o tratava com intimidade — "meu caro Juca" — tenha sido o responsável pelo naufrágio da aventura editorial e o exílio de seus amigos mais chegados. Certamente, assim como o presidente desconhecia o real grau de participação de Rio Branco no *Jornal do Brasil*, seus companheiros no diário não tinham ciência das trocas de gentilezas entre ele e o marechal Floriano.

Ao deixar de participar da imprensa oposicionista, talvez já com intenção bem definida, Rio Branco se dedicou a um novo projeto. Uma vez mais — dessa feita em definitivo — adiou a conclusão dos comentários à obra de Schneider para debruçar-se sobre a questão de limites entre o Brasil e a Argentina. A disputa seguia indefinida, pois, depois de recusado pelo Congresso brasileiro o acordo assinado por Quintino Bocaiúva, voltou-se à solução arbitral, e os argumentos de uma e de outra parte ainda não haviam sido submetidos ao presidente dos Estados Unidos, juiz designado em mútuo acordo pelos dois países. Seguro de seus vastos conhecimentos de geografia e história do Brasil e já conhecedor dos antecedentes da matéria, até pelo fato de ter sido seu pai um dos negociadores anteriores da pendência, Rio Branco estava imbuído da clara convicção de poder contribuir para a solução do problema. Ver-se incluído no esforço haveria de ajudá-lo a obter outro posto, caso lhe fosse impossível continuar no consulado, onde estava havia mais de quinze anos. Assim, dedicar-se ao estudo da questão com a Argentina fazia muito sentido: o tema logo estaria em pauta e, podia adivinhar-se, com grande destaque. Difícil seria fazer as autoridades no Rio de Janeiro se lembrarem daquele monarquista perdido em um consulado na Europa para assumir a tarefa.

15. A Questão de Palmas

As perspectivas pessoais e profissionais de Rio Branco em 1892 afiguravam-se pouco promissoras. No Brasil, a República se radicalizava. Deodoro renunciara e a Constituição recém-aprovada previa a convocação de novas eleições. Em março, um manifesto dirigido ao vice-presidente Floriano Peixoto por treze generais que exigia o cumprimento do preceito constitucional obteve como resposta a prisão de seus signatários. Desencadeou-se uma perseguição aos oposicionistas de toda espécie. Os monarquistas, entre eles muitos amigos pessoais de Paranhos, recolhiam-se a suas vidas privadas ou fugiam do país. Em carta a Rio Branco, Joaquim Nabuco comentou que "infelizmente o país não é habitável nesta quadra de terror, de clubes Tiradentes e de juramentos secretos. Não há garantia alguma para os homens que eles julgam capazes de fazer mal à República". Tornava-se um risco demasiado alto persistir em críticas públicas, mesmo anônimas, ao novo regime, pois a imprensa estava censurada e intimidada, e os espiões do governo podiam desmascarar a autoria de libelos escritos mesmo no exterior.

No plano pessoal, as finanças de Rio Branco sofreram um terrível abalo com a alteração na legislação que regulava a atividade consular, o decreto nº 792, de 11 de abril de 1892. A nova regra estabelecia um teto de oito contos de réis anuais para a cota dos emolumentos embolsados pessoalmente pelos cônsules. Pelo regulamento consular anterior, de 1872, estes recebiam, além do ordenado e de uma quantia para as despesas de manutenção da repartição, parte expressiva do total arrecadado em taxas e emolumentos consulares. Em toda a rede consular brasileira, a repartição de Liverpool era a que gerava renda mais alta e, assim, o funcionário mais atingido pelo teto estabelecido foi Paranhos: de súbito seus rendimentos reduziram-se a menos da metade e, em contraste, as despesas com os filhos cresciam à medida que Raul, com dezenove anos, Clotilde, com dezessete, e Paulo, com dezesseis, passavam a gerar maiores gastos com estudos universitários e preparatórios. A morte de d. Teresa também representou a perda da pensão por ela recebida, ainda que parcialmente compensada pela entrega do apartamento alugado no número 56 do Boulevard Saint-Michel. Paranhos, Marie, os filhos e o sobrinho Luís Cavalcanti continuaram a morar no número 75 da Rue de Rennes, mas logo a família se transferiria para uma casa na Villa Molitor, 15, em Auteuil, então um arrabalde de Paris, localização menos central, porém próxima da escola onde estudavam as filhas do casal e com aluguel mais em conta. Depois da morte da mãe, Rio Branco continuou ajudando alguns sobrinhos e outros parentes no Brasil. Contudo, com a renda diminuída, o padrão de vida da família estava severamente ameaçado — isso em um momento em que a educação dos filhos homens e a necessidade de prover dotes para as filhas antecipavam grandes dispêndios.

Como sempre nos momentos de contrariedade, Rio Branco voltou a sonhar com uma plantação de café em São Paulo e, dessa vez, chegou a fazer consultas concretas sobre a viabilidade da empreitada. A resposta vinda do Brasil foi desanimadora: "Fazenda só herdada e montada, mas comprada e a crédito, com a contingência da sua montagem, na qual o grande problema são os braços ou trabalhadores, é loucura para quem está desta banda do mar, e sonho para quem está do lado de lá". Paranhos parecia esmorecer. Em março de 1893, pediu dispensa da Superintendência do Serviço de Emigração, cargo que não lhe gerava proventos.

Além disso, seguia encontrando dificuldades para receber o dinheiro que emprestara aos amigos. Àquela altura, só Eduardo Prado lhe devia mais de 2,6 mil libras, cerca de 375 mil dólares em valores de 2017. Esse crédito com o rico fazendeiro de São Paulo, que vinha já desde 1890, passou a ser objeto de cobranças periódicas, sem sucesso. As cartas a ele, sempre em tom cordial mas impaciente, sucederam-se ao longo daqueles anos. Em julho de 1898, Rio Branco escreveu: "Caro amigo sr. Eduardo Prado. Incluso remeto o estado da nossa conta até 30 de junho deste ano, mostrando um saldo a meu favor de £ 2640-8-7. Peço-lhe o favor de verificar essa conta e dizer-me se a acha correta". Eduardo Prado acabou por saldar sua dívida em duas parcelas, a primeira no último dia de 1898 e a segunda em 30 de junho de 1899.

A gravidade da situação financeira de Rio Branco não escapou aos amigos. Domício da Gama chegou a propor, por meio do capitão de mar e guerra Frederico Guilherme de Lorena, que fosse ventilada junto ao governo a ideia da criação de um cargo de "historiador dos ministérios da Guerra e da Marinha", com vencimentos de doze contos de réis anuais. Lorena também era amigo de Nabuco, a quem Domício da Gama solicitou que reforçasse o pedido para que Paranhos ficasse "mais feliz e livre de amofinações". Desafortunadamente para nosso biografado, a ideia não prosperou.

Talvez menos difícil que conseguir a criação de um cargo sob medida seria lograr participar da missão que defenderia, em Washington, a posição brasileira na arbitragem sobre o território de Palmas. Contribuir para a vitória da causa seria passaporte seguro não só para o fim da insegurança em relação à manutenção do emprego como, eventualmente, uma porta para a obtenção de cargos mais elevados. Na verdade, porém, a indicação de Rio Branco para a função nada tinha de óbvia ou natural, pelo contrário. Embora reconhecido pelos amigos como profundo conhecedor de questões históricas e dos temas de fronteira, Paranhos estava fora do Brasil havia mais de quinze anos e nem ao menos publicara livros de ampla repercussão — nada além de um verbete de enciclopédia e de textos para feiras e exposições, sem contar os áridos relatórios consulares. A publicação, naquele ano de 1892, de um volume reunindo suas "Efemérides Brasileiras" nem de longe resolvia a questão. Rio Branco tampouco tinha real experiência diplomática, apenas a lembrança das missões em que secretariara o pai e uma grande bagagem na área consular, inadequada para a tarefa. Em termos estritamente diplomáticos, nunca negociara nada. Para arrematar, seguia sendo considerado monarquista e, portanto, tinha sua lealdade posta sob suspeição pelas autoridades republicanas em um período de acirramento dos ânimos políticos. Tratava-se de uma escolha bastante improvável.

Para o cargo de advogado brasileiro junto ao árbitro, o presidente Floriano teria pensado inicialmente no barão de Ladário, José da Costa Azevedo, que chefiara algumas comissões demarcadoras de limites, mas não se fixou nesse nome. O caminho natural para a escolha do chefe da missão passava pela consulta ao Ministério das Relações Exteriores, onde continuava a reinar o visconde de Cabo Frio, a despeito das mudanças de ministros. No passado, Cabo Frio também se dedicara ele próprio ao estudo do tema e exercera o cargo de encarregado de negócios em Buenos Aires (1855-6), além de chefiar uma missão especial ao Prata em 1867. E em 1884 publicara um livro justamente sobre a questão dos limites com a Argentina. Com tudo isso, parecia bem pouco plausível que o diretor-geral do ministério cogitasse o auxílio de Paranhos, por quem, aliás, não nutria maiores simpatias. De fato, Cabo Frio acabou por indicar o barão Aguiar de Andrada, Francisco Xavier da Costa Aguiar de Andrada, para quem preparou pessoalmente um memorial que deveria servir de base para a defesa do pleito brasileiro. Andrada era ministro em Buenos Aires por ocasião das negociações de 1876 e, antes, tentara obter a ratificação do Tratado de Limites de 1857 com a Argentina, assinado pelo visconde do Rio Branco. Ostentava, portanto, um currículo respeitável e estava respaldado por aquele que não só ocupava posição-chave no Ministério das Relações Exteriores como, com justiça, gozava da fama de reconhecido especialista na disputa fronteiriça com o país vizinho. Ainda assim, sustentar o pleito brasileiro não parecia tarefa fácil, pois a Argentina designara um eminente jurista como advogado de sua causa, o dr. Nicolau Calvo. Para piorar, pouco antes se anunciara a descoberta, em Paris, de uma cópia do original do Mapa das Cortes, de 1749, que, segundo se dizia, provaria que o território em disputa pertencera à Espanha. À vista dessas notícias, Aguiar de Andrada mostrou-se pessimista.

A delegação brasileira era composta também do general Dionísio Evangelista de Castro Cerqueira e do contra-almirante José Cândido Guillobel, indicações naturais, pois ambos haviam trabalhado in loco no reconhecimento da região em disputa. Participavam, ainda, dois diplomatas: os segundos secretários Olinto de Magalhães e Domingos Olímpio Braga Cavalcanti (este, contraparente de Dionísio Cerqueira). Não há evidências documentais de que, naquele momento, Rio Branco tivesse tentado estabelecer contato com o presidente Floriano para oferecer seus préstimos, seja diretamente, seja por intermédio de terceiros. Contudo, não deixa de ser uma hipótese a considerar. Em todo caso, seu nome chegou a ser ventilado, mesmo não sendo cogitado seriamente.

Em fins de novembro de 1892, Aguiar de Andrada chegou a Nova York, acompanhado de Olinto de Magalhães. Em 25 de março de 1893, porém, o advogado brasileiro faleceu de repente. Passado o susto, apenas quatro dias depois o ministro brasileiro em Londres, João Artur de Souza Corrêa, superior hierárquico de Paranhos, recebeu um telegrama do ministro das Relações Exteriores, Antônio Francisco de Paula Souza, solicitando que Rio Branco fosse sondado sobre a possibilidade de chefiar a missão especial na qualidade de plenipotenciário e primeiro delegado. Em 31 de março, Souza Corrêa respondeu: "Rio Branco aceita" e, em 6 de abril, Paula Souza telegrafou diretamente a Rio Branco: "Estais nomeado, convém partir com pouca demora, sem vir ao Brasil".

A escolha de Rio Branco causou surpresa. O candidato natural ao cargo seria o segundo da delegação, general Dionísio Cerqueira, que, além de adjunto de Aguiar de Andrada, participara do levantamento da região e fora relator do parecer que, nas deliberações do Congresso, sepultou o tratado assinado por Quintino Bocaiúva. Também o nome do barão de Ladário voltou a ser lembrado. Cabo Frio, por sua vez, se consultado, decerto teria resistido à designação de Paranhos. Os biógrafos deste não arriscam uma explicação definitiva para a escolha e especulam que ela pode ter se devido a uma indicação do ministro em Londres, que, segundo algumas versões, teria sido inicialmente sondado para o cargo. A hipótese tem o apoio de Raul do Rio Branco em suas memórias sobre o pai. Souza Corrêa teria respondido à sondagem sobre seu próprio nome com um telegrama que dizia: "Temos homem e ele não é senão o barão do Rio Branco". Nessa variante, fala-se também da improvável influência do deputado José Avelino Gurgel do Amaral. Este, contudo, embora grande amigo de Paranhos, naquele momento dispunha de reduzido prestígio político junto a Floriano, por ter ajudado a escrever o manifesto que procurava justificar o fechamento do Congresso por Deodoro. Outra hipótese sugere que a indicação teria partido do senador Manuel Pinto de Souza Dantas, pai de Rodolfo e amigo de Joaquim Nabuco. E um antigo companheiro de Rio Branco, Graciano Alves de Azambuja, atribuiu a si próprio o mérito de tê-lo indicado em conversa casual com Floriano durante um evento social. Pouco efeito teria tido, no entanto, essa indicação de Azambuja, pois, segundo seu próprio testemunho, ele não tinha intimidade com Floriano, "com quem falava pela segunda ou terceira vez". Domício da Gama, por sua parte, afirmou que Nabuco teria influenciado Floriano por intermédio de Custódio Fontes, amigo do marechal.

Serzedelo Correia, em artigo publicado no jornal *O Comércio de São Paulo* em 12 de março de 1895, sob o título "O que fizemos como ministro do Exterior", diz que a questão da substituição de Aguiar de Andrada foi discutida em duas reuniões ministeriais sucessivas. Relata que, como na escolha de meses antes, Floriano teria proposto o barão de Ladário, nome abandonado em prol da indicação trazida por Cabo Frio. Já naquela primeira discussão Rio Branco teria sido incluído entre os possíveis candidatos, mas vencera o nome endossado pela chancelaria. No primeiro encontro dos ministros com o marechal para decidir sobre a substituição de Aguiar de Andrada, o ministro das Relações Exteriores se abstivera de apontar um nome, e Serzedelo Correia, então ministro da Fazenda, aproveitando-se da omissão, teria indicado Paranhos. Na ocasião, a candidatura fora apoiada apenas pelo ministro da Marinha, contra-almirante Custódio de Melo, e não houvera consenso. Na reunião seguinte, ainda segundo Serzedelo, este apresentara carta do senador Dantas, "na qual afirmou não haver homem mais a molde para a comissão", e a escolha de Rio Branco teria sido sacramentada. Essa variante parece bastante verossímil, pois seria natural que Rodolfo Dantas, íntimo amigo de Paranhos, tivesse convencido o pai, o senador Dantas, presidente do Banco do Brasil, a assumir a tarefa de propalar as virtudes de Rio Branco para a missão. Como dirigente da principal instituição bancária do governo, o senador gozava da confiança de Serzedelo Correia, que, por sua vez, tinha pleno acesso a Floriano e assento nas reuniões ministeriais, onde é natural que o tema tenha sido debatido. A decisão era urgente, e o mutismo do chanceler Paula Souza pode ser explicado pelo fato de ele, então, estar no cargo havia menos de três meses, sem que se saiba a qualidade de suas relações com Cabo Frio. Sua omissão teria dado espaço para que o nome de Paranhos prosperasse, na falta de opções fortes. Resta saber se Paula Souza teria chegado a aconselhar-se com o diretor-geral do ministério.

Em contraste, o filho de Floriano, Artur Vieira Peixoto, na biografia que escreveu sobre o pai, afirma que teria sido "por exclusiva lembrança do marechal que se fez a escolha do barão do Rio Branco, para essa comissão". Em seguida, informa que Floriano e Rio Branco teriam sido colegas na escola militar, o que é falso, pois, além de Paranhos jamais ter cursado escolas militares, a diferença de idade (seis anos) entre eles praticamente inviabilizaria a possibilidade de que pudessem ter sido contemporâneos. Na verdade, ambos se conheceram no Paraguai, quando o jovem deputado atuava como secretário do pai, o então poderoso plenipotenciário e chefe da missão, e Floriano era ainda um "obscuro major". O contato foi retomado, por iniciativa de Rio Branco, quando o militar assumiu o

Ministério da Guerra. Há no Arquivo Histórico do Itamaraty apenas duas cartas de Rio Branco para Floriano, uma delas do início de 1893 (portanto, pouco antes de sua indicação como advogado na Questão de Palmas), pela qual ele solicita isenção da contribuição ao montepio oficial recém-instituído, por já contar com um seguro de vida no exterior. Depois de recorrer ao ministro da Marinha, Custódio de Melo, de quem era amigo, sem obter solução favorável, apelara diretamente ao presidente. Nessa correspondência, explicava:

> Tomo a liberdade de escrever diretamente a v. ex. lembrando-me das provas de estima pessoal com que me honrou em tempos que já vão bem longe. Entrego este negócio, que é do maior interesse para mim, nas mãos de v. ex., pedindo-lhe não só o favor de uma solução favorável, que terei sempre em lembrança, mas também de uma solução pronta.

Os termos da carta são claramente de amizade, em que não apenas Paranhos pede um favor ao presidente, mas lhe cobra urgência. Confirma, portanto, a existência de uma relação pessoal que terá contribuído decisivamente para sua escolha.

Ao que parece, poucas cartas e telegramas entre os dois foram preservadas, pois não há, por exemplo, seja nos arquivos do Itamaraty, seja no acervo do presidente Floriano Peixoto no Arquivo Nacional, cópia da curiosa correspondência mencionada em artigo publicado por Silvio Vieira Peixoto, neto do marechal, na edição de 22 de março de 1936 do *Correio da Manhã*. Paranhos teria consultado Floriano se "algum inconveniente havia em continuar a assinar barão do Rio Branco". Segundo o articulista, na resposta, o marechal "dava-lhe o tratamento de 'meu caro Juca', tratava de vários assuntos comuns a dois amigos separados por longa distância havia vários anos. Nenhuma referência era feita, porém, à consulta de Rio Branco...". No entanto, o envelope que continha a missiva estava endereçado ao "exmo. sr. barão do Rio Branco". O descendente do presidente concluiu que "não fugiu ao espírito arguto do Barão a sutileza de Floriano e continuou a usar o título". Essa aparente lacuna na correspondência com o marechal nos arquivos do Itamaraty pode ser sugestiva, pois seria, naturalmente, embaraçosa a revelação de que Paranhos vinha cultivando um canal direto com o militar que seus melhores amigos consideravam um feroz ditador e responsável pelo fim da aventura editorial do *Jornal do Brasil* e pelo exílio de Rodolfo Dantas e Joaquim Nabuco.

Confirmado em abril de 1893 no cargo de plenipotenciário brasileiro para a arbitragem da Questão de Palmas, ainda de Paris Rio Branco escreveu aos amigos para comunicar sua aparente surpresa com o fato de a missão lhe ser atribuída e suas razões para acatar o encargo. Para José Avelino, escreveu para ressaltar que aceitara "essa missão porque é *temporária* e unicamente para a defesa de um território incontestavelmente nosso. É questão de história e geografia que conheço perfeitamente". Em frase que pode ser interpretada como um lapso, indicou que não tinha ideia de "por quem soube o governo que eu estava senhor de documentos novos e pretendia escrever sobre o assunto". Quem teria levado a informação ao conhecimento do governo? Um caminho possível seria, como vimos (muito provavelmente com o consentimento de Paranhos), o amigo Rodolfo Dantas, que a repassara ao pai, senador Dantas, e este ao ministro da Fazenda, Serzedelo Corrêa, hipótese que não exclui — ao contrário — possibilidades complementares.

Na carta a José Avelino, Rio Branco acrescentava que, encerrada a questão, pretendia voltar "para o meu canto até que possa descobrir meio de adquirir alguma fazendola em São Paulo". Em carta a Penedo, lamentou que se veria obrigado a "deixar por algum tempo a vida obscura que tenho vivido e a que desejo voltar o quanto antes". Tratava de explicar aos companheiros monarquistas por que aceitara a incumbência do governo republicano — e encontrou a boa vontade deles. Rodolfo Dantas endossou sua decisão: "O seu caso é daqueles que o Abaeté dizia que não é lícito escusar-se senão enviando a certidão de óbito". Tendo ou não ajudado a provocar o convite, todos pareciam concordar que ele deveria aceitar e, de fato, sua aquiescência foi imediata, como comprovam as datas dos telegramas trocados entre Souza Corrêa e o Rio de Janeiro. Em realidade, não houve hesitação ou consultas aos companheiros monarquistas. As cartas que depois enviou aos amigos apenas relatavam os acontecimentos e sua decisão, do ponto de vista que lhe convinha propagar.

Rio Branco partiu de Paris para Liverpool em 16 de maio de 1893, depois de despedir-se da família e do amigo Élisée Reclus. Preparava a ida do geógrafo francês ao Brasil para finalizar a pesquisa para a redação da parte relativa aos "Estados Unidos do Brasil" no 19º volume de sua monumental *Nouvelle Géographie universelle*. Efetivamente, Reclus visitou o Brasil naquele ano, e o último tomo da obra foi publicado em 1894. Paranhos, por sua vez, a caminho de Nova York desde a Inglaterra, iniciou sua correspondência oficial com o ministro Paula Souza por meio de ofício em que pedia que transmitisse seus agradecimentos a Floriano por "mais esta prova de sua benevolência para comigo" e solicitava providências administrativas. Repetiu que entendia que se tratava de tarefa pontual, depois da qual voltaria para "a vida obscura que tenho vivido e a que desejo prontamente voltar". Explicou que aceitara o encargo por tratar-se "da defesa de um território brasileiro, de que os nossos vizinhos nos querem esbulhar, de uma questão de história e geografia que suponho conhecer". Sua insistência em propagar falta de ambição e desejo de recolher-se à modéstia de suas funções consulares tinha um sentido claramente tático. Iria necessitar da colaboração de muitos chefes de legações brasileiras na busca de documentação em várias capitais europeias e não convinha despertar ciúmes ou receios de que, vitorioso, pudesse ambicionar aqueles postos. Convinha cultivar aliados e não ser percebido como ameaça. Do mesmo modo, telegrafou a Dionísio Cerqueira e Guillobel: "Aceitei missão certo da coadjuvação de vs. excs. e de que estaremos sempre de acordo no empenho de bem defender a causa da nossa pátria. Tenho a mais fundada esperança de que conseguiremos pôr em completa luz o nosso bom direito".

Na época, já tinha conhecimento da existência do memorial preparado por Cabo Frio para embasar a defesa brasileira, instrução à qual não tinha a menor intenção de se submeter, porém a hora de atacar a questão ainda estava por chegar. Sobretudo nesse caso, convinha aparentar modéstia e agir com cautela. Derrubar a diretriz que o obrigava a apresentar a defesa preparada pelo poderoso diretor-geral exigiria habilidade e audácia.

Na virada para o século XX, vivia-se um clima de grande otimismo nas relações internacionais em vista da inédita longa duração da paz entre as grandes potências europeias, rompida pela última vez pela Guerra Franco-Prussiana (1870-1). A ideia de que os conflitos entre as nações que se consideravam civilizadas podiam ser resolvidos por meios pacíficos estava na ordem do dia e então, como nunca — antes ou depois —, imperava uma disseminada confiança no recurso à arbitragem para a solução de querelas internacionais. Assim, em consonância com o espírito da época, no curto período entre 1895 e 1904 os limites brasileiros com Argentina, França e Inglaterra foram definidos por juízos arbitrais.

Contudo, na ausência de uma instância superior que garanta sua execução, o recurso ao juízo arbitral nem sempre culmina na resolução da disputa, pois a parte que se sinta prejudicada sempre poderá repudiar o resultado, amparada na ideia de soberania nacional, a despeito dos custos políticos que o desprezo da sentença inevitavelmente acarreta. Do mesmo modo, não basta a convicção de que o pleito se ampara em argumentos sólidos e documentos irrefutáveis. A decisão final sempre estará sujeita à subjetividade do árbitro, e este poderá sofrer influências e atender a considerações que escapam ao objeto da disputa. Na historiografia argentina, por exemplo, encontram-se alegações de que as estreitas relações entre Brasil e Estados Unidos, inclusive de complementaridade econômica, em contraste com as recorrentes divergências políticas e o escasso comércio entre Buenos Aires e Washington, teriam pesado na decisão do presidente Grover Cleveland. Por outro lado, essa linha explicativa dificilmente se aplicaria ao caso da arbitragem sobre o Amapá, dadas as estreitas relações entre a França e a Confederação Suíça, em tese muito mais suscetível a pressões de seu poderoso vizinho que às gestões de um distante país sul-americano. Finalmente, no caso da Questão do Pirara, a imprensa e os políticos brasileiros da época, além de muitos historiadores até hoje, apontam o desejo de agradar à Inglaterra como móvel da decisão do rei da Itália, sentença vista como injusta em desfavor do Brasil.

Há, portanto, três aspectos a considerar quando se analisa a ação de Rio Branco nas arbitragens em que atuou como advogado brasileiro: a qualidade dos argumentos em si, conforme expressos na defesa escrita; a competência com que cada uma das partes propagou sua causa junto às pessoas e instâncias que poderiam pesar no julgamento do árbitro; e, por fim, o papel dos fatores fora do âmbito estrito da discussão e sobre os quais os advogados não poderiam exercer nenhuma influência — por exemplo, o estado das relações políticas e comerciais entre os países envolvidos.

Quanto a este último ponto, no caso da Questão de Palmas a posição brasileira mostrava-se bastante confortável, pois as frias relações entre a monarquia brasileira e a república estadunidense haviam sofrido forte inflexão desde a destituição de d. Pedro II. A tradicional política do Império, de distanciamento dos Estados Unidos, fora revertida com estridência e transformada em apoio entusiástico às iniciativas pan-americanistas que os estadunidenses vinham apresentando desde 1882. A queda da monarquia brasileira ocorrera durante os trabalhos da I Conferência Pan-Americana, realizada em Washington entre 1889 e 1890. A chefia da delegação brasileira fora confiada a Salvador de Mendonça, até então cônsul em Nova York, e as instruções preparadas pelo Império, contrárias aos objetivos dos anfitriões, foram revertidas para pleno apoio às propostas estadunidenses, em nome do "espírito americano". Os delegados argentinos, em contraste, atuaram decisivamente para o malogro da conferência. Salvador de Mendonça fora destacado jornalista de oposição e um dos signatários do "Manifesto republicano", de 1870. Seu fervor oposicionista, porém, havia sido silenciado pelo visconde do Rio Branco, em 1875, graças ao oferecimento do cargo de cônsul em Baltimore. Desde então, permanecia nos Estados Unidos, tendo sido transferido para o consulado em Nova York em 1876. Depois de sua atuação como chefe da delegação brasileira na i Conferência Pan-Americana, Mendonça conseguira ser nomeado chefe da legação do Brasil em Washington e, nesse cargo, empenhou-se na assinatura de um acordo de "aliança ofensiva e defensiva para a defesa da independência, soberania e integridade territorial" entre os dois países, iniciativa recusada pelos estadunidenses. Mais modestamente, em 31 de janeiro de 1891, conseguira firmar um convênio comercial que reduzia as tarifas sobre o açúcar e mantinha a isenção sobre as importações de café brasileiro em troca de tratamento prioritário nas importações de uma extensa lista de produtos norte-americanos. Além do bom entendimento em nível político e diplomático, a economia brasileira, ao contrário do caso da Argentina, exibia alto grau de complementaridade com a estadunidense, que já era o maior mercado para as exportações de nosso café. Em contrapartida, o Brasil importava uma ampla gama de bens dos Estados Unidos. No que tange aos possíveis interesses fora do âmbito estrito da arbitragem, o Brasil estava, portanto, em posição desafogada. Salvador de Mendonça chegou a contar, anos depois, que teria sabido que o presidente Benjamin Harrison (a decisão coube a seu sucessor, Grover Cleveland) dissera em privado que a causa "seria julgada com toda a imparcialidade possível entre um amigo e um indiferente".

O advogado argentino, contudo, também poderia abrigar esperanças de ter a simpatia dos Estados Unidos a seu favor. Em fins de 1891, uma briga de bar em Valparaíso resultou na morte de dois marinheiros do navio de guerra estadunidense *Baltimore* e em outros dezoito feridos. O governo norte-americano exigiu que o Chile se desculpasse e pagasse uma indenização. O governo chileno se recusou, e os dois países estiveram à beira de uma guerra. O então ministro das Relações Exteriores argentino, Estanislao Severo Zeballos, não só simpatizou com a exigência dos Estados Unidos como chegou a oferecer o território argentino como ponto de apoio para eventuais ações militares contra o Chile. Em vista da conjuntura desfavorável, em 1892 os chilenos recuaram e encerraram o episódio com um pedido de desculpas e o pagamento da indenização. A Argentina e Zeballos em particular também podiam se considerar credores dos Estados Unidos.

Quanto à qualidade da argumentação produzida para defender o pleito brasileiro, Rio Branco realizou um trabalho inegavelmente brilhante. A doutrina brasileira para negociações de fronteiras estava definida desde o início da década de 1850, em especial graças a Duarte da Ponte Ribeiro (barão da Ponte Ribeiro) e Paulino José Soares de Souza (visconde do Uruguai). O Brasil não reconhecia como válidos os tratados entre Portugal e Espanha, a não ser subsidiariamente, em zonas onde não houvesse ocupação do território por nenhuma das partes. Do ponto de vista brasileiro, portanto, deveria prevalecer o critério da posse efetiva, o *uti possidetis* (*de facto*), no momento da independência. Os quase 31 mil quilômetros quadrados em litígio entre o Brasil e a Argentina estavam sob administração brasileira desde o início do Império e nele viviam 5793 pessoas — das quais apenas uma de nacionalidade argentina. Assim, observado o critério do *uti possidetis*, não restaria dúvida de que o território pertencia ao Brasil. A Argentina, contudo, não aceitava a tese da posse efetiva e sustentava a validade dos tratados das antigas metrópoles. Encaminhar a questão nesse sentido levaria inevitavelmente a um impasse, e a resposta do árbitro do conflito entre as duas doutrinas era imprevisível.

A discussão resumia-se à pretensão dos argentinos, baseada em sua interpretação dos tratados de Madri (1750) e de Santo Ildefonso (1777), de que a fronteira definida por Portugal e Espanha deveria ser estabelecida pelos rios Jangada e Chapecó, e não pelo Pepiri-Guaçu e pelo Santo Antônio, que configuravam o limite aceito até então. De acordo com o pleito argentino, o reexame cuidadoso das instruções dadas à comissão demarcadora luso-espanhola em 1758 e o próprio Mapa das Cortes, de 1749, que servira de base para o Tratado de Madri, mostrariam que os "verdadeiros" rios que fixavam os limites eram o Jangada e o Chapecó, muito a leste da linha defendida pelo Brasil. A Argentina reconhecia que, em obediência ao disposto no Tratado de Madri, fora efetuada uma demarcação no terreno em 1759, e que a comissão demarcadora bilateral definira a fronteira aceita a partir daí por portugueses e espanhóis (e, depois, por brasileiros e argentinos), mas alegava que teria havido um grave erro nos trabalhos, pois os demarcadores teriam identificado equivocadamente os dois rios citados no acordo de 1750. Em 1881, o governo argentino passou a sustentar que os limites reais eram dados pelos rios Chapecó e Chopim e, em 1888, a reivindicação avançou ainda mais para o oriente, com a substituição do Chopim pelo Jangada. Ou seja, a Argentina inicialmente aceitara a demarcação de 1759, mas mudara de posição duas vezes (1881 e 1888), para depois aceitar repartir o território em litígio. Em contrapartida, o fato de Quintino Bocaiúva ter concordado com a divisão do território enfraquecera a posição brasileira, até então invariável.

Antes de mais nada, para prevenir-se quanto a uma eventual solução de partilha do território em disputa, logo no início de seu arrazoado ao árbitro Rio Branco relembrou que, pelos termos do tratado de arbitragem, cabia ao presidente dos Estados Unidos pronunciar-se somente por uma das duas linhas de fronteira propostas, não tendo o juiz da questão poderes para apelar a nenhuma outra fórmula. Era tudo ou nada! Em outro lance de audácia, depois de mostrar que o Brasil detinha a posse do território desde a independência, que sua população era brasileira e que aquela área era "indispensável para a sua segurança e defesa e para a conservação das comunicações interiores entre o Rio Grande do Sul e os outros estados da União Brasileira", Rio Branco declarou aceitar "todos os documentos históricos em que a República Argentina procura basear a sua reclamação. Esses documentos são os Tratados de 1750 e de 1777, as instruções expedidas aos comissários demarcadores e um mapa oficial de 1749". Ele abdicava do argumento sobre o *uti possidetis*, base da doutrina brasileira para a definição do território, e aceitava travar o combate a partir das teses e dos documentos do oponente. A ousadia do gesto deve ser medida pelo fato de que, a partir de 1850, o recurso ao *uti possidetis* como base para a argumentação nas questões de fronteira se cristalizara como a doutrina-guia para os negociadores brasileiros. Paranhos abriu mão de uma tradição de quase cinquenta anos; sua estratégia amplificaria muito as críticas que sofreria com uma eventual derrota.

O artigo v do Tratado de Madri estabelecia que a fronteira acompanhava o rio Uruguai, ao sul, e o rio Iguaçu, mais ao norte. Entre esses dois cursos d'água bem definidos, os limites seguiriam pelo "rio Pepiri ou Pequiri, que deságua na margem ocidental do Uruguai", até "sua origem principal; desde a qual prosseguirá pelo mais alto terreno até a cabeceira principal do rio mais vizinho, que desemboque no rio Grande de Curituba, por outro nome chamado Iguaçu", linha confirmada no Tratado de 1777. Encontrada a nascente do Pepiri, a comissão demarcadora luso-espanhola descobriu o rio Santo Antônio, identificado como o contra-afluente que desaguava no rio Iguaçu e completava a linha de limites. O cerne da questão, portanto, era demonstrar que o "Pepiri ou Pequiri" do tratado era o Pepiri-Guaçu, e não o rio Chapecó, como afirmavam os argentinos. Segundo a alegação portenha, as instruções dadas aos demarcadores espanhóis e portugueses descreviam o Pepiri como "um rio caudaloso, com uma ilha frondosa em frente de sua boca, um grande recife dentro de sua barra, que se encontram águas acima do Uruguai-Pitã, afluente meridional do Uruguai". De fato, o Pepiri que acabou sendo definido pelos demarcadores não correspondia em nada a essa descrição. O Mapa das Cortes, por sua vez, mostrava o rio pelo qual passaria a fronteira — "o rio Pepiri ou Pequiri" segundo o tratado, mas sem nome assinalado no mapa —, muito próximo ao litoral de Santa Catarina.

Rio Branco contra-arrestou o argumento sobre a descrição do Pepiri com uma cópia do original das instruções da missão demarcadora que descobriu no Arquivo Geral de Simancas, na Espanha, e relembrou que o relatório da comissão demarcadora luso-espanhola reconhecera, em 1759, o rio Pepiri-Guaçu como sendo o "Pepiri ou Pequiri" do tratado. Demonstrou que o trecho que falava da "ilha frondosa" e do "recife dentro de sua barra" não constava das instruções e provinha, na verdade, de levantamento feito posteriormente, em 1789, por um comissário espanhol que, com malícia, conferira sem base alguma aquelas características ao rio que delimitaria a fronteira, falsidade depois repetida por outros autores. Rio Branco mostrou-se complacente com o adversário: "O governo argentino estava de boa-fé repetindo o que dizem memórias adrede escritas por funcionários espanhóis em fins do século passado [XVIII] e princípios do atual [XIX], com o fim de confundir esta questão de limites, de si tão simples". Um dos principais argumentos argentinos ficava, portanto, invalidado.

O outro pilar que sustentava o pleito argentino era o "mapa oficial de 1749", o chamado Mapa das Cortes. Os negociadores brasileiros haviam se baseado até então na reprodução da carta existente na *Coleção dos tratados, convenções, contratos e atos públicos celebrados entre a Coroa de Portugal e as mais potências desde 1640 até ao presente*, publicada por José Ferreira Borges de Castro em 1856. O advogado argentino tratou de desacreditar a cópia de Borges de Castro com outra reprodução do mapa, descoberta em arquivos franceses em 1892, que mostrava o rio que definia os limites bem próximo ao litoral de Santa Catarina, o que favorecia sua causa. O Mapa das Cortes em si não tinha valor jurídico. Tratava-se da carta sobre a qual se debruçaram os negociadores portugueses e espanhóis para negociar os limites, é certo, mas o instrumento jurídico assinado pelas partes tinha sido o Tratado de Madri, e o Mapa das Cortes não fazia parte do acordo nem constava como anexo. Em todo caso, como os rios da região não eram conhecidos com precisão em meados do século XVIII, fazia sentido a alegação argentina de que o "verdadeiro" Pepiri estava muito mais a oriente, como parecia sugerir a carta em que se basearam portugueses e espanhóis para discutir a fronteira. Assim, ele poderia corresponder ao rio Chapecó.

O encaminhamento dado por Paranhos demonstrou seu brilhantismo como geógrafo e historiador. Ele sustentou sua defesa em cuidadosa pesquisa, com a erudição que lhe era característica, sobre as origens do Mapa das Cortes. A cartografia lusitana estava, no Setecentos, muito mais adiantada do que a espanhola, e a negociação fora feita com base em dois mapas idênticos preparados por cartógrafos portugueses especialmente para tal fim. A projeção e as escalas utilizadas na carta, além de alguns erros certamente propositais, deformava a representação das zonas que os portugueses pretendiam trocar com Madri, criando uma impressão que minimizava as perdas territoriais que os espanhóis acabariam por aceitar em troca da estratégica Colônia do Sacramento. Essas distorções deslocavam para oriente o rio que marcava a fronteira com a Argentina, aproximando-o do oceano Atlântico. Mas, em linhas gerais, observadas sua projeção e escalas, o mapa permitia que se calculassem as coordenadas geográficas do Pepiri com base em outros pontos conhecidos. O advogado brasileiro reconheceu a cópia do mapa apresentado pelos argentinos como fiel, e dele obteve outra cópia no Depósito Geográfico do Ministério dos Negócios Estrangeiros da França. A partir dessa carta, calculou as latitudes e longitudes correspondentes e estas sustentavam a posição brasileira. A impressão visual de uma fronteira muito próxima ao litoral devia-se às distorções do mapa preparado pelos cartógrafos portugueses.

Para aumentar a contundência do golpe, Rio Branco citou, ainda, um memorando argentino de 1883 que afirmava, sobre o Mapa das Cortes:

> Se for possível determinar quais eram os limites traçados naquele mapa, a questão ficará implícita e autorizadamente resolvida, dado o caso em que os rios designados nele existam e estejam de acordo com as posições geográficas nele marcadas e com as descrições de sua referência.

Rio Branco estabeleceu as latitudes e longitudes dos rios representados no Mapa das Cortes e, com a ajuda de seu amigo Émile Levasseur, que na época esteve em Chicago e voltava a Paris, demonstrou que elas correspondiam ao

Santo Antônio e ao Pepiri-Guaçu. Ademais, no Mapa das Cortes estava claramente assinalado que o rio Pepiri era o primeiro curso d'água acima do Salto Grande do Uruguai, cuja posição era inconteste, e esse rio só poderia ser o Pepiri-Guaçu. Com base nessa argumentação, o advogado brasileiro concluiu: "Não resta, portanto, agora um só documento em que a República Argentina se possa apoiar para condenar a demarcação de 1759". Como anunciara no início de sua defesa, Rio Branco comprovou sua tese com base na documentação oferecida pelo adversário para sustentar sua demanda, que transformou em provas a favor da posição brasileira. Para arrematar, Paranhos recorreu ao Tratado de 1777 para evidenciar que a Espanha aprovara e ratificara a demarcação de 1759 e, portanto, consagrara a linha de fronteira defendida pelo Brasil. Seus argumentos eram impecáveis do ponto de vista lógico, jurídico, geográfico e histórico, e vinham lastreados em documentos incontestáveis. Para benefício do árbitro, o texto da defesa estava vazado em estilo sóbrio e direto, sem arroubos retóricos ou barroquismos. Os argumentos eram expostos com clareza, de modo perfeitamente concatenado.

Ainda que muito seguro da posição brasileira e da solidez de sua exposição, Rio Branco buscou a melhor estratégia para vender ao governo e ao público estadunidense a ideia de que a decisão a favor do Brasil seria um dever de justiça. O trabalho de gabinete, consultando mapas e documentos para redigir o arrazoado e compilar a documentação entregue ao árbitro, resolvia apenas uma parte do problema. Os chefes das missões brasileira e argentina também competiram em Washington e Nova York para obter as simpatias das autoridades, da imprensa e da opinião pública. A posição brasileira se sustentava em argumentos sólidos e bem fundamentados. As excelentes relações entre Brasil e Estados Unidos naquele momento também favoreciam a causa brasileira. Ainda assim, a entrega das duas defesas não encerrava o trabalho dos advogados dos dois países.

16. Nova York e Washington

Nicolau Calvo, o advogado argentino originalmente designado para patrocinar a causa de seu país, também veio a falecer em meio à preparação de sua defesa. Em seu lugar, depois de alguns dias de hesitação, assumiu Estanislao Severo Zeballos — o mesmo que, na qualidade de ministro das Relações Exteriores de seu país, assinara com Quintino Bocaiúva o malogrado tratado que dividia a região em disputa entre os dois países. O adversário de Rio Branco na arbitragem já fora presidente da Câmara dos Deputados e chefiara o Ministério das Relações Exteriores argentino em duas ocasiões, além de ter sido o fundador e primeiro presidente do Instituto Geográfico Argentino. Naquele momento, a comparação das biografias dos dois contendores favorecia muito o argentino.

Muito antes, em 1875, sem que tivessem se conhecido pessoalmente, Paranhos e Zeballos já haviam tido uma curiosa desavença jornalística. Então, as relações entre os dois países eram tensas; o enviado especial argentino ao Rio de Janeiro, Carlos Tejedor, retornara à Argentina sem despedir-se do imperador. Parte da imprensa carioca interpretou sua descortesia como um gesto hostil, mas Paranhos, nas páginas de *A Nação*, contemporizou e argumentou que não teria existido "nenhuma ofensa internacional ao Brasil. Houve apenas uma *gaucherie* [gafe]". Em Buenos Aires, Zeballos, em artigo no *Nacional*, traduziu erroneamente o termo francês *gaucherie* como "gauchada" e respondeu: "Um dos jornais mais importantes do Brasil qualificou de *gaucherie* a retirada do sr. Tejedor. Esse modo de exprimir-se não é mais do que uma macacada de má lei. É melhor ser gaúcho que macaco". A própria imprensa portenha apressou-se em apontar a tolice e a grosseria de Zeballos e o incidente não teve consequências.

Em Washington, só restava a Rio Branco conformar-se com a delegação herdada de seu antecessor: o general Dionísio Castro Cerqueira (sem dúvida frustrado por não ter sido alçado à condição de primeiro advogado brasileiro), o contra-almirante José Cândido Guillobel e os secretários Olinto de Magalhães e Domingos Olímpio. Depois de informar-se sobre os companheiros de empreitada, tratou de trazer gente de sua confiança para a equipe. Domício da Gama estava no Rio, pois abandonara o emprego que Paranhos conseguira para ele na Superintendência do Serviço de Emigração, em Paris, e voltara para o Brasil. Na ocasião, aliás, a baronesa do Rio Branco provocara Domício: "E como vai fazer o Juca, que não pode viver sem você?". Na verdade, a separação acabou sendo breve, pois Gama foi imediatamente convocado a integrar-se à missão especial em Washington. Relatou a Rio Branco que os amigos comuns na capital brasileira lhe diziam "para confiar no Guillobel, homem capaz e sério, e que o Castro Cerqueira está lá mais para figurar de ministro do que para tomar parte ativa na conferência". De Olinto de Magalhães, obteve boas referências da parte do ministro em Londres: "Esteve para ser nomeado enviado extraordinário — não fala inglês. — É muito míope — foi médico de Floriano Peixoto, e é padrinho do filho do marechal. É bom moço, distinto. Já serviu em Viena — é de carreira". As notas que Souza Corrêa enviou sobre Domingos Olímpio, por sua vez, não chegavam a ser lisonjeiras: "De certa idade, calvo, cearense — gaiteiro [pouco afeito ao trabalho] — jornalista consumado, supõe-se que sabe inglês. É muito inteligente, mas ruim... Nada deve confiar a ele — a nomeação foi feita a pedido do general Dionísio Cerqueira".

Depois de pressionar o visconde de Cabo Frio, Rio Branco conseguiu arrancar a nomeação de Domício da Gama como assessor. Outra providência foi convocar um tradutor de sua confiança, Charles Edmond Girardot. Cabo Frio resistiu à designação de Girardot, cuja ajuda de custo mais o salário de quarenta libras foram bancados por Rio Branco enquanto este não reclamou diretamente ao presidente que o tradutor da missão estava sendo "pago por minha algibeira". Domício e Girardot partiram, respectivamente, do Brasil e da Inglaterra e logo se juntaram ao chefe da missão, que desembarcara em Nova York em 24 de maio de 1893 e no dia seguinte partira para Washington, para apresentar-se ao ministro brasileiro, Salvador de Mendonça, que conhecera como jornalista republicano nos tempos em que Paranhos dirigia o jornal conservador *A Nação*. Mendonça devia ao visconde do Rio Branco sua indicação ao cargo de cônsul em Baltimore, décadas antes. Se ele e Paranhos não chegavam a ser amigos, mantinham relações cordiais. Como cônsules nos dois lados do Atlântico, eventualmente se correspondiam, e Mendonça inclusive visitara Rio Branco em Liverpool. Mendonça relata que, no reencontro dos dois antigos oponentes em trincheiras opostas do jornalismo, Paranhos mostrou-se "muito efusivo nas suas expressões de velha amizade". Cabia manter uma relação produtiva com o antigo rival na imprensa, agora em posição-chave. Igualmente útil seria contar com as informações que pudesse obter do ministro brasileiro em Buenos Aires, Joaquim Francisco de Assis Brasil. Em resposta a consulta de Paranhos, Assis Brasil assim descreveu o plenipotenciário argentino:

> Penso ser o adversário mais conveniente a nós, não porque não seja um moço de muito talento; porém tendo sido o próprio negociador do tratado de transação, não poderá alegar com muita convicção a força dos direitos argentinos. Demais, tudo quanto ele puder dizer já nós conhecemos de antemão.

O ministro em Buenos Aires não se furtou a acrescentar um comentário sobre a personalidade do argentino: "O sr. Zeballos, com quem tenho aqui muita intimidade, é caráter muito diferente do que me dizem é v. exa. e creio que o contraste será favorável a nós". Assis Brasil, republicano histórico e líder positivista, a quem Paranhos então não conhecia pessoalmente, figuraria mais tarde como importante colaborador na Questão do Acre. Aquele primeiro contato foi um ponto de partida promissor para a futura parceria.

As relações com Dionísio Cerqueira e Domingos Olímpio foram, de início, extremamente cordiais, ainda que, em privado, o último não deixasse de comentar que Rio Branco "tem manifestações ardorosas e violentas [de mau humor], mas é rápido, volve depressa à calma em que prevalece a crítica precisa ou leve e ferina ironia de má-língua clássico". Olinto de Magalhães e o contra-almirante Guillobel, por sua vez, revelaram-se colaboradores cordatos e corretos. Em todo caso, sem dúvida, o homem de confiança de Rio Branco naquela missão e daí em diante em todas as novas empreitadas foi Domício da Gama.

Ao chegar, Rio Branco encontrou dois documentos já preparados: o *memorandum* escrito pelo visconde de Cabo Frio e o arrazoado de autoria do advogado estadunidense contratado por Aguiar de Andrada, William Ivins. Depois de examinar o trabalho de Ivins, que lhe pareceu sustentado em "ideias erradas ou confusas", Paranhos foi aos poucos retirando atribuições do advogado e tratando de recuperar a documentação em seu poder. Telegrafou ao Rio de Janeiro explicando a situação e adiantou que manteria as melhores relações com o jurista, "mas não darei trabalho algum para não aumentar a conta". A conclusão da mensagem foi peremptória: "Não preciso de advogados".

Mais tarde, decidiu contratar um consultor jurídico, John Bassett Moore, professor de direito internacional e diplomacia na Universidade Columbia. A verdade é que essa contratação representou para a missão muito mais que consultoria sobre temas legais, pois, de acordo com Rio Branco, graças "às suas excelentes relações no mundo oficial em Washington e à sua qualidade de americano pude andar exatamente informado na marcha do processo e conhecer as opiniões dos auxiliares do árbitro no estudo da questão". A atuação de Moore diretamente junto ao árbitro não foi obra do acaso, pois desde o início ele fazia parte da estratégia traçada, como se comprova pela carta enviada por Rio Branco a Salvador de Mendonça em meados de agosto de 1893:

> V. conhece muito bem esta terra, e eu nada sei dos seus costumes porque sou um recém-chegado. Se, como me deu a entender na nossa última entrevista, v. julgar conveniente tomar Bristow por advogado, com o fim de impedir que ele o seja dos argentinos, peço-lhe que se ocupe do assunto, combinando logo com ele o quantum, que sem dúvida não será muito elevado e proceda como fez no caso Moore. Eu não sou embaraço a que v. ponha do nosso lado todas as cartas que julgar necessárias, se entender que este recurso a advogados nos é proveitoso e não nos pode prejudicar aos olhos do árbitro, ou prestar-se a más interpretações e intrigas dos argentinos. Estou convencido de que o árbitro há de resolver este pleito unicamente pelo alegado e provado nas exposições escritas que lhe forem presentes. Entretanto, como há de incumbir algumas pessoas da sua confiança do estudo prévio da questão, compreendo que certos advogados, tendo fácil acesso junto a eles, possam

servir para esclarecê-los e indicar pontos essenciais ou mais importantes de nossa argumentação.

O lobby, como se comprova, é uma atividade com larga tradição nos Estados Unidos.

A memória preparada por Cabo Frio aparecia como um assunto muito mais delicado. Em fins de outubro de 1892, o visconde enviara a Aguiar de Andrada os exemplares, em português e inglês, da exposição que deveria entregar ao árbitro, com a relação dos documentos que a acompanhariam. O visconde continuava a ser o poderoso diretor-geral do ministério, tido como autoridade indiscutível na questão da disputa de fronteira com a Argentina. A instrução de restringir-se à entrega da defesa preparada por Cabo Frio seguia vigente, pois não fora invalidada com a morte do antigo plenipotenciário. Aguiar de Andrada chegou a manifestar desconforto com a orientação, e o documento que estava sendo preparado por Ivins teria por objetivo substituir o *memorandum* de Cabo Frio por uma argumentação orientada pessoalmente por ele. Quando pronto, o novo memorial seria submetido ao Rio de Janeiro. Caso não houvesse tempo para a consulta, Aguiar de Andrada pretendia apresentar a exposição de Ivins por própria conta e risco.

Rio Branco tampouco tinha a intenção de se submeter ao papel de mero portador da defesa preparada pelo visconde, mas ia além, pois não tencionava nem sequer tentar obter o endosso da própria exposição mediante consulta prévia ao ministro ou a Cabo Frio. Para contornar o poderoso diretor-geral, enviou um ofício ao Ministério das Relações Exteriores apresentando sua renúncia caso não recebesse carta branca para preparar a defesa brasileira como bem lhe aprouvesse. Era um verdadeiro ultimato: "Tendo a mesma liberdade de ação que o plenipotenciário argentino, respondo pelo bom resultado deste pleito. Do contrário, preciso pôr a salvo a minha responsabilidade, deixando este posto". Rio Branco fazia uma aposta de alto risco, confiando também em sua relação pessoal com Floriano Peixoto. Na mesma data em que enviou seu ofício ao ministério, 5 de agosto de 1893, escreveu direto ao presidente para explicar que novos documentos teriam invalidado parte substancial da argumentação preparada por Cabo Frio e que estava de posse de outros alegados e provas inéditas que exigiam a anulação daquela instrução: "Há em nosso favor tantos argumentos novos, tantas provas decisivas e nunca invocadas, que seria um verdadeiro crime de leso-patriotismo deixar tudo isso em silêncio só porque foi escrito com antecedência um *memoran-*

dum". Rio Branco aproveitou a linha direta com Floriano para precaver-se de uma reação de Cabo Frio:

> Peço que v. ex. considere como muito interna e reservada esta carta. O pedido que fui obrigado a fazer vai talvez ofender a suscetibilidade de um compatriota que muito respeito, e que muito tem trabalhado nesta questão. Mas v. ex. arrancou-me do meu retiro, colocou-me neste posto de confiança, e o meu dever é dizer lealmente o que penso, consultando os interesses da nação.

Rio Branco apostou todas as suas fichas. Acrescentou, na carta a Floriano: "Se elas [as instruções] forem modificadas e v. ex. continuar a dispensar-me a mesma confiança que em mim depositou quando me nomeou, asseguro-lhe que poderei honrar a sua escolha e respondo pela completa vitória de nossa causa". Para encerrar, acrescentou:

> Nunca tivemos questão de limites mais importante do que esta e o maior prazer da minha vida será o que terei no dia em que puder anunciar a v. ex. pelo telégrafo que o nosso Brasil saiu vencedor neste pleito secular. Depois recolher-me-ei à obscuridade da minha vida anterior, contente de ter podido fazer alguma coisa pela nossa terra *graças unicamente a v. ex.* a quem serei sempre grato por ter querido que eu concluísse a obra começada em 1857 por meu pai.

Plenamente absorvido pela gravidade da crise interna, o presidente anuiu ao pedido. Em fevereiro daquele ano, uma violenta rebelião havia eclodido no Rio Grande do Sul. O Brasil estava em estado de guerra civil, com a chamada Revolução Federalista, que se estendeu também aos estados de Santa Catarina e Paraná.

A resposta oficial do Ministério das Relações Exteriores demorou, mas chegou por intermédio de um telegrama de 28 de novembro: ficavam sem efeito as instruções anteriores, sobre a entrega da exposição preparada por Cabo Frio. Assim, Rio Branco estava de mãos livres para tratar a questão a seu modo. Suas condições foram atendidas, mas, em consequência, ele passava a assumir integralmente a responsabilidade sobre um eventual fracasso. Com a morte dos dois plenipotenciários originalmente designados, Aguiar de Andrada e Nicolau Calvo, a entrega das defesas preparadas por seus substitutos foi adiada por seis meses, e o prazo final passou a ser 11 de fevereiro de 1894; em seguida o árbitro teria até um ano para se pronunciar.

Depois de apresentar suas credenciais ao presidente dos Estados Unidos, Grover Cleveland, Rio Branco deixou Washington e se instalou em Nova York, na pensão da sra. Mauss, no número 18 da West 32nd Street, onde alugou várias salas e, na companhia de Domício da Gama, ficou residindo e trabalhando. Daqueles aposentos pouco saiu nos meses que se seguiram, escrevendo

> entre montanhas de papel, tendo no centro um vale cheio de frascos de tinta e goma, tinteiros, maços de cigarros, caixas de fósforos, o relógio de ouro com vidro maculado de pingos negros e no meio dessa desordem, como piedosa lembrança, o rosário da venerada mãe, morta em Paris.

A limpeza do escritório era feita apenas esporadicamente, pois "era preciso que a vassoura não profanasse aquela desarrumação sagrada" de livros, mapas e papéis atirados por todo lado. "E a toda hora que ali se penetrasse divisava-se a bela calva emergindo lustrosa dos montes de papel e envolta em nimbo de fumaça do interminável cigarro." As jornadas de trabalho eram extensas, em horários desencontrados que varavam madrugadas para recomeçar na manhã seguinte, depois de poucas horas de sono. Por ocasião do centenário de nascimento de Rio Branco, para preparar uma obra que afinal não foi publicada, o bibliotecário do Itamaraty Jango Fischer examinou as anotações feitas de próprio punho nos livros estudados por Paranhos para preparar a defesa e concluiu:

> Somente compulsando as numerosas obras estudadas e os seus manuscritos, as centenas de páginas anotadas, cujas notas atingem a milhares, enchendo até as folhas de guarda e as pastas, além das que foram lançadas em papel de vário tamanho, é que se pode avaliar quão assombroso foi o seu trabalho e com que vasto cabedal formou ele sua erudição. As obras sobre a questão das Missões foram anotadas em 1683 páginas e mais 57 notas coladas e 8 soltas. Destas, as [obras] de Zeballos encerram anotações em 417 páginas.

Nessa fase inicial, Rio Branco não buscou contatos com autoridades do governo ou jornalistas e, menos ainda, participou de eventos sociais. Instruiu os membros da delegação a proceder da mesma forma, inclusive evitando o envio de notas ou informações aos jornais brasileiros. Em agosto, Zeballos chegou aos Estados Unidos e, além da função de advogado da causa argentina, assumiu a chefia da legação de seu país em Washington. Em contraste com Rio Branco, tornou-se presença constante em festas e eventos sociais. Buscou, desde o início, cortejar ostensivamente as autoridades e a imprensa estadunidenses. A dissemelhança não passou despercebida. Um jornal nova-iorquino publicou que nos círculos diplomáticos comentava-se que "o sr. Zeballos diverte-se! O sr. Rio Branco trabalha. É a fábula da lebre e da tartaruga".

No Brasil, a situação política deteriorava-se gravemente. À rebelião no Sul do país — a Revolução Federalista, iniciada em fevereiro, controlava os estados do Rio Grande do Sul, Santa Catarina e Paraná e punha em risco as fronteiras de São Paulo — veio somar-se, em setembro, a insubordinação da esquadra brasileira, em revolta comandada pelo contra-almirante Custódio de Melo, que bloqueou o principal porto brasileiro, o do Rio de Janeiro, e ameaçava bombardear a capital da República. Fiel ao seu conhecido lema, "Confiar, desconfiando", o presidente Floriano ordenou que Rio Branco fosse seguido e investigado como possível participante de alguma conspiração monarquista. Naquela conjuntura, totalmente absorvido pelos rios Pepiri e Santo Antônio, nada poderia ser levantado contra ele, que não encontrava tempo nem para escrever aos familiares e amigos e muito menos para articular, de Nova York, conspirações contra o regime. Quando, de volta a Paris, concluída a missão, soube que fora objeto de vigilância dos investigadores contratados por Salvador de Mendonça, Rio Branco resignou-se: "Que grande e inútil maçada tiveram os detetives que andaram a observar a minha residência e os meus movimentos e a ler os meus telegramas!". Seus companheiros mais chegados, contudo, continuavam ativos na oposição ao governo Floriano e à República.

Naquele ano de 1893, Eduardo Prado publicou a primeira edição de seu manifesto *A ilusão americana*, cuja circulação foi proibida poucas horas depois de ser posto à venda. Os exemplares foram apreendidos e queimados. A partir da eclosão da rebelião na Marinha, Nabuco escreveu uma série de artigos no *Jornal do Comércio*, que depois reuniu no livro *A intervenção estrangeira durante a revolta de 1893*. Rio Branco certamente esteve alheio à produção dessas diatribes contra a República, como demonstram sua falta de tempo e outros pequenos detalhes. No exemplar de *A ilusão americana* de sua biblioteca, o Barão anotou, no trecho em que Prado afirma que outros países teriam reconhecido a independência brasileira antes dos Estados Unidos: "Inexato. Foi o primeiro a reconhecer em 26 de maio de 1824". Informação tão básica não escaparia ao seu crivo, caso tivesse tido acesso ao texto antes da publicação.

Alheio aos problemas enfrentados pela República no Brasil e recorrendo às legações brasileiras na Europa, Paranhos iniciou uma verdadeira caça aos documentos para sustentar a posição brasileira. Ao chegar aos Estados Unidos, não confiou nas cópias do Mapa das Cortes de que dispunha. Além da já conhecida reprodução de Borges de Castro, obtivera, no Depósito Geográfico do Ministério dos Negócios Estrangeiros da França, uma cópia da carta de 1749 que estava em mãos dos argentinos. Qual seria o verdadeiro Mapa das Cortes? Rio Branco tampouco conhecia o texto das instruções dadas à comissão luso-espanhola que demarcara a fronteira em 1759. Teriam os demarcadores identificado o Pepiri erroneamente, como alegavam os argentinos?

A busca pelo "verdadeiro" Mapa das Cortes começou de forma desafortunada, pois a cópia que existia nos arquivos de Madri, por onde foi iniciada a pesquisa, coincidia com a que beneficiava a posição argentina. Diante do contratempo, Rio Branco dirigiu as buscas para Lisboa, onde, mesmo sem obter o ambicionado original do mapa, pôde certificar-se de que a cópia de Borges de Castro não fora feita a partir de um dos dois mapas "primitivos" de 1749, ambos confeccionados em Portugal — uma cópia para os portugueses e outra para os espanhóis. Os mapas foram preparados por cartógrafos portugueses por ordem de Alexandre de Gusmão, com o objetivo específico de fundamentar as negociações diplomáticas com a Espanha. Dos dois exemplares primitivos foram feitas três reproduções em Madri e outras tantas em Lisboa; a partir daí, surgiram as divergências. O mapa copiado no Depósito Geográfico francês, contudo, correspondia aos primitivos. Havia pertencido ao duque de Richelieu, tendo sido comprado, em 1824, pelo Ministério dos Negócios Estrangeiros da França por quinze francos. Tratava-se da mesma cópia que sustentava as alegações argentinas ao indicar o rio pelo qual deveria passar a fronteira muito próximo ao litoral de Santa Catarina.

Diante dessa adversidade, Rio Branco tratou de destrinchar a história e as peculiaridades técnicas do Mapa das Cortes. Em meados do século XVIII os lusitanos superavam em muito os conhecimentos cartográficos dos espanhóis em relação à América do Sul. O interesse da diplomacia portuguesa naquele momento era enterrar o Tratado de Tordesilhas mediante um acordo com a monarquia espanhola e consagrar a ideia de que cada império continuaria de posse dos terrenos que ocupava naquele momento, complementada pela troca do território dos Sete Povos das Missões pela Colônia do Sacramento. Assim, Madri asseguraria para si a foz do rio da Prata, por onde escoava o metal precioso vindo do interior do continente. Portugal, por sua vez, teria reconhecida a posse do imenso vale amazônico. O mapa fora preparado pelos portugueses para minimizar a representação da perda territorial que seria infligida ao Império Espanhol com a aceitação do acordo. Além de erros técnicos, muitos deles intencionais, a projeção escolhida e as escalas adotadas subestimavam o avanço português a oeste, para além da linha de Tordesilhas. O mapa é graduado em latitudes e longitudes, mas só as primeiras estão numeradas, e a visão que se tem é de uma América do Sul muito mais "estreita" do que é na realidade, e de um território sob domínio espanhol exageradamente extenso no centro do continente.

A conclusão de Jaime Cortesão é clara:

> O Mapa das Cortes foi propositadamente viciado nas longitudes para fins diplomáticos. Desviando o Brasil meridional para leste, aumentava a margem da soberania no hemisfério português, delimitado pelo meridiano de Tordesilhas; e encurtando ainda com os desvios de traçado, as longitudes do Paraguai, do Madeira e do Guaporé, apoucava o Brasil ocidental com aparente benefício das regiões centrais de soberania espanhola. A soma destes erros permitia ao cartógrafo situar, por exemplo, Cuiabá, com erro enorme, sobre o meridiano de Tordesilhas, tal como este fora situado em 1681.

O mapa estava "viciado", mas (exceto pontualmente) não deixava de representar, dentro da técnica cartográfica de então, a realidade. Do mesmo modo que, de acordo com determinada projeção cartográfica, por exemplo, a Groenlândia pode parecer ter dimensões equivalentes a todo o continente africano (mas é quinze vezes menor), o fato de o rio Pepiri parecer situado muito perto do litoral de Santa Catarina no Mapa das Cortes não significa que isso seja realidade ou que não se possam inferir as reais coordenadas geográficas do Pepiri com base nesse mesmo mapa. Foi isso que Rio Branco fez. Após uma avaliação preliminar, pediu que Dionísio Cerqueira confirmasse seus cálculos. A ideia funcionava: a diferença entre a verdadeira longitude da foz do Pepiri e aquela marcada no Mapa das Cortes é de apenas 1'57" (um minuto e 57 segundos de grau), enquanto a diferença com a foz do Chapecó chega a 46'27". Para dar maior credibilidade a seus cálculos, Rio Branco consultou seu amigo Émile Levasseur, de passagem nos Estados Unidos, com grande prestígio nos meios científicos do país. Encomendou ao francês um parecer técnico supondo que assim confirmaria e daria maior credibilidade aos cálculos de Dionísio Cerqueira.

Faltava outra parte, não menos importante. Apenas em setembro de 1893, ou seja, pouco mais de quatro meses antes do fim do prazo para a entrega da defesa, Rio Branco pôde peneirar, no meio da imensa massa de documentos que examinava furiosamente, uma pista segura sobre onde encontrar as instruções da comissão demarcadora de 1759. Telegrafou para o ministro brasileiro em Madri com uma orientação precisa: "Favor obter com urgência cópia *Instrucción* de 27 de julho de 1758 do marquês de Valdelírios aos demarcadores. Está arquivo de Simancas". Quando a cópia autenticada do documento afinal chegou às suas mãos, em fins de outubro, de acordo com suas próprias anotações, Paranhos viveu um dos dias mais felizes de sua vida. Telegrafou exultante para Dionísio Cerqueira, que estava em Washington: "*Instrucción* nada diz sobre Uruguai-Pitã nem sobre *isla monstruosa* sobre arrecifes dentro ou fora da boca. Viva o Brasil!". No entanto, o tempo corria.

O último elemento necessário para completar sua argumentação chegou apenas em novembro. De Paris, Levasseur respondeu a sua consulta e confirmou as estimativas feitas com o auxílio de Dionísio Cerqueira, sobre as coordenadas geográficas do Pepiri no Mapa das Cortes. O sábio francês anexava um laudo preparado pelo desenhista geógrafo Arthur Legeaux. A chancela de Levasseur endossou os cálculos brasileiros sobre a localização precisa do rio que definia a fronteira. Esgotava-se o prazo para a entrega do memorial. Impreterivelmente, em 11 de fevereiro toda a documentação teria de ser entregue. Eram menos de três meses até a data-limite, e a redação da exposição ainda não fora iniciada. Nesse curto espaço de tempo ela teria de estar concluída, revista, vertida para o inglês, impressa e encadernada para ser depositada nas mãos de seu destinatário. Perder o prazo de entrega seria um fracasso espetacular e um desastre inconcebível.

Somente a partir de dezembro Rio Branco pôde dedicar-se à redação da exposição a ser entregue ao presidente Cleveland. Em suas próprias palavras:

> Durante esse período só pude dormir regularmente quatro noites em que, por objeto de serviço, viajei entre New York e Washington. Nas outras, não tive mais de

quatro ou cinco horas de repouso, algumas vezes apenas duas ou três, e cinco noites foram passadas sem um minuto de descanso.

A despeito do esforço que o deixou à beira de uma "congestão cerebral", Rio Branco mostrou-se insatisfeito com o resultado, pois "não é possível escrever em dois meses uma obra completa sobre tão variados assuntos, e com as interrupções e distrações que forçosamente eu tinha, por mais diligência tivesse". Enfim, o prazo era inadiável e, em 7 de fevereiro de 1894, Rio Branco solicitou ao Departamento de Estado que fixasse data e hora para a entrega da defesa, que foi marcada para dia 10, ao meio-dia.

O esforço final para preparar e corrigir as provas na tipografia, imprimir os textos e mandar encadernar a documentação fora frenético. Só em 22 de janeiro os primeiros manuscritos começaram a ser entregues na gráfica. Na semana que antecedeu o prazo derradeiro, a Knickerbocker Press, em New Rochelle, dedicou-se integralmente, dia e noite, à tarefa de imprimir a defesa brasileira. Os gravadores da Bien & Co. passaram os meses de dezembro e janeiro ocupados com a impressão das cópias dos mapas que acompanharam a exposição. Dionísio e Guillobel verificaram as reproduções. Os secretários da missão, Olinto de Magalhães, Domingos Olímpio e Domício da Gama, conferiram as provas da gráfica. Até o consultor jurídico, Bassett Moore, foi convocado para rever a versão para o inglês. Foi um verdadeiro esforço de guerra.

De 6 a 8 de fevereiro, Rio Branco literalmente mudou-se para a gráfica, junto com Domício. No alvorecer do dia marcado para a entrega ainda se imprimiam as últimas páginas.

> Todo o pessoal da missão, inclusive Rio Branco, assistia, nervoso e sobressaltado, o ruidoso movimento da rotativa. Terminado o serviço Olinto, Gama, Domingos Olímpio, secretários da missão, puseram-se, eles mesmos, a dobrar as folhas, ainda úmidas, e as iam entregando ao Barão, que armado de um furador, foi quem, com reles barbante, as coseu e formou o volume, estufado e deselegante, que, levado para Washington, foi, na hora precisa, deposto em mãos do secretário de Estado, não sem o protesto, porém, de que devia ser, em poucos dias, substituído por outro exemplar convenientemente encadernado.

A façanha teve êxito, e naquele dia foram entregues os tomos da *Exposição que os Estados Unidos do Brasil apresentam ao presidente dos Estados Unidos da América como árbitro, segundo as estipulações do tratado de 7 de setembro de 1889, concluído entre o Brasil e a República Argentina*. A defesa brasileira estava dividida em seis volumes: i) exposição vertida para o inglês; ii) texto original da exposição em português; iii) apêndice de documentos vertidos para o inglês; iv) texto original dos documentos; v) 34 mapas; e vi) 29 mapas maiores. Atendido o prazo, mais adiante encaminhou-se a versão definitiva, com acabamento esmerado. A objetividade e a concisão com que Rio Branco expunha a posição brasileira pode ser medida pelo contraste com o texto de Zeballos, uma defesa em vinte tomos. A série de volumes preparada pelo argentino começava por uma introdução de mais de cem páginas sobre o Tratado de Tordesilhas.

Para imensa contrariedade de Dionísio Cerqueira, que ambicionava constar como coautor, e de Domingos Olímpio, que defendia a tese da autoria coletiva, e, provavelmente, para frustração muda dos demais, Rio Branco assinou sozinho a exposição, como trabalho exclusivamente seu. A decisão custou-lhe a profunda inimizade e o eterno rancor de Dionísio Cerqueira, que, concluída a missão, rompeu relações pessoais com ele. No entanto, de imediato, sem que se conhecesse ainda o resultado da sentença, o mal-estar permaneceu mascarado, pois o gesto de Rio Branco poderia representar uma saída honrosa para os demais membros da missão em caso de fracasso. A responsabilidade ficaria toda sobre as costas do "único e exclusivo autor" da exposição brasileira.

No Rio de Janeiro, aquele 10 de fevereiro da entrega das defesas teria sido o sábado imediatamente após o Carnaval, fim de uma curta semana de trabalho depois da Quarta-Feira de Cinzas. No entanto, naquele 1894 não houve Carnaval nas ruas cariocas. A gravidade da situação da capital, sitiada por uma esquadra revoltosa, e a ameaça à unidade do país devido à revolução sulista levaram Floriano a proibir a folia, para surpresa e indignação de muitos. Machado de Assis era um dos cariocas que não conseguiam acreditar na proibição: "Quando eu li que este ano não pode haver Carnaval na rua, fiquei mortalmente triste. É crença minha que, no dia em que o Deus Momo for de todo exilado deste mundo, o mundo se acaba".

Naquele final de século XIX a festa estava ganhando feições mais europeias, com a interdição do entrudo e com novidades na folia carioca, como as serpentinas e os confetes. No entanto, a ordem de Floriano foi para valer, como o mesmo Machado nos conta:

> Nunca houve lei mais fielmente cumprida do que a ordem que proibiu, este ano, as folias do Carnaval. Nem sombra de máscara na rua. Fora da cidade, diante de uma casa, vi Quarta-Feira de Cinza algum *confetti* no chão. Crianças naturalmente que brincaram da janela para a rua, a menos que não fosse da rua para a janela. Os chapéus altos, que desde tempos imemoriais não ousavam atravessar aquela região no mundo que fica entre a rua dos Ourives e a rua Gonçalves Dias, e que é propriamente a rua do Ouvidor, iam este ano abaixo e acima sem a menor surriada. Quem nos deu tal rigorismo na observância de um preceito?

O Brasil que aguardava o resultado da sentença do presidente Cleveland era, sem dúvida, um país em grave crise: triste e profundamente dividido.

Efetuada a entrega das defesas, cabia apenas esperar o juízo do árbitro. Se possível, também convinha informar-se sobre o andamento do processo decisório e tentar angariar simpatias para a causa brasileira. Assim, Rio Branco mudou-se para Washington e passou a residir no hotel Arlington, que, além de ser considerado então o melhor da cidade, também servia de residência para Edwin Uhl — recém-nomeado subsecretário de Estado e incumbido por Cleveland de estudar a demanda — e abrigava o próprio secretário de Estado, Walter Quintin Gresham. Em conversa com Paranhos, em março, Gresham disse que andava ocupado e que ainda não pudera começar o estudo da questão. O secretário de Estado confidenciou-lhe que iria antes "mandar a exposição a Moore para estudá-la". Acrescentou que considerava Moore "o primeiro internacionalista americano". Rio Branco sabia escolher bem, pois se tratava de John Bassett Moore, o mesmo consultor jurídico que contratara para assessorá-lo.

Com a ajuda de Salvador de Mendonça, que havia muitos anos morava nos Estados Unidos e dispunha de amplo círculo de amizades, Paranhos travou contato com autoridades de alto nível no governo e nos meios jornalísticos da capital do país. Absteve-se, no entanto, de tentar contra-arrestar a forte campanha que Zeballos promovia pela imprensa local. Manteve a mesma atitude discreta junto aos jornais brasileiros, a ponto de repreender Domingos Olímpio por ser a fonte, sem seu conhecimento, de notas publicadas em *O País*. Em vez de tentar competir com Zeballos, deslanchando uma contraofensiva na imprensa, preferiu intrigar o argentino com as autoridades estadunidenses, acusando-o de divulgar informações distorcidas pelos jornais para criar um sentimento favorável a sua causa na opinião pública e assim constranger o árbitro. Ao visitar o secretário de Estado, Rio Branco reclamou dessa campanha, acrescentando que a "missão brasileira, porém, está resolvida a não responder ou retificar tais publicações porque viemos aqui para submeter a nossa causa à decisão do presidente e não à dos jornalistas e repórteres". A resposta de Gresham não poderia ser mais alvissareira: "É assim que deve ser. V. excia. não deve dispensar atenção aos *interviews* ou artigos de impressão [imprensa]. Ofenderá o presidente quem recorrer a esses meios, supondo que ele se deixe influenciar pelas manifestações da imprensa". Na verdade, seria difícil competir com Zeballos, pois estava muito claro que este dispunha de vastos recursos para despesas de representação naquela missão e, por ocupar cumulativamente a chefia da legação da Argentina no país, tinha maior interação com o governo e a sociedade locais. Perto do anúncio do juízo de Cleveland, por exemplo, em um banquete oferecido a altos funcionários do Departamento de Estado, ele chegou ao detalhe de oferecer uma joia a cada senhora presente e enfeitar a mesa de jantar com um arranjo de flores em forma de mapa da Argentina e do Brasil com o território em disputa constando como argentino.

A entrega do laudo do presidente Cleveland deu-se às três da tarde do dia 6 de fevereiro de 1895, no Departamento de Estado, em uma curta cerimônia, na qual Rio Branco se fez acompanhar de Dionísio Cerqueira, Domício da Gama, Domingos Olímpio e Oscar do Amaral, secretário da legação. Também estava presente seu filho Raul, que, depois de obter o bacharelado em direito na França, viajou para os Estados Unidos e teve a oportunidade de assistir à vitória do pai. Rio Branco tomou conhecimento do resultado informalmente, pouco antes da cerimônia. O secretário privado de Gresham, Kenesaw Landis, por volta de meio-dia e meia, visitou Paranhos no hotel e lhe assegurou que o laudo era "inteiramente a favor do Brasil". Sem dúvida aliviados, na hora aprazada os delegados brasileiros se dirigiram ao Departamento de Estado, onde encontraram Zeballos e seu secretário. A descrição que Rio Branco fez da ocasião em seus *Cadernos de notas* é sóbria e sucinta:

> Às três e cinco chegou o secretário de Estado e convidou-nos a passar ao salão diplomático. Encontramos ali Uhl e um filho de uns 10 anos. Gresham disse que estava encarregado de entregar aos representantes de cada uma das partes um exemplar do

laudo lavrado em triplicata. Fez a entrega. Zeballos começou a procurar a conclusão e, não a achando logo, mostrou-se nervoso; Gresham disse: Se desejais posso fazer proceder à leitura do laudo. Eu disse a Zeballos: Creio que *é melhor que o leiamos em casa*. Zeballos disse porém, em voz alta: Basta dizer em favor de qual das duas nações é o laudo. Então, Gresham acenou para Uhl e este disse: *The award is in favor of Brazil*. Zeballos empalideceu. O secretário Attwell pareceu ter perdido todo o seu sangue, tão branco ficou. Houve um momento de silêncio profundo. Todos estavam constrangidos. Zeballos voltou-se então para mim, e apertando-me a mão, disse: *Mis felicitaciones, señor ministro*. Respondi que agradecia muito e considerava esta solução honrosa e pacífica um acontecimento feliz para ambas as nações. Zeballos dirigiu-se a Gresham e a Uhl, apertando-lhes a mão. Fizemos o mesmo e saímos.

Logo depois de receber o laudo, Rio Branco telegrafou ao Ministério das Relações Exteriores, à família e a alguns amigos, entre eles José Carlos Rodrigues, que publicou em primeira mão em seu *Jornal do Comércio* a vitória brasileira. A sentença do presidente Cleveland, inteiramente favorável às pretensões brasileiras, transformou Rio Branco em celebridade no Brasil. Contudo, se de Washington levou a fama de grande entendido em limites, granjeou também pelo menos dois grandes desafetos que depois lhe causariam contratempos: além de Dionísio Cerqueira, Domingos Olímpio. Concluída a missão, as relações com Salvador de Mendonça também sofreram, mas os dois continuaram a se corresponder e a trocar expressões de amizade. Estavam, a partir daí, unidos também pelas desavenças mais graves que ambos passaram a ter com Dionísio Cerqueira e Domingos Olímpio. Ainda em Washington, o general preparou um relatório paralelo para o Ministério das Relações Exteriores atacando Rio Branco e exaltando sua própria participação. Entre muitas queixas, Cerqueira não se conformava com o fato de Rio Branco ter apresentado o cálculo das coordenadas geográficas dos rios em disputa com base no relatório encomendado a Levasseur, deixando de mencionar seus cálculos, efetuados antes. Em seguida, rompeu de maneira acintosa as relações pessoais com Paranhos em nome da "cruel injustiça" sofrida. Em 1899, em comentário ao relatório de Dionísio Cerqueira, Rio Branco de certa forma reconheceria alguma procedência em seus lamentos:

> Se recorri a um desenhista geógrafo de Paris foi somente para que o trabalho que ideei e resolvi, em que tinha de assentar a parte mais decisiva da nossa nova apre-

1. José Maria da Silva Paranhos (1819-80), visconde do Rio Branco. Óleo de Louis Guédy, Paris, 1884.

2. Teresa de Figueiredo Rodrigues de Faria (1829-90).

3. Juca Paranhos aos cinco anos, 1850.

PÁGINA AO LADO:
4. Juca Paranhos com colegas da Faculdade de Direito de São Paulo. À direita, J. Monteiro da Luz, e à esquerda, Paulino Ruiz F. Chavez. São Paulo, 1862.

JUCA PARANHOS, O BARÃO DO RIO BRANCO

5. Juca Paranhos na Faculdade de Direito de São Paulo, 1864.

6. Juca Paranhos com colegas da Faculdade de Direito de São Paulo, 1865.

7. Juca Paranhos na Faculdade de Direito do Recife, 1866.

8. Marie Philomène Stevens (1850-98).

9. Paranhos Júnior, deputado. Rio de Janeiro, 1875.

10. O visconde do Rio Branco se despede do filho no cais. Paranhos Júnior leva para Liverpool um papagaio como recordação do Brasil, e Gusmão Lobo chora a partida do amigo. Caricatura de Rafael Bordalo Pinheiro. *O Mosquito*, 20 maio 1876.

JUCA PARANHOS, O BARÃO DO RIO BRANCO

11. Paranhos Júnior vestindo o fardão de cônsul-geral.
J. F. Guimarães, fotógrafo da Casa Imperial.
Rio de Janeiro, 1876.

12. Paranhos Júnior e representantes do Centro da Lavoura e do Comércio no Pavilhão do Brasil na Exposição Internacional de Horticultura de São Petersburgo (1884).

13. Exposição Internacional de Paris (1889). Sentados, da esquerda para a direita: barão do Rio Branco, Eduardo Prado, Santana Néri e Ramalho Ortigão. Em pé: Domício da Gama, visconde de Cavalcanti, Ladislau Neto, barão da Estrela e barão de Albuquerque.

14. José Maria da Silva Paranhos Júnior, barão do Rio Branco. Clermont-Ferrand, França, 1890.

15. O ex-líbris do barão do Rio Branco: uma paisagem da baía de Guanabara vista de Niterói e encimada pelo lema *Ubique Patriae Memor* ("Onde estiver, pensando na pátria").

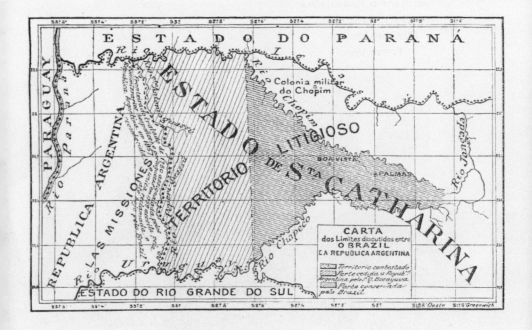

16. Mapa do território em litígio entre Brasil e Argentina, 1890.
Extraído de Eduardo Prado,
Fastos da ditadura militar no Brasil.

PÁGINA DUPLA SEGUINTE:
17. Missão especial em Washington (1893-5).
Arbitramento da questão de limites com a Argentina.
Da esquerda para a direita:
Olinto de Magalhães, Domingos Olimpo Braga Cavalcanti,
Dionísio de Castro Cerqueira, barão do Rio Branco, Charles Girardot,
Cândido Guillobel e Domício da Gama.

18. Mapa da região em litígio entre Brasil e França. Sentença do Conselho Federal Suíço, anexos, carta nº 1, 1900.

19. Barão do Rio Branco no interior de sua casa na Villa Molitor, 15, em Auteuil, Paris, c. 1898.

20. Missão especial em Berna (1898-1900). Arbitramento da questão de limites com a França. Da esquerda para a direita: Domício da Gama, Raul do Rio Branco, barão do Rio Branco e Hipólito Alves de Araújo.

21. Barão do Rio Branco com o fardão de ministro plenipotenciário e condecorações — possivelmente no dia da entrega de suas credenciais ao imperador Guilherme II, em 28 de maio de 1901.

22. Romanisches Haus I, residência da legação do Brasil em Berlim durante a gestão de Rio Branco.

PÁGINA AO LADO:
23. Mansão alugada em Berna, na Villa Trautheim, na Bühlstrasse.

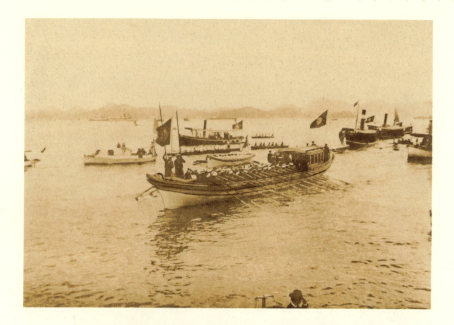

24. Desembarque de Rio Branco no cais Pharoux, onde o novo ministro das Relações Exteriores foi recebido como herói. A galeota de d. João VI, construída para atender aos deslocamentos da família real pela baía de Guanabara, tinha 24 metros de comprimento e era impulsionada por 28 remadores.

25. Rio Branco e o prefeito Francisco Franco Pereira Passos, o remodelador da capital federal. Rio de Janeiro, 1911.

sentação, fosse ordenado e verificado pelo sr. Émile Levasseur, cujo nome iria pesar na balança em nosso favor.

Mas o estrago estava feito e as tentativas de contemporização com Dionísio Cerqueira foram inúteis.

A notícia da vitória que legitimava a posse dos quase 31 mil quilômetros quadrados em disputa com a Argentina foi recebida com júbilo no Brasil. Desde o início de 1893 o país enfrentava uma sangrenta guerra civil, pontuada por barbaridades como a degola de prisioneiros pelos dois lados em conflito. No auge da rebelião, as tropas federalistas haviam chegado a ameaçar transpor a divisa do estado de São Paulo; chegou-se a temer uma marcha contra a capital. O Rio de Janeiro já sofrera bombardeios contra as fortalezas da cidade durante a Revolta da Armada, que manteve o porto da capital, principal via de entrada e saída do comércio internacional, praticamente fechado até o momento em que navios de guerra estadunidenses vieram romper o bloqueio, a pedido do ministro brasileiro em Washington, Salvador de Mendonça. Os remanescentes da insurreição da Marinha de Guerra, efetivamente derrotada ainda em março de 1894, haviam se unido aos revoltosos gaúchos, que, naquele início de 1895, estavam na defensiva, mas não ainda derrotados. O último combate da guerra civil deu-se em Campo Osório, em 24 de junho de 1895, batalha em que pereceu o almirante Saldanha da Gama, um dos líderes da revolta. A pacificação, contudo, só viria em agosto.

Em todo caso, os ânimos se apaziguavam. Duas semanas depois de conhecida a vitória brasileira em Washington, celebrou-se o Carnaval de 1895. Ao contrário do ano anterior, dessa vez a folia pôde tomar conta das ruas cariocas. Uma das grandes sociedades carnavalescas, o Clube dos Fenianos, desfilou ao som de uma marchinha especialmente composta para homenagear Rio Branco. O boêmio Juca Paranhos, cronista do periódico *A Vida Fluminense*, que cobria os bailes e desfiles carnavalescos dos anos 1870, não teria como imaginar que duas décadas depois seria objeto dessa distinção.

Quando foi divulgado o laudo do presidente Cleveland, o marechal Floriano Peixoto já deixara a presidência e o primeiro presidente civil do Brasil, Prudente de Morais, tomara posse em 15 de novembro de 1894. O novo mandatário apressou-se em telegrafar para Rio Branco e cumprimentá-lo pela vitória: "Em nome da pátria brasileira agradeço inolvidável serviço [de] reconhecimentos seus direitos". Floriano Peixoto, por sua vez, foi mais sucinto, enviando um despacho que dizia simplesmente: "Viva a República". De todo o Brasil, choveram mensagens de congratulações; organizaram-se comícios e festas para celebrar o triunfo. De um momento para outro, Rio Branco passou da obscuridade à condição de herói nacional.

É conhecido o diálogo imaginado por Bertolt Brecht, entre Galileu Galilei e seu discípulo Andrea, na cena 12 de *A vida de Galileu*, peça escrita em 1938. Galileu, depois de repudiar suas descobertas perante o Santo Ofício, é libertado e reencontra Andrea, que, decepcionado com a suposta covardia de seu preceptor, o admoesta: "Infeliz o país sem heróis". Em resposta, o sábio italiano retruca: "Não, Andrea, infeliz o país que precisa de heróis". A verdade é que, naquele momento, nada poderia ser mais bem-vindo que o sucesso, incruento e claro, na disputa com o vizinho então mais rico e poderoso.

Havia um par de anos o Brasil sofria com uma guerra civil ainda inacabada que acabou custando a vida de cerca 10 mil brasileiros. Desde o fim da monarquia o país vivia em estado de permanente crise política e a economia ainda se debatia com o rescaldo da crise financeira causada pela expansão monetária descontrolada dos primeiros anos da república. O êxito da causa brasileira em uma questão de fronteiras com o maior rival, obtido de forma pacífica e incontestável, podia finalmente representar um ponto de união para uma sociedade muito dividida em termos regionais, políticos e sociais. Afinal, republicanos e monarquistas, brasileiros de todas as regiões, credos políticos e classes sociais podiam celebrar a mesma conquista, ainda que em pouco tempo surgissem narrativas conflitantes sobre as origens dessa vitória.

No Rio de Janeiro, parte da imprensa, liderada pelo *Jornal do Comércio* e pelo *Jornal do Brasil*, passou a enaltecer a vitória como obra da política do Império, em contraposição ao malogrado tratado Bocaiúva-Zeballos negociado pelo governo republicano. Em resposta, outros órgãos, como *O País* e *O Século*, defenderam o argumento de que a república fora vitoriosa onde a monarquia havia falhado. Rio Branco permaneceu estrategicamente alheio a esse debate e escusou-se de vir ao Brasil receber homenagens pelo triunfo. Alegou a necessidade de rever a família e a inconveniência de um gesto que poderia parecer indelicado para com os argentinos. Agradeceu as congratulações recebidas de Prudente de Morais e não deixou de transmitir um telegrama para a prefeitura de Barbacena, onde vivia retirado o ex-presidente Floriano. Nele, pedia "o favor de dizer ao nosso amigo marechal Floriano Peixoto que nunca esquecerei que foi ele quem me confiou o posto onde com seu apoio pude fazer alguma coisa pela nossa terra". Curiosamente, acabaram sendo a República, à qual ele tanto se opunha, e particularmente o Marechal de Ferro, algoz de alguns de seus melhores amigos, os responsáveis por resgatar o monarquista Rio Branco do anonimato de suas funções consulares.

Até então, Paranhos vivia praticamente esquecido. Ausente do país havia quase duas décadas, sem passagens marcantes pela política e pelo jornalismo, sem obras de maior notoriedade, a menção do nome "Rio Branco" remetia apenas às glórias do visconde. Coube ao amigo Joaquim Nabuco, em artigo publicado no *Jornal do Comércio* em 9 de fevereiro de 1895, apresentar ao público brasileiro os principais traços desse novo herói. Redigiu a crônica que daria o tom para grande parte das descrições sobre as características pessoais de Rio Branco publicadas a partir daí:

> O barão do Rio Branco, pode-se dizer, era até ontem muito mais reconhecido no nosso país pelo reflexo do nome paterno do que pelo que ele mesmo já tinha feito. O laudo do presidente Cleveland é que o veio colocar na primeira fila dos nossos homens públicos. Essa obscuridade relativa, em que ele se colocara, explica-se pela natureza do homem, e esta merece ser reconhecida. Desde muito moço, o que lhe interessava era a história do nosso país, as nossas coisas militares antigas, o seu prestígio exterior, as glórias da nossa bandeira.

O perfil biográfico preparado pelo amigo procurava dar conta das motivações e dos atributos íntimos da personalidade do cônsul em Liverpool:

> Estão aí os traços característicos do segundo Rio Branco: genuíno patriotismo, culto amoroso ao pai, organização conservadora, entusiasmo militar, afastamento da política, paixão pela glória do povo, e, para satisfazê-la, vocação de historiador; por último, talvez, inclinação pessoal para representação nacional no exterior. Todos esses sentimentos são de ordem desinteressada; todos, incluindo mesmo essa admiração filial, são impulsos de um mesmo motor, o amor ao país. Daí resultou não chegar Rio Branco a posições, que são a partilha da ambição política, que ele não sentiu... Há talvez nesse homem, talhado para os primeiros lugares, e de uma coragem pessoal indiscutível, o defeito da timidez, desde que se trate de um interesse pessoal seu. Parecia-lhe que em um posto culminante, e na carreira diplomática, em que há um perpétuo fervilhar de intrigas, de invejas e rivalidades, ele não teria

diante de si a calma nem a estabilidade, que lhe dava a situação mais modesta de cônsul-geral em Liverpool.

Joaquim Nabuco inaugurou uma narrativa sobre Rio Branco que acabou por repetir-se nas muitas biografias que se seguiram. Sua trajetória é descrita como de retraimento voluntário, ancorado na timidez. Só aceita abandonar uma vida de estudos, contra a vontade, para atender ao apelo patriótico da defesa dos interesses brasileiros, de forma estritamente apartidária e desprendida. Paranhos é retratado como um herói relutante, que só o patriotismo e o sentido do dever fazem entrar em cena, sem atentar para interesses privados e para a trajetória pessoal. Sua posição profissional e pessoal, até então obscura, passa a ser atribuída a uma opção íntima, que explica o pouco sucesso na política e o fato de estar há quase duas décadas resignado a uma modesta função consular.

Nessa linha, a imagem com que Antônio Constâncio Alves descreveu o momento da divulgação do laudo sobre Palmas em seu livro *Figuras, perfis biográficos*, de 1921, tornou-se citação recorrente nos estudos sobre Rio Branco:

> Ele saiu da penumbra para a glória, como um rio que depois de um curso subterrâneo, inesperadamente desenrolasse à luz do sol uma corrente já majestosa. Mas nos dois lances do seu caminho, embora em terrenos diversos, é a mesma linfa que corre.

Como era voga nos estudos biográficos de então, Constâncio insistiu na ideia da personalidade e das motivações do biografado como dado inalterado ao longo de sua vida e de sua trajetória. Nada mais falso.

As homenagens e artigos laudatórios apareceram por toda parte. Graciano Alves de Azambuja publicou alentado perfil do cônsul-geral em Liverpool no *Anuário do Estado do Rio Grande do Sul*. Colega de Rio Branco na Faculdade de Direito, Graciano reencontrara o velho amigo nos Estados Unidos, pois fazia parte do comitê enviado à Feira Mundial de Chicago de 1893 pela Sociedade de Geografia do Rio de Janeiro. A exposição se estendeu de maio a outubro daquele ano e recebeu mais de 27 milhões de visitantes, entre eles o próprio Paranhos, que foi em busca do companheiro que não encontrava havia 28 anos. Ainda assim, Rio Branco demorou a decidir-se pela viagem, conforme explicou em carta datada de setembro a Graciano:

Há muito desejava escrever-te, mas não tenho tido descanso. Basta dizer-te que estou neste país desde 20 de maio e só há cinco dias escrevi pela primeira vez a meus filhos. Às 4 ou 5 da manhã estou de pé (hoje levantei-me às 3 ½) e estou em constante trabalho. Durante os meses de julho e agosto apenas saí à rua umas quatro vezes.

Afinal, enquanto aguardava a chegada da cópia da *Instrucción* encomendada à legação em Madri, arranjou um par de dias para rever Graciano, conhecer Chicago e visitar a feira. No entanto, decerto com a mente inundada pelo Pepiri, manteve-se "abstrato, alheio e estranho a tudo o que tínhamos diante dos olhos", conta Graciano.

A figura do herói relutante — patriota, apartidário, tímido, erudito, desinteressado — espalhou com rapidez sua silhueta por todos os rincões do país. Enfim, Rio Branco não poderia mais ser descrito, nem pelos piores desafetos, como o pouco talentoso filho de um prócer saquarema vivendo havia décadas na Europa graças a uma prebenda conseguida pelo pai durante o regime findo. A narrativa sobre ele começava a ser desenhada, mas ainda estava bem longe do mito que depois prevaleceria, pois muita coisa ainda estava por acontecer.

Do ponto de vista profissional, a vitória alçou Rio Branco ao patamar dos grandes nomes do corpo diplomático brasileiro de então. Ainda que continuasse a ser visto como monarquista, dissiparam-se suas preocupações quanto à possibilidade de que lhe arrebatassem o cargo de cônsul-geral sem nenhuma outra compensação. É marcante sua insistência — algo exagerada — em realçar junto ao governo seu papel de único responsável pelo sucesso alcançado. Quando, em maio de 1895, o ministro das Relações Exteriores, Carlos Augusto de Carvalho, repetiu em seu relatório anual o teor do despacho que enviara à missão especial com suas congratulações pelo bom resultado, Paranhos reagiu com veemência a uma frase que o qualificava como "chefe da missão e principal autor da memória justificativa". Escreveu ao ministro um longo arrazoado em que, entre muitos argumentos, dizia que seu superior estava equivocado ao supor que ele fora o "principal autor"; que na verdade ele era o "único e exclusivo autor" da exposição, pois escrevera a defesa "desde a primeira até a última palavra". Insistiu ter sido apenas dele o trabalho de conferir as traduções, corrigir as provas de imprensa e instruir os cartógrafos e gravadores. Assinalou que as "páginas manuscritas da exposição só foram lidas pelo tradutor Girardot quando as vertia para o inglês". Sua única concessão, que ele não estendeu a todos os membros da missão, foi admitir que "apenas dois secretários ajudaram-me nos últimos dias do prazo a corrigir as provas de imprensa, mas esses mesmos só leram e ficaram conhecendo toda a exposição depois de entregue ao árbitro".

Na verdade, pela primeira vez, Rio Branco sentia-se livre para reivindicar exclusivamente para si a autoria de um trabalho de ampla repercussão, ao contrário dos textos escritos para Levasseur ou do livro atribuído a Mossé. De certa forma, sua postulação de autoria exclusiva servia de compensação para as frustrações anteriores:

> Desde que pus o nome por baixo da exposição, é porque esse trabalho é todo meu. Se houvesse algum outro autor, por mais secundário que fosse, eu o teria convidado a assinar comigo. Tenho até hoje feito alguns trabalhos anônimos e outros que, com ligeiras modificações ou mesmo textualmente, têm sido publicados sob a assinatura de escritores europeus meus conhecidos mas nunca assinei eu, nem assinarei nunca, trabalhos alheios.

Soava como um desabafo de alguém que aos cinquenta anos de idade recebia, por fim, o reconhecimento público de suas virtudes. Paranhos nunca pôde ser acusado de modéstia em relação a seu preparo intelectual. Dali em diante, sua autoconfiança crescente passou a eclipsar a timidez e a reserva que, curiosamente, passaram a ser propagadas de forma insistente a partir daquele momento.

17. De volta a Paris

De volta à Europa, após breve passagem por Liverpool, Rio Branco foi a Londres, onde esteve com o amigo e chefe imediato Souza Corrêa. Aproveitou a estada na cidade para visitar Rui Barbosa, que deixara o Brasil em 1893 para escapar da perseguição do governo Floriano e, à época, ainda vivia na capital inglesa, advogando e escrevendo para o *Jornal do Comércio*. Rui logo voltaria ao Brasil para reassumir sua cadeira no Senado — continuaria a ser uma das referências da vida política brasileira até a morte. Era o primeiro encontro pessoal entre os dois; a partir daí mantiveram relações, com altos e baixos, até o falecimento de Rio Branco.

A fama obtida com a vitória em Washington coroou o ano de 1895 como o grande ponto de inflexão da trajetória do Barão, mudança que não se restringiu ao âmbito profissional. No plano pessoal, seu relacionamento com Marie entrou em sua etapa final; menos de três anos depois, Rio Branco estaria viúvo. A saúde da esposa começou a deteriorar-se, em crises que começaram de modo agudo, em fins do ano seguinte, mas mesmo nesses últimos tempos as brigas seguiram fazendo parte da rotina do casal até o desenlace. O solteirão mulherengo e o marido infiel não se tornaria, contudo, um viúvo libertino. Talvez durante a temporada nos Estados Unidos, enquanto aguardava o pronunciamento do árbitro, Rio Branco tenha encontrado tempo para alguma escapadela amorosa, como indica carta enviada por Domício da Gama a seu chefe anunciando a chegada a Nova York de Mrs. Smith, a "namorada canadense" de Paranhos. Registre-se, inclusive, que a senhora em questão depois o visitou no hotel Arlington, em Washington. Contudo, seus biógrafos coincidem em dizer que por volta dos cinquenta anos "cessam as funções de sexo" para Rio Branco, transtorno que a indústria farmacêutica de então não tinha como contornar. Aliás, de modo geral sua saúde degenerou seriamente no par de anos em que viveu nos Estados Unidos: sedentário, sobrecarregado de trabalho, dormia mal e alimentava-se irregularmente. O fato de ser, havia décadas, um fumante compulsivo, que em períodos de tensão chegava a fumar de sessenta a 180 cigarros por dia, tampouco ajudava. Tinha quase alcançado (e logo ultrapassaria) os cem quilos e, finalmente, adquirira os contornos físicos pelos quais hoje é lembrado: corpulento, calvo e com vastos bigodes.

A agonia de Marie foi assistida pelo amigo Hilário de Gouveia, o companheiro com quem, em 1867, Juca Paranhos cruzara o Atlântico para conhecer a Europa. Agora, Hilário era cunhado de Joaquim Nabuco. Médico de prestígio no Rio de Janeiro, exilara-se em Paris depois de fugir da prisão no Brasil, em 1893: perseguido por Floriano por organizar socorros médicos aos sediciosos durante a Revolta da Armada, tinha sido preso, mas conseguiu escapar e se asilou na legação francesa no Rio de Janeiro, rumando de lá para Paris como exilado político. Chegando à França, ainda que forçado a prestar exames para revalidar a condição de médico, logo passou a clinicar.

A despeito da dedicação de Hilário, a baronesa do Rio Branco faleceu em janeiro de 1898, aos 48 anos. Uma carta datada de pouco mais um ano antes revela que o casamento foi pouco feliz até o fim. O documento registra palavras amargas dirigidas ao marido em uma das discussões dos dois:

> Eu já sofri tanto por ti que me é impossível responder com calma, já que tu só sabes me dizer coisas desagradáveis como quando me disse que todos seus filhos são desequilibrados porque eu sou a mãe deles e, além disso, não se discute com uma mulher que se crê louca.

Em seus últimos anos de vida, a própria Marie fazia um balanço triste, mas realista, da relação de 26 anos ao repetir que "havia pago muito caro por sua coroa de baronesa".

Os filhos, alguns já adultos, mas sem rumo na vida, passaram a centro das preocupações de Rio Branco. Ele ainda estava em Washington quando Clotilde fora pedida em casamento por um militar francês amigo de Raul. A proposta foi bem-vista pelo pai, que se dispôs a atender à exigência da lei francesa de que a noiva possuísse uma renda anual de 1,2 mil francos. Para isso, ela teria de receber um dote de 40 mil francos em títulos franceses. Malograda, na ocasião, a tentativa de cobrança da dívida de Eduardo Prado, o dinheiro foi levantado mediante um empréstimo. Porém o esforço paterno revelou-se inútil. Sem maiores explicações, a filha rompeu o noivado e refugiou-se em um convento. Passada a tempestade e após a morte da mãe, em fins de 1898 Clotilde acabou por casar-se com outro amigo do irmão, Henry Hébert, "rapaz modesto, filho de um tabelião em St. Valery, no interior da França, iniciado em pequenas atividades comerciais". Rio Branco opôs-se ao casamento, mas foi vencido e, além de financiar a lua de mel, contribuiu para a felicidade do casal com um dote de 30 mil francos, equivalentes a cerca de 180 mil dólares em valores de 2017. Daí em diante, concorrer para o sustento da família de Clotilde transformou-se em rotina.

O primogênito, Raul, formou-se em direito, mas não chegou a estabilizar-se na profissão. Em vista de sua falta de vocação para a advocacia, o pai insistiu, sem êxito, que ele seguisse a carreira militar, mas na França, pois nascera em Paris e possuía a nacionalidade francesa, além da brasileira. (Aliás, dos cinco filhos de Paranhos, apenas Clotilde nascera no Brasil.) Raul tampouco se entusiasmou pela ideia de tornar-se oficial do Exército francês; com o tempo, Rio Branco tratou de engajá-lo na diplomacia brasileira. O outro filho, Paulo, seguiu a carreira médica e fixou-se em Paris, onde viveu até a morte, em 1927. Tornou-se mais conhecido por ter sido, na juventude, um esplêndido jogador de rúgbi. Sua equipe, Stade Français, venceu os campeonatos franceses de 1894, 1895, 1897, 1898 e 1901, e conquistou dois vice-campeonatos, em 1896 e 1899. Naquela quadra, no entanto, o custeio dos estudos de Paulo somava-se às despesas crescentes a que o patriarca fazia frente para manter os filhos.

Do ponto de vista financeiro, a vitória na arbitragem de Palmas transformou-se em prejuízo. Ao voltar para Liverpool, em 29 de abril de 1895, Rio Branco nem chegou a reassumir seu cargo, pois em visita ao consulado anunciou ter solicitado licença de seis meses — e partiu para Paris. O afastamento foi concedido, mas com os vencimentos reduzidos à metade. O golpe se agravava com o teto estabelecido para a participação do cônsul nas rendas da repartição consular.

Como reconhecimento de seu trabalho em Washington, Paranhos foi convidado a chefiar uma missão diplomática, oferta que declinou. Preferiu continuar em Paris ao lado da esposa doente, e se ofereceu para tratar da questão de limites com a Guiana Francesa, ainda que como "simples auxiliar" do ministro brasileiro em Paris, Gabriel de Toledo Piza e Almeida. A modéstia do pedido encobria a disputa que se abriu entre ele e Piza pela tarefa de chefiar a negociação com o governo francês. Na verdade, Rio Branco insinuava que o melhor seria que lhe atribuíssem o título de ministro em missão especial: assim se esquivaria da subordinação a Piza. Para desacreditá-lo, o adversário, rico fazendeiro, teria dito ao presidente Prudente de Morais que Rio Branco morava "em uma casinhola muito humilde em um arrabalde muito afastado de Paris". A seta atingiu em cheio o coração dos ressentimentos de Paranhos. Em seus *Cadernos de notas*, defendeu-se: "Moro em uma pequena casa, que ocupo toda, em Auteuil (15, Villa Molitor), e nas duas pequenas salas em que recebo tenho empregado mais dinheiro em móveis e objetos d'arte do que este ministro nos seus dois salões. Ele olha para isso como boi para palácio". Ainda que já na República e enfrentando um republicano histórico, Rio Branco travava outra pequena batalha no campo dos valores aristocráticos que tanto prezava. Para sua decepção, acabou derrotado. Confirmou-se a chefia de Piza nas negociações com o governo francês para um entendimento direto sobre os limites, com ele como auxiliar. Não por acaso, sua correspondência aos amigos na época voltou a registrar o sonho de tornar-se agricultor em São Paulo.

Na falta de melhor solução, entendeu-se com Piza e conformou-se com a posição de coadjuvante, não sem registrar críticas ferozes contra ele em notas e cartas privadas. A partir de 1º de julho, sua licença no consulado em Liverpool foi interrompida — e, portanto, restabelecido seu salário integral —; ao ficar incumbido dos trabalhos preparatórios para a instalação da comissão de limites com a Guiana Francesa, Paranhos foi dispensado da rotina consular. Em 2 de fevereiro de 1896, foi oficialmente exonerado do consulado em Liverpool em favor do novo titular, João Carlos da Fonseca Pereira Pinto. Perdia os oito contos de réis do consulado e via acentuar-se o ritmo da diminuição de seu patrimônio. De acordo com o filho Raul, o "pecúlio da família que ele reuniu aos poucos, entre 1876 e 1895, começou então a decrescer até o fim de sua vida, o que quer dizer que pôde economizar em cargos de menor importância e teve de gastar nos de maior". Ainda de acordo com as reminiscências do filho, nos dezenove anos em que esteve à frente do consulado Paranhos teria chegado a economizar cerca de

1 milhão de francos (equivalentes a mais ou menos 6 milhões de dólares em valores de 2017). "Foi essa soma que se escoou aos poucos na segunda parte de sua vida." O valor estimado por Raul parece bastante exagerado. Os registros de Rio Branco sobre a evolução de seus haveres tornam-se menos claros a partir de 1887, mas sugerem que em 1895 ele talvez tivesse chegado a acumular um pecúlio da ordem de 1,5 milhão a 2 milhões de dólares (em valores de 2017), valor bem diferente daquele calculado pelo filho. Em vista do tamanho do dote de Clotilde, é verossímil o veloz esgotamento dessa reserva nos anos em que ele assumiu funções de maior visibilidade.

O fato é que, desde 1892, Rio Branco gastava mais do que recebia e com isso seu pecúlio diminuía rapidamente. Como seria de esperar no contexto da política brasileira da época, ele decerto tinha uma visão patrimonialista no trato dos bens e rendas públicas. Até ali, grande parte de seus proventos vinha de um percentual do que era arrecadado pelo consulado, prebenda essa obtida por influência política e mantida por quase duas décadas. Em seu caso, no entanto, o patrimonialismo funcionou em regime de mão dupla. Não lhe escapava a importância da representação — dos gastos com aspectos protocolares e de prestígio — para o sucesso das atividades diplomáticas. O convívio com o barão de Penedo terá sido decisivo nesse sentido. Assim, a exemplo de Penedo, Paranhos empregou recursos próprios para cobrir várias despesas, ainda que derivadas de compromissos oficiais. Se a obscuridade do consulado lhe rendia bastante e exigia poucos gastos em funções públicas, quando ele assumiu cargos de maior relevo a equação se inverteu e suas preocupações financeiras redobraram.

No Brasil, aos poucos, a situação política se estabilizava. Prudente de Morais conseguiu pôr fim à guerra civil e, a despeito das contínuas agitações dos jacobinos, com a morte de Floriano Peixoto, em julho de 1895, as lideranças militares perderam coesão e o governo civil resistiu mesmo ao afastamento do presidente, por doença, de novembro de 1896 a fevereiro do ano seguinte. Contudo, a crise econômica persistia e a situação seguia tensa. O movimento messiânico em Canudos surgiu como desculpa para novas perseguições aos monarquistas e a outros oposicionistas. Em novembro de 1897, o presidente sobreviveu a uma tentativa de assassinato — um desatino dos jacobinos que acabou por fortalecê-lo politicamente. Assim, apesar das muitas incertezas, o primeiro governo civil da República conseguiu promover uma sucessão tranquila para o novo presidente, Campos Sales. Iniciava-se a montagem da "política dos governadores" e a pacificação do

país. O governo de Campos Sales, no entanto, ainda enfrentaria crises e subleva-
ções, como as revoluções de 1899 e 1901 em Mato Grosso e revoltas monarquistas
em 1900 e 1902.

Em Paris, Rio Branco circulava com desenvoltura no círculo dos monarquistas autoexilados, como a condessa de Nioac, o visconde da Penha, a viscondessa
de Cavalcanti e o barão de Santa Vitória. Seu antigo chefe, barão de Penedo,
ainda que morando em Nice, não deixava de visitar a capital. Na época, nesse
círculo de saudosistas do regime derrocado, seus companheiros mais frequentes
eram Hilário de Gouveia e Eduardo Prado, este entre idas e vindas ao Brasil.
Rodolfo Dantas e Joaquim Nabuco também haviam voltado à pátria, mas continuavam privando da intimidade de Paranhos e chorando os tempos idos em cartas que cruzavam o Atlântico. O barão de Santana Néri, por sua vez, foi encarce-
rado no Brasil sob a acusação de envolvimento no atentado contra a vida de
Prudente de Morais. Depois de passar por várias prisões e ser desterrado na ilha
de Fernando de Noronha, foi anistiado em 1898 e voltou para Paris.

A possibilidade de uma restauração da monarquia mostrava-se cada vez mais
irrealista. Acentuava-se, na mesma medida, entre aqueles órfãos da antiga ordem,
a nostalgia pelos modos aristocráticos da ordem saquarema. Aos poucos os monarquistas caíam nos braços da República. O velho amigo de Nabuco e de Paranhos
dos tempos de Londres, sob a direção de Penedo, Artur Silveira da Mota (àquela
altura almirante e barão de Jaceguai), era um dos que haviam se rendido à República, tentando convencer Nabuco a seguir seus passos. Em setembro de 1895, ele
dirigiu uma carta aberta a Nabuco para que este viesse a "lustrar o novo regime
político do Brasil com esse nome venerado com que vosso pai ilustrou o antigo".
Nabuco resistia e, em outra carta aberta, respondeu ao almirante Jaceguai que o

dever, porém, dos monarquistas sinceros, quando mesmo a monarquia estivesse
morta, seria morrer politicamente com ela. Não creia que a adesão de mais alguns
homens da monarquia pudesse servir de freio no plano inclinado ao trem que já
adquiriu tamanha velocidade.

Em todo caso, ainda na gestão de Prudente de Morais, os monarquistas voltaram a se organizar e em 1895 fundaram o Partido Monarquista, saudado por
manifestos em São Paulo (em 15 de outubro daquele ano) e no Rio de Janeiro (em
12 de janeiro de 1896). Mas na verdade aquela era uma causa perdida de antemão.

Os simpatizantes da dinastia brasileira não encontraram apoio ou suficiente carisma na princesa Isabel ou em qualquer outro membro da casa real após a morte de d. Pedro II. A hipótese de uma aventura restauradora, aliás, não passava de um fantasma no qual, por razões opostas, só acreditavam os monarquistas mais radicais e os republicanos jacobinos e, ainda assim, com convicção cada vez menor.

A permanência nos Estados Unidos não parece ter afetado de maneira significativa a visão de Rio Branco sobre aquele país. O crescente poder estadunidense, o progresso do país decerto não lhe terão escapado, mas talvez, exatamente por essa razão, em minuta de carta particular a Souza Corrêa em 1896, ele observou: "Eu prefiro que o Brasil estreite as suas relações com a Europa a vê-lo lançar-se nos braços dos Estados Unidos". Tampouco teve uma impressão positiva do liberalismo e dos valores burgueses que substituíam com celeridade o mundo construído em torno dos princípios aristocráticos que continuava a cultivar. Mais ou menos por essa época, fez uma pequena preleção ao filho Raul, que resistia à ideia de seguir a carreira diplomática devido às exigências de subordinação que esta exige. Os pensamentos íntimos de Rio Branco sobre a questão ficam claros:

> Você sabe o que é a liberdade? Com ela se desorganizou desde o fim do século passado [século XVIII] a vida das grandes nações, comprometendo-se por um longo tempo, para sempre talvez, a evolução harmoniosa da civilização cristã do mundo ocidental, preparando-se num futuro quiçá não mui remoto, uma opressão mil vezes mais vexatória, irresistível e insaciável, que as tiranias dos monarcas paternais que se pretendem derrubar. Será uma opressão multiforme, asfixiante, mortal, de uma minoria inculta, ambiciosa e amoral.

Como muitos de seus companheiros de geração saudosistas do antigo regime, Paranhos pouco a pouco se resignava com a situação. Até mesmo o combate à República, pela imprensa e por livros, comandado pelos "monarquistas de pena" arrefecia e cada vez mais se transformava em expressão de conformismo e suave nostalgia. A partir do governo de Prudente de Morais a reincorporação desses intelectuais ainda refratários à República aos círculos de poder e prestígio foi-se dando rapidamente. Em 1897, sob a presidência de Machado de Assis, foi fundada a Academia Brasileira de Letras, reunindo monarquistas, como Taunay, Nabuco e Eduardo Prado, e republicanos, como Rui Barbosa e Salvador de Mendonça. A instituição tornou-se um dos espaços de sociabilidade e autoridade intelectual privilegiados pela "república dos conselheiros", denominação pela qual ficou conhecido o período em que se assistiu à "revivência dos hábitos aristocráticos" no novo regime. O grupo de trinta literatos reunidos em torno de Machado de Assis e José Veríssimo promoveu uma votação para a escolha dos outros dez membros que completariam o quadro de quarenta fundadores da Academia Brasileira de Letras. Entre os eleitos estavam Domício da Gama, Eduardo Prado, Oliveira Lima (todos bons amigos de Rio Branco, porém muito mais jovens que ele) e Salvador de Mendonça. Paranhos foi preterido, mas mais tarde também se juntaria à instituição. Coube a Eduardo Prado ocupar a cadeira de número 40, para a qual escolheu como patrono o visconde do Rio Branco, homenagem ao querido amigo. Esgotado o Tempo Saquarema e superada a crise relativamente longa decorrente dessa mudança, a montagem da "república dos conselheiros" fazia-se a passos largos.

As transformações por que passava o Brasil não poderiam estar desconectadas das mudanças que ocorriam em escala global. Em obra bastante conhecida, o historiador Eric Hobsbawm resumiu o período entre 1875 e 1914 na expressão "Era dos Impérios". Nesses quase quarenta anos que coincidem quase exatamente com a vida adulta e a maturidade de Rio Branco, um punhado de potências europeias, os Estados Unidos e o Japão dividiram o restante da superfície terrestre em dependências coloniais e áreas de influência. Praticamente toda a África acabou retalhada por Inglaterra, França, Alemanha, Bélgica e Itália, mesmo em detrimento de territórios pertencentes aos antigos precursores do colonialismo europeu no continente — Portugal e Espanha —, que, de todo modo, continuaram retendo dependências coloniais, e não só no continente africano. Nos territórios do oceano Pacífico, a partilha deu-se entre Inglaterra, França, Holanda, Alemanha, Estados Unidos e Japão. Mesmo na Ásia, palco de impérios milenares, a influência europeia, estadunidense e japonesa estendeu-se, seja pela conquista colonial, seja, mais indiretamente, pela demarcação de áreas de influência.

A América Latina e o Caribe ocuparam lugar peculiar nesse processo de efetiva globalização do poder das potências centrais. Ao lado de colônias inglesas, espanholas, francesas e holandesas, em especial no Caribe, existiam países independentes desde as primeiras décadas do século XIX, ainda que alguns com grau precário de soberania real. Já em 1823, o então presidente dos Estados Unidos, James Monroe, declarara que seu país não aceitaria que se criassem novas colônias ou intervenções europeias no continente americano. Na época em que foi formulada, a Doutrina Monroe significava pouco mais que uma declaração de intenções.

206

Os Estados Unidos de então simplesmente não possuíam poder suficiente para sustentar sua arrogância. Basta lembrar que na década anterior, na chamada Guerra Anglo-Americana, em 1812, os britânicos haviam ocupado militarmente a cidade de Washington e ateado fogo ao Capitólio. Para benefício dos Estados Unidos, em termos gerais o monroísmo coincidia com o interesse britânico, este, sim, amparado pela esquadra mais poderosa do mundo, e, graças à benevolência inglesa, os europeus se abstiveram, com exceções pontuais, de intervenções diretas no continente americano.

Na década de 1890, em compensação, a influência dos Estados Unidos sobre todo o continente se tornara uma realidade, e a Doutrina Monroe passara a repousar efetivamente sobre o poder estadunidense. No final da década de 1840 o país já havia invadido o México e incorporado os atuais estados do Novo México, Arizona, Califórnia, Colorado, Utah e Nevada. Antes, o Texas se separara do México, passando a fazer parte dos Estados Unidos desde 1845. Em 1895, ao imiscuir-se no conflito fronteiriço entre Venezuela e Inglaterra em torno dos limites da Guiana Inglesa, o secretário de Estado Richard Olney fizera saber ao governo inglês de forma bastante direta que, "hoje, os Estados Unidos são praticamente soberanos neste continente e suas ordens são leis". A guerra contra a Espanha, em 1898, dissipou eventuais dúvidas sobre a primazia estadunidense no continente. Essa "esplêndida guerrinha", nas palavras de Theodore Roosevelt, custou a Madri todos os domínios coloniais que ainda detinha, com exceção dos situados na África. Cuba tornou-se nominalmente independente, mas sob o controle de Washington, que, ademais, arrancou um tratado de arrendamento perpétuo da base de Guantánamo. As Filipinas, Guam e Porto Rico passaram de colônias espanholas à condição de territórios dominados pelos Estados Unidos.

No Brasil, o Tempo Saquarema chegara ao fim e a situação interna começava a estabilizar-se em novas bases: a política externa da monarquia já não fazia sentido. Não era só a mudança de regime, porém, que exigia outra orientação para a diplomacia. Vivia-se num cenário internacional também muito modificado. As prioridades já não podiam limitar-se às tarefas de definir e demarcar definitivamente as fronteiras com os vizinhos hispano-americanos, questão ainda inacabada, e manter a influência brasileira na região do rio da Prata, se necessário mediante intervenções militares. No Prata, feitas as contas, a balança do poder agora favorecia a Argentina, um dos países mais prósperos do mundo, e a continuidade do intervencionismo saquarema na área esbarrava no poder daquele país.

207

Ao norte do território nacional, a expansão imperialista tornou inadiável a tarefa de definir os limites e proteger a soberania brasileira em áreas pouco povoadas e mal exploradas. O Brasil fazia fronteira com três potências europeias — França, Holanda e Inglaterra —, e um conflito com uma delas poderia abrir as portas da Bacia Amazônica para a expansão colonial europeia. A Conferência de Berlim (1884-5) justificou a partilha da África pelo princípio da *res nullius* [coisa de ninguém], pelo qual os territórios que não estivessem ocupados pelos países "civilizados" poderiam ser por eles colonizados. Na Era dos Impérios, os países mais débeis do ponto de vista econômico e militar passaram a viver tempos extremamente perigosos.

18. A Questão do Amapá

Sem que os brasileiros soubessem, o ano de 1895 começara com uma demonstração inequívoca da possibilidade de as potências imperialistas se apossarem de parte do território nacional. Em janeiro, a Inglaterra ocupou a ilha da Trindade, que, com a ilha de Martim Vaz, forma um arquipélago, então desabitado, a 1,2 mil quilômetros da costa brasileira (hoje lá existe um posto oceanográfico da Marinha brasileira). A ilha estava abandonada havia quase um século. Por não contar com recursos naturais importantes, serviria somente como ponto de apoio para um cabo telegráfico ligando o Reino Unido à Argentina. A pouca atenção do governo brasileiro em relação à ilha ficou patente pelo fato de a ocupação inglesa só ter sido conhecida em junho, depois que a invasão do solo pátrio foi noticiada na imprensa londrina. Para maior embaraço, o ministro brasileiro, Souza Corrêa, não lera a nota sobre a nova aquisição do império inglês publicada no *Financial News*, novidade que repercutiu no Brasil sem que a legação houvesse informado sobre o problema. A imprensa e a opinião pública brasileiras reagiram com indignação, e não faltou quem pedisse a exoneração do desatento ministro em Londres.

Essa desavença com a Inglaterra fora precedida por outra disputa de fronteira. No ano anterior, em 1894, a questão dos limites com a Guiana Francesa se reavivara com a descoberta de ouro no território em disputa. A França demandava, além da maior parte do atual território do estado do Amapá, uma extensa área que se estenderia pelo vale amazônico ao sul da Guiana Holandesa (hoje, Suriname) e da Guiana Inglesa (hoje Guiana). As fronteiras com as outras duas colônias europeias tampouco estavam definidas. Para se ter uma ideia das pretensões francesas, basta dizer que Paris reclamava uma área que ia do oceano Atlântico até o rio Branco, no atual estado de Roraima. Atendida essa reivindicação, o Brasil deixaria de ter limites com a Guiana Holandesa, mantendo fronteira com a Guiana Inglesa só ao norte, contornada a imensa colônia francesa. Na prática, além de perder parte do estado do Amapá, o país deixaria de possuir uma extensa faixa ao norte dos atuais estados do Pará e do Amazonas e uma grande porção de Roraima. No total, estavam em disputa mais de 260 mil quilômetros quadrados.

No período colonial, Portugal contara com a influência britânica para obter da França, com o Tratado de Utrecht (1713), a renúncia expressa a todo direito e pretensão às terras ao sul do rio conhecido como "Japoc", ou "Vicente Pinzón". A partir da metade da década de 1720, as autoridades francesas de Caiena passaram a contestar o entendimento, até então consensual, de que o rio mencionado no Tratado de Utrecht era o Oiapoque. Pressionado pelo aumento do poder francês na Europa, Portugal firmou outro tratado em 1797, aceitando que o limite fosse estabelecido pelo rio Calçoene, entre o Oiapoque e o Araguari. Depois, em 1801, a colônia francesa foi estendida até o Araguari pelo Tratado de Badajoz e, no mesmo ano, avançou ainda mais para o sul, até o rio Carapanatuba. Em 1802, pelo Tratado de Amiens, restabeleceu-se o rio Araguari como fronteira. Forçado a fugir da Europa, com seu reino europeu ocupado pelas tropas napoleônicas, em 1808 o príncipe d. João não só declarou nulos esses tratados — por terem sido obtidos pela força — como invadiu e tomou a Guiana Francesa. Com a derrota de Napoleão, em 1815 os países europeus se reuniram no Congresso de Viena e, entre muitos outros arranjos, decidiram consagrar os limites fixados pelo Tratado de Utrecht, ou seja, a divisa entre a Guiana Francesa e o Brasil acompanhava o rio "Japoc", ou "Vicente Pinzón".

Às idas e vindas da política e da diplomacia logo vieram somar-se as incertezas da ciência. A expansão imperialista era acompanhada — ou precedida — da exploração geográfica em nome do avanço científico, pretensamente neutro. A partir da década de 1830, estimuladas por entidades como o Institut de France e as várias sociedades geográficas francesas, expedições à região desfecharam verdadeira ofensiva para legitimar a expansão dos limites da colônia francesa até as margens do Amazonas. Apoiavam-se em discurso "científico" que punha em dúvida a identidade do rio citado no Tratado de Utrecht. A ciência confundia e o imperialismo atuava. Em 1836, tropas francesas ultrapassaram o Oiapoque e ocuparam o território até o rio Araguari, invocando o Tratado de Amiens. Os protestos brasileiros foram desatendidos; em 1839, o governo brasileiro recorreu à Inglaterra. Diante da ameaça de uma intervenção militar inglesa, as autoridades de Paris ordenaram a evacuação do território entre o Oiapoque e o Araguari, que, em 1841, foi declarado neutro até que se chegasse a uma solução. As discussões diplomáticas prosseguiram; em 1855, o visconde do Uruguai foi à França negociar o fim do litígio — sem sucesso, mesmo depois de propor que a divisa fosse o rio Calçoene. Para agregar um elemento de farsa à trama, em 1886 um grupo de aventureiros proclamou a independência da área em disputa sob a forma de uma fantasiosa República do Cunani, presidida pelo geógrafo Jules Gros de seu apartamento em Paris. As autoridades do "novo país" buscaram o apoio militar francês, sem obtê-lo. Carente de respaldo, a iniciativa não se sustentou, e a nova república se dissolveu sem necessidade de ações repressivas. Os dirigentes do Cunani, sem sair da capital francesa, lucraram com a aventura pela venda de condecorações, títulos e até pela emissão de selos postais.

Paralelamente à disputa diplomática, prosseguia o embate científico. Em 1858, Alfred de Saint-Quentin publicou um trabalho na *Revue Coloniale* defendendo a projeção francesa até o rio Amazonas: *Guyane Française — ses limites vers l'Amazone*. Em resposta, em 1861, o brasileiro Joaquim Caetano da Silva publicou, em Paris, sua obra em dois volumes *L'Oyapok et l'Amazone*, tratando de provar que o "Japoc" ou "Vicente Pinzón" não era outro senão o Oiapoque, e denunciando a intenção francesa de estender sua colônia até o vale do Amazonas. A ação dos exploradores na região continuou, com destaque para as atividades de Henri Anatole Coudreau e sua esposa, Marie Octavie, cujos relatos e dados serviriam de fonte para os geógrafos franceses nos escritos sobre o contencioso. Para além de suas atividades científicas, os Coudreau pretendiam promover a imigração para a área e ali desenvolver atividades comerciais, para o que solicitaram apoio tanto do governo francês como do brasileiro. Coudreau teria afirmado que o litígio territorial entre os dois países "seria resolvido pela ciência ou por meio de um conflito violento". Embora designado comissário do governo francês, algumas de suas explorações foram patrocinadas pelo governo do Pará e, em 1895, ele chegou a encontrar-se com o ministro brasileiro em Paris, Gabriel Piza, em busca de financiamento oficial para seus projetos. Graças a sua amizade com Élisée Reclus, Coudreau também iniciou correspondência com Rio Branco já em 1893, quando este ainda se encontrava nos Estados Unidos. A troca de cartas seguiu até a morte de Coudreau, em 1899, na Amazônia, quando os dois acertavam detalhes para jantarem em Paris e, afinal, conhecerem-se pessoalmente.

Rio Branco nunca esteve alheio à importância do discurso científico na discussão das questões políticas. O conhecimento geográfico era instrumento fundamental para os debates sobre questões territoriais, e a França de então era célebre pela qualidade de seus geógrafos: Paul Vidal de la Blache, considerado fundador da escola francesa de geografia, Lucien Gallois e nossos conhecidos Élisée Reclus e Émile Levasseur, para citar alguns. Mesmo sem ter como adivinhar que a resolução da disputa com a França acabaria em suas mãos, Rio Branco teve o cuidado de propalar versões favoráveis às teses brasileiras em sua colaboração tanto com Levasseur como com Reclus. Em *La Grande Encyclopédie*, no verbete relativo ao Brasil, havia um tópico intitulado "Os limites: fronteiras, costas e ilhas", assinado por Levasseur, relatando a evolução histórica da questão em cores neutras (como convém a uma enciclopédia), sem propalar a visão francesa e apoiado em dados fornecidos por Rio Branco. Mesmo sem definição em favor de nenhuma das partes, tal ambiguidade em uma enciclopédia francesa fortalecia a posição brasileira. O texto da obra monumental de Reclus *Nouvelle Géographie universelle*, na seção que se referia ao contencioso franco-brasileiro, mostrava-se ainda mais favorável ao Brasil, pois desde o início Reclus circunscreveu o litígio à área entre os rios Oiapoque e Araguari, no atual estado do Amapá, descartando explicitamente a pretensão francesa de estender a disputa aos territórios do norte do Pará e do Amazonas até o rio Branco, no estado de Roraima. Nas palavras do geógrafo francês:

> Oficialmente, o território em litígio entre a França e o Brasil compreenderia um espaço de pelo menos 260 000 quilômetros quadrados: a região disputada forma uma longa língua de terra que se estende do Atlântico ao rio Branco. [...] Todavia, o debate não tem importância real senão para o "contestado" da costa entre o Oiapoque e o Araguari. A leste, todo o vale do rio Branco tornou-se incontestavelmente brasileiro pela língua, pelos costumes e pelas relações políticas e comerciais.

Descontada essa ampla área, a definição dos limites centrava-se na identificação inequívoca do rio mencionado no Tratado de Utrecht como sendo a divisa entre os territórios dos dois países. A influência de Rio Branco não chegou a convencer o geógrafo francês de que o rio era o Oiapoque, mas a dúvida, compartida por dois dos grandes nomes da ciência daquela nação, fortalecia a posição brasileira. Reclus questionou a possibilidade de alcançar-se uma solução técnica para a questão:

> Qual é esse rio Japoc ou Vicente Pinzón, que os diplomatas de Utrecht, ignorantes das coisas da América, quiseram indicar em suas cartas rudimentares? [...] Poder-se-ia encher bibliotecas com as memórias e documentos diplomáticos publicados sobre essa insolúvel questão.

As ponderações de Levasseur e, em especial, de Reclus constituíram-se em argumento favorável a Rio Branco, que, na arbitragem, enfrentou o parecer técnico de ninguém menos que Vidal de la Blache, considerado o maior geógrafo francês da época, que endossou as teses de seu país no esforço de provar que o "Japoc" seria, na verdade, o Araguari.

Ao voltar de Washington, Rio Branco assistiu a uma agudização das disputas na fronteira amazônica. Em maio de 1895, com o pano de fundo da descoberta de ouro na cabeceira do rio Calçoene, o governador da Guiana Francesa enviou uma expedição militar à vila de Amapá, região do garimpo. Na batalha morreram seis franceses, entre os quais seu comandante, capitão Lunier, e cerca de quarenta brasileiros. O incidente recebeu ampla atenção da imprensa dos dois países e as investigações posteriores levaram ao afastamento do governador da Guiana Francesa, pois, com o território neutralizado desde 1841, houvera invasão por tropas militares. Mesmo antes, ainda em fevereiro, Gabriel Piza, de Paris, advertira o ministro Carlos de Carvalho sobre a possiblidade de o litígio no Amapá abalar seriamente as relações com a França.

Embora lhe coubesse apenas preparar subsídios para a negociação direta entre o Brasil, representado pelo ministro em Paris, e o governo francês, Rio Branco não perdia a visão do conjunto da situação. O litígio não se resumia ao aspecto técnico, da suposta verdade a ser revelada pelos mapas e documentos que conhecia bem. Nele havia ainda uma vertente de cunho político inequívoco. Paranhos julgava extremamente desejável acordar desde logo os limites com a Holanda e a Inglaterra, "pois esses dois tratados, feitos com presteza e segredo, nos darão grande força moral e levarão provavelmente a França a reclamar apenas o território entre o Oiapoque e o Araguari". De todo modo, o apoio da Inglaterra, velado ou explícito, parecia fundamental: na década de 1840, a retirada das forças francesas invasoras da área contestada só fora alcançada depois da ameaça de uma intervenção militar britânica.

Paranhos via com clareza que não convinha à Inglaterra ter a França como vizinha ao sul de sua colônia no continente, por isso o Brasil podia contar com a simpatia britânica. A expansão francesa na América tampouco seria vista com bons olhos pelos Estados Unidos. No entender de Rio Branco, diante da fraqueza militar brasileira, a França só se absteria de invadir a área em litígio se temesse a possível intervenção de uma dessas duas potências. Invadido o território, ela poderia, no mínimo, negociar a partir de uma posição de força, como o Brasil faria no caso do Acre, anos depois. Assim, Rio Branco ponderou com seus superiores:

> Penso também que o que contém principalmente o governo francês é o receio de complicação com os Estados Unidos da América e com a Inglaterra e talvez mesmo a desconfiança de que já tenhamos alguma inteligência secreta com os governos dessas duas grandes potências para a interposição de seus bons ofícios no caso de ocupação militar do território contestado. A Doutrina Monroe, desenvolvida pelo presidente Cleveland, e os constantes embaraços que a Inglaterra procura suscitar na África e na Ásia à política colonial seguida desde algum tempo pela França devem ter feito refletir este governo.

Em prejuízo dessa estratégia surgira a questão da ilha da Trindade, opondo Brasil e Inglaterra em uma disputa que eletrizava a opinião pública do país. No Rio de Janeiro, chegou-se a ventilar o nome de Rio Branco para a legação em Londres em substituição a seu amigo Souza Corrêa, articulação que o primeiro buscou conter. A radicalização dos ânimos exigia a retirada dos ingleses da ilha da Trindade e a devolução imediata do local à soberania brasileira, sem contrapartida. Se o caso ameaçava as boas relações entre os dois países, na prática eram poucos os instrumentos de pressão de que o Brasil dispunha. Aventou-se a possibilidade de convocar uma reunião pan-americana e apelar para a Doutrina Monroe, porém era duvidosa a possibilidade de engajar os Estados Unidos em um conflito com a Inglaterra em defesa de uma ilha perdida no meio do Atlântico e abandonada por tanto tempo. Afinal, os britânicos não mantinham a posse das ilhas Malvinas desde 1833? Em vista da disparidade militar, Rio Branco ponderava: "Não podemos intimidar a Inglaterra, nem decidir a questão pela força. Portanto, é indispensável levar com jeito este negócio". Ninguém mais adequado para a missão do que Souza Corrêa, que tinha uma relação próxima com o primeiro-ministro do Reino Unido, Robert Gascoyne-Cecil, terceiro marquês de Salisbury. A ocupação da ilha ocorrera durante a gestão do antecessor de Salisbury, conde de Rosebery, do Partido Liberal, e o novo primeiro-ministro, do Partido Conservador, nutria genuína simpatia por Souza Corrêa e pelo Brasil. E, afinal, a ilha da Trindade possuía poucos atrativos reais para a Inglaterra, ao contrário do mercado brasileiro.

Considerados os interesses concretos dos britânicos, parecia viável a esperança que Rio Branco manifestara a Souza Corrêa: "Faço votos para que Lord Salisbury largue o tal rochedo que nada vale, nem para a Inglaterra, nem para nós, mas que entre nós é considerado hoje um *pedaço sagrado da pátria*". Homem essencialmente prático e realista, ele nunca desconsiderou a possibilidade de transação territorial, desde que, é claro, houvesse vantagens práticas, como nesse caso. Aparentemente, estava disposto a abrir mão da ilha da Trindade para granjear o apoio britânico contra a França. A suposta sacralidade do território erguia-se, portanto, como valor relativo. Na situação específica, porém, a opinião pública brasileira mostrava-se inflexível: não havia margem para concessões. A Inglaterra sugeriu submeter a questão a arbitragem, mas, para espanto de Salisbury, a oferta foi rejeitada. Os britânicos esperavam ver a proposta aceita com entusiasmo, pois no caso das Malvinas era essa a solução exigida pelos argentinos, sem sucesso. Com a recusa, o assunto voltava à estaca zero e ia se prolongando. A falta de solução angustiava Rio Branco, que mantinha copiosa correspondência com Souza Corrêa, a quem enviava sugestões e pareceres. Seu temor era de que um rompimento com a Inglaterra resultasse na imediata ocupação da área entre o Oiapoque e o Araguari por tropas francesas.

Para piorar as coisas, enquanto as negociações com a Inglaterra em torno da ilha da Trindade permaneciam em um impasse e, consequentemente, as discussões sobre a fronteira com a Guiana Inglesa não se iniciavam, as diligências de Gabriel Piza com o governo francês iam mal. Paranhos não perdoava o chefe: "Receio muito que não cheguemos a resultado algum porque faltam ao negociador a preparação necessária, o hábito de discutir e até o conhecimento regular da língua francesa". Em carta ao ministro Carlos de Carvalho, Paranhos sugeriu até que seria melhor transferir as negociações com os franceses para o Rio de Janeiro, pois o clima entre Piza e os franceses, em Paris, ameaçava descambar para a troca de insultos. De fato, o tom das discussões não poderia ser pior. Um dos debates foi encerrado pelo representante francês com uma boutade, na verdade uma ameaça: "Então nada me resta mais do que mandar preparar os portos franceses para receber o ataque da esquadra brasileira". Não convinha, de maneira alguma, e muito menos naquele contexto, um rompimento das conversações, e Rio Branco alertou Carlos de Carvalho: "Os meios persuasivos são, a meu ver, os únicos de que lança mão, para sair-se bem de negociações delicadas como esta, uma nação como o Brasil, que ainda não dispõe de força suficiente para impor sua vontade a uma grande potência militar".

O impasse nas negociações indicava que o assunto terminaria submetido a arbitragem, e já em junho de 1895 o chanceler Carlos de Carvalho adiantava a Rio Branco que seria ele o escolhido para preparar a defesa brasileira e que, assim, seria dispensado da chefia do consulado-geral em Liverpool para dedicar-se inteiramente ao arrazoado a apresentar ao juiz do litígio. Fechada a porta de um entendimento direto, passava a ser necessária outra negociação para escolher, de comum acordo, o árbitro da questão e definir os parâmetros do processo de arbitragem: os prazos, os poderes do árbitro — se a ele caberia apenas definir com quem estava a razão ou se poderia propor soluções intermediárias —, entre outros detalhes de grande importância. O ministro Carlos de Carvalho adiantou que o Brasil propunha o governo suíço como árbitro e que a França estaria conforme. A despeito da má condução das tratativas para um acordo direto, coube a Piza negociar, em Paris, os termos da arbitragem.

Nessa época, a vida pessoal de Paranhos foi tomada pela doença de Marie, que avançava, com altos e baixos, e também pela preocupação com os filhos: a indefinição da vida profissional de Raul, as dúvidas sobre o futuro das meninas, as vitórias da equipe de rúgbi de Paulo — grandes e pequenos fatos e angústias ocupavam seus dias. Enquanto a nova situação profissional não se definia oficialmente, ele reuniu a família e os amigos Domício da Gama e Souza Corrêa para uma temporada na estação de águas de Baden-Baden. Aliás, durante toda a sua longa estada na Europa, Paranhos frequentou estações de águas com assiduidade. Quando jovem, "tinha um fraco pela hidroterapia fria". Depois dos 45 anos, convenceu-se da superioridade das águas termais. Além dos eventuais benefícios pa-

216

ra a saúde, as estâncias hidrominerais eram o ponto de encontro habitual da alta burguesia e da nobreza europeias, programa que muito combinava com os valores e modos aristocráticos de Rio Branco, ainda que bastante dispendioso.

Quando estava de partida para Baden-Baden, em setembro, Rio Branco foi surpreendido por uma terrível reviravolta da sorte: o ministro Carlos de Carvalho deixara a chefia da chancelaria e o sucessor era ninguém menos que seu desafeto Dionísio Cerqueira. Sem demora, ele pediu a Piza que escrevesse diretamente ao presidente Prudente de Morais para preveni-lo da malquerença mútua. A resposta do presidente foi tranquilizadora. O mandatário mostrou-se surpreendido pela notícia, mas comunicou a Piza que considerava Paranhos "insubstituível" para o estudo da questão. Em todo caso, ter Dionísio como chefe foi um grave percalço. Rio Branco só seria exonerado oficialmente do consulado-geral em Liverpool em fevereiro de 1896.

Em plano mais geral, contudo, a situação melhorava. Em Londres, recusada a solução arbitral, Souza Corrêa e Salisbury estabeleceram que a questão da ilha da Trindade seria objeto dos bons ofícios de uma nação amiga. O brasileiro sugeriu o Chile, o inglês a Espanha e, afinal, acertou-se recorrer aos conselhos de Portugal para dirimir a confusão. Tudo indica que Salisbury só buscava uma saída honrosa, pois logo aceitou o conselho português de devolver a ilha à soberania brasileira, o que foi oficializado em agosto de 1896, para júbilo dos brasileiros, que puderam comemorar mais uma vitória em um litígio territorial, dessa vez contra a poderosa Inglaterra.

Em Paris, as negociações do tratado de arbitragem iam mal, embora já houvesse consenso quanto ao árbitro — notícia ventilada pela imprensa, ainda que o convite não tivesse sido oficializado. Em abril, Piza e Rio Branco visitaram Charles Lardy, ministro suíço em Paris, que deu a entender que o convite provavelmente seria aceito. Na conversa, Lardy referiu-se "de passagem ao dr. Goeldi, que está no Pará, disse que é suíço e muito a favor do Brasil nesta questão". A anotação de Rio Branco é curiosa. Pelo menos desde outubro de 1895, Emílio Goeldi já trabalhava na questão. O naturalista suíço dirigia o Museu Paraense desde 1894, indicado pelo governador do Pará, Lauro Sodré. Orientado por Rio Branco, Sodré instruía Goeldi a examinar e corrigir os mapas de Coudreau sobre a região em disputa.

A essa altura, o ministro dos Negócios Estrangeiros francês, Gabriel Hanotaux, começava a perder a paciência com Piza, que, como contou a Rio Branco, gritara com o chanceler francês e ameaçara romper as relações entre os dois países. Agastado com Gabriel Piza, o governo francês propôs a transferência das negociações para o Rio de Janeiro. "O resultado dessas gritarias é este", comentaria Paranhos em seus *Cadernos de notas*. Segundo ele, Hanotaux desejava evitar o rompimento iminente entre França e Brasil devido ao "ministro desequilibrado" que o Brasil mantinha em Paris. Na ocasião, estava por lá o governador eleito do Pará, José Paes de Carvalho, e o chanceler francês convidou-o a conversar sobre o litígio. Depois de alguma hesitação e deixando claro que não tinha poderes para substituir Piza ou negociar em nome do governo brasileiro, Paes de Carvalho aceitou o convite e ouviu de Hanotaux a confidência — equivalente a uma ameaça — de que o ministro das Colônias francês já teria pronto o plano para a ocupação militar da área em litígio e que ele próprio estava com dificuldade de conter o ímpeto belicista do colega de ministério. Segundo Rio Branco, Paes de Carvalho "houve-se com habilidade" e respondeu que, "se tal hipótese se desse, julgava desde já dever declarar a Hanotaux que o Brasil não ficaria isolado em frente da França". A contra-ameaça não passava de blefe, pois inexistia qualquer acordo de aliança, formal ou informal, com os Estados Unidos ou com a Inglaterra. Contudo, não deixava de ser uma hipótese verossímil, e o bom jogador sempre faz crer ao adversário que suas cartas são melhores do que as que a sorte lhe impôs.

O governo brasileiro chegou a propor que Paranhos assumisse o papel de plenipotenciário brasileiro no lugar de Piza, mas Hanotaux preferiu que a discussão prosseguisse por intermédio de seu ministro no Rio de Janeiro diretamente com a chancelaria brasileira, pois, por ter outros assuntos mais urgentes e importantes para tratar, não tinha tempo para se dedicar ao estudo do tema e, assim, "se acharia em condições de inferioridade", caso aceitasse negociar com Rio Branco. Sempre arguto, Domício da Gama escreveu ao amigo manifestando seu parecer sobre a destituição de Piza das funções de negociador: "Essa é a única solução segura e a medida que convirá a todos os três (H[anotaux], o sr. [Paranhos], e o P[iza], sem contar os interesses do Brasil, que neste caso e, como quase sempre, vêm em segundo plano) sem embaraços a ninguém deste lado do mar". Da capital francesa, Rio Branco continuaria a preparar a defesa da causa brasileira na futura arbitragem. Livrava-se da chefia de Piza.

As negociações, transferidas para o Rio de Janeiro, progrediram com rapidez. Em apenas três encontros, Dionísio Cerqueira e o ministro francês no Brasil, Stephen Pichon, enterraram de vez a ideia de um acordo direto e concluíram o texto de um acordo de arbitragem do litígio de fronteira entre o Brasil e a Guiana Francesa assinado em abril de 1897. Em matéria publicada em *O País* (segundo Rio Branco, inspirada por seu outro desafeto da missão em Washington, Domingos Olímpio), a celeridade do acerto foi comparada à demora das negociações travadas em Paris, cujos titulares — Piza e Paranhos — estariam "naturalmente empenhados em encarecer serviços ou fugir às responsabilidades de tão importante negócio". Na avaliação de Rio Branco, os termos do acordo de arbitragem pareciam desastrosos. Em primeiro lugar, não se reconhecia o consenso alcançado no Tratado de Viena sobre a validade do Tratado de Utrecht e, portanto, os franceses poderiam arguir a validade do Tratado de Amiens, que consagrava o Araguari como linha de fronteira. O texto declarava, ainda, que teria sido apenas provisório o entendimento de que, definido o verdadeiro "Japoc" ou "Vicente Pinzón", a linha de fronteira para oeste seria traçada pelo paralelo 2º24' norte. Por fim, ao contrário do estabelecido na disputa sobre o território de Palmas, ficou expressamente em aberto a possibilidade de o árbitro instituir algum tipo de solução intermediária. Conhecidos os termos do tratado de arbitragem, Rio Branco escreveu em seus *Cadernos de notas*: "Todo o sistema que eu preparava para a defesa do território fica destruído pela estupidez com que se apresentou a questão".

Para o bem ou para o mal, com a ratificação do acordo em agosto de 1897, a ideia de um entendimento direto entre Brasil e França ficava afastada e as condições da arbitragem se definiam. A função de árbitro foi atribuída ao governo da Confederação Suíça, que, embora tivesse um presidente, Walter Hauser, era dirigida pelo Conselho Federal suíço, órgão deliberativo de sete membros que julgaria a questão. As regras do jogo estavam estabelecidas. Abria-se agora o debate sobre quem chefiaria a missão em defesa da causa brasileira em Berna. Por maior que fosse a má vontade de Dionísio Cerqueira com Rio Branco, depois da vitória de Palmas o nome deste surgia como escolha incontornável. Segundo dizem, porém, Deus — ou o diabo — está nos detalhes, e a batalha em torno dos detalhes foi longa e desgastante. O vice-presidente Manuel Vitorino propôs que seu conterrâneo Rui Barbosa fosse designado delegado especial, oferta que o jurista baiano recusou. Dionísio Cerqueira tentou nomear Lauro Sodré como segundo plenipotenciário, para que a glória do eventual êxito não recaísse unicamente sobre Rio Branco. A escolha da equipe de auxiliares, por sua vez, arrastou-se e chegou a ser cogitado o nome de Domingos Olímpio para secretário da missão, para espanto e indignação de Paranhos.

Sua irritação com o cunhado de Dionísio Cerqueira, aliás, só crescia. O Barão atribuía ao "trêfego e despeitado" Domingos Olímpio a afirmação publicada na imprensa de que, no texto assinado por Levasseur em *La Grande Encyclopédie*, ele teria defendido a divisão do território em disputa e teria aceitado o rio Calçoene como a fronteira a ser adotada. O boato era infundado, mas, como poucos — então, como hoje — se davam ao trabalho de conferir as notícias diretamente nas fontes, a mentira tomava ares de verdade. A solução foi recorrer ao amigo José Carlos Rodrigues e restabelecer a exatidão dos fatos nas páginas do *Jornal do Comércio*. Rio Branco devia mesmo acautelar-se. O chanceler Dionísio Cerqueira conseguira afastar Salvador de Mendonça, outro de seus desafetos, da legação em Washington, fazendo-o ser nomeado para a legação em Lisboa, e, nos bastidores, trabalhou para que a indicação fosse barrada no Senado. Mendonça chegou a assumir o posto em julho de 1898, sendo saudado por Rio Branco em carta de 20 de setembro, enviada da estação de águas de Baden-Baden:

> Agora que estamos mais perto, espero que nos possamos encontrar no próximo verão em Berna ou em alguma estação termal. Conversaremos então com mais vagar, como em Washington. Não é mesmo impossível que eu vá a Lisboa por uns oito dias, em novembro ou dezembro.

Esse reencontro na Europa acabou não acontecendo. Salvador de Mendonça detém a triste distinção de ter sido o primeiro diplomata brasileiro a ver sua indicação reprovada pelo Congresso. Em sessão secreta de 12 de setembro, o Senado desaprovou sua remoção, e a indicação não foi ratificada. De volta ao Brasil, furioso, como se pode imaginar, ele publicou de 4 a 31 de dezembro daquele ano uma série de quinze artigos no *Jornal do Comércio* atacando Dionísio Cerqueira. Em 1904, os textos foram reunidos em um volume acertadamente intitulado *Ajuste de contas*.

O quadro adverso, contudo, começara a se reverter com a eleição de Campos Sales, em março de 1898: vitória fácil contra o mesmo Lauro Sodré, que Dionísio Cerqueira quisera impor como segundo plenipotenciário da missão para a arbitragem do Amapá. Manuel Ferraz de Campos Sales fora contemporâneo de Rio Branco na Faculdade de Direito e, quando assumisse, afastaria Dionísio Cerqueira da chefia do Ministério das Relações Exteriores. O presidente tomaria posse em 15 de novembro. A melhor estratégia para Rio Branco era postergar todas as definições quanto à missão em Berna até a assunção do novo mandatário. Nesse ínterim, foi em frente com suas pesquisas. Além de dar continuidade à caça de mapas e documentos sobre o contencioso com a França, passou a auxiliar Souza Corrêa nas negociações de limites entre o Brasil e a Guiana Inglesa, reabertas em março de 1897, depois de superada a questão da ilha da Trindade. Foi o autor do memorando e do projeto de tratado que acompanhou a proposta de reabertura das negociações por Souza Corrêa. Em abril, o governo britânico apresentou uma contraproposta, respondida por uma memória também preparada por Rio Branco e entregue ao primeiro-ministro britânico em dezembro de 1897. Não chegou a haver acordo e as negociações se arrastaram. Apenas em janeiro de 1900 as duas partes decidiriam recorrer ao arbitramento da questão.

No plano pessoal, a morte de Marie encerrou um longo capítulo e serviu para Paranhos redobrar seu sentido de responsabilidade para com o futuro da prole, em meio a uma situação financeira adversa. Com os rendimentos reduzidos e gastos crescentes com os filhos, todos ainda dependentes dele — sem contar os auxílios que concedia a parentes no Brasil —, ficava patente a distância entre a renda que auferia e o padrão de vida da família. Apesar da intenção de matricular as filhas menores em um colégio interno, o pai decidiu mantê-las a seu lado. A mais velha, Clotilde, mesmo casada, continuou contando com a ajuda paterna para o sustento de sua família. O filho Paulo seguia estudos de medicina, e o primogênito Raul, formado em direito, permanecia com destino profissional indeterminado. Rio Branco passou a ter como objetivo prioritário no planejamento de sua trajetória futura ocupar a chefia de uma legação na Europa. Sua função naquele momento, de encarregado de estudar a questão de limites com a França, proporcionava uma renda muito inferior à que recebia no consulado em Liverpool e era, naturalmente, menor que a de um chefe de legação. Tampouco se comparava em prestígio ao cargo de ministro em uma grande capital europeia. A ambicionada posição de ministro extraordinário e plenipotenciário na arbitragem sobre o território do Amapá era uma solução apenas provisória. Aliás, a vitória na questão estava longe de ser garantida. Para Rio Branco, inclusive, o caso era muito mais complicado que a disputa por Palmas, e um eventual insucesso podia arruinar suas perspectivas de carreira. Ele se angustiava com o futuro.

Em comparação com a disputa pelo território de Palmas, o Brasil enfrentava, em todos os níveis, uma questão bem mais difícil. Para começar, a ligação entre a França e a Suíça era muitíssimo mais densa do que as ralas relações suíço-brasileiras. No caso da Argentina, a diferença na intensidade das relações bilaterais com o país do árbitro poderia ter pesado a favor do Brasil, mas agora a situação se invertia dramaticamente. Desde o início, Rio Branco reconhecia o fato e, em correspondência ao chanceler Carlos de Carvalho, escreveu: "A França tem a vantagem que lhe dá seu maior poder e o prestígio que, por sua língua e literatura, exerce em todo o mundo culto". Essa influência não poderia deixar de ser especialmente forte no vizinho cuja população compartilhava em grande medida a mesma língua e cultura, sem falar nos laços históricos, comerciais e políticos, entre os dois países.

Na disputa pelo território de Palmas, Paranhos e seu adversário, Zeballos, tinham trabalhado sem maior apoio das respectivas capitais e ficado pessoalmente responsáveis pela elaboração das exposições de seus países. Contra a França, tratava-se de enfrentar uma diplomacia experimentada, com um verdadeiro exército de geógrafos, advogados e historiadores a assessorá-la. Para piorar, Rio Branco sabia que muitas autoridades portuguesas e brasileiras haviam admitido que o rio mencionado no Tratado de Utrecht poderia não ser o Oiapoque. A posição brasileira, no caso, esteve longe de ser invariável, o que enfraquecia sua defesa. Além disso, a partir do momento em que recebeu o encargo de estudar o litígio sobre o Amapá, Paranhos começou a ter dificuldade no acesso a arquivos e bibliotecas franceses. O Ministério da Marinha passou a impedi-lo de consultar os mapas históricos que precisava examinar; as consultas a obras raras na Biblioteca Nacional francesa ficaram embaraçadas. Para comprovar a consistência de sua desconfiança, Rio Branco pediu ao filho Raul que buscasse determinado livro no salão de leituras da biblioteca. Raul passou semanas solicitando a obra, sem sucesso, pois lhe diziam que estava sendo consultada por outro leitor, mesmo quando ele se apresentava no guichê imediatamente após a abertura dos serviços. Rio Branco disse ao filho: "Não estou surpreendido e o recurso é de boa guerra. O livro é raro, mas dele tenho um exemplar, que aqui se vê. Meu intuito foi verificar se havia, a meu respeito, qualquer medida, o que se confirma. É uma indicação útil". Por precaução, passou a imprimir suas memórias e pareceres em Bruxelas, pois a lei francesa exigia que se depositassem na Biblioteca Nacional cópias das publicações feitas na França. Se ele achou a artimanha do oponente justificável, tampouco deixou de retaliar. Escreveu ao Rio de Janeiro para pedir que a Biblioteca Nacional brasileira e o Instituto Histórico e Geográfico Brasileiro passassem a impedir o acesso a "alguns papéis que nos são desfavoráveis" aos emissários da legação francesa. Para não deixar dúvidas, acrescentou que "podem declarar que esses documentos saíram em virtude de requisição do governo, para o estudo de certas questões". A negativa seria entendida como um recado, pois: "Ainda hoje me foi dada essa resposta na seção de manuscritos da Biblioteca Nacional de Paris".

Sem estar confirmado na chefia da missão brasileira no litígio do Amapá, Rio Branco aguardava a posse de Campos Sales e a saída de Dionísio Cerqueira do Ministério das Relações Exteriores. Para sua sorte, o presidente eleito e antigo colega na Faculdade de Direito resolveu aproveitar o longo período entre a eleição (em março) e a posse (em novembro) para viajar à Europa e renegociar a dívida externa brasileira, já como prenúncio de que faria uma gestão marcada pelo saneamento das contas públicas. Campos Sales era acompanhado por Tobias Monteiro, jornalista do *Jornal do Comércio*, depois seu secretário particular durante a presidência. Em maio, a comitiva presidencial passou por Paris rumo a Londres, onde discutiria com os Rothschild um empréstimo de 10 milhões de libras para financiar o pagamento da dívida externa pelos três anos seguintes. Os juros da nova dívida só começariam a ser pagos depois desse período de graça, e os 10 milhões de libras, o "principal", passaria a ser honrado apenas a partir de 1908. Em compensação, o pagamento do *funding-loan* estaria garantido pelas rendas da alfândega e pelos lucros gerados pelo serviço de abastecimento de água para a capital e pela Estrada de Ferro Central do Brasil. Acertado o negócio, em julho, de volta a Paris, o presidente eleito foi recebido por Rio Branco em jantar na sua casa da Villa Molitor. Além de Tobias Monteiro, Gabriel Piza e Paul Leroy-Beaulieu — financista amigo de Paranhos desde os tempos do *Jornal do Brasil*, que ele indicara a Campos Sales como consultor —, estava presente Olinto de Magalhães, que havia auxiliado Rio Branco em Washington e que agora ocupava o posto de ministro em Berna. No encontro, o presidente eleito convidou Olinto a assumir a pasta das Relações Exteriores em seu governo, convite aceito após alguma hesitação.

A situação pessoal de Rio Branco melhorava sensivelmente. Estava nas graças do futuro presidente, a quem conhecia desde os bancos da faculdade, e passaria a ter como chefe no ministério um antigo subordinado, com quem mantinha boas relações e sobre quem, de certa maneira, até por ter propiciado o cenário para o convite do presidente eleito, continuaria exercendo certo grau de ascendência. As novidades não paravam por aí. Em junho morrera João Manuel Pereira da Silva, romancista, poeta e historiador que ocupava a cadeira número 34 da Academia Brasileira de Letras e autor — vale dizer — de obra bastante criticada, sobre a qual fora dito, com acidez, que "a ninguém era lícito assegurar que desconhecia a história do Brasil sem ter lido os livros do velho conselheiro". Em todo caso, abria-se uma vaga na Academia, e Joaquim Nabuco apressou-se em dizer a Paranhos que apresentasse sua candidatura. Receoso de um novo fracasso que lhe ferisse a vaidade, este hesitou. Eduardo Prado e José Veríssimo também pressionavam o amigo, que por fim respondeu com um telegrama ambíguo enviado a Nabuco: "Aceitaria se fosse eleito, mas entendo que não me devo declarar candidato à Academia. Entretanto, resolva por mim como achar melhor". Foi o que bastou. Nabuco propalou que o amigo se lançara candidato e em 10 de outubro, sem nenhum voto em contrário, Rio Branco foi eleito. Com seu humor habitual, comemorou com Domício da Gama: "Quer isto dizer que fico sendo um dos nossos Imortais. *Sic itur ad astra!*". Como disse o poeta Virgílio, "assim se vai aos astros!".

Em 15 de novembro de 1898, Campos Sales assumiu a presidência do Brasil e seu ministro das Relações Exteriores, Olinto de Magalhães, apressou-se em assinar o decreto que nomeava Rio Branco enviado extraordinário e ministro plenipotenciário em missão especial na Suíça. A conjuntura parecia não poder ser melhor, mas embutia algo de ilusório. Paranhos passou a viver uma situação muito comum entre os que se consideram (com ou sem razão) próximos aos poderosos: sempre haverá uma distância entre as demandas e expectativas dos "amigos do rei" e a realidade política e as verdadeiras intenções dos que detêm o mando. Ao longo de toda a vida, Rio Branco viveria a confusão entre o chefe e o amigo nos dois papéis. Então, certo ou errado, colecionou queixas contra Olinto de Magalhães. Depois, quando ele mesmo assumiu o Ministério das Relações Exteriores, sofreria com as lamúrias de alguns de seus melhores amigos, que por vezes se transformaram em ressentidos desafetos.

As queixas contra Olinto de Magalhães começaram imediatamente. O chanceler não nomeou Paranhos, como este desejava, ministro do Brasil em Berna, posto que acumularia com suas funções na arbitragem. O cargo estava vago com a saída do próprio Magalhães, e Rio Branco desconfiava que a intenção do novo ministro das Relações Exteriores era mantê-lo assim para poder retomar a Berna quando deixasse o ministério, o que, aliás, efetivamente ocorreu. Decepção muito mais grave, no entanto, ocorreu com a questão da escolha de seus auxiliares. Ele solicitara que, além de Domício da Gama, seu filho Raul e o jovem Hipólito Alves de Araújo (indicado por Souza Corrêa) fossem designados secretários da missão especial. No Rio de Janeiro multiplicavam-se os candidatos ao cargo, e Campos Sales decidiu que Raul e Hipólito serviriam "sem título oficial" (e sem remuneração). Como secretário, Raul teria as portas abertas para integrar-se à carreira diplomática, mas seria crucial oficializar sua condição, sem contar a desesperada conveniência de que passasse a receber um salário. Aos 25 anos, o jovem seguia sem definição de rumo profissional.

Magoado com o que considerou uma forte desconsideração, Rio Branco escreveu a Olinto solicitando que a decisão fosse revertida. Sugeriu até que o dispensasse do caráter de ministro plenipotenciário em prol de um título mais acanhado, de "comissário ou agente do governo brasileiro, ou advogado perante o árbitro". Assim, ficaria clara sua condição de "fabricante de arrazoados e memórias sobre questões histórico-geográficas". E ele estaria "no mesmo nível dos dois moços auxiliares, um dos quais, principalmente, a voz da natureza que é muito forte, não permite que eu desconsidere". Paranhos pensou em ir além e rascunhou outra carta, que acabou não enviando, na qual chegava a ponto de comparar a situação com a missão em Washington e dizer que, se tivesse solicitado ao marechal Floriano — do qual um dos filhos era afilhado de Olinto — que incluísse Raul naquela delegação, o presidente teria assentido. É curiosa a situação de Rio Branco escrevendo para alguém tão próximo de Floriano para propalar sua própria amizade com o marechal:

> Se eu tivesse por hábito abusar de meus amigos sem atender às circunstâncias de justiça e de serviço público, teria pedido em 1894, em favor de Raul, a nomeação de mais um secretário para a missão especial em Washington, e tenho a certeza de que me não recusaria isso o seu compadre e amigo marechal que também era meu amigo e nunca esqueceu alguns pequenos obséquios que lhe pude fazer em tempos em que valia alguma coisa. Tenho documentos da sua "sincera amizade e gratidão", como dizia o então coronel, exagerando as pequenas provas de interesse que lhe pude dar.

Se não chegou a enviar essa segunda carta a Olinto, Rio Branco passou a derramar sua insatisfação por meio de sua rede de amigos, insinuando que renunciaria à missão e, como de costume, iria "com sua tribo trabalhar em alguma fazendola para começar vida nova", conforme telegrafou a Eduardo Prado. Também Nabuco recebeu notícias vindas de seu cunhado, Hilário de Gouveia: "Ele vive mergulhado no trabalho, noite e dia, [...]. Faze tudo para evitar esse desastre obtendo que o governo dê satisfação à justa pretensão de Paranhos, pois, do contrário ele deixará a comissão". A campanha deu resultado e, em fevereiro, por insistência de Olinto, o presidente Campos Sales, "apesar de não estar convencido das razões alegadas", autorizou o chanceler a nomear Raul e Hipólito adidos da missão. Olinto ainda escreveu a Rio Branco para explicar que "não houve a intenção de magoá-lo".

Indiferente aos dramas pessoais do advogado brasileiro, o tempo corria célere. Em 6 de abril, Rio Branco deveria entregar sua memória justificativa dos direitos brasileiros ao governo suíço. Como de hábito, deixara a redação do trabalho para a última hora. Passou o mês de março trancado em casa, em Paris, e na madrugada da antevéspera do prazo final ainda redigia o arrazoado, sem dormir por três noites seguidas. Às seis da manhã de 4 de abril, enviou as últimas páginas de sua defesa à tipografia e, depois de rápido passeio pelos Jardins do Luxemburgo, lá se instalou até as nove da noite para acompanhar a impressão e a encadernação, outra vez improvisada pela pressa, dos cinco volumes. A defesa compunha-se de um tomo com a exposição em si, um segundo com cópias de documentos, o terceiro com as memórias e protocolos da Conferência de Paris em 1855 e 1856, e os dois últimos trazendo os dois volumes da obra *L'Oyapok et l'Amazone*, de Joaquim Caetano da Silva, anotados por Rio Branco. De posse do arrazoado, Paranhos tomou o trem para Berna e à tarde entregou os documentos ao árbitro. Ao contrário da arbitragem sobre Palmas, nessa ocasião as duas partes teriam acesso à exposição preparada pelo oponente e prepariam réplicas para sustentar os próprios argumentos. Em oito meses, ou seja, no início de dezembro de 1899, os advogados dos dois litigantes passariam às mãos do árbitro a segunda e derradeira memória. Portanto, a partir daquele momento Rio Branco iria estudar minuciosamente a primeira exposição francesa, identificar seus pontos fortes e débeis e buscar argumentos para fundamentar a réplica.

No correr de 1899, além de preparar a segunda exposição para a Questão do Amapá, Rio Branco manteve ativa correspondência com Souza Corrêa, que, fracassada a tentativa de acerto direto, discutia com o governo inglês os termos do tratado de arbitragem para definir a questão dos limites brasileiros com a Guiana

Inglesa. Paranhos sempre prestigiava o amigo em suas comunicações com Olinto de Magalhães, estimando que devíamos nos dar por felizes com a "solução honrosa e amigável do arbitramento" que atribuía "ao tato do sr. Corrêa e à estima e ao apreço pessoal em que o tem o governo britânico". Sempre cioso das questões de poder, contrastava o caso brasileiro com o recuo imposto pelos ingleses às ambições francesas na Questão de Fachoda, no Alto Nilo, no ano anterior. A tentativa gaulesa de tomar o controle do Sudão das mãos britânicas quase levara as duas potências imperialistas a uma guerra. No fim a França cedera, pois, como avaliou Rio Branco, "se não o fizesse, em dois ou três meses, teria perdido quase todo o seu império colonial". As negociações entre o Brasil e a Inglaterra desenvolviam-se lentamente, pois não se chegava a um acordo quanto ao árbitro. Só em novembro de 1901 as duas partes anuíram em convidar o rei da Itália, Vítor Emanuel III.

Muito antes disso, mesmo sem estar assinado o tratado que definiria os termos do arbitramento, em março de 1899, Joaquim Nabuco fora convidado por Campos Sales a atuar como advogado brasileiro na arbitragem sobre os limites com a Guiana Inglesa e, apesar dos ataques que sofreu por parte dos monarquistas mais radicais, decidiu não "morrer politicamente com o antigo regime" — como até então vinha recomendando publicamente a seus correligionários — e aceitou a incumbência. Em maio daquele ano já estava em Paris, passando a contar com a ajuda de Rio Branco no estudo da questão. Nabuco levou consigo, como auxiliar, o então aspirante a escritor José Pereira da Graça Aranha, que a partir daí se integrou ao círculo de amigos do Barão. Além da correspondência trocada durante os trabalhos de pesquisa e preparação da defesa, Nabuco beneficiou-se dos estudos e da investigação já desenvolvidos por Rio Branco para subsidiar as negociações de Souza Corrêa, reunidos no livro que fez imprimir, em 1897, em Bruxelas, *Mémoire sur la question des limites entre les États-Unis du Brésil et la Guyane Britannique*. Nabuco reconhecia a dívida intelectual para com o amigo e, em certa ocasião, escreveu-lhe:

> Tenho estado a ler suas memórias e documentos. *Mais vous êtes un savant, monsieur!* É incrível a *chance* que eu tive de ter a minha questão precedida pelos seus estudos e pelos trabalhos anglo-venezuelanos! Que minas já funcionando! Com a diferença que você faz sozinho, e melhor, o que fazem, com imensos vencimentos, dezenas de especialistas, geógrafos, advogados, franceses e ingleses, todos reunidos.

O elogio era absolutamente merecido. Rio Branco atuava como um exército de um só homem nas questões de limites. Era ao mesmo tempo o pesquisador que escarafunchava arquivos em busca de velhos mapas e documentos empoeirados, o historiador que desvendava os manuscritos e criava uma narrativa consistente, o geógrafo que conhecia os detalhes dos acidentes geográficos e das populações das regiões que analisava e o advogado implacável, munido da jurisprudência e do conhecimento do direito para construir argumentos irrefutáveis. Contra a Argentina, esse guerreiro solitário obtivera sucesso espetacular. Diante de um exército de adversários composto por diplomatas, geógrafos, historiadores e advogados, estava menos confiante.

19. Berna

Depois de entregar a primeira memória ao árbitro, Rio Branco ainda passou pouco mais de três meses em Paris. Nesse período, usufruiu da companhia de Joaquim Nabuco e Graça Aranha, a caminho de Londres para começar a estudar a defesa brasileira para a disputa arbitral com a Inglaterra. Aos amigos brasileiros que viviam na cidade — Hilário de Gouveia, Domício da Gama e Rodolfo Dantas — juntavam-se, com frequência, Eduardo Prado (que em 1895 comprara o jornal *O Comércio de São Paulo*, para continuar sua cruzada pela monarquia, mas mantinha apartamento em Paris) e José Carlos Rodrigues. Com a proximidade da partida de Paranhos, o grupo reuniu-se muitas vezes na Villa Molitor para festivos almoços "nacionais": feijoada, camarão com quingombô e outros quitutes. Paranhos mantinha viva sua preferência pela cozinha baiana, trazida da casa paterna.

Em Londres, as relações entre Nabuco e Souza Corrêa não fluíram bem. Este continuava tentando ressuscitar a possibilidade de um acerto direto com seu amigo Lord Salisbury. Seria uma vitória pessoal para o ministro brasileiro, mas que tornaria o trabalho de Nabuco desnecessário e transformaria o desgaste político de aceitar o convite da República em vexame inútil. Para evitar atritos com Souza Corrêa em Londres, o advogado brasileiro passou a preparar a defesa contra a Inglaterra em interminável périplo pela Europa. Nesse ambiente de expectativas desencontradas, as más notícias também chegavam. Em janeiro, um amigo comum a todos aqueles órfãos da monarquia, o visconde de Taunay, faleceu no Rio de Janeiro, e por essa época Rodolfo Dantas adoeceu, sendo operado por Hilário de Gouveia. Rodolfo recuperou-se, mas ficou com a saúde abalada. Para Paranhos, ainda que Paris continuasse a ser Paris, chegava a hora de partir. Em julho de 1899, 23 anos depois de instalar a família na cidade, deixou a capital francesa acompanhado dos filhos Raul e Amélia e do sobrinho Luís. Hortênsia afinal foi mandada para um internato em Friburgo. Paulo, ainda na universidade, e Clotilde, casada, continuariam na França — com o apoio financeiro do pai.

Ainda que a Suíça fosse uma república, o ambiente onde Rio Branco passou a atuar em nada lembrava o despojamento e os modos burgueses da democracia estadunidense. O corpo diplomático da cidade compunha-se de finos representantes da nobreza europeia. O embaixador da França era Charles Jean Tristan de Montholon, conde de Montholon-Sémonville, casado com uma brasileira, Paulina Breves, filha do conde italiano Alessandro Fé d'Ostiani e neta de um dos maiores cafeicultores do Brasil da época, Joaquim José de Souza Breves. Ao contrário de Paranhos, o conde francês seria mero portador da réplica francesa, preparada em Paris por uma equipe de eminentes geógrafos, historiadores e advogados. O conde de Montholon não chegou a conhecer o resultado da disputa, pois morreu em setembro daquele ano. Foi substituído pelo marquês de Ripert-Monclar, que havia sido acreditado inicialmente como assessor do embaixador francês na questão da arbitragem. O ministro britânico era Sir Saint John, e o da Holanda, o conde de Bylandt, filho do célebre militar holandês que comandou as tropas de seu país na batalha de Waterloo. O ministro alemão era Alfred Victor von Bülow, de tradicional família de diplomatas alemães. A Bélgica estava representada pelo conde de Lalaing, descendente de uma casa de nobres belgas que remontava ao século X. Pela Áustria-Hungria respondia o conde de Kufstein e pela Baviera, o conde de Montgelas. Sem dúvida, aquele era um círculo diplomático no qual as lições aprendidas com o barão de Penedo teriam imensa valia.

Depois de breve temporada no Hotel Bellevue, "que tinha a melhor clientela da cidade", Rio Branco alugou uma mansão de três andares cercada de jardins na Villa Trautheim, na Bühlstrasse. De Paris, trouxera uma cozinheira; contratou também os serviços de um *valet de pied* para os trabalhos de mensageiro e pequenos serviços. O sobrinho Luís Cavalcanti, agregado à família desde a morte da

230

avó, completava o *entourage*. Amélia, com 21 anos, faria o papel de dona da casa. Absorvido na preparação da réplica à memória francesa, Rio Branco impôs a secretários e familiares uma vida social intensa, com a seguinte orientação: "Os estômagos desempenham seus papéis, pois a um anfitrião não é agradável que não se lhe aprecie a mesa. Mas as orelhas estarão também atentas". Assim, todas as quartas-feiras Amélia organizava eventos sociais na Villa Trautheim, enquanto Domício, Raul e Hipólito revezavam-se nas atividades sociais. Mesmo imerso nos estudos, Rio Branco aparecia esporadicamente, "para não parecer um homem à margem da vida social".

Apesar de não apreciar cerveja, Rio Branco não deixou de visitar a cervejaria du Musée e os restaurantes mais frequentados pelos membros do Conselho Federal. Conseguiu, ainda, ser admitido no clube mais aristocrático da cidade. As festas de gala em Berna, em 1º de janeiro, mais os dois banquetes que se realizavam nos hotéis Bellevue e Bernerhof foram descritos em cores vivas por Raul, secretário da missão:

> Esses jantares, satisfazendo uma tradição de origem alemã da Idade Média, assumiam proporções pantagruélicas, ameaçando o estômago e a saúde dos que neles tomavam parte, pois tinham cerca de 26 pratos. Duravam cerca de três horas e meia, prolongando-se a reunião até às duas e três da madrugada, com *champagne* e charutos, aliás excelentes.

Assim, Rio Branco e sua equipe esmeraram-se em tecer uma trama de boas relações no governo e na sociedade local. Além do esforço pessoal, Rio Branco contou com ajuda profissional para percorrer os caminhos do poder: contratou um conselheiro nacional (equivalente a um deputado), Virgile Rossel, como consultor. Havia pesquisado uma lista de outros candidatos, mas obedeceu à recomendação do ministro de Portugal, Duarte Gustavo Nogueira Soares, experiente diplomata que já se servira do apoio de Rossel para encaminhar questões de seu país junto às autoridades suíças.

Além da vasta biblioteca, Rio Branco instalou na Villa Trautheim sua pequena coleção de objetos de arte e peças arqueológicas: alguns vasos gregos e estatuetas de terracota, peças dos séculos I a III a.C. originárias da localidade de Tânagra. A pinacoteca incluía cerca de vinte telas dos séculos XVIII e XIX: uma aquarela de Paul Gavarni, um *lavis* de Camille Bellanger, alguns desenhos de Alphonse-

-Marie de Neuville, a figura de um lanceiro pintada por Édouard Detaille, um quadro de Jean-Louis Meissonier, duas telas de Jean-Baptiste Camille Corot, dois óleos de Simon Mathurin Lantara, duas marinas (uma de Charles-Louis Verboeckhoven e outra de Félix-François Philibert Ziem), um óleo de Louis-Joseph Watteau, além da gravura de Charles-Louis Kratké e da tela *Casamento de Baco*, de Johann Georg Platzer. Percebia-se uma preferência clara por artistas classicistas e representações de guerreiros, paisagens e passagens mitológicas. No mobiliário, a opção era pelos estilos Luís xv e Luís xvi. Enfim, ao deixar sua residência no arrabalde de Paris e aventurar-se como ministro plenipotenciário, Rio Branco sentiu necessidade de representar o Brasil nos moldes da elegância e do requinte aprendidos com Penedo e Souza Corrêa, na corte de Saint-James. Essa opção trazia embutidos os custos correspondentes, bastante elevados. Para sustentar os dois filhos que deixara na França, manter Hortênsia no internato e correr com os gastos da Villa Trautheim, a remuneração no novo cargo e os subsídios que recebia do governo eram insuficientes. O consolo era Raul estar empregado como secretário da missão e dispor de renda própria.

Naquele momento inicial em Berna, Paranhos priorizava a preparação da segunda memória para contra-arrestar as alegações apresentadas pelos franceses na defesa inicial. Sua primeira exposição fora um relato claro e didático sobre a natureza da questão e o ponto de vista brasileiro. Em face da estratégia e dos argumentos do adversário, a réplica brasileira não apenas teria de dirimir as contradições entre as duas posições, mas — sobretudo — rebater o apelo francês pela partilha do território em litígio. Desde o início, Rio Branco estivera preocupado com a possibilidade de o árbitro optar por uma solução intermediária e determinar a divisão do território em disputa, hipótese que encontrava abrigo na letra do acordo de arbitragem assinado por Dionísio Cerqueira. A primeira exposição tratava de fixar a ideia de que o único tratado em vigor entre os dois países era o assinado em 1713 em Utrecht, o que afastava a França dos afluentes do Amazonas e praticamente reduzia a questão à definição de qual rio seria o "Japoc" ou "Vicente Pinzón". Apoiado no trabalho de Joaquim Caetano da Silva, cujos volumes comentados incluíra em sua defesa, Rio Branco insistiu na tese de que o Araguari desemboca no Amazonas e, portanto, não poderia ser o rio assinalado no tratado. Como de hábito, anotou e corrigiu muitos dados de *L'Oyapok et l'Amazone*, que teve "971 páginas anotadas e mais 81 notas coladas e 6 soltas". Curiosamente, em suas pesquisas sobre os antecedentes brasileiros no estudo do tema, criticou sem piedade Duarte da Ponte Ribeiro, o fronteiro-mor do Império, que havia estudado a questão antes dele. Em notas pessoais, reprovou acerbamente as interpretações de Ponte Ribeiro: "Este trapalhão não entendeu a convenção e embrulha tudo. Escrevendo em 1876 mostra não ter lido Caetano da Silva". Chegou a dizer que Ponte Ribeiro estaria "defendendo a causa francesa", pois "não entendeu o tratado de 1817. Não leu o parecer do Conselho de Estado de 1854. Não leu Caetano da Silva". Espantoso libelo contra o maior especialista de temas fronteiriços do Império, naturalmente mantido na privacidade de suas notas pessoais.

A memória francesa procurava mostrar que diversos cursos d'água em algum momento haviam sido chamados de "Japoc" e, portanto, todos os rios da região eram, potencialmente, o "Japoc" do tratado de 1713. A parte especificamente geográfica da defesa francesa coube a Vidal de la Blache, advogando em mais de 350 páginas a tese de que o "Japoc" ou "Vicente Pinzón" era o rio Araguari. Segundo a exposição, o interesse do eminente geógrafo na questão era "puramente científico", embora ele chegasse a invocar o papel das transformações geomorfológicas para justificar diferenças nas descrições contemporâneas das desembocaduras dos rios da região em relação aos mapas históricos, uma tese bastante improvável, dado o curto período decorrido desde o Tratado de Utrecht. Concluída a questão, em 1902, De la Blache publicou um resumo de sua argumentação sob o título *La Riviére Vincent Pinzón: Étude sur la cartographie de la Guyane*.

Em sua primeira memória, os franceses adotaram a estratégia de procurar alargar a área em litígio, estendendo ainda mais para o sul a faixa de terras entre o Amapá e o rio Branco. Desse modo, pretendiam ampliar o território em disputa de 260 mil para 500 mil quilômetros quadrados. Em paralelo, faziam "ardente apelo" ao árbitro por uma solução transacional, ou seja, pela partilha do território em disputa. Paranhos indignou-se com o estratagema dos adversários:

> Os franceses só agora declaram a sua pretensão quanto ao *hinterland*. Têm a petulância, esses senhores, de reclamar quinhentos mil quilômetros quadrados, quase 1 dezesseis avos do Brasil, fazendo partir a linha interior da cachoeira Pancada, no baixo Araguari, e não na nascente do rio, como disseram no tratado.

Uma solução salomônica para a disputa, portanto, equivaleria a um completo desastre para o Brasil.

Ainda em Paris, Rio Branco alertara sua tropa de pesquisadores nos diversos arquivos europeus para que coletassem documentos e mapas antigos para sustentar a defesa. Em Londres, convocou Girardot, o tradutor da missão em Washington, para as pesquisas nos arquivos britânicos, em especial no Museu Britânico. Para as pesquisas em Madri, contratou um cubano, Francisco Suárez, um "rato de arquivo" que auxiliara a Venezuela em sua questão de limites com a Inglaterra. A principal tarefa de Suárez era desencavar a cópia de um mapa manuscrito do século XVII, de autoria do jesuíta Samuel Fritz, e os manuscritos do padre Aloisio Conrado Pfeil, outro missionário jesuíta que percorrera a região em fins do século XVII e cujos registros comprovariam ser o Oiapoque o rio do tratado de 1713. Em sua "Anotaçam" de 1682 e em outros manuscritos de 1700, o padre Pfeil calculara as coordenadas geográficas dos rios e de outros acidentes geográficos da região pouco mais de uma década antes da celebração do Tratado de Utrecht. Assim, se seus dados coincidissem com os conhecidos na época, estariam descartadas as hipotéticas mudanças geomorfológicas e ficaria estabelecido que os negociadores portugueses e franceses sabiam de que rio estavam tratando quando se referiam ao "Japoc" ou "Vicente Pinzón". As pesquisas de Suárez deveriam estar cercadas de sigilo, pois as relações entre França e Espanha eram estreitas e Rio Branco temia que, caso o real objetivo das pesquisas do cubano em Madri fosse sabido, as autoridades espanholas passassem a obstaculizar seu trabalho. Em Portugal, por sua vez, os arquivos estavam franqueados e as investigações contavam com o apoio e o incentivo do Palácio da Ajuda. A ciência e a política seguiam entrelaçadas.

Muito mais que na Questão de Palmas, os aspectos técnicos e científicos teriam papel decisivo. Assim, Rio Branco tratou de infiltrar um informante junto aos acadêmicos que assessorariam o Conselho Federal em sua decisão. Sua escolha recaiu sobre Emílio Goeldi, respeitado naturalista suíço estabelecido no Brasil havia anos, que dirigia o Museu Paraense. Paranhos articulou-se com o governador do Pará e obteve o assentimento de Goeldi para a missão, que deveria permanecer secreta. Como a esposa do sábio necessitava de tratamento médico, a volta temporária dele a sua terra natal não despertaria suspeitas. Em dezembro de 1898, Rio Branco deu suas instruções iniciais a Goeldi:

> Por ora o que desejo é que v. sa. trate de ir fazendo relações em Berna, sem dar a
> conhecer a pessoa alguma que se ocupará também da questão do contestado, por-

que se soubessem disso, os funcionários que de abril em diante devem ser incumbidos, em Berna e Lausanne, do estudo da questão se mostrariam tão reservados falando com v. sa. como se falassem comigo. Para que, quando chegue a ocasião, possa v. sa. colher notícias seguras sobre a impressão que haja produzido a leitura dos nossos argumentos e peças justificativas e me habilite assim a tomar as providências que sejam necessárias para modificar alguma má impressão, esclarecer alguma dúvida ou procurar inutilizar as manobras dos agentes franceses, é indispensável que v. sa. não seja considerado um auxiliar meu, e sim como um cientista que apenas veio tratar de estudos ou trabalhos que nenhuma relação têm com a causa que vai ser julgada.

Goeldi cumpriu seu papel com perfeição. Em dezembro de 1898 integrou-se ao Museu de História Natural de Berna e entre aquele mês e maio do ano seguinte proferiu palestras sobre diversos temas: "Roedores novos do Brasil", "A fauna dos peixes da região amazônica", "As grandiosas migrações de borboletas no vale amazônico" e "As maravilhas da natureza na ilha de Marajó". A estratégia de propagandear seus vastos conhecimentos sobre a região amazônica começou a dar resultados, pois em maio de 1899 ele foi convidado para uma conversa com o próprio presidente do Conselho Federal suíço, Eduard Müller, responsável pela redação do parecer arbitral. A conversa durou uma hora e meia. O naturalista relatou suas viagens ao território contestado e saiu convencido de que sua entrevista fora "útil e proveitosa aos interesses do Brasil". Depois de retomar contato com as universidades suíças, Goeldi deu sua missão por encerrada. Regressou ao Brasil em novembro, mas por pouco tempo.

Armada sua estrutura de pesquisadores, informantes e lobistas, Rio Branco mergulhou no trabalho de pesquisa para a redação da segunda e decisiva memória. A questão que mais o inquietava era a possibilidade de o árbitro optar por uma solução conciliatória e dividir a área em litígio. Nos termos do tratado que regulava a arbitragem, o laudo poderia indicar tanto o Oiapoque como o Araguari, ou até um curso d'água intermediário, como sendo o verdadeiro "Japoc", desde que convencido de referir-se ao rio aludido no tratado de 1713. Para o "limite interior", o árbitro possuía ainda mais latitude, pois poderia escolher entre as linhas solicitadas pelas partes ou optar por uma terceira solução, a partir da nascente do rio adotado como o "verdadeiro" curso d'água assinalado em Utrecht. Para afastar a possibilidade de divisão do território, Rio Branco iniciou a segunda memória com um capítulo intitulado "A missão do árbitro. Segundo o compromisso, ele é um juiz, não um mediador". O julgamento, aliás, não estaria nas mãos de uma única pessoa, mas do pleno do Conselho Federal suíço, os sete conselheiros que governavam o pequeno país dos Alpes. O relator da questão era Eduard Müller, mas a sentença seria formulada pelo consenso do conselho.

Fiel a seu estilo, Rio Branco entregou-se com obsessão à tarefa de preparar a réplica brasileira e contou a Nabuco, a quem ainda ajudava no estudo da questão com a Inglaterra: "Trabalha-se firme aqui todo o dia até duas e três horas da manhã". Claro, deixou a redação da memória para a última hora. Recebeu as cópias dos manuscritos do padre Pfeil em outubro e somente em 2 de novembro começou a redigir a réplica, que deveria ser entregue em 5 de dezembro. Graças à habitual arrancada final das últimas semanas, o prazo foi cumprido e os seis volumes da segunda memória foram entregues na data-limite, o primeiro com a exposição e os demais contendo mapas e documentos. Como de hábito, Paranhos queixou-se com Nabuco do esforço e contou que, na companhia de Raul, passara em claro as duas noites anteriores ao prazo final e que, por conta da "fadiga cerebral" daqueles dias, não pudera rever as provas do trabalho da gráfica, pois na ocasião, de tão debilitado, "trocava palavras e invertia as sílabas". Reclamava, ainda, da desatenção que dizia sofrer por parte de Olinto de Magalhães e Campos Sales:

> Da outra vez, nos Estados Unidos, trabalhei com a certeza de que isso me serviria para outra alguma coisa. Agora trabalho, como se diz vulgarmente, por honra da firma, e com a certeza de que dentro de poucos meses deverei tratar de começar vida nova, que ainda não sei qual poderá ser, no Pará ou em São Paulo.

O grande esforço concentrado perto do prazo final e as lamúrias quanto à incerteza do futuro já faziam parte da rotina; a verdadeira novidade ficou por conta da inclusão do Pará como possível local para a realização de seus sonhos de tornar-se fazendeiro.

Em todo caso, a segunda memória estava entregue; o resultado de seu trabalho seria conhecido em dezembro de 1900. No período de espera, concentrou-se na sedução dos juízes e da opinião pública suíça e no acompanhamento da análise do caso pelo Conselho Federal. Para a primeira empreitada contava com a ajuda de seu consultor Virgile Rossel, que mais tarde ocuparia os cargos de presidente do Conselho Federal e da Suprema Corte Federal suíça. Uma das muitas qualidades de Rio Branco era saber escolher seus auxiliares. Bom discípulo de Penedo e de Souza Corrêa, também tinha talento para, com pequenos gestos, cativar as pessoas na vida social. Usou de tato e paciência para aproximar-se dos políticos helvéticos e despertar simpatias pelo Brasil contra o Golias francês. E não ficou nisso. Para acompanhar a análise e as discussões técnicas dos arrazoados dos dois países pelos especialistas suíços, e mesmo para influir sobre elas, contava com a assistência confidencial de seu espião Emílio Goeldi, que regressara ao Pará, mas, por instrução dele, logo voltaria à Suíça.

Paranhos encontrou tempo para atender ao pedido de seu velho amigo Benjamin Franklin de Ramiz Galvão, o mesmo barão de Ramiz Galvão que intermediara o início de sua correspondência com d. Pedro. Ramiz Galvão decidira traduzir para o português e publicar a parte relativa ao Brasil da *Nouvelle Géographie universelle*, de Élisée Reclus, sob o título *Estados Unidos do Brasil: Geografia, etnografia, estatística*. Algumas das informações do sábio francês foram atualizadas em uma série de notas de pé de página, com a advertência de Ramiz Galvão de que não se julgava autorizado a modificar o livro "em pontos substanciais, ainda que nem sempre concordássemos com a opinião do autor". Mesmo assim, as anotações do capítulo sobre o litígio territorial entre o Brasil e a França foram confiadas a Rio Branco, que incluiu sem o menor pudor retificações que ocuparam mais espaço que o texto original. Como se vê, a despeito do papel positivo da obra de Reclus nas considerações dos peritos suíços (que ele ainda desconhecia), Paranhos não ficara satisfeito com sua influência no trabalho do amigo anarquista.

Do ponto de vista psicológico, 1900 representou para ele a entrada irreversível na velhice, ainda aos 55 anos, com o início de uma sucessão de falecimentos de entes queridos. Em Porto Alegre, a morte de João Horácio, vítima de tuberculose, fez de José Maria, o primogênito, o último sobrevivente dos nove filhos do visconde do Rio Branco e de d. Teresa. Em março, por Oliveira Lima, secretário na legação em Londres, Paranhos teve notícia do passamento súbito de Souza Corrêa. Ao saber do fato, comentou: "Faleceu, portanto, hoje esse meu bom e velho amigo, com quem mantive excelentes relações desde 1867. Foi nomeado adido da delegação em 1869 por meu pai". Em dezembro, no dia da divulgação do laudo do Conselho Federal, do outro lado do Atlântico, foi a vez do velho companheiro Gusmão Lobo. Para acentuar a sensação de decrepitude, sua saúde se deteriorava. Passava dos cem quilos e continuava fumante inveterado. Desde Washington, abandonada até mesmo a ginástica de quarto, passara a levar vida sedentária, com alimentação irregular, pontuada por excessos; tais hábitos cobravam seu preço sobre o seu bem-estar.

Rio Branco chegou a ser cogitado para ocupar o lugar de Souza Corrêa na chefia da legação em Londres, hipótese que sem dúvida seria de seu agrado. Contudo, o posto coube a Joaquim Nabuco, que nessa qualidade assinou o tratado de arbitragem da disputa de fronteiras com a Guiana Inglesa, afastando finalmente a hipótese de um entendimento direto entre os dois países. Enquanto isso, na Suíça, iniciava-se o estudo das exposições brasileira e francesa pelos peritos designados pelo presidente Müller. Emílio Goeldi voltou a seu país natal em abril de 1900, instalando-se em Zurique. Sua primeira tarefa foi identificar os peritos encarregados da análise técnica do caso, informação mantida em segredo pelos suíços. Em contatos anteriores, já descobrira que Otto Stoll, professor de geografia política e etnografia da Universidade de Zurique, e Johann Jakob Früh, professor de geografia física da Escola Politécnica Federal, faziam parte da equipe. Goeldi travara relações com eles e lhes fornecera dados e informações, e na privacidade da amizade Stoll lhe confessara que ele e Früh trabalhavam no caso. Rio Branco, por sua vez, identificara os outros dois peritos, ambos historiadores: Paul Schweizer e Albert Burckhardt-Finsler. Conhecidos os nomes, Goeldi pôde estabelecer relações com toda a comissão. Tornou-se uma espécie de consultor informal para Stoll. Por exemplo, quando o perito o consultou sobre as medidas de distância no Brasil, Goeldi perguntou a Rio Branco como responder. Concordaram que era de "todo o interesse esticar a légua — pois o homem evidentemente quer contar do Cabo do Norte até o Oiapoque". Goeldi repassou a Stoll observações acordadas com Paranhos acompanhadas de livros "com prudência escolhidos para servirem de provas corroboradoras". Também enviou publicações e dados para Früh, Schweizer e Burckhardt-Finsler. Voltou a ser ouvido diretamente pelo próprio Eduard Müller, que em certo momento se afastou da capital suíça, onde se sentia importunado e "até espionado" pelos franceses. Rio Branco não terá deixado de abrir um sorriso de ironia diante dessa informação encontrada no relatório de seu próprio espião...

Emílio Goeldi, um espião sem licença para matar, mas eficaz. De volta ao Brasil, menos de um mês depois de conhecida a sentença do governo suíço, o governador do Pará, satisfeito com o relatório de Goeldi sobre sua atuação na questão, assinou um decreto segundo o qual o Museu Paraense passava a chamar-se Museu Paraense Emílio Goeldi. Rio Branco, porém, minimizou a participação do auxiliar. Seu parecer sobre o trabalho do suíço foi severo: "O dr. Goeldi prestou serviços, dando ou transmitindo informações a dois dos professores consultados (e não juízes), mas exagerou a importância dos serviços prestados".

Paranhos logo teve certeza de que o relatório que Müller apresentaria aos demais membros do conselho seria favorável ao Brasil, notícia que, ainda em maio, lhe foi confirmada por "pessoa da casa do presidente" — ele sabia cultivar amizades e contatos. Em registro despretensioso em seus *Cadernos de notas* verifica-se, por exemplo, que em 10 de setembro Rio Branco, Raul, Amélia e Hortênsia haviam almoçado na casa do presidente da Confederação Suíça: "Só estavam os de casa (o presidente, sua senhora e filhas)". A intimidade com a família de Müller demonstra a boa acolhida que encontrava junto à sociedade e ao governo suíços.

As perspectivas eram excelentes, mas apenas parte do caminho fora percorrida. O pleno do conselho poderia modificar o parecer do relator e, temeroso da reação francesa, optar por uma fórmula conciliadora. Assim, Paranhos procurou difundir amplamente em Berna uma declaração do chanceler francês afirmando que não se importava com o território franco-brasileiro contestado, bem como o relatório de 1898 de uma comissão do Senado francês com a avaliação de que "uma decisão contrária do árbitro não seria, pois, um acontecimento *inesperado ou penoso na França*". Justo cuidado de sua parte, pois de fato a reação do vizinho poderoso estava entre as preocupações do governo suíço. Em um par de ocasiões, Gustavo Graffina, secretário do Departamento Político Federal, tratara de sondar Rio Branco sobre como o Brasil acolheria uma solução de compromisso que a França sinalizava aceitar de bom grado. Paranhos invariavelmente mostrava-se inflexível, respondendo que para os franceses "tudo seria ganho, tratando-se de territórios brasileiros". Para o Brasil, apenas a vitória completa seria considerada de justiça. Não havia meio-termo possível.

Rio Branco ausentou-se de Berna de fins de agosto ao início de outubro. Passou por Paris, onde viu Hilário de Gouveia, José Carlos Rodrigues, Domício da Gama, Joaquim Nabuco e Graça Aranha. Os amigos brasileiros choraram a morte recente de Eça de Queirós, que tinha a idade de Paranhos. De Paris, este rumou para Baden-Baden para mais uma temporada numa estação de águas e, de lá, reportou a Hilário: "Estou melhorando com as inalações, os banhos e as massagens, seguindo um tratamento rigoroso". Voltou para Berna em 10 de outubro. Faltava menos de mês para a sentença do Conselho Federal suíço ser pronunciada.

Nas últimas semanas antes da decisão do contencioso, Rio Branco mostrou-

-se pessimista quanto ao laudo final. Informou ao ministro Olinto de Magalhães que "mais do que nunca, continuo a não considerar fora de perigo o território entre o Calçoene e o Oiapoque". Em resposta, Olinto avaliou que "o Calçoene será o rio escolhido pelo árbitro". O chanceler parecia, inclusive, simpatizar com essa solução, pois argumentou que, caso a fronteira fosse traçada pelo Oiapoque, talvez o governo francês não aceitasse a sentença e "então teremos de lutar com grandes dificuldades". Em suas memórias — escritas depois, quando já havia rompido com Rio Branco —, Oliveira Lima comentou com acidez essa fase de dúvidas e pessimismo: "Ele apenas queria com o seu grande talento de encenação realçar o efeito que produziria o triunfo da causa brasileira, que também era o seu". A real explicação está registrada nos *Cadernos de notas* de Paranhos. O secretário do Departamento Político Federal seguia tentando, sem sucesso, arrancar seu aval para a divisão do território e ele achou "conveniente preparar o governo para esse caso que, aliás, me não parece possível, que Graffina, com insistência notável, tem insinuado nas suas conversas comigo ultimamente".

A entrega do laudo foi marcada para o dia 1º de dezembro e, à diferença do procedimento adotado nos Estados Unidos, um representante do árbitro entregaria, separadamente, cópias da sentença na residência dos representantes dos dois litigantes. Era uma fórmula mais diplomática e elegante, pois contornava o constrangimento inevitável entre vencedor e vencido. Graças a seus contatos, Paranhos conheceu de antemão o resultado: a vitória seria brasileira. Semanas antes do anúncio da decisão, outro informante confirmou que o laudo seria inteiramente favorável ao Brasil. Os suíços avaliavam que "em França fariam *quelque bruit*, mas que era preciso fazer justiça apesar de tudo". Com a certeza do triunfo, Rio Branco preparou o cenário da consagração e cuidou dos detalhes para uma rápida e ampla difusão da notícia no Brasil.

Às onze e meia da manhã daquele sábado, Gustavo Graffina chegou à Villa Trautheim com os dois volumes da sentença redigida pelo conselheiro Eduard Müller e assinada pelo presidente da Confederação Suíça, Walter Hauser. Rio Branco coreografou um espetáculo brilhante. Os brasileiros, todos de sobrecasaca, com botinas de verniz e gravata preta ou escura, aguardavam o representante do governo suíço. O sobrinho, Luís Cavalcanti, recebeu Graffina à porta de sua carruagem, ainda na entrada do jardim. Daí, o visitante foi escoltado por Raul até o pai, que se encontrava no salão principal da mansão. Na sala de jantar contígua ao salão estavam Domício da Gama, Hipólito de Araújo, o encarregado de negócios do Brasil em Berna, Cardoso de Oliveira, e o secretário da legação, Dario Barreto Galvão. Além destes, também estavam as duas filhas, Maria Amélia e Hortênsia, o ex-chanceler Carlos de Carvalho e o correspondente do *Jornal do Comércio* em Paris Roberto de Mesquita. Presente ainda estava um engenheiro de nome Tocantins, testemunha dos incidentes na região, na Suíça para tratamento de saúde. O sobrinho Luís Cavalcanti dispunha de uma motocicleta, "primeiro veículo desse gênero que circulava pelas ruas de Berna", para, terminada a cerimônia, correr ao telégrafo a fim de anunciar a decisão final ao governo brasileiro.

No salão principal, Paranhos recebeu Graffina de pé ao lado de uma mesa na qual repousava um busto do visconde do Rio Branco. Com recurso a uma novidade tecnológica recente, o gramofone, executou-se o Hino Nacional e a cerimônia passou a ser transmitida, ao vivo, por telefone para o filho Paulo e, assim, para a comunidade brasileira em Paris. Os detalhes da arrumação da sala e os preparativos já haviam sido repassados antecipadamente ao dono do *Jornal do Comércio*. Desde fins de outubro Rio Branco adiantava ao periódico uma série de artigos sem sua assinatura para que o diário começasse a publicá-los "uns 5 ou 6 dias depois de conhecida a sentença". Ele explicara a José Carlos Rodrigues: "É um resumo substancial do que há nas alegações das duas partes". Em novembro, fez chegar ao *Jornal do Comércio*, por intermédio de Domício da Gama, uma fotografia recente sua, com a recomendação de Gama de que o retrato fosse acompanhado "de algumas linhas comemorando os serviços do grande brasileiro para a decisão dos dois graves pleitos internacionais debatidos em Washington e em Berna". Poucos diplomatas, mesmo ministros das Relações Exteriores, em qualquer tempo, terão tido melhor assessoria de imprensa do que aquela que Rio Branco prestava a si próprio.

Graffina leu a curta sentença (que ocupa duas páginas das quase 850 do laudo), cumprimentou Rio Branco pela vitória e, concluídos os agradecimentos, foi acompanhado pelo plenipotenciário brasileiro até sua carruagem. A decisão do árbitro determinava que o rio mencionado no Tratado de Utrecht era mesmo o Oiapoque e que por ele correria a linha de limites. Da nascente do Oiapoque até a Guiana Holandesa, a fronteira seria fixada pelo divisor de águas da cordilheira do Tumucumaque. Para a França, o ditame representava um ganho de cerca de 5 mil quilômetros quadrados, pois a tese brasileira era de que a divisa deveria ser dada por uma linha reta ao longo do paralelo 2º24'. Enfim, a fronteira sul da Guiana Francesa passou a ser determinada por um acidente natural, a serra do Tumucumaque, um pouco mais ao sul. Em compensação, para o Brasil ficava afastada a hipótese de uma potência europeia reclamar outros 255 mil quilômetros quadrados (área que em determinado momento esteve inflada para 500 mil) de um território pouco povoado e de dificílima defesa militar. Com justiça, a decisão foi percebida no Brasil e na França como a vitória absoluta das teses brasileiras.

Em Berna, o resultado foi recebido com muita simpatia. Rio Branco comentou, mordaz: "Aqui no corpo diplomático (com uma exceção) todos ficaram muito contentes, sem excetuar os russos". No Brasil, a aclamação foi geral. Resumiu Rui Barbosa: "Do Amazonas ao Prata há um nome que parece irradiar por todo o círculo do horizonte num infinito de cintilações: o do filho do emancipador dos escravos, duplicando a glória paterna com a de reintegrador do território nacional". Rio Branco aparecia uma vez mais como o herói que congregava os brasileiros em uma vitória que todos podiam compartir, independentemente de partido político, classe, raça ou origem regional.

Desmentindo algumas expectativas, o governo francês acatou o laudo com tranquilidade, a despeito das críticas de um setor da imprensa parisiense, como os jornais *Le Figaro* e *Le Temps*, que chegaram a acusar Berna de deixar-se influenciar por interesses comerciais. A acusação, absurda diante do simples exame dos fluxos entre a Suíça e os dois litigantes, acabou respondida pela própria imprensa helvética. Vidal de la Blache lamentou a decisão e reiterou seu entendimento de que seria o Araguari o rio que deveria determinar os limites, mas conformou-se com o termo pacífico da disputa que se arrastava por vários séculos.

O fato de a exposição de Rio Branco prevalecer sobre o estudo do maior geógrafo de sua época constitui façanha nada menos que extraordinária. Para tanto, suas parcerias com Émile Levasseur e, especialmente, Élisée Reclus tiveram papel relevante. Os especialistas do Conselho Federal suíço se apoiaram em Reclus para aceitar a tese brasileira de que o Araguari desemboca no Amazonas. A sentença arbitral citava tanto Reclus como Coudreau para excluir da questão os territórios ao norte dos estados do Pará e do Amazonas até o rio Branco, em Roraima, e circunscrevê-la ao território compreendido entre os rios Araguari e Oiapoque, no estado do Amapá, como queria o Brasil. Não surpreende, portanto, o fato de o barão do Rio Branco ser aceito, em 1897, na Société de Géographie de Paris, tornando-se sócio correspondente da Royal Geographical Society, de Londres, no ano seguinte. Desde 1894, figurava como sócio correspondente da

Sociedade de Geografia do Rio de Janeiro; depois da vitória na Questão do Amapá, recebeu o título de presidente honorário da instituição brasileira.

Ciente da sensibilidade política da questão e da importância das relações com a França, o governo suíço esmerou-se em fundamentar sua decisão em bases científicas e, assim, produziu sobre o tema um longo e muito consistente trabalho de análise geográfica, histórica e jurídica. O parecer suíço supera em extensão as alegações das duas partes. Os principais especialistas a estudar o território em litígio foram compulsados diretamente pelos peritos suíços e não só com base nas citações trazidas pelas exposições dos litigantes. Reclus, por exemplo, foi mencionado doze vezes no laudo; Coudreau, dezoito. Federico Ferretti, pesquisador da Universidade de Genebra, em consulta aos arquivos do Conselho Municipal daquela cidade, encontrou um mapa manuscrito de 1893, de autoria de Coudreau, que teria contribuído para derrubar a tese francesa de mudanças geomorfológicas como explicação para as discrepâncias na descrição da foz do "Japoc" e do Araguari. Esse mapa jamais foi publicado e, afirma Ferretti, teria chegado aos peritos suíços graças a Reclus, pois o anarquista "era o único geógrafo francês da época pronto para publicar informações que pudessem resultar em detrimento da [sua] *pátria*". Não por acaso, Reclus foi considerado pelos helvéticos o autor mais "neutro" no exame da questão.

Nada disso diminui o mérito de Rio Branco, um exército de um só soldado contra todos os especialistas mobilizados pelo governo francês. Ciente dos fatores fora de seu controle, mas que poderiam influenciar a decisão dos árbitros, ele trabalhou magistralmente não só no plano técnico, como erudito versado em muitas disciplinas, mas também na qualidade de agente político e diplomático. E atuou por todos os meios ao seu alcance. Mais que ninguém, Rio Branco tinha consciência de que extrair uma pretensa verdade de velhos mapas e documentos era essencial, mas não uma garantia de triunfo.

20. Berlim

Mesmo antes de conhecido o laudo do governo suíço, Rio Branco, precavido, buscou definir seu futuro e assegurar o ambicionado posto de ministro residente em uma capital europeia. Desde meados de 1900 manteve intensa troca de correspondência com os amigos em Paris e no Rio de Janeiro e sinalizou seu desejo de assumir a chefia da legação em Lisboa, posto muito adequado a seu perfil de historiador. A posição, contudo, estava ocupada; como alternativa, fixou-se na representação em Berlim, que acabava de vagar. Em fins de agosto, escreveu ao amigo José Avelino, então influente deputado, para dizer-lhe que a capital alemã "muito me conviria, por ser um centro onde eu poderia voltar à paz antiga e aos trabalhos de minha predileção, interrompidos desde 1893 com as enfadonhas campanhas do Pequiri e do Oiapoque". Com o toque teatral que o caracterizava, queixou-se da sorte: "O certo é que dentro de noventa dias mais ou menos estará resolvido aqui o meu negócio e eu na rua... Saio completamente arrebentado desta missão. O Dionísio intrigou-me com meio mundo". O corte de sua renda no consulado em Liverpool, a missão em Washington, o tempo em Paris como auxiliar de Piza e a passagem por Berna haviam se traduzido em forte desequilíbrio nas suas finanças pessoais. Com filhos em Paris, Hortênsia no internato e gastos expressivos em jantares, recepções e obséquios para captar a boa vontade para a causa brasileira na Suíça, suas poupanças estavam esgotadas e ele passou a acumular dívidas para manter o padrão de vida da família e ostentar o nível de representação que julgava imprescindível em suas funções oficiais.

Em outubro, Olinto de Magalhães escreveu a Domício da Gama para que sondasse Rio Branco sobre Berlim, "se for impraticável a minha ideia antiga de lhe dar Lisboa". Olinto mostrava-se amigo, mas Paranhos, agora prevenido contra o chefe por causa da história da nomeação dos auxiliares da missão e outros pequenos atritos, desconfiava de suas reais intenções. Apressou-se em indicar que aceitava a Alemanha, porém não se tranquilizou. Vivia obcecado com a ideia de que Cabo Frio e Dionísio Cerqueira o intrigavam com o ministro. Domício da Gama acreditava que Cabo Frio seria o "principal desafeto" de Rio Branco na chancelaria. Já para Joaquim Nabuco e Hilário de Gouveia, o "inimigo é o Dionísio, que hipnotizou o Olinto". Ainda no início de janeiro, depois de conhecido o laudo suíço, Paranhos cobrou do chanceler por telegrama uma definição sobre sua situação funcional, que afinal chegou dias depois. Ele iria mesmo para Berlim. Estava sacramentado seu primeiro posto como chefe de uma missão diplomática, aos 55 anos.

Na prática, a ansiedade de Rio Branco se explica pela precariedade de sua situação pecuniária. Junto com os louros da vitória contra a França, chegavam-lhe más notícias. Além da morte do querido Gusmão Lobo, a filha Clotilde, que acabara de perder um filho natimorto, insistia em seus pedidos de dinheiro, pois as finanças do marido iam mal. Até mesmo a educação que recebera era arguida para pressionar o pai: "Lamento não possuir uma profissão, por não ter sido minha instrução dirigida nesse sentido, pois desse modo poderia, como professora, desvencilhar-me sem o socorro de ninguém". Os negócios do marido não decolavam, e a ideia de Rio Branco de suspender a ajuda que, desde o matrimônio, concedia mensalmente ao casal foi respondida de forma dura, quase desesperada: "Vamos ter que pagar duzentos francos de pensão, quinhentos ou seiscentos de cirurgião, duzentos de aluguel, duzentos de dívidas relativas à nossa última viagem, e suspendes a pensão mensal que me davas. Não custa compreenderes o nosso embaraço...". A resposta de Rio Branco aos apelos da filha dá uma ideia da precariedade de sua própria situação àquela altura:

Não disponho de nada. O pouco que eu possuía, dei-o em garantia a um banco, por ocasião do teu casamento, para contrair uma dívida de 50 mil francos, da qual pago os juros, e que, até o momento, me foi impossível amortizar, mesmo em parte. [Acaba-se] uma pequena reserva de dinheiro que tinha para ocorrer às remessas mensais que te faço e que prometi fazer até o fim deste ano, se possível. Essa reserva, na agência do Crédit Lyonnais em Auteuil, encontra-se reduzida a 570 francos. Faço hoje a transferência para a agência do bairro de Paulo e encarrego-o de te remeter quinhentos francos. Ainda não pude pagar o meu seguro de vida cujo prêmio já venceu-se há um mês... No Congresso brasileiro, segundo um despacho publicado em Paris e talvez inventado, alguns deputados propuseram que se me conceda a dotação de 1 milhão, além de uma pensão mensal de 24 mil francos. Estou certo de que essas proposições não serão aprovadas. Desde que não foram assinadas pela maioria e votadas rapidamente, no momento do entusiasmo, elas malograrão. Dir-se-á que é preciso fazer economias, e que jamais, no Brasil, se concederam recompensas desse gênero. Minha esperança única se encontra no meu bilhete espanhol de Natal, e compreendes que a probabilidade por esse lado é bem pequena.

De fato, Rio Branco não ganhou a loteria de Natal em 1900. Contudo, a sorte não o abandonara. Depois da vitória na Questão do Amapá, o amigo José Avelino, secundado pelo também deputado Serzedelo Correia, propusera na Câmara que se concedesse a Paranhos um prêmio de mil contos de réis como reconhecimento pelos serviços à pátria nas duas arbitragens em que defendera a causa brasileira. O projeto seguiu seu curso e acabou modificado para um prêmio de trezentos contos (cerca de 1,5 milhão de dólares em valores de 2017), mas complementado por uma subvenção anual de 24 contos de réis (120 mil dólares). Naquele ano, o presente de Natal dos Paranhos chegou durante as comemorações pela virada do século. O decreto nº 754, de 31 de dezembro de 1900, a ser sancionado posteriormente pelo Congresso, era uma verdadeira bênção. Previa que a pensão anual fosse transmitida aos filhos e filhas após sua morte e, além disso, determinava que os "membros auxiliares das referidas missões especiais de arbitramento de Washington e Berna gozarão das vantagens dos funcionários de carreira, terão preferência para as primeiras nomeações e contarão o tempo de serviço que lhes for relativo". Ou seja, garantia-se uma renda para seus herdeiros após sua morte. Além disso, seu primogênito era efetivado na carreira diplomática. Raul chegaria a embaixador, ainda que em termos de projeção internacional seu maior feito talvez tenha sido tornar-se o primeiro brasileiro a integrar a cúpula do Comitê Olímpico Internacional, certamente um desempenho pouco impressionante se comparado às imensas conquistas do pai e do avô paterno.

Era hora de partir. Desfeita a missão especial em Berna, Domício da Gama foi nomeado para a legação junto ao Vaticano, mas mandado a Londres para auxiliar Joaquim Nabuco. Em agosto de 1901, foi removido para Bruxelas. Hipólito de Araújo foi acomodado como segundo secretário na legação em Paris. Raul seguiu com o pai, como secretário na legação em Berlim, e até Luís Cavalcanti recebeu um cargo remunerado como auxiliar do tio na capital alemã. Dessa vez, não houve dificuldades para atender ao pedido de Rio Branco em relação a seus auxiliares, pois era difícil recusar as indicações do vencedor das arbitragens de Palmas e do Amapá.

A opinião unânime dos biógrafos, com forte apoio nos fatos, coincide na interpretação de que a passagem de Paranhos por Berlim "não foi senão um curto estágio na carreira diplomática, também curta, do barão do Rio Branco". A afirmação é de Heitor Lyra, que, aliás, comentou com mordacidade a passagem de Rio Branco pela capital alemã, onde ele "pouco fez", contando para isso com o auxílio do filho e do sobrinho, "que faziam ainda menos". Em Berlim, tratou sobretudo de seus interesses particulares. A primeira providência foi encontrar uma preceptora para a filha caçula, Hortênsia, que deixara o internato em Friburgo para voltar à casa paterna. O ministro da Áustria em Berna sugeriu a Rio Branco que contratasse de uma nobre empobrecida que já fora dama de companhia da princesa Pauline von Hohenlohe-Oehringen, duquesa D'Ujest, falecida pouco antes. Assim, ao círculo familiar dos Rio Branco veio somar-se a baronesa Therese von Berg, filha do barão de Simbschen e viúva do barão Karl Wolfgang von Berg, severa senhora de 45 anos. Com uma respeitável linhagem na nobreza europeia, a baronesa não somente cuidaria da educação de Hortênsia como se empenharia em buscar um marido para Amélia, que já passava da idade de casar.

Em 15 de abril de 1901, vindo de Berna, Rio Branco chegou a Berlim com a família. No mesmo dia também chegava a baronesa de Berg. Instalaram-se no elegante Plast Hotel, na Postdamer Platz. Pelas quatro da tarde, visitaram o número 10 da Kurfürstendamm, um luxuoso edifício onde Paranhos alugou um dos três apartamentos do térreo. A Romanisches Haus I, de quatro andares em estilo românico, construída entre 1894 e 1896, era um prédio elegante de fachada de arenito, vestíbulos de mármore e imensos apartamentos de vinte peças. Representava o que de mais arrojado existia na época, com elevadores para os pisos superiores, de melhor vista. A preferência de Rio Branco por um apartamento do térreo explica-se por seu pavor da novidade. A nova casa seria mobiliada com esmero, e a mudança só foi feita no início de junho. Por essa época, nos seus *Cadernos de notas* há muitas referências à compra de móveis e objetos de decoração. Nem todas as aquisições foram felizes. Raul relatou em suas "reminiscências" a compra de um conjunto de tapetes orientais pelo equivalente a 350 contos de réis (cerca de 1,75 milhão de dólares em valores de 2017), que demorou sete anos para ser entregue. Ou seja, só os sucessores do Barão em Berlim chegariam a vê--los enfeitando a residência do representante do Brasil no país.

Em 28 de maio, Rio Branco apresentou suas credenciais ao imperador Guilherme II, no Neues Palais, em Friedrichskron, nas cercanias de Potsdam. Fazia pouco que Berlim entrara para o círculo das grandes capitais europeias, com uma população de cerca de 2 milhões de habitantes. Segundo o próprio Rio Branco, era uma "capital, que hoje, na extensão e no número dos habitantes, incluindo Charlottenburg e outras comunas inteiramente ligadas ao velho Berlim, não é inferior a Paris". O imperador vivia em Potsdam, mas a capital do Reich mesclava a vida de um grande centro capitalista com a política e a atividade diplomática orbitando em torno de Guilherme II e sua corte. Paranhos se esforçou para representar seu país com brilho, mas pouca atenção recebia uma república sul-americana militarmente débil e exportadora de uns poucos produtos agrícolas. A real-politik relegava o ministro brasileiro a sua verdadeira condição de delegado de um país atrasado e remoto, com pouco a dizer sobre a alta política mundial. Havia, é certo, grande interesse pela crescente colonização germânica no Sul do Brasil, inclusive com rumores de que essa região, onde o alemão era a língua dominante em algumas localidades, poderia ser alvo de uma aventura colonialista de Berlim na América do Sul. Rio Branco não endossava a preocupação, pois entendia a Doutrina Monroe como escudo eficaz contra pretensões do gênero.

Na chegada a Berlim, a Secretaria dos Negócios Estrangeiros era ocupada por Oswald von Richthofen, barão de Richthofen, que sucedera Bernhard von Bülow (parente do ministro em Berna, Alfred Victor) em fins de outubro de 1900. Von Bülow agora ocupava o cargo de chanceler da Alemanha, ou seja, primeiro--ministro. Rio Branco soube aproximar-se de Von Richthofen e, sempre que necessário, era prontamente recebido. Tinha prestígio pessoal, o que não bastava. A agenda das relações Brasil-Alemanha de então pouco ajudava: reclamações quanto à inadimplência de títulos emitidos pelo estado de Minas Gerais, temores quanto às colônias germânicas no Sul do Brasil e necessidade de evitar possíveis investimentos alemães no Bolivian Syndicate, empresa de capital estadunidense e inglês prestes a assumir o controle da Amazônia boliviana.

Em resumo, as relações entre Alemanha e Brasil eram pouco densas, já que este não figurava no rol de prioridades da política externa alemã. Para Rio Branco, isso sem dúvida gerava um sentimento de frustração. A importância do prestígio e do reconhecimento internacional do país como ator relevante foi um aprendizado que se impôs a ele em sua experiência berlinense. Para desapontamento de muitos estudiosos, o representante brasileiro não elaborou análises sobre a política europeia nem sobre o papel cada vez mais decisivo do Império Alemão no jogo de alianças e contra-alianças que levaria à Primeira Guerra Mundial. Tampouco teceu comentários de fundo sobre a expansão imperialista das potências europeias ou sobre outros temas da alta política internacional. Quase sempre, os ofícios e telegramas para a Secretaria de Estado se resumem a temas burocráticos e ao relato sucinto do cumprimento das instruções recebidas.

Com pouco a fazer no campo da diplomacia, o ministro brasileiro dedicava a maior parte de seu tempo a duas preocupações de caráter privado. A primeira era o acompanhamento da votação, pelo Congresso brasileiro, da recompensa proposta por seus serviços nas arbitragens. A segunda, ligada à primeira, era o casamento de Amélia. Com a intermediação da baronesa de Berg, em 14 de julho o barão Gustav von Werther pedira a mão da segunda filha de Rio Branco, que dias depois completaria 23 anos. Para os padrões da época, o noivado ocorria em boa hora, considerando-se a idade da noiva. A princípio, Paranhos se entusiasmou com a perspectiva de casar a filha no seio da nobreza alemã e torná-la baronesa de Werther. Amélia concretizaria o sonho do visconde do Rio Branco: prover seus descendentes de ancestrais de sangue azul. Em seus *Cadernos de notas*, no dia 18, o Barão registrou a genealogia e os dados biográficos da família do futuro genro. A ilusão, contudo, não durou. Os Werther de fato constituíam uma linhagem tradicional, mas estavam falidos, e Gustav parecia pouco preparado para a difícil tarefa de reerguer a fortuna da família. Seixas Corrêa resumiu a situação: "O Barão achava que, com o casamento, estaria assegurado o futuro da filha. O genro, por sua vez, iludido pelas aparências pensava estar dando um verdadeiro golpe do baú. Ambos resultariam enganados!". Ciente do mau estado das finanças dos Werther, Rio Branco cogitou em evitar o matrimônio, mas foi desaconselhado por Domício da Gama: "Se a união não lhe parece desastrosa, é melhor deixar que ela se faça, agora que o projeto se tornou público, por causa do leve descrédito que até certo ponto recai sobre uma moça que rompe casamentos".

Como a parte do leão nos gastos com o casamento e o enxoval recai sobre a família da noiva — e as perspectivas de apoio dos Werther não eram animadoras —, urgia conseguir mais dinheiro. Em agosto, Rio Branco dizia ter uma dívida de 50 mil francos (cerca de 120 mil dólares em valores de 2017) no banco Crédit Lyonnais. Ademais, já vinha gastando e contraindo novas dívidas por conta do prêmio que contava receber. Em 21 de julho, pouco depois de prometer a mão de Amélia, telegrafou a seu amigo deputado José Avelino Gurgel do Amaral para saber do andamento da recompensa e confirmar que poderia contar com os trezentos contos para cobrir "um empréstimo para começar os preparativos do casamento de sua amiguinha Amélia". A consulta revelou-se uma tremenda gafe, pois o amigo falecera dois dias antes. Aliás, no mês anterior morrera Frederico de Santana Néri, o querido companheiro dos dias de publicista do regime monárquico em Paris.

A sequência de desaparecimentos de pessoas chegadas, iniciada no ano anterior com a morte de Taunay, do irmão João Horácio e de Gusmão Lobo, prosseguia sem descanso. Em 31 de agosto, um telegrama de Paulo Prado comunicava a morte, na véspera, de "tio Eduardo". Eduardo Prado morrera aos 41 anos, abatido pela febre amarela. Rio Branco perdia o melhor amigo, que considerava "como se fora um filho". À mãe de Eduardo, d. Veridiana, Paranhos enviou um telegrama: "De coração a acompanho, minha senhora, na sua dor pela perda de tão brilhante filho, perda irreparável para as letras pátrias". Aos 56 anos, Paranhos sentia-se velho e enfermo. Em suas notas pessoais aparecem comentários como o que registra a notícia do agravamento da doença de Rodolfo Dantas, que chegara por um telegrama de Domício da Gama: "Esta noite mal pude dormir, agravando-se o lumbago. Dormi um pouco sentado numa poltrona". O telegrama de Gama o conclamava a ir imediatamente a Paris "se quiser encontrar Rodolfo ainda vivo". Com dificuldade em andar e mesmo em deitar-se, Rio Branco não deixou sua casa em Berlim. Dantas não resistiu. No dia 12 de setembro, nosso biografado registrava em seu diário: "Rodolfo faleceu ontem. Vão desaparecendo assim os meus melhores e mais dedicados amigos".

Em fins de setembro, pagaram-se os trezentos contos de réis do prêmio originalmente proposto por José Avelino. Metade desse valor foi destinada ao pagamento de dívidas e, a partir daí, a dotação anual de 24 contos passou a ser distribuída entre as duas filhas casadas e o filho Paulo, que terminava seus estudos de medicina. Além disso, pequenas quantias eram enviadas aos sobrinhos no Rio Grande do Sul e a outros parentes pobres. O casamento de Amélia foi marcado para o dia 24 de outubro.

Receoso da possível repercussão, no Rio de Janeiro, de uma festa grandiosa, Paranhos escreveu ao amigo José Carlos Rodrigues pedindo que a cerimônia fosse noticiada sem detalhes sobre a ascendência nobre do noivo e o requinte dos festejos: "A notícia de músicas na igreja, almoço etc. pode desagradar e dar lugar a que exagerem por lá tudo e digam que estou dando festas suntuosas. A guerra ao Penedo começou pela exageração com que foram dadas notícias de algumas festas na casa dele". Afinal venceu a vaidade, e o próprio Paranhos municiou a imprensa carioca com um relato detalhado tanto do casamento religioso como do civil, na véspera. A cerimônia, na igreja de São Paulo, contou com orquestra e coro de sessenta vozes, cantores e música do regimento de fuzileiros. Depois da missa foi oferecido um almoço para cinquenta convidados na Romanisches Haus, animado por uma orquestra que encerrou sua apresentação com a execução do Hino Nacional brasileiro. Os noivos partiram para a lua de mel na Áustria e, a partir daí, além do dote e da parte de Amélia na dotação anual que o Congresso concedera a Rio Branco, iniciou-se uma rotina de empréstimos e outros benefícios do sogro ao barão de Werther e família. Em termos financeiros, Paranhos nunca perdia as filhas: ganhava genros.

Ainda assim, a rotina de Rio Branco em Berlim se estabilizava. O Barão levava vida social intensa, a despeito de queixas frequentes sobre a saúde. Ia ao prédio da legação apenas para receber visitas agendadas, pois despachava de casa a maior parte dos assuntos. Em fins de janeiro de 1902, o filho Raul foi designado secretário na missão especial na Itália, chefiada por Joaquim Nabuco, encarregado da defesa brasileira na arbitragem sobre a fronteira da Guiana Inglesa. Finalmente o primogênito abandonaria as asas paternas, com a vantagem de servir sob a chefia de um amigo íntimo da família. Ainda naquele ano, em julho e agosto, nasceram as duas primeiras netas, Hélène Hébert e Marguerite Marie von Werther, com as despesas de parto, obviamente, por conta do avô. Paulo vivia em Paris, ainda concluindo o curso de medicina. A adolescente Hortênsia, recolhida à casa paterna sob os cuidados da baronesa de Berg, já dava seus primeiros passos na sociedade elegante da capital alemã.

Em junho de 1902, Rio Branco recebeu um telegrama oficial comunicando o arrendamento, pelo governo boliviano, de parte de seu território a uma companhia internacional de capital estadunidense e britânico. A comunicação dava notícia de que esses capitalistas estariam tentando atrair investidores alemães para o projeto. Para obter o aval do governo alemão, teriam contatado o chanceler Von Bülow. Seguia-se uma instrução para que Rio Branco averiguasse a veracidade da informação e procurasse dissuadir o governo alemão de apoiar a ideia, pois "convém que as potências, sobretudo a Alemanha, não se envolvam neste negócio que lhes não interessa e que nos pode criar dificuldades e perigos pois a fronteira não está demarcada". O tema era grave, uma vez que a cessão de direitos de quase soberania sobre territórios pouco explorados a companhias privadas era prática comum em territórios da África e quase sempre prenunciava um esforço de colonização direta por países imperialistas. Na América do Sul não havia tal precedente, e a ideia de surgirem novas colônias europeias em território americano contradizia frontalmente a Doutrina Monroe. No caso, o grosso do capital do Bolivian Syndicate estava em mãos estadunidenses, mas a participação de ingleses e outros europeus poria em xeque a diretiva de manter as potências do Velho Continente longe dos assuntos americanos.

Para piorar as coisas, o território em questão, com base no tratado de 1867, do ponto de vista brasileiro pertencia indiscutivelmente à Bolívia, ainda que disputado pelo Peru. Acontece que a fronteira nunca fora demarcada e, na prática, La Paz não tinha controle efetivo sobre a área, acessível apenas pela bacia do Amazonas a partir de território brasileiro. A população ali radicada era predominantemente brasileira. Em 1899, uma revolta liderada pelo espanhol Luis Gálvez de Arias proclamara a independência da região, mas fora sufocada mediante uma intervenção de restabelecimento da soberania boliviana, que contara com apoio militar brasileiro. Agora, com a notícia da criação do Bolivian Syndicate, o território estava outra vez conflagrado. O súbito interesse por aquele rincão antes esquecido se explica pelo avanço da extração de borracha natural, inclusive com o incentivo do governo do estado do Amazonas. Na época em que os automóveis começavam a se tornar comuns e a produção de borracha sintética para pneus ainda não se desenvolvera, a seiva das seringueiras representava fonte de riqueza importante, a ponto de a borracha passar a ser, em valor, o segundo produto de exportação brasileiro, superada apenas pelo café.

Rio Branco entrevistou-se com o secretário de Negócios Estrangeiros, Von Richthofen, que confirmou ter recebido representantes do consórcio. Daí em diante, os dois tiveram vários encontros sobre o tema: Paranhos insistia que o governo alemão deveria desaconselhar seus capitalistas a entrar na empreitada. Além disso, tratou de redigir uma nota, que enviou aos banqueiros germânicos e à imprensa, alertando para o risco de os capitais investidos serem perdidos em negócios que considerava destinados ao fracasso. Obteve uma declaração do governo alemão garantindo que não interferiria no assunto e, em privado, Von Richthofen comprometeu-se a mostrar a nota de Rio Branco a quem o procurasse para tratar do assunto. Outra providência importante foi iniciar uma troca de informações com Assis Brasil, ministro brasileiro em Washington, com quem já conversara quando da Questão de Palmas, época em que o gaúcho chefiava a legação em Buenos Aires.

Na avaliação enviada ao Rio de Janeiro, Rio Branco mostrou-se especialmente preocupado com a possibilidade de que a empreitada de estadunidenses e europeus enfraquecesse a Doutrina Monroe, que "tem sido até hoje um espantalho para impedir intervenções europeias e nos tem servido de muito em algumas ocasiões, nomeadamente no período agudo da nossa pendência com a França sobre os limites na Guiana". Essa visão sobre a conveniência de contar com o escudo da Doutrina Monroe contra o avanço do imperialismo europeu se consolidou a partir da disputa pelo Amapá e prenunciava uma política de aliança com os Estados Unidos: "O fato de aparecermos em público com conflito de interesses ou em desacordo com a poderosa república do norte — que até aqui passava por firme aliada do Brasil — far-nos-ia bastante dano, enfraquecendo consideravelmente a nossa situação aos olhos da Europa". Esses dois temas, o território do Acre e as relações com os Estados Unidos, marcariam a futura gestão de Rio Branco como ministro das Relações Exteriores.

A temporada na Alemanha revelou-se curta: apenas um ano e meio. O novo presidente, Francisco de Paula Rodrigues Alves, convidou Rio Branco a fazer parte de seu ministério, tendo como primeira tarefa resolver a espinhosa Questão do Acre. Ainda que Paranhos não conhecesse pessoalmente o presidente eleito, a convocação não podia ser considerada uma surpresa: suas vitórias nas recentes disputas de fronteira faziam dele o candidato natural ao cargo, ainda mais em vista da perspectiva de outro contencioso territorial complicado. A primeira reação do Barão foi recusar o convite e tentar indicar o amigo Joaquim Nabuco. As razões da negativa eram muitas e variegadas.

Segundo ele, sua saúde estava demasiado frágil. Alegava que o excesso de trabalho nas duas arbitragens e "as preocupações de espírito" haviam destruído sua vitalidade. Na verdade, apavorava-se com os frequentes surtos de febre amarela, varíola e outras enfermidades no Rio de Janeiro, conhecido pelos estrangeiros como "Cidade da Morte". A tuberculose, que vitimara a maioria de seus irmãos, parecia-lhe um fantasma nefasto. A febre amarela, sozinha, tivera picos de mais de 4 mil mortes por ano em 1891, 1892 e 1894, e nesse último ano haviam sido quase 5 mil óbitos. Em 1896 foram cerca de 3 mil e em 1898, mais de mil. Seu melhor amigo, Eduardo Prado, fora vítima da doença. Paranhos temia também pela filha caçula e sua preceptora — para afastá-las (e a si) do perigo, "só poderia residir em Petrópolis, indo ao Rio três ou quatro vezes por semana, ou diariamente quando fosse preciso". Alegou também não ter o perfil exigido para o trabalho de ministro das Relações Exteriores. Preferia dedicar-se — afinal — a escrever seus projetados livros sobre a história diplomática e militar do Brasil.

Escreveu diretamente a Rodrigues Alves:

> De meu pai disse Joaquim Nabuco que não serviria para épocas de revolução ou de agitação. De mim se pode dizer isso com mais razão ainda. Vivo no estrangeiro desde 1876, tendo deixado o Brasil com o propósito de me não envolver, mesmo em tempos relativamente calmos, como eram aqueles, nas questões da nossa política interna. Hoje, como então, penso poder ser mais útil à nossa terra servindo-a no estrangeiro e utilizando, sobretudo, agora que poderia ter algum descanso, os materiais que fui reunindo desde minha mocidade, com o desejo de escrever certos trabalhos históricos. Indo agora para o Brasil, teria de renunciar por alguns anos e não posso contar com muitos, a esses meus queridos projetos, e iria viver no meio de uma agitação que não estou habituado a ver de perto [...]. Depois de tão longa vida de retraimento, fechado com meus livros, mapas e papéis velhos, receio mostrar-me desajeitado na vida inteiramente diversa que deveria ter na posição de ministro de Estado.

Aos amigos, Paranhos explicava já não conhecer a política brasileira e temer ver-se envolvido em disputas partidárias. O quadro político era agora bem diferente daquele que conhecera no Segundo Reinado. O federalismo, que abominava, fortalecera as lideranças estaduais e transformara radicalmente o jogo, antes dominado pela hegemonia saquarema, guiada pela mão do imperador. Além disso, suas convicções monarquistas eram conhecidas, o que complicava ainda mais sua situação nesse "novo mundo" da política republicana. Difícil, e talvez inútil, renegá-las. Receava, com razão, não estar preparado para atuar nesse cenário político fragmentado, dominado por personalidades e partidos regionais em constante turbulência. Nabuco sugeriu-lhe uma estratégia simples: "Vá com a unidade nacional acima de tudo para diante e através de tudo, e v. terá uma chave mágica para entrar e sair em todas as questões".

Rio Branco receava, também, encontrar a chancelaria brasileira em mau estado e não queria entrar em choque com a eminência parda do ministério, o velho visconde de Cabo Frio, diretor-geral da Secretaria dos Negócios Estrangeiros já em 1865 e que vinha exercendo o cargo de forma ininterrupta desde 1869. Apesar de aparentemente cordiais, as relações entre os dois não eram fluidas. Como não seria adequado expor essa situação diretamente ao presidente, Rio Branco explorou o argumento em carta ao senador Frederico Abranches, amigo de Rodrigues Alves:

> Eu não sou o homem competente para nesse lugar fazer as reformas que devem ser feitas, com o fim de melhorar o serviço e pôr a repartição em estado de funcionar convenientemente quando venha a faltar o velho visconde de Cabo Frio. Não sou, porque não desejo ser desagradável a homem que eu muito respeito e que conheci já de cabelos brancos, em 1859, quando eu era menino de colégio. Fui também muito amigo de um irmão dele, falecido em 1874, e que conheci antes daquele ano, no gabinete de meu pai. Tenho, pelos meus antecedentes de família, pela minha natureza e educação especial, atenções a guardar para com ele e motivos de delicadeza que me tolhem a liberdade de ação. *Finjo não saber*, mas sei que desde alguns anos antipatiza comigo, do que tenho muitas provas. O Dionísio Cerqueira intrigou-me muito com ele. Isso, entretanto, não modifica os meus sentimentos de admiração e respeito por ele. Todo homem é um conjunto de qualidades e defeitos.

Rio Branco estava convencido de que, guiado pela má vontade com o novo ministro, Cabo Frio resistiria às reformas que ele quisesse implantar e não havia como o destituir — o que de fato não aconteceu: Cabo Frio só deixou seu cargo ao falecer, em 1907.

Como sempre, as questões financeiras também o atormentaram. Para escapar à febre amarela, à varíola e à peste bubônica, que ainda grassavam na capital, pretendia viver em Petrópolis com a filha Hortênsia e sua governanta. As filhas mais velhas e as respectivas famílias continuariam na Europa, com ajuda do pai. Por algum tempo Paulo ainda receberia mesada, pois não concluíra a faculdade de medicina. Só Raul era de fato independente. Seguia a carreira diplomática, abrigado pela chefia de Joaquim Nabuco. Além do subsídio anual de 24 contos de réis que o Congresso lhe concedera, mas que gastava com as filhas casadas e outros parentes, o Barão receberia um ordenado anual de 32 contos, deduzidos os impostos, e calculava não poder viver "decentemente" com menos de sessenta contos anuais (equivalentes em 2017 a cerca de 300 mil dólares). A despeito das constantes queixas e preocupações financeiras, a família Paranhos tinha um padrão de vida invejável, bancado quase inteiramente pelo patriarca.

Em termos de trajetória pessoal, o passo seria arriscado. Rio Branco imaginava um futuro de confortáveis postos europeus, bem a seu gosto, com a perspectiva de dispor de tempo livre para escrever os sempre adiados estudos históricos. Assim, entende-se o telegrama que enviou a Nabuco: "Receio muito fazer, aceitando, sacrifício inútil, perdendo de perto o que tenho podido ganhar de longe...". A espinhosa Questão do Acre aparecia como um desafio muito mais complicado que as arbitragens em que já atuara. Além dos interesses de bolivianos, peruanos, estadunidenses e britânicos, era preciso considerar a numerosa população brasileira em luta contra as autoridades bolivianas em um território que o governo do Brasil reconhecia como estrangeiro. Ao mesmo tempo, o governo do estado do Amazonas claramente incitava a expansão dos seringueiros brasileiros para além das fronteiras. A especialidade de Rio Branco — o trabalho de gabinete fundado no estudo de velhos mapas e documentos —, no caso da Questão do Acre, responderia por não mais que diminuta fração do encaminhamento do problema. O emaranhado de interesses e a multiplicidade das partes em conflito prenunciavam uma longa e tortuosa negociação e dificuldade para encontrar uma solução minimamente aceitável por todos os envolvidos.

Todos os argumentos foram inúteis. Paranhos enviara nada menos que cinco cartas a Rodrigues Alves, respondidas por telegramas em que o mandatário insistia na convocação. Em 29 de agosto, chegou este telegrama do presidente eleito: "Valiosas ponderações cartas não me convenceram. Nome v. excia. será muito bem recebido não podendo negar país sacrifício pedido". Rio Branco não teve saída. Recusar seria desastroso politicamente; assim, aquiesceu por telegrama datado de 30 de agosto. Avisou a Nabuco que ficaria um par de anos como ministro e depois esperava "passar o bastão" ao amigo e voltar para o conforto de um posto europeu.

De fato, permanecer na Europa parecia mais conveniente e seguro para ele, e seus receios sobre os enormes desafios que enfrentaria e a possibilidade real de fracasso não eram infundados. Tudo considerado, coube a Domício da Gama a melhor avaliação sobre o que estava por vir. Em carta enviada dias depois do telegrama em que Rio Branco aceitava a convocação de Rodrigues Alves, ele consolou e tranquilizou o antigo e futuro chefe:

O sr. pensará que encaro com muita leveza o seu "sacrifício" para assim lhe falar em apresentações: mas se eu lhe disser que tenho previsto muitas das amofinações e dificuldades que o sr. vai ter no Brasil? Somente eu penso que dos apuros em que o sr. se verá metido talvez saia outro Rio Branco, diferente do reservado e cauteloso homem de gabinete, capaz de arrostar ódios e picardias para cumprir o seu dever e, tornando-se centro de outras generosas e esclarecidas atividades políticas, completar a sua obra continuando noutro terreno a obra paterna. Penso na sua maravilhosa fortuna, que o tem levado através de tão grandes dificuldades (eu assisti a momentos bem dramáticos na sua vida) e penso, como fatalista, que as coisas se encaminham para que o governo não seja abandonado aos menos capazes pela desídia ou egoísmo dos mais capazes, que só consultam o seu interesse material e duvidam dos destinos de sua raça. O primeiro Rio Branco nunca pensou em si; o segundo nunca recusou encargo em que trabalho e glória se equilibram, nunca hesitou diante de tarefas de responsabilidade igual à que vai assumir ajudado pela confiança da sua nação. Em vez de se acabrunhar acho que o sr. considerará que as suas férias estão terminadas e tem de recomeçar a campanha noutro país, que agora é o seu. Verá como o recebem, verá como lhe darão prestígio para os atos de sua administração. Lá chegando o sr. nem pensará em reformar a secretaria (ela se reformará por si, diante da sua atividade) ocupado desde logo em gerir a política exterior do Brasil, que anda tão carecida de direção. Isto é um aspecto do seu caso, o melhor, mas por que há de a gente só pensar no pior quando tem de pôr-se em marcha? Cuide de pôr-se em marcha, sr. Barão, uma vez que está decidido e diante das circunstâncias obre como homem que tem um passado e o prestígio próprio e o paterno a conservar.

De fato, as "férias" berlinenses estavam terminadas. O novo emprego demandaria mudanças em seu perfil de atuação. Dirigir as relações exteriores brasileiras exigiria que Rio Branco lidasse com amofinações grandes e pequenas bem diferentes daquelas que já conhecia. Também no plano pessoal, as exigências passariam a ser outras. Habituado ao trabalho solitário, de "único e exclusivo" autor de suas defesas, e ao cabo de quase vinte anos de reinado absoluto, ainda que à distância, sobre o consulado em Liverpool, sua transformação em ministro das Relações Exteriores significava um desafio de peso: aprender a conciliar o espírito autoritário com a preservação das amizades, na inevitável confusão chefe/amigo. Já em Paris, em trânsito para o Rio de Janeiro, desentendera-se com Joaquim Nabuco, a quem desejava entronizar como ministro em Roma, posto que acumularia com a chefia da missão especial sobre a fronteira com a Guiana Inglesa. Sua intenção era clara: passado o par de anos que pretendia permanecer no Rio de Janeiro, Nabuco lhe cederia o lugar na capital italiana para ocupar o ministério. Nabuco não aceitou e registrou em seu diário: "Na rua, uma discussão bastante forte com este [Paranhos] sobre minha recusa de aceitar a legação permanente da Itália". Era o prenúncio de desentendimentos com vários companheiros de longa data.

Com Rio Branco, o presidente Rodrigues Alves fazia uma esplêndida aposta. Convocava um verdadeiro ídolo nacional para desembrulhar a Questão do Acre, que, mal resolvida, ameaçaria seu mandato. Transferia a responsabilidade para os ombros de Paranhos. A figura do herói relutante que atende ao chamado da pátria para, como nas duas ocasiões anteriores, brandindo as armas do direito e da justiça, encontrar uma solução que conciliasse os brasileiros reluzia como uma imagem muito forte. Todas as esperanças se voltavam para ele. O desafio só podia parecer assustador, de modo que a primeira reação do herói foi tratar de minimizar essas expectativas. Nas vésperas da partida, escreveu ao amigo José Carlos Rodrigues: "Veja se me livra de manifestações excessivas e de me andar dando em espetáculo. Quem tem vivido no retraimento, como eu, não se dá bem com essas coisas. Não me obriguem a fazer má figura".

As coisas não se passariam assim.

PARTE III

UM SAQUAREMA NO ITAMARATY

(1902-12)

21. *Tel brille au second rang qui s'éclipse au premier*

Havia muitas semanas que a leitura diária do *Correio da Manhã* se tornara fonte segura de aborrecimento. As severas censuras e críticas contra a condução das negociações com a Bolívia e até os ataques pessoais se sucediam sem trégua. A dúvida cotidiana era saber se naquela edição específica a afronta viria assinada por Gil Vidal, Rocha Pombo ou o próprio dono do pasquim, Edmundo Bittencourt. Nem o espírito de Natal suavizava a prevenção do jornal contra Rio Branco. No dia 26 de dezembro de 1903, a primeira página estampava outro furioso editorial de Bittencourt: "Mestre do patriotismo, por quê?". A virulência do jornalista assumira caráter pessoal. O *Correio da Manhã* acusava o ministro das Relações Exteriores de falta de patriotismo até por detalhes como o fato de o filho Paulo, nascido e criado em Paris, jamais ter optado pela cidadania brasileira. A disputa política sobre a Questão do Acre passava para o plano pessoal. Parecia o começo de uma escalada para devassar e achincalhar a vida privada de Rio Branco e sua família. Bittencourt era claríssimo em suas ameaças:

Conheço passo a passo a história do barão do Rio Branco, desde o tempo em que ele era *Juca Paranhos* e, forçado por seu ilustre pai (que foi muito infeliz com os filhos), teve de abandonar o Rio de Janeiro, então terra burguesa e de recato, e abalou para a Europa, onde se casou [...]. Se s. ex. continuar a açular contra mim os seus podengos, naturalmente terei que esmiuçar esta história.

Para piorar, o *Correio da Manhã* não estava só em suas investidas contra Rio Branco. Ao longo de 1903 e até o início do ano seguinte, nenhum assunto ocupou tanto espaço na imprensa nem foi discutido com tal intensidade e paixão quanto o Acre. A unanimidade a favor do diplomata que chegara consagrado por suas vitórias nas questões de fronteiras desmoronava à vista de todos.

Claro, alguns jornais apoiavam o chanceler — a começar, naturalmente, pelo mais prestigioso de todos, o tradicional *Jornal do Comércio*. Mas os ataques contra o Tratado de Petrópolis também chegavam às páginas da imprensa simpática ao Barão, reproduzidos em "A Pedidos". Nessa seção, os jornais estampavam artigos assinados, sob pseudônimo, ou mesmo anônimos, em matérias pagas que esquentavam as polêmicas e reforçavam os cofres dos donos das publicações. A negociação com a Bolívia pela posse do Acre dominou a pauta da imprensa naqueles meses. Desde a primavera de 1903, Rio Branco polemizava com seus detratores e perdia amigos e apoios políticos. Nos últimos dias daquele ano, o texto do acordo com a Bolívia, assinado em 17 de novembro, ainda não fora encaminhado para o devido exame pelo Congresso, mas seu conteúdo já era conhecido e debatido com ardor. Para ser aprovado, o tratado teria de ser ratificado pelas duas casas do Parlamento. O ano legislativo terminava, e desde fins de novembro o deputado Alexandre José Barbosa Lima vinha exigindo que o convênio — cujos termos permaneciam supostamente secretos, mas eram vazados pela imprensa — fosse apresentado formalmente à Câmara. Rio Branco tampouco divulgara o relatório anual do Ministério das Relações Exteriores, que deveria preceder o exame da proposta orçamentária do governo federal. O prazo se esgotara em agosto sem que o ministro desse explicações. O orçamento acabou aprovado mesmo sem a exposição do Itamaraty.

A demora para encaminhar o Tratado de Petrópolis ao Congresso tinha uma razão. Ele já estava sendo debatido pelos legisladores bolivianos; prudente, o governo brasileiro esperava os resultados dessas deliberações para dar andamento formal ao assunto. Barbosa Lima, pernambucano, mas deputado pelo Rio Grande do Sul, sugeria que a demora era intencional para que o tratado fosse discutido "de afogadilho, na estreiteza de tempo que permite uma sessão secreta", e cobrava a divulgação imediata. A batalha parlamentar para a aprovação anunciava-se difícil. Na Câmara, Barbosa Lima liderava a bancada gaúcha, secundado pelo deputado Germano Hasslocher, assumindo uma atitude agressiva de repúdio ao arranjo com a Bolívia. No Senado, o acerto teria de enfrentar também, entre outros, os poderosos senadores José Gomes Pinheiro Machado, do Rio Grande do Sul, e Joaquim Murtinho, do Mato Grosso — o primeiro, vice-presidente da casa, e o último, o ainda influente ex-ministro da Fazenda de Campos Sales. Isso sem contar os melindres do senador baiano Rui Barbosa, que abandonara a equipe de negociadores do tratado por discordar da orientação de Rio Branco.

Rui não era o único a se sentir magoado. Por razões diversas, até velhos amigos de Paranhos alimentavam ressentimentos; alguns chegavam a expressar suas queixas em críticas públicas contra o chanceler. Oliveira Lima, ainda que diretamente subordinado a Rio Branco na hierarquia diplomática, lançou farpas contra o antigo companheiro até em seu discurso de posse na Academia Brasileira de Letras; além disso, desde agosto vinha publicando — justamente no *Correio da Manhã* — uma série de artigos sobre a reforma da carreira diplomática. Joaquim Nabuco, com razão, interpretava esses artigos como "um manifesto contra a política de Rio Branco". Em 1904, o monarquista Artur Silveira da Mota, barão de Jaceguai, enquanto a Câmara dos Deputados discutia o tratado, publicou na imprensa um libelo contra Rio Branco. Depois explicou a Joaquim Nabuco, por carta:

> Na evidência culminante em que ele [Rio Branco] se acha colocado, estarás informado de todos os atos e gestos desse teu amigo, se é que ele é amigo de alguém. Comigo se portou como um alarve. Quando aqui chegou prestei-lhe as maiores homenagens que se podem prestar a um herói nacional; ele as recebeu com ostentosa indiferença, e tendo sido por algum tempo o homem forte do governo, consentiu que este me espezinhasse despoticamente para castigar o meu zelo e dedicação pela causa pública, únicos crimes que me podiam ser imputados. Não obstante, quando apenas se suspeitavam que ele houvesse sacrificado grandes interesses do país na negociação do tratado com a Bolívia e apareceram na imprensa indícios de descontentamento público, alistei-me voluntário entre os poucos que então se mostraram dispostos a não consentir que se fizesse dele bode expiatório do mal-estar geral da República. Ele teve conhecimento da minha generosa atitude, mas julgou poder desdenhá-la, confiado em que os seus processos de corrupção dispensavam-lhe, para o seu triunfo final, a humilhação de qualquer apoio desinteressado.

Todavia, conservei-me na expectativa a mais benévola, até que foi dado a lume o monstruoso parto da inépcia diplomática do nosso comum amigo de outrora. Já então ele havia comprado toda a imprensa, com exceção do *Correio da Manhã* e da *Notícia* e pois que se mostrava orgulhoso de sua obra e continuava a fazer alarde de seu desprezo pelas considerações pessoais de todas as pessoas estranhas à política, não pude conter-me e fiz a crítica mais séria do tratado que, na opinião geral, aqui se produziu. Não sei se terás visto; ela saiu em quatro comunicados à *Notícia* e o primeiro deles que causou sensação apesar de longo houve quem o mandasse transcrever no *Jornal [do Comércio]* e no *Correio da Manhã*. Consta-me que o homem ficou furioso...

Jaceguai não se enganava. O Barão ficara furibundo com suas críticas, que lhe feriam a vaidade e atingiam seu ponto mais sensível naquele momento: a insegurança quanto a sua capacidade de reproduzir no comando do Itamaraty o sucesso de sua atuação como advogado do Brasil nas arbitragens em que atuara. Resumindo a frustração das altas expectativas populares sobre a condução da crise com a Bolívia pelo chanceler, Jaceguai fizera um diagnóstico cruel: *"Tel brille au second rang qui s'éclipse au premier"*. Atirava sobre Paranhos uma frase de Voltaire que resumia o pensamento de muitos na virada de 1903 para 1904: o brilho intenso exibido por Rio Branco como coadjuvante parecia extinguir-se quando ele assumia a principal função da diplomacia. Até sua permanência no cargo de ministro das Relações Exteriores parecia ameaçada. Em Berlim, ele hesitara muito em aceitar o convite de Rodrigues Alves, chegando a avisar o amigo Nabuco que passaria apenas dois anos no cargo — para satisfazer o presidente —, mas que em seguida obteria uma situação confortável em alguma cidade europeia. Na ocasião, recomendava Nabuco — então advogado brasileiro na disputa com a Guiana Inglesa — para seu lugar no comando do Itamaraty. Agora, com as dificuldades na questão com a Bolívia, o nome de Nabuco voltava a ser cogitado para o Ministério das Relações Exteriores, dessa vez sem que a iniciativa partisse de Rio Branco.

Desde os meses finais de 1903, a oposição ao Tratado de Petrópolis seguia implacável também na imprensa ilustrada. Choviam ataques a Rio Branco e críticas contra o acordo. Em charge de Alfredo Cândido publicada na revista *A Larva* de 25 de outubro, um personagem representando o "Zé-povinho" equilibrava um busto do Barão sobre um castelo de cartas que se desfazia, derrubado por um

264

dragão (de papel?), o "Tratado", jogando ao chão o busto. Para não deixar dúvidas, o título da caricatura era "Desilusão", e a legenda dizia: "Os castelos que erguia o pensamento...". O mesmo Alfredo Cândido publicou outra caricatura do mesmo dia, também em *A Larva*, intitulada *"Mons parturiens"* [O parto da montanha], em que Rio Branco é comparado a uma montanha que geme e produz um pequeno rato, como na fábula de Esopo. "De um grande esforço diplomático, o danado do rato viu a luz!", arrematava Cândido.

Nas duas arbitragens ainda frescas na memória popular, Rio Branco obtivera vitórias absolutas, sem conceder compensações territoriais ou contrapartidas de qualquer natureza à Argentina e à França, duas nações poderosas. Contra a débil Bolívia, porém, havia a perspectiva de uma gorda indenização financeira, favores e até a cessão de nesgas do território pátrio. Difícil explicar a razão disso: desde 1900 o grande jurista Rui Barbosa garantia que, se julgada por um árbitro imparcial, a posse brasileira do Acre seria consagrada apenas pela força de nosso direito àquela região habitada e explorada economicamente por brasileiros.

O fogo contra Rio Branco e os ataques ao acordo assinado com a Bolívia vinham de todo lado. Até o jornal *O Comércio de São Paulo*, que pertencera ao seu maior amigo, Eduardo Prado, atacava violentamente a negociação. Seu editorial de 29 de outubro, assinado por Martim Francisco Ribeiro de Andrada, resumia a posição dos setores monarquistas mais radicais. O texto, intitulado "No charco", partia de um diagnóstico severo: "A República perdeu tudo, menos a honra... Ninguém perde o que não tem". Segundo o articulista, o acordo celebrado com a Bolívia significaria:

1º que o governo já pagou a um sindicato norte-americano milhares de contos por esse mesmo Acre que pertencia ao Brasil;

2º que o governo vai ainda pagar à Bolívia cerca de quarenta mil contos de réis por esse mesmo Acre que já está pago;

3º que à Bolívia serão concedidas as saídas que quiser (à custa do Brasil, que construirá estradas de ferro), pelos dois estuários do Prata e do Amazonas;

4º que, pela primeira vez, o Brasil terá de fazer a uma nação estrangeira cessão de território, cessão excedente a sete mil quilômetros quadrados;

5º que existe, de fato, a pressão norte-americana, coagindo nossa chancelaria à subserviência, diante da habilidade acautelada da diplomacia boliviana;

6º que, aproveitando a nossa fraqueza e a nossa incapacidade governamental, o

Peru invadiu o riquíssimo vale do Iaco e lá está, há mais de oito meses, fortificando-se e mantendo, por meio das armas, explorações, gente e dinheiro;

7º que o Brasil, desorganizado e desmoralizado pela República, não tem Marinha nem Exército para poder evitar os males e as ameaças que o litígio do Acre lhe impôs, lhe está impondo e, com acréscimos consideráveis, lhe imporá, em prazo menor do que geralmente se pensa;

8º que o perigo alemão se acentua, só não o vendo os políticos que tiverem o caráter preparado para acordos lucrativos com o estrangeiro dinheiroso;

9º que, afinal das contas, e em consequência da queda da monarquia, a nação brasileira terá de pagar ao Peru e à Bolívia o que essas nações, fracas e vencidas, perderam na guerra que o Chile as esmagou.

Pouco depois, em 31 de outubro, o cartunista Crispim do Amaral, em charge publicada na revista *A Avenida*, dedicou ao Exército uma caricatura em que Rio Branco aparece empunhando um facão denominado "Ministério do Exterior" diante do corpo já decapitado de um índio gigantesco que representa o Brasil. Em uma das pernas do cadáver está estampada a frase "Presente à Bolívia de F. P. R. A.", as iniciais do presidente Francisco de Paula Rodrigues Alves, e em um dos braços "À Bolívia off. do B. R. B.". O Barão, travestido de açougueiro, comenta: "A cabeça já está no prego... agora toca a retalhar o resto!". A solicitação para que as Forças Armadas vetassem a ratificação do tratado nada tinha de sutil, bem como a insinuação de traição à pátria, por parte do ministro e do presidente. Nesse mesmo dia, *O Malho* estampava uma caricatura, "Precauções", em que um personagem não identificado comenta que vai cortar o cavanhaque para evitar ser confundido com Rio Branco. Dava-se a entender que o Barão — figura tão popular poucos meses antes — corria o risco de ser agredido fisicamente nas ruas.

Para açular o ânimo patrioteiro, os caricaturistas também supunham a existência (na verdade, muito duvidosa) de imensa satisfação na Bolívia pelo resultado da negociação. Em *O Coió* de 2 de novembro, uma ilustração intitulada "Na Bolívia" mostra dois personagens mantendo o seguinte diálogo, supostamente em espanhol:

— *Entonces, Lola, El Brazil és nuestro?*
— *No, señor generale, inda no. El adorable baron no lhego a la presidencia.*

Ainda que a contrapartida territorial tenha sido o principal foco das críticas ao tratado, não faltaram queixas contra a compensação financeira paga à Bolívia. *O Tagarela* de 19 de novembro exibe uma caricatura de Falstaff em que Rio Branco joga um saco de dinheiro com 2 milhões de libras esterlinas na boca de um vulcão que exala uma fumaça, onde se lê: "Questão do Acre". A legenda diz: "Como se procura abafar um vulcão". Já no *Correio da Manhã* de 21 de novembro, o cartunista K. Lixto mostra o Barão com o presidente e os demais ministros, e mais um par de botas identificadas como "Acre" entre Rodrigues Alves e uma figura feminina representando a Bolívia. A ideia de descalçar as botas é uma imagem para o ato de desembaraçar-se de um problema. A caricatura tem o título de "Resultado final", e sua legenda decreta: "Descalçou o par de botas mas nos custou muito caro".

A campanha mais violenta contra o tratado e particularmente contra Rio Branco coube ao *Correio da Manhã*. Em tese, as negociações eram secretas; a conclusão do Tratado de Petrópolis data de 17 de novembro de 1903. Antes disso, porém, no dia 3 daquele mês, o jornal estampou um editorial de título sugestivo: "Antes da catástrofe". Nele, o proprietário da publicação, Edmundo Bittencourt, advertia sem meios-tons:

> Se o seu tratado consiste, como se propala, em inverter os termos da pendência, dando em troca do Acre — que s. ex. não sabe se é ou não nosso — um território que é nosso, e mais um porto e mais uma estrada de ferro, e ainda 40 mil contos em dinheiro, que não temos, depois de haver escrito notas cheias de arrogância e inconveniência que nos iludiram; depois de haver sacrificado a vida de centenas de soldados brasileiros nos pauis do Amazonas; depois de haver desprestigiado nosso Exército; pode s. ex. ficar certo de que há de sair daqui corrido, apedrejado, deixando a sua pátria entregue às alucinações de um desespero que ninguém pode dizer a que extremo chegará.

Pouco mais de uma semana antes da invectiva de Edmundo Bittencourt, em 22 de outubro, Rui Barbosa deixara a equipe de negociadores brasileiros por discordar das concessões territoriais que o Barão estava propenso a aprovar, como parte da compensação pela vasta área de que os bolivianos abririam mão. O jurista admitia, inclusive, que "não se poderia duvidar que fosse um bom negócio ficarmos com um território imenso, de uma fertilidade maravilhosa, a que estão ligados os interesses de uma numerosa colônia brasileira, a troco de algumas léguas de terra inculta, insalubre, e despovoada". Aparentemente por temer a reação popular, Rui mudara de ideia, pois, afirmou, "no atual estado do espírito público, com as influências desorganizadoras que hoje atuam sobre a opinião pública, não creio que a pudéssemos convencer dessa verdade". Diante da negativa dos bolivianos de ceder o Acre apenas com base em compensações financeiras, Rui propunha submeter o tema a arbitragem, pois confiava no direito brasileiro sobre o território.

Depois de algumas idas e vindas, ficou impossível contornar o dissenso entre os negociadores brasileiros; assim, o senador Rui Barbosa deixou a Rio Branco e Assis Brasil a responsabilidade de fechar o acordo. Ao retirar-se, em sua carta de despedida, assegurou ao chanceler que, de sua parte, "em qualquer tempo, em quaisquer circunstâncias, o nome do barão do Rio Branco não terá testemunha mais leal de sua nobreza, da sua capacidade e do seu patriotismo". Com as fortes ligações que mantinha com o *Correio da Manhã* e com Edmundo Bittencourt, o senador baiano certamente terá influído no ânimo do jornal, mas as palavras dirigidas ao antigo subordinado não parecem ter convencido o editor da nobreza de propósitos, da capacidade ou do patriotismo do Barão...

Em todo caso, a partir de 3 de novembro o *Correio da Manhã* declarou guerra a Rio Branco. No dia seguinte, outro editorial, assinado por Rocha Pombo, intelectual conhecido, advertia contra uma solução que alienasse território brasileiro. Na edição vespertina do mesmo dia, um artigo anônimo publicado no *Jornal do Comércio* retrucava que o Barão não admitia lições de patriotismo por parte de ninguém. No dia 5, em matéria maldosa não assinada no *Correio da Manhã*, vinha a tréplica:

> Disse muito bem o missivista das *várias* do *Jornal* [*do Comércio*]: o sr. barão do Rio Branco, em matéria de patriotismo, não precisa que ninguém lhe dê lições.
>
> Haja v. de permitir que a esse conceito peremptório, eu acrescente a confirmação dos fatos.
>
> Em 1894, o atual ministro do Exterior, fiel a seus sentimentos patrióticos, escrevia a um amigo jornalista nesta capital, concitando-o a organizar a restauração monárquica. S. ex. exercia, então, as funções de cônsul da República.
>
> Poucos dias depois, o marechal Floriano Peixoto, por indicação de seu compadre

e amigo, o saudoso conselheiro Dantas, ofereceu-lhe o alto posto de nosso enviado extraordinário junto ao governo de Washington para discutir o litígio das Missões.

S. ex. aceitou, imediatamente, o honrosíssimo convite, abandonando para logo a ideia da restauração da monarquia.

Quem assim procede, realmente, não precisa que se lhe deem lições em matéria de patriotismo.

Rio Branco acusou o golpe. Na edição vespertina do mesmo dia, os jornais simpáticos ao chanceler estampavam mais um capítulo do duelo que se iniciava:

> O sr. ministro das Relações Exteriores pede-nos para declarar, com referência a um comunicado do *Correio da Manhã*, de hoje, que é de pura invenção a notícia ali contida. Nem em 1894, em que era ministro em missão especial, em Washington, nem em outra qualquer data, desde 1889, escreveu ele a amigo algum concitando-o a organizar a restauração da monarquia.
>
> Nunca aconselhou, por escrito ou verbalmente, conspirações ou revoltas, e desde 1876 deixou a política interna, com o propósito de não mais voltar a ela.
>
> Todos que o conhecem sabem que é incapaz de deslealdades.

No dia seguinte, o *Correio da Manhã* deu a primeira escaramuça por encerrada, mas não sem antes sugerir que ainda dispunha de muita munição para as batalhas que viriam, e que só deixava de publicar aquele material "porque a questão resvala para um terreno pessoal e nós não queremos se suponha seja nosso intuito denegrir a pessoa do sr. ministro do Exterior no momento em que a nação ansiosa tem os olhos voltados para ele". As ameaças veladas ou abertas de ataques não só contra o tratado como de molde a desqualificar Rio Branco no plano pessoal prosseguiriam.

Também o jornal *A Notícia* juntou-se aos críticos do tratado. Na edição de 11-12 de novembro, seu editorial atacava as iminentes concessões à Bolívia e se declarava a favor da arbitragem. Segundo o editorialista,

> com essa repugnância ao recurso do arbitramento, que aliás deu duas tão grandes vitórias ao sr. barão do Rio Branco, assaltam-nos receios de que eventualmente tenhamos de oferecer ao Peru novas compensações de trânsito, de dinheiro e de ter-

ritório para assegurar a posse do que nos dá a Bolívia à custa de território, de dinheiro e de trânsito.

Fundado por Oliveira Rocha, o "Rochinha", *A Notícia* era um jornal dirigido à elite carioca, com linha editorial de apoio aos governos republicanos. A oposição ao tratado, ainda que cautelosa, causou algum espanto por tratar-se de negociação em que se jogava a sorte do governo de Rodrigues Alves.

Em resposta, os jornais simpáticos ao Barão começaram a publicar abundantes notas e artigos em favor do tratado, ainda que os termos negociados com os bolivianos fossem conhecidos apenas extraoficialmente. Além do *Jornal do Comércio*, também *O País* passou a apoiar as negociações capitaneadas por Rio Branco e a criticar abertamente o *Correio da Manhã*. Edmundo Bittencourt reagiu com a violência habitual. Em 16 de novembro, bradou: "Não há dúvida, o barão do Rio Branco está metido em boa companhia! A esta hora s. ex. deve estar corrido de vergonha por se ver, assim, em público, apanhado com dois meliantes a conchavar um plano para enganar os seus compatriotas, tão bons e generosos…". Referia-se aos editores do concorrente *O País*, Eduardo Salamonde e João de Souza Lage, a quem Bittencourt qualificava como "dois portugueses renegados, um deles até jacobino". Segundo Bittencourt, como "não houve jornalista brasileiro que se prestasse a semelhante papel, pago, aliás, como era natural, a peso de ouro, tirado dos cofres da nação", Rio Branco teria comprado os "dois portugueses renegados para nos ensinarem patriotismo, sendo que um dos ditos portugueses confessa ter sido até pouco tempo diretor de dois estabelecimentos de jogo perseguidos pela polícia?!".

Salamonde respondeu com insinuações de venalidade por parte de Bittencourt e decretou: "Quando um jornalista vai ao extremo vesânico de ameaçar de apedrejamento um homem como Rio Branco e de o reputar traidor à pátria, toda gente se deve considerar honrada com os insultos que possa vir a receber desse detrator profissional". Souza Lage, por sua vez, assumiu ter tido dois negócios "fechados pela polícia", mas, afirmou, de forma arbitrária. Em um dos casos, sua causa fora defendida por Rui Barbosa, daí Bittencourt conhecer bem os detalhes, já que na época era um "advogado desconhecido e esfomeado, [que] andava pelos corredores do escritório do sr. Rui Barbosa, apanhando os caídos da clientela abandonada pelo emérito jurisconsulto". No segundo caso, o próprio Bittencourt teria oferecido seus serviços de advogado para reverter a proibição, mas Souza Lage teve "medo que a proteção ficasse mais cara do que a violência" e declinou da ajuda.

A altercação entre os meios de imprensa seguiu célere. Para Bittencourt, "toda a vez que o governo compra a imprensa, é contar como certo: — aqueles que lhe fazem oposição, para logo, são cobertos de insultos pelos bandalhos que entram para o aluguel". Guerra é guerra: as críticas contra Bittencourt e o *Correio da Manhã* invariavelmente eram reproduzidas na seção "A Pedidos" do *Jornal do Comércio* e em outros jornais. Em 18 de novembro, o *Jornal do Comércio* foi descrito por Bittencourt como "órgão dirigido pelo conhecido falsário e ladrão, que se chama José Carlos Rodrigues e por um mulatinho pernóstico, que foi copeiro do dr. Rui Barbosa e hoje é conhecido pela alcunha de *dr. Tobias*". O *Correio da Manhã* acusava a concorrência, com todas as letras e algumas cifras, de estar comprada pelo governo, conforme estaria acontecendo desde o período de Campos Sales, "que havia gasto *seis mil e tantos contos* com a imprensa".

Em 20 de novembro, o teor do Tratado de Petrópolis começou a ser divulgado pelos jornais, mas o texto ainda demoraria a ser enviado oficialmente ao Congresso — guardado por um segredo de polichinelo. Exatamente uma semana depois da divulgação extraoficial das disposições negociadas com a Bolívia, o *Correio da Manhã* comemorou o início da oposição parlamentar:

> A primeira nota do clarim que convoca os patriotas às fileiras ressoou ontem no recinto da Câmara pelo órgão autorizado do ilustre representante do Rio Grande do Sul, sr. Barbosa Lima. O forte orador parlamentar levantou o primeiro grito em prol da próxima rejeição do tratado que nos inflige o supremo ultraje da mutilação de uma parte importante do território nacional.

No mesmo dia, o jornal reproduziu uma matéria publicada na véspera no *Correio de São Paulo* em que, sob o pseudônimo de Timon, um articulista profetizava que "esse pacto, se não for o Waterloo do emérito patrício, será, talvez, o seu Leipzig... A primeira derrota, tal como a outra que anunciou ao grande capitão do século XIX a sua próxima queda".

A refrega continuou no dia seguinte. Sob o título "Esperneia, bandido!", Edmundo Bittencourt voltou a atacar violentamente os editores de *O País*:

> Eu acuso Eduardo Salamonde de ladrão (e note-se que ainda não toquei nas subscrições patrióticas, nem nas suas relações com o estado do Rio), acuso-o de merce-

nário; digo que ele se vendeu a Júlio de Castilhos, ao estado do Pará, ao estado do Amazonas, à Sorocabana, ao sr. Campos Sales, à Companhia Cristóvão.

Naturalmente, as ofensas eram devolvidas, em uma troca de acusações que deleitava o público e aumentava a vendagem dos diários.

Na edição de domingo, 29 de novembro, o editorial de Bittencourt, "Ladrem…", manteve a discussão no habitual nível de impropérios e de ofensas pessoais, além de apelar para argumentos patrioteiros para pedir a rejeição do tratado no Congresso:

> Pode rosnar e canir a canalha abjeta d'*O País* e do *Jornal do Comércio* que não nos demoverá da trajetória que traçamos e da qual não nos havemos de afastar. […] O *Jornal do Comércio* é dirigido por um falsário que só não foi para os cubículos onde penam os larápios da mesma espécie, porque daqui fugiu. Agora tem à sua frente um mulatinho desabrido, patoteiro desavergonhado, esse dr. Tobias, cujas faces foram chicoteadas publicamente como prêmio de suas insolências a uma senhora.
>
> São esses venais que recebem dinheiro do governo para vir ladrar às nossas portas. Não nos incomodam os latidos.
>
> Havemos de dizer bem alto que o governo atual está fazendo a desgraça da nossa pátria: havemos de clamar contra esse morticínio a que está condenado o nosso Exército nas insalubres regiões do norte. Mil e quinhentos dos nossos soldados desapareceram já consumidos pelas febres e pela péssima alimentação. Em paga disso o nosso governo quer abarrotar de favores a Bolívia, dando-lhe, além de tudo isso, uma porção da nossa pátria, que nos há de ser arrancada como um pedaço de nossa alma, se não quisermos levantar bem alto os nossos brios e mostrar que amamos o Brasil com o mesmo ardor com o que o defendemos no Paraguai.

A guerra pela imprensa prosseguia sem tréguas, mas a batalha parlamentar não tinha data para começar, pois o ano legislativo se encerrava e o texto do convênio ainda não fora formalmente encaminhado para as discussões e para a votação no plenário das duas casas. Em 28 de novembro a revista *A Avenida* estampava uma caricatura do Barão com ar desesperado, exclamando: "Arre! Fechei o tratado! Mas agora quem precisa ser tratado sou eu!". Anunciava-se a rejeição do acordo pelo Congresso, o que desmoralizaria Rio Branco completamente e se traduziria em desastrosa derrota para o presidente Rodrigues Alves. Era ainda recente a lembrança do repúdio, pela opinião pública e depois pela Câmara, do convênio assinado por Quintino Bocaiúva para dividir o território de Palmas. Por ironia, o naufrágio do tratado Bocaiúva-Zeballos havia sido o ponto de partida para a retomada da arbitragem com a Argentina, cuja vitória alçara Paranhos do esquecimento para a glória. Em *O Tagarela* de 3 de dezembro, uma caricatura de Falstaff intitulada "A célebre questão" mostrava Rio Branco a cavalo avançando para um precipício em que se lia a palavra "descrédito". Na direção oposta, uma placa indicava "Questão do Acre — bom caminho". Ainda que o cavalo estivesse apavorado com a queda iminente, o chanceler comentava: "Parece que vou errado... Vejo aqui um precipício. Não faz mal! Prossigamos: *alea jacta est*".

Em 9 de dezembro, novo editorial do líder monarquista Martim Francisco Ribeiro de Andrada em *O Comércio de São Paulo*. Sob o título "Fora do charco", o autor antecipava (e lamentava) a vitória de Rio Branco, pois

mais alguns recados do Catete [...] à gaiatíssima independência do Poder Legislativo nacional, e, em três ou quatro dias, Câmara e Senado, deputados e senadores, aprovarão o tratado com o mesmo sentimento conscencioso com que aquele herói de Molière fazia prosa sem dar por ela.

No mesmo dia, o *Correio da Manhã* também previa a aprovação do tratado, que, no seu entender, contrariava o interesse nacional e a vontade popular: "E assim, pode-se dizer, que o tratado do Acre — que há de ser a mancha negra da nossa história — passará no Congresso, sem ciência, sem exame, sem crítica do povo...". No dia seguinte, o *Correio* insistia, pela pluma de Rocha Pombo: "Não há dúvida — é o caso: mais duas vitórias como esta e estaremos perdidos. Por muito que nos pese, é preciso que digamos: o tratado seria — para a Bolívia um opróbrio, e para nós, além de opróbrio, seria um desastre, talvez incalculável". O articulista insistia na recusa de oferecer contrapartida territorial pelo Acre e voltava a acenar com uma arbitragem como o melhor caminho. Em 13 de dezembro, repisava:

E por que não havíamos de preferir o recurso da solução arbitral? Pois quando nos encontramos com povos fortes não nos valemos desse recurso? E até agora não nos felicitamos da excelência do processo? Por que havíamos de recusá-lo então no caso que se debate? Porque tratamos com a Bolívia em vez da França ou porque em vez do governo de Buenos Aires vemos apenas diante de nós o governo de La Paz? Mas isso não é moral nem é nobre.

Rio Branco reagiu com uma série de quatro longos artigos publicados originalmente no *Jornal do Comércio* nos dias 17, 18, 21 e 23 de dezembro, sob o pseudônimo de Kent. Os artigos foram prontamente republicados no *Jornal do Brasil*, em *O País*, na *Gazeta de Notícias* e em *A Tribuna*. Na primeira aparição de Kent, o chanceler buscava rebater os argumentos dos monarquistas nos artigos "No charco", "Fora do charco" e "Waterloo!", publicados em *O Comércio de São Paulo*. Mostrou que as raízes da questão vinham do Império e, portanto, não se poderia arguir que fosse "inevitável a indecência" por ser uma negociação promovida pela República. Em tom sóbrio, explicou que a promessa de construir uma estrada de ferro do Madeira ao Mamoré vinha já do tratado de 1867 e que sua construção beneficiaria também o Brasil. Quanto à troca de territórios, argumentou que o Brasil cederia à Bolívia 3164 quilômetros quadrados de terras "inteiramente desabitadas e pela maior parte cobertas de águas" e receberia 191 mil quilômetros quadrados de "uma região imensa, rica de produtos naturais, povoada e explorada por mais de 60 mil brasileiros". Acrescentou que por "não haver equivalência nas áreas dos territórios permutados é que o Brasil paga a indenização de 2 milhões de libras à Bolívia". Não deixou de se referir "ao fato de haverem sustentado alguns eminentes compatriotas nossos, a partir de 1900, que o Acre é brasileiro até o paralelo de 10°20' sul". Rio Branco rebatia essa tese, abraçada pelos que insistiam em levar a questão a um processo de arbitragem, com o fato de o governo brasileiro ter reconhecido aquela área como boliviana de 1867 até 1902. A arbitragem seria demorada e de resultado incerto. O acordo direto, assim, seria uma transação para "evitar as delongas e as incertezas do processo".

Ao usar um pseudônimo para defender o tratado, Rio Branco se desobrigava da cautela exigida por seu cargo e podia expor cruamente as vantagens que o Brasil obteria com a negociação. Recorria a argumentos que, na qualidade de chanceler e de negociador do acordo, não poderia usar sem ofender a Bolívia. Além disso, ficava com as mãos livres para atacar seus desafetos na imprensa. Contra *O Comércio de São Paulo*, as farpas dirigidas ao articulista Martim Francisco Ribeiro de Andrada eram sóbrias ao defini-lo como "infatigável propagandista da restauração", o que, aliás, não terá sido tomado como ofensa por Martim Francisco. No segundo artigo, publicado no dia seguinte, suas baterias voltaram-se contra *A Notícia* e o *Correio da Manhã*. A estratégia adotada foi resgatar opiniões anteriores dos dois jornais, discrepantes dos argumentos usados agora contra o tratado. Assim, por exemplo, lembrava que "já em 30 de janeiro *A Notícia* sabia perfeitamente o que desejava ou o que pretendia o sr. barão do Rio Branco: a compra do Acre ou uma troca de territórios; a construção da via férrea do Madeira". A flecha dirigia-se especificamente ao redator-chefe do jornal, o "Rochinha", que Kent recordou ser "de mais a mais confidente íntimo do governo" e que "não se revoltara contra a ideia de troca de territórios nem via na Constituição da República empecilho para a permuta projetada". Aparentemente, essas "confidências íntimas" tinham seu preço em termos de apoio ao governo, um alinhamento que Kent não deixou de cobrar.

No caso de *A Notícia*, a estratégia deu o resultado esperado, pois no dia seguinte, sob o título "A Questão do Acre", um editorial do jornal comentava os dois primeiros textos assinados por Kent, apontado como um "erudito autor". O editorialista reconheceu que os artigos "revelam tal conhecimento dos nossos negócios públicos, e revestem uma tão brilhante forma, que honrariam qualquer coluna editorial" e justificou até que tivessem sido publicados na seção "A Pedidos", pois no país não existiria "imprensa política que ampare os partidos e os governos". Assim, ainda que normalmente em "A Pedidos" abundassem "os ressentidos, as intrigas e as más paixões", naquele caso Kent faria uso legítimo desse canal pela "necessidade de esclarecer uma questão, propagar uma ideia". Na edição seguinte, *A Notícia* ainda buscava insistir delicadamente em suas críticas, mas o tom já era de desculpas, temperadas por alguma ironia:

> Kent nos há de perdoar a questão que fazemos da permuta de território. O amor ao território é a forma mais rudimentar do patriotismo e talvez por isso mesmo é que a ela se atém o nosso espírito, ainda não apurado em todas as delicadas finuras com que a civilização vai modificando as rudezas da inteligência humana.

Contra o *Correio da Manhã*, porém, Kent recorreu a retórica mais agressiva. Reclamou dos "agitadores de profissão", inclusive com o argumento de que em outros países "as questões com o estrangeiro são consideradas sempre questões nacionais". No Brasil, sustentou, "alguns ambiciosos de mando, ao mesmo tempo agitados e agitadores incuráveis, exploram [as questões internacionais] com mais engenho para intrigas de politicagem, no propósito de transviar a opinião e urdir conspirações e golpes de Estado". Resgatou artigos do início de 1903 em que o jornal defendia que a questão fosse resolvida por meio de concessões recíprocas ou pela força das armas. Não deixou de atacar pessoalmente o articulista que antes defendia a intervenção militar e passara a advogar a arbitragem, Rocha Pombo, "quem, depois, se tornou pombinha da paz, amigo da Bolívia e mais boliviano do que o general Pando e os srs. Guachalla e Pinilla". O artigo concluía:

> Ocupação militar, *compra e permuta de territórios*, tudo isso foi aconselhado ou aprovado durante meses pelos mesmos que hoje fazem disso outros tantos crimes do governo e se levantam indignados contra o tratado. Admiráveis conselheiros do povo e mestres de patriotismo!

O terceiro artigo de Kent seguiu dedicado a rebater o *Correio da Manhã*, fixando-se na inconveniência do recurso à arbitragem, defendida por Rocha Pombo com veemência e assiduidade nas páginas do diário oposicionista. O artigo, longo e detalhado, questiona a possibilidade de vitória da causa brasileira mesmo em relação aos territórios ao norte do paralelo 10°20' sul. Kent argumentava que a

> defesa eficaz de uma causa em arbitramento internacional não é uma empresa fácil como parece a alguns. É preciso que a causa seja boa e que o advogado a saiba defender. Uma coisa é escrever artigos às pressas, em cima da perna, para gente que leva a mandriar e não conhece e nem estuda as questões que lê; outra, muito diferente, é produzir argumentos e provas que um juiz examina, esmiúça e aprofunda, por si mesmo e por auxiliares competentes.

Lembrava que a arbitragem não poderia se estender ao sul da linha de 10°20', onde a soberania da Bolívia era incontestável. Aceitar a arbitragem, dizia, seria "abandonar todos os proprietários brasileiros e seus empregados" e sacrificar "milhares dos 'nossos irmãos oprimidos', que ali continuariam a ser 'tratados a bala e a faca', como dizia o *Correio da Manhã*".

Em seu artigo final, do dia 23 de dezembro, Kent resenhava o elenco de acusações recentes do *Correio da Manhã* ao tratado: "vergonhosa transação de compra e venda em grosso", "mancha negra da nossa história", "ímpio, sacrílego tratado", "para a Bolívia um opróbrio e, para nós, além do opróbrio, seria talvez um desastre incalculável", "obra descomunalmente abusiva e comprometedora das nossas tradições", "crime contra nós próprios desagregando nosso território", "negócio oprobrioso entregando à Bolívia pedaços de solo sagrado!", "dislate de uma chancelaria desmoralizada", "obra inepta, requintada pelo desprezo das severidades do melindre nacional", "ato de um governo réprobo". Dedicava o restante do texto a comprovar, com exemplos históricos, que a compra e venda e a troca de territórios eram práticas comuns e aceitas pelo direito internacional, ao contrário do argumento que erigia o território nacional como sagrado e inviolável.

No embate com o *Correio da Manhã*, Kent voltava seus ataques para Rocha Pombo, conhecido historiador, poeta e jornalista com um passado de militância no Partido Liberal durante a monarquia. Ainda que repletos de ironias, seus argumentos não resvalavam para ataques pessoais. Em tom um pouco mais duro, reagiu também às críticas assinadas por Gil Vidal, pseudônimo do jornalista Pedro Leão Veloso Filho, editor-chefe do jornal. Os ataques mais violentos, com desqualificações pessoais, centrados em Edmundo Bittencourt acabaram terceirizados e publicados em especial no jornal *O País*, sem serem atribuídos a Rio Branco ou a Kent. Para ficar em um único dia, os impropérios contra Bittencourt na edição do jornal no dia de Natal de 1903 incluíram, entre outras, as seguintes qualificações: "doutrinador de arribação", "promotor do apedrejamento ao sr. barão do Rio Branco", "improvisado e ignorantíssimo censor", "chefe da patuleia apedrejadora", "capataz da malta arruaceira". Seus editoriais recebiam resenhas igualmente agressivas. Naquela mesma edição, eram considerados, por exemplo, "um acervo de disparates e mentiras, resultado da má compreensão das notas que lhe forneceram". A conclusão de *O País* era clara: "Este sabichão está a galhofar com o público e a passar a seus leitores o diploma de beócios". A crônica natalina sobre Edmundo Bittencourt terminava no mesmo tom: "E dizer-se que um imbecil deste jaez tem a arrogância de pretender, com moxinifadas desta ordem, fazer opinião nos centros acadêmicos do país e conquistar no Congresso votos contrários ao tratado do Acre!". Parecia que o nível da discussão não poderia baixar mais. Contudo, ainda ia piorar.

O *Correio da Manhã* nunca buscou a moderação como argumento. Em 22 de dezembro, no editorial "Desastre sobre desastre", Bittencourt literalmente conclamava uma insurreição armada da população contra o tratado. Repetia suas insistentes acusações de venalidade contra os que aplaudiam o Barão:

Aqui, os bardos de secretaria, os comedores da verba secreta e os vários pretendentes a consulados, para celebrar o feito glorioso, diante do sr. Rio Branco, desentranham-se em mimalhices e aplausos, desde a ode pascácia até o artigo de fundo sórdido e venal!

Segundo Bittencourt, a negociação traíra o verdadeiro interesse nacional e deveria ser combatida por um levante popular.

É na Bolívia que sr. barão do Rio Branco há de receber a consagração que merece. Lá, na praça pública, em La Paz, Sucre e Cochabamba, tanto ele como o sr. Rodrigues Alves hão de ter estátuas, se o povo brasileiro e até as pedras da rua não se levantarem para impedir a aprovação desse tratado ruinoso e humilhante!

Felizmente, a ordem pública foi mantida. Vale lembrar que, no final de 1904, esse mesmo jornal seria um dos órgãos que incitavam, lá com sucesso, a Revolta da Vacina.

A arremetida contra Bittencourt nos artigos de Kent e nas páginas de *O País* não passou em branco. No dia 26 de dezembro o *Correio da Manhã* estampava não um dos costumeiros editoriais contra a negociação, mas uma verdadeira declaração de guerra assinada pelo jornalista:

Se o sr. barão do Rio Branco, ministro das Relações Exteriores, fosse, realmente, esse homem superior e respeitável que muita gente imagina, graças ao prestígio do nome benemérito de seu pai, não cometeria a feia ação de assalariar mercenários renegados, para insultarem a jornalistas brasileiros, que não se quiseram vender a s. ex. para aplaudir o seu tratado. A esses mercenários, cujo pasquim não leem os homens limpos, s. ex. já mandou pagar cento e vinte cinco contos de réis, roubados criminosamente aos cofres públicos e, ainda, a custa destes, faz reproduzir na imprensa daqui e de S. Paulo as diatribes com que eles, por ordem sua, me doestam.

É torpe e doloroso!

Com isto, já que seus amigos não conseguiram que eu lhes vendesse o meu jornal, por dinheiro fornecido, talvez, pelo governo, s. ex. pretende duas coisas. Uma, é desprimorar-me aos olhos da mocidade e do povo para ver se assim diminui o prestígio e a autoridade desta folha: neste intuito, manda-me cobrir de apodos e enxovalhos. Outra, é desviar-me da discussão do tratado e arrastar-me ao terreno de uma polêmica pessoal: para isto, a par com o insulto, s. ex., muito de indústria, manda escrever afirmações descaradamente falsas, nas quais, entre fétidos arrotos patrióticos, aponta em meus artigos erros imaginários, no claríssimo intento de iludir a alguns ignorantes e de me fazer perder tempo em réplicas inúteis.

De ora em diante, é ao sr. barão do Rio Branco que eu hei de responder. E responderei em todos os terrenos, desde o ataque pessoal até as questões mais sérias de direito.

Quando um cão bravio ou mesmo um reles cão gaudério, estumado pelo dono, que se esconde, avança contra alguém, a vítima da investida do canino obediente não tem razão de o malquerer. Mete-lhe o chicote o dá-lhe com o pé na focinheira e está tudo acabado.

Mas, trata de chamar a contas o dono se o descobre.

Ora, o sr. barão do Rio Branco paga para que me ladrem insultos repelentes.

Vai me responder por eles!

Mas não pense que isso me há de afastar do método que tracei para discutir a sua obra; apenas um elemento mais há de entrar na discussão: é a personalidade de s. ex. Descodearei o tratado e, ao mesmo tempo, irei descodeando a pessoa de seu autor.

A polêmica estava, portanto, instalada. Em fins de 1903 era difícil prever o futuro do convênio assinado com a Bolívia, ao qual estava atado o destino de Rio Branco. Temia-se pela não aprovação do tratado no Congresso. Em 26 de dezembro *O Malho* exibia uma caricatura de K. Lixto resumindo esse sentimento. Nela, o chanceler entra em uma sala identificada como "Câmara" (dos Deputados) com uma grande bomba nas mãos assinalada como "Acre"; um pouco atrás aparece Rui Barbosa acendendo o pavio da bomba. O título da charge indica as expectativas do caricaturista: "Pum!". Rui Barbosa, um dos senadores mais influentes do Congresso, advogava com fervor a rejeição do Tratado de Petrópolis. Durante as discussões no Senado, divulgara sua "Exposição de motivos do plenipotenciário vencido" atacando o resultado alcançado e posicionando-se pela desaprovação do acordo para que a questão fosse submetida a arbitragem internacional.

Com uma mensagem presidencial datada de 29 de dezembro, o tratado foi finalmente remetido à Câmara. Em 5 de janeiro de 1904 a Comissão de Diplomacia e Tratados deu parecer favorável a sua aprovação com base na análise do relator, deputado Miguel Gastão da Cunha. Ainda assim, a possibilidade de conseguir a cessão do território sem contrapartidas ou compensações, como nas questões de Palmas e do Amapá, continuou a seduzir o público e a imprensa. Em uma caricatura publicada em *O Tagarela* de 9 de janeiro de 1904, via-se um gigantesco Rui encurralando um assustado (e minúsculo) oponente e ameaçando-o com uma longa espada. A opinião pública estava dividida; a rejeição do tratado pelo Congresso traria imenso descrédito a Rio Branco. Mesmo o velho amigo José Carlos Rodrigues, proprietário do *Jornal do Comércio*, mostrava-se pouco otimista com a situação de Paranhos. Em carta enviada a Joaquim Nabuco pouco antes do Natal de 1903, dizia: "O Rio Branco não tem navegado em mar de rosas, como esperava, ao contrário, com a constante preocupação do cultivo da glória, que, como tudo neste mundo, tem-se-lhe ido escapando, tem sofrido horrores. Mas tudo por culpa dele mesmo". Já antes, em agosto, Oliveira Lima informava ao mesmo Nabuco que:

> O Rio Branco é que tem perdido terreno. O seu prestígio já está longe de ser o que era em dezembro [de 1902]. Acham muitos incompatível com a arrogância das suas primeiras notas e a ocupação militar do território contestado com as propostas de compra e cessão feitas, segundo dizem, em condições muito vantajosas para a Bolívia...

Em outra carta, de outubro, Oliveira Lima mantinha Nabuco a par dos acontecimentos e vaticinava ser "muito provável que o Rio Branco saia [do Itamaraty], uma vez negociado o tratado". A essa altura já desafeto do Barão, Oliveira Lima cultivava a amizade do mais forte candidato a sucedê-lo no comando do Ministério das Relações Exteriores.

No *Jornal do Brasil* de 4 de janeiro de 1904, véspera do anúncio do parecer da Comissão de Diplomacia e Tratados da Câmara, uma charge de K. Lixto, "Resolução inabalável", mostra um Rio Branco já sem paletó e a seus pés uma arca com os dizeres "Rio-Branco Europa" oferecendo uma pasta denominada "Exterior" ao deputado Gastão da Cunha, relator do Tratado de Petrópolis na comissão. Dentro da pasta, uma espiga de milho, remetendo à equivalência entre a palavra "espiga" e a ideia de problema difícil, na gíria da época. Na charge, Rio Branco diz: "É isto, 'seu' Gastão: você defende a coisa, passo-lhe a pasta e desapareço desta choldra...". Caso se confirmasse a hipótese, ele não teria passado como chanceler nem os dois anos que previra ao deixar Berlim prometendo "passar o bastão" a Joaquim Nabuco. Este, na Europa, mantinha-se informado das notícias

280

do Rio de Janeiro por intermédio de seus muitos correspondentes. No meio político carioca, com a provável desgraça de Paranhos, as apostas sobre quem seria o novo chanceler dividiam-se entre Joaquim Nabuco e Gastão da Cunha. Com mais ilusões do que possibilidades reais, Oliveira Lima também alimentava esperanças de ser lembrado para ocupar a cadeira de ministro das Relações Exteriores.

22. No imbróglio do Acre, no meio do fogo político do Rio, entre gente toda nova

Naquele dia ele perdeu a conta das vezes que ouviu o Hino Nacional brasileiro. Eram cerca de onze da manhã do dia 1º de dezembro de 1902 quando Rio Branco deixou o navio *Atlantique*, que o trouxera da Europa, para embarcar na galeota de d. João VI. A filha Hortênsia e a baronesa de Berg já haviam ido para terra no escaler *Dragão*, acompanhadas dos amigos que os receberam a bordo do transatlântico: José Carlos Rodrigues, proprietário do *Jornal do Comércio*, e o almirante Artur Silveira da Mota, barão de Jaceguai, diretor da Escola Naval. Desembarcar no Rio de Janeiro, que o esperava em festa, levado para terra naquela galeota, estava além do sonho mais inverossímil do ardoroso monarquista que deixara a corte carioca 26 anos antes em situação pessoal indefinida, para assumir o cargo consular arrancado a fórceps em um último esforço do pai, que se apagava na política nacional.

A galeota de d. João VI fora construída em 1808 para atender exclusivamente aos deslocamentos da família real pela baía de Guanabara. Com 24 metros de comprimento e impulsionada por 28 remadores, na proa ostenta uma carranca alusiva à Casa de Bragança e na popa dispõe de um pequeno camarote forrado de veludo e ricamente decorado, onde Rio Branco se espremeu com os outros ministros de Rodrigues Alves, senadores, deputados e o prefeito interino da capital. Em meio ao calor carioca, o Barão vestia fraque preto, colete claro, calça cinza e cartola branca. Em terra, uma multidão calculada em 10 mil pessoas esperava o herói nacional. Na entrada da rua do Ouvidor fora erguido um arco triunfal de madeira com dezesseis metros de altura e doze de largura. Na estrutura liam-se inscrições sobre os feitos do paladino que retornava: "Missões — 5 de fevereiro de 1895", "Amapá — 1º de dezembro de 1900". No topo do efêmero monumento vinha estampado o sentimento geral: "Ao que tão bem serviu à Pátria — a Pátria agradecida".

Em meio a discursos, aclamações, execução do Hino Nacional e de outras peças musicais, só por volta da uma da tarde o homenageado pôde deixar o cais Pharoux, na praça Quinze de Novembro. Dali, seguiu diretamente para o Palácio do Catete, cercado pela aclamação popular. Segundo a *Gazeta de Notícias*, no trajeto ele "apertava a mão de uns e de outros que mais próximos se achavam, e não a negou a praças de polícia e a pessoas de cor". No Catete, Rodrigues Alves recebeu seu novo ministro para os cumprimentos de praxe e uma conversa breve. Apresentado ao presidente, que ainda não conhecia em pessoa, Paranhos deixou o palácio presidencial e dirigiu-se ao Clube Naval, aonde chegou por volta de 13h30, saudado já à entrada pela fanfarra da banda dos fuzileiros navais. Subiu as escadarias "repletas de moças que, ao subir o sr. barão do Rio Branco, jogaram-lhe pétalas de flores", até o salão nobre, onde, depois de ouvir o Hino Nacional executado pela banda dos marinheiros, proferiu seu primeiro discurso no regresso ao Brasil — até hoje muito citado pelos que acreditam que a política externa deve ficar isolada das vicissitudes das lutas partidárias internas:

> Desde 1876 desprendi-me da nossa política interna com o propósito de não mais voltar a ela e de me consagrar exclusivamente a assuntos nacionais, porque assim o patriotismo daria forças à minha fraqueza pessoal. Aceitando depois de longas hesitações e reiterados pedidos de dispensa o honroso posto em que entendeu dever colocar-me o ilustre sr. presidente da República, em nada modifiquei aquele meu propósito. A pasta das Relações Exteriores, disse-me ele, não é e não deve ser uma pasta de política interna. Obedeci ao seu apelo como o soldado a quem o chefe mostra o caminho do dever. Não venho servir a um partido político: venho servir ao Brasil, que todos desejamos ver unido, íntegro e respeitado. Não posso dizer que desconheço as nossas parcialidades políticas porque acompanhei sempre com interesse os acontecimentos da nossa pátria. Não os desconheço porque a todos estou

preso desde alguns anos pelos laços de gratidão. Peço a Deus que me dê forças para poder continuar a merecer a estima dos meus compatriotas no posto para mim demasiado alto e difícil em que acabo de ser colocado.

Pouco depois das duas da tarde, encerrada a cerimônia no Clube Naval, o Barão seguiu para a Associação Comercial, para uma sessão solene animada pela orquestra dirigida pelo maestro Francisco Braga, que recebeu o visitante ao som da abertura da ópera *O guarani*, de Carlos Gomes, seguido pelo Hino Nacional. Repetiu-se a sequência de discursos e homenagens. O dia estava apenas começando. Aproximadamente às 15h30, Rio Branco seguiu para a Escola Politécnica. Na saída da Associação Comercial,

toda a gente que aguardava sua passagem pela principal artéria da nossa capital, adornada com raro gosto, formou alas. Nas janelas viam-se senhoras e senhoritas, em vistosas *toilettes*. Todos tinham curiosidade e prazer de ver aquele que regressava à pátria, aureolado, senhor de duas grandes inestimáveis vitórias, conquistadas pelo seu alto saber e tino diplomático.

Formou-se um cortejo que atravessou a cidade, liderado pela banda de clarins do 2º Regimento de Artilharia. Faziam parte do desfile, ainda, em uma cacofonia ensurdecedora, a banda de música e a banda de clarins do 1º Regimento de Cavalaria, a banda do 9º Regimento de Cavalaria e a banda do 23º Batalhão de Infantaria. Mais atrás seguiam as bandas do 1º, do 3º, do 22º e do 24º batalhões de Infantaria e a do Regimento Policial da Capital Federal. Em certo momento Rio Branco passou a fazer o trajeto a pé, acompanhado de múltiplas autoridades e cingido pela multidão de cerca de 2 mil pessoas.

Sobre o distinto diplomata as nossas formosas patrícias atiravam *confetti* e pétalas de flores naturais. Elas, possuídas de raro entusiasmo, agitavam os lenços e davam vivas. A multidão que assistia à passagem do préstito descobria-se e igualmente erguia vivas. Bastante comovido, o barão do Rio Branco agradecia, acenando com a cabeça para os lados.

No largo de São Francisco, o Barão transpôs o arco de triunfo ao som de uma marcha tocada pela banda de música do Corpo de Bombeiros. Na Politécnica, mais discursos e aclamações. Na saída da cerimônia com os acadêmicos, a multidão na calçada recebeu-o com uma salva de palmas, e as bandas tocaram em uníssono o Hino Nacional. Rio Branco subiu no carro e, ora com o lenço, ora com a cartola, acenou para a multidão. Saiu pela travessa do Rosário em direção à estação de barcas da Prainha, onde hoje fica a praça Mauá. Dali, navegou por pouco mais de uma hora pela baía de Guanabara até a cidade de Magé, onde embarcou em um trem da Companhia Príncipe do Grão-Pará com destino a Petrópolis.

Às 19h30, Rio Branco, agora acompanhado da filha, da baronesa de Berg e de José Carlos Rodrigues, desembarcou na Estação Leopoldina, na rua Doutor Porciúncula, em Petrópolis, recepcionado por outra execução do Hino Nacional e por uma chuva de flores, em festa organizada pelo governador do estado do Rio de Janeiro e prócer republicano Quintino Bocaiúva. Este talvez desconfiasse, sem ter como provar, que Paranhos fora cúmplice das pesadas críticas que, anos antes, recebera pelas páginas da *Revista de Portugal*, depois reunidas no livro *Fastos da ditadura militar no Brasil*, cuja autoria foi assumida por Eduardo Prado.

Percorrido a pé o caminho coberto de flores entre a estação ferroviária e o Hotel Central, na mesma rua, os Paranhos recolheram-se aos aposentos que José Carlos Rodrigues reservara para eles, no térreo, de frente para o jardim interno. Fora um longo dia, durante o qual, como Paranhos depois contou em carta a Domício da Gama, "tinha suado doze lenços".

O suadouro não se devia apenas à maratona da chegada, na canícula do primeiro dia do verão carioca, em trajes adequados para a formalidade da ocasião, mas certamente impróprios para o clima do Rio de Janeiro. Rio Branco vivia momentos de imensa insegurança. A hesitação em aceitar o convite para assumir a pasta das Relações Exteriores explica-se apenas em parte por preocupações financeiras, questões de família, temor quanto à saúde e desejo de, afinal, dedicar-se a escrever as obras que o consagrariam também como historiador. Em telegrama enviado a Nabuco ainda em julho de 1902, recém-convidado para o cargo, Rio Branco expôs o âmago de sua inquietação: "Como ir meter-me no *imbroglio* do Acre, no meio do fogo político do Rio, entre gente toda nova para mim?".

De fato, além da complexidade intrínseca ao problema acriano, Paranhos sabia que a situação que o esperava no Rio de Janeiro era muito distinta do mundo da política saquarema que conhecera de perto. Para começar, a condução da política externa passara a vincular-se diretamente ao vaivém das lutas partidárias. No Segundo Reinado se configurara uma situação bastante peculiar, que criava a ilusão de autonomia dos negócios internacionais em relação à política interna. Para começar, durante todo aquele período a opinião do imperador teve um peso importante. Em seus quase cinquenta anos de reinado, d. Pedro dedicou especial atenção à área. No plano partidário, as questões de política externa eram debatidas principalmente no Senado vitalício e no Conselho de Estado, instâncias dominadas pelos grandes líderes dos dois partidos. A ênfase na criação de consensos, característica da ordem saquarema, teve nas relações internacionais seu ponto máximo. Nesse contexto muito peculiar, a condução da política exterior durante o Segundo Reinado ganhou a aparência de uma política de Estado, acima das paixões partidárias, ainda que, na prática, evidentemente continuassem a existir visões conflitantes. A fachada de "desligamento" dos temas externos da política doméstica daquele período explica-se, na verdade, por sua plena adequação às particularidades da ordem saquarema.

A República desfizera essa ilusão, e desde 15 de novembro de 1889 a orientação dada ao Ministério das Relações Exteriores pertencia à ordem dos debates políticos mais polêmicos. Para começar, a política externa era um dos pontos centrais na luta ainda presente, embora mais moderada, entre monarquistas e republicanos. Os primeiros favoreciam a manutenção da tradicional aliança com o capital inglês, criticando acidamente o poder estadunidense e a aproximação com aquele país. Os republicanos, por sua vez, reiteravam suas demonstrações — muitas vezes atabalhoadas — de americanismo: apoio incondicional a Washington na Conferência Pan-Americana, acordo para a partilha do território de Palmas com a Argentina, pedido (atendido) de intervenção da Marinha estadunidense contra os amotinados na Revolta da Armada, concessão de preferências comerciais aos produtos estadunidenses... Monarquista conhecido, Rio Branco não teria como negar sua simpatia pelo regime deposto. Pior: ao chegar, fora recebido com esperança pelos monarquistas radicais e com temor pelos republicanos jacobinos. Os dois grupos o viam como possível líder de um movimento de restauração da monarquia, hipótese que ele se apressou em dissipar já em seu primeiro discurso, no Clube Naval. Era preciso afastar-se das lutas partidárias; Rio Branco tinha assimilado bem o conselho de Joaquim Nabuco para sobreviver naquele ambiente dividido e conflituoso: "Vá com a unidade nacional acima de tudo para diante e através de tudo, e v. terá uma chave mágica para entrar e sair em todas as questões".

Não seria fácil. O ambiente político também era muito diferente do de sua experiência como parlamentar e jornalista, nas décadas já distantes de 1860 e 1870. O funcionamento do sistema político do país estava radicalmente alterado. Ficara para trás o "parlamentarismo às avessas", em que o imperador arbitrava entre os dois grandes partidos e estes, do Rio de Janeiro, influenciavam a política nas províncias, inclusive quanto à escolha de seus representantes na Câmara dos Deputados. No Senado vitalício, a preponderância do poder central era ainda maior; a palavra final sobre quem representaria as províncias naquela casa cabia diretamente ao monarca. Agora se consolidava um sistema altamente descentralizado, em que os governadores e as lideranças de cada estado definiam e controlavam seus representantes no Congresso, de modo que a política nacional fluía dos estados para o centro do poder, em especial dos estados mais ricos. Com a "política dos governadores", era preciso que o presidente se entendesse antes de mais nada com os líderes estaduais, e dessa sintonia resultavam, quase automaticamente, as vontades e decisões no Parlamento.

Como ele mesmo antecipara, na maioria dos casos Rio Branco teria de tratar com "gente toda nova". Para começar, encontrava um Congresso regido por uma dinâmica ainda em consolidação. Já não existia o Senado vitalício, coadjuvado por uma Câmara que também congregava velhas figuras do Império. A renovação fora grande, e Paranhos contava com poucos parlamentares com quem tivesse intimidade. Dentre estes, José Avelino Gurgel do Amaral morrera no ano anterior, no exercício de seu mandato de deputado na 25ª Legislatura, encerrada em 1902. Contudo, na bancada de Minas Gerais na Câmara, na legislatura cujos trabalhos teriam início no ano seguinte, estava outro antigo companheiro: Francisco Veiga. Entre outros deputados e senadores com quem estabelecera contato ou que já lhe haviam dado provas de simpatia estavam Serzedelo Correia, na Câmara, e Rui Barbosa, no Senado. O saldo, contudo, era magro, e sua influência pessoal junto ao poder Legislativo permanecia em aberto.

É inegável, por outro lado, que Rio Branco iniciava sua gestão no Itamaraty com um capital político próprio, derivado das vitórias obtidas nas arbitragens de Palmas e do Amapá, patrimônio inicial que nenhum de seus sucessores até hoje, em especial os diplomatas de carreira, poderia igualar. A recepção no Rio de Janeiro comprovava que ele era uma figura popular, condição que lhe conferia um peso político que nem o presidente nem o Congresso poderiam ignorar. Para a opinião pública, os êxitos anteriores afiançavam um conhecimento "técnico" insuperável das intricadas questões da diplomacia e das relações internacionais. Em

1902, contudo, essa leitura era muito mais uma suposição que uma realidade: as questões de fronteira eram só uma parte (ainda que muito importante) do rol de tarefas e desafios que o chanceler teria de enfrentar.

No âmbito restrito dos litígios de fronteira, Paranhos demonstrara inigualável capacidade de atuação como advogado perante árbitros estrangeiros. A arbitragem, porém, era apenas uma das possibilidades de encaminhamento das negociações de limites — que não seria a via escolhida no caso do Acre. Aliás, em sua longa gestão como chanceler, apenas a questão com a Guiana Inglesa seria objeto de arbitragem, mas devido a um processo já em curso quando do regresso de Paranhos ao Brasil. A despeito da mitologia que se criava em torno de sua figura, Rio Branco possuía escassa experiência propriamente diplomática. Detinha, sim, grande tarimba em temas consulares, mas isso pouco contribuiria para o exercício do novo cargo. Seu cabedal na diplomacia se reduzia aos dezoito meses em que fora ministro em Berlim e à já longínqua lembrança das ocasiões em que secretariara o pai, em 1869 e 1870. Seu conhecimento direto da vida política da capital da jovem República era ainda mais limitado, o que poderia se revelar um problema no encaminhamento doméstico das necessidades do ministério. Do ponto de vista administrativo, apesar da longa gestão do consulado em Liverpool, sua capacidade de gerenciar demandas e pressões de uma máquina burocrática maior ainda era uma incógnita. Ou seja, do ponto de vista prático, as ideias e o talento de Rio Branco à frente da política externa ainda estavam por ser postos à prova.

No Rio de Janeiro, restavam poucos amigos íntimos. Gusmão Lobo, Afonso de Taunay, Eduardo Prado, Rodolfo Dantas, Santana Néri e José Avelino haviam falecido. Joaquim Nabuco, Hilário de Gouveia, Nicolas Dumontier e Domício da Gama estavam na Europa. Dos mais chegados, reencontrou Tomás Bezzi, cuja carreira na arquitetura não passava por um bom momento. Mais útil, porém, foi a antiga amizade com os deputados Francisco Veiga e Pandiá Calógeras, e com o proprietário do *Jornal do Comércio*, José Carlos Rodrigues. Outras ligações do passado estavam por encerrar-se em meio a rancores e acusações. O barão de Penedo, longe dos dias de fastígio, vivia seus últimos anos em uma mansão em Botafogo. Salvador de Mendonça, afastado da carreira diplomática por Dionísio Cerqueira, buscava a reintegração. Oliveira Lima fora removido de Tóquio para a legação do Brasil em Lima, para onde não queria ir; com a assunção do Barão na chancelaria, esperava mudar de destino e ser enviado para Washington ou algum confortável posto europeu.

Também o clientelismo político assumira nova forma na "república dos conselheiros". Durante a monarquia, para todos os efeitos a última palavra ficava com o imperador, como Paranhos constatara pela dificuldade em obter sua sinecura como cônsul em Liverpool, mesmo sendo o herdeiro do visconde do Rio Branco e contando com o apadrinhamento do então primeiro-ministro, Caxias. Com a descentralização da política, os caminhos para os cargos e favores do Estado ficaram mais complicados e menos previsíveis.

Nesse cenário de crescentes pressões cruzadas, ensaios tímidos de racionalização estavam em curso, inclusive na diplomacia. Em 1899, Olinto de Magalhães aprovara um novo regimento para as carreiras diplomática e consular, depois de mais de sessenta anos de vigência de normas oriundas do Império. A iniciativa, aliás, tornou-se fonte de grande irritação de Rio Branco com seu antecessor na chancelaria, pois dificultou a efetivação do filho Raul e do protegido Domício da Gama na carreira diplomática. É verdade que alguma espécie de exame já estava prevista desde 1852, com a reforma feita pelo visconde do Uruguai, mas essa exigência era letra morta. Raul e Domício foram, afinal, efetivados sem concurso, pelo mesmo decreto que concedeu a pensão vitalícia a Rio Branco por suas vitórias em Washington e Berna, mas a exigência de Olinto de que Domício prestasse exame para ser promovido a primeiro secretário, ainda que por mera formalidade — como o então chanceler explicou a Paranhos —, tornou-se uma das muitas queixas deste contra o chefe, sobre o qual chegou a dizer: "Apesar de amigo, depois da entrada para o ministério só me fez, desde o começo, coisas desagradáveis". A partir daquele 1º de dezembro de 1902, a situação se inverteria: de eterno queixoso e insistente pedinte, Rio Branco passaria a ser assediado por incontáveis solicitações, das naturezas mais diversas, e teria de responder a múltiplas pressões políticas e afetivas.

No front interno, o desafio seria resgatar o poder efetivo da chancelaria das mãos do velho visconde de Cabo Frio, eminência parda do Itamaraty. Joaquim Tomás do Amaral fora diretor-geral da então Secretaria dos Negócios Estrangeiros já em 1865 e desde 1869 permanecia como segunda autoridade do ministério. O visconde nutria pouquíssima simpatia pelo novo ministro. O fato de Paranhos ter desprezado as instruções que ele lhe enviara para a arbitragem de Palmas e — para agravar o insulto — ter obtido sucesso depois da ousadia sem dúvida ferira a sensibilidade de Cabo Frio. Além disso, o visconde possivelmente se ressentira por não ser incluído por Paranhos na lista de personalidades brasileiras a serem agraciadas na troca de medalhas entre Brasil e Rússia, por ocasião da Exposição Internacional de São Petersburgo, em 1884. O novo chanceler estava convencido de que seu diretor-geral resistiria às reformas que tencionava fazer, mas o custo político de tentar destituí-lo seria altíssimo para um esforço sem garantia de sucesso.

Rio Branco concebeu uma estratégia para contornar todos esses desafios composta de diversos planos. Para começar, a decisão de fixar residência em Petrópolis, derivada do temor da febre amarela e das muitas endemias que assolavam o Rio, acabou por mostrar-se instrumental. Em fevereiro de 1903 ele alugou uma casa no número 5 da rua Westphália, de propriedade da viúva do visconde do Cruzeiro, Maria Henriqueta Carneiro Leão, filha do marquês do Paraná, o mesmo que impulsionara a carreira política de seu pai. Nas palavras de João do Rio, "com ar de construção alemã em Santa Catarina, a velha casa do chanceler debruçava uma velha varanda para os canteiros pouco tratados".

O imóvel de paredes amarelas à margem do rio Piabanha não se comparava com o luxo das duas residências anteriores do Barão, a Villa Trautheim, em Berna, e o apartamento no térreo da Romanisches Haus I, em Berlim. Não deixava, contudo, de ser confortável. Inclusive, contava com luz elétrica, instalada pela viscondessa do Cruzeiro em 1896. A mobília em estilo Luís XV e Luís XVI, a pequena pinacoteca e as peças arqueológicas trazidas da Europa foram rearranjadas de modo a combinar com o retrato a óleo do pai, que dominava a sala de visitas. A tela, pintada em 1884, em Paris, pelo artista Louis Guédy, com base na última fotografia do visconde, mais tarde passou a decorar o gabinete de Rio Branco no Palácio Itamaraty, onde permanece até hoje. Em termos práticos, a gerência da casa ficou a cargo da baronesa de Berg, que passou a atuar como anfitriã nos jantares e eventos. Também em Petrópolis, foi contratado como criado, "recomendado por família de veranistas da melhor sociedade", Salvador Gonzalez, que anos depois, quando Rio Branco passou a residir a maior parte do tempo no Rio de Janeiro, foi incorporado ao quadro de funcionários do Itamaraty como servente. Mário de Barros e Vasconcellos conta que Salvador era um "marroquino ou argelino, de ascendência espanhola e com muito simpática fisionomia, bem peculiar ao pessoal de portaria dos grandes hotéis do Mediterrâneo", e que "se considerava poliglota, embora tivesse conseguido, apenas, não falar corretamente língua nenhuma, fazendo entender-se em muitas". Em todo caso, Salvador seria uma das presenças mais constantes na intimidade dos últimos anos de vida de Rio Branco.

Instalar-se na serra da Estrela acabou servindo ao objetivo de esvaziar o poder do visconde de Cabo Frio. Rio Branco reuniu em volta de si um pequeno núcleo de secretários, com quem despachava os temas que considerava mais importantes sem passar pelo diretor-geral: enviava ao Itamaraty decisões já tomadas. Como, na volta ao Brasil, não dispusesse de gente de sua estrita confiança para auxiliá-lo, convidou inicialmente o advogado Rodrigo Otávio de Langgaard Menezes para servir como seu braço direito. Membro fundador da Academia Brasileira de Letras, este o conhecera naquele mesmo ano, em Berlim, mas não se interessara por ingressar na diplomacia. Contudo, como advogado, em diversas ocasiões prestaria serviços a Rio Branco na esfera privada e também ao Itamaraty. Recusado o convite, o chanceler buscou nos próprios quadros da secretaria um funcionário que trabalhasse diretamente sob suas ordens, e aceitou a indicação de Gregório Taumaturgo Pecegueiro do Amaral, funcionário de carreira do Itamaraty desde 1891, para a função de oficial de gabinete. O irmão mais velho de Gregório, Raimundo Nonato, também funcionário do ministério desde 1889, quando entrara como praticante, fora promovido a amanuense no ano seguinte.

Domício da Gama, seu braço direito desde antes mesmo da arbitragem de Palmas, seguia na Bélgica e não pretendia voltar ao Rio de Janeiro, para evitar que se consolidasse a imagem de que era um "satélite" do antigo chefe. Rio Branco pareceu concordar e não tocou no assunto na correspondência enviada ao ex--auxiliar naquele mês de dezembro. Na troca de cartas, porém, pediu a Domício que preparasse um orçamento para a confecção de um busto em bronze do visconde do Cabo Frio. Pretendia afastar o diretor-geral com a mesma estratégia adotada para assenhorear-se do consulado em Liverpool, décadas antes: não confrontar, mas homenagear o velho funcionário até aposentá-lo docemente.

Porém Domício fazia falta. Muitos anos antes, a baronesa do Rio Branco definira a relação de cumplicidade e dependência de Paranhos em relação a Domício: "E como vai fazer o Juca, que não pode viver sem você?". Com efeito, o Barão não resistiu à ausência do protegido e, em 17 de janeiro, telegrafou para participar-lhe que seria promovido a primeiro secretário e removido para o Brasil. O chefe caprichou no afago ao discípulo dileto: a promoção foi retroativa a 22 de novembro de 1898, dia em que ele fora nomeado secretário da missão especial em Berna. Domício deixou Bruxelas no dia seguinte e no início de março assumia a chefia do "gabinete de Petrópolis". A despeito de tratarem-se publicamente por "sr. Barão" para lá e "sr. Gama" para cá, a intimidade entre os dois era tanta que Domício passou a residir em um pequeno chalé no terreno da casa do chanceler. Ao chegar, sua avaliação sobre o início da gestão de Rio Branco, transmitida em carta ao amigo Graça Aranha, foi otimista:

> Os funcionários da secretaria estão contentes com o Barão (que os trata bem e distribui gratificações) e têm esperança nele para melhorar a sorte dos pobres empregados. Os outros ministros também são amigos dele. A situação é melhor do que eu pensava neste particular.

Conformado com deixar seu posto na Europa, contou a Graça Aranha que, no Brasil, contava ajudar Rio Branco no "assentamento da nossa máquina política" e "azeitar-lhe as peças".

No decorrer de 1903, Rio Branco dedicou-se sobretudo à Questão do Acre, mas lançou as bases das reformas que pretendia fazer na estrutura do Ministério das Relações Exteriores, tema do qual se ocupou verdadeiramente só a partir do ano seguinte, depois da ratificação do tratado com a Bolívia e do encaminhamento das negociações com o Peru. A solicitação de aumento do orçamento do Itamaraty para 1904 já refletia sua intenção de expandir os quadros e transformar a estrutura do ministério. Além disso, pelo decreto nº 4777, de 16 de fevereiro de 1903, obteve um crédito extraordinário de quinhentos contos de réis (cerca de 4,7 milhões de dólares em valores de 2017) para despesas de caráter reservado. Essa verba "reservada" poderia ser manejada a seu bel-prazer e seria instrumento fundamental para encaminhar os pedidos que lhe interessava atender e para garantir a boa vontade de muitos, inclusive na imprensa.

Domício assumiu o manejo das tarefas rotineiras que despachava "de tempos em tempos" com o Barão. Em nome do chefe, quase diariamente descia ao Rio de Janeiro para "correr as secretarias", "puxar papéis" e "obter decisões de ministros", bem como transmitir as decisões e orientações burocráticas do Barão ao visconde de Cabo Frio e demais funcionários do Itamaraty. Ao mesmo tempo, servia de escudo e porta de entrada para os muitos pedidos de favores e emprego feitos ao ministro, condição que lhe rendeu desafetos e incompreensões: "Esperam de mim que eu me multiplique para arranjar coisas menores e a que me não julgo obrigado por amizade. Com a maior parte tenho de ser discreto e fingir descuido e rir e gracejar, o que às vezes dá lugar a más interpretações". Foi Domício, por exemplo, quem intermediou a entrevista em que o jovem Paulo Emílio Coelho Barreto — depois conhecido como João do Rio — expôs ao Barão sua ambição de tornar-se diplomata. O cronista visitou Rio Branco em Petrópolis, e, mesmo antes de ele apresentar seu pedido, o chanceler, já alertado por Domício, lhe perguntou: "O senhor quer entrar para a carreira? É preciso concurso". Aduziu que considerava o concurso indispensável, mas que não havia vaga aberta. "Quando houver concurso tem a minha melhor vontade", arrematou. O jovem de 21 anos entendeu de imediato que seu desejo não se realizaria e relatou a cena:

> Ergueu-se. Ergui-me tartamudeando não sei que frases apagadas. Estava julgado — afastado, polidamente liquidado. E ainda tenho vivo aquele momento em que o Domício discretamente me consolava falando de concursos e que a cortina se cerrou sobre o "homem formidável", em pé; a mão esquerda no bolso da calça, a direita apertando entre os dedos um cigarro de palha.

Desde o Império, as nomeações para cargos diplomáticos ou consulares obedeciam a três critérios básicos: relações familiares com as altas esferas do poder; notabilidade no jornalismo, na literatura ou nas artes; e atividade parlamentar. Juca Paranhos, por exemplo, atendia aos três requisitos e ainda assim sua nomeação foi difícil. Já em 1842 se discutia a necessidade de um concurso de seleção para diplomatas e outros funcionários da secretaria, pois as indicações arbitrárias enchiam "o corpo diplomático de gente inabilitada e sem tirocínio". Em alguns casos isolados até se organizaram concursos, como em 1868 para o cargo de amanuense (a posição de menor hierarquia na carreira da Secretaria de Estado), mas eram certames viciados. Com a proclamação da República houve uma onda de nomeações arbitrárias de diplomatas entusiastas do novo regime e apenas em 1902, na gestão de Olinto de Magalhães, foi realizado um concurso para oficial de secretaria. Como na dispensa de João do Rio, a ideia da existência de algum tipo de exame objetivo para seleção dos funcionários da chancelaria servia apenas de anteparo e desculpa para negar pedidos, pois em geral, havendo vagas, o ministro tinha as mãos livres. Segundo levantamento feito pelo pesquisador Rogério de Souza Farias, ao longo de sua gestão de quase dez anos Rio Branco foi responsável por 76 nomeações, embora nem sempre prevalecesse sua vontade pessoal.

Por exemplo, quando foi criado o cargo de consultor jurídico do ministério, ambicionado por Graça Aranha com apoio explícito do chanceler, o nomeado, por ordem presidencial, foi Amaro Cavalcanti. Com ou sem o apoio do Barão, filhos de altas autoridades acabavam sendo as escolhas habituais: Félix Bocaiúva (filho de Quintino Bocaiúva), Lucilo Bueno (filho do coronel Antônio Bueno, banqueiro e amigo do senador Francisco de Assis Rosa e Silva), José de Paula Rodrigues Alves (filho do presidente Rodrigues Alves), entre outros.

Ainda assim, mesmo candidatos notoriamente bem-dotados para as funções eram objeto do crivo de Rio Branco mediante indispensável entrevista pessoal. O engenheiro Euclides da Cunha, então já consagrado autor de *Os sertões*, em meados de 1904 tentou ser nomeado para o cargo de auxiliar da comissão de exploração do rio Purus por intermédio de Oliveira Lima, que transferiu o pedido a José Veríssimo, que por sua vez solicitou que Domício o apresentasse ao Barão. A visita de Euclides a Rio Branco em sua casa de Petrópolis revelou-se produtiva, e o chanceler o nomeou não auxiliar, mas chefe da comissão. Aliás, o Barão já fora eleitor de Euclides na votação que o levara à Academia Brasileira de Letras, em setembro de 1903. No dia seguinte a sua eleição, Euclides escreveu ao pai:

> Apresso-me em comunicar-lhe que fui eleito ontem para a Academia de Letras — para a cadeira do seu grande patrício Castro Alves. Assim, o desvio que abri nesta minha engenharia obscura alongou-se mais do que eu julgava. É ao menos um consolo nestes tempos de filhotismo absoluto, verdadeira idade de ouro dos medíocres. Tive eleitores como Rio Branco e Machado de Assis.

Rio Branco confiaria outras comissões a Euclides e apoiaria seus projetos sem nunca efetivá-lo nos quadros do Itamaraty ou destinar-lhe alguma função propriamente diplomática. Talvez por conta da timidez do escritor, talvez por ele não corresponder ao ideal de beleza pretendido pelo Barão para os membros do corpo diplomático brasileiro. Há o registro de pelo menos um caso de candidato preterido com base nesse critério bastante subjetivo: o poeta Antônio Francisco da Costa e Silva, "um homem de feia catadura", cuja "cara amarela parecia um bolo de miolo de pão com os furos dos olhos, das ventas e da boca". O poeta, conforme o relato de Pedro Nava, fora várias vezes indicado para o Itamaraty e sempre com boas proteções. Rio Branco contra. Até que o nosso *Dá*, exasperado, enchera-se de razões e de coragem e fora interpelar o implacável Barão. Ousou perguntar-lhe, afinal, o que tinha contra ele. "Eu? nada, meu caro amigo. Até gosto dos seus versos e aprecio seu talento. Contra sua pretensão o que está é seu físico. Eu só deixo entrar na carreira homens de talento que sejam também belos homens. A diplomacia exige isso. Desejo-lhe sorte em tudo. Agora, no Itamaraty, não! o senhor aqui não entra. Tire seu cavalinho da chuva."

Assim, aquela geração dos Costa e Silva não pôde compor os quadros do Itamaraty.

Os pedidos de nomeações para a carreira diplomática e empregos na Secretaria de Estado não eram os únicos a avolumar-se na mesa de Rio Branco. Há casos verdadeiramente novelescos. Em janeiro de 1903 começaram a chegar cartas de Annie-Louis Wellesty, viúva do barão de Santana Néri, grande amigo seu. As cartas primavam pelo tom desesperado. A missivista dizia estar prestes a "morrer de fome" e pedia "sua ajuda e a sua proteção". Annie-Louis relatava que a herança de Santana Néri fora liquidada para quitar os encargos deixados pelo marido em Paris. No momento em que escrevia, estava em Manaus, onde contraíra inúmeras dívidas e "não tinha mais nenhum conto de réis" para honrá-las. O governador do estado do Amazonas era Silvério Néri, meio-irmão de Santana Néri, e a baronesa fora a Manaus em busca da pensão prometida por outro meio-irmão, Raimundo Néri. Este viajara a Paris como enviado do estado do Amazonas para buscar os restos mortais do barão.

A baronesa revelou que em 1900 descobrira que Santana Néri tivera uma amante de origem judia, "a tal Stern", e pedira à polícia que a "mandasse expulsar" de Paris. Depois da morte do marido, em junho de 1901, "a tal Stern" se envolvera com Raimundo Néri e no fim os dois haviam se casado. Com essa reviravolta, as relações de Annie-Louis com o cunhado se deterioram a ponto de Raimundo, que lhe tinha prometido a pensão, passar a fazer o possível para que ela não a obtivesse. Os Néri foram além e decretaram o ostracismo da viúva do irmão. A baronesa "estava em Manaus há dez semanas abandonada, doente", prestes a tornar-se pensionista da Santa Casa de Misericórdia daquela cidade. O governador Silvério Néri tomara o partido de Raimundo e da nova cunhada e se negara até a receber a viúva, que se viu impedida de participar da inauguração de um monumento em homenagem ao marido, no centro de Manaus. Além de rocambolesco, o tema era politicamente complicado, pois Silvério Néri, como governador do Amazonas, era um dos personagens-chave na questão do Acre. A sucessão estadual, em meados de 1904, não modificou a situação da viúva, já que o eleito era outro meio-irmão de Santana Néri, Constantino, e a má vontade para com ela não se modificou. Ao longo dos anos de 1903 e 1904 houve intensa troca de cartas entre Rio Branco e a baronesa, que peregrinou entre Manaus, Belém, Paris e Rio de Janeiro em busca da almejada pensão, fosse esta concedida pelo Congresso Federal ou pelo estado do Amazonas. Em carta a Rio Branco de 26 de outubro de 1903, ela suplica "ao menos justiça, amizade e caridade de me ajudar. Eu estou só, abandonada; uma palavra sua será suficiente para me suscitar alguns amigos". Contudo, nem mesmo tendo levado seu caso pessoalmente ao presidente Rodrigues Alves a baronesa conseguiu o que queria; "Todos me prometeram seu apoio; e todos me iludiram!", escreveu ela em uma carta ao Barão. Em janeiro de 1904, para que ela pudesse deixar o Rio de Janeiro e voltar para Paris, Rio Branco quitou suas dívidas, num montante de 900 mil-réis. A correspondência entre os dois prosseguiu até o fim daquele ano, quando, aparentemente, ela desistiu de seu pleito.

Choviam pedidos de apoio de conhecidos e desconhecidos. Mesmo antes de partir de Berlim, o pintor Pedro Américo enviou uma carta ao Barão solicitando que ele o recomendasse ao novo presidente. Autoexilado em Florença, com problemas de visão e arruinado, o pintor dos grandes painéis da glória da monarquia oferecia uma "grande alegoria — *Paz e Concórdia* — que apenas esboçada foi exposta em Paris". O estudo para a obra, de 42 × 60 centímetros, fora pintado em 1895 e está hoje no Museu de Arte de São Paulo. A tela monumental, de 3 × 4,3 metros, acabaria no Palácio Itamaraty, comprada por Rio Branco.

Do Rio de Janeiro, o velho amigo Tomás Bezzi escreveu: "Nunca estive em posição tão precária como agora". Heráclito Graça reclamou igualmente: "Velho, doente, carregado de família, estou sem recursos". Rio Branco ajudou os dois. A carreira do projetista e construtor do Museu do Ipiranga, ainda no Império, ganhou novo impulso com a encomenda do projeto do Clube Naval, construído entre 1905 e 1910 na avenida Central. Bezzi seria, ainda, responsável pela ampliação do Palácio Itamaraty. Heráclito, por sua vez, foi convidado para assumir a cadeira do Brasil nos tribunais arbitrais com o Peru e a Bolívia, sendo depois nomeado consultor jurídico do Ministério das Relações Exteriores.

Não aprovado pelo Senado para a chefia da legação em Lisboa, Salvador de

Mendonça fora exonerado sem vencimentos, situação que tentava reverter. Pretendia ser reintegrado ou, pelo menos, ser considerado em disponibilidade ativa, fazendo jus, assim, à remuneração correspondente ao cargo de ministro. De fato, em 1898, ao ser exonerado, contabilizava 22 anos de serviços consulares e diplomáticos e, conforme as regras em vigor, bastavam dez anos de serviço para evitar que o funcionário pudesse ser simplesmente afastado sem vencimentos, como determinara Dionísio Cerqueira. Com a antiguidade que possuía, Mendonça poderia ser afastado, mas deveria ser considerado em "disponibilidade ativa" e teria direito a uma remuneração, que não lhe estava sendo paga. Ao apelar a Rio Branco, ele argumentou que "a proprietária do hotel em que estou, desde os últimos dias do ano passado, seguiu para a Europa em junho, certa de receber no prazo de três meses, já findos, parte ao menos do que lhe devo". O presidente Rodrigues Alves, atendendo à sugestão do chanceler, anulou o ato de Dionísio Cerqueira em setembro de 1903 e transformou a exoneração em disponibilidade remunerada, permitindo que Salvador de Mendonça saldasse suas dívidas e contasse com uma renda mensal. Ainda assim, este ficou insatisfeito, pois pretendia que Rio Branco lhe confiasse a chefia de um posto no exterior.

Naturalmente, nem todos podiam ser atendidos ou receber as atenções que julgavam merecer. O barão de Penedo, afastado da diplomacia pela República, voltara ao Brasil em dezembro de 1900. Findos os dias de glória, sua fortuna diminuía e, alegando deter direito de exclusividade sobre a intermediação da contratação da dívida externa, ele chegou a entrar em litígio com o governo republicano ao exigir que os empréstimos brasileiros tomados junto aos Rothschild continuassem a render-lhe a taxa de 2% do total, como acontecia durante sua longa gestão como ministro em Londres. A amizade com Rio Branco esfriou, sem que houvesse rompimento aberto. Contudo, ao contrário do que insinuou Oliveira Lima em suas memórias, o chanceler compareceu ao velório e ao enterro de Penedo, em abril de 1906.

Rio Branco tomara posse no Itamaraty no dia 3 de dezembro de 1902. Em vista do falecimento do ex-presidente Prudente de Morais na mesma data, a cerimônia foi discreta, presidida pelo ministro da Justiça, José Joaquim Seabra, ocupante interino do cargo de ministro das Relações Exteriores enquanto Paranhos não chegava. Os primeiros dias da gestão transcorreram mornos, com as visitas de praxe ao Congresso e aos colegas de ministério. Logo antes do Natal, contudo, reagindo à notícia de que o governo boliviano decretara estado de sítio no Acre e ameaçava fuzilar sumariamente os insurgentes, Rio Branco vazou para a imprensa a ordem dada ao ministro brasileiro em La Paz, de que advertisse o governo local que se abstivesse da aplicação de medidas de força contra os cidadãos brasileiros. A mostra de determinação repercutiu bem nos jornais.

Menos auspiciosa foi a resposta à abolição das fórmulas positivistas de saudação na correspondência oficial do ministério. O uso da expressão "Saúde e Fraternidade" nos fechos dos ofícios e outros detalhes do tipo haviam sido implantados no início da República e persistiam, apesar do acentuado declínio da influência dos positivistas. O Barão era especialmente refratário à pregação dos discípulos de Auguste Comte e, já em sua missão de 1893 em Washington, se rebelara contra o uso obrigatório desses modelos. Com a reiteração da instrução por Olinto de Magalhães durante sua gestão (o que gerou outro pequeno ressentimento com o amigo), Rio Branco se enquadrou e, a contragosto, passou a obedecer à norma. Assim, a extinção da regra era, para ele, uma questão pessoal. Em 4 de dezembro, dia seguinte a sua posse, foi decretado o fim da prática: a correspondência oficial passaria a ser encerrada com uma fórmula mais neutra: "Tenho a honra de apresentar (ou reiterar) a vossa excelência (ou senhoria) os protestos de minha estima e consideração".

Em 23 de dezembro, o diretor do Apostolado Positivista, Miguel Lemos, publicou no *Jornal do Comércio* um artigo atacando a mudança, que já fora objeto de críticas jocosas em *A Tribuna*. A crítica de Miguel Lemos foi feroz, calculada para atingir o novo ministro em seus pontos fracos:

> Com efeito, o sr. Paranhos do Rio Branco, nome laureado em certames de nossa geografia histórica, acaba de suprimir na correspondência do ministério que lhe foi confiado pelo sr. presidente da República a fórmula — *Saúde e Fraternidade* — e o tratamento de — *vós*; ordenando também que a denominação de — *capital federal* — seja aí substituída pela de Rio de Janeiro. É de se esperar que não tarde a restauração dos títulos nobiliárquicos.
>
> Se estas alterações dimanassem de um republicano insuspeito, teríamos de lamentar sua pequice política, mas partindo do aclamado chefe do intitulado partido da pátria, elas não podem deixar de incutir sérias apreensões nas almas de todos quantos sabem pressentir através de tais sintomas, por pequenos que pareçam, a intoxicação sebastianista que vai corroendo fundo as instituições fundadas por Benjamin Constant.

Seja como for, o que sinceramente desejamos é que essas reformas iniciais no Ministério do Exterior muito contribuam para que o ilustrado brasileiro nos demonstre praticamente, na gestão *política* da sua pasta, que o Capitólio das Missões e do Amapá está muito distante da Rocha Tarpeia de sua eminente posição no governo da República.

Para os positivistas, nada melhor para recuperar a posição de preeminência na condução dos destinos republicanos que liderar a resistência a um suposto "sebastianismo" que, segundo Lemos, estaria "corroendo as instituições fundadas por Benjamin Constant", ou seja, a própria República. A ameaça monarquista — "o partido da pátria" — estaria viva, e Rio Branco seria seu aclamado chefe, um "nome laureado em certames de nossa geografia histórica", formulação que não atestava competência na política ou na diplomacia. Assim, o monarquista Paranhos estaria destinado a perecer na "Rocha Tarpeia do Acre", em alusão ao lugar onde os romanos executavam seus traidores.

A crítica era forte e, para responder ao ataque, Rio Branco recuperou seu pseudônimo dos tempos em que escrevia para *A Vida Fluminense*. Assim, em 11 de janeiro de 1903, Nemo voltou à vida na seção "A Pedidos" do *Jornal do Comércio*. Nos dias seguintes os jornais *Correio da Manhã*, *O País*, *Gazeta de Notícias* e *A Tribuna* reproduziam a resposta de Nemo / Rio Branco rebatendo ponto por ponto, em extenso artigo, a diatribe de Miguel Lemos.

O uso de "capital federal" foi criticado com o argumento óbvio de que com essa expressão "não se pode saber ao certo se o documento foi firmado no Rio de Janeiro, ou se em Berna, Berlim, Washington, México, Caracas, Buenos Aires, Ottawa ou Sydney". Depois de um longo arrazoado salpicado de ironias contra Lemos, Nemo concluía:

> Restituamos à nossa cidade federal o nome que lhe pertence e único por que é conhecida no mundo inteiro. Chamemo-la como ela tem o direito de ser chamada: *Rio de Janeiro*. A federação e a República não poderão perigar por isso, nem o Templo da Humanidade sofrer dano de espécie alguma.

A reversão da instrução que instituía o uso da expressão "Saúde e Fraternidade" foi explicada com o argumento de tratar-se de *"fórmula religiosa e não política"*, utilizada apenas pelos "pouco numerosos observantes da doutrina religiosa de Augusto Comte". Ademais, argumentava Nemo, o manual de redação e estilo do Ministério dos Negócios Estrangeiros francês — exemplo da quintessência republicana — não recomendava fórmula semelhante, nem a prática diplomática de outras repúblicas. O articulista prosseguia dizendo que o uso da expressão nos documentos diplomáticos brasileiros causara "bastante surpresa aos velhos republicanos de Paris, Berna e Washington e de[u] motivo a comentários pouco agradáveis sobre o nosso calourismo republicano". E arrematava referindo-se ao positivismo como religião, em contraposição a um Estado laico:

> No Brasil foi decretada a separação da Igreja e do Estado e não houve lei alguma impondo às repartições e aos funcionários públicos manifestações de adesão à religião da humanidade.
>
> Sabemos que o sr. Rio Branco admira profundamente os talentos, a ilustração, a constância de propagandistas e a pureza de vida dos dois dignos apóstolos do positivismo no Brasil. Tem por eles e por todas as religiões o maior respeito, mas não pode esquecer que no Brasil o Estado não tem religião.

O uso de "vós", por sua vez, foi abolido por ser excessivamente informal para a correspondência oficial do ministério:

> Funcionários habituados à dureza de forma, ou à falta de forma, maltratados e inibidos de observar as mais comezinhas regras de cortesia nas relações com os seus superiores, acabariam por ficar uns grandes malcriados, até mesmo no trato com as autoridades estrangeiras.

Como era previsível, o ponto central da resposta de Nemo/Rio Branco centrava-se na acusação de que o Barão seria o "aclamado chefe do intitulado partido da pátria":

> Não sabemos que haja entre nós um "intitulado partido da pátria". Se existe, terá outro ou outros chefes. Afastado há vinte e oito anos das nossas questões de política interna, o sr. Rio Branco tem mostrado que não procura nem deseja eminências políticas. Se ultimamente, pela confiança do novo presidente da República, foi colocado em "posição eminente", outros galgaram essas alturas muito mais depressa e muito mais facilmente do que ele. É também sabido que só aceitou o posto que

ocupa depois de longa resistência, porque, dados os seus hábitos de vida tranquila e retirada e os encargos de família que tem, a aceitação importava mui grande sacrifício, não só seu, mas também de terceiros que lhe são caros. Acabou, porém, por inclinar-se lembrando-se somente do muito que devia e deve à nossa terra.

Pode o sr. Miguel Lemos estar muito certo de que o novo ministro das Relações Exteriores não partiu da Europa ignorando a existência dos despenhadeiros a que ele se refere. Veio para o Brasil mui ciente de que no posto de perigo que lhe foi designado tinha bastante a perder e nada a ganhar. Se, porém, tiver de cair de algum despenhadeiro, estamos convencidos de que há de fazer o possível para cair só sem arrastar em sua queda os interesses do Brasil. Seja como for, as fórmulas agora abolidas do nosso estilo de chancelaria não tiveram a virtude de impedir a horrorosa embrulhada do Acre, em que andamos metidos, nem a constituição dos rochedos com que é ameaçado o novo ministro.

Em plano maior, Rio Branco ainda iria descobrir como contornar o despenhadeiro do Acre, complicado problema de política externa que envolvia diretamente os vizinhos Bolívia e Peru e indiretamente, por meio do Bolivian Syndicate, as potências europeias e os Estados Unidos. Mas a questão do Acre era também um *complexo tema da política interna*. Diretamente interessados estavam o governo do estado do Amazonas, os investidores, comerciantes e produtores da borracha (produto que em certo momento respondeu por cerca de 40% das exportações brasileiras), as bancadas no Congresso não só do Amazonas como do Mato Grosso (que sofreu perda territorial com a solução alcançada) e dos estados nordestinos de onde provinha o grosso dos brasileiros que viviam no Acre. Ademais, o tema apaixonava a opinião pública e não deixaria de ser usado como arma nos acesos debates entre os partidários do governo e a oposição.

Por meio da imprensa, Rio Branco procurou preparar a opinião pública recrutando jornalistas e editores em favor de suas teses. Alcindo Guanabara, que abandonara *A Tribuna* para fundar, em 1903, um novo diário (*A Nação*, "órgão radical e independente"), estava entre seus aliados, como se constata por um cartão dirigido ao chanceler: "Sinto muito que tivesse saído na *Nação* uma notícia que o incomodasse e que, de mais a mais, é falsa. É escusado dizer que só a vi esta manhã". A simpatia desse novo *A Nação* (mesmo nome do jornal de Paranhos Júnior e Gusmão Lobo na década de 1870, mas, naturalmente, sem nenhuma relação com ele) pelo visto tinha preço. De acordo com uma carta de fevereiro de

1904 para o gabinete de Rio Branco, o jornal esperava "que v. ex. mandaria satisfazer hoje o pagamento das publicações feitas no *A Nação* por conta do Ministério das Relações Exteriores". Sem dúvida esse não era o único jornal a lucrar com a polêmica sobre o Acre. Um cartão "reservado" vindo do gabinete de Rio Branco e assinado por seu secretário Pecegueiro do Amaral indicava à direção do jornal *A Tribuna*, naquele mesmo fevereiro de 1904:

> O sr. ministro pede a v. sa. o favor de providenciar para que a *Tribuna* não continue a transcrever desordenadamente artigos de outros jornais, sobre a questão do Acre. Não só muitas dessas publicações não interessam à opinião pública como não temos verba para custeá-las. Ainda há a notar a circunstância de que, se publicando em um só dia tantos artigos a transcrever, não são eles favoravelmente julgados. Quando houver artigos a transcrever, serão eles expressamente enviados deste gabinete.

O mesmo Pecegueiro do Amaral, ainda em fevereiro, quando se discutia a ratificação do Tratado de Petrópolis no Senado, admoestou *A Nação*:

> O sr. ministro encarregou-me de chamar a atenção de v. exa. para o fato de estar *A Nação* transcrevendo artigos sobre o tratado não autorizados pelo gabinete. Ele proibiu a transcrição de artigos sobre a exposição do sr. senador Rui Barbosa e nenhum foi reproduzido nos "A Pedidos" do *Jornal [do Comércio]*. Entretanto, todos o têm sido na *Nação*.

Fica claro que parte da verba "reservada" do Itamaraty ia parar nas mãos de jornalistas e dos proprietários dos diários mais importantes. Durante a monarquia os diversos governos, fossem eles conservadores ou liberais, além de defender suas políticas pelas publicações diretamente ligadas a cada partido — como fizera Paranhos Júnior em *A Nação* em relação às ações do gabinete de seu pai —, tinham como prática aberta e tolerada o pagamento direto a jornais e jornalistas para a defesa de seus pontos de vista. Com a República, o costume foi abandonado nos governos Deodoro e Floriano, que, quando contrariados, recorriam à censura pura e simples e mesmo à prisão dos oponentes. Na gestão de Campos Sales a relação entre o poder e a imprensa voltou a ser azeitada com dinheiro público. Em seu livro *Da propaganda à presidência*, Sales registra sem nenhum pudor ter "aplicado" em suas relações com a imprensa mil contos de réis, fora "as autorizações explícitas do Congresso". O presidente acrescenta: "Se isso constitui um crime, eu o confesso, sem declinar de mim a responsabilidade inteira. Não há, é certo, um ato meu direto, nenhum documento subscrito por mim: mas, tudo foi feito sob as minhas vistas e com a minha imediata superintendência".

Rio Branco, com larga trajetória no jornalismo, acreditava firmemente na necessidade de contar, fosse como fosse, com o apoio da imprensa. Na discussão sobre o Acre esse suporte seria fundamental, como explicou a Eduardo dos Santos Lisboa, ministro na Bolívia: "A principal qualidade do estadista é prever o desenvolvimento natural que podem ter as dificuldades com que luta, e dar-lhes pronto remédio. O seu primeiro dever é procurar guiar a opinião pública e impedir que ela se transvie". Além de manter relação estreita com o *Jornal do Comércio*, o ministro com frequência recorria à estratégia de financiar a publicação de artigos e notícias, tanto na seção "A Pedidos" como camuflados sob a forma de matéria editorial nos diversos órgãos de imprensa. Quando queria contar com o apoio da opinião pública para decisões específicas, fazia isso com veemência. Contudo, as práticas do regime deposto não foram retomadas, pois, embora o *Jornal do Comércio* pudesse ser considerado o porta-voz oficioso de Rio Branco, não havia na capital jornais propriamente partidários, inclusive porque o sistema de partidos se fragmentara. Tampouco foi restabelecido o regime de subvenções regulares do governo aos jornais e jornalistas, pelo menos na forma metódica que prevaleceu no período de Campos Sales.

Em carta de 21 de dezembro de 1903, portanto no auge do confronto de Rio Branco com o *Correio da Manhã*, Domício da Gama comentou com Graça Aranha:

Notícias políticas, gostaria tanto de as dar desenvolvidamente! Mas como e em que tempo! Basta que lhe diga que, depois de ter feito um tratado capital, o Barão o está defendendo nos apedidos do *Jornal* [*do Comércio*] com uns artigos assinados Kent, que têm conquistado adesões de adversários (não sei se sabe que a imprensa faminta — Rochinha, Chaves, Bartolomeu, Leão Veloso e E. Bittencourt — entendeu fazer *chantage* com o tratado a pretexto da cessão territorial, para ver restabelecer-se o regime das subvenções de C. Sales, porém em vão) e a admiração geral para o polemista... Você que receava que o Rio Branco se atasse com embiras, pode tranquilizar-se: é um homem de luta, chegado o momento. No gabinete os ministros militares têm por ele verdadeira afeição e o Seabra e o Bulhões são seus camaradas. E o presidente está sempre com ele.

Além dos conhecidos Edmundo Bittencourt e Pedro Leão Veloso (Gil Vidal), do *Correio da Manhã*, Domício incluía na "imprensa faminta" Manuel Jorge de Oliveira Rocha, de *A Notícia*, João Lopes Chaves, diretor da *Gazeta de Notícias*, e Luís Bartolomeu de Souza e Silva, da revista *O Malho*. Com todos esses, Rio Branco acabaria por se entender. O caso mais complicado foi mesmo o do *Correio da Manhã*. O jornal fora criado a partir do espólio de *A Imprensa*, dirigido por Rui Barbosa. Edmundo Bittencourt trabalhara com Rui tanto em *A Imprensa* como no próprio escritório de advocacia do jurista baiano e chamava-o de "O Mestre".

O *Correio da Manhã* ficou célebre pelo estilo agressivo, pelas denúncias e ataques a autoridades e também por suas extensas e detalhadas notícias de crimes. Inaugurou uma fórmula de sucesso baseada em sangue e escândalos, utilizando o estilo sensacionalista que prosperou na imprensa brasileira. O jornal e seu proprietário foram satirizados por Lima Barreto no romance *Recordações do escrivão Isaías Caminha*. A obra é uma descrição descarada da vivência pessoal de seu autor no jornal fictício que ele chamou de *O Globo* e que seria, na verdade, o *Correio da Manhã*, onde Lima Barreto trabalhou. Seu diretor-proprietário, Ricardo Loberant, seria o alter ego de Edmundo Bittencourt. A pluma do escritor carioca é aguda e saborosa:

> O Rio de Janeiro tinha então poucos jornais, quatro ou cinco, de modo que era fácil ao governo e aos poderosos comprar-lhes opinião favorável. Subvencionados, a crítica em suas mãos ficava insuficiente e covarde. Limitavam-se aos atos dos pequenos e fracos subalternos da administração; o aparecimento d'*O Globo* levantou a crítica, ergueu-a aos graúdos, ao presidente, aos ministros, aos capitalistas, aos juízes, e nunca os houve tão cínicos e tão ladrões. Foi um sucesso; os amigos do governo ficaram em começo estuporados, tontos, sem saber como agir. Respondiam frouxamente e houve quem quisesse armar o braço do sicário. A opinião salvou-o, e a cidade, agitada pela palavra do jornal, fez arruaças, pequenos motins e obrigou o governo a demitir esta e aquela autoridade. E *O Globo* vendeu-se, vendeu-se, vendeu-se...

Apesar do mérito de precursor da imprensa investigativa e de denunciar ferozmente o regime de subvenções regulares à imprensa para garantir cobertura positiva para o governo, tampouco o próprio *O Globo/Correio da Manhã* foi poupado da crítica de Lima Barreto. Nesse livro extraordinário, são descritas em detalhe as entranhas da imprensa no início do século passado, seus jogos de interesse e as ambições pessoais de seus proprietários, personificados em Ricardo Loberant/Edmundo Bittencourt:

> Aquele homem magrinho, fraco de corpo e de inteligência, sem cultura, amedrontava a cidade e o país. Todos o cortejavam; os colegas que o combatiam, evitavam feri-lo de frente. Um ou outro, num momento de desespero, tinha a coragem de enfrentá-lo; mas era num momento de desespero. [...] Se porventura algum era mais certeiro e parecia esmagar o dr. Loberant, ficava-se pasmado que se desse o contrário. Longe de perder prestígio, esses ferimentos aumentavam-no. O povo não queria ver a sua ignorância, a sua inabilidade no escrever; era valente e dizia a verdade. Houve uma polêmica sobre um trabalho de limites em que o seu desconhecimento da geografia pátria ficou patente; o jornal foi mais lido.

Bittencourt era um oponente temível. Se Rio Branco soube usar de todas as armas a seu alcance na batalha pela opinião pública, seus adversários também jogavam pesado. Dada a íntima relação de Rui Barbosa com Edmundo Bittencourt, não terá sido por acaso que o *Correio da Manhã* liderou a oposição ao Tratado de Petrópolis. O grau de agressividade e contundência da campanha ficou, contudo, por conta das características peculiares do jornal, que, com grandes erros e acertos, marcou época na imprensa brasileira. De uma vaidade extrema e astuto politicamente, Rio Branco conferia importância quase obsessiva à opinião pública e aos jornais. De sua volta ao Brasil até a morte, selecionou pessoalmente e arquivou recortes de notícias e matérias de opinião dos jornais brasileiros sobre assuntos de política externa, a respeito de sua própria figura e de muitos outros temas. Além de textos, o acervo que coletou contém mais de mil caricaturas e segue preservado no Arquivo Histórico do Itamaraty, nos 147 volumes da *Coleção de recortes de jornais*.

Outra frente em que Rio Branco foi obrigado a combater para firmar-se como ministro estava no interior do próprio Itamaraty. Como subtrair o comando da máquina do ministério das mãos de Cabo Frio, que havia tanto tempo os funcionários tinham se habituado a obedecer?

Domício da Gama e Pecegueiro do Amaral formavam o núcleo duro do gabinete de Petrópolis, servindo de ponte para a imposição da vontade do chefe à burocracia da Secretaria de Estado no Rio de Janeiro. Uma vez mais, a verba "reservada" atendeu a seus propósitos e desempenhou um papel na conquista da lealdade dos servidores que trabalhavam no Palácio Itamaraty sob a direção do visconde. No início da gestão de Paranhos, as reformas e ampliações que pretendia fazer, inclusive aumentando o número de funcionários, ainda demorariam. Os salários também estavam defasados, e todo aumento dependia do Congresso. Sem ter como destituir o diretor-geral ou melhorar os salários, Rio Branco tratou de ganhar a confiança dos subordinados por meio de seu carisma, mas também pela distribuição de gratificações e favores. Um pequeno exemplo dessa estratégia é o episódio em que o Barão decidiu que os amanuenses — funcionários menos graduados da carreira da Secretaria de Estado — também passariam a fazer parte das listas de convidados para os banquetes no Itamaraty. A medida, sem dúvida simpática, mereceu a imediata reprovação de Cabo Frio, que teria rebatido, indignado: "Onde já se viu convidar amanuense para banquete?". Criava-se, porém, um problema para os beneficiários da nova diretriz. Eventos solenes exigiam casaca, e poucos deles dispunham do traje, que custava metade de seus salários. A solução dada por Rio Branco foi conceder a todos uma "recompensa por serviços prestados fora das horas regulamentares" no valor de um soldo integral, o que permitiu, com sobra, que os funcionários comprassem suas casacas.

Cabo Frio resistia sistematicamente aos aumentos de gastos e às propostas de inovação. Euclides da Cunha queixou-se a Domício que tratar com o visconde "faz-me efeito de uma ducha fria". Ao propor o orçamento para sua comissão exploratória no Alto Purus, de que constavam serviços de fotografia, Cabo Frio criticou a solicitação de recursos com o argumento de que "as expedições portuguesas não conheceram o luxo de um fotógrafo e, entretanto, tinham realizado feitos extraordinários". Evitando um choque direto com seu diretor-geral, Rio Branco foi impondo sua vontade e limitando a de Cabo Frio a assuntos estritamente burocráticos. Contudo, insinuou que já passava da hora de o antigo funcionário aposentar-se e tratou de homenageá-lo com a inauguração, em 16 de agosto de 1903, de um busto de bronze, encomendado ao escultor francês Alexandre Charpentier. Preparada com base em uma fotografia e na indicação das medalhas que deveria ostentar no peito, a escultura do visconde de Cabo Frio criou uma situação embaraçosa para Rio Branco. O grau das condecorações do homenageado não fora especificado, e Charpentier as representou em seu grau mais baixo, quando as insígnias eram do grau mais elevado. Ao receber a encomenda, o Barão percebeu o detalhe e, furioso, passou a maior descompostura em Raimundo Nonato Pecegueiro do Amaral, a quem atribuiu a culpa pelo engano. Como em 1884, as medalhas do visconde serviram para estorvar as relações entre Rio Branco e Cabo Frio. Este, contudo, não acusou o golpe e muito menos a sugestão de aposentadoria: continuou firme no cargo até sua morte, aos 89 anos.

23. O Tratado de Petrópolis

As duas coisas tidas como inevitáveis na vida — a morte e os impostos — estiveram presentes desde o início na Questão do Acre. Com o crescimento exponencial da exploração da borracha nos confins do estado do Amazonas e adentrando o território boliviano, no início do século xx Manaus passou a ostentar uma riqueza que lhe permitiu arrebatar o título de "Paris tropical" da rival Belém, no Pará. O Teatro Amazonas, erguido em uma cidade de cerca de 20 mil habitantes no interior da Amazônia, lá está até hoje, testemunha dessa competição. Desde o projeto, a deslumbrante casa de espetáculos foi concebida para superar o Teatro da Paz, inaugurado em 1878 em Belém.

O Teatro Amazonas começou a ser erguido em 1884. Com projeto arquitetônico do Gabinete Português de Engenharia e Arquitetura, a obra teve várias interrupções. Arquitetos, engenheiros, técnicos, pintores e escultores foram trazidos da Europa. A estrutura metálica veio da Inglaterra, os lustres, de Murano e os mármores, de Carrara. Um mosaico de 36 mil escamas de cerâmica vitrificada, compradas na Maison Koch Frères, de Paris, colore a cúpula do prédio nas cores da bandeira brasileira. No último dia de 1896, o teatro finalmente foi inaugurado.

O luxo e a ostentação da capital encravada na selva amazônica eram o resultado da riqueza decorrente da exploração da seiva das seringueiras. Em 1839, o americano Charles Goodyear inventara o processo de vulcanização da borracha, que passou a ser utilizada no revestimento das rodas dos automóveis que começavam a ser fabricados. Entre 1853 e 1857 o Brasil exportara anualmente pouco mais de 570 toneladas de borracha; entre 1893 e 1897 esse total ultrapassou o patamar das 54 mil toneladas anuais. Em paralelo, subiam os preços do produto: de 2,4 mil-réis o quilo em 1880 passou-se a 3 mil-réis em 1890 e a 7 mil-réis em 1900. A indústria automobilística exigia quantidades crescentes de borracha; era impossível prever os limites da demanda da goma então produzida quase que exclusivamente na Amazônia. Nenhuma outra variedade da árvore superava em produtividade e qualidade o látex extraído da *Hevea brasiliensis*, a seringueira nativa da região. A disparada da procura fez com que a exploração do látex, feita de maneira artesanal e predatória, subisse com rapidez o rio Amazonas e seus afluentes, favorecendo decisivamente Manaus em sua competição com Belém.

Com a proclamação da República, a estrutura fiscal brasileira fora modificada em sintonia com a descentralização política. O governo central retinha a renda derivada dos impostos sobre as importações, mas as taxas cobradas sobre os produtos exportados passaram a enriquecer os cofres dos governos dos estados produtores. O vigor do federalismo da República Velha decorria desse arranjo. Os estados que possuíam produtos com alta demanda nos mercados internacionais enriqueceram, sobretudo São Paulo, Minas Gerais e Rio de Janeiro — com o café —, mas também, em menor medida, Bahia, Rio Grande do Sul e Pernambuco. Com a pujança da borracha, Pará e Amazonas juntaram-se ao rol dos grandes estados na economia e na política nacional. Com o tempo, o grosso da renda sobre as exportações de látex se transferiu da alfândega de Belém para a de Manaus, pois a extração da borracha se deslocava cada vez mais para o oeste, em favor do Amazonas.

Nos últimos anos do século XIX, a zona mais dinâmica da exploração das seringueiras já ultrapassara os limites ocidentais do estado do Amazonas e se internara em território boliviano, sem controle ou taxação por parte das autoridades daquele país. A borracha ali produzida fluía para Manaus, onde era tributada como se fosse brasileira. O eventual estabelecimento de um posto alfandegário boliviano na região ameaçava repetir a transferência de riqueza que ocorrera de Belém para Manaus, só que dessa vez da capital do Amazonas para a Bolívia. E se depois de Belém e Manaus fosse a vez de a cidade boliviana de Puerto Alonso construir sua casa de ópera, talvez ainda maior e mais suntuosa que o Teatro Amazonas?

A borracha gerava grandes riquezas, mas cobrava um preço altíssimo em sofrimento e vidas humanas. A seca de 1877 no Nordeste do Brasil foi responsável pela primeira grande leva de trabalhadores para os seringais; naquele ano, mais de 14 mil pessoas, a maioria cearenses, tomaram o rumo da Amazônia. No ano seguinte foram outros 54 mil indivíduos. Por volta de 1900, a onda migratória seguia na casa das quase 50 mil pessoas anuais. Na descrição de Craveiro Costa, tratava-se da "conquista do deserto ocidental":

> Assim, acossados da terra natal pela inclemência do sol, penetraram ousadamente a mata opressora em cujo seio úmido a morte imperava. E subiram os rios amplos em cujas margens dominava o selvagem, que se precavia, se amoitava nas sebes e no cimo das árvores, de tocaia, à espreita do invasor para feri-lo mortalmente; e transpuseram os saltos perigosos das correntes encachoeiradas, realizando a audácia dos primeiros avanços através desses precipícios vertiginosos; iniciaram as entradas pelo igarapés torcicolantes, mata a dentro, buscando-lhes as nascentes no prolongamento dos meandros traiçoeiros, à cata da seringueira. E, no verdor eterno da floresta virgem, disputando ao índio a terra e a água e ao clima inóspito a própria vida, escondiam a saudade torturante das campinas natais, afogavam a nostalgia intensa que os devastava, dos lares ermos da sua solicitude. Mas a terra desflorada pelo cearense heroico, que excedeu em pertinácia e arrojo ao bandeirante, a floresta que ele feria, abrindo caminho para frente, lançando a semente da abundância ao redor das primeiras habitações, restituía, dadivosa, com prodigalidade infinita, aquelas rudes canseiras incessantes.

Muitas vezes presos a dívidas, em situação desfavorável ante seus empregadores e expostos às doenças e aos rigores da natureza, em ambiente de floresta fechada, totalmente novo para eles, os migrantes eram vítimas de uma hecatombe silenciosa. Nas palavras de Euclides da Cunha, por sua péssima condição de vida o seringueiro não passava de "um felá desprotegido dobrando toda a cerviz à servidão completa". Os trabalhadores passavam meses isolados na selva, entregues ao trabalho braçal de extrair a goma elástica das árvores. O seringalista, por meio de seus agentes, os "aviadores", controlava a produção comprando o látex a baixo preço e fornecendo crédito, alimentos e utensílios aos trabalhadores, sempre com lucros exorbitantes. O ciclo de exploração comercial se repetia na venda da borracha reunida pelos seringalistas às casas exportadoras, que embarcavam o produto para os Estados Unidos e a Europa e embolsavam a maior parte dos lucros. Ainda assim, a exploração da borracha proporcionava uma vida de luxo aos seringalistas e abundantes recursos aos cofres dos governos do Pará e do Amazonas. Mesmo entre os seringueiros, elo mais frágil da cadeia, houve casos de sucesso. A "Amazônia começou a viver na imaginação do cearense como as regiões lendárias das fabulosas minas de ouro viveram no espírito ardente dos paulistas das bandeiras penetradoras". E, como na saga dos bandeirantes, as fronteiras internacionais pouco significavam nessa busca de riqueza, ou pelo menos nessa fuga da fome e da miséria.

A expansão das populações, cruzando os limites internacionais — desrespeitando o pequeno detalhe das linhas de fronteira —, na maior parte dos casos se resolveu pela diplomacia ou pela violência. Não seria diferente no caso do Acre. O anúncio da instalação de uma alfândega boliviana em Puerto Alonso (atualmente Porto Acre), em 2 de janeiro de 1899, foi o estopim para a primeira revolta dos brasileiros na região do Acre, iniciada em fins de abril daquele ano. Comandados pelo advogado José de Carvalho, os brasileiros expulsaram as autoridades do país vizinho. Para evitar a volta dos bolivianos, o governo do estado do Amazonas enviou reforços aos revoltosos. A expedição era comandada pelo espanhol Luis Gálvez de Arias, que, ao chegar à região conflagrada, proclamou a "República do Acre" em 14 de julho. O governo boliviano reagiu, enviando tropas para submeter os sediciosos. Assim, a independência dessa primeira República acriana acabaria por revelar-se efêmera.

O presidente Campos Sales não apoiou a revolta dos brasileiros em terra estrangeira. Em março de 1900, a aventura foi encerrada, e a soberania de La Paz sobre a região, restabelecida, com o apoio de uma flotilha enviada pelo governo brasileiro, que considerava o Acre boliviano, por força do Tratado de Ayacucho, assinado em 1867. Em Manaus e Belém, contudo, prevalecia outro entendimento. Com o incentivo do estado do Amazonas, liderado pelo governador Silvério Néri, que assumira em julho, em fins de 1900 organizou-se outra tentativa de expulsar as autoridades bolivianas. A "expedição dos poetas" — grupo de jornalistas, boêmios e literatos sem experiência militar — chegou a Puerto Alonso em 29 de dezembro a bordo do vapor *Solimões* com a intenção de declarar uma segunda

República do Acre. A guarnição boliviana derrotou o exército brancaleone com facilidade.

A Bolívia via-se ameaçada por todos os lados. A oeste, suas fronteiras com o Chile seguiam indefinidas desde 1879, quando aquele país invadira o litoral boliviano e ocupara toda a área. As ações bélicas da Guerra do Pacífico haviam sido encerradas com um armistício em 1884, sem o estabelecimento de um tratado definitivo de paz, razão pela qual a questão continuava em aberto. Enquanto ela não fosse resolvida, o comércio internacional da Bolívia não poderia fluir normalmente pelos portos do oceano Pacífico. O Peru reivindicava a posse de todo o Norte do país, inclusive da região que hoje é o Acre. Ao sul, o Paraguai disputava a região do Chaco e a Argentina reclamava Santa Cruz de la Sierra. A entrada maciça de seringueiros brasileiros no território boliviano datava do início da década de 1870, e a partir de 1899 ocorreram as ameaças secessionistas do Acre. As más relações com os países limítrofes restringiam o comércio exterior. As disputas com os vizinhos dificultavam as exportações dos minerais da cordilheira boliviana para o mercado internacional e prenunciavam novas alienações da soberania nacional. Falava-se até na possibilidade de extinção do Estado boliviano para que seu território fosse totalmente retalhado entre os países vizinhos.

Nação encerrada no interior do continente, a Bolívia fazia suas exportações e importações com grande dificuldade. Romper esse isolamento tornou-se um objetivo prioritário para as elites econômicas do país, ou por meio do acesso franco às bacias do Amazonas e do Prata para alcançar o oceano Atlântico ou pelo Pacífico. Para tanto era indispensável, de um lado, obter o direito de livre navegação dos rios brasileiros e, de outro, normalizar as relações com o Chile para recuperar o acesso aos portos no Pacífico. As comunicações internas também eram difíceis. O caminho mais fácil para chegar à região do Acre era subir o rio Amazonas a partir do oceano Atlântico. Com isso, o controle do governo de La Paz sobre a região onde se concentrava a riqueza da borracha era meramente nominal, com a população brasileira excedendo em muito os poucos bolivianos que lá habitavam. Nesse quadro, o ministro boliviano em Londres, Félix Avelino Aramayo, teve a ideia de arrendar a região para um consórcio liderado por capitalistas estadunidenses com o fim de "introduzir um elemento neutro, suficientemente rico, poderoso e influente para que se possa amparar a justiça e fazer respeitar a lei dentro do território boliviano". Assim, em 11 de julho de 1901 formou-se em Nova York o Bolivian Syndicate, capitaneado pelo estadunidense

Frederick Wallingford Whitridge e acionistas ingleses, franceses e belgas (o rei Leopoldo ii seria proprietário de dois quintos do capital total). Com o acordo, ainda que 40% da renda decorrente da exportação da borracha passasse para as mãos do consórcio, a situação fiscal da Bolívia teria uma melhora significativa, pois até então o país nada recebia.

O arranjo traria o imperialismo das grandes potências para o interior do continente. A perspectiva apavorou as autoridades brasileiras, que procuraram convencer o presidente da Bolívia, José Manuel Pando, a desistir da concessão. O ministro brasileiro em La Paz, Eduardo Lisboa, teve um encontro com o presidente e insistiu que o ato "comprometia profundamente os interesses não somente do Brasil, mas também de toda a América do Sul". A reação de Pando só confirmou os receios da chancelaria brasileira, dirigida na época por Olinto de Magalhães; o presidente boliviano fez saber que preferiria que o Acre "fosse ianque antes que brasileiro".

No Brasil, a questão ferveu e passou às manchetes dos jornais no que restava de 1901 e durante o ano seguinte. Refletindo a opinião de muitos, o jornalista Manuel Vitorino, vice-presidente na gestão de Prudente de Morais, escreveu no *Correio da Manhã* em abril de 1902:

> A Questão do Acre, qualquer que seja o aspecto com que se queira encarar, é uma questão gravíssima. É a morte comercial de dois estados importantes, é a invasão norte-americana na América do Sul, é o maior domínio fluvial do mundo que escapa de nossas mãos.

O chanceler Olinto Magalhães suspendeu o trânsito de bens para a Bolívia pelos rios brasileiros e retirou do Congresso um tratado de comércio e navegação assinado com aquele país em 1896 e à espera de ratificação. Com o fechamento dos rios, a concessão ao Bolivian Syndicate ficava mortalmente ferida, pois a empresa só poderia levar homens e equipamentos — inclusive armas — para o Acre navegando pela Bacia Amazônica. As reclamações não tardaram a chegar: França, Suíça, Alemanha, Inglaterra e, claro, Estados Unidos enviaram notas diplomáticas protestando contra a medida.

O governo federal e os estados do Amazonas e do Pará tinham visões distintas sobre o Acre. Nos mandatos de Prudente de Morais e Campos Sales, os chanceleres Dionísio Cerqueira e Olinto de Magalhães reafirmaram inúmeras vezes, em declarações e atos oficiais, a soberania boliviana sobre a região do Acre. O governo brasileiro inclusive ajudara a Bolívia a debelar a rebelião liderada por Gálvez e estabelecera um consulado brasileiro em Puerto Alonso, em indiscutível reconhecimento da autoridade de La Paz sobre a área. Em contraste, para os governos estaduais tratava-se, antes de mais nada, da defesa de sua maior fonte de arrecadação e dos interesses dos seringalistas e comerciantes que enriqueciam Manaus e Belém. Se o Acre fosse boliviano, a exploração da riqueza da área mais dinâmica de extração da borracha passaria a depender de autoridades estrangeiras. Os direitos sobre a exportações de látex da região passariam para a alfândega que a Bolívia planejava estabelecer em Puerto Alonso, e a decisão final sobre as questões fundiárias e de propriedade dos seringais e sua taxação, sempre incertas, também escaparia das mãos amigas em Manaus. Além do mais, naturalmente, argumentava-se que os brasileiros, que perfaziam a quase totalidade da população acriana, prefeririam continuar a viver sob a bandeira de seu país natal.

Se as razões de amazonenses e paraenses eram fáceis de entender, os argumentos jurídicos do governo federal eram sólidos. A fronteira entre Brasil e Bolívia fora definida, ainda no Império, pelo Tratado de Amizade, Limites, Navegação, Comércio e Extradição assinado em La Paz em 27 de março de 1867. Quanto aos limites na região, o convênio entre Brasil e Bolívia, conhecido como "Tratado de Ayacucho", estabelecia que:

> Deste rio [o Madeira, na confluência do rio Beni com o Mamoré] para oeste seguirá a fronteira por uma paralela, tirada da sua margem esquerda na latitude de 10°20' até encontrar o rio Javari. Se o rio Javari tiver suas nascentes ao norte daquela linha leste-oeste, seguirá desde a mesma latitude por uma reta a buscar a origem principal do dito Javari.

Na ocasião em que o convênio fora firmado, pouco se conhecia da região. Em especial, ignorava-se a localização das nascentes do Javari, marco crucial do acordo. Leandro Tocantins não exagerou ao comentar que os dois países haviam firmado o tratado "sem conhecerem um palmo da geografia daquele gigantesco e desértico espaço". Do lado brasileiro, a aposta era que as nascentes do Javari estivessem mesmo nas proximidades da latitude de 10°20' sul e que, portanto, a fronteira seguiria paralela à linha do equador. Contudo, desde antes mesmo da assinatura do tratado, outras hipóteses foram consideradas. Em 1860, para subsidiar as negociações, o maior especialista em fronteiras da diplomacia imperial, Duarte da Ponte Ribeiro, desenhara (com Isaltino José Mendonça de Carvalho) um mapa prevendo as diversas possibilidades de limites entre Brasil e Bolívia naquele ponto. No cenário mais otimista, marcado com uma linha vermelha, a fronteira estaria sobre o paralelo 10°20' sul. Contudo, outras três hipóteses estavam representadas, caso a desconhecida nascente estivesse mais ao norte. Em todos esses cenários, a fronteira a partir do rio Madeira, na latitude de 10°20', até a nascente do Javari segue uma linha oblíqua que une diretamente os dois pontos. No caso extremo representado por Ponte Ribeiro, com a nascente próxima a 5°36' sul, a fronteira foi marcada com uma reta de cor verde que fez a carta ficar conhecida como o "Mapa da Linha Verde".

A nascente do Javari, sabe-se hoje, está localizada a 7°06' sul; a fronteira ficaria, portanto, longe da "Linha Verde", sendo dada por uma linha oblíqua vinda da confluência do Beni com o Mamoré (a 10°20'). Como a nascente do Javari também definiria a fronteira com o Peru, em 1874 enviou-se uma comissão mista brasileiro-peruana chefiada, respectivamente, pelo barão de Tefé e por Guillermo Blake. A região era inóspita; do grupo inicial de 82 membros, apenas 55 regressaram, devido a doenças e ataques de indígenas. Mesmo assim, na ocasião a nascente do Javari foi estimada em 7°01' sul. Assim, dissipavam-se as dúvidas da diplomacia brasileira sobre o traçado da fronteira entre Brasil e Bolívia: os limites dos dois países estavam dados por uma linha oblíqua.

Em 1895, uma comissão mista brasileiro-boliviana foi encarregada de demarcar os limites entre os dois países. Os bolivianos eram chefiados pelo então coronel José Manuel Pando, e os brasileiros, pelo tenente-coronel Gregório Taumaturgo de Azevedo. Taumaturgo pôs em dúvida as coordenadas calculadas pelo barão de Tefé e argumentou que este não chegara à "verdadeira" nascente do Javari, embora a diferença encontrada fosse de algumas frações de grau e nem de longe alterasse o fato de a fronteira não acompanhar o paralelo 10°20'. Em seu relatório ao governo brasileiro, o tenente-coronel sublinhava que a adoção da linha oblíqua poria sob soberania boliviana a maior parte da riqueza da borracha:

A aceitar o marco do Peru como o último da Bolívia, devo informar-vos que o Amazonas irá perder a melhor zona de seu território, a mais rica e a mais produtora, porque, dirigindo-se a linha geodésica de 10°20' a 07°01'17'', ela será muito inclinada para o norte, fazendo-se perder o alto do rio Acre, quase todo o Iaco e o Alto

Purus, os principais afluentes do Juruá e talvez do Jutaí e do próprio Javari, rios que dão a maior porção da borracha exportada e extraída por brasileiros.

A argumentação de Taumaturgo contra o tratado gerou uma crise com o chanceler Dionísio Cerqueira; com isso, a chefia da parte brasileira da comissão demarcadora passou ao capitão-tenente Cunha Gomes, que foi incumbido de reexplorar o Javari e conferir o trabalho do barão de Tefé. A conclusão do trabalho deu razão a Tefé, com pequena margem de erro. Assim, em 1898 ficava estabelecida a "Linha Cunha Gomes": uma reta oblíqua separando o Brasil da Bolívia de acordo com o entendimento do governo brasileiro. Em decorrência, em 23 de setembro de 1898 o chanceler Dionísio Cerqueira deu aos bolivianos permissão para instalar uma alfândega em Puerto Alonso, referendando indiscutivelmente o Acre como território boliviano.

Encerrada a discussão técnica sobre a localização geográfica das nascentes do Javari, surgiram os ataques contra a interpretação dada à letra do tratado, que passou a ser considerada ambígua por alguns. Serzedelo Correia, militar e deputado pelo Pará, propôs que a partir da confluência do Beni com o Mamoré a fronteira acompanhasse o paralelo 10°20' até encontrar a longitude da nascente do rio Javari, de onde uma linha em ângulo reto seguiria para o norte até aquele marco. A tese, ainda que bastante discutível, ganhou adeptos. Na Escola Politécnica e na Sociedade de Geografia do Rio de Janeiro surgiram defensores da "linha paralela". Com a revolta dos brasileiros no Acre, em 1899, a discussão passou dos anais da ciência para o primeiro plano da política e invadiu as páginas dos jornais. Rui Barbosa foi um dos mais ardorosos defensores da "linha paralela"; o tema virou assunto recorrente nas páginas de seu jornal *A Imprensa*. Em editoriais inflamados, atacou duramente Dionísio Cerqueira, depois seu sucessor, Olinto de Magalhães, que sustentavam que a fronteira correspondia à "Linha Cunha Gomes" e que, portanto, o Acre seria indubitavelmente boliviano. Rui classificou o envio de tropas bolivianas para sufocar a rebelião de Luis Gálvez como "invasão estrangeira" e defendeu a declaração de guerra à Bolívia: "Se este país [o Brasil] não se estremecer, se não sentir roxas as faces, se não obrigar os seus governantes a um movimento eficaz, não é só a Constituição que é um trapo: também esta nacionalidade será um resto".

A campanha de Rui continuou sem tréguas. Dias depois, em 6 de setembro de 1900, ele sentenciava: "Trocaram-se os papéis: é a nação que despreza o seu território à usurpação estrangeira, enquanto as localidades o reivindicam". No dia seguinte, arrematou: "Devo informar-vos que o Amazonas irá perder a melhor zona de seu território, a mais rica e a mais produtiva". O esforço foi vão. Além de negar apoio à República do Acre de Gálvez, o governo federal enviou navios e tropas para ajudar a restabelecer a soberania boliviana. Em nota ao ministro da Bolívia no Rio de Janeiro, o chanceler Olinto de Magalhães desmentiu que o governo considerasse o território do Acre passível de disputa entre os dois países: "Litigioso é somente o compreendido entre as linhas Tefé e Cunha Gomes. O que se estende ao sul da segunda é boliviano e o Brasil não lho disputa, como consta de documentos publicados e bem conhecidos". O governo Campos Sales inclusive patrocinou a publicação de um livro oficioso para esclarecer a opinião pública quanto ao direito da Bolívia ao Acre.

A questão só começou a tomar outro rumo com o anúncio da concessão feita ao Bolivian Syndicate. A possibilidade de ver uma ponta de lança do imperialismo estadunidense e europeu encravada no coração do continente causou pânico no Rio de Janeiro. No Acre, a notícia foi pretexto para uma nova revolta, dessa vez comandada por Plácido de Castro, militar experiente, calejado nas lutas da Revolução Federalista. Em 6 de agosto de 1902, com um ataque surpresa, uma pequena milícia de 33 homens surpreendeu e aprisionou a tropa boliviana da cidade de Xapuri. Em seguida, depois de pequenos reveses no confronto com as forças bolivianas comandadas pelo coronel Rosendo Rojas, os brasileiros obtiveram uma série de vitórias; quando o barão do Rio Branco chegou ao Rio de Janeiro, em dezembro de 1902, só a cidade de Puerto Alonso resistia ao avanço de Plácido de Castro. O governador do Amazonas oficiara ao Itamaraty mostrando seu apoio à revolta, pois os brasileiros da região estavam "cansados das perseguições, indignados com os assassinatos e invasão de suas propriedades", e cobrando uma mudança de posição do chanceler Olinto de Magalhães: "Mas que providência, que repressão poderá v. ex. determinar dando-se o caso na Bolívia?", provocou o governador Silvério Néri. Caberia a Rio Branco resolver a contradição.

Ainda em Berlim, o Barão tivera contato direto com a questão. Atuara para impedir que investidores alemães se juntassem ao Bolivian Syndicate, conforme instrução do chanceler Olinto de Magalhães. Além disso, trocara ideias com o ministro em Washington, Assis Brasil, que o mantivera informado de suas tratativas junto ao governo estadunidense. Em correspondência privada a Hilário de

Gouveia, Rio Branco criticou a posição brasileira de reconhecimento da soberania boliviana com base na observância da "linha oblíqua":

> Não haveria inconveniente em dizermos que tínhamos dado aquela inteligência ao tratado somente para favorecer a Bolívia, mas que estávamos resolvidos a sustentar agora a verdadeira inteligência, isto é, a defender a linha do paralelo de 10°20', que já foi grande concessão feita àquela República, porque nulo o tratado de 1777, tínhamos direito a ir muito mais ao sul, até as nascentes dos tributários do Amazonas que ocupávamos na foz e curso inferior [...]. Podíamos perfeitamente mudar de política, como já uma vez mudamos.

Naquela carta de julho de 1902, Rio Branco parecia concordar plenamente com a tese de Rui Barbosa: o Brasil deveria contestar a soberania boliviana e levar a disputa a um processo de arbitragem que poderia lhe dar a posse do Acre: "Rompendo-se com a má interpretação dada em 1868 ao tratado de 1867, poderia afirmar, por esse lado, o nosso direito sobre um território imenso, direito que com toda a probabilidade ficaria reconhecido em processo arbitral".

Das cartas trocadas com Assis Brasil, Rio Branco extraíra a convicção de que o governo dos Estados Unidos não estava diretamente envolvido na criação do Bolivian Syndicate e não o estimulara, mas tampouco ficaria insensível às reclamações dos investidores do país. Se o fantasma da intervenção imperialista na Amazônia não era de todo descabido, as teorias conspiratórias dos nacionalistas paranoicos em relação aos Estados Unidos estavam bem longe da verdade. Os investidores do Bolivian Syndicate tinham um objetivo claro — obter bons lucros com a oferta do governo boliviano, de uma área rica em seringueiras —, mas não necessariamente tinham como fim último criar uma colônia na Amazônia. A conclusão de Assis Brasil, em ofício de julho de 1902, é clara: "A grande questão desses homens não é tanto levar a empresa como de ganhar dinheiro". É certo que a pressão daqueles capitalistas de diversas nacionalidades poderia até, eventualmente, provocar uma intervenção estrangeira, mas o Barão parecia convencido de que não houvera intenção colonialista na origem da constituição da companhia e que o governo de Washington não tinha planos nesse sentido. Contudo, uma vez estabelecida uma concessão estrangeira com poderes quase soberanos no interior da Bacia Amazônica, não seria descabido imaginar que a própria dinâmica do empreendimento levasse a uma aventura colonialista na Amazônia.

Em suas tratativas com o governo estadunidense Rio Branco argumentou, inclusive, que o Bolivian Syndicate poderia abrir as portas para uma violação da Doutrina Monroe. A alegação parece contraditória apenas na superfície. Na medida em que a composição do capital do consórcio poderia mudar, nada impedia que ele viesse a ter maioria de capital europeu; nesse caso, uma aventura militar europeia em apoio das reclamações de seus acionistas não estaria fora de cogitação, pondo em risco a Doutrina Monroe. Havia uma base concreta para essa suspeita, pois desde 1895 tivera início uma série de investimentos belgas na fronteira oeste do Brasil, no estado do Mato Grosso, a começar pelo empreendimento agroindustrial de Descalvados, que inclusive levara à instalação de um consulado belga na região. Seguiram-se investimentos da Compagnie des Caoutchoucs du Matto Grosso e do Syndicat de la Banque Africaine, fundados também em 1895. Em 1900 uma quarta empresa europeia, a Comptoir Colonial Français Société Anonyme, também recebeu autorização para operar na região. A desconfiança quanto às intenções belgas ganhou contundência com a forte participação pessoal do rei Leopoldo II da Bélgica no capital do Bolivian Syndicate. Estava presente a lembrança de que o soberano, a partir de investimentos privados, instituíra um verdadeiro Estado particular na África, na área onde hoje existe a República Democrática do Congo, e o boato de ele estar se movimentando para assumir o controle acionário do consórcio era alarmante. O risco de uma aventura colonial no coração da América do Sul não podia ser desprezado.

Ao chegar, Rio Branco renovou junto ao governo da Bolívia a proposta, feita por Olinto de Magalhães, de comprar o Acre. Uma vez mais, a oferta foi recusada com base no argumento de que não se pode alienar território pátrio. Em 18 de janeiro de 1903, o Barão comunicou à Bolívia que o Brasil declarava litigioso o território ao norte do paralelo 10°20', até a "Linha Cunha Gomes", pois o entendimento brasileiro passava a ser de que a fronteira seguiria a "linha paralela". Assim, era inadmissível a concessão ao Bolivian Syndicate, cujo contrato de arrendamento o chanceler qualificou de "uma monstruosidade em direito, importando alienação de soberania feita em benefício de sociedade estrangeira sem capacidade internacional. É uma concessão para terras da África, indigna de nosso continente". Indício claro de que Plácido de Castro, ao contrário de Gálvez, contaria com o apoio do governo federal brasileiro.

Desde 15 de janeiro as tropas de Plácido de Castro sitiavam Puerto Alonso. No dia 24 o governador boliviano Lino Romero rendeu-se e entregou a região do

Acre ao controle total dos brasileiros, que no dia 27 daquele mês proclamaram a terceira República do Acre. Impossibilitado de enviar tropas pelo rio Amazonas, cuja navegação continuava interditada a navios estrangeiros, no dia 26 o presidente José Manuel Pando pôs-se à frente de tropas que seguiram por terra a partir do sul da Bolívia rumo ao Acre com o objetivo de sufocar a revolta e punir os "flibusteiros brasileiros". Em resposta, foi decretada ampla mobilização de tropas brasileiras, não só na Amazônia, mas também ao longo da extensa fronteira do Mato Grosso com o país vizinho. Ameaçava-se claramente invadir o território boliviano em várias frentes.

No Brasil, a opinião pública apoiava os brasileiros no Acre e invocava a ameaça estadunidense na Amazônia como um dos motivos para a reação militar. Choveram artigos e charges em apoio à anexação do Acre. *O Malho* de 24 de janeiro trazia uma caricatura em que tropas brasileiras avançavam para a Bolívia, representada por uma figura feminina que as esperava na companhia da tradicional imagem do Tio Sam. A legenda é clara: "Os arreganhos da Bolívia denotam que ela tem as costas quentes". Sobravam acusações também contra a Argentina, cujos principais jornais, com a notável exceção de *La Nación*, atacavam o que percebiam como uma invasão brasileira. Um bom exemplo da reação da imprensa do Rio de Janeiro está na charge "Grande exibição de forças... ocultas", da edição de *O Tagarela* de 29 de janeiro: o general Pando é retratado como uma marionete manejada a quatro mãos pelo Tio Sam e por uma figura feminina que representa a Argentina. Uma guerra entre o Brasil e a Bolívia parecia iminente. O exército de Pando e as tropas de Plácido de Castro chegaram a estar frente a frente, nas margens opostas dos rios Chipamanu e Tauamanu.

Em 3 de fevereiro, Rio Branco instruiu o ministro brasileiro em La Paz a informar o governo do país de que, se o "sr. presidente Pando entendeu que é possível negociar marchando com tropas para o norte, nós negociaremos também fazendo adiantar forças para o sul". Afirmou que as forças bolivianas não poderiam ultrapassar a região ao norte do paralelo 10°20', área que passaria a estar ocupada militarmente e administrada pelo Brasil. A mensagem terminava com a indicação de que no "interesse das boas relações que o Brasil deseja ardentemente manter com a Bolívia, é urgente que os dois governos se entendam para remover rapidamente esta dificuldade do Acre, fonte de complicações e discórdias". Era o esclarecimento, necessário, de que o Brasil não estava declarando guerra à Bolívia e que privilegiava a negociação: "Se não for possível um acordo direto, restar-nos-á o recurso ao juízo arbitral". A esperança de Rio Branco era que o caso se resolvesse mediante um "acordo razoável e satisfatório". Em carta particular a José Veríssimo datada de 16 de fevereiro, ponderou: "Para que cheguemos a esse resultado, sem derramamento de sangue, é preciso que nos mostremos fortes e decididos a tudo. Deus nos livre da guerra, desmantelados e empobrecidos como estamos".

Diante da hipótese de uma guerra com o Brasil na qual muito provavelmente seria derrotado, conflito esse que talvez açulasse as ambições territoriais dos demais países vizinhos, o general Pando usou de sensatez, cedeu e aceitou que o governo brasileiro ocupasse militarmente o Acre. As negociações sobre a posse da região começavam, portanto, a partir de uma posição de força do lado brasileiro. A Bolívia sugeriu que a questão fosse levada à arbitragem do Tribunal Internacional de Haia, o que parecia atender aos desejos dos defensores da "linha paralela". A partida parecia ganha, mas Rio Branco respondeu que a "arbitragem é recurso demorado e para ser empregado se for indispensável. O interesse dos dois países é que cheguemos quanto antes ao arranjo amigável das dificuldades presentes, o que, havendo boa vontade, é perfeitamente possível". Propunha, assim, que fosse buscado um acordo direto entre os dois países e apenas em caso de fracasso houvesse recurso à decisão de um árbitro.

De imediato, havia três questões a resolver. Até que se chegasse a um acordo definitivo, teriam de ser estabelecidas regras de convivência entre os dois países, o que no jargão diplomático se conhece como um *modus vivendi*. Em segundo lugar, o contrato entre a Bolívia e o Bolivian Syndicate continuava em vigor e, assim, o Brasil ocupava território cuja administração estava, em tese, cedida à empresa. Por último, o Peru também disputava a região do Acre e não só protestou contra a invasão brasileira como propôs uma negociação tripartite para solucionar o problema. Tropas peruanas já haviam ocupado, em outubro de 1902, a região do Alto Juruá e lá permaneciam.

Rio Branco se recusou a negociar conjuntamente com a Bolívia e o Peru, preferindo separar as duas discussões. Entendeu-se com o ministro peruano no Rio de Janeiro no sentido de que os eventuais direitos do Peru à região ficassem preservados. Sua ideia era iniciar as tratativas com Lima assim que a negociação entre Brasil e Bolívia chegasse a um termo. Sem dúvida era um complicador a menos, mas na prática criava a possibilidade de que, mesmo que a Bolívia abrisse mão dos territórios em disputa, o Brasil depois pudesse perdê-los para o Peru.

Para auxiliá-lo nas negociações com este último, Rio Branco contava com Oliveira Lima, removido de Tóquio para a capital peruana no último dia do governo Campos Sales, mas que seguia no Japão. Oliveira Lima alimentava a esperança de que Paranhos, a quem considerava amigo, mudasse seu destino para a legação em Washington ou para algum posto europeu. Em janeiro de 1903, o chanceler enviou um telegrama com instruções para que Oliveira Lima se apresentasse no Rio de Janeiro com a máxima urgência. Em sua resposta, sem deixar de dizer que aguardava em Tóquio por "outra colocação mais desejável do que Lima", o historiador e diplomata pernambucano indicou que estaria no Rio de Janeiro "no decorrer de maio" para "receber suas instruções e executá-las com o maior zelo".

Por intermédio dos Rothschild, agentes financeiros do Brasil em Londres, Rio Branco propôs que os investidores do Bolivian Syndicate desistissem do contrato em troca de uma compensação financeira. Era a saída defendida por Assis Brasil como solução satisfatória para o governo estadunidense. Os Rothschild foram orientados a oferecer 100 mil libras, quantia que poderia subir até 125 mil. O acordo final ficou em 110 mil "para os sócios de Whitridge no Bolivian Syndicate, £ 1.000 para o advogado e £ 3.000 para August Belmont, o intermediário das negociações". Coube ao antigo consultor de Rio Branco na Questão de Palmas, John Bassett Moore, redigir o contrato de renúncia do Bolivian Syndicate, assinado em Nova York em 26 de fevereiro de 1903.

Nas negociações do *modus vivendi* com a Bolívia, Rio Branco inovou e incluiu um conceito que superava os parâmetros do tratado de 1867, qualquer que fosse a interpretação que lhe dessem. Para o Barão,

> se desejamos adquirir o Acre mediante compensação é unicamente por ser brasileira a sua população e para que acabemos de vez com as desinteligências e complicações que entre o Brasil e a Bolívia têm ocasionado as revoltas desses brasileiros contra a dominação estrangeira.

É importante ressaltar que os seringueiros brasileiros já haviam passado para o sul da linha de 10°20', onde não havia como interpretar o Tratado de Ayacucho a favor do Brasil. A vitória da tese da "linha paralela" em uma arbitragem era bastante duvidosa e fortemente prejudicada pelo fato de o Brasil ter reconhecido por mais de três décadas a soberania boliviana na área. Nos termos do tratado, contudo, não havia argumento possível a favor da posse brasileira do território situado ao sul do paralelo 10°20'.

O *modus vivendi* entre o Brasil e a Bolívia, assinado a 21 de março, estabelecia que as tropas brasileiras não só ocupariam a área entre a "Linha Cunha Gomes" e o paralelo 10°20' como passariam ao sul, na área ocupada pelas forças de Plácido de Castro em território sem dúvida boliviano. Regulavam-se em caráter temporário as questões econômicas e fiscais na região, e, mais importante para a Bolívia, restabelecia-se a liberdade de trânsito de seu comércio exterior por águas brasileiras no Amazonas e no Prata. Caso o prazo de quatro meses se esgotasse sem que os dois governos chegassem a um acordo direto e definitivo, começariam as negociações para um tratado de arbitramento. A Bolívia designou como seus negociadores o ministro no Brasil, Claudio Pinilla, e o ministro em Washington, Fernando Guachalla. As discussões, porém, demoraram a se iniciar, pois Guachalla postergava continuamente sua viagem ao Brasil, atraso que Assis Brasil, seu colega na capital estadunidense, considerou intencional e decorrente de instrução de La Paz.

Os brasileiros, porém, tinham pressa, e não apenas para ver a Questão do Acre resolvida. Sob a batuta de Rodrigues Alves, fora iniciado um ambicioso programa de remodelação da capital federal. O primeiro passo seria a reforma do porto do Rio de Janeiro, que não permitia a ancoragem de navios de maior porte e exigia uma complicada operação de transbordo das mercadorias e passageiros que chegavam. O novo prefeito, Francisco Pereira Passos, apresentara em abril um ambicioso plano de remodelação e saneamento da cidade, prevendo quase duzentas obras de grande envergadura, com a abertura de avenidas amplas e a quase completa reconstrução do núcleo central da capital. Uma caricatura publicada na revista *O Coió* em 16 de julho unia as duas expectativas: um cidadão pergunta ao ministro da Indústria, Viação e Obras Públicas, Lauro Müller: "Então *seu* Lauro, quando é que você começa com essas obras do porto?". O ministro responde: "Quando o Barão acabar com a Questão do Acre".

O fato é que Rio Branco resolveria a Questão do Acre muito antes da inauguração do porto, que só ocorreu em julho de 1910, embora Rodrigues Alves, nos últimos dias de seu mandato, tivesse feito uma festa para inaugurar os primeiros cinquenta metros, perto da embocadura do canal do Mangue. Quanto ao Acre, depois da grande repercussão das medidas aguerridas tomadas pelo Barão entre janeiro e março, os meses começaram a arrastar-se sem nenhum avanço. O plenipotenciário boliviano Fernando Guachalla chegou ao Rio de Janeiro no dia 2 de julho e só depois disso Rio Branco oficializou a equipe que negociaria pelo lado brasileiro. Por instrução sua, o ministro brasileiro em Washington, Assis Brasil, acompanhou o boliviano na viagem ao Rio de Janeiro.

Além de Guachalla, outro que não transparecia nenhuma urgência era Oliveira Lima, que deveria passar pelo Rio para receber instruções antes de seguir para a capital peruana para assumir seu novo posto. No início de março, antes de deixar o Japão, ele escreveu a Rio Branco informando que tomaria um vapor para Gibraltar e de lá iria por terra para Lisboa, de onde partiria para o Brasil em fins de maio. De fato, chegou a Gibraltar no prazo previsto, mas para dar início a um longo périplo pela Europa. Em abril estava com Joaquim Nabuco em Gênova, em maio na Espanha, visitando a irmã, casada com o ministro brasileiro em Madri. No início de maio, sem saber o paradeiro de seu futuro representante no Peru, Rio Branco telegrafou para Lisboa atrás de notícias. A mensagem do chanceler foi retransmitida para Madri, mas não comoveu Oliveira Lima, que respondeu com um telegrama sucinto: "Cheguei doente. Espero partir princípio de junho". Enviou também uma carta na qual mencionava o pedido feito por intermédio de Joaquim Nabuco, de ter outro posto que não fosse o Peru, e justificava a demora com motivos pessoais e de saúde. Rio Branco (por telegrama de 13 de maio, ou seja, antes de receber a carta) foi ríspido:

> São passados quatro meses e não sei ainda quando vossa excelência poderá estar no posto que lhe foi assinalado ou se poderá chegar a tempo de intervir nas graves questões pendentes cuja negociação vai brevemente começar com a chegada dos enviados do Peru e da Bolívia. Rogo-lhe portanto que me declare pelo telégrafo se o seu estado de saúde ou outras razões não lhe permitem acudir ao apelo do governo, para que este possa providenciar com urgência expedindo já daqui outro ministro e devo prevenir a vossa excelência que a não ser essa não terá o governo tão cedo outra legação em que possa utilizar seus serviços.

Oliveira Lima recebeu a repreensão como ofensa pessoal e, de admirador, logo passaria a acérrimo inimigo do chanceler. Não respondeu ao telegrama e só se apresentou nos últimos dias de junho. No Rio, depois de aguardar as instruções que o Barão nunca lhe daria, teve sua ida para Lima cancelada e em agosto do ano seguinte, 1904, foi removido para Caracas, cidade à qual só chegaria em março de 1905. Posto na geladeira pelo chanceler, entre Tóquio e Caracas Oliveira Lima desfrutou de um trânsito remunerado de dois anos...

Por carta entregue por Domício da Gama em 6 de julho, Rio Branco convidou Rui Barbosa a juntar-se a ele na negociação sobre o Acre, A mensagem era curta: antecipava que "Guachalla deseja negociação rápida, que termine por acordo direto ou por um tratado de arbitramento. Parece-me, porém, pelo que ouvi ontem, que as exigências da Bolívia, para um acordo direto, serão muito grandes". Rui hesitou, mas acabou confirmando sua aceitação em encontro com o chanceler no dia 11. À tardinha do mesmo dia, depois do assentimento de Rui, o Barão escreveu-lhe expressando seu desejo de que Assis Brasil também integrasse a equipe de plenipotenciários pelo lado brasileiro. Explicou não ter adiantado o tema porque horas antes, quando do encontro dos dois, "ainda não tinha consultado o presidente e pedido o seu consentimento". Rui não teve como discordar da inclusão de Assis Brasil.

As duas inclusões, embora de peso, trariam dificuldades para Rio Branco. Assis Brasil conhecia bem Guachalla e acompanhava a questão desde a constituição do Bolivian Syndicate. No plano da política interna, era um republicano de primeira hora e um respeitado positivista, o que poderia servir de escudo contra eventuais críticas desses setores. Contudo, para desconforto da bancada gaúcha no Congresso, a possibilidade de ele partilhar da glória de uma grande vitória poderia reforçar sua posição no Rio Grande do Sul, caso voltasse à política estadual. O convite a Rui, por sua vez, foi justificado por Rio Branco como homenagem a alguém que o prestigiava pela imprensa desde sua participação em *La Grande Encyclopédie*. Mais pragmaticamente, tratava-se de uma das vozes mais influentes do Senado, com posição de destaque na discussão sobre o Acre tanto na imprensa como no Congresso. Ademais, Rui era dono de indiscutível saber jurídico. Por outro lado, o senador baiano seguia célebre por sua imprevisível suscetibilidade e pela obstinação de suas posições. Quanto ao Acre, suas ideias eram conhecidas: defendia a solução da questão pela arbitragem.

A sensibilidade de Rui manifestou-se desde o início. Por coincidência, no dia em que a licença para que ele participasse da negociação foi publicada, o Senado ratificou a indicação do ex-chanceler Olinto de Magalhães para ministro em Berna. Foi o que bastou para que Rui ameaçasse abdicar de sua participação. Alegava que, ao manifestar sua confiança em Olinto, o governo enfraquecia a posição dos negociadores, pois o ex-chanceler proclamara repetidamente o direito da Bolívia sobre o Acre. O incidente foi superado, mas antecipava o que estava por vir.

Para Oliveira Lima, a indicação de Assis Brasil foi outro motivo de mágoa. Ex-subordinado deste em Washington, tornara-se um extremado desafeto seu. A amizade do Barão com Assis Brasil o molestava. Queixou-se a Joaquim Nabuco:

> Confio que o homem de mais espírito que tinha o Brasil (o pobre Eduardo) não terá tido como sucessor o homem de menos espírito que conheço, a saber, o tal sr. Assis Brasil. Realmente, imagine a memória do Eduardo ou a do Taunay entregue a um espírito pequenino, invejoso, mesquinho, estupidamente doutrinário, sem horizontes nem originalidade como esse.

O discurso de posse de Oliveira Lima na Academia Brasileira de Letras consumou a ruptura do novo imortal com Rio Branco. Em 17 de julho, no Gabinete Português de Leitura, uma plateia seleta, que incluía o presidente Rodrigues Alves, mas com a ausência notável de Rio Branco, ouviu Oliveira Lima discorrer sobre Varnhagen, patrono de sua cadeira na Academia. Ao falar sobre o trabalho diplomático do patrono, o empossado destacou a faceta de historiador de Varnhagen, assinalando não haver por que criticar o fato de que ele "preferisse os estudos históricos à fofice diplomática, e os ensaios literários à ociosidade burocrática". As alfinetadas em Rio Branco não ficaram por aí. O orador concluiu: "Mais vale em todo caso escrever história com autoridade do que ajudar a fazê-la sem capacidade". O Barão não acusou o golpe publicamente. Terceirizada, a tarefa de responder pela imprensa ficou a cargo do historiador João Ribeiro.

As negociações com a dupla Guachalla-Pinilla começaram com a proposta, feita ainda em julho e prontamente recusada, de compra do Acre por 1 milhão de libras, construção de uma estrada de ferro entre os rios Mamoré e Madeira para facilitar o comércio exterior boliviano (a estrada de ferro já estava prevista no tratado de 1867), cessão à Bolívia de 2296 quilômetros quadrados no triângulo entre os rios Madeira e Abunã, no estado do Amazonas, e um posto aduaneiro na margem direita do rio Madeira. Até aí, Rui Barbosa esteve de acordo com a oferta brasileira.

Os bolivianos ameaçavam levar a questão à arbitragem; Rio Branco preferia um acordo direto, mesmo com maiores compensações territoriais, pois, havendo arbitragem, considerava difícil a causa entre a "Linha Cunha Gomes" e o paralelo 10°20' — e invariavelmente perdida ao sul dessa latitude. Rui Barbosa, ao que parece secundado por Assis Brasil, considerava a pressão boliviana pela arbitragem um blefe, pois, ainda que o país ganhasse o território juridicamente, não teria como retê-lo, pois a revolta dos brasileiros continuaria, e La Paz não conseguiria exercer sua soberania no Acre. Segundo Rui, se a insistência da Bolívia em uma troca de territórios "fosse irredutível, abrimos mão das negociações, deixando-a entregue à sua fraqueza contra os insurgentes do Acre".

Rio Branco impôs sua visão e a negociação prosseguiu, com maiores concessões brasileiras. Depois de alguns meses de propostas e contrapropostas, a indenização a ser paga dobrou, passando para 2 milhões de libras; ao mesmo tempo, ficou acertada a cessão à Bolívia de um total de 868 quilômetros quadrados em quatro pontos do estado do Mato Grosso, além dos 2296 quilômetros quadrados do triângulo entre os rios Madeira e Abunã e da ferrovia Madeira-Mamoré. Confirmava-se, também, o livre trânsito do comércio boliviano pelos rios brasileiros. A partir de fins de setembro, Rui Barbosa recuou em seu apoio à oferta de compensações territoriais: estava convencido de que a opinião pública "não se conformará com essa cessão territorial". Em 17 de outubro, enviou ao Barão uma carta com um ultimato; preferia que o tema fosse levado à arbitragem caso as concessões à Bolívia incluíssem cessão de território brasileiro. Se Rio Branco discordasse, renunciaria a sua participação na equipe de negociadores. É provável que o senador baiano imaginasse que o chanceler iria ceder diante de sua ameaça e que, em decorrência, a proposta final brasileira se restringisse à indenização pecuniária e outras vantagens, sem incluir cessão territorial. Por entender que o desejo boliviano de levar o tema a uma arbitragem não passava de blefe, confiava que a proposta maximalista acabaria por ser aceita. Suas previsões desandaram por completo.

Para surpresa de Rui Barbosa, o Barão aceitou prontamente sua renúncia em carta longa e muito polida, datada de 20 de outubro. Nela, insistia que "o arbitramento seria a derrota" e que, portanto, o acordo direto, "embora oneroso", era a melhor solução. Ironicamente, sem dúvida, disse entender que o senador, "por motivo de delicadeza pessoal", se recusasse a "tomar perante o país a responsabilidade de uma solução que não lhe pareça a melhor ou que, segundo previsões próprias e de amigos seus, possa irritar uma parte da opinião". Rio Branco descartou a possibilidade de a Bolívia aceitar um acordo que não incluísse contrapartida territorial: "Pelo esforço que aqui fazemos para defender pequenos trechos de território, alagadiços e inaproveitáveis, podemos conjecturar da oposição que na Bolívia vai encontrar a perda de 160 ou 170 000 quilômetros quadrados". Em resposta, o senador oficializou sua renúncia em carta também muito longa e extremamente cortês, mas na qual não deixava de advertir que estava seguro de que "a opinião pública receberá muito mal as cessões territoriais propostas, e de que, ousando-as, o governo cometerá uma temeridade". Sem a assinatura de Rui Barbosa, o Tratado de Petrópolis foi firmado na residência de Rio Branco, no número 5 da rua Westphália, em 17 de novembro de 1903. De acordo com o convênio, o Brasil receberia cerca de 191 mil quilômetros quadrados do território onde se produzia a maior parte da borracha consumida no mundo. Ainda que o texto do acordo não tenha sido divulgado oficialmente, logo as concessões acordadas por Rio Branco e Assis Brasil seriam de conhecimento público, e a batalha na imprensa começaria.

Não menos complicada seria a guerra pela ratificação do tratado nas duas casas do Legislativo. Uma vez apresentado oficialmente ao Congresso, o texto seria primeiro submetido à Comissão de Diplomacia e Tratados da Câmara dos Deputados, que daria seu parecer. Em seguida o acordo seria debatido e votado no plenário da Câmara Baixa e, se aprovado, submetido a nova votação no Senado. A comissão que faria a análise inicial era presidida pelo experiente deputado Bento José Lamenha Lins, do Paraná, então em sua terceira legislatura. Dela participavam também os deputados Miguel Gastão da Cunha (Minas Gerais), Antônio Alves Pereira de Lyra (Pernambuco), Antônio Felinto de Souza Bastos (Pará) e Vitorino de Paula Ramos (Santa Catarina). Dentre esses parlamentares, Gastão da Cunha se destacara como defensor de Rio Branco diante das críticas que este recebera pelo não envio do relatório anual do Ministério das Relações Exteriores ao Congresso e ainda na polêmica sobre o abandono ou a manutenção de expressões positivistas nos expedientes oficiais do Itamaraty. O deputado mineiro tornou-se um aliado-chave na campanha pela ratificação do tratado.

A estratégia do presidente Rodrigues Alves para encaminhar a questão pautou-se pela prudência e pelo jogo de bastidores. Primeiro, aguardou a ratificação do convênio pelo Congresso boliviano, pois se ele fosse rejeitado no país vizinho não haveria por que passar pelo desgaste de discuti-lo no Parlamento brasileiro. Com isso, o envio do texto à Câmara dos Deputados foi sendo postergado. Com o acordo, a Bolívia teria uma via desimpedida para a exportação de sua produção mineral, receberia relevante compensação financeira (pelo menos no curto prazo) e garantiria uma fronteira estável pelo oriente, pois pelo ocidente a questão com o Chile seguia em suspenso. Ao norte, em dezembro de 1902 a Bolívia assinara com o Peru um acordo para submeter a questão de limites (que incluía todo o território do Acre) à arbitragem do presidente da Argentina. Mais adiante, em 1904, La Paz firmaria um acordo definitivo de limites com Santiago muito similar ao Tratado de Petrópolis: em troca do reconhecimento da perda territorial, obteve uma compensação financeira (recebeu 300 mil libras e passou ao Chile a responsabilidade sobre 1,7 milhão de libras de sua dívida externa), a construção de uma ferrovia entre La Paz e Arica e livre trânsito para suas exportações e importações. Rio Branco, aliás, trocou informações com o ministro chileno sobre as negociações que os dois países mantinham com a Bolívia. A Questão do Acre, muito mais que um tema meramente bilateral, movimentou as peças da política internacional sul-americana.

As elites bolivianas reconheciam a inviabilidade prática de recuperar sua soberania sobre os territórios em litígio com o Brasil e o Chile e aceitaram uma solução pragmática, resumida na tese do livro *La Cuestión del Acre y la legación de Bolivia en Londres*, publicado em 1903, de autoria de Félix Aramayo — o mesmo que propusera a entrega do Acre ao Bolivian Syndicate:

> Dar fim às questões de limites e de restrições comerciais e aplicar todos os recursos disponíveis do erário e todos os elementos provenientes de acordos internacionais no desenvolvimento da riqueza pública; isto é, na abertura de vias que ponham nossos produtos ao alcance do estrangeiro e que atraiam capitais para que os poderosos elementos que possuímos possam dar fruto.

Ao menos se garantia a continuidade da existência do Estado boliviano e a inserção de suas exportações de minérios no mercado internacional. Aramayo, diga-se de passagem, possuía grandes investimentos nas minas bolivianas de estanho.

O Tratado de Petrópolis foi aprovado no Congresso boliviano somente na véspera daquele agitado Natal de 1903. Na Câmara dos Deputados brasileira, já no fim de novembro o deputado gaúcho Barbosa Lima iniciara sua campanha contra o convênio, que passou a ser sistematicamente defendido pelos deputados Gastão da Cunha e David Campista, ambos da bancada mineira, e pelo deputado do Amazonas Enéas Martins. Gastão da Cunha passou a porta-voz informal do chanceler na Câmara. Seu entendimento com Rio Branco chegava a ponto de o chanceler lhe pedir que lesse, na redação do *Jornal do Comércio*, as provas dos artigos que saíam com a assinatura de Kent antes de sua publicação.

Com a aproximação do período de recesso parlamentar, em 28 de dezembro o presidente Rodrigues Alves assinou um decreto convocando o Congresso para um período extraordinário com o objetivo específico de analisar o Tratado de Petrópolis. A mensagem presidencial encaminhando o convênio, acompanhada da exposição de motivos preparada por Rio Branco, foi remetida à Câmara no dia seguinte. O chanceler foi pessoalmente ao Congresso entregar a mensagem presidencial e se preparou para o esforço de obter a aprovação parlamentar do tratado. Pela primeira vez desde o regresso ao Brasil, o Barão passou a dormir sistematicamente no Rio de Janeiro, em acomodações improvisadas em seu próprio gabinete de trabalho no Palácio Itamaraty.

Entre os palácios do Catete e Itamaraty montou-se verdadeira operação de guerra em prol da aprovação do acordo. No dia 30, Rio Branco e seu escudeiro Pecegueiro do Amaral almoçaram no "bem montado *restaurant à-la-carte*" do Café Brito, na rua do Ouvidor, com o presidente da Comissão de Diplomacia e Tratados, Lamenha Lins. Logo chegaram também Gastão da Cunha e o senador alagoano Bernardo de Mendonça. O deputado Enéas Martins também era esperado, mas não pôde comparecer. Às três da tarde, Rio Branco e Pecegueiro do Amaral foram ao Catete conversar com o presidente e com os ministros da Guerra e da Marinha, em reunião que se estendeu até as cinco. Depois de passar pelo Itamaraty, o Barão voltou a seu quartel-general no Café Brito, onde ficou até depois da meia-noite. Os dias e noites passaram a suceder-se em confabulações para aprovar a proposta.

Os inimigos do tratado passaram a buscar outros flancos por onde atacar Rio Branco. O senador Joaquim Murtinho, do Mato Grosso, ministro da Fazenda na gestão Campos Sales, criticou a compra pelo governo dos direitos de capitalistas alemães na Estrada de Ferro Oeste de Minas, e o *Correio da Manhã* estampou o editorial "Chancelaria desmoralizada", sentenciando: "O que o governo alemão não conseguiu do modesto, do fraco sr. Olinto de Magalhães, obteve, sem dificuldade, do sobranceiro, do forte sr. Rio Branco". Também se atribuiu ao Barão uma proposta de emenda ao orçamento autorizando o governo a reduzir em até 40% as tarifas de importação sobre mercadorias vindas de países que favorecessem as exportações brasileiras de café. A *Gazeta de Notícias* atribuiu a medida a pedido estadunidense e censurou o governo, que, em vez de resistir, cedera à pressão "com uma benevolência que toca às raias da pusilanimidade". Para o *Correio da Manhã*, a medida revelou um Rio Branco "fraco, dócil e submisso diante das imposições do ministro norte-americano". Enfim, concluía o jornal:

> A chancelaria que, por fraqueza, por medo, não duvidou sacrificar os interesses do Brasil e dos brasileiros no caso da Oeste de Minas e não relutou em golpear mortalmente a indústria nacional por meio da redução dos 40% nos gêneros norte-americanos, é de fato uma chancelaria desmoralizada pela pusilanimidade diante dos que podem conter-lhes os arreganhos.

A despeito de toda a pressão contra o tratado, em poucos dias a Comissão de Diplomacia e Tratados emitiu seu parecer e, em 5 de janeiro de 1904, endossado pela comissão, o texto foi posto à disposição dos parlamentares por cinco dias, antes do início das sessões secretas da Câmara Baixa para debater o convênio. Não por acaso, a relatoria da matéria coubera ao deputado Gastão da Cunha; o parecer era inteiramente favorável à aprovação do convênio com a Bolívia. Além do laudo de Gastão da Cunha, Rio Branco fez circular entre os deputados um dossiê com os principais comentários em favor da negociação, incluindo, evidentemente, os textos assinados por Kent.

No dia 11, o Barão enviou ao deputado Gastão da Cunha a retificação de uma informação que constava da exposição de motivos. Em apoio à tese de que a aceitação da "linha oblíqua" pelo governo brasileiro fora uma má interpretação do tratado de 1867, posterior à assinatura do convênio, e não a intenção original de seus negociadores, Rio Branco afirmara na exposição que inexistia mapa anterior a 1873 com aquele traçado da fronteira. Apenas enviado o texto, explicou ter sido procurado por um "antigo funcionário desta secretaria", José Antônio do Espinheiro, que lhe teria apresentado a carta desenhada por Duarte da Ponte Ribeiro em 1860, o "Mapa da Linha Verde", que provava justamente que a intenção inequívoca dos negociadores fora que os limites se dessem por uma linha oblíqua no caso de as nascentes do Javari se encontrarem ao norte da latitude 10°20' sul. O Barão teria solicitado ao visconde do Cabo Frio um antigo mapa da região que se sabia assinado por Ponte Ribeiro, e o diretor-geral lhe teria enviado um mapa de Ponte Ribeiro, só que de 1873, sem mencionar a existência da carta de 1860. Não se trata de detalhe menor, pois com a confirmação da existência do "Mapa da Linha Verde" ficava muito prejudicada a já difícil tese de que se poderia obter a área entre a "Linha Cunha Gomes" e o paralelo 10°20' sul por arbitragem. Dar publicidade a essa informação durante as conversações com os bolivianos enfraqueceria a posição brasileira; com a negociação concluída e o tratado aprovado no Congresso da Bolívia, a revelação só debilitava a posição dos que, no Brasil, queriam rejeitar o convênio em prol de um processo arbitral.

Parece absolutamente improvável que Rio Branco tenha sido iludido por Cabo Frio ou que houvesse alguma dificuldade em localizar o "Mapa da Linha Verde". A mapoteca do Itamaraty fora organizada pelo próprio Duarte da Ponte Ribeiro, que em 1876 publicou um catálogo detalhado de seu acervo. Como seria de esperar, a carta em questão consta do catálogo sob seu nome oficial, "Mapa de uma parte da fronteira do Brasil com a República da Bolívia organizado pelo conselheiro Duarte da Ponte Ribeiro e Isaltino José Mendonça de Carvalho, janeiro de 1860". Sendo um dos maiores eruditos em temas da história e da geografia do Brasil e detalhista como era, parece risível a possibilidade de que Rio Branco desconhecesse o catálogo da mapoteca do Itamaraty ou o próprio "Mapa da Linha Verde". Ademais, Ponte Ribeiro também estudara o tema em uma de suas memórias — que Rio Branco decerto também lera — e nessas memórias apontava claramente a opção pela "linha oblíqua".

Ainda que as sessões da Câmara fossem secretas, os jornais do dia seguinte publicavam resumos detalhados das discussões e até os discursos completos de cada interveniente nos debates. Os próprios deputados se encarregavam de vazar os debates para a imprensa. A quantidade de artigos favoráveis à ratificação do tratado se multiplicou e, publicados em um jornal, eram prontamente reproduzidos nas seções "A Pedidos" dos demais. Ao mesmo tempo, redobraram os ataques ao tratado.

Em 10 de janeiro, o Apostolado Positivista fez publicar no *Jornal do Comércio* um artigo de seu líder, Raimundo Teixeira Mendes, atacando o convênio por considerá-lo injusto para com a Bolívia e por ser, assim, um exemplo de "menosprezo dos princípios de fraternidade republicana, que deviam ter servido de guia ao governo brasileiro, em vez das deploráveis tradições da diplomacia imperial". Rio Branco respondeu, em carta a Teixeira Mendes, logo reproduzida na imprensa, ponderando que "os negociadores desse tratado, tanto brasileiros como bolivianos, fizemos uma obra de paz e confraternização, atendendo aos altos interesses dos dois países". Também os monarquistas voltaram a atacar o tratado. No dia 13, foi a vez de o conselheiro Andrade Figueira acusar o resultado da negociação como um exemplo do "imperialismo caricato que está a desafiar o imperialismo mais sério norte-americano e a aguçar-lhe o apetite". Se os positivistas acusavam Rio Branco de resgatar tradições imperialistas da monarquia, havia monarquistas que fundamentavam suas críticas em tempos ainda mais remotos. Para Andrade Figueira, o tratado seria "a negação do nosso passado, é o retrocesso à política colonial". As bordoadas vinham de todos os lados.

As sessões secretas da Câmara haviam se iniciado no dia 14 de janeiro com uma intervenção de Gastão da Cunha em defesa do tratado que se prolongou pelo dia seguinte. Os jornais que apoiavam Rio Branco reproduziram e aplaudiram amplamente o relator do projeto. O *Correio da Manhã*, além de ironizar o empenho do deputado mineiro na defesa da negociação, deu destaque ao trecho da exposição no qual ele criticava a atuação do ex-chanceler Dionísio Cerqueira por autorizar a instalação de uma alfândega boliviana em Puerto Alonso. Surpreendentemente, Dionísio Cerqueira, inimigo feroz de Rio Branco desde a arbitragem de Palmas, declarava apoiar o Tratado de Petrópolis. Tratava-se de endosso importante e com um entusiasmo inopinado. Dionísio declarara que nenhum político "seria capaz de conduzir as negociações a um termo satisfatório" e aduzia que se devia "atribuir o sucesso exclusivamente ao legítimo prestígio do Barão". A contestação das críticas de Gastão da Cunha por Dionísio foi publicada no jornal de Alcindo Guanabara, aliado de Rio Branco, em artigo de Domingos Olímpio, concunhado do general. Em resposta, também pelas páginas de *A Nação*, o deputado procurou desdizer-se sem cair em grave contradição e a polêmica foi acomodada.

No dia 16 começariam no Congresso os discursos dos adversários do acordo. Os deputados Moreira da Silva e Bernardo Horta manifestaram apoio, mas Felisberto Freire, eleito por Sergipe, inaugurou a onda de ataques. No dia 17, domingo, não houve sessão. No dia seguinte, o *Correio da Manhã* estampava um artigo intitulado "O Tratado de Petrópolis é um dislate", atribuído ao ex-vice-presidente Manuel Vitorino. O texto era apresentado por um editorial — no estilo habitual de Edmundo Bittencourt — que previa a aprovação do tratado por uma "Câmara, cuja maioria, cega e surda à lógica e à razão, se compõe de autômatos inconscientes, que dali deviam ser corridos a chicote, se neste país houvesse povo". Reclamou, ainda, do "aluvião de matéria paga que, à custa do Tesouro, diariamente inunda as colunas ineditoriais de quanto jornal ou jornaleco festeja o heráldico chanceler da rua Larga de São Joaquim". Naquele dia, além de Felisberto Freire, também Lindolfo Serra criticou duramente o acordo.

No dia 19 veio o golpe mais forte. Começou a aparecer, em partes, em *A Notícia* o longo artigo do barão de Jaceguai que trazia a sentença de Voltaire: *"Tel brille au second rang qui s'éclipse au premier"*. Jaceguai manifestou sua "repugnância ao monstruoso pacto" que consumava "a conquista do Acre, iniciada pelo banditismo do estado do Amazonas". Em compensação, os bolivianos teriam obtido por via diplomática "uma desforra que os indenizou amplamente das perdas materiais sofridas". No dia seguinte, é claro, o texto era transcrito e louvado pelo *Correio da Manhã*. Rio Branco teve uma compensação com o discurso de Enéas Martins, do estado do Amazonas, em defesa do tratado. Até o *Correio da Manhã*, considerou esse discurso "o melhor dos pronunciamentos em defesa do Tratado de Petrópolis".

Coincidência ou não, depois do artigo de Jaceguai o Barão adoeceu, passando vários dias com febre alta. Na Câmara, os adversários continuaram ocupando a tribuna: Costa Neto, Alfredo Varela, Juvenal Müller e Barbosa Lima. Como de hábito, os discursos da sessão secreta saíam reproduzidos na imprensa. Barbosa Lima prosseguiu com a cantilena contra o tratado na sessão do dia 22 e a ele se juntou o deputado Soares de Santos. Na sessão seguinte, Homem de Carvalho discursou contra, e Pandiá Calógeras e Irineu Machado, a favor. Em 25 de janeiro, Gastão da Cunha voltou à tribuna para um último discurso em defesa do acordo negociado por Rio Branco e Assis Brasil. O deputado procurou rebater os argumentos dos oradores da oposição e encerrou sua intervenção com a imagem sobre a "força e a pujança da pátria que transborda de suas fronteiras e renasce pelo esforço de seus filhos nos seringais do Acre".

Procedeu-se à votação, e o Tratado de Petrópolis foi aprovado na Câmara dos Deputados por 118 votos contra treze. Destes, mais de metade, sete, eram da bancada gaúcha e três, de deputados mato-grossenses. Os restantes eram os dos deputados Tomás Cavalcanti (Ceará), Felisberto Freire (Sergipe) e Brício Filho (Pernambuco). Ficou a descoberto o real tamanho da pequena mas estridente minoria na Câmara e na imprensa contra o convênio.

Na verdade, em contraste com o momento da rejeição pelo Congresso brasileiro do tratado Bocaiúva-Zeballos, que dividia o território de Palmas, agora o sistema político do país estava plenamente consolidado pela "política dos governadores", e as bancadas estaduais obedeciam com cordura às lideranças regionais.

Em termos práticos, a atuação de bastidores e a pressão do presidente Rodrigues Alves sobre os governadores terão sido muito mais efetivas para a aprovação do tratado que o esforço de Rio Branco no sentido de esclarecer a imprensa e os parlamentares, ainda que esse empenho também tenha sido indispensável. Na Câmara, apenas a bancada gaúcha posicionou-se em bloco contra o tratado, secundada por alguns dos deputados mato-grossenses e uns raros dissidentes de outros estados. Aliás, o governador do Mato Grosso, Antônio Pais de Barros (Totó Pais), afinado com Rodrigues Alves, apoiou o acordo com a Bolívia a despeito da cessão de território de seu estado. Em contraposição, Joaquim Murtinho, senador pelo Mato Grosso e crítico de Totó Pais e da administração Rodrigues Alves, influenciou parte da bancada do estado contra o tratado.

O papel do presidente Rodrigues Alves não se restringiu às articulações para a aprovação do acordo. Ainda na fase de negociação, as propostas apresentadas aos plenipotenciários bolivianos passavam pelo crivo do presidente, muitas vezes em reuniões com os ministros das demais pastas. Rio Branco ainda não detinha a maior liberdade de ação de que desfrutaria no fim de sua gestão no Itamaraty. Essas constatações em nada diminuem seu mérito na luta pela aprovação do tratado, pois sua atuação no esclarecimento das questões técnicas e políticas e seu zelo em obter o apoio da imprensa — ainda que aqui e ali por meio de favores e com o uso de recursos públicos — criaram o clima político indispensável para tornar a aprovação palatável para a opinião pública e o meio político. Mais importante, o acordo, claramente vantajoso para o Brasil, era fruto de sua indiscutível habilidade como negociador.

Depois da aprovação da Câmara, a tramitação do tratado no Senado foi célere. Dois dias depois, em 27 de janeiro, a Comissão de Constituição e Justiça exarava seu parecer pela aprovação. No dia seguinte Rui Barbosa apresentou em plenário sua "Exposição de motivos do plenipotenciário vencido", prontamente reproduzida no *Correio da Manhã* e em outros jornais. O senador baiano fazia um relato detalhado das negociações até sua saída, transcrevendo a correspondência trocada com Rio Branco e justificando sua oposição. Seguiu-se o debate no plenário e pela imprensa, mas depois da folgada vitória na Câmara o resultado favorável no Senado parecia assegurado. De fato, em 12 de fevereiro, com 27 votos favoráveis e quatro contra, o Tratado de Petrópolis foi ratificado também pelo Senado. Na sessão seguinte, Rui Barbosa, que não presenciara a votação, enviou um ofício que foi lido em plenário declarando seu voto contrário.

Durante algum tempo ainda circularam críticas contra o tratado, que foram amainando. No dia da aprovação no Senado, os positivistas voltaram à carga em artigo assinado por Lauro Sodré na *Gazeta de Notícias*: "O Brasil entrou no período de conquistas, pretendendo aplicar a política da França, da Inglaterra e dos Estados Unidos". O ponto mais sensível das críticas remanescentes estava no fato de continuar pendente o acerto com o Peru: só a solução dessa questão confirmaria definitivamente as fronteiras do Acre. Talvez o Brasil tivesse comprado a alto custo um território que perderia em seguida para o Peru; poderia ver-se obrigado a fazer novas concessões, inclusive financeiras, para reter o ganho na negociação com La Paz. Contudo, já no decorrer de 1904 a imagem de Rio Branco como diplomata imbatível em questões de limites começava a recuperar-se.

Sem dúvida alguma a negociação do Acre foi o desafio mais difícil enfrentado pelo chanceler; a solução alcançada, vista à distância de mais de um século, pode ser considerada um sucesso espetacular. Gastão da Cunha definiu o Tratado de Petrópolis como "o mais notável de nossos ajustes diplomáticos desde a Independência"; o próprio Rio Branco diria em sua exposição de motivos que "para mim vale mais esta obra [...] do que as duas outras [a defesa brasileira nas arbitragens nas questões de Palmas e do Amapá], julgadas com tanta bondade pelos nossos cidadãos". O Brasil adquiriu não apenas os cerca de 143 mil quilômetros quadrados entre a "Linha Cunha Gomes" e o paralelo 10°20' como também 48 mil quilômetros quadrados ao sul do paralelo, território que por qualquer interpretação que se desse ao tratado de 1867 seguiria sendo indiscutivelmente boliviano. Mais que a simples extensão do território obtido — ao contrário das regiões de Palmas e do Amapá —, tratava-se de uma área de clara importância econômica, na época, responsável por grande parte das exportações brasileiras.

É certo que muitos fatores estruturais pesaram em favor do resultado: o diferencial de poder entre o Brasil e a Bolívia, a posição de força dada pela ocupação militar do território em litígio, o controle da principal via de acesso à região e a difícil situação internacional da Bolívia em sérias disputas com vários vizinhos ao mesmo tempo. Afinal, pesados todos os fatores, não parece factível que La Paz conseguisse reter sua soberania (que sempre foi mais nominal que real) sobre o território. Em todo caso, a solução encontrada por Rio Branco, em meio a todas as pressões que sofreu e dificuldades que ultrapassou, resistiu à prova do tempo, conferindo plena legitimidade à aquisição daquele vasto território, em contraste com outras áreas sul-americanas que seguem sendo fonte de disputas e ressentimentos.

A conquista do Acre foi comemorada no estado do Amazonas, mas, frustrando a expectativa do governo estadual, ficou decidido que a região passaria à condição de território administrado diretamente pelo governo central em lugar de ser incorporada ao Amazonas. Desse modo, a arrecadação dos impostos sobre a borracha acriana transferiu-se para os cofres do governo federal, e em poucos anos cobriu com sobras os 2 milhões de libras (cerca de 285 milhões de dólares em valores de 2017) pagos à Bolívia. A questão foi parar na justiça. O estado do Amazonas contratou Rui Barbosa para defender sua causa. Rui foi derrotado no Supremo Tribunal Federal pelo jurista Gumersindo Bessa. (O caso rendeu até para o vernáculo: a abundância de argumentos com que Bessa embasou sua defesa deu origem à expressão "à bessa", hoje grafada "à beça".) Assim, contra suas expectativas e a despeito de todo o seu esforço, com a incorporação do Acre ao território brasileiro o governo do Amazonas perdeu parte expressiva de sua arrecadação fiscal. De todo modo, o ciclo da borracha na Amazônia logo se encerraria.

24. O pesadelo do Barão

Era hora de celebrar. Em 20 de fevereiro de 1904, uma multidão se reuniu em frente ao Palácio Itamaraty para participar das festividades pela aprovação do Tratado de Petrópolis. De espontânea a farra tinha pouco. Desde antes mesmo da ratificação do convênio pelo Senado realizada em 12 de fevereiro, os jornais e revistas ilustradas já vinham anunciando a comemoração. *O Tagarela* do dia 4 exibia uma charge com a legenda "A manifestação", mostrando um popular munido de um fole a inflar a já exuberante barriga do Barão. No dia 18, o mesmo periódico imaginava a abordagem de um pacato transeunte por um policial. Aturdido, o homem argumenta: "Mas, camarada, eu nada fiz para ser preso...". Em resposta, o soldado explica: "Deixa disso, homem de Deus, eu não o estou prendendo, peço simplesmente para ir ali à delegacia". Lá chegando, o delegado diz que sabe que ele nada fez, mas pergunta se ele é cidadão. Diante da resposta afirmativa, o delegado impõe: "Pois então está intimado a ir ao banquete e tomar parte na manifestação". Nem mesmo a desculpa de que não tem roupa para o evento convence o delegado, que decreta: "Não faz mal, arranja-se". No dia da festa, 20 de fevereiro, uma caricatura do jornal *A Tribuna* retratava um popular que comenta, um pouco confuso: "E esta! Já nem lembrava que tenho que comparecer ao Carnaval do Rio Branco! E se não comparecer... perco o emprego!".

Mesmo não sendo cem por cento espontâneo, o "Carnaval do Rio Branco" foi animado. O poeta Olavo Bilac comandou a festa e cantou loas ao chanceler: "Paranhos do Rio Branco! abençoado seja o teu cérebro, porque a tua inteligência restituiu ao Brasil os brasileiros que estavam sem pátria!...". Para acrescentar um toque involuntário de dramaticidade à efeméride, o homenageado sofreu um pequeno desmaio, causando rebuliço. Recuperado, agradeceu os discursos e, diplomático, asseverou que no pacto com a Bolívia "não houve vencedores nem vencidos".

A despeito dos embates que vinha travando com a imprensa oposicionista desde fins de 1903, Rio Branco confirmava sua popularidade com grandes festejos e pequenos gestos. Em uma cidade na qual a segregação entre pobres e ricos ficava cada vez mais evidente, ele se exibia pelas ruas em sua carruagem de capota arriada puxada por dois cavalos. Sua figura, reproduzida à exaustão em caricaturas nos jornais e revistas, caíra no gosto popular. Aonde quer que fosse era reconhecido como "o Barão", como se não houvesse inúmeros outros detentores desse título naquela sociedade recém-saída de quase sete décadas de monarquia. Passou a descer a serra com mais frequência e a pernoitar em seus aposentos improvisados no Palácio Itamaraty. No Rio, frequentava não só o Café Brito como jantava — "às vezes gordas peixadas e feijoadas" — no Rio Minho (inaugurado em 1884 e até hoje funcionando no número 10 da rua do Ouvidor) e nos restaurantes Brahma ou Globo. Sua presença constante em cafés e restaurantes explica-se também pelo fato de que, na época, o Palácio Itamaraty não possuía cozinha. As anedotas sobre seu apetite ajudaram a compor uma figura pública de homem acessível, simpático e glutão. Pequenos detalhes faziam o deleite dos cariocas, como a forma que adotava para comer abacaxis: tomando a fruta inteira descascada pelo cabo. Sobre a arte de saborear abacaxis, Rio Branco deixaria uma preleção: "Aqui não se sabe comer esta fruta, a mais deliciosa do mundo. Parti-la em fatias, delgadas como pão de *sandwiche*, é estragá-la; o bom é meter os dentes a fundo na polpa cheia de suco; só assim se aproveita todo o sabor". As pequenas manias, progressivamente exageradas pela voz popular — seu pavor de elevadores, a aversão supersticiosa a roupas marrons, seus horários desencontrados, o eterno cigarro de palha, a proverbial glutonaria —, reforçavam a ideia de personagem singular, cada vez mais querido na vida carioca.

O prefeito Pereira Passos, por sua vez, pouco a pouco transformava radicalmente a antiga cidade, apagando a memória do tempo em que escravos e pobres partilhavam as ruas estreitas, escuras, mal calçadas e sujas com senhores e sinhás da elite da colônia e do Império. O "bota-abaixo" do prefeito derrubava os antigos casarões do centro, onde muitas vezes se apertavam dezenas de famílias, e expulsava os pobres para os subúrbios ou para a encosta dos morros. Uma das primeiras áreas ocupadas, o morro da Providência, logo ficou conhecido como morro da Favela, nome de uma das encostas em que a cidadela de Canudos fora erguida. A palavra popularizou-se, e logo as "favelas" seriam uma das marcas do Rio de Janeiro. No centro, demoliam-se os cortiços, abriam-se vastas avenidas, levantavam-se prédios, eletrificavam-se as linhas de bonde, multiplicavam-se postes de iluminação pública. O surgimento da "cidade higienizada", de grandes bulevares, inaugurou a tendência para a segregação social mesmo nos espaços públicos que haveria de se enraizar fortemente na sociedade brasileira. Aprovou-se um código de posturas que proibia as pessoas de cuspir em público ou andar descalças. Os pobres, em especial os ex-escravos (uma das marcas visíveis da condição de cativo era, justamente, o fato de não possuir sapatos) eram os alvos óbvios.

Além da pobreza, também a saúde pública passou a ser um problema de polícia. No correr daquele ano de 1904, a vacinação obrigatória contra a varíola começou a ser discutida no Congresso. Mas, mesmo antes disso, poderes extraordinários já haviam sido concedidos aos agentes de saúde comandados por Osvaldo Cruz. Desde meados do ano anterior, o sanitarista espalhara brigadas de mata-mosquitos pela cidade para combater a febre amarela em uma campanha organizada com feições de operação militar. Organizou também uma caçada generalizada aos ratos, transmissores da peste bubônica, inclusive com a oferta de uma recompensa em dinheiro pelos cadáveres dos roedores entregues nos postos da direção de saúde pública — originando, assim, um rendoso comércio e mesmo um negócio de criação de ratazanas. Parte da imprensa, encabeçada pelo *Correio da Manhã*, denunciava a truculência e a moralidade duvidosa dos agentes de saúde, que fechavam os imóveis considerados insalubres, expulsando seus moradores sem nenhuma indenização. A cidade se transformava, mas as tensões sociais cresciam.

Mesmo com a vitória folgada obtida nas duas casas do Congresso, a posição de Rio Branco não estava assegurada. A assinatura do Tratado de Petrópolis não garantia a posse do Acre, pois o território também era disputado pelo Peru. Assim, o Barão seguia sendo criticado pela possibilidade de perder o território para os peruanos ou ser obrigado a concordar com novas concessões ou outra gorda compensação financeira. Seus detratores diziam que o que ele comprara, na verdade, e por alto preço, era um litígio com o Peru. Para piorar, tropas peruanas haviam invadido o Alto Juruá em fins de 1902 — quando a área, ao sul da "Linha Cunha Gomes", ainda era considerada território estrangeiro — e o Alto Purus em 1903, e mais uma vez naquele começo de 1904. A imprensa de oposição, sempre liderada pelo *Correio da Manhã*, iniciou outra campanha contra Rio Branco, atribuindo os problemas com o Peru ao Tratado de Petrópolis. Não se tratava, porém, de simples campanha da imprensa oposicionista: o risco de guerra entre os dois países era real.

A fronteira Brasil-Peru havia sido estabelecida por meio de um tratado assinado por Duarte da Ponte Ribeiro em 1851. De acordo com ele, o traçado, ao sul, terminava nas nascentes do Javari. Naquele mesmo marco, como estabelecia o tratado assinado em 1867 por Brasil e Bolívia, começava a fronteira entre esses dois países. Assim, do ponto de vista brasileiro, onde quer que se situassem as nascentes do Javari, não haveria controvérsia — Brasil, Peru e Bolívia teriam ali um ponto de tríplice fronteira. Contudo, em 1863, durante os primeiros trabalhos de demarcação dos limites Brasil-Peru, o comissário peruano passou a reivindicar que, das nascentes do Javari para o leste, a fronteira fosse estabelecida por uma paralela à linha do equador, até encontrar o rio Madeira, conforme previa o Tratado de Santo Ildefonso, entre as Coroas portuguesa e espanhola. Assim, do ponto de vista peruano, o tratado de 1851 estaria incompleto. Pertenceria ao Peru não só todo o Acre como também uma imensa porção do estado do Amazonas, ao sul dessa paralela que acompanharia a latitude das nascentes do Javari até encontrar o rio Madeira. Os limites do Brasil com a Bolívia começariam somente a partir daí. Ou seja, o Peru reivindicava todo o território ao sul de uma reta que se estendia do extremo noroeste do atual estado do Acre até as proximidades da cidade de Porto Velho, em Rondônia. Os peruanos reclamavam uma área de 251 mil quilômetros quadrados de território brasileiro ao norte da "Linha Cunha Gomes", da nascente do Javari até o rio Madeira. Ademais, entendiam pertencerem-lhes todos os 191 mil quilômetros quadrados adquiridos pelo Brasil da Bolívia por meio do Tratado de Petrópolis. O território em litígio totalizava, portanto, 442 mil quilômetros quadrados!

O Peru ambicionava também todo o norte da Bolívia, inclusive até bem mais ao sul da área cedida ao Brasil, mas já chegara a um acordo com La Paz, e a disputa seria submetida ao juízo arbitral do presidente da Argentina. Eventuais direitos do Peru sobre territórios em disputa com a Bolívia, mas adquiridos pelo Brasil, haviam sido expressamente preservados pelo governo brasileiro. Assim, a decisão do árbitro na disputa entre Bolívia e Peru teria repercussões quanto à posse brasileira do território do Acre. Na hipótese de a Bolívia ganhar integralmente a questão, a propriedade brasileira da área estaria garantida, de acordo com o Tratado de Petrópolis. Contudo, caso o Acre passasse a pertencer ao Peru, total ou parcialmente, o veredito não seria obrigatório para o Brasil, que não estava incluído na arbitragem, mas nova negociação teria de ser feita entre os governos do Rio de Janeiro e de Lima. Em caso extremo, se o árbitro entendesse que toda a área em disputa devia passar ao Peru, os 2 milhões de libras e o território brasileiro cedido a La Paz teriam sido entregues a troco de nada, pois Rio Branco não teria negociado a posse do Acre com o verdadeiro proprietário do território. Seria um verdadeiro desastre político-diplomático.

O Peru era um adversário muito mais forte que a Bolívia. Além de mais bem armado e organizado, possuía considerável população no vale amazônico e poderia deslocar tropas para a região sem necessidade de navegar pelos rios brasileiros. Se o Brasil quisesse repetir a tática usada contra a Bolívia, de ocupar o território em litígio, seria preciso expulsar os peruanos do Alto Juruá e do Alto Purus, operação complexa e arriscada (no caso da disputa com a Bolívia, aliás, a tarefa de enxotar os estrangeiros coubera a Plácido de Castro). Por outro lado, concentrar tropas ao longo da fronteira dos dois países seria um verdadeiro desafio logístico.

Para conhecer a real situação das Forças Armadas peruanas, em março de 1904 Rio Branco solicitou ao ministro chileno no Rio de Janeiro que lhe repassasse as informações de que seu país dispunha sobre as forças navais e terrestres peruanas. O ministro chileno informou a seus superiores em Santiago que o

> barão do Rio Branco disse-me que se o Peru não retira sua alfândega do Amônia e se, aproveitando a baixa dos afluentes do Amazonas, invade o território para restabelecer a alfândega de Chandless, se hostilizam de qualquer modo aos habitantes brasileiros, mandará suas forças pelo Amazonas até Iquitos [cidade na Amazônia peruana], sem dificuldades vencerá a oposição que se apresente ao envio de forças por terra, ou como seja possível, ao território disputado, a todos os pontos onde a atitude do Peru imponha essa necessidade.

O Chile, contudo, não facilitou os dados solicitados, pois, segundo o historiador chileno Cristián Garay, o governo de Santiago "adivinhava que seriam os prolegômenos para dar ao Brasil uma saída ao Pacífico".

No início de 1904 a situação era extremamente grave e anunciava-se um desfecho violento. Em correspondência com Enéas Martins, Domício da Gama declarou: "A previsão a fazer é de guerra próxima com o Peru, que se está armando há bastante tempo e conta com não sei com que ajuda nessa aventura louca". Para assustar o governo peruano, Rio Branco buscava, sem sucesso, acenar com a hipótese de uma aliança com o Chile, com o qual o Peru mantinha em aberto a questão das províncias de Tacna e Arica, conquistadas pelos chilenos na Guerra do Pacífico. O Chile não se interessou pelo pacto. Em compensação, o Barão firmou, em 5 de maio, um acordo secreto com o Equador, criando uma "aliança defensiva com o objetivo de prevenir ou repelir, conforme o caso, qualquer agressão por parte do governo do Peru".

Em junho do ano anterior ocorrera um confronto armado entre tropas equatorianas e peruanas em Angoteros, na região do rio Napo, e as relações entre os dois países ainda eram muito tensas, a despeito de persistirem as tentativas de uma saída diplomática para a crise. O tratado entre Brasil e Equador previa uma ação militar concertada contra o Peru "tanto do lado da Amazônia, como do lado do oceano Pacífico". O texto permaneceu secreto e só seria apresentado aos respectivos parlamentos quando os dois governos considerassem oportuno, ou seja, na iminência de um ataque ao inimigo comum. Segundo o historiador peruano Jorge Basadre, o Equador teria chegado a propor que o Brasil aceitasse a cessão de parte do território que o país disputava com o Peru para que adquirisse uma saída para o Pacífico. Naturalmente, tal expansão territorial só poderia ser obtida por intermédio de uma guerra, que, na verdade, não estava nos planos do Barão. Para conhecimento geral, no dia seguinte, 6 de maio, Rio Branco e o ministro equatoriano no Rio de Janeiro, Carlos Rodolfo Tobar, assinaram um tratado fixando os limites entre os dois países na eventualidade de o Equador garantir sua soberania sobre o território em disputa com o Peru na Amazônia. Por um lado, não deixava de ser uma demonstração do bom entendimento entre os dois vizinhos do Peru. Por outro, o acordo descartava a hipótese de o Brasil partilhar com o Equador áreas que viesse a obter na disputa com o Peru. Além de contar com essa aliança formal com o Equador, Rio Branco conquistara a boa vontade do governo boliviano, ainda pendente do resultado da arbitragem argentina sobre seus limites com o Peru.

Ainda que supostamente secreta, a notícia do tratado de aliança militar com o Equador chegou aos ouvidos das autoridades peruanas; aliás, era do interesse do Brasil e do Equador que Lima considerasse a possibilidade de uma ação conjunta. O ministro brasileiro na capital peruana, Eduardo Lisboa, instruído a não confirmar nem negar a aliança, relatou que o boato causara forte impressão no país. Em conversa com o chanceler peruano, este lhe garantira "em tom jocoso que o Peru não pensava de maneira alguma brigar com o Brasil e que, portanto, não podia perceber o motivo deste ajuste". A ameaça surtira efeito.

Na verdade, a hipótese de vitória militar contundente sobre o Peru com base unicamente no Exército e na Armada do Brasil era improvável. Ainda não refeitas das perdas e da desorganização causadas pela Revolta da Armada, pela Revolução Federalista e pelo combate às muitas insurreições internas do início da República, as Forças Armadas brasileiras estavam em péssimo estado. A austeridade do governo Campos Sales não favorecera sua reorganização, e o armamento que possuíam, em terra e no mar, era escasso e obsoleto. Assim, ficou desatendido o pedido de Rio Branco para que houvesse uma demonstração de força com o deslocamento de um contingente razoável de tropas para a área por onde os peruanos desciam o Juruá e o Purus e ao longo da fronteira com o Peru no estado do Amazonas. Uma campanha brasileira para expulsar os peruanos da região tampouco podia contar com as forças de Plácido de Castro, pois estas não alcançavam o alto curso dos dois rios acrianos e muito menos poderiam reforçar a extensa linha de fronteira no Amazonas.

Mas a ideia de que o Barão armava uma ampla aliança militar contra o Peru levou o governo de Lima a negociar. As discussões ocorreram no Rio de Janeiro, comandadas por Rio Branco e pelo ministro peruano Hernán Velarde. Começaram no dia 8 de maio de 1904 a partir de um impasse, em vista da posição intransigente e maximalista de Velarde. A margem de negociação de Rio Branco era realmente pequena, pois ao enviar o Tratado de Petrópolis ao Congresso ele assegurara que a negociação com o Peru não seria um problema, já que "a confiança no nosso direito é tal que nenhum receio devemos ter por esse lado". Toda concessão que fizesse ao país vizinho seria violentamente atacada por seus críticos. A rigidez da posição peruana foi sendo quebrada por sucessivas demonstrações de força. Em 16 de maio, o Barão informou a Velarde que ficava proibido o

344

trânsito de elementos de guerra destinados ao Peru por rios brasileiros. Em seguida, um carregamento de armas e munição vindo da Europa com destino a Iquitos foi apreendido em Manaus. No dia seguinte, na capital amazonense, começaram as providências para o envio de forças do Exército brasileiro ao Alto Juruá e ao Alto Purus. A missão foi confiada ao 15º e ao 33º batalhões de Infantaria, na ocasião encontrando-se este último ainda em Belém. Para o transporte da tropa foram alugados navios da empresa inglesa Amazon Stream, processo que se revelou oneroso e demorado. Premido pelas circunstâncias, o chanceler se desesperava. Em 27 de maio, registrou em seus *Cadernos de notas*:

> Estamos a perder tempo e a dar tempo ao Peru para que reforce e fortifique em Iquitos, no Juruá e no Purus. Qualquer das republiquetas da América Central poria 6 a 8000 homens prontos para operar em poucos dias. Fui ter com o presidente para lhe manifestar a minha contrariedade diante de tantos adiamentos, quando desde tanto tempo, no interesse da paz, eu peço e insisto que nos mostremos fortes e prontos para dar um golpe que impressione os peruanos.

Rio Branco passou a pressionar o ministro da Marinha, almirante Júlio César de Noronha, para que iniciasse um programa de reequipamento naval, pois o Peru comprava navios modernos em estaleiros europeus. Em fins de agosto de 1903 ele já sugerira a compra de uma pequena flotilha (um cruzador couraçado e seis caça-torpedeiros) que a Argentina desistira de adquirir em estaleiros italianos. Em março do ano seguinte, no auge da crise com o Peru, voltou à carga com a proposta de compra de dois navios chilenos. Em maio, insistiu outra vez com o ministro da Marinha, adiantando ter conversado com o presidente

> sobre a necessidade de encomendarmos já e já dois bons encouraçados, porque o Peru pode romper conosco logo que haja feito suas encomendas — se é que já não as fez — e nesse caso ficaremos impossibilitados de fazer as nossas, pois nenhum estaleiro as poderá aceitar.

De sua parte, os peruanos também faziam planos; em Lima, falou-se na possibilidade do envio de uma força de 3 mil homens que descesse o Amazonas para ocupar Manaus.

Ainda que continuasse pendente a possibilidade de um desfecho violento —

minimizada pelo fato de os peruanos desconhecerem o estado real das forças militares brasileiras —, convinha encaminhar a questão racionalmente, mas sem deixar de demonstrar firmeza. Rio Branco falava grosso e exigia o recuo dos destacamentos militares peruanos estabelecidos mais abaixo do curso do Juruá e do Purus, onde a população era de brasileiros. Os peruanos, por sua vez, queriam a neutralização e a administração conjunta dos 442 mil quilômetros quadrados em litígio — todo o Acre e parte do estado do Amazonas. Se o Brasil concordasse, enquanto durassem as negociações as autoridades brasileiras teriam de dividir com o Peru os impostos obtidos sobre a maior parte da borracha extraída na Amazônia. Em termos concretos, a situação ficaria bem pior que a encontrada por Rio Branco ao chegar. Aceitar a proposta seria suicídio político.

O impasse persistiu por várias semanas. O ministro peruano em Washington sondou o governo estadunidense para que pressionasse o Brasil a aceitar a administração conjunta do território em litígio até uma solução arbitral. Os Estados Unidos se declararam neutros na questão. Em Buenos Aires, a imprensa tomou as dores do Peru e insistiu na neutralização de todo o território em litígio, com acusações contra o que considerou comportamento belicoso do Brasil e de Rio Branco. Com os Pactos de Mayo, assinados em 1902, estava temporariamente superada a rivalidade entre Argentina e Chile, e os dois países consideraram a possibilidade de uma intervenção conjunta na questão. No Rio de Janeiro, o *Correio da Manhã* voltou a atacar quase diariamente o Barão, que respondia em artigos e editoriais provavelmente redigidos por ele próprio e publicados na imprensa amiga, em especial no *Jornal do Comércio* e em *O País*. A briga de morte contra Edmundo Bittencourt e Gil Vidal se renovou, e, entre argumentos racionais e insultos, voltaram a correr rios de tinta. De seu lado das trincheiras em mais essa batalha pela opinião pública, Rio Branco passou a ser presença constante na redação do *Jornal do Comércio*, considerado porta-voz informal do chanceler. Também os jornais *O País*, *A Nação*, *A Notícia*, *A Tribuna* e *Gazeta de Notícias* se revezavam na tarefa de propagar quase diariamente o ponto de vista do Barão, seja sob a forma de "A Pedidos", seja por artigos anônimos ou assinados com pseudônimos — e mesmo com artigos das redações ou editoriais.

Em 12 de julho, Rio Branco afinal concluiu dois acordos com o ministro peruano no Brasil, Hernán Velarde, para encaminhar amigavelmente a questão. Na madrugada do dia 27 daquele mês, em Petrópolis, ele concluiu a redação da exposição de motivos para que o aliado Gastão da Cunha tramitasse os textos em regime de urgência no Congresso. O *modus vivendi* fora obtido com o desejado recuo dos peruanos, fato que o Barão lhe pediu que não explorasse, pois: "É preciso poupar o amor-próprio da outra parte, tanto mais que agora é que vai começar a negociação sobre o principal". A posição brasileira prevalecera em todos os pontos. Rio Branco resumiu a situação na carta que escreveu a Gastão da Cunha: "Onde há brasileiros governamos nós, retirando-se os destacamentos e autoridades do Peru, e acima de Breu (no Juruá) e de Catay (no Purus), onde não há brasileiros, funcionarão as comissões mistas, governando nós e os peruanos". Ficou estabelecido que, caso não se chegasse a um acordo definitivo até 31 de dezembro daquele ano, as duas partes negociariam um tratado para o arbitramento da questão. Até lá, comissões mistas brasileiro-peruanas explorariam o Alto Juruá e o Alto Purus. O assunto ainda não estava resolvido e era necessário agir com cautela. O chanceler informou a legação do Brasil em Lima do estado das negociações e advertiu: "Aqui não cantamos vitória e nada mais ridículo e inconveniente do que andar um diplomata a apregoar vitórias". De fato, a questão parecia bem encaminhada, mas seguia longe de estar solucionada, e a oposição não se esquecia da bazófia de Rio Branco ao garantir que "com o devido respeito pela opinião contrária, a confiança do nosso direito é tal que nenhum receio devemos ter por esse lado". Ele se comprometera a obter sucesso absoluto na negociação com o Peru — menos que isso seria considerado uma derrota.

O governo peruano, de seu lado, nomeou um novo ministro no Rio de Janeiro. No mesmo mês de julho em que o *modus vivendi* foi assinado, chegava ao Brasil o diplomata Guillermo Alejandro Seoane, que já ocupara o cargo entre 1890 e 1894 e já vivera no Rio de Janeiro entre 1863 e 1866, quando o pai, Buenaventura Seoane, era por sua vez plenipotenciário do Peru. Na ocasião, trabalhara ao lado do pai como segundo secretário da legação. A tradição se renovava, pois agora trazia o filho, Buenaventura Guillermo, como subordinado.

As medidas práticas para um acordo definitivo começaram a ser tomadas. Foram estabelecidas duas comissões mistas brasileiro-peruanas para subsidiar as discussões de limites. Elas deveriam examinar in loco as áreas onde havia confronto entre nacionais dos dois países, no curso superior dos rios Juruá e Purus. Em agosto de 1904 foram nomeados os chefes da parte brasileira das comissões mistas: no Alto Purus, Euclides da Cunha; no Alto Juruá, o coronel Belarmino Mendonça. Contudo, problemas logísticos constantes retardaram a chegada das duas expedições a seus destinos. Elas partiram de Manaus para o Purus e para o Juruá somente no início de abril de 1905; Euclides chegou ao Purus em agosto. Da experiência, além dos relatórios das comissões, resultou o livro *À margem da história*, em que ele registra as terríveis condições de vida dos seringueiros.

A questão dos limites com o Peru demoraria ainda um lustro para ser resolvida em definitivo. Nesse ínterim, as críticas contra o Tratado de Petrópolis ressurgiriam esporadicamente na imprensa e no meio político. Ainda assim, 1904 foi um ano decisivo para o mandato de Rio Branco no Ministério das Relações Exteriores. Aliás, até o final daquele ano, poucos — inclusive ele próprio — apostariam que sua gestão poderia se estender até além da presidência de Rodrigues Alves. A despeito das dificuldades, com a progressiva consolidação de sua posição no meio político — graças principalmente a sua popularidade crescente —, ao longo de 1904 o Barão encontrou espaço para delinear as principais diretrizes que marcariam sua condução do Itamaraty por quase uma década.

Ao lado das questões de fronteira, o traço em geral mais conhecido da atuação de Rio Branco é o suposto estabelecimento de uma "aliança não escrita" entre o Brasil e os Estados Unidos, com o "deslocamento do eixo da política externa brasileira de Londres para Washington". A verdade é bem mais complexa. Para começar, a mudança já vinha de antes. Durante o Império, as relações com os Estados Unidos foram geralmente frias e, em alguns momentos, claramente conflituosas, como durante as pressões estadunidenses para a abertura do rio Amazonas à navegação internacional, ou quando, durante a guerra civil nos Estados Unidos, o imperador reconheceu os Estados Confederados como beligerantes, ou, ainda, durante a Guerra da Tríplice Aliança. Com o fim da monarquia houve uma reviravolta em favor de relações mais estreitas.

O novo regime esmerou-se em dar provas de americanismo, com gestos como a reversão das instruções dadas à delegação brasileira na I Conferência Pan-Americana. Salvador de Mendonça assumiu a chefia da delegação brasileira no encontro e deu um giro de 180 graus na orientação dada pela diplomacia imperial, de oposição às propostas estadunidenses. O Brasil passou a apoiar todas as iniciativas dos Estados Unidos na conferência, que, contudo, se encerrou com escassos resultados. De todo modo, Mendonça passou de cônsul em Nova York a ministro do Brasil em Washington e, nessa condição, buscou concertar uma "aliança ofensiva e defensiva para a defesa de sua independência, soberania e integridade territorial" com os Estados Unidos, que recusaram a proposta.

O ardor entreguista continuou no acordo comercial assinado em 1891, que se revelou um presente para os exportadores norte-americanos sem maior contrapartida para os produtores brasileiros. Depois, veio a intervenção estadunidense na Revolta da Armada, clara interferência nos assuntos internos que só a fraqueza do governo brasileiro na ocasião pode explicar. Assim, a mudança do eixo da política externa para Washington, ainda que ocorrida de maneira atabalhoada, deve-se mais a Salvador de Mendonça que a Rio Branco. Com razão, em determinado momento Mendonça diria: "Quando, pois, o barão do Rio Branco mandou o sr. Joaquim Nabuco descobrir a América do Norte ela já estava descoberta, medida e demarcada". Na realidade, em um nível mais profundo de análise, a orientação foi decorrência da mudança interna de regime, e não de decisão voluntarista deste ou daquele personagem. Em todo caso, atribuir a mudança à vontade de Rio Branco é uma clara mistificação.

O entusiasmo americanista da República fora apresentado como uma ruptura espetacular com a política do Império; "Somos da América e queremos ser americanos", dizia o "Manifesto republicano". Rio Branco não se limitou a conformar-se ao americanismo republicano, contra o qual seria muito difícil lutar. Ele reformulou a nova orientação em bases mais sólidas e reconstruiu a memória das relações entre Brasil e Estados Unidos, projetando uma sólida amizade entre ambos que viria desde o reconhecimento da independência brasileira por Washington.

Ao contrário da narrativa consolidada por Rio Branco, as relações com os Estados Unidos durante o Império foram, em geral, distantes e muitas vezes extremamente tensas; basta registrar que as relações diplomáticas entre os dois países foram rompidas em três ocasiões (1826, 1846 e 1869) durante a monarquia. No Primeiro Reinado, houve a suspeita de que aquele país tivesse apoiado várias conspirações republicanas. Durante a guerra civil estadunidense, o Brasil chegou a simpatizar com os Confederados; na Guerra da Tríplice Aliança, Washington favorecia o Paraguai. Em 1855, devido à pressão estadunidense para a abertura do Amazonas à navegação internacional, houve mesmo ameaça de conflito bélico. Rio Branco, naturalmente, conhecia bem esses antecedentes, mas, para a construção de sua narrativa — voltada para o que percebia serem os interesses brasileiros naquele momento —, desestimou a ruptura representada pela República e inseriu as boas relações com Washington em uma pretensa tradição de amizade que viria dos tempos do Império. Embora totalmente falso, o mito da proximidade entre os dois países desde a independência passou a fazer parte do discurso diplomático brasileiro.

Além de obedecer à realidade da política interna, a opção por relações privilegiadas com os Estados Unidos se baseava em uma leitura realista do contexto internacional dos primeiros anos do século xx e respondia a necessidades concretas. O imperialismo europeu era uma ameaça real, e Rio Branco, tendo morado na Europa por mais de duas décadas, fora uma testemunha atenta da partilha da África — consagrada na Conferência de Berlim —, da imposição dos tratados desiguais à China, da abertura forçada do Japão, da conquista da Indochina e do esmagamento dos bôeres na África do Sul. Os princípios de Berlim declaravam res nullius, ou seja, terra sem dono, os territórios sem efetiva ocupação ocidental na África, um princípio que, se estendido à América do Sul, ameaçaria claramente a posse da Amazônia, onde, aliás, o Brasil fazia fronteira com três potências europeias.

O poder estadunidense, em comparação, parecia uma ameaça mais distante, que, inclusive, poderia ser usado taticamente em favor da autonomia brasileira. É verdade que em décadas passadas os Estados Unidos haviam se expandido sobre o território do México e que agora intervinham sem pudor na América Central e no Caribe, e mesmo no norte da América do Sul. Ao mesmo tempo, porém, a Doutrina Monroe resguardava as Américas do imperialismo europeu. Rio Branco acreditava que o Brasil, com seu maior peso específico e dada a distância geográfica que o separava dos Estados Unidos, estaria em condições de sintonizar os próprios interesses com os do poderoso vizinho do norte sem maior perda de autonomia. Além do mais, na época os Estados Unidos já eram o principal destino das exportações brasileiras de café e de borracha, e o Brasil mantinha um enorme superávit no comércio com aquele país. Rio Branco soube atuar de forma pragmática, não obstante suas eventuais preferências ideológicas e a despeito de seus sentimentos europeístas: o americanismo que a República lhe impunha estava lastreado em interesses sólidos.

Em maio de 1903, o recém-chegado ministro estadunidense no Rio de Janeiro, Thomas Thompson, com base em estatísticas que comprovavam o acentuado superávit a favor do Brasil nas relações comerciais bilaterais, iniciara gestões em prol dos produtos de seu país. A concessão de preferências comerciais dependia de aprovação do Congresso, que no fim daquele ano concordou em deixar ao Executivo a potestade de reduzir em até 40% as tarifas de importação dos produtos vindos de países que favorecessem as exportações brasileiras. Em 16 de abril de 1904 foi expedido o decreto nº 5192, concedendo redução de 20% nas tarifas incidentes sobre importações estadunidenses de trigo, leite condensado, artefatos de borracha, relógios, vernizes e tintas. Rio Branco anunciou a medida à legação dos Estados Unidos em nota com o seguinte teor:

> Ao expedir este decreto, pensa o governo federal manifestar mais uma vez, de modo prático, a sua boa vontade em manter, melhorar e cada vez mais desenvolver as relações comerciais entre o Brasil e os Estados Unidos da América, a que nos liga a mais sólida e bem provada amizade.

Os interesses do café comandavam as relações comerciais e os grandes mercados do produto tinham preferência. Diferentemente dos Estados Unidos, a Argentina, que importava quantidades modestas de produtos brasileiros, não foi beneficiada pela isenção, embora tampouco impusesse tarifas sobre as importações de café.

Também no plano político as relações entre Brasil e Estados Unidos se estreitaram. No início de 1903, Rio Branco já se opunha à participação brasileira em uma articulação de países latino-americanos em prol da chamada Doutrina Drago, que buscava proibir a ação militar das nações credoras para exigir o pagamento de dívidas. Em instrução à legação brasileira na capital estadunidense, o chanceler explicou: "Não devemos entrar nisso sendo o desejo do presidente e também meu que possamos estar sempre de acordo com o governo de Washington". A separação de Panamá e Colômbia, em novembro de 1903, foi recebida com grande desconfiança pela maioria dos países latino-americanos, que a viam como um claro produto do imperialismo estadunidense. O Brasil, contudo, não só apoiou a independência panamenha desde o início como fez gestões para que Argentina e Chile também reconhecessem o governo constitucional da nova República, instalado em fevereiro do ano seguinte.

No início de março de 1904, a legação americana informou ao Departamento de Estado que "o barão do Rio Branco disse que estava pronto para reconhecer [o Panamá], tendo o Chile indicado sua intenção de fazê-lo imediatamente, e que não havia dúvidas de que a Argentina logo faria o mesmo". A pretensão de ter o Brasil como intermediário nas relações entre os Estados Unidos e os demais países latino--americanos começava a se insinuar. De fato, o americanismo brasileiro era seletivo.

Americanizar-se significava empenho em identificar-se com os Estados Unidos, enquanto a alteridade com os países hispano-americanos permanecia, como nos tempos em que o Brasil era uma monarquia entre repúblicas. A grande diferença estava na mudança radical do diferencial de poder em relação à Argentina. Buenos Aires se tornara uma cidade moderna, capital de um país rico e cada vez mais poderoso, em contraste com o Brasil, que mal começava a superar a longa crise instalada nas décadas finais do Império — éramos um país empobrecido, atrasado e militarmente fraco. A época das intervenções brasileiras no Prata estava superada pela simples razão de que as condições objetivas para tal já não existiam.

De modo geral, as relações com os países vizinhos eram amigáveis. Desde 1895, a fronteira entre Brasil e Argentina estava definida, graças à arbitragem na qual Rio Branco obtivera um veredito totalmente favorável contra as teses do advogado argentino Estanislao Zeballos. O presidente Julio Roca aceitara a decisão do árbitro com fidalguia e em 1898 firmara o tratado definitivo de limites, abrindo um período de aproximação bilateral cuja qualidade foi atestada pela primeira troca de visitas presidenciais — Roca visitou o Brasil em 1899 e Campos Sales retribuiu em 1900. As relações comerciais também iam bem, graças à clara complementaridade de produtos: o trigo argentino tinha no Brasil um de seus melhores mercados, e parte do café e do mate brasileiros era vendida na Argentina. Não havia razão objetiva para conflito, e mesmo o desconforto causado pelos ataques da imprensa argentina ao Brasil (e vice-versa) por conta da Questão do Acre e da disputa com o Peru logo amainaram.

A violenta guerra civil que assolou o Uruguai em 1904 contou com intenso apoio e mesmo participação direta de cidadãos argentinos e brasileiros, como sempre acontecera durante o século XIX. Ante uma Argentina poderosa e enriquecida, a cooperação aparecia como uma opção melhor que o já inviável intervencionismo saquarema nos assuntos do Prata. Pragmático, Rio Branco aceitou a nova realidade e propôs ao ministro argentino no Rio de Janeiro, Manuel Gorostiaga, um tratado de arbitramento geral entre Brasil e Argentina e algum tipo de arranjo que também envolvesse o Chile. Ao relatar essa conversa para a legação brasileira em Buenos Aires, o Barão explicou:

> É do interesse de todos nós concorrer para que se encerre a era das revoluções nesta parte da América do Sul. Tão frequentes agitações e desordens desacreditam na Europa e nos Estados Unidos todos os latinos ou latinizados da América, retardam

26. O apoio à anexação do Acre: charge de K. Lixto para *O Malho*, 24 jan. 1903.

27. A Argentina e o Tio Sam fazendo do general Pando, da Bolívia, uma marionete. Caricatura de Raul em *Tagarela*, 29 jan. 1903.

— Então *seu* Lauro, quando é que você começa com essas obras do porto?
— Quando o Barão acabar com a questão do Acre...

28. As reformas urbanas de Pereira Passos e a Questão do Acre em caricatura na revista *O Coió*, 16 jul. 1903.

PÁGINA AO LADO:
29. O Tratado de Petrópolis em duas charges implacáveis de Alfredo Cândido: o Barão "parindo" um rato. *A Larva*, 25 out. 1903.

PÁGINA SEGUINTE:
30. ... e um busto do Barão sobre um castelo de cartas. *A Larva*, 25 out. 1903.

JUCA PARANHOS, O BARÃO DO RIO BRANCO

DESILLUSÃO

Os castellos que erguia o pensamento......

31. O "açougueiro" Barão, a retalhar o Brasil em oferenda à Bolívia. Caricatura de Crispim do Amaral para *A Avenida*, 31 out. 1903.

32. "Então, Lola, o Brasil é nosso?" "Não, senhor general, ainda não. O adorável barão não chegou à presidência." Caricatura de Zane para *O Coió*, 2 nov. 1903.

Descalçou o par de botas mas nos custou muito caro.

33. O Barão "desembaraçando-se" da Questão do Acre. Charge de K. Lixto no *Correio da Manhã*, 21 nov. 1903.

34. Em charge de Falstaff, o Barão tenta "abafar" a Questão do Acre. *Tagarela*, 19 nov. 1903.

Como se procura abafar um vulcão.

À ESQUERDA:
35. "Arre! Fechei o tratado! Mas agora quem precisa ser tratado sou eu!" Charge de Crispim do Amaral em *A Avenida*, 28 nov. 1903.

PÁGINA AO LADO:
36. A caricatura de Falstaff mostra Rio Branco à beira de um precipício em que se lê a palavra "descrédito". *Tagarela*, 3 dez. 1903.

37. Rui Barbosa acende o pavio da bomba "Acre". Caricatura de K. Lixto para *O Malho*, 26 dez. 1903.

ABAIXO:
38. Rui Barbosa protagoniza charge de Raul em *Tagarela*, 9 jan. 1904.

JUCA PARANHOS, O BARÃO DO RIO BRANCO

— Cuidado, barão! Com esta bomba nem S. Pedro com seus tiros o salvará.

O ACRE

Mestre Ruy na estacada prepara a estocada...

— E' isto, "seu" Gastão: você defende a coisa, passo-lhe a pasta e desappareço desta choldra...

E esta! Já nem me lembrava que tenho que comparecer ao Carnaval do Rio Branco!
E se não comparecer... perco o emprego!

39. O Barão, sem paletó, passa o problema para Gastão da Cunha. Charge de K. Lixto no *Jornal do Brasil*, 4 jan. 1904.

ABAIXO:
40. O "Carnaval de Rio Branco" em caricatura de A. R. para *A Tribuna*, 20 fev. 1904.

PÁGINA AO LADO:
41. Assinatura do Tratado de Petrópolis. Da esquerda para a direita: Fernando Guachalla, Ernesto Ferreira, Cândido Guillobel, Assis Brasil, Claudio Pinilla, Zacarias de Góis e Vasconcelos, barão do Rio Branco, Domício da Gama, Campos Paradela, Raimundo Nonato Pecegueiro do Amaral, Paulo Fonseca e Emílio Fernandes. Petrópolis, 1903.

42. Reprodução das últimas páginas do Tratado de Petrópolis, versões em português e espanhol, com as assinaturas e os selos.

43. Mapa do território disputado entre Brasil, Bolívia e Peru, de autoria de Euclides da Cunha, 1909. As partes colorizadas digitalmente compreendem:

■■ área do litígio entre Brasil e Bolívia, cedida ao Brasil pelo Tratado de Petrópolis (1903);
■ área brasileira cedida à Bolívia pelo Tratado de Petrópolis (1903);
■■ área do litígio entre Brasil e Peru;
■ área cedida ao Brasil pelo Tratado Brasil-Peru de 1909;
■ área cedida ao Peru pelo Tratado Brasil-Peru de 1909.

PÁGINA AO LADO:
44. Casa do barão do Rio Branco em Petrópolis. Óleo de João Batista da Costa, c. 1905.

45. Recepção do presidente eleito da Argentina, Roque Sáenz Peña. Rio de Janeiro, 1910.

JUCA PARANHOS, O BARÃO DO RIO BRANCO

Correio da Manhã

Director — EDMUNDO BITTENCOURT

ANNO XV — N. 6.005 — RIO DE JANEIRO — QUARTA-FEIRA, 4 DE AGOSTO DE 1915

A TRAGEDIA DA GAVEA

A policia continúa em diligencias para esclarecer o sinistro plano, de que resultou a morte do barão de Werther

JÁ ESTÃO PRESOS DIVERSOS INDIVIDUOS, COMPROMETTIDOS NA TENTATIVA DE RAPTO DOS NETOS DE RIO BRANCO

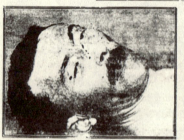

O CADAVER DO BARÃO DE WERTHER NA MORGUE

O "chauffeur" Orlando de Araujo, que tomou a baronesa para o Sr. Senador [...]

A creada Sabro, que acompanhou a baronesa. Em baixo, Annibal Ferreira Coelho e Antonio Pescador, que prestaram informações sobre a tragedia

Antonio Coelho, um dos membros do bando de "Gasolina"

PÁGINA AO LADO:
46. O *Correio da Manhã* de 4 de agosto de 1915 estampa a morte do barão Gustav von Werther, o "genro-espião" que tentara sequestrar os netos de Rio Branco.

47. Barão do Rio Branco e assessores. Da esquerda para a direita: José Joaquim de Lima e Silva Moniz Brandão, Rio Branco, Antônio Batista Pereira e Artur Guimarães de Araújo Jorge. Rio de Janeiro, *c.* 1911.

48. Populares aglomeram-se na entrada do Palácio Itamaraty durante o velório.

JUCA PARANHOS, O BARÃO DO RIO BRANCO

49. Gabinete/quarto de dormir do Barão, no dia seguinte à sua morte, em fotografia tirada — às escondidas — por Augusto Malta, que a revelaria somente vinte anos depois.

50. Exéquias do Barão no cemitério do Caju.

51. A multidão acompanha o cortejo fúnebre.

ou paralisam o progresso de países que, pelas obras da paz, poderiam em pouco tempo ser ricos e fortes, e constituem um verdadeiro perigo para grande parte do nosso continente em um futuro não muito remoto. Quando as grandes potências da Europa não tiverem mais terras a ocupar e colonizar na África e na Australásia hão de voltar os olhos para os países da América Latina, devastados pelas guerras civis, se ainda assim o estiverem, e não é provável que os ampare a chamada Doutrina de Monroe, porque na América do Norte também haverá excesso de população, política imperialista, e já ali se sustenta o direito de desapropriação, pelos mais fortes, dos povos incompetentes. Ao mesmo tempo, devemos pensar que não é só nos países vizinhos que lavra o espírito revolucionário, mas também no Brasil, desde alguns anos, e na República Argentina até certo ponto. É, portanto, prudente que os dois governos, na previsão de possíveis insurreições no seu território, pensem em adotar resoluções que tornem impossíveis ou dificultem qualquer proteção ou apoio a revolucionários no território do outro.

Ainda havia, também, muito a fazer para definir as fronteiras do Brasil com os países vizinhos. Com Argentina, Uruguai e Paraguai existiam tratados já consolidados. Com a Bolívia, o Tratado de Petrópolis, conjugado com o tratado de 1867, resolvia a questão. A pendência com o Peru seguia em aberto, ainda que grande extensão dos limites entre os dois países estivesse acertada pelo tratado assinado em 1851. Com a Colômbia, os esforços da diplomacia imperial para chegar a um acordo haviam fracassado, diferentemente do ocorrido com a Venezuela, delimitada por um convênio assinado em 1859, mas ainda pendente de demarcação. Quanto às potências europeias, os limites com a Guiana Francesa haviam sido consagrados na arbitragem ganha por Rio Branco; com a Guiana Inglesa, o processo arbitral perante o rei da Itália ainda estava em curso, tendo Joaquim Nabuco como advogado brasileiro. Restava iniciar negociações com a Holanda, que parecia esperar o resultado das arbitragens dos limites das outras duas colônias europeias vizinhas ao Brasil.

Quanto ao Peru, o Barão começara a tarefa de pressioná-lo acertando os limites com um país que nunca chegaria a ter fronteira com o Brasil — o Equador. De acordo com alguns mapas espanhóis da era colonial, a antiga Audiência de Quito estendia-se da costa do Pacífico até a foz do rio Amazonas, no oceano Atlântico. Com o avanço da colonização portuguesa pela Bacia Amazônica, as pretensões equatorianas haviam encolhido, mas o país ainda disputava com o

Peru um vasto território na Amazônia, da cordilheira até a indefinida fronteira que poderia ter com o Brasil. A diplomacia imperial já tratara da questão em negociações mantidas em Quito em 1853. Na ocasião, acordou-se que, caso o Equador adquirisse a soberania, no todo ou em parte, do território em disputa com o Peru, os limites entre Brasil e Equador obedeceriam à linha estipulada pelo tratado de 1851 entre Brasil e Peru. Ainda que não se tenha chegado a um tratado formal, na época, por discordâncias quanto à navegação nos rios amazônicos, o entendimento seguiu vigente e, em 6 de maio de 1904, assinou-se um tratado consagrando os possíveis limites entre os dois países, que afinal não compartiram fronteira alguma.

Em 14 de julho, chegou por telégrafo a notícia do laudo do rei da Itália na arbitragem da fronteira entre Brasil e Guiana Inglesa. Vítor Emanuel III dividira o território em disputa, outorgando 19,6 mil quilômetros quadrados para a Inglaterra e 13,5 mil para o Brasil, divisão mais desfavorável para nós do que a proposta pelos ingleses nas discussões com Souza Corrêa e cuja recusa conduzira à opção pela arbitragem. Rio Branco levou a má notícia ao presidente e chamou os jornalistas amigos ao Itamaraty para pedir "uma boa imprensa" para Joaquim Nabuco. Consta em seu diário que naquela noite ele e Pecegueiro do Amaral foram jantar no Hotel dos Estrangeiros "profundamente penalizados". Depois do jantar, ainda segundo suas anotações, o Barão compareceu à redação do *Jornal do Comércio*: "Repórteres dos diferentes jornais lá estavam para receber notícias".

Oliveira Lima, em suas memórias, afirma que Rio Branco na verdade não alimentara "um vivo desejo de que ele [Nabuco] ganhasse a partida, de certo para aparecer aos olhos do Brasil como o único campeão invicto dos seus direitos". Pode ser verdade. Naquela noite de 14 de julho, Oliveira Lima convidou Gastão da Cunha a presenciar seu encontro com o chanceler:

> "Quer v. ver um homem contente?", perguntou Oliveira Lima a Gastão da Cunha. "Venha jantar comigo no Hotel dos Estrangeiros. Estou certo de que o Barão, que raramente lá come, aparecerá esta noite para trocar impressões comigo." De fato, Rio Branco lá estava, "abancado com o infalível Pecegueiro". Ao avistá-lo Oliveira Lima mandou chamar Gastão da Cunha, que morava perto, para testemunhar a conversa.
>
> "Então já soube do nosso fracasso?", teria perguntado Rio Branco a Oliveira Lima.
>
> "Sim", respondeu, "e não me surpreendeu."
>
> "Por quê?"

"Em primeiro lugar por causa do árbitro; depois que deixou de ser, como estava assente, o grão-duque de Baden, eu não ousava esperar muito."

"É verdade, foi uma tolice do Olinto", replicou Rio Branco.

"E para mais, o nosso direito era justificado mas não tão líquido quanto nas outras questões", continuou Oliveira Lima.

"Isso não", protestou o Barão.

"Foi pelo menos o que va. exa. me mandou dizer para Londres", estocou Oliveira Lima.

Seria humano que intimamente Rio Branco não se mostrasse de todo insatisfeito com o relativo fracasso dessa arbitragem, que realçava suas duas vitórias estrondosas nas questões de Palmas e do Amapá. Politicamente, a derrota também servia para deixar demonstrado seu bom critério aos que o criticaram por não ter levado a discussão sobre o território do Acre ao juízo de um árbitro. Em termos concretos, contudo, sua atuação se deu no sentido de minorar as queixas contra Nabuco. Logo em seguida, inclusive, ele resgataria o prestígio do amigo indicando-o para o cargo que pensava criar, de embaixador em Washington. Nabuco foi o primeiro diplomata brasileiro a ostentar o título de embaixador residente em uma capital estrangeira.

Em todo caso, aquela seria a última vez que uma questão de limites brasileira seria submetida ao veredito de um juiz. O vencedor das arbitragens de Palmas e do Amapá tinha uma opinião clara sobre esse artifício, que deixou patente em um dos artigos que publicou anonimamente em defesa de Joaquim Nabuco:

Essa lição consiste em reconhecermos que o arbitramento não é sempre eficaz. Pode a causa ser magnífica, o advogado inigualável e, como é o caso, ter-se uma sentença desfavorável. Não condenamos por isso em absoluto o arbitramento, decerto, mas reconheçamos que só se deve recorrer a ele quando for de todo impossível chegarmos a um acordo direto com a parte adversa. Transigiremos, então, tendo em vista o interesse comum; mas não veremos possíveis interesses estranhos a nós, desconhecendo o nosso direito e até os princípios correntes de direito internacional.

Além de desculpar o fracasso de Nabuco, a tese se ajustava como uma luva à política de Rio Branco no caso do Acre e à confusão ainda reinante quanto às

355

demandas do Peru. Seria sempre preferível o entendimento direto entre as partes. Ainda que a ameaça do uso da força pudesse estar presente, a negociação e a busca de soluções consensuais eram o caminho a seguir. Essa opção não deveria derivar da fraqueza, mas da autocontenção e do respeito ao direito.

Constrangido pela fragilidade militar e pelo atraso do país em termos econômicos e sociais, Rio Branco esmerou-se em apresentar o Brasil como um país intrinsecamente pacífico, ocultando a tradição intervencionista do Império no Prata. Em abril de 1904, a monumental pintura *Paz e Concórdia*, encomendada ao amigo Pedro Américo, foi inaugurada nos salões do Palácio Itamaraty. A imagem traz a figura feminina da Paz liderando um grande cortejo que sai de um templo-museu (em um detalhe o próprio Pedro Américo é representado pintando seu *Independência ou morte*) para encontrar-se com a Concórdia. Acompanhando a Paz, no primeiro plano do quadro, está a figura do próprio Rio Branco, vestido com uma toga e tendo nas mãos um grosso volume com a palavra *Lex*. O Barão traz no pescoço a medalha da Ordem de Cristo, que remete ao Império e à colonização portuguesa. Para que as relações com a Argentina não ficassem esquecidas, foi adquirida e instalada nas paredes do Itamaraty a tela *Visita do general Roca*, do pintor ítalo-brasileiro Benjamin Parlagreco. O óleo ilustra o então recente momento de congraçamento entre Brasil e Argentina, simbolizado pela primeira visita oficial de um presidente do país vizinho.

Encaminhada a questão com o Peru, no segundo semestre de 1904 Rio Branco pôde se dedicar a fazer avançar sua proposta de reforma administrativa do Itamaraty. Em 1903, o ministério possuía apenas 27 funcionários, contando o pessoal de portaria. Em 1859, eles eram 38. Na verdade, esses números consideram apenas os empregados que trabalhavam no Rio de Janeiro, já que na época havia três carreiras: a dos funcionários da Secretaria de Estado (ou seja, da sede na capital), a carreira consular e a carreira diplomática propriamente dita. Em tese, diplomatas e cônsules serviam exclusivamente no exterior, ao passo que os funcionários da Secretaria de Estado não saíam do Brasil. Na prática, era comum haver mudanças de uma carreira para outra, como no caso do próprio Barão, que passou de cônsul a diplomata. Uma das primeiras providências de Rio Branco foi desconhecer um regulamento de 1869, que obrigava o ministro a manter em seu gabinete apenas funcionários da Secretaria de Estado, pois pouco depois de ele ter assumido, Domício da Gama deixou Bruxelas — mas não a carreira diplomática — e foi incorporado ao gabinete de Petrópolis.

Em outubro de 1904 chegou ao Congresso o único relatório de atividades do Ministério das Relações Exteriores que Rio Branco escreveria em toda a sua gestão, a despeito de a legislação em vigor prescrever que os relatórios fossem anuais. No texto, ele se estendeu sobre o período de maio de 1902 a agosto do ano seguinte, evitando assim polêmicas em torno do Tratado de Petrópolis — assinado em novembro de 1903 — e da disputa ainda acesa com o Peru. Não chega a surpreender o caráter burocrático do documento, ainda que muito detalhado e informativo. Além de registrar a criação de uma legação residente em Quito — o aliado secreto —, separando-a da legação na Colômbia, a parte propositiva focalizava questões administrativas. O Barão pediu aumento dos vencimentos dos diplomatas no exterior e singularizou a situação da legação em Washington, cujo chefe, no seu entender, não deveria receber menos do que 35 contos anuais, fora os impostos (o equivalente a cerca de 312 mil dólares em valores de 2017).

A Secretaria de Estado no Rio de Janeiro também exigia reformas. Além de um aumento generalizado dos vencimentos, a proposta era que o número de funcionários do Palácio Itamaraty passasse de 27 para quarenta, com o restabelecimento do cargo de consultor jurídico, a criação de uma vaga de geógrafo, duas de redatores, oito de amanuenses, quatro de segundos oficiais e duas de primeiros oficiais, além da elevação do diretor-geral ao nível de subsecretário de Estado. Outra providência seria a criação de um setor específico para tratar de documentação e arquivo. No total, Rio Branco pedia um aumento no orçamento de quinhentos contos de réis, cerca de 4,5 milhões de dólares em valores de 2017. Somente a folha de pagamento dos funcionários lotados no Rio de Janeiro passaria de 242 para 355 contos de réis. Segundo os dados apresentados, a despesa do Itamaraty no exterior ficava praticamente coberta pelo montante arrecadado em emolumentos e taxas consulares. Para justificar sua proposta, o Barão resenhou as queixas de seus antecessores nos relatórios anteriores e forneceu dados comparativos sobre a organização do Quai d'Orsay (francês) e do Foreign Office (inglês).

A despeito dos esforços de alguns deputados liderados por Gastão da Cunha, o Congresso resistiu e não aprovou a criação de todos os novos cargos propostos e reduziu o aumento de vagas. No decreto de maio do ano seguinte, em vez de seis primeiros oficiais, oito segundos oficiais e quinze amanuenses, foram estabelecidas cinco, cinco e dez vagas respectivamente, autorizando Rio Branco a contratar um primeiro oficial, um segundo oficial e três amanuenses. O Barão, contudo, não desistiria e, em 1906, seria aprovado o Regulamento Rio Branco para a Secretaria de Estado, que passou a contar com 35 funcionários, além do ministro: um consultor jurídico, um diretor-geral, cinco diretores de seção, cinco primeiros oficiais, cinco segundos oficiais, dez amanuenses, um porteiro, um ajudante de porteiro, quatro contínuos e dois correios. Afinal, um quadro bastante modesto, mesmo para os parâmetros da época.

A relativa tranquilidade daquele segundo semestre de 1904 também permitiu que Rio Branco se dedicasse a cobrar pequenas faturas. A remoção de Oliveira Lima para o Peru foi cancelada, mas o diplomata-historiador não foi aquinhoado com a legação em Washington nem com um sonhado posto na Europa, mas destinado a Caracas, naquela conjuntura um posto claramente menos importante que a própria legação em Lima, que ele refugava. Inconformado, Oliveira Lima acionou sua rede de amigos e ameaçou pedir para ser colocado em disponibilidade. Não mudou seu destino, mas conseguiu arrancar a promessa de um posto na Europa "quando tivesse vaga". Ele ainda se demorou no Brasil tanto quando pôde: só seis meses depois assumiu seu posto em Caracas. A partir daí, passou a torcer fervorosamente para que o Barão fosse defenestrado do comando do Itamaraty, desejo que não escondia nem dos amigos comuns, como se vê na carta a Machado de Assis em que conta suas primeiras impressões da Venezuela: "Daqui hei de sair assim que o Rio Branco, meu excelente amigo, deixar o posto. Dele nada pretendo, mas pretendo alguma coisa do futuro, uma desforra".

O Barão tinha, sim, planos para a legação em Washington, ainda que nem de longe envolvessem Oliveira Lima. A menção específica àquela capital no pedido de aumento dos vencimentos dos diplomatas no exterior feito ao Congresso já sinalizava a iniciativa de elevar a representação diplomática do Brasil nos Estados Unidos (e vice-versa) para o nível de embaixadas. A sugestão fora de Assis Brasil, pois, pelas regras de protocolo, o status de embaixador daria ao representante brasileiro em Washington acesso direto ao presidente, não apenas ao secretário de Estado. Obtida a anuência do governo americano para a proposta, Rio Branco convidou Joaquim Nabuco para o novo cargo; em fins de dezembro os jornais brasileiros e estadunidenses publicavam a novidade.

Além de sinalizar o estreitamento das relações com os Estados Unidos, a proposta seria uma prova pública de que o prestígio de Joaquim Nabuco não fora abalado pelo laudo do rei italiano e, vantagem adicional, deixaria vaga a legação em Londres. Graça Aranha, que trabalhara com Nabuco no processo de arbitragem, voltou ao Brasil em fins de 1904 e se incorporou ao séquito de Rio Branco na esperança de obter nova colocação. *Canaã*, sua obra mais importante, fora publicada em 1902; enquanto se firmava como escritor, contava com o apoio do Barão — de quem desconfiava — para o sucesso de sua carreira na diplomacia. De Petrópolis, escreveu ao antigo chefe e amigo Joaquim Nabuco:

> Nas minhas últimas cartas manifestei a minha indignação contra o Rio Branco porque o suspeitei de maquiavelismo, e de pouca lealdade para com o sr. Não duvido que ele se queira colocar em Londres. A questão da sua aceitação da transferência para Washington parece-me que deve ser considerada em si mesma indiferente do Rio Branco, dos ardis deste, ou do conceito que tenhamos dele. O ponto é simplesmente este: vale a pena deixar a Europa e passar para a América? Vale a pena deixar Londres e ir ocupar a legação classificada de "primeira" pela chancelaria brasileira e onde se presume estar toda a chave (senão a base) da vida internacional do Brasil? Se o Rio Branco quer Londres, ele não trepidou para obtê-la em rebaixar este posto, elevando o que ofereceu em troca.

Com tranquilidade, Rio Branco se preparava para o ano seguinte, 1905, que se anunciava agitado com o começo das articulações para a sucessão de Rodrigues Alves. Mas a calmaria daquele mês de novembro foi rompida pelo telegrama que o chanceler recebeu em sua casa, em Petrópolis, no meio da tarde do dia 14: "Grande desordem, situação perigosa". As notícias trazidas pelos passageiros do trem que subia a serra pintavam um quadro preocupante; até a estação das barcas da Prainha fora atacada. Grandes distúrbios agitavam o Rio de Janeiro. O Barão anotou em seu diário que os jornais da manhã confirmavam "graves desordens em vários bairros", e que o chefe da polícia carioca pedira que "os cidadãos pacíficos se conservem em suas casas porque devem ser empregadas medidas enérgicas contra os distúrbios". Rio Branco telegrafou ao presidente Rodrigues Alves aconselhando o cancelamento da recepção e do desfile militar alusivos à proclamação da República "para não imobilizar a tropa" e sugeriu a decretação de estado de sítio na capital. Como só desceu ao Rio dois dias depois, no dia 16, retornando a Petrópolis no dia seguinte, não chegou a ser testemunha ocular do auge da Revolta da Vacina.

A insurreição fora desencadeada pela publicação, em 9 de novembro, do plano de vacinação obrigatória contra a varíola. A ideia de ver suas casas invadidas por agentes sanitários que vacinariam compulsoriamente todos os membros das famílias, de qualquer idade ou sexo, assustou a população. Em 7 de setembro fora inaugurada a avenida Central, símbolo maior da transformação urbanística do Rio de Janeiro, e a reforma urbana prosseguia célere, com o ônus da reurbanização da capital recaindo pesadamente sobre os pobres. Os antigos casarões do centro da cidade eram logo derrubados e as muitas famílias que neles habitavam viam-se sumariamente expulsas, com o uso de violência em caso de recusa e sem contemplação ou indenização de qualquer espécie. A higienização e as razões de saúde pública justificavam toda classe de arbítrio por parte das autoridades.

A imprensa oposicionista, liderada pelo *Correio da Manhã*, e uma improvável combinação de republicanos jacobinos, positivistas e monarquistas insuflava os ânimos do povo contra a vacinação, para com isso debilitar o governo. A revolta popular começou com pequenas manifestações esparsas nos dias 10 e 11, reprimidas com ferocidade pela polícia. Os protestos continuaram, e no dia 13 a confusão se espalhou em um quebra-quebra desenfreado. Prédios públicos foram atacados, bondes virados e queimados, a iluminação pública, sistematicamente destruída. A polícia reagiu e os confrontos tomaram a cidade, do centro aos bairros de Botafogo e Laranjeiras, na Zona Sul, assim como Tijuca, Gamboa, Rio Comprido e Engenho Novo, na Zona Norte. No dia seguinte, na Cidade Nova e em Vila Isabel, os manifestantes trocaram tiros com a polícia e ergueram barricadas nas ruas. No bairro da Saúde, uma batalha urbana envolveu milhares de pessoas. A confusão chegou até o bairro então distante e tranquilo de Copacabana.

Quando as coisas vão mal, elas sempre podem piorar. Para agravar o caos, os jacobinos planejavam desencadear um golpe de Estado durante as comemorações da proclamação da República. Quando os golpistas tentaram sublevar a Escola de Tática de Realengo, foram derrotados pelo então diretor da instituição, general Hermes da Fonseca, mas a Escola Militar da Praia Vermelha aderiu à intentona, e os alunos, liderados pelo general Silvestre Travassos, decidiram marchar rumo ao Palácio do Catete para depor o presidente. Depois de uma confusa batalha travada na escuridão da noite do dia 14, os revoltosos recuaram para a Escola Militar, que acabou bombardeada pelos navios da Marinha estacionados na baía de Guanabara. Com isso, no dia seguinte os sublevados foram forçados a se render. A revolta militar foi contida, mas a rebelião popular tardaria vários dias para ser debelada por completo, embora a obrigatoriedade da vacina tivesse sido revogada e se decretasse o estado de sítio na capital. A violência deixou um saldo até hoje desconhecido de mortos nas ruas do Rio de Janeiro.

A maior vítima dos eventos foi a população pobre. Lima Barreto descreveu sem meios-tons a repressão que prosseguiu até depois de encerrada a revolta:

> A polícia arrebanhava a torto e a direito pessoas que encontrava na rua. Recolhia-as às delegacias, depois juntava na Polícia Central. Aí, violentamente, humilhantemente, arrebatava-lhes os cós das calças e as empurrava num grande pátio. Juntadas que fossem algumas dezenas, remetia-as à ilha das Cobras, onde eram surradas desapiedadamente.

Depois, sem processo criminal de espécie alguma, um número indeterminado de presos nessa onda de repressão foi embarcado à força e desterrado para o Acre.

O clima político do final de 1904 permaneceu conturbado pelas acusações de envolvimento de diversos políticos da oposição na tentativa de golpe, entre eles o senador Lauro Sodré e os deputados Alfredo Varela e Barbosa Lima. O Congresso teve seus trabalhos entorpecidos pela crise política e os projetos de interesse de Rio Branco sofreram. O Tratado de Petrópolis e a condução da crise com o Peru eram assuntos que também repercutiam na política interna, e o presidente Rodrigues Alves não hesitou em atribuir à condução da diplomacia parte da responsabilidade pela oposição que sofria e pelo descontentamento popular. A crise do governo enfraquecia também a posição política do Barão. Não havia consenso: o acordo com a Bolívia havia sido um bom negócio ou o Brasil fora esbulhado, ao comprar o território de quem não era seu legítimo dono?

A despeito do armistício estabelecido no *modus vivendi* de Brasil e Peru, em novembro, no Alto Juruá, tropas dos dois países se enfrentaram em uma pequena batalha que durou dois dias, pois uma guarnição peruana instalada em área estabelecida como sendo de administração brasileira, não informada da decisão, resistiu ao destacamento brasileiro, que acabou por ocupar a área pela força. O tempo passava e problemas logísticos impediam o início do trabalho das comissões mistas destinadas a examinar a região. O prazo para a negociação do tratado definitivo se esgotaria em dezembro. Em Petrópolis, Rio Branco negociava com o novo ministro peruano, Guillermo Seoane. Em 27 de novembro, anotou em seu diário uma conversa com Seoane em que os dois concordavam que seria impossível chegar rapidamente a um acordo, visto que o governo peruano insistia na validade do Tratado de Santo Ildefonso e o presidente peruano "é moço, pouco experiente, não se há de mostrar conciliador". O Barão, por sua vez, também foi intransigente e afastou a hipótese de o Brasil aceitar a pretensão peruana de submeter a questão a arbitragem. A proposta de fronteira pela linha Javari--Madeira tampouco era aceitável. Os dois concordaram em prorrogar o *modus vivendi* por um ano, mas na verdade com a ideia de esperar a decisão da arbitragem em curso sobre a fronteira entre Bolívia e Peru, porque se o árbitro — o presidente argentino — desse total ganho de causa a La Paz, não haveria nada a ser negociado com Lima. No caso inverso, contudo, todas as concessões e os 2 milhões de libras pagos à Bolívia teriam sido despendidos inutilmente.

Para prevenir-se contra alguma contingência, o Brasil fortalecia suas forças militares. Em dezembro de 1904, o Congresso aprovou um programa de reequipamento da Armada brasileira que previa a compra de três encouraçados de 14 mil toneladas, três cruzadores de 9,5 mil toneladas, seis caça-torpedeiros de quatrocentas toneladas, seis torpedeiras de 130 toneladas e outras seis de cinquenta toneladas, além de três submarinos.

Como parte da pretendida reforma administrativa — com aumento de salários e do número de funcionários do Itamaraty —, Rio Branco propusera uma mudança nas regras de aposentadoria do corpo diplomático; ao mesmo tempo, pedia recursos ao Congresso para uma missão especial a Bogotá, sob a chefia do deputado Enéas Martins, para discutir o ajuste da fronteira entre os dois países. Tudo seguia encalhado no Parlamento. Em fins de novembro, o chanceler se queixava a Gastão da Cunha, seu principal aliado na Câmara dos Deputados:

"Não digo que ando pelos cabelos porque não os tenho. Se não me dão os meios de que preciso, vou-me embora positivamente. Preciso também da lei sobre aposentadoria; é preciso tirar uns 2 ou 3, mesmo porque preciso de um lugar para mim, não ficar à toa e não vou aceitando qualquer legação como o Olinto."

"Eu penso que Roma lhe convém", respondeu Gastão da Cunha.

"Sim, ou mesmo Londres, mas não com os vencimentos atuais; mas, no último caso, para uma destas, i.e., — com o que se percebe agora, nunca para uma de vencimentos inferiores."

Quando o deputado foi conversar com o presidente Rodrigues Alves para que o Palácio do Catete impusesse seu peso ao Congresso para fazer avançar as matérias de interesse de Rio Branco, constatou que o clima na presidência não era favorável ao Barão. Rodrigues Alves considerava seu chanceler um ministro excessivamente gastador e a condução da Questão do Acre, primeiro com a Bolívia e depois com o Peru, arrastava-se e gerava um desgaste político interminável. Como resultado, Gastão da Cunha concluiu: "O Barão está *esgotado*, quer na Câmara, quer no Catete". Esse diagnóstico também era partilhado pelo próprio Rio Branco, conforme se lê em carta que dirigiu ao deputado em meados de dezembro: "Cada vez me convenço mais de que por aqui já dei o meu cacho, e que vai sendo tempo, atamancada como for possível a Questão do Peru, de tratar da minha saúde em outro clima, se houver meio de fazer isso. Ando muito cheio de tristezas".

Curiosamente, uma nota dissonante nessa avaliação de descrédito de Rio Branco que se propagava entre seus amigos e desafetos ficou por conta de Graça Aranha, que asseverou a Nabuco, pouco depois do Natal de 1904:

Segundo o Domício o Rio Branco arranja o caso do Peru e se retira (ou *deve* se retirar). Penso, porém, como a baronesa de Berg: o Rio Branco não se retira nem mesmo com estas pequenas perfídias, a força de inércia, a posição, o gosto de mandar o vão retendo no governo e não duvido nada que por preguiça e hábito passe para futura presidência.

Com efeito, o poder é um cacoete difícil de perder.

25. Por preguiça e hábito

Ontem, como hoje, os embaixadores se encantam com a ideia de que as boas relações entre o país que representam e a nação à qual estão acreditados se devem quase que exclusivamente a seu charme pessoal e a sua capacidade de seduzir as personalidades da vida política e econômica local. Com Joaquim Nabuco não seria diferente; ou melhor, ele viveria essa fantasia de forma extrema. Nabuco se entregou por completo à tarefa de estreitar as relações entre Brasil e Estados Unidos. Logo ao chegar, em maio de 1905, ao apresentar suas credenciais, afirmou ao presidente Theodore Roosevelt que o Brasil desejava fortemente "o aumento da vasta influência moral que os Estados Unidos exercem sobre a marcha da civilização, que é expressa pela existência, pela primeira vez na história, de uma vasta zona neutra na terra para a paz e a livre competição humana". Com justiça, pode-se dizer que nosso primeiro embaixador residente em Washington continua a ser até hoje o diplomata brasileiro de mais trânsito e melhores contatos com as autoridades estadunidenses. De fato, mesmo aqueles que atribuem ao barão do Rio Branco a responsabilidade por um suposto deslocamento do eixo da política externa brasileira da Europa para os Estados Unidos não deixam de realçar o papel de Nabuco.

Em retrospecto, contudo, Nabuco e Rio Branco pareceriam os personagens menos prováveis para levar à frente uma política de sintonia com Washington. As simpatias do segundo pela Europa, onde vivera por mais de duas décadas — entre Inglaterra, França, Suíça e Alemanha —, só encontravam rival no primeiro. Em sua precoce autobiografia *Minha formação*, publicada em 1900, Joaquim Nabuco diria: "As paisagens todas do Novo Mundo, a floresta amazônica ou os pampas argentinos, não valem para mim um trecho da Via Appia, uma volta da estrada de Salermo a Amalfi, um pedaço do cais do Sena à sombra do velho Louvre". Mesmo já tendo vivido brevemente nos Estados Unidos, o monarquista Nabuco parecia continuar sintonizado com as ideias do falecido Eduardo Prado, amigo íntimo dele e de Rio Branco, sobre a Ilusão Americana. Ainda assim, e mesmo desconfiando que a indicação para servir como embaixador nos Estados Unidos resultava da intenção de Rio Branco de garantir a legação em Londres para si próprio, Joaquim Nabuco tornou-se o primeiro embaixador brasileiro em Washington e um entusiasta do alinhamento do Brasil aos Estados Unidos. Sua conversão ao credo americanista foi extraordinária, tanto pela rapidez como pela profundidade com que abraçou a nova fé. Com sua habitual malícia, Oliveira Lima comentou mais tarde que ele ficara *"too American*, como em Londres fora *too British*, na Itália *too Roman* e na França seria *too French"*. Oliveira Lima acabaria perdendo também a amizade de Nabuco.

No início de sua vida independente, as antigas colônias da Espanha temiam principalmente a antiga metrópole e nutriam vínculos de fraternidade e de identidade com os Estados Unidos, também libertos do jugo colonial. Com o crescente poder estadunidense, essa situação se inverteu. Nas décadas finais do século XIX, intelectuais latino-americanos como o uruguaio José Enrique Rodó, o cubano José Martí e o nicaraguense Rubén Darío reagiram às frequentes intervenções estadunidenses na América Central, no norte da América do Sul e no Caribe reformulando a visão sobre a identidade americana. A Espanha e sua cultura foram revalorizadas e a alteridade passou a estar relacionada aos Estados Unidos — a clivagem entre América e Europa se transformou em antagonismo entre América Latina e Estados Unidos. Aliás, não faltavam razões para isso.

A partir da década de 1890, os Estados Unidos voltaram sua atenção ao continente americano para além do expansionismo territorial sobre o México que já vinha de meio século antes. Em 1895, haviam mediado uma crise entre Venezuela e Inglaterra. Em 1898, derrotaram a Espanha e transformaram Cuba em uma espécie de colônia informal. Em 1903, uma ação militar conjunta de ingleses,

365

italianos e alemães para cobrar dívidas do Estado venezuelano fora sustada pelos Estados Unidos, que assumiu o encargo de cobrar o mau pagador.

Em dezembro de 1904, a mensagem do presidente Theodore Roosevelt ao Congresso estadunidense não poderia ter sido mais clara. O corolário Roosevelt à Doutrina Monroe preconizava que os países que não se comportassem de acordo com os padrões da "sociedade civilizada" estariam sujeitos à intervenção de alguma nação avançada e que, no caso do continente americano, tal encargo cabia única e exclusivamente aos Estados Unidos. Washington teria, mais que o direito, a obrigação de exercer esse poder de polícia internacional em sua área de influência. Assim, por exemplo, impedir a intervenção das potências europeias na Venezuela não significava que aquele país deixasse de estar obrigado a pagar sua dívida, mas sim que cabia aos Estados Unidos, e não aos credores europeus, a tarefa de obrigar o mau pagador a honrar suas promessas. Isso não se confundia de modo algum com a proposta do argentino Luis María Drago, de que nenhum Estado estrangeiro pudesse apelar para a força para cobrar dívidas soberanas.

Entre Roosevelt e Drago, o barão do Rio Branco ficava — sem hesitações — com o primeiro. Em um despacho de 1905, afirmou:

> Não vejo motivo para que as três nações da América do Sul — o Brasil, o Chile e a Argentina — se molestem com a linguagem do presidente Roosevelt e a do ex-ministro da Guerra, seu particular amigo. Ninguém poderá dizer com justiça que elas estão no número das nações desgovernadas ou turbulentas que não sabem fazer "bom uso da sua independência", ou a que devam ser aplicados pelos mais fortes o "direito de expropriação contra povos incompetentes", direito proclamado há tempos pelo atual presidente dos Estados Unidos. As outras repúblicas latino-americanas que se sentirem ameaçadas pela "política internacional" dos Estados Unidos têm o remédio em suas mãos: é tratarem de escolher governos honestos e previdentes e, pela paz e energia no trabalho, progredirem em riqueza e força.

Essa visão não expressava subserviência aos Estados Unidos, mas a convicção do saquarema, que compartia os valores e a visão de mundo da elite europeia e estadunidense com a qual convivera por mais de duas décadas. As regras deviam ser cumpridas e as dívidas, pagas. O imperialismo era uma realidade palpável; para prevenir-se dele, era necessário fortalecer-se internamente e buscar alianças que servissem para contornar os perigos imediatos. Em sua visão, o Brasil estava enfraquecido — era verdade —, mas, na tradição de pensamento vinda do Império, o país ainda se distinguia de seus vizinhos, as turbulentas repúblicas hispano-americanas, estas, sim, eventualmente sujeitas ao "direito de expropriação contra os povos incompetentes". O Chile (desde o século xix) e a Argentina (mais recentemente) tampouco pertenceriam a esse grupo dos "povos incompetentes" e, assim, teriam pouco a temer. O imperialismo estadunidense atuava na América Central, no Caribe e no norte da América do Sul, mas haveria de proteger o Brasil das ambições europeias. A experiência fora vivida por Rio Branco com a França e com a Inglaterra, no caso das disputas de fronteira com as colônias desses países na América do Sul, e logo essa tese também seria demonstrada frente à Alemanha.

O americanismo (estadunidense) de Joaquim Nabuco era mais visceral. O pernambucano afirmou mesmo que ninguém mais que ele seria "partidário de uma política exterior baseada na amizade íntima com os Estados Unidos" e que a diplomacia brasileira deveria ser "principalmente feita em Washington", não por acaso a cidade onde ele representava o Brasil. Em todo caso, Nabuco passou a ser um entusiasta sincero da Doutrina Monroe, que, em suas palavras, significava que "politicamente nós nos desprendemos da Europa tão completamente e definitivamente como a Lua da Terra". Uma avaliação *too American* para ser verdade.

Vivendo em Caracas, Oliveira Lima fez o caminho inverso e passou de simpatizante dos Estados Unidos a uma posição cada vez mais crítica do imperialismo ianque. Ainda que longe do Brasil, pelas páginas de *O Estado de S. Paulo* ele se tornou uma voz poderosa contra a pretensão estadunidense de arvorar-se no papel de polícia do continente americano com base em uma suposta superioridade legitimada pelo sentido de fraternidade:

> O irmão mais velho anda neste momento armado de cacete (o *Big Stick* preconizado pelo atual presidente e que aliás faz parte dos trastes da Casa Branca) para chamar à ordem as irmãs malcriadas e, quando lhe parece, não trepida em despojar qualquer uma delas de um adorno mais valioso ou do melhor do seu mealheiro. Foi o que aconteceu no Panamá com a mana Colômbia.

O governo venezuelano de então, liderado por Cipriano Castro, enfrentara o bloqueio naval conjunto de Alemanha, Inglaterra e Itália: navios venezuelanos foram afundados, e portos do país, bombardeados pela esquadra agressora. A intervenção estadunidense afastara a Armada europeia em troca de um pacto imposto por Roosevelt em fevereiro de 1903, para o pagamento das dívidas venezuelanas. A relação do governo de Castro com as potências imperialistas continuou tensa até o término de seu governo, em 1908. Nesse período, a Venezuela chegou a romper relações com a França, a Holanda e os Estados Unidos.

A militância de Oliveira Lima contra os Estados Unidos pelas páginas da imprensa paulista incomodava Rio Branco, que registrou em seus *Cadernos de notas*, em 8 de dezembro de 1905:

> Propondo ontem o aumento de 2:000$000 à verba para a legação do Brasil em Venezuela, a pedido do ministro das Relações Exteriores, o relator da proposta de orçamento no Senado, sr. Francisco Glicério, não o fez sem declarar estranhar que o atual representante diplomático ali continue a escrever para a imprensa brasileira sobre fatos e atos de governos amigos, de forma pouco compatível com a discrição que requer o cargo de ministro diplomático.

Rio Branco estava, certamente, mais incomodado do que o senador. Viviam-se, porém, tempos em que as dissidências dentro do Itamaraty eram acomodadas, em especial em vista da rede de apoios de Oliveira Lima na política pernambucana e nos meios literários cariocas.

Em uma posição intermediária entre Nabuco e Oliveira Lima, Rio Branco via com naturalidade as intervenções das potências nos assuntos dos países mais fracos, mas imaginava que, a despeito de suas debilidades momentâneas, o Brasil poderia resguardar-se desses atropelos e recuperar o lugar que lhe seria devido no concerto das nações sem submeter-se aos Estados Unidos. Bastante reveladora dos pensamentos íntimos de Rio Branco é a resposta que deu a um repórter do jornal argentino *La Nación*, em julho de 1906. A péssima repercussão da declaração, aliás, fez com que ela fosse desautorizada em seguida:

> Os países que não sabem se governar, que não têm elementos suficientes para evitar as contínuas revoluções e guerras civis, que se sucedem sem interrupção, não têm razão de existir e devem ceder seu lugar à outra nação mais forte, melhor organizada, mais progressista, mais viril.

Roosevelt, com certeza, subscreveria esse pensamento.

Para escapar dessa sina, o melhor caminho era fortalecer-se internamente, uma receita que também exigia um poder militar robusto o suficiente para dissuadir eventuais agressores. A reconstrução do arsenal brasileiro contou com o apoio e o estímulo de Rio Branco, que aplaudiu o decreto nº 1296, de 14 de dezembro de 1904, que afinal autorizava o programa naval proposto pelo ministro da Marinha, almirante Júlio de Noronha. A execução do projeto, contudo, arrastou-se, e só em janeiro de 1906 foi selecionado o estaleiro que construiria os três encouraçados de 14 mil toneladas que eram o centro do programa. Como a questão com o Peru continuava sem solução, a demora do reequipamento da Marinha deixava Rio Branco impaciente. Por outro lado, as reações contrárias ao rearmamento brasileiro vieram céleres. Já em janeiro de 1905 a imprensa argentina respondia com fortes protestos ao anúncio do programa naval brasileiro. Em 1902, Argentina e Chile haviam acertado um esquema de limitação de armamentos para evitar uma corrida armamentista entre si; o programa naval brasileiro foi o pretexto para que parte dos jornais portenhos passasse a exigir o fim do acordo com o Chile, propondo uma escalada armamentista contra o Brasil. As relações com a Argentina, até ali tranquilas, começaram depressa a deteriorar-se.

Assuntos mais amenos também ocupavam o tempo do chanceler brasileiro. Rio Branco não participara da fundação da Academia Brasileira de Letras e não esteve entre os dez outros membros "fundadores" escolhidos pelos trinta literatos com parte ativa no processo que criou a instituição. Entre esses dez, contudo, estiveram amigos seus, como Eduardo Prado e Domício da Gama, e ex-amigos, como Oliveira Lima. Até ali o Barão demonstrara pouco interesse pelo grêmio e, inclusive, tomara posse apenas nas vésperas de sua volta ao Brasil, mediante uma carta entregue com vários anos de atraso (mas datada de 1898); assim, abrira mão da cerimônia de posse, evento já tradicional. Contudo, por sua projeção pública e pelo fato de vários acadêmicos estarem relacionados de uma ou de outra forma ao Itamaraty, Rio Branco passara a figurar como um dos grandes eleitores da Academia. Como tal, votou pela escolha de Euclides da Cunha e opôs-se sistematicamente à eleição do barão de Jaceguai, este apoiado por outro "grande eleitor", Joaquim Nabuco, que entendia que, além de escritores, a instituição deveria contar com nomes representativos dos setores mais importantes da sociedade e desde 1903 tentava impor a ela seu amigo Jaceguai como "representante da Marinha". Nabuco tentou, inclusive, convencer Rio Branco, ainda magoado com o almirante desde suas críticas ao Tratado de Petrópolis. Mesmo assim, ponderou: "Ora, nem seu pai nem você mesmo tiveram maior admirador do que o Jaceguai. Deixe assim passar o *tel brille*... Quando ele escreveu você lhe parecia em eclipse, ele terá tempo para o ver brilhando em toda a sua luz". O Barão acabaria por ceder e mesmo cabalar votos para Jaceguai, mas só em 1907.

Em janeiro de 1905, faleceu José do Patrocínio e três candidatos se apresentaram para sua vaga na Academia: Mário de Alencar, Domingos Olímpio e o padre Severiano de Rezende. A disputa real cingiu-se aos dois primeiros. Mário era filho de José de Alencar, escritor renomado, mas ele mesmo dono de obra bastante acanhada. Contudo, por motivos pessoais (há relatos de que ele seria, na verdade, filho ilegítimo de Machado de Assis), Mário contava com a proteção do presidente da instituição. Domingos Olímpio, por sua vez, tinha o apoio de Olavo Bilac e em 1903 publicara um romance de grande repercussão, *Luzia-Homem*.

Nessas disputas, não contam apenas os méritos literários. Era infinita a antipatia de Rio Branco por Domingos Olímpio, seu subordinado na arbitragem de Palmas e concunhado de Dionísio Cerqueira, ambos, desde Washington, grandes desafetos seus. O ódio era sincero; o Barão referia-se a Domingos em correspondência a amigos como um "capadócio" e "capaz de todas as perfídias e molecagens". No pleito que elegera Euclides da Cunha, Domingos Olímpio também disputara a vaga, e Rio Branco votara em Euclides mais pelo gosto de derrotar o inimigo que pelas qualidades literárias do novo imortal, que, na época, não conhecia e cujo livro, provavelmente, nem lera. Uma coisa, porém, era concorrer com o autor de *Os sertões*; outra, contra quem, além do pai ilustre, só tinha a apresentar três inexpressivos livros de poesia. Enfrentando Mário de Alencar, Domingos despontava como favorito absoluto.

Ainda assim, Rio Branco tomou a si o encargo de eleger o azarão. Em julho daquele ano, seu grupo na Academia já conseguira a proeza de eleger Heráclito Graça, tio de Graça Aranha, íntimo do Barão e autor de um único livro, *Fatos da linguagem*, de filologia. A batalha contra Domingos Olímpio seria mais difícil, pois este já acumulava muitos votos declarados e o apoio de parte da imprensa. A eleição aconteceu em fins de outubro; Rio Branco convocou Graça Aranha e Domício da Gama para atuarem como "tropa de choque" da candidatura de Mário de Alencar. Além dos contatos pessoais com os outros imortais, ambos passaram a enviar telegramas pedindo os votos dos eleitores que estavam fora do Rio de Janeiro. Deu certo: o candidato de Rio Branco foi eleito com dezessete votos, contra os dez de Domingos Olímpio e de um voto solitário para o padre Severiano de Rezende.

Oliveira Lima, sempre no campo oposto a Rio Branco, protestou em carta a Machado de Assis: "Não posso admitir que se queira esposar ódios do Rio Branco e fazer-lhe a corte cometendo um ato de improbidade literária, porque alguns devem ter votado contra a sua consciência". O *Correio da Manhã* também contestou o resultado e acusou o Barão de soltar

> os seus rafeiros de estimação, e, pois, ganharam os srs. José Pereira da Graça Aranha, Domício da Gama, *et reliqua*, por esses mundos dentro da imortalidade a filar votos dessas mansas criaturas, de que, aliás, o chanceler só se lembra quando precisa de gatos mortos. Sobre isso, o sr. Seabra deu à Academia casa, cadeiras, águas, gás, um laxante, enfim, que a desobstrua.

A insinuação era que a concessão, pelo ministro da Justiça e Negócios Interiores, José Joaquim Seabra, da ala esquerda do Silogeu Brasileiro para sede da Academia, feita no ano anterior, estava sendo cobrada aos imortais. Domingos Olímpio não voltou a candidatar-se, pois morreu no ano seguinte. Deixou inéditas duas obras que prometiam grandes diatribes contra Rio Branco: *História da missão especial em Washington* e *A Questão do Acre*.

Enquanto não trabalhava contra seus desafetos, Rio Branco cuidava de definir as fronteiras brasileiras. A questão com o Peru permanecia em ponto morto, à espera da definição de limites entre aquele país e a Bolívia na arbitragem encomendada ao presidente argentino. Em março de 1905, o ministro peruano no Rio de Janeiro, Guillermo Seoane, retomou suas atividades políticas em Lima, deixando o filho Buenaventura como encarregado de negócios. O Barão, por sua vez, não descurava da questão e buscava promover a causa brasileira junto aos governos estrangeiros. Encomendou ao amigo John Bassett Moore, jurista estadunidense que o tinha assessorado na Questão de Palmas, um trabalho intitulado *Brazil and Peru Boundary Question*, que fez circular entre as legações brasileiras no exterior. O texto fora escrito "para ser comunicado extraoficialmente aos membros do governo americano, funcionários e homens políticos influentes nos Estados Unidos" e para que os diplomatas brasileiros no exterior pudessem dar "discretamente" aos governos aos quais estavam acreditados e aos jornalistas informações sobre a questão.

As outras frentes progrediam. As negociações com o ministro holandês no Rio de Janeiro, Frederico Pahn, começaram em junho de 1904. Não houve maiores sobressaltos. Definidos os limites com a Guiana Francesa e a Guiana Inglesa, a linha divisória entre o Brasil e o território que hoje é o Suriname foi fácil de acordar. Em 5 de maio de 1906, assinou-se um tratado estabelecendo o divisor de águas da serra do Tumucumaque como a fronteira entre Brasil e Guiana Holandesa.

Em compensação, travada no Congresso, seguia pendente a partida do deputado Enéas Martins para a Colômbia como ministro residente em missão especial para retomar as negociações de limites com aquele país. Durante o Império, as missões de Miguel Maria Lisboa, em 1853, e de Joaquim Maria Nascentes de Azambuja, entre 1868 e 1870, haviam tentado definir essas fronteiras sem sucesso. Tinham legado, porém, uma boa base de entendimento para sustentar as negociações.

Com a Venezuela não havia controvérsia, mas a linha de limites, já definida, seguia pendente de demarcação, e o novo ministro em Caracas, Oliveira Lima, dedicou-se a mostrar que também sabia atuar nas questões de fronteira. Ainda no final de 1905 assinaram-se na capital venezuelana dois protocolos relativos à demarcação dos limites estabelecidos pelo tratado de 1859 entre Brasil e Venezuela.

Internamente, Rio Branco também atuava e tratava de moldar o Itamaraty a seus desejos. Seu projeto de reforma administrativa fora em grande parte rejeitado pelo Congresso. Não foi aceita, por exemplo, a proposta de criação do cargo de redator, que o chanceler já prometera a Coelho Neto, seu colega na Academia Brasileira de Letras. Contudo, ele insistiu, e a chamada Reforma Rio Branco acabaria aprovada no ano seguinte. Já em 1905 o Barão pôde fazer algumas contratações para a Secretaria de Estado. Para as três vagas de amanuense foram contemplados Lucilo Cunha Bueno, Luís Avelino Gurgel do Amaral e Henrique Pecegueiro do Amaral. O primeiro era filho do coronel Benedito Bueno, um protegido do senador Francisco de Assis Rosa e Silva, vice-presidente de Campos Sales; Luís Avelino, por sua vez, era filho de José Avelino, falecido amigo íntimo do Barão. Quando deputado, o pai do novo colaborador fora o proponente do prêmio e da pensão vitalícia recebidos por Rio Branco como recompensa pela vitória nas arbitragens de Palmas e do Amapá. Já Henrique, "mal saído da puberdade, deixando os bancos escolares do internato do Ginásio Nacional" (tinha dezesseis anos), era filho de Gregório Taumaturgo Pecegueiro do Amaral, que, com Domício da Gama, atuava como braço direito de Rio Branco. Naturalmente, Henrique passou a ser conhecido como o "Pecegueirinho" para distinguir-se do pai e do tio Raimundo Nonato na corte de associados ao Barão.

A essa altura, ainda que Rio Branco continuasse a passar a maior parte do tempo em Petrópolis, a influência de Cabo Frio na condução da chancelaria no Rio de Janeiro diminuía a ponto de o fato não passar despercebido nem aos recém-chegados. O testemunho de Luís Gurgel do Amaral é eloquente:

> Quando cheguei ao Itamaraty, Cabo Frio era apenas uma relíquia viva! Percebia-se o declínio do seu antigo poderio, que lhe escapava das mãos não só pela sua avançada idade e combalida saúde como também porque Rio Branco, rendendo-lhe homenagens e tributando-lhe deferências, já enfeixara nas dele a direção quase total da secretaria.

A vida familiar de Rio Branco também passava por acomodações. A filha Hortênsia completou vinte anos em 12 de abril de 1905. A caçula do poderoso chanceler não poderia deixar de despertar os sonhos de muitos bacharéis ambiciosos e — por que não? — apaixonados. Já em março de 1903, um jovem advogado paulista, Bueno Bierrenbach, pedira, por carta, permissão ao Barão para cortejar Hortênsia. A resposta, também por escrito e negativa, só foi dada em janeiro de 1905 e ocasionou uma tréplica em que Bierrenbach argumentava que pretendia advogar, mas que não hesitaria "um instante sequer em seguir a carreira e os postos que me forem designados contanto que seja para se realizar o meu casamento com Mlle. Hortênsia". Pelo visto, o pretendente tampouco entusiasmava a filha e, em agosto, o pai enviou nova e definitiva recusa, que ainda mereceu, em outubro, uma última missiva do apaixonado, na qual ele se queixava de que Rio Branco lhe teria prometido uma "solução favorável" e que Hortênsia lhe teria dado "inequívocas demonstrações" de seu agrado. O desenlace da tentativa de namoro pode ter contribuído para o suicídio de Bierrenbach, em junho de 1907.

Ainda que sob a vigilância da baronesa de Berg, Hortênsia animava as fofocas da sociedade petropolitana, em especial no círculo diplomático. Consta que entre seus pretendentes teria figurado o secretário da legação do Chile, Diego Dublé Urrutia, um vate já importante de um país de extraordinários poetas e que, em 1903, publicara um livro de relativo sucesso, *Del mar a la montaña*. O romance com Hortênsia, porém, não deslanchou. De todas as atribulações amorosas da caçula de Rio Branco, nada se comparou, contudo, aos problemas causados pelo entusiasmo demonstrado pelo encarregado de negócios do Peru, o jovem Buenaventura Seoane. Brasil e Peru seguiam em ácida disputa de limites, e o jovem

Seoane liderava a representação diplomática de seu país na ausência do pai, que não dava mostras de pretender reassumir o posto.

Como numa paródia tropical de *Romeu e Julieta*, Rio Branco se opôs ferozmente ao relacionamento da filha com o peruano e o flerte assumiu contornos de crise política. O embaixador estadunidense chegou a informar seus superiores no Departamento de Estado de que

> por um longo período o encarregado Seoane tem tentado cortejar a filha do ministro Rio Branco e a casa dos Rio Branco tornou-se, há meses, um lugar proibido para Seoane; desde então ele tem persistentemente seguido a menina em todas as ocasiões possíveis, tornando-se imensamente desagradável para ela e para o pai.

A situação piorava, já que a baronesa de Berg, considerando sua missão cumprida (ou sua presença já inútil), ensaiava um retorno à Europa; ficou combinado que ela partiria depois da chegada do irmão mais velho da protegida. A missão de Raul na arbitragem do Pirara, em que atuara sob as ordens de Joaquim Nabuco, estava encerrada, e o jovem voltaria a trabalhar diretamente com o pai, como auxiliar de gabinete, a partir de 5 de junho de 1905.

A paixão de Seoane por Hortênsia virara incidente diplomático e assim foi resolvida. Rio Branco instruiu a legação brasileira em Lima a solicitar ao governo do país vizinho a retirada do diplomata e, em 26 de agosto, sem deixar de ressaltar "que continua inalterável o grande apreço em que temos o governo peruano e sua amizade", participou que a chancelaria brasileira não mais receberia comunicações vindas da legação do Peru, pretextando o tom descortês de algumas notas enviadas pelo encarregado de negócios. O desejo do chanceler brasileiro foi atendido pelo governo peruano e Buenaventura Seoane foi removido. Em 10 de outubro, deixou o Rio de Janeiro.

Com a partida da baronesa de Berg, Hortênsia assumiu a direção da casa na rua Westphália, passando a estar mais tempo sozinha, pois o pai começava a prolongar suas permanências no Rio de Janeiro. As ações de saneamento da capital brasileira já surtiam efeito e os casos de febre amarela, varíola e peste bubônica rareavam. As avenidas recém-abertas e a reurbanização do centro deram nova vida e um ar cosmopolita à cidade, e cada vez mais as classes abastadas deixavam a serra para residir no Rio em caráter permanente. Petrópolis perdera a condição de capital do estado para Niterói em 1902, e a redução drástica do diferencial de salubridade em relação à capital federal foi progressivamente relegando a cidade serrana ao papel exclusivo de destino de verão, quando a sede do governo federal se transferia do Catete para o Palácio Rio Negro. A própria imprensa petropolitana acusou o golpe. Já naquele ano de 1905 um colunista da *Gazeta Fluminense* recomendava uma reforma da via principal da cidade e argumentava que "nada disso é impossível, diante das transformações maravilhosas por que tem passado o Rio de Janeiro em tão curto lapso de tempo".

Ainda durante as ausências prolongadas do pai, Hortênsia seguia em Petrópolis. Raul, por sua vez, depois de promovido a segundo secretário e ser oficialmente removido para a legação em Berlim, foi chamado para servir no gabinete do chanceler. Voltava à terra da qual saíra ainda bebê, sem ter nela nascido. A partida para a capital alemã só aconteceria em janeiro de 1909. Contudo, Raul ficou menos de dez meses na Alemanha, pois em novembro daquele ano já estava de volta ao Rio de Janeiro. Em 1911, foi promovido a ministro residente em Caracas, mas seguiu trabalhando com o Barão no Itamaraty. Só deixaria o Brasil depois da morte do pai, no ano seguinte, mas não foi para a capital venezuelana, e sim para Berna, onde permaneceu até 1934, como chefe da legação do Brasil na Suíça.

O saneamento e o embelezamento da capital brasileira atendiam ao propósito de Rio Branco de aumentar o prestígio do país no exterior; nesse espírito, o chanceler esforçou-se para tornar o Rio de Janeiro sede de eventos internacionais, então incomparavelmente menos comuns que hoje, e tratou de convidar personalidades europeias a visitar a cidade. Era parte essencial da sua política externa superar a impressão de instabilidade dos anos iniciais da República e promover a imagem de uma nação moderna, estável e urbanizada. Essa busca de prestígio não era apenas questão de vaidade ou orgulho, mas parte de uma estratégia de inserção do Brasil no sistema internacional da época.

De forma muito mais explícita que hoje, o mundo da Era dos Impérios reservava um tratamento diferenciado para os países considerados "civilizados" segundo os padrões estabelecidos pelas potências europeias e pelos Estados Unidos. Nas relações com estes, prevaleceriam as regras do direito e um tratamento relativamente igualitário, a despeito das diferenças de poder. Em contrapartida, desde o Congresso de Berlim era visto como legítimo tomar posse de territórios que não estivessem sob o controle efetivo de alguma nação "civilizada", e mesmo países independentes ou impérios milenares estavam sujeitos à intervenção de alguma potência em nome do avanço da civilização. Sem dúvida, Rio Branco estava a par dessa lógica e é provável que não discordasse dela. Para ele, o Brasil estava enfraquecido, mas, em essência — inclusive pela longa vigência dos padrões "europeus" de civilização que atribuía ao período monárquico —, não pertencia à categoria das nações sujeitas ao "direito de expropriação contra os povos incompetentes". Contudo, sua debilidade militar, financeira e econômica, além dos graves problemas sociais, tornava fantasiosa a ideia de que pudesse se igualar às potências, mesmo em sua vizinhança imediata. A dificuldade em dar uma simples demonstração de força contra o Peru e a impossibilidade prática de continuar a intervir no Prata como no tempo do Império — em virtude da fragilidade de suas Forças Armadas — mostravam a distância entre o Brasil e o grupo de potências que dominava oligarquicamente o sistema internacional. Para o Barão, o Brasil era "civilizado" e, portanto, não deveria ser objeto de intervenções, mas estava frágil e não tinha condições de manter a ordem em sua vizinhança imediata se não tivesse ajuda.

Assim, Rio Branco tratou de transformar necessidade em virtude. Quanto aos vizinhos, trabalhou para transformar a concepção do Império brasileiro como potência regional que intervinha sem grandes pudores em sua área de influência, em prol da imagem de "um gigante cheio de bonomia", na expressão de Sérgio Buarque de Holanda. O Brasil se abstinha de recorrer à guerra ou a intervenções não por fraqueza, mas por autocontenção. Holanda, em *Raízes do Brasil*, diagnosticou nossa autoimagem: "Não ambicionamos o prestígio de país conquistador e detestamos as soluções violentas. Desejamos ser o povo mais brando e mais comportado do mundo". O Brasil seria um gigante por sua tradição, seu tamanho e sua riqueza (ainda que potencial) e, assim, faria parte do rol das nações civilizadas. Em essência, seria como os Estados Unidos e os países europeus, ainda que desigual (temporariamente) em termos de riqueza e poder. Assim, aliar-se a Washington não significava submissão, mas mera convergência de valores e interesses. Em relação aos países mais fracos, a atuação brasileira seria marcada pela autocontenção e pelo primado do direito (que também nos protegia dos mais fortes). Claro, na verdade a atitude servia para mascarar nossa incapacidade real de intervir com sucesso. Até o intervencionismo recorrente do Império passou a ser negado em favor da suposta continuidade histórica da narrativa do "gigante cheio de bonomia".

Em agosto de 1905, o Brasil sediou o III Congresso Científico Latino-Americano. O Rio começava a ser palco de reuniões internacionais, e o Barão aproveitou a ocasião para pedir aos participantes do encontro que levassem a seus países o testemunho das coisas presenciadas aqui. Fazendo-o, contribuiriam para a "causa da confraternização internacional americana". Sobre isso, referindo-se aos delegados estrangeiros, apontou em seu discurso, na abertura do conclave:

> Eles dirão sem dúvida que viram uma bela terra, habitada por um bom povo, terra generosa e farta, povo laborioso e manso, como as colmeias em que sobra mel. Não há aqui quem alimente invejas contra as nações vizinhas, porque tudo esperamos no futuro; nem ódios, porque nada sofremos delas no passado. Um grande sentimento nos anima: o de progredir rapidamente sem quebra das nossas tradições de liberalismo e sem ofensa aos direitos alheios.

Rio Branco bateu na tecla da suposta continuidade no comportamento externo brasileiro, do pretenso pacifismo e da autocontenção que viriam do Império: "Nunca nos deixamos dominar do espírito agressivo, de expansão e de conquista que mui injustamente se nos têm querido atribuir". O Brasil queria "ser forte entre vizinhos grandes e fortes, por honra de todos nós e por segurança do nosso continente, que talvez outros possam vir a julgar menos bem ocupado". A prescrição do Barão para enfrentar as ameaças imperialistas passava pelo fortalecimento da região para diferenciá-la das áreas onde o imperialismo teria liberdade de atuar: "É indispensável que, antes de meio século, quatro ou cinco, pelo menos, das maiores nações da América Latina, por nobre emulação, cheguem, como a nossa querida irmã do norte, a competir em recursos com os mais poderosos Estados do mundo". Havia interesse na estabilidade e no progresso dos países vizinhos porque assim a região ficaria excluída do rol de áreas em que as nações mais fortes poderiam intervir "legitimamente", em nome do avanço da civilização.

As demonstrações de prestígio não alteravam os elementos reais de poder, mas contribuíam para ocultar as fraquezas. Nesse contexto, nem mesmo a possibilidade de haver um cardeal brasileiro podia ser desperdiçada. A Santa Sé já criara um cardinalato nos Estados Unidos em 1875, para um país com 7 milhões de católicos e de maioria protestante. O Canadá, com menos de 3 milhões de crentes, teve seu cardeal em 1885. Até a Austrália, com meros 713 mil católicos, fora distinguida com o barrete cardinalício no ano seguinte. No Brasil havia 20 milhões de católicos, contra cerca de 4,5 milhões no caso da Argentina, e via-se no direito de abrigar o primeiro cardinalato sul-americano.

Com a proclamação da República no Brasil, a Igreja fora desligada do Estado, ao contrário do que ocorria na Argentina, onde a pasta que cuidava das relações internacionais, o Ministério das Relações Exteriores e Culto, cuidava das relações com a Igreja católica. Contudo, mesmo separado o que é de Deus do que é de César, manteve-se a aspiração de o Brasil vir a ter seu cardeal. Em 1898, ainda como presidente eleito, Campos Sales visitara Roma e, naturalmente, não deixou de ver o papa. A entrevista fora cordial, e Leão XIII teria, inclusive, declarado: "A Igreja sente-se melhor hoje no Brasil, com as instituições republicanas, do que sob o regime decaído". Quando Rio Branco assumiu a chefia do Itamaraty, havia o entendimento geral de que o Vaticano estaria por atribuir pela primeira vez a um prelado latino-americano o barrete cardinalício, e a especulação despertara uma competição surda entre os governos brasileiro, argentino, chileno e mexicano. A obtenção do cardinalato seria mostra de prestígio, mas o Brasil estava em desvantagem na competição porque nas duas repúblicas vizinhas o catolicismo era a religião oficial: como indicou Rio Branco ao representante brasileiro junto ao Vaticano, "separada a Igreja do Estado, entre nós, não poderíamos oferecer dotação ou auxílio algum no orçamento para a criação de um cardeal". Ainda assim o pleito brasileiro seguia de pé, ancorado no fato de o país exceder em mais de quatro vezes o número de católicos argentinos.

A partir da morte de Leão XIII e da ascensão de Pio X ao trono de São Pedro, em 1903, a ideia da eleição de um cardeal sul-americano ganhou força, assim como os esforços de bastidores das diplomacias brasileira, argentina e chilena no Vaticano. Indicou-se que a decisão seria tomada no consistório a realizar-se em fins de março de 1905, e Rio Branco instruiu o ministro brasileiro junto à Santa Sé a insistir no pleito brasileiro. O esforço de lobby para obter o cardinalato tinha um custo que o Barão se dispunha a pagar. "Ostensivamente nada podemos fazer estando separada a Igreja do Estado", refletiu. Contudo, recordou que restava um "crédito de despesas reservadas". O consistório de março passou sem que fossem eleitos novos cardeais, e a omissão foi atribuída ao impasse entre as três candidaturas sul-americanas. Conciliador, Rio Branco indicou que o Brasil não se oporia a que fossem criados cardinalatos argentino e chileno no mesmo momento em que se anunciasse o brasileiro. Era, porém, pouco provável que a Santa Sé consentisse em criar três novos cardeais em uma só região.

No consistório de dezembro de 1905 os esforços finalmente foram recompensados. D. Joaquim Arcoverde de Albuquerque Cavalcanti, até então arcebispo do Rio de Janeiro, foi eleito príncipe da Igreja, acompanhado de um húngaro, de um espanhol e de um italiano. Sem dúvida uma vitória diplomática, na linha do esforço pelo aumento do prestígio brasileiro. O empenho de Rio Branco, ao qual o presidente Rodrigues Alves não esteve alheio, pode ser medido pelo fato de a iniciativa ter onerado os cofres públicos, como bem realçou o historiador Adelar Heinsfeld:

> Junto com o esforço diplomático, o governo brasileiro teve de gastar de forma secreta a quantia de 37 contos de réis, uma verdadeira fortuna para a época. Quase dois terços deste valor foram gastos na própria Santa Sé, parte dele em gorjetas e presentes. O restante foi gasto com a reforma do Colégio Pio Latino-americano, onde Arcoverde ficou hospedado.

No plano da política interna, nem mesmo a inclusão de um brasileiro no colégio que elege os papas deixou de ter seus críticos. A própria manutenção de uma representação diplomática junto ao Vaticano era objeto de reclamações: em duas ocasiões, em 1894 e em 1905, votou-se na Câmara projeto que obrigaria o governo a suprimi-la. Em 1908, o paladino da separação Estado-Igreja, deputado Tomás Cavalcanti, fez ainda uma terceira tentativa, também fracassada. O deputado Barbosa Lima, crítico contumaz de Rio Branco, desdenhou da suposta vitória sobre a Argentina na corrida pelo cardinalato. Arguiu que um cardeal, na prática, só servia para escolher o papa, lembrando, ao mesmo tempo, que até ali os papas eram sempre italianos. Assim, "por maior que seja a habilidade diplomática do nosso chanceler, papa não teremos". Ou seja, o cardinalato brasileiro criava uma expectativa que certamente seria frustrada. Barbosa Lima arrematou a ironia com uma previsão que hoje soa curiosa: "Disto está livre a Argentina".

Para os detratores de Rio Branco, as iniciativas que visavam reforçar o prestígio brasileiro pertenciam ao estreito registro da vaidade pessoal do chanceler, que se tornava lendária. Lima Barreto, na boca de seu personagem Gonzaga de Sá, fez um juízo severo sobre a imodéstia de Paranhos:

> Este Rio Branco é egoísta, vaidoso e ingrato... O seu ideal de estadista não é fazer a vida fácil e cômoda a todos; é o aparato da filigrana dourada, a solenidade cortesã das velhas monarquias europeias — é a figuração teatral, a imponência de um cerimonial chinês, é a observância das regras de precedência e outras vetustas tolices

versalhezas. Não é bem com Luís xiv que tem pontos de contato; ele imita d. João v, sem Odivellas talvez, mas o imita. Tivemos um cardeal por muito dinheiro. Foi uma espécie de sino monstro de Mafra, que era o orgulho do rei português.

Também naquele final de 1905, outro incidente contribuiria para moldar a imagem internacional do Brasil e, internamente, para aumentar a popularidade de Rio Branco. No dia 6 de dezembro, o *Jornal do Comércio* publicou um despacho de seu correspondente em Santa Catarina dando conta de que, na madrugada de 26 para 27 de novembro, uma pequena tropa armada teria desembarcado da canhoneira alemã *Panther* no porto de Itajaí e capturado um cidadão alemão, Fritz Steinoff, que teria sido levado para bordo do navio de guerra. Os detalhes eram confusos e contraditórios. Aparentemente, Steinoff, um alemão de passagem por Itajaí, estaria escondendo um marinheiro do navio, que pretendia desertar ou estaria, ele próprio, fugindo do serviço militar na Alemanha. Houve relatos de violências contra Steinoff em solo brasileiro e uma testemunha afirmou que o próprio comandante da *Panther*, o conde Saurma Jeltsch, teria participado da captura. A notícia ganhava credibilidade adicional por sair no tradicional *Jornal do Comércio*, que até por suas notórias ligações com Rio Branco posava de bem informado nas questões de política exterior. O diário resumia o caso com indignação: "Não se poderia imaginar agressão mais insólita à nossa soberania, nem brutalidade mais contrária às magníficas relações de amizade que a Alemanha tem mantido com o Brasil".

A reação do governo brasileiro foi fulminante. Três cruzadores, o *Barroso*, o *Benjamin Constant* e o *Tamandaré*, receberam ordens de rumar para o sul, interceptar a *Panther* e obrigá-la a devolver Steinoff. A legação brasileira em Berlim foi orientada a protestar contra o ocorrido e preparar-se para deixar a Alemanha em caso de rompimento das relações diplomáticas. Na manhã de 9 de dezembro, Rio Branco convocou o ministro alemão, Karl Georg von Treutler, à sua casa em Petrópolis para uma conversa duríssima. O diplomata alemão procurou contemporizar. Sem ter informações precisas sobre o ocorrido, argumentou que o envio da esquadra brasileira e toda a tentativa de aprisionar a *Panther* geraria um incidente de gravíssimas proporções. Rio Branco insistiu que, caso Steinoff estivesse a bordo, seria preciso restituí-lo, pois do contrário a canhoneira alemã seria capturada e revistada. "A Alemanha poderá mandar depois cem, duzentos navios contra o Brasil, mas já teremos cumprido o nosso dever." O Barão telegrafou em seguida para Joaquim Nabuco, em Washington, com instruções:

> Trate de provocar artigos enérgicos dos monroístas contra esse insulto. Vou reclamar a entrega do preso com condenação formal do ato. Se inatendidos, empregaremos a força para libertar o preso ou meteremos a pique a *Panther*. Depois, aconteça o que acontecer.

A crise parecia seriíssima. A imprensa e a classe política brasileiras entraram em ebulição. A possibilidade de guerra contra o Império Alemão, uma das máquinas militares mais poderosas do planeta, surgia no horizonte.

Mais ponderado, o jornal argentino *La Nación* considerou que a notícia teria sido "exagerada pela suscetibilidade patriótica brasileira", mas que se a informação fosse exata, "teríamos um direito internacional para uso e gozo das grandes potências e outro para as denominadas republiquetas sul-americanas e estas se veriam na obrigação de receber do sabre europeu o ensino dos processos secretos da civilização". De fato, punha-se à prova o lugar do Brasil na ordem internacional. Não reagir equivaleria a aceitar que o país não se incluía entre as nações civilizadas e merecedoras de um tratamento baseado nas regras de boa convivência praticadas entre as potências. Para Rio Branco, ex-ministro em Berlim, que mantinha orgulhosamente em sua sala de visitas uma foto autografada do kaiser Guilherme II, toda demonstração de fraqueza seria politicamente fatal.

A resposta alemã, porém, foi serena. O almirantado alemão considerou o incidente "uma tempestade num copo d'água" e abriu o inquérito correspondente para apurar o ocorrido. O mesmo foi feito pelas autoridades policiais de Santa Catarina. As duas investigações rapidamente convergiram para uma versão menos grave dos fatos. Um marinheiro da *Panther*, de nome Hasmann, teria excedido o tempo de licença e na tarde daquele dia 26 foi visto na companhia de Steinoff nas ruas de Itajaí. Ainda durante aquela tarde, teria havido uma briga entre outro marinheiro alemão e o desertor, mas Hasmann teria fugido. Durante a madrugada, um grupo de três oficiais e doze marinheiros alemães desembarcou, à paisana, para procurar Hasmann, e parte da equipe teria ido até o hotel onde Steinoff estava hospedado, obrigando-o a participar da busca pelo amigo. Naquela noite, o grupo também teria invadido uma casa particular, sem encontrar o desertor. Segundo os alemães, Steinoff teria sido libertado em seguida, sem nunca ter sido levado para bordo da canhoneira. Ocorre que Fritz Steinoff estava desaparecido, tendo deixado suas malas no hotel como garantia de pagamento. Dias depois o pivô do incidente, Hasmann, apresentou-se espontaneamente ao navio. Ainda que sem dúvida aquela fosse uma violação da soberania brasileira — pois não caberia à tripulação de um navio estrangeiro fazer investigações policiais em território nacional —, logo ficou claro para Rio Branco que a reação fora exagerada. O mal, porém, já estava feito. Felizmente, a interceptação da *Panther* pela Marinha brasileira nunca ocorreu (por incapacidade da combalida frota brasileira, que não chegou nem a alcançar a canhoneira), e o chanceler tornou pública a mentira diplomática de que a ida dos navios para os portos do Sul já estava programada anteriormente.

Além de "provocar artigos enérgicos dos monroístas", Nabuco procurara o Departamento de Estado para relatar o incidente. A reação estadunidense foi mais forte do que a que Rio Branco e Nabuco aparentemente haviam previsto. O secretário de Estado, Elihu Root, convocou o embaixador alemão em Washington para pedir explicações; este garantiu que o episódio seria resolvido de forma amistosa. A intervenção de Root na questão foi dada a público e a imprensa internacional interpretou o ocorrido como prova da submissão brasileira. O *Morning Post*, de Londres, comentou:

> Agindo como agiu, o governo brasileiro mostrou admitir tacitamente o monroísmo e reconhecer que o governo dos Estados Unidos é o único poder ao qual se podem dirigir os países sul-americanos quando se encontram a braços e em dificuldades com as grandes potências do Velho Mundo.

Rio Branco tratou de desmentir que Nabuco tivesse pedido a intervenção estadunidense, mas interessava aos Estados Unidos reforçar aquela mensagem. Competindo com a Alemanha por mercados e influência, Washington aproveitou a oportunidade para, mais uma vez, afirmar sua posição. A canhoneira *Panther* tinha um significado especial para a diplomacia e a opinião pública dos Estados Unidos. Em setembro de 1902, ela afundara o navio haitiano *Crête-à-Pierrot* com trinta disparos de canhão. O navio de guerra caribenho estava rebelado contra seu governo e tomara um carregamento de armas e munição de um cargueiro alemão. Tendo como exemplo a própria atuação contra a esquadra revoltada no Rio de Janeiro anos antes, os Estados Unidos não reagiram. Durante a intervenção germano-anglo-italiana contra a Venezuela, a mesma *Panther* participara das hostilidades contra a Marinha venezuelana e bombardeara a fortaleza de San Carlos. O simbolismo da *Panther* para a opinião pública estadunidense, portanto, era forte demais para ser desperdiçado, e convinha a Washington reafirmar publicamente a Doutrina Monroe fazendo pressão sobre a Alemanha e demonstrando na prática o "perigo alemão" contra o qual as autoridades e a imprensa estadunidenses buscavam alarmar os países latino-americanos. A tese do "perigo alemão" tinha seus aderentes no Brasil, mas Rio Branco considerava as denúncias sobre a existência de planos secretos da Alemanha de apossar-se de territórios no Sul do Brasil como meras intrigas inventadas nos Estados Unidos e na Inglaterra. Nos Estados Unidos havia 12 milhões de descendentes de alemães, enquanto "nós não chegamos a ter 400 mil brasileiros de origem germânica, e, quando muito, 10 mil alemães não naturalizados", argumentou o chanceler.

A demora na resolução do incidente, em contraste com a atitude destemida do início, impacientou a opinião pública; na imprensa e no Congresso, a oposição começou a atacar a atitude do governo. Como de hábito, o *Correio da Manhã* liderou a campanha de contestação; no dia 15 de dezembro, opinou:

> Entretanto, ao passo que o governo alemão não se dignou dar ao Brasil ainda nenhuma satisfação pelas ofensas intoleráveis dos oficiais da sua canhoneira *Panther*, o nosso governo, conforme declarou na Câmara o sr. Barbosa Lima — já deu duas explicações à Alemanha. Desmentiu a grotesca aventura em que se meteu o sr. Joaquim Nabuco, secretário perpétuo da Academia Brasileira de Letras e para nosso perpétuo ridículo, embaixador junto ao governo dos Estados Unidos, e declarou que a saída dos nossos vasos de guerra ao sul não tem a menor ligação com o caso *Panther*.

Em 2 de janeiro de 1906, a legação da Alemanha no Rio de Janeiro encerrou o episódio com uma nota lamentando profundamente o incidente, explicando que não houvera intenção de ofender a soberania brasileira, que Fritz Steinoff nunca fora levado para bordo da *Panther* e que os culpados da transgressão seriam julgados pelo tribunal militar competente. Do ponto de vista diplomático, sem dúvida fora uma vitória irretocável contra uma das grandes potências militares do planeta. O tal Steinoff seguiu desaparecido, mas, ao longo dos meses seguintes, tanto no Brasil como na Argentina surgiram pessoas que alegavam ser ele.

Em política, importam mais as versões que os fatos; Rio Branco passou ao ataque para divulgar sua vitória na questão contra a Alemanha — objeto de muitas críticas e dúvidas. Surpreendentemente, escolheu *A Notícia* para publicar suas explicações, e não, como seria de esperar, o *Jornal do Comércio*, com cujo dono, José Carlos Rodrigues (que se encontrava fora do país), mantinha estreita relação. Além disso, o *Jornal do Comércio* fora o primeiro a registrar o incidente. Em 10 de janeiro, *A Notícia* publicou um longo artigo sem assinatura narrando a dura conversa mantida por Rio Branco com o ministro Von Treutler no início da questão, quando acenara com o uso da força contra a *Panther*. Em artigos dos dias 11, 12, 13 e 16 daquele mês, o Barão, sempre de forma anônima, dedicou-se a rebater as críticas e a mostrar que a reação inicial resultara de informações exageradas transmitidas pela imprensa, e que os dois inquéritos, o brasileiro e o alemão, haviam reduzido o incidente à sua devida proporção. As explicações do governo alemão haviam sido plenamente satisfatórias, afirmou, e o Brasil obtivera uma bela vitória diplomática.

No artigo publicado no dia 13, o articulista explicava que o *Jornal do Comércio*, que ainda resistia à tese do sucesso diplomático, estava mal informado por não ter acatado as notificações que lhe foram dadas "por um velho amigo da casa, amigo que a frequenta desde 1851, que para ela tem trabalhado muito e que, apesar disso, mereceu menos confiança nestas circunstâncias que reclamavam a maior ponderação do que novos colaboradores". Naturalmente, a referência era ao próprio Barão. Seu pai começara a contribuir para o *Jornal do Comércio* em 1851, com a publicação da coluna "Cartas a um Amigo Ausente", e o pequeno Juca, com seis anos, levado pela mão paterna, passara desde então a "frequentar a casa". Por coincidência ou não, a partir daquele ano de 1906 que se iniciava, o *Jornal do Comércio* passou a ter um novo redator-chefe, José Félix Pacheco.

26. Rio Branco, os Estados Unidos e o monroísmo

"A ideia da ida de Root", escreveu Joaquim Nabuco a Oliveira Lima,

> foi espontânea dele, mas essa espontaneidade resultou da simpatia e confiança que lhe inspirei no americanismo do Brasil. Não sei que apreço o Rio Branco terá dado a esse meu trabalho preliminar, tão bem-sucedido que semelhante movimento veio espontaneamente ao secretário de Estado.

Em dezembro de 1905, apesar da resistência da Argentina e da Venezuela, o Rio de Janeiro fora escolhido para sediar a III Conferência Pan-Americana, e a vinda de Elihu Root aparecia como uma novidade extraordinária. Pela primeira vez, um secretário de Estado no exercício de suas funções participava de um encontro internacional no estrangeiro.

A despeito do inegável poder de sedução de Nabuco, a participação de Root no conclave carioca resultou do interesse estadunidense em promover suas exportações e investimentos na América do Sul, ainda dominada em grande parte pelo comércio e por capitais britânicos. Nos Estados Unidos havia a percepção de que o mercado interno estava saturado, sendo necessário conquistar novos clientes para a crescente produção de bens agrícolas, como o trigo, e de produtos industrializados, que começavam a ter participação expressiva na sua pauta de exportações. Em consonância com a Doutrina Monroe, a América Latina era considerada área de influência natural e mercado potencialmente cativo dos Estados Unidos. A manutenção da estabilidade e da ordem nos países do continente era vista como um pré-requisito para o bom andamento dos negócios e para afastar a pressão europeia. O *big stick* aparecia como garantia do bom comportamento dos países da região. Não se pode esquecer, porém, que, além de carregar um "cacetão" — na tradução de Oliveira Lima —, Roosevelt prescrevia que os Estados Unidos falassem de modo suave: "*Speak softly and carry a big stick*" era o lema. O pan-americanismo expressava esse "falar suave" dirigido aos países latino-americanos.

A Inglaterra, que tentava evitar a decomposição de seu império, via com resignação a expansão do comércio e dos investimentos estadunidenses na América Latina. A concorrência mais obstinada era a da Alemanha, que chegara tarde na partilha colonial da África e se empenhava em aumentar sua influência onde fosse possível. Daí a propagação, pela imprensa e pelas autoridades dos Estados Unidos, do discurso sobre o "perigo alemão" no continente.

O pan-americanismo aparecia como o lado amável do monroísmo, apelando para um ideal de paz e fraternidade entre os países americanos, ainda que liderados por Washington. O Brasil participara ativamente (com o entusiasmo dos recém-chegados à comunidade das repúblicas americanas) da I Conferência, realizada em Washington. Sua atuação no encontro seguinte, sediado na cidade do México, de fins de 1901 e o começo de 1902, foi bastante discreta e prejudicada pelo fato de seu representante, Higino Pereira Duarte, ter falecido durante o encontro. Os resultados das reuniões haviam sido bem modestos, sendo o principal deles a criação de um bureau dos países americanos que funcionava como uma espécie de dependência do governo estadunidense. Ainda assim, a III Conferência aparecia como um palco privilegiado onde reforçar o discurso de amizade, paz e harmonia e suavizar o corolário Roosevelt.

Elihu Root decidiu fazer de sua estada no Rio de Janeiro parte de um *good will tour* pela América Latina, prenunciando a política de boa vizinhança que o outro presidente Roosevelt adotaria duas décadas depois. Partindo de Nova York, Root fez escala em Porto Rico antes de seguir pela costa brasileira até o Rio. Depois de passar pela capital brasileira, visitou Uruguai, Argentina, Chile, Peru, Colômbia e Panamá. Rio Branco e Nabuco trataram de difundir a versão de que o prolongamento da viagem de Root até outras capitais do continente teria resultado de sugestão brasileira, para dissipar "ciúmes e prevenções". Um par de anos depois da conferência, instado por Nabuco a fazer uma visita oficial aos Estados Unidos, o Barão declinou do convite com um argumento que mostra sua real avaliação: "Não penso que tenhamos o dever de retribuir visita feita a tantos países no interesse do desenvolvimento da influência americana e não por atenção especial ao Brasil".

Do ponto de vista brasileiro, a realização da III Conferência Internacional Americana (conforme seu nome oficial) no Rio de Janeiro atendia ao objetivo de Rio Branco de demonstrar o prestígio do Brasil e de fazer crer aos demais países sul-americanos e às potências europeias que existia uma grande sintonia entre nós e os Estados Unidos. Nas instruções enviadas a Nabuco sobre os temas substantivos do encontro, ele foi direto e informou que "não temos matéria especial a propor e aceitaremos o programa que for elaborado". Reservava-se, contudo, "a nossa liberdade de, na discussão, aderir ou não às ideias sugeridas".

Durante as reuniões preparatórias do evento, em Washington, a atuação de Nabuco se deu sobretudo no sentido de tentar eliminar matérias controversas, como a proposta de arbitragem obrigatória em disputas internacionais, temida pelo Chile devido à questão ainda pendente com o Peru. Rio Branco também se opunha à ideia de arbitragem obrigatória e designação prévia de árbitros ou de um tribunal para julgar os litígios. A questão com o Peru seguia em aberto, e o Barão queria manter "inteira liberdade de ação e escolha". Mesmo depois de esgotadas as negociações diretas, ele lembrava que os "bons ofícios e a mediação de um governo amigo são também meios de resolver amigavelmente litígios internacionais". Rio Branco via com desconfiança ainda maior a proposta de um tribunal arbitral composto somente de juízes do continente, pois "árbitros escolhidos na América do Norte e na Europa oferecem garantia de imparcialidade", uma vez que perante "árbitros hispano-americanos estaríamos sempre mal, o Brasil, o Chile e os Estados Unidos".

Nabuco foi instruído, igualmente, a apoiar a retirada da discussão sobre a Doutrina Drago da pauta da conferência. O projeto do chanceler argentino Luis María Drago previa estabelecer no direito internacional a inadmissibilidade da cobrança pela força de dívidas soberanas, discussão que oporia os Estados Unidos aos demais países americanos. Rio Branco tampouco gostava da proposta de Drago e muito menos da ideia da coordenação dos países latino-americanos contra os Estados Unidos em qualquer matéria. Já em fins de 1905, informado da iniciativa venezuelana de propor uma reunião dos países latino-americanos sem a presença de Washington, instruíra Oliveira Lima:

> Devo desde já dizer que o governo brasileiro não concorrerá de modo algum para que se forme semelhante liga e nela não entrará, caso possa vir a ser constituída por algumas nações do nosso continente. Tenho motivos para acreditar que o México, a Argentina, o Chile, o Uruguai, o Paraguai, a Bolívia e o Peru também se absterão de tomar parte nessa manifestação de desconfiança e hostilidade ao governo de Washington. Mesmo que se pudesse unir em tal pensamento sessenta milhões de latinos ou latinizados que vivem desde o México até o cabo de Horn, ainda assim a liga seria, nos nossos dias, perfeitamente inócua para a grande república do norte e só prejudicial para as nações coligadas, em grande parte atrasadas e enfraquecidas pelas convulsões políticas, guerras intestinas, pronunciamentos militares e ditaduras periódicas, ou sucessivas.

A Doutrina Drago acabou retirada da pauta, com a promessa de ser discutida na II Conferência de Haia, prevista para o ano seguinte. Para os Estados Unidos foi um alívio, uma vez que numa reunião com a presença das potências europeias ficaria bem mais fácil combater o projeto. Quanto ao Brasil, a postergação evitava o constrangimento de talvez ficar isolado ao lado dos Estados Unidos contra os demais participantes da reunião americana. Ademais, como anfitrião, Rio Branco ansiava que o encontro se centrasse em uma agenda positiva que marcasse seu sucesso. Para ele, o êxito residia no próprio simbolismo da ocasião e no protagonismo natural do país-sede, mais que de qualquer decisão útil que eventualmente dele resultasse.

Paranhos, de maneira quase ingênua, imaginava que os demais países latino-americanos partilhavam sua visão sobre os Estados Unidos. Para ele o monroísmo seria "geralmente aceito" como instrumento contra "expansão colonial ou tentativa de conquista europeia neste continente". Ainda assim, admitia que seria lícito que as potências europeias realizassem uma eventual intervenção em algum país do continente e mesmo uma "ocupação bélica temporária, como represália e em defesa da honra ultrajada ou de interesses legítimos". Sua visão sobre as relações de poder no continente partia de uma relativização do poder dos Estados Unidos, que, para ele, mesmo "com seus imensos recursos", não teriam condições de "eficazmente exercer a polícia amigável ou paternal que desejariam exercer, salvo no mar das Antilhas". De modo muito realista, entendia que também o poder brasileiro devia ser visto com modéstia, acreditando que "nossa influência e bons ofícios de amizade só se podem exercer com alguma eficácia sobre o Uruguai, o Paraguai e a Bolívia, procurando nós operar de acordo com a Argentina e o Chile".

Enfim, sintonizado com os conceitos do equilíbrio de poder europeu, Rio Branco tinha uma visão intrinsecamente oligárquica sobre o real funcionamento das relações internacionais, tanto no contexto mundial como no âmbito americano. Realista, aceitava o sistema internacional nas bases em que ele se apresentava e considerava natural que os países que dominavam a cena mundial se concertassem para gerir o sistema como um todo, com vistas, em tese, ao "bem comum" e ao progresso da "civilização". O conceito de igualdade entre os países devia ser relativizado:

> Um acordo geral de todas as nações americanas é mais impossível ainda do que entre as europeias. O concerto europeu é formado apenas pelas chamadas grandes potências. Pensamos que um acordo no interesse geral, para ser viável, só deve ser tentado entre os Estados Unidos da América, o México, o Brasil, o Chile e a Argentina. Assim, estaríamos bem, os Estados Unidos e o Brasil. Entrando muitos, seríamos suplantados pelo número, sempre que se tratasse de tomar qualquer posição.

Essa perspectiva seria a base da política continental de Rio Branco: o poder dos Estados Unidos como guarda-chuva contra intervenções "não justificadas" das potências europeias no continente. Em torno do Caribe e na América Central, aquele país exerceria sem inibições seu poder de "polícia amigável ou paternal". Em contraste, a América do Sul deveria ser entendida como o sul da América, pois Colômbia e Venezuela, por sua projeção caribenha, também estariam na área de intervenção estadunidense direta. Apenas a parte sul do continente, mais distante da potência norte-americana, gozaria de relativa autonomia. Ao contrário da situação vivida durante o Segundo Reinado, o Brasil não contava com recursos de poder para manter a ordem e a paz nem mesmo nesse sul da América e, portanto, era imprescindível haver uma coordenação com a Argentina e o Chile. A ideia de manutenção, mesmo forçada, da ordem e da paz nos países menos organizados era fundamental no pensamento de Rio Branco, pois a anarquia e os maus governos poderiam atrair a "justificada" intervenção das potências extracontinentais. As nações grandes — Estados Unidos, Argentina, Chile, México e Brasil —, a despeito de suas diferenças de poder, pertenceriam a outra categoria; a elas se aplicavam plenamente as regras devidas aos países "sérios" e "civilizados".

Como parte de seu trabalho de preparação da opinião pública para o congresso pan-americano, Rio Branco publicou no *Jornal do Comércio* em 12 de maio de 1906, sob o pseudônimo de J. Penn, o artigo "O Brasil, os Estados Unidos e o monroísmo", reproduzido depois em outros diários, como de hábito. No texto, ele repisava sua tese sobre a suposta tradição de amizade e coordenação entre o Rio de Janeiro e Washington e deixava explícito o papel de abstenção que esperava dos Estados Unidos em relação às disputas sul-americanas:

> Washington foi sempre o principal centro das intrigas e dos pedidos de intervenção contra o Brasil por parte de alguns de nossos vizinhos, rivais permanentes ou adversários de ocasião. Quando ali chegou, em 1824, o primeiro agente diplomático do Brasil, já encontrou uma missão sul-americana que pedia contra nós o apoio dos Estados Unidos. Em 1903 e 1904, no período agudo de nossas dissidências com a Bolívia e com o Peru, lá se andou também procurando promover intervenções e fazendo oferecimentos tentadores. [...] Todas as manobras compreendidas contra este país em Washington, desde 1824, encontraram sempre uma barreira invencível na velha amizade que felizmente une o Brasil e os Estados Unidos, e que é dever da geração atual cultivar com o mesmo empenho com que a cultivaram os nossos maiores.

Assim, ainda que sem uma ideia de subordinação, as relações com os Estados Unidos estavam no centro da concepção política de Rio Branco. Também no plano comercial, convinha cultivar a boa vontade daquele país. Em fins de abril, chegou ao Rio de Janeiro seu novo embaixador, Lloyd Griscom. Pelo decreto nº 6079, de 30 de junho de 1906, foi prorrogada a redução tarifária de 20% na importação de uma lista de produtos estadunidenses que incluía trigo, leite condensado, artefatos de borracha, tintas (exceto de escrever), geladeiras, balanças e pianos. Essa preferência seria renovada anualmente até 1911, quando a redução foi aumentada para 30%. A abertura do mercado brasileiro atendia aos interesses dominantes dos plantadores de café e satisfazia os princípios liberais de grande parte da elite brasileira e do próprio Rio Branco, que buscava capitalizar essas concessões em termos políticos. Contudo, propalar a amizade com os Estados Unidos não equivalia à adoção do discurso estadunidense sobre a América Latina em todas as suas dimensões. O Barão combateu ativamente, por exemplo, a ideia do "perigo alemão". Em uma série de artigos publicados em abril no *Jornal do Comércio*, em *O País*, no *Correio da Manhã*, em *A Notícia* e na *Gazeta de Notícias*, ele publicou comentários anônimos que se contrapunham explicitamente a essa campanha.

A atuação de Rio Branco não se restringiu à imprensa brasileira. A imagem do Brasil no exterior era uma preocupação constante e, além de subvenções pagas a periódicos estrangeiros, como o londrino *South American Journal and Brazil and River Plate Mail* (que recebia duzentas libras anuais) e o parisiense *Le Brésil*, o chanceler brasileiro organizou um "serviço de informação à imprensa e por ele têm sido mandadas à Agência Havas e a vários jornais da Europa e da América notícias que podem interessar ao público estrangeiro". As reportagens deviam ser publicadas sem atribuição de fonte, pois "não está nos nossos costumes que os ministros de Estado publiquem artigos assinados, mesmo dentro do país, nem nas tradições da nossa repartição das Relações Exteriores que os seus ministros se exibam por esse modo no estrangeiro". Rio Branco mostrava, no início do século XX, uma compreensão clara do que hoje se denomina diplomacia pública, modernizava os métodos e ampliava as áreas de atuação da chancelaria.

As reformas que o Barão implantava no Itamaraty não se resumiam à política e ao pessoal. O próprio imóvel onde funcionava a chancelaria foi modificado. A primeira providência foi construir, no fim do parque existente nos fundos do Palácio Itamaraty (onde hoje há um grande espelho d'água), um edifício de estilo neoclássico com dois pavimentos, para a instalação da biblioteca, da mapoteca e do arquivo. A edificação foi erguida às pressas, em quarenta e poucos dias, para estar pronta antes da inauguração da III Conferência Pan-Americana. Ali os representantes dos demais países americanos poderiam apreciar a magnífica coleção cartográfica do Itamaraty e sua biblioteca de 12 mil volumes. Afinal, boa parte das discussões de limites ocorria em torno de velhos mapas e documentos, e exibir o acervo brasileiro ajudava a conferir legitimidade aos argumentos esgrimidos nas negociações, mesmo nas já encerradas. Para conferir maior seriedade a essa fonte de saber, o Barão conseguiu com o prefeito Pereira Passos telhas retiradas das demolições dos antigos casarões do centro da cidade para dar ao prédio, "rebocado a cimento meio encardido", um ar de construção já histórica. Na administração de Otávio Mangabeira (1926-30), o edifício foi demolido para dar lugar ao que lá existe hoje.

Depois da construção da biblioteca, do arquivo e da mapoteca, o chanceler promoveu a aquisição de um vasto terreno à direita de quem entra no palácio, onde até então funcionava uma fábrica de macarrão. Originalmente, a sala de Rio Branco dava para os fundos do pastifício e "além de que a vista daquelas franjas amarelas dobradas em cordões, nada tinha de pitoresco, era insuportável o cheiro enjoativo e acre". Depois, derrubada a fabriqueta, em 1908, o arquiteto Tomás Bezzi ficou encarregado de construir em seu lugar o prédio do anexo administrativo.

Antes disso, outra obra que deu o que falar foi a construção, em fins de 1906, de um banheiro no local onde hoje há um pequeno terraço. Esse banheiro, segundo Oliveira Lima, "espantara o escrupuloso ministro da Fazenda David Campista que, cultivando a ironia, dissera não ter dúvida alguma em ordenar o pagamento da obra, mas que não desgostaria de admirá-la, pois que nunca em sua vida soubera de um banheiro tão caro". O visconde de Cabo Frio também reclamou do que considerou "um luxo inútil", que não oferecia "maior préstimo do que os vasos da Glória, o palacete Bahia onde funcionou por muitos anos o Ministério dos Negócios Estrangeiros". O banheiro, "uma desgraciosa estrutura metálica, com vidros de cores", ficava contíguo a uma saleta que se comunicava com o gabinete de trabalho do chanceler. Nessa pequena sala entre o gabinete e o banheiro, o criado Salvador, que já fora promovido de empregado doméstico da casa de Petrópolis a funcionário do Itamaraty, "passava roupas a ferro ou fazia bifes de caçarola, escalopes, batatas *soufflées* de sua especialidade, ou qualquer outra ligeira refeição". Rio Branco consolidava sua fama de esbanjador do dinheiro público, e os comentários sobre suas iniciativas e excentricidades contribuíam para aumentar sua popularidade. Começou a circular a frase "Dinheiro haja, sr. Barão!", ora atribuída ao presidente Rodrigues Alves, ora a Pecegueiro do Amaral. Tornou-se corrente também a ironia de referir-se ao Barão como o "caríssimo chanceler".

A III Conferência Pan-Americana despertou em Rio Branco a ânsia de transformar o Itamaraty em porta de entrada do Brasil para autoridades e intelectuais estrangeiros. Além de mandar construir os novos prédios contíguos e de providenciar uma limpeza geral no velho palácio, ele encomendou na Europa móveis, tapetes, porcelanas, adornos e cristais e redecorou o salão nobre com paredes forradas de seda dourada, dois grandes sofás da mesma cor e reposteiros de tapeçaria Aubusson. Completando a decoração do salão, em que dois enormes espelhos se defrontavam, as duas portas centrais que davam para o vestíbulo foram vedadas para a instalação da grande tela *Paz e Concórdia*, de Pedro Américo. Para ornamentar o palácio, o Barão encomendou ao escultor francês Charpentier, de quem já comprara o busto de Cabo Frio, toda uma galeria de bustos de bronze dos mais notáveis chanceleres brasileiros. Além disso, mandou decorar as paredes da escadaria principal com uma série de alegorias greco-romanas abstratas (*grotteschi*) pintadas por Rodolfo Amoedo: doze datas em algarismos romanos registravam, de modo um tanto críptico, eventos da história brasileira. Essas datas refletem a concepção pessoal de nosso biografado quanto aos momentos emblemáticos da formação nacional: a chegada da esquadra de Cabral (1500), a instalação da primeira capital da colônia (1549), a restauração portuguesa (1640), a chegada de d. João VI (1808), a elevação do Brasil a Reino Unido (1815), a nomeação de d. Pedro como regente (1821), a declaração de independência (1822), a vitória contra Rosas (1851), o Tratado da Tríplice Aliança (1865), a vitória contra Solano López (1870), a Lei do Ventre Livre e a Lei Áurea (1871/1888) e a proclamação da República (1889). As ideias de tradição e continuidade embasavam a noção de prestígio que Rio Branco queria projetar para a diplomacia brasileira. Estava encerrado o tempo em que a República buscara afirmar-se como ruptura com os hábitos do Império.

A realização da Conferência Pan-Americana no Rio de Janeiro tinha também repercussões na política interna. A modernização e o saneamento da capital brasileira estavam no centro do programa político de Rodrigues Alves, e um grande evento internacional nela realizado — fato então inédito — contribuiria para reverter o desgaste sofrido com a Revolta da Vacina. A ideia era afastar para sempre a pecha de "Cidade da Morte" daquela que ainda tardaria um par de décadas para consolidar sua nova fama, a de "Cidade Maravilhosa" da marchinha cantada por Aurora Miranda em 1935. O projeto ultrapassaria os limites da política partidária: os senadores oposicionistas Joaquim Murtinho e Rui Barbosa foram convidados a fazer parte da delegação brasileira na conferência, sinalizando a união nacional. Ambos declinaram.

O conclave foi aberto em 23 de julho, no Palácio Brasil, um edifício recém-construído com base na estrutura do pavilhão brasileiro na Feira de Saint Louis, realizada em 1904 para comemorar a compra da Louisiana pelos Estados Unidos. No decorrer do encontro, o prédio foi rebatizado com o nome de Palácio Monroe. A despeito de seu valor histórico, o edifício foi demolido em 1976. A presidência dos trabalhos da conferência ficou a cargo de Joaquim Nabuco. Assis

Brasil, novamente ministro em Buenos Aires, atuou como secretário-geral. Rio Branco e Elihu Root foram aclamados copresidentes de honra.

Além de Rodrigo Otávio, convocado para trabalhar como secretário de Nabuco e elemento de ligação entre a conferência e o Itamaraty, nessa ocasião entrou em cena um personagem que depois se revelaria crucial para a consolidação da imagem póstuma de Rio Branco. A boa atuação do jovem Artur Guimarães de Araújo Jorge, também contratado para auxiliar a presidência do evento, chamou a atenção de Rio Branco, que, em seguida, convidou-o a fazer parte de seu gabinete. Além dos predicados para a carreira diplomática, Araújo Jorge tinha gosto e talento para os estudos históricos e ajudaria a estabelecer a narrativa que o Barão criava para a história da política externa brasileira. Já em 1908, sob os aplausos do chefe, ele concluía seus *Ensaios de história diplomática do Brasil no regime republicano*, que publicou em 1912. Mais tarde Araújo Jorge dirigiu a *Revista Americana* e desempenhou um papel fundamental nas comemorações do centenário de nascimento de Rio Branco, em 1945. Para passar à história, é bastante conveniente contar com um historiador próximo. E por que não vários? Além de Araújo Jorge e de Pandiá Calógeras, que gravitava em torno do grupo do chanceler, poucos anos depois, sob a proteção deste, também ingressou no Itamaraty outro estudioso que marcaria os estudos da história da política externa brasileira: Hélio Lobo.

Em 27 de agosto, a III Conferência Internacional Americana chegou ao fim com escassos resultados práticos, tal como as duas anteriores. Foi, antes de tudo, um exercício de relações públicas por parte dos Estados Unidos, que contaram com a entusiasmada coadjuvação brasileira, ainda que por razões próprias. Em seu discurso na abertura da conferência, Rio Branco ressaltou que "esta não trabalha contra ninguém e só visa a maior aproximação entre os povos americanos, o seu bem-estar e rápido progresso, com o que a Europa e as outras partes do mundo só têm a ganhar". Elihu Root, por sua vez, afirmou que os Estados Unidos "acreditavam que a independência e a igualdade de direitos dos menores e mais fracos membros da família das nações merecem tanto respeito quanto os dos maiores impérios". Decerto uma frase bonita, mas bem distante da visão partilhada por Root e Rio Branco. Os interesses dos dois países convergiam na maioria das matérias, mas em alguns pontos não havia acordo. Existem registros de que, à margem do evento, o Barão manteve uma conversa de caráter "tempestuoso" com um delegado estadunidense que teria sugerido que o Brasil deveria cancelar seu programa de reequipamento naval para não criar susceptibilidades com a Argentina.

O encontro marcou também o rompimento da amizade entre Joaquim Nabuco e Oliveira Lima, devido a interpretações antagônicas quanto ao papel dos Estados Unidos no continente: o primeiro cada vez mais apaixonado pelo monroísmo e o segundo, cada vez mais crítico. Para indignação de Nabuco, Oliveira Lima chegou a fazer gestões para ser incluído como membro da delegação brasileira. Rio Branco se equilibrava entre os dois polos.

A repercussão da conferência na imprensa carioca foi bastante positiva. Até o *Correio da Manhã*, por meio de artigos assinados por Gil Vidal, crítico contumaz de Rio Branco, mostrou-se otimista e considerou a escolha do Rio de Janeiro um "êxito brilhante alcançado pela nossa diplomacia" e "digno dos maiores aplausos". No dia da abertura do encontro, Gil Vidal aproveitou a oportunidade para publicar um chavão patriótico: "Os olhos do mundo estão voltados para esta capital; e o Brasil sente-se ao mesmo tempo orgulhoso, satisfeito por ter essa honra e merecê-la". A despeito dos magros resultados em termos de deliberações, para Rio Branco a conferência atingira plenamente seus objetivos, tanto no plano da política externa como no da doméstica.

Afonso Augusto Moreira Pena fora eleito sucessor de Rodrigues Alves em 1º de março, mas a posse só ocorreria em 15 de novembro. Ainda mais que seu antecessor, era um político que representava a elite vinda da monarquia. Participara da resistência contra a abolição e fora ministro de três pastas distintas durante o Império: Guerra, Agricultura e Justiça. Como ministro da Agricultura, tivera Gusmão Lobo como um dos principais auxiliares e conhecia Rio Branco, a quem confiara a chefia do pavilhão brasileiro na feira de São Petersburgo em 1884. Como Rodrigues Alves e o próprio Rio Branco, Afonso Pena também ostentava o título de conselheiro, recebido durante a monarquia. A "república dos conselheiros" não poderia estar mais bem presidida.

Eleito Afonso Pena, começaram as especulações sobre a composição do novo ministério, inclusive a pasta das Relações Exteriores. A hipótese de que Rio Branco continuasse à frente do Itamaraty tinha seus defensores; o debate animava os jornais. José Joaquim Medeiros e Albuquerque, jornalista aliado do Barão, advogou, pelas páginas de *A Notícia*, a permanência do "primeiro ministro das Relações Exteriores que fez o Brasil entrar no convívio internacional assumindo a categoria que lhe competia". Não foi o único a louvar Paranhos. Outro cogitado para o cargo foi Gastão da Cunha, que deixara a Câmara dos Deputados para atuar no tribunal arbitral brasileiro-peruano. Por fim, falava-se no deputado David Campista, que terminou chefiando a pasta da Fazenda.

Dentre os nomes da diplomacia, o candidato mais forte, além do próprio Rio Branco, era Joaquim Nabuco. Oliveira Lima, por sua vez, teve seu nome cogitado por amigos, sem que houvesse maiores possibilidades reais de que fosse o escolhido. Ao sair de Caracas ele tentara, sem sucesso, ser removido para São Petersburgo e, quando Rio Branco lhe ofereceu a legação no México, recusou e pediu seis meses de licença, refugiando-se em Pernambuco. Quanto ao Barão, se ainda pretendesse permanecer apenas um par de anos como chanceler — já ia para o quarto — e "passar o bastão" para Joaquim Nabuco (como previra ao sair de Berlim), com um pequeno gesto de desinteresse pela permanência na função de ministro das Relações Exteriores obteria facilmente um confortável posto na Europa, cumprindo a promessa feita em 1902.

A atuação de Joaquim Nabuco na Conferência Pan-Americana e o entusiasmo com que fora acolhido em sua última passagem pelo Brasil faziam dele um candidato forte, mas seu nome sofria a oposição do poderoso senador Pinheiro Machado. Este estivera desconforme com a negociação com a Bolívia, mas de Rio Branco dizia que o "mal que ele podia fazer já fez, foi o Tratado de Petrópolis", e não se opunha a que o Barão continuasse no comando da diplomacia.

Com a negociação com o Peru ainda por concluir, Paranhos continuava sendo alvo de ataques constantes por esse flanco. Quem aproveitou a perspectiva de mudança para enxovalhá-lo foi o suposto amigo Salvador de Mendonça, cuja disponibilidade sem vencimentos fora revertida e que obtivera sua pensão graças à intermediação de Rio Branco. Aos 65 anos, Mendonça ambicionava ser designado ministro na Holanda e, nessa posição, chefiar a delegação brasileira na Conferência de Haia, no ano seguinte. A Conferência Pan-Americana ainda não fora encerrada quando ele escreveu ao cunhado, contraparente do novo presidente, para pedir apoio, aproveitando para desancar o chanceler em exercício:

O nosso Rio Branco, a quem o Brasil deve os dois grandes e inestimáveis serviços das Missões e do Amapá, mas, também, o erro do Acre, que ainda não produziu todos os seus maus frutos, nunca foi estadista, nem é sequer um conhecedor da política internacional. Foi sempre um boêmio vivedor e em matéria de direito não sabe sequer aproveitar as consultas que pede. Conhece a história e a geografia do

Brasil, especialmente a colonial, e não deveria nunca ter saído do que tão bem conhece para o que tanto ignora.

O ataque prosseguia, com o argumento de que a negociação com a Bolívia tornaria necessário comprar de novo o Acre, dessa vez do Peru, ou ficaríamos "num beco sem saída, a não ser a guerra". Mendonça vaticinava que o Peru contaria com o apoio da Argentina e, talvez, do Uruguai e do Paraguai, e que os Estados Unidos se manteriam neutros no conflito. Previa, enfim, um desastre completo, concluindo: "Não temos nem dinheiro, nem Exército, nem esquadra... nem diplomacia!". Ao mesmo tempo, oferecia seus serviços para, em Haia, reverter a "doutrina da 'ocupação efetiva', *inventada pelas grandes potências da Europa a fim de partilharem a África*, mas que nas mãos do próprio Nabuco já trouxe a perda de território na Guiana Inglesa". Sua carta venenosa acabou nas mãos de Afonso Pena, mas não surtiu os efeitos desejados.

Ainda que certamente entre os mais mal-agradecidos, Mendonça não era o único a falar mal de Rio Branco pelas costas. Tobias Monteiro, afastado do *Jornal do Comércio*, considerava Paranhos "vaidoso, fútil, egoísta, falso e ingrato". Cunhou uma deliciosa comparação entre o chanceler e Rui Barbosa, outro íntimo ex-amigo seu: "[Rio Branco] É uma grande vaidade sem orgulho, ao passo que o Rui é um grande orgulho sem vaidade". O caráter ambíguo e fechado do Barão causava perplexidade. José Veríssimo por essa ocasião também o considerava "o mais ambicioso e filaucioso dos homens modestos e desinteressados". Veríssimo sentia-se incomodado pela excessiva influência de Rio Branco na Academia Brasileira de Letras, que, no seu entendimento, se transformara "em seção do Ministério do Exterior".

Mais aguda era a percepção de Joaquim Nabuco, que acompanhava as especulações em torno do nome a ser escolhido pelo novo presidente por intermédio de Graça Aranha. Este, agastado com Rio Branco (que não atendia a sua pretensão de ser incorporado ao corpo diplomático), comentava com Nabuco que Paranhos ia "se arruinando, vendendo apólices mensalmente e cometendo toda a sorte de loucuras em seus negócios pessoais". Ainda assim, avaliava que "Rio Branco vai-se deixando ficar por inércia, amor do poder, e porque ele leva uma vida mais divertida no Brasil que em qualquer outra parte poderia ter. O diabo é a despesa...". Graça Aranha queixava-se com frequência de Rio Branco a Joaquim Nabuco, cuja relação com o chanceler já deixara de ser de confiança. Mesmo assim, a visão de Nabuco era mais generosa. Em resposta aos lamentos de Graça, mostrou entender e tolerar a aparente indiferença do antigo amigo, que definiu de forma muito lúcida:

> O Rio Branco é uma esfinge, creio que o foi para o pai e o é para os filhos, certamente o é para os íntimos e o terá sido para os colegas de gabinete e presidentes. Ninguém o penetrou nunca. Mas mesmo por não se poder penetrar não se lhe deve imputar nenhuma intenção precisa. Às vezes se lhe atribuirá hostilidade ou prevenção quando ele esteja animado pelo contrário de benevolência.

Também a movimentação política do Barão era marcada pelo hermetismo. Suas gestões para continuar à frente do Itamaraty foram discretas, mas muito eficientes. Em outra carta para Nabuco, Graça Aranha comentava que o "processo do Rio Branco é frequentar assiduamente o palácio [do Catete], é conviver com o Veiga, e insinuar ideias ao Pena, que as repete como próprias". Foi por influência do velho amigo Francisco Veiga, deputado da poderosa bancada mineira e sogro de uma das filhas do presidente eleito, que Afonso Pena afinal escolheu Rio Branco. O convite foi feito em fins de setembro. A esfinge guardou o segredo até o anúncio oficial do novo ministério, no mês seguinte.

Ao contrário das dificuldades no âmbito da política interna que marcaram o fim dos três primeiros anos de sua gestão, o ano de 1906 terminava bem para Rio Branco, e o quadriênio com o novo presidente prometia maior tranquilidade. No plano externo, porém, foi naquele ano que as relações com a Argentina começaram a desandar de maneira assustadora. Na Argentina, José Figueroa Alcorta assumira a presidência em março de 1906, devido à morte do presidente Manuel Quintana. As relações com o Brasil e com o Chile eram um tema de grande repercussão na política interna argentina. A acomodação com o Chile e os Pactos de Mayo, que interromperam a corrida armamentista entre os dois países, eram atacados por setores nacionalistas que esboçavam uma versão rio-platense do "destino manifesto". Esse grupo de intelectuais e políticos pintava a história argentina como uma sucessão de perdas territoriais, muito por conta de uma diplomacia medrosa e inepta, que deveria ser estancada e revertida. A pujança econômica, a riqueza da natureza e a homogeneidade racial seriam a chave para o futuro glorioso da nação argentina, à qual caberia conduzir os destinos sul-americanos.

O anúncio do programa naval proposto pelo ministro Júlio César de Noronha em fins de 1904 reabrira os ataques contra os acordos com o Chile, e os jornais nacionalistas passaram a apontar suas baterias para o Brasil. Esse setor da imprensa era liderado pelo jornal *La Prensa*, do qual Estanislao Zeballos, velho conhecido de Rio Branco, era um dos fundadores. O antigo advogado da Argentina na Questão de Palmas tinha enorme influência nos meios intelectuais e políticos argentinos. Fora ministro das Relações Exteriores em duas ocasiões, presidente da Sociedad Rural e membro fundador de algumas das principais instituições científicas de seu país. Além de sua influência em *La Prensa*, criou e dirigia a conceituada *Revista de Derecho, Historia y Letras*, principal foco do pensamento nacionalista e xenófobo da Argentina naquele período.

Zeballos era o líder intelectual da "linha dura" argentina. Pregou a entrada de seu país na Guerra do Pacífico, em aliança com a Bolívia e o Peru contra o Chile. Ofereceu apoio e mesmo o uso do território argentino por tropas estadunidenses quando do estremecimento entre Estados Unidos e Chile devido ao incidente com o navio *Baltimore*, em 1892. Posicionou-se contra os Pactos de Mayo com o mesmo Chile e foi um dos promotores mais constantes e radicais do sentimento antibrasileiro na Argentina. Com relação aos limites fluviais com o Uruguai, promovia a tese da "costa seca": os uruguaios só poderiam banhar-se em águas uruguaias quando houvesse maré alta, pois a soberania argentina sobre o rio da Prata se estenderia até a linha de baixa-mar na margem uruguaia. Vale dizer que esse era o regime vigente — por conta do tratado de 1851 — na fronteira entre Brasil e Uruguai com relação à lagoa Mirim e ao rio Jaguarão.

Anedoticamente, a ideia da pureza racial argentina esposada por Zeballos era tão extremada que para ele a raça humana surgira no pampa de seu país. Como escreveu na enciclopédia destinada ao público juvenil *El tesoro de la juventud*, de cuja parte latino-americana foi organizador e compilador:

> Podemos assim concluir afirmando que o estado das investigações do solo demonstra que os homens mais antigos de que se tem notícia apareceram em tempos imemoriais no território onde hoje desabrocha a República Argentina. Estes homens se espalharam por toda a circunferência da Terra. Uns aperfeiçoaram-se ao longo dos séculos, fundando civilizações. Outros permaneceram atrasados.

Zeballos, contudo, simbolizava apenas um dos polos da política interna argentina. Os setores mais propensos à cooperação e à acomodação com Brasil e

Chile eram, em alguma medida, majoritários, mas no início de 1906 haviam sofrido a perda do ex-presidente Bartolomé Mitre, que liderou seu país na aliança com o Brasil e o Uruguai contra o Paraguai e fundara o influente jornal *La Nación*. A disputa doméstica entre esses grupos não estava isenta da influência de fatores externos, e a evolução do programa de reequipamento naval brasileiro foi decisiva no sentido de dar maior relevo ao grupo mais radicalmente nacionalista.

Com a posse de Afonso Pena e seu novo ministro da Marinha, almirante Alexandrino Faria de Alencar, o programa de reequipamento naval proposto por seu antecessor, e que já fora objeto dos protestos argentinos e chilenos, foi abandonado em prol de outro ainda mais ambicioso. Em 23 de novembro, oito dias depois de suceder Noronha no Ministério da Marinha, o almirante Alexandrino comemorou a aprovação do decreto nº 1576, que anulava o de fins de 1904 e apresentava uma nova lista de encomendas, composta de belonaves ainda mais ameaçadoras.

Em maio de 1905, a Armada russa fora destroçada pelos japoneses na Batalha de Tsushima graças ao uso de modernos e gigantescos encouraçados, com enorme poder de fogo, que emulavam o *HMS Dreadnought*, da Marinha britânica, a mais poderosa nave de guerra construída até então. O projeto de Alexandrino previa a aquisição de 26 navios, entre os quais três do tipo *dreadnought*, de quase 20 mil toneladas, um pouco maiores inclusive que o próprio *Dreadnought* original. A iniciativa só podia assustar os vizinhos, em especial num momento em que corridas armamentistas se sucediam pelos quatro cantos do globo. É válido o raciocínio de que a incorporação de esquadra assim poderosa tivesse por meta, além de dar a supremacia à Armada brasileira na América do Sul, extirpar de vez a possibilidade de bloqueios dos portos brasileiros pelas grandes potências, objetivo lógico, sem dúvida, para um país tão dependente do comércio externo e que na história recente tivera o porto de sua capital bloqueado por vários meses.

Ainda assim, diante da perspectiva de maior poderio brasileiro, o presidente Alcorta fez um afago às alas duras da política argentina apontando Zeballos ministro das Relações Exteriores quase simultaneamente à assinatura do decreto do programa naval brasileiro (na verdade, dois dias antes do anúncio oficial). Para amenizar as apreensões nos dois lados, o novo chanceler argentino entrou em contato com o ministro brasileiro em Buenos Aires, Assis Brasil, e telegrafou a Gastão da Cunha, de quem era amigo, para anunciar: "Fui, sou e serei amigo do Brasil". Esse telegrama foi publicado no *Jornal do Comércio* justamente no dia da divulgação do decreto do novo programa naval brasileiro. O Barão, em resposta, enviou um telegrama de felicitações expressando a esperança de que Zeballos contribuísse para estreitar as relações de amizade entre os dois países.

Rio Branco não estava de acordo com as diretrizes do novo programa naval, mas não por discordar da ideia de que o Brasil devesse recuperar a situação de primazia na América do Sul desfrutada por sua Armada durante o Segundo Reinado. Suas razões eram de ordem estratégica. Os grandes *dreadnoughts* não poderiam navegar no rio da Prata sem risco de encalhar. O plano de 1904 previa três encouraçados de 14 mil toneladas e três cruzadores-encouraçados de 9,5 mil toneladas.

> Com seis encouraçados menores estaríamos melhor. Poderíamos operar no rio da Prata. Se perdêssemos um ou dois em combate, ficariam quatro ou cinco para combater. E com três monstros? Desarranjados ou destruídos dois, ficaremos apenas com um.

A opção pelos *dreadnoughts*, com "o barulho que se fez na imprensa", assustou a Argentina. O perigo imediato, contudo, era o Peru, que adquirira canhões para instalar na Amazônia e que havia pouco incorporara a sua esquadra o cruzador *Almirante Grau* e logo receberia um segundo, o *Bolognesi*. Além disso, Rio Branco foi informado de que o rival andino teria encomendado em segredo três outros cruzadores e um submarino. Enquanto isso, o programa brasileiro de 1904 não saíra do papel. A despeito das promessas grandiosas, as Forças Armadas brasileiras seguiam frágeis.

Dentro de sua visão do Brasil como nação grande e "responsável", parecia perfeitamente natural a Rio Branco que o país se armasse. Esse fortalecimento deveria ser encarado com resignação pelos países mais fracos e sem sobressaltos pelos iguais (Chile e Argentina). Ainda naquele mês de novembro de 1906, em discurso de resposta à homenagem que lhe foi prestada pelo Exército, o Barão insistiu na imagem do país como "um gigante cheio de bonomia", que não ameaçaria os vizinhos em virtude de sua autocontenção:

> Quando éramos, incontestavelmente, a primeira potência militar da América do Sul, em terra e no mar, nunca nossa superioridade de força foi um perigo para os nossos vizinhos, nunca empreendemos guerras de conquista, e menos poderíamos

pensar nisso agora que a nossa Constituição política no-las proíbe expressamente. Resolvemos sempre por transações amigáveis todas as nossas questões de limites, sem levar tão longe quanto a nossa antiga mãe-pátria as pretensões do Brasil. [...] Vivemos à larga dentro de fronteiras que fecham os territórios em que se fala a nossa língua, descobertos e povoados pela nossa gente.

Essa disposição pacífica não excluía a necessidade de dispor de poder militar: "Carecemos de Exército eficaz e de reservas numerosas, precisamos reconquistar, para a nossa Marinha, a posição que anteriormente ocupava". Os planos de reequipamento militar não se restringiam ao programa naval. O marechal Hermes da Fonseca, que assumira o Ministério da Guerra na presidência de Afonso Pena, também iniciou um programa de reaparelhamento e adestramento das forças terrestres. Além da compra de armamento, teve início a modernização da doutrina e dos métodos. Rio Branco, em 1902, ainda como ministro em Berlim, obtivera estágios para oficiais brasileiros no Exército alemão. Outras turmas foram enviadas à Alemanha em 1906, 1908 e 1910. Ainda durante o governo Afonso Pena iniciaram-se negociações para a vinda (que acabou não acontecendo) de uma missão militar alemã para adestrar as forças terrestres brasileiras.

27. Que classe de país é este?

Nos primeiros dias de 1907, o jornalista Pedro Leão Veloso Filho, editor-chefe do *Correio da Manhã*, enviou a Rio Branco um cartão simpático, com um postscriptum ainda mais amigável: "Parece que aí no seu gabinete ainda há quem conserve ressentimentos do Gil Vidal. Este não os têm e, sinceramente, passou uma esponja no passado". A afirmação parecia uma ousadia e um contrassenso. Como esquecer os ataques de um dos chefes da campanha contra o Tratado de Petrópolis? Leão Veloso, sob o pseudônimo Gil Vidal, qualificara o acordo com a Bolívia como "dislate de uma chancelaria desmoralizada", entre outros conceitos ainda mais duros. E não se tratou de episódio isolado. As políticas do Barão eram, desde fins de 1903, alvo sistemático de críticas contundentes do *Correio da Manhã*, muitas delas com ataques pessoais, em colunas assinadas pelo mesmo Gil Vidal que dizia ter passado "uma esponja no passado". O jornalista liderava a redação do órgão de imprensa que, de longe, podia ser considerado o maior e mais aberto inimigo de Rio Branco, ainda que desde a III Conferência Pan-Americana os ataques tivessem se moderado, surgindo mesmo elogios esparsos sobre a condução da diplomacia brasileira. Outro cartão de Leão Veloso, datado de setembro, explica a transformação repentina: "Com a chegada do árbitro peruano vai se instalar o tribunal, oferecendo-se assim a esperada oportunidade de empregar v.

exa. meu filho, conforme me prometeu". De fato, dias depois nova mensagem confirmou o cumprimento do compromisso: "Soube por informação do Gastão [da Cunha] que meu filho é hoje empregado no lugar que v. exa. lhe deu no Tribunal Arbitral Peruano. Muito e muito obrigado. É fineza de que me confesso seu eterno devedor. Creio-me para sempre seu".

"Sempre", entretanto, é um prazo demasiado longo, e o emprego no tribunal era temporário. Assim, o pai zeloso voltou à carga ainda em dezembro daquele ano: "Quando pedi, para meu filho, um lugar na sua secretaria, já foi visando encostá-lo no corpo diplomático, para o que o julgo capaz, já pelos seus predicados intelectuais, já pelos morais, e mormente pela sua fina educação". A entrada do jovem na diplomacia propriamente dita ainda demorou um pouco. Somente em 1910 Pedro Leão Veloso Neto iniciou sua brilhante carreira diplomática, sendo então designado segundo secretário. Em sua trajetória profissional, serviu na Itália, na França, na Suíça, na Dinamarca, no Japão, na China, e morreu em Nova York como representante do Brasil junto à Organização das Nações Unidas. Chegou a ser ministro das Relações Exteriores entre agosto de 1944 e outubro de 1945; durante sua curta gestão, foi fundado o Instituto Rio Branco, a academia que passou a formar os quadros da diplomacia brasileira a partir daí. A despeito da carreira excepcional, o diplomata talvez seja hoje mais lembrado por emprestar seu nome a uma receita que se tornou tradicional na cozinha carioca: a sopa Leão Veloso, versão mais requintada da *bouillabaisse*, que aprendeu a apreciar quando serviu na França. O caldo de cabeça de peixe com camarão, lula, siri e mexilhões que ele encomendava aos chefs dos restaurantes que frequentava no Rio popularizou-se, principalmente como opção para o fim de jornadas extenuantes ou excessos etílicos, pois "levanta até defunto". Além de sua contribuição para a diplomacia e para a culinária nacional, foi graças a Pedro Leão Veloso Neto que o barão do Rio Branco e o *Correio da Manhã* passaram a se entender. O antigo arqui-inimigo de Paranhos tinha razão ao vislumbrar no filho os predicados de um grande diplomata, pois Pedro já começou sua carreira sendo responsável pela pacificação de dois antigos adversários.

Percurso semelhante ao de Leão Veloso Neto — depois de contratado para trabalhar nos tribunais foi integrado à carreira diplomática — seguiu Paulo Hasslocher, filho do deputado Germano Hasslocher, que fora um dos adversários mais vocais da aprovação do Tratado de Petrópolis na Câmara.

A relação de intimidade de Paranhos com o *Jornal do Comércio* também fora retomada depois do rápido estremecimento decorrente da cobertura feita pelo diário do incidente com a canhoneira *Panther*. Além de reforçar seu canal direto com o amigo José Carlos Rodrigues, controlador da empresa, Rio Branco passou a comunicar-se com frequência com o novo redator-chefe, Félix Pacheco. Uma quantidade apreciável de pequenos bilhetes no papel timbrado do gabinete do ministro das Relações Exteriores, manuscritos e assinados pelo próprio chanceler, trazem para a posteridade provas da intimidade e da influência deste no diário carioca. Para ficar em um único exemplo do conteúdo dessas comunicações, em um deles, sem data, lê-se:

> O telegrama de Washington que mandei ontem, com o resumo de alguns trechos do discurso de Mr. Root, não apareceu hoje [...]. Rogo-lhe o favor de me dizer se foi esquecimento ou supressão intencional. No primeiro caso, peço-lhe que o faça aparecer amanhã; no segundo, que me devolva o manuscrito para que eu não perca tempo em redigir de novo um resumo para outro jornal.

No mesmo bilhete, Rio Branco dizia que estava devolvendo as provas de um artigo que sairia na seção "A Pedidos", com a observação: "Há ainda várias emendas a fazer".

O chanceler mantinha o noticiário internacional do principal jornal brasileiro sob escrutínio constante e contribuía regularmente para suas páginas. Sua presença frequente na redação do *Jornal do Comércio* é corroborada por inúmeros testemunhos. Lá, ele preparava artigos que sairiam como peças editoriais, ou anônimas, ou sob pseudônimo na seção "A Pedidos". Algumas vezes, inclusive, o Barão se demorava por lá com o objetivo de supervisionar pessoalmente a revisão das provas, antes da impressão. Se o editor-geral não cedia a suas pressões, Rio Branco apelava para a amizade com o dono do jornal, José Carlos Rodrigues, a quem lembrava que "é raro o dia em que deixo de mandar notícias para o seu *Jornal*, quer esteja aqui, quer em Petrópolis". Os escorregões do pessoal da redação não passavam incólumes. Quando, por exemplo, o chanceler foi responsabilizado pelo envio de uma nota que pretendia que passasse por matéria da redação, ele reclamou diretamente com Rodrigues, dizendo que a revelação era "da maior inconveniência e muito me contraria". Advertiu-o, insistindo que as notícias mandadas de meu gabinete devem ser recusadas ou publicadas como da redação ou de correspondente do *Jornal*. Sem essa garantia de que todos receberão essa ordem sua não poderei arriscar-me a ser vítima de outra inconveniência como a de hoje.

Naquela tarde, sem dúvida alguém da redação passou por maus momentos. A influência de Rio Branco na imprensa carioca lhe dava tranquilidade, e seu poder no Itamaraty passou a ser absoluto. Em 17 de janeiro de 1907, o visconde de Cabo Frio "extinguiu-se afinal!". O comendador Frederico Afonso de Carvalho assumiu uma interinidade que durou mais de três anos, até ele se tornar diretor--geral efetivo; Paranhos não queria outra sombra sobre seu poder na burocracia interna. Com as mãos cada vez mais livres, deu andamento a suas mudanças no ministério. Nem bem empossado o novo governo, Domício da Gama foi removi-do para chefiar a legação no Peru: por fim o diplomata deixava o papel de satélite de Rio Branco. Em 1904, ele fora transferido da legação em Bruxelas para a de Paris, depois promovido a ministro, depois a chefe da legação em Bogotá (em 1905) — tudo isso sem sair do Brasil, a não ser por uns poucos meses que passou na capital francesa. Em abril de 1907, Domício chegava a Lima, de onde sairia em maio do ano seguinte a caminho de Buenos Aires, onde substituiria Assis Brasil. Domício da Gama era um homem afável, conhecido por sua proximidade com Rio Branco; sua breve passagem pelo Peru serviu para aliviar a tensão entre os dois países, num interregno em que pouca coisa aconteceu além das sucessivas exten-sões do *modus vivendi*, com os sucessivos adiamentos que ambos acordavam para dar uma solução final ao problema lindeiro. As tratativas para que as negociações de limites fossem retomadas não avançavam porque tanto o Peru como o Brasil aguardavam a definição da fronteira peruano-boliviana pelo laudo argentino.

A passagem do ex-presidente argentino Julio Roca pelo Rio de Janeiro, em março de 1907, foi pretexto para uma série de homenagens ao estadista, ainda muito influente na Argentina, durante cuja presidência as relações bilaterais foram extremamente cordiais. A escala de Roca ali, vindo da Europa, foi transformada em uma visita de cinco dias, em que o político argentino enfrentou uma maratona de homenagens na capital, em Petrópolis e em São Paulo. O fortalecimento do grupo roquista na política argentina interessava ao Barão, que desconfiava de Al-corta — presidente argentino naquele momento — e de seu chanceler, Zeballos.

De fato, as relações com a Argentina não iam bem. Além das questões políticas, o país vizinho se ressentia da preferência dada às importações brasileiras de trigo dos Estados Unidos e propôs, naquele ano, que a mesma vantagem lhe fosse concedida. Pela proximidade entre a Argentina e o mercado brasileiro, que se traduzia em um custo de transporte mais reduzido, apenas esse diferencial tarifário explicava a competitividade do trigo estadunidense no mercado brasileiro. Contudo, superavitário no comércio com os Estados Unidos e deficitário com a Argentina, não convinha ao Brasil, no entendimento de Rio Branco, estender a tarifa preferencial ao país vizinho. Ademais, os Estados Unidos importaram mais de 5 milhões de sacas de café em 1906 e 1907, contra as 180 mil compradas pela Argentina. Em suas instruções a Assis Brasil, em Buenos Aires, o Barão explicou que

> questões de intercâmbio comercial não são questões de amizade [...]. Não é o Brasil que tem de dar compensações ao fraco comprador que é para nós a República Argentina; é ela que deve dar compensações ao grande comprador de produtos argentinos que é o Brasil.

Assis Brasil insistiu, argumentando sobre a conveniência de algum acordo, inclusive por questões políticas:

> Eu nada quero dar à Argentina; quero tomar para o Brasil, quero melhorar a presente situação, nossa, comercial, no Prata. Se nós rebaixarmos alguma coisa no imposto da farinha e a Argentina admitir livre o café, e o mate, e o tabaco e, favorecidos ou livres outros artigos, evidentemente receberemos mais do que daremos. Haverá, pois, um saldo a nosso favor. Não será dar, mas tomar. E, depois, o principal resultado não seria imediato, mas a consequência da cordialidade: boa disposição para liquidar esse inquietante bico de obra do Acre, economia de milhões em armamentos, sossego público etc. Se levarmos vida de desconfiança, não respondo mesmo pela paz futura: qualquer pretexto poderá provocar o rompimento.

Os argumentos de Assis Brasil não convenceram seu chefe, e a política "de desconfiança" para com a Argentina persistiu.

Desde o ano anterior, o político gaúcho vinha propondo que os três países do Cone Sul coordenassem suas compras navais. Em seu entender, "o Brasil, a Argentina e o Chile poderiam formar uma grande esquadra". E, em relação às potências de fora da região, ainda acrescentava: "Não faria mal que se soubesse que os três grupos de navios formavam intencionalmente unidade". Era uma proposta, de fato, revolucionária, que iria muito além da noção de equivalência naval. Rio Branco, contudo, era visceralmente contrário à ideia de restringir a liberdade do Brasil de reconstituir suas Forças Armadas como bem lhe aprouvesse.

Assis Brasil acabou por deixar a legação em Buenos Aires para voltar à política gaúcha em dezembro de 1907. Naquele período tão delicado, Rio Branco mandou para a capital argentina seu homem de confiança, Domício da Gama. Aproveitou para incorporar na diplomacia seu antigo grande aliado na Câmara dos Deputados, Gastão da Cunha, designando-o ministro na legação no Paraguai. Finalmente, para dar um fecho agradável à renovação que promovia nas chefias dos postos no exterior, consentiu que Oliveira Lima fosse indicado para um posto na Europa, passando a ocupar a legação na Bélgica.

Em 24 de abril de 1907, as negociações de Enéas Martins em Bogotá chegaram a bom termo e foi assinado um tratado de limites e navegação com a Colômbia definindo a linha de fronteira entre os dois países. Basicamente, o acordo referendava as linhas discutidas durante o Império. Restou, para futuras negociações, um pequeno trecho na desembocadura do rio Apapóris — pendente do acerto da fronteira entre Colômbia e Peru. O tratado definitivo entre Brasil e Colômbia quanto a esse segmento da fronteira só seria assinado em 1928. Com essa pequena exceção, o Acre e a porção do estado do Amazonas ao sul da latitude da nascente do Javari, disputados com o Peru, tornaram-se as únicas áreas ainda em litígio da extensa fronteira terrestre brasileira.

A pedido de Rio Branco, Euclides da Cunha publicou ainda em 1907 uma série de artigos de imprensa, depois reunidos no livro *Peru versus Bolívia*, sobre a disputa de fronteiras entre os dois países. Tais artigos ajudavam a propagar os direitos bolivianos sobre a região do Acre cedida ao Brasil. Concluída a expedição do Alto Purus, o escritor continuava a trabalhar para o Itamaraty, contudo o Barão não lhe confiou função mais permanente e pelo visto nem cogitou na possibilidade de incorporá-lo à carreira diplomática. Euclides se ressentia, sem perder sua admiração pelo chanceler. Em carta particular a um amigo, comentou:

> Felizmente, continuo a olhar para o chefe a quem tenho servido, o único grande homem vivo desta terra, com a mesma admiração e simpatia. E até com assombro: é lúcido, é genial, é trabalhador e traça, na universal chateza desses dias, uma linha superior e firme de estadista. Ninguém o poderá substituir, conheço pela metade as

questões que nos ocupam no extremo norte, mas esta meia-noção, basta-me a garantir que a substituição de Rio Branco por quem quer que seja, será uma calamidade.

Além das questões da política sul-americana, o assunto que animou as relações internacionais daquele ano de 1907 foi a realização, em Haia, da II Conferência Internacional da Paz. A primeira ocorrera em 1899 sem a presença do Brasil, pois Campos Sales e Olinto de Magalhães haviam decidido não aceitar o convite para que o país participasse. A iniciativa fora do tsar Nicolau II, da Rússia, para assegurar "a paz real e duradoura" e limitar a corrida armamentista entre as grandes potências. Na ocasião, foi criada a Corte Permanente de Arbitragem, que existe até hoje. Em 1899, dos países latino-americanos, apenas o Brasil e o México haviam sido convidados. O novo conclave seria realmente universal e reuniria os 44 Estados soberanos de então: 21 da Europa (incluindo a Turquia), dezenove das Américas e quatro da Ásia. Além de revisar os estatutos da Corte Permanente de Arbitragem, a conferência apresentava uma agenda ambiciosa, que ia da tentativa de estabelecer a Doutrina Drago como regra internacional a discussões sobre o direito de guerra.

Rio Branco pensou inicialmente em enviar Joaquim Nabuco como chefe da delegação brasileira e chegou a convidá-lo, porém uma campanha de imprensa liderada pelo *Correio da Manhã* lançou o nome de Rui Barbosa. O jornal de Edmundo Bittencourt minimizou o papel de Nabuco no encontro interamericano e apontou sua surdez crescente como empecilho intransponível para o bom desempenho da função. Sempre impiedoso, o *Correio* concluía que: "Intelectualmente o sr. Joaquim Nabuco já não representa senão uma deslumbrante e inapagável tradição".

Em 26 de fevereiro, o Barão cedeu e fez uma visita pessoal a Rui Barbosa para oficializar o convite em nome do presidente. Como era de seu feitio, o senador hesitou por mais de um mês, porém, provocado por nota no *Jornal do Comércio* que anunciava que declinaria do convite, desmentiu a renúncia. Dias depois, a imprensa comentava que o ex-ministro José Joaquim Seabra garantia que, ao deixar a equipe de negociadores do Tratado de Petrópolis, em 1903, Rui pedira ao presidente Rodrigues Alves que demitisse o chanceler. Em carta a Rio Branco, o senador negou a acusação e recebeu uma resposta também epistolar, na qual o Barão dizia parecer-lhe natural que, naquela ocasião, em vista das ameaças de perturbação da ordem pública, Rui ou "qualquer homem político meu amigo particular" houvesse aconselhado sua demissão ao presidente. Concluía que isso "não seria motivo para que eu guardasse ressentimento algum, porque o conselho só se teria inspirado em razões de interesse público" — um pequeno tapa de luva de pelica. Desfeito o estranhamento, em 28 de março Rui Barbosa aceitou chefiar a delegação brasileira.

Não há como estabelecer a motivação última que levou o Barão a convidar para uma missão de tal visibilidade alguém que, naquele momento, era um desafeto seu — alguém que, até por experiência pessoal, ele sabia ser dono de personalidade extremamente difícil. José Carlos Rodrigues ofereceu, contudo, uma hipótese bastante plausível: "Talvez fosse para conquistar um adversário, o que é a eterna mania do Rio Branco".

Tendo Rui aceitado a incumbência, cabia desconvidar Nabuco. O oferecimento de uma improvável chefia compartida da delegação bastou para forçar o embaixador em Washington a declinar. Além da vaidade ferida, Nabuco estava convencido de que a reunião de Haia seria outra ocasião de congraçamento para o americanismo; assim, a posição funcional que ocupava determinaria sua presença. Porém, em suas próprias palavras, "não posso ir a Haia como segundo e ele só pode ir como primeiro". Aborrecidíssimo, desabafou em carta a Graça Aranha:

> Que fiz eu a esse homem? Tive a infelicidade de ser nomeado ministro em Londres pelo dr. Campos Sales, sem a legação lhe ser oferecida a ele. Quando ministro, sua primeira ideia foi tomar-me minha legação, oferecendo-me a de Roma. Somente para tirar-me a minha Londres, criou esta embaixada. Agora nem mesmo quer que eu a ocupe tranquilamente. Procura pôr-me em uma falsa posição da qual só possa sair, escusando-me deste posto.

Para não estar à frente da embaixada durante a realização da conferência, período no qual imaginava que seus interlocutores em Washington estranhariam sua ausência em Haia, pediu licença médica. Como saída honrosa, foi designado para uma "missão especial" na Europa que prepararia o terreno para Rui. Deslocou-se para lá, preparou e mandou notas para o chefe da delegação, insinuou-se como negociador das tratativas prévias ao encontro, mas Rui Barbosa não lhe deu maior atenção.

Rio Branco procurou coordenar a posição brasileira com a dos Estados Unidos e obteve, por meio de Nabuco, um resumo bastante genérico das orientações que seriam dadas aos delegados daquele país. As instruções iniciais a Rui Barbosa foram elaboradas como comentários aos pontos levantados pela potência norte--americana, com a qual o Barão estava, em linhas gerais, sempre de acordo. O item que parecia mais polêmico era a já conhecida Doutrina Drago, que Washington poderia aceitar caso fosse incluída uma cláusula obrigando o país devedor a submeter a disputa com o credor a arbitragem. Caso o processo fracassasse, a intervenção externa para a cobrança de dívidas soberanas seria considerada lícita. Rui foi orientado a só aceitar a ideia de Drago se observada a ressalva proposta pelos Estados Unidos, pois "seria impolítico [se] contrariássemos governo americano nessa questão". Ao mesmo tempo, Rui não deveria tomar a frente nos debates para não ficar mal com os vizinhos, em especial com a Argentina, que seria representada pelo próprio Luis María Drago. Dos países latino-americanos, apenas o Brasil e o Panamá — cuja recente independência fora obtida graças aos Estados Unidos — não apoiaram a tese argentina.

A troca de correspondência entre Rui Barbosa e Rio Branco era intensa, mas não evitou mal-entendidos — exacerbados pela conhecida suscetibilidade do senador baiano. A conferência começou formalmente em 15 de julho, e no dia 25 do mesmo mês Rui já pedia demissão, alegando motivo de saúde. Rio Branco negou, com o argumento de que sua saída seria atribuída a divergências internas. Na verdade, o estilo rebuscado e as longas intervenções do brasileiro nos debates não eram bem-vistos, especialmente pelos delegados das grandes potências. Se não faziam muito sucesso em Haia, os discursos de Rui eram bem resenhados na imprensa carioca. Rio Branco alimentava os jornais brasileiros com notícias a respeito do encontro, muitas das quais escritas de próprio punho, e enviava despachos com informações sobre a posição brasileira para a imprensa internacional por meio do acordo estabelecido com a agência de notícias Havas.

Em 3 de agosto, Rui Barbosa alertou Rio Branco de que as informações dadas previamente pelos estadunidenses a Nabuco sobre suas propostas na conferência continham uma omissão gravíssima (e não seria a única). Os Estados Unidos proporiam a criação de um tribunal permanente de arbitragem composto de dezessete juízes, no qual teriam assento permanente apenas Alemanha, Áustria, Estados Unidos, França, Holanda, Inglaterra, Itália, Japão e Rússia. Os demais países indicariam juízes rotativos por grupos: um para Espanha e Portugal, um para Bélgica, Suíça e Luxemburgo, e assim por diante. México e América

Central apontariam um juiz, e a América do Sul, também um único magistrado em bases rotativas entre seus dez países. Rui telegrafou a Rio Branco pedindo-lhe que averiguasse se "por meio [de] Washington nos poupam tamanha e amarga humilhação. Verificada ela, não compreendo [que o] Brasil possa dignamente continuar [na] conferência".

Antes, outra proposta inesperada da delegação estadunidense já criara grande desconforto para o Brasil. Dotado de vasta marinha mercante, os Estados Unidos, apoiados por Alemanha, França e Inglaterra, propuseram a criação de um tribunal para julgar especificamente as presas marítimas. Dos quinze juízes dessa corte, oito seriam permanentes, indicados pelas grandes potências, e os demais, em mandatos rotativos, pelos países restantes, agrupados pelo tamanho das respectivas marinhas. O Brasil foi colocado na quinta categoria, e Portugal, Bélgica e Romênia, em classe superior. Rio Branco instruiu Rui a protestar veementemente e tentar obter nossa reclassificação para uma categoria melhor. Reclamou dos dados estatísticos utilizados e enviou as cifras referentes à tonelagem da marinha mercante brasileira. O esforço foi inútil e desgastante para o senador.

No início de setembro, a criação do tribunal de presas marítimas foi a votação em plenário, sendo aprovada por 26 votos, contra quinze abstenções e dois votos contrários: do Brasil e da Turquia. Rui Barbosa ficou desolado por estar apenas na "má companhia otomana", mas Rio Branco não se deixou abater: "Ainda que tivéssemos ficado inteiramente isolados, teríamos ficado bem, porque a opinião aqui não admitiria que o Brasil figurasse na quinta classe, em que o colocaram".

Bem ou mal, o tribunal de presas marítimas ainda se baseava em um critério objetivo e incidia sobre um tema específico. Já a criação de um tribunal permanente de arbitragem no qual o Brasil acabasse relegado a uma categoria inferior seria derrota inapelável. A I Conferência de Haia criara uma corte que, na verdade, não passava de uma lista de possíveis árbitros a serem acolhidos voluntariamente pelos litigantes. Para Rio Branco não era conveniente nada além disso; agastado com o tribunal de presas marítimas, comentou com Rui Barbosa: "Era muito tribunal". O fórum proposto pelos Estados Unidos seria uma espécie de espelho internacional da Suprema Corte daquele país, com dezessete juízes permanentes, "bem remunerados" e vivendo em Haia. Um tribunal permanente combinado com a ideia de arbitragem obrigatória — em algum grau, sobre o qual nunca se chegou a nenhum consenso — faria com que os conflitos dos países menos poderosos acabassem invariavelmente lançados ao juízo dessa corte.

Rio Branco insistiu na manutenção do sistema criado na I Conferência: uma lista de árbitros aos quais os países, sempre de forma voluntária, poderiam recorrer para dirimir seus conflitos. Esses juristas continuariam a viver em seus respectivos países e só seriam remunerados quando contratados para atuar num caso específico. Depois, sugeriu a ampliação do corpo do tribunal proposto pelos Estados Unidos para 21 juízes, quinze dos quais seriam permanentes, indicados pelos países com população superior a 10 milhões de habitantes, e os demais distribuídos por rotação, de acordo com determinadas categorias. Em essência, tratava-se da mesma fórmula que provocara a indignação de Rui e Paranhos, mas com critérios que incluíam o Brasil na "primeira classe". A mudança não entusiasmou as grandes potências nem atraiu a simpatia dos países fracos. A delegação argentina ficou furiosa, pois, diferentemente do Brasil, por essa fórmula não teria seu juiz permanente. Talvez para aplacar a ira dos vizinhos, apontando um desequilíbrio nas representações geográficas, outra proposta ensaiada por Rio Branco foi na linha do reforço da representação sul-americana, com Brasil, Argentina e Chile indicando um juiz cada e os demais países da América do Sul revezando-se para apontar um quarto magistrado.

Em busca de apoio para a pretensão brasileira de figurar entre as potências, Rio Branco apelou diretamente aos Estados Unidos. Instruiu o encarregado de negócios em Washington a procurar o Departamento de Estado e tratar de sensibilizá-lo com a ideia de que, como estava, a proposta de tribunal seria uma "humilhação para o Brasil e outros povos americanos e destruiria todo [o] efeito [da] viagem [de] Root". Não obteve maior respaldo. O governo estadunidense estava — literalmente — de férias. Com o verão, tanto Roosevelt como Root se encontravam fora da capital e, após uma série de desculpas para a falta de uma resposta, entre as quais uma greve dos telégrafos, a reação dos Estados Unidos não foi além de confirmar que entendiam que, sim, deveria haver diferentes classes de países e que, vagamente, instruiriam sua delegação em Haia a acomodar, como possível, as reclamações brasileiras. A esperança de que modificariam sua proposta para incluir o Brasil entre as potências com juízes permanentes se mostrou infundada. Rio Branco atribuiu essa "grave falta" ao chefe da delegação estadunidense em Haia, Joseph H. Choate, e Rui Barbosa, provavelmente mais lúcido, ao próprio Elihu Root.

Em Haia, as fórmulas propostas por Rio Branco para incluir o Brasil entre as potências não se sustentavam e, diga-se de passagem, tampouco contavam com

413

a adesão pessoal de Rui Barbosa, que se inclinou desde o início pelo esforço em prol da igualdade entre os Estados, o que destruiria as próprias bases oligárquicas do projeto em discussão. Ficara claro ser inexequível vender a ideia de que o Brasil merecia estar entre os grandes. A campanha em prol de incluir o país na "primeira classe" não despertava a simpatia dos países classificados nas categorias inferiores e não convencia as nações mais poderosas, que — com razão — não viam atributos objetivos para equiparar o Brasil às potências europeias, aos Estados Unidos ou mesmo ao Japão. Se os mais fracos se unissem em torno da tese da igualdade intrínseca dos Estados postulada por Rui, as potências acabariam isoladas na assembleia e poderiam ser vencidas pela força do número muito maior de países pequenos. Em 16 de agosto, Rui pediu, novamente, sua exoneração, dessa vez com argumentos sólidos — não concordava com as instruções recebidas, cujo cumprimento considerava impossível. Explicou que a posição brasileira de buscar incluir-se entre as potências nos deixava "quase isolados entre Estados americanos e impotentes contra predomínio absoluto [de] três ou quatro potências da conferência". Insistiu que Rio Branco errava ao "supor [que] dispomos força, influência nesta assembleia, quando [a] verdade é só valer nela arbítrio das nações preponderantes".

O tema foi levado à decisão do presidente Afonso Pena; dois dias depois, Rio Branco enviava novas instruções, agora definitivas, cedendo à visão de Rui Barbosa. O Brasil não assinaria a convenção que viesse a criar o tribunal de arbitramento nem a do tribunal de presas. Depois de argumentar que, se aceitasse a proposta de tribunal de arbitramento, o Brasil ficaria marcado como um país de terceira classe, o Barão afirmou:

> Os países da América Latina foram tratados em geral com evidente injustiça. É possível que, renunciando à igualdade de tratamento que todos os Estados soberanos têm tido até hoje nos congressos e conferências, alguns se resignem a assinar convenções em que sejam declarados e se confessem nações de terceira, quarta ou quinta ordem. O Brasil não pode ser desse número.

Rio Branco lamentava não terem os Estados Unidos acomodado o reclamo brasileiro e, portanto, "não mais podemos ocultar a nossa divergência com a delegação americana". Assim, "cumpre-nos tomar aí francamente a defesa do nosso direito e do das demais nações americanas". A instrução terminava com um apelo para que Rui desse o melhor de si para defender essa nova orientação, "com firmeza e moderação e brilho, atraindo para o nosso país as simpatias dos povos fracos e o respeito dos fortes". Era tudo o que o chefe da delegação brasileira queria ouvir.

Liberado para atuar de acordo com suas convicções, Rui Barbosa liderou com grande competência o repúdio ao projeto de tribunal permanente de arbitragem, que foi retirado da pauta depois de intensas discussões e de uma longa série de propostas e contrapropostas. A partir do Rio de Janeiro, Rio Branco manteve copiosa correspondência com as legações brasileiras nos países vizinhos e com os diplomatas estrangeiros no Brasil, angariando apoio para Rui a cada passo da discussão. Garantiu-lhe também cobertura ampla e favorável nos jornais brasileiros. E não somente na imprensa local. Mil libras (equivalentes a cerca de 135 mil dólares em 2017) foram gastas para garantir a boa exposição de Rui na *Review of Reviews* e na *Brazil Magazine*. Em outubro, a *Review of Reviews* publicou um suplemento especial de vinte páginas, com tiragem de 5 mil exemplares (que Rio Branco pediu que fosse aumentada para 5,5 mil), para distribuição entre formadores de opinião na Europa e nos Estados Unidos, além dos 60 mil que acompanhavam a edição normal. O suplemento intitulava-se *The Debut of Brazil in the Parliament World*. O editor da *Review of Reviews*, jornalista William Thomas Stead, publicou durante o conclave o jornal *Courrier de la Conférence*, dedicado exclusivamente à conferência, em que Rui também foi retratado de maneira favorável. A delegação brasileira estava desde o início instruída a cortejar a imprensa com jantares e presentes e já chegou a Haia com uma dotação de duzentas libras para gastos com os correspondentes internacionais.

O chefe da delegação brasileira foi recebido com festas em seu retorno ao Rio de Janeiro. Ao fazer malograr uma proposta endossada com afinco pelas principais potências mundiais da época, obtivera um êxito notável. O delegado francês, Paul d'Estournelles de Constant, que depois receberia o prêmio Nobel da paz, afirmou com real admiração que Rui lograra "colocar em evidência seu país e tornar aceitável o princípio da igualdade entre os Estados, que inicialmente nos parecia revolucionário, ridículo". De fato, num mundo onde poucas décadas antes as grandes potências haviam dividido a África entre si e dado provas de um poder incontrastável em todos os continentes, a ideia da igualdade entre as nações parecia uma fantasia inconsequente. A atuação de Rui Barbosa mostrara que em uma conferência internacional o poder precisa afirmar-se por algum grau de legitimidade, e que esta precisa ser conquistada. Terá sido, talvez, uma lição para o próprio Rio Branco, que sem dúvida teria apoiado a proposta estadunidense caso o Brasil fosse incluído entre os países com juízes permanentes.

Não foi apenas em Haia que o esforço de coordenação com os Estados Unidos buscado por Rio Branco deixou de ser assimilado pela potência regional que passava ao plano global. Nos pontos em que havia convergência de visão, que não eram poucos, não havia problemas; nos demais, o Brasil buscaria acomodar sua posição — se possível. A recíproca, contudo, não era verdadeira. Washington era pouco permeável às sugestões brasileiras e raramente se propôs a modificar suas próprias políticas para acomodar interesses brasileiros. Na verdade, nem mesmo se dispunha a dar a conhecer com antecipação os pontos fundamentais de sua política.

O governo norte-americano sempre se furtou a assinar tratados de aliança com o Brasil — por exemplo, na tentativa de Salvador de Mendonça, em 1891. Nunca haveria aliança formal, e a "aliança não escrita" propagada pelo historiador Bradford Burns tampouco existiu. A proposição revela mais o contexto ideológico — no Brasil e nos Estados Unidos — de meados da década de 1960, quando Burns veio ao Brasil para pesquisas com bolsa da Fundação Ford, do que a realidade dos dois países no início do século xx. Por outro lado, Rio Branco certamente contava com a negligência benévola de Washington em assuntos sul-americanos e tentava projetar uma imagem de sintonia e entendimento com os Estados Unidos. Interessava ao Brasil aparecer como aliado da potência norte-americana em alguma medida. Esta, de seu lado, sem dúvida apreciava a predisposição brasileira de assimilar e defender suas posições, em especial em vista da crescente hostilidade do restante da América Latina. Washington, porém, estava voltada para seus próprios objetivos, sem maiores preocupações com os planos de um país periférico como o Brasil.

Vivia-se, na República, uma reprise — com novos atores — da grave dissonância cognitiva entre a real percepção que os europeus tinham do Império brasileiro e o suposto reconhecimento do Brasil como "igual" pelos europeus, devido a alguma afinidade em termos de civilização imaginada pela elite saquarema. Quanto à aceitação do Brasil como parte da civilização europeia, o jovem Paranhos já experimentara a diferença entre realidade e autoengano em sua primeira viagem ao Velho Continente, em 1867, e depois em sua longa permanência na Europa. Também em relação aos Estados Unidos havia uma diferença entre a

416

percepção que tínhamos da nossa importância e a real relevância do país para a política internacional estadunidense.

Apesar de desnudar de forma insofismável o verdadeiro grau de intimidade das relações diplomáticas entre Brasil e Estados Unidos, a II Conferência de Haia teve efeitos benéficos no plano interno. Contribuiu para consagrar junto ao público brasileiro a figura de Rui Barbosa como o "Águia de Haia", defensor dos direitos do Brasil e das boas causas, com ganhos também para a popularidade do Barão. Restabeleceu-se também, como parece ter sido a intenção inicial de Rio Branco, a ligação pessoal entre os dois. A boa parceria na reunião deixou espaço, por exemplo, para que o chanceler pedisse o voto de Rui para a eleição de Jaceguai na Academia. Para que a boa sintonia alcançada não se perdesse, porém, faltava um canal permanente entre ambos, que logo apareceu na pessoa do jovem Antônio Batista Pereira. Indicado pela família do falecido Eduardo Prado, Pereira fora contratado por Rio Branco para servir de secretário de Rui Barbosa em Haia. Terminada a conferência, o jovem foi trabalhar diretamente com o Barão no Itamaraty. Na Holanda, Antônio soube agradar a Rui, e de volta ao Rio de Janeiro caiu nas graças da filha deste, Maria Adélia Barbosa, com quem se casou no ano seguinte, tendo Rio Branco como padrinho. Este, por intermédio do genro de Rui, finalmente estabeleceu um canal direto e eficiente com o senador baiano.

As relações com os Estados Unidos saíram estremecidas de Haia. A partir daí, seguiram deteriorando-se até a morte de Rio Branco. Em dezembro de 1907, a "Grande Esquadra Branca" estadunidense, composta de 23 navios, partiu em viagem de circum-navegação que duraria até fevereiro de 1909. Visitou o porto do Rio de 12 a 22 de janeiro de 1908. Sua missão era exibir ao mundo o poder naval dos Estados Unidos. Ressentido, na véspera da chegada da esquadra Rio Branco avisou Nabuco que "não se podia esperar o entusiasmo de 1906". Em sua mensagem ao embaixador em Washington, o Barão deixava transparecer seu inconformismo e sua decepção:

> Interesses superiores aos dois países nos levam a persistir na política de aproximação que tem sido empenho tradicional deste governo desde os primeiros dias de nossa independência, mas não somos amigos incondicionais, não podemos sacrificar nossa dignidade, nem ser solidários com os desacertos de representantes americanos que não avaliam essa política e não compreendem o interesse do próprio país.

Rio Branco insistia em sua avaliação de que os desacertos em Haia recaíam sobre os ombros do chefe da delegação, Joseph Choate, e que os Estados Unidos não estariam sabendo interpretar os próprios interesses ao afastar-se do Brasil.

Ainda que o país tenha aparecido para muitos na imprensa e nos meios políticos internacionais como o responsável pelo malogro da Conferência de Haia, a atuação do Brasil no conclave contribuiu para aumentar sua projeção internacional. A questão da imagem brasileira no exterior seguia sendo crucial. No Rio de Janeiro, Rio Branco transformou o Palácio Itamaraty em parada obrigatória para personalidades de expressão internacional que passassem pelo Brasil. Em setembro daquele 1907, houve a visita do político francês Paul Doumer, que depois seria presidente de seu país. Eram ainda raros os hóspedes ilustres; Doumer acabou como protagonista de dois filmes produzidos por Júlio Ferrez: *Viagem de sua excelência Paul Doumer ao Brasil* e *Viagens de Paul Doumer pelo Brasil em diversas estradas de ferro*. A sétima arte também dava seus primeiros passos em terras brasileiras: dois anos depois, a capital já contava com oito salas de cinema, atração cada vez mais popular.

Aceito como sócio correspondente e convidado pela Academia Brasileira de Letras para proferir uma série de palestras, visitou também o Rio de Janeiro o historiador italiano Guglielmo Ferrero, autor de vasta obra sobre o Império Romano. Acompanhava-o a esposa, Gina Lombroso-Ferrero, filha e discípula do conhecido criminologista Cesare Lombroso. O historiador italiano apresentou quatro concorridas conferências no Palácio Monroe, mas não agradou a todos. Euclides da Cunha disse aos amigos ter ficado com a impressão de que Ferrero seria o "Fregoli da História", em alusão a um ator transformista também italiano de grande popularidade então.

É claro que houve um banquete no Itamaraty para o ilustre casal de convidados. Graça Aranha, sempre às voltas com seu projeto de obter a chefia de uma legação no exterior, no dia seguinte enviou um cartinha ao anfitrião comparando o ágape a um encontro na Grécia clássica, com Rio Branco fazendo as vezes de Péricles, Machado de Assis de Platão e a jovem Hortênsia posando de Minerva! Paranhos decerto não desconhecia que Graça continuava como informante de Nabuco, mas talvez não soubesse que ele vivia se queixando do "regime de validismo e abafamento que é a atmosfera do círculo de Rio Branco". A adulação caricata de Graça Aranha foi tratada com sarcasmo pelo Barão. Depois de mostrar a carta aos familiares e a alguns amigos, perguntava a cada um em tom jocoso:

"O senhor não era capaz de escrever isto". O escritor que foi capaz de assinar aquela nota ainda sofreria por mais um par de anos até receber o ambicionado posto no exterior. Paranhos mandaria o ávido admirador servir na Noruega.

Se no plano interno a situação de Rio Branco era cada vez mais confortável, a política sul-americana continuava em ebulição. Os limites entre Brasil e Peru continuavam indefinidos, como seguia irresoluta a questão das províncias de Tacna e Arica, ocupadas pelo Chile desde a Guerra do Pacífico. A arbitragem da disputa entre Peru e Bolívia não estava concluída. O programa de rearmamento naval do Brasil fora causa de preocupação tanto na Argentina como no Chile, ambos unidos pelo acordo que vedava novas compras de navios de guerra por qualquer das duas partes. Santiago e Buenos Aires reagiram, contudo, de modo distinto. Os setores mais duros da Argentina aproveitaram para ressuscitar o fantasma do imperialismo brasileiro e promover a ideia de rompimento do pacto entre Argentina e Chile de restrição de compras de novos armamentos.

Em contraste, em outubro de 1907 o chanceler chileno, Federico Puga Borne, propôs ao ministro argentino em Santiago um tratado de aliança militar defensiva que incluiria também o Brasil, prevendo uma vaga equivalência naval entre os três países. De certa forma, seria trazer o Brasil para o espírito dos Pactos de Mayo, que haviam encerrado a corrida armamentista transandina. Quando sondado a respeito de algum tipo de acordo entre os três países, Rio Branco teve uma reação positiva, pois confiava no apoio chileno contra a Argentina, opondo-se, contudo, ao compromisso de equivalência naval. Antes, em despacho de março do ano anterior para Washington, ele comentara com Nabuco que a "estreita amizade entre o Brasil e o Chile tem servido para conter as suas [da Argentina] veleidades de intervenção franca no litígio chileno-peruano, no que tivemos com a Bolívia e no que ainda temos pendente com o Peru". Mesmo sem se dispor a aceitar qualquer pacto de controle de armamentos, o chanceler via uma possível aliança entre os três países como favorável ao Brasil, pois, em seu entendimento, o Brasil e o Chile se coordenariam para "conter por conselho as continuadas imprudências argentinas e veleidades de hegemonia e intervenção em negócios alheios". Zeballos, contudo, não se interessou pelo esquema, pois pretendia, em vez de estender o pacto de limitação de armamentos para incluir o Brasil, rompê-lo para poder também estar livre para desenvolver suas forças de terra e de mar. O pior ainda estava por vir.

Com ninguém, exceto Domício da Gama, Rio Branco compartilharia seus pensamentos íntimos com absoluta franqueza. Fiel ao modelo de diplomacia europeia do século XIX, ele contou ao amigo que aspirava à criação de uma espécie de "concerto americano" para gerir as relações do continente. A ideia de "concerto" não pressupõe nenhum tipo de organização formal e prevê que as diferenças de poder entre os participantes possam flutuar ao longo do tempo. Naquele momento, a Argentina parecia mais forte; antes, fora o Brasil, e poderia voltar a sê-lo. Paranhos confidenciou a Gama:

> Desde muito pensamos aqui na alta conveniência de uma cordial inteligência entre os governos da Argentina, do Brasil, do Chile e do México para que procurem chegar a acordos ocasionais, mostrando-se tão unidos quanto possível sempre que se trate de interesses gerais da América Latina, e entre esses quatro governos e o de Washington quando se trate de interesses de todo o continente, procedendo os cinco na América como costumam proceder as seis grandes potências europeias.

Ou seja, na visão de política continental de Rio Branco, as potências do continente deveriam coordenar-se em um "concerto americano" para garantir a ordem e a paz nas Américas e afastar intervenções europeias. Os Estados Unidos, com mais poder, teriam um papel inegavelmente preponderante, mas os demais membros do comitê (Argentina, Brasil, Chile e México) não seriam, em essência, tão diferentes da potência líder.

Sentindo-se confortável quanto a sua situação na política interna, Rio Branco quis reavivar seus laços com o Instituto Histórico e Geográfico Brasileiro, do qual era sócio desde 1867 (de sócio correspondente passara a sócio honorário em 1895). Do exterior, mantivera colaboração esparsa com o IHGB mediante o envio de livros e documentos iconográficos para o acervo do instituto. Este, em contrapartida, tratara de homenageá-lo por ocasião dos laudos arbitrais de Palmas e do Amapá. Ao retornar ao Brasil para assumir o Itamaraty, em 1º de dezembro de 1902, Paranhos fora recepcionado também por uma comissão do IHGB, chefiada por seu então presidente, Antônio Ferreira de Sousa Pitanga. Naquele momento, porém, a aproximação com a entidade aparecia como uma questão delicada para Rio Branco, cuja condição de monarquista vindo assumir um ministério no governo republicano em uma quadra em que as tensões políticas entre os dois grupos seguiam vivas era uma das principais dificuldades a contornar. Na época o instituto era visto, com razão, como um reduto dos antigos

420

monarquistas; assim, envolver-se com suas atividades seria fonte segura de problemas. Os confrades do IHGB, contudo, viram nele — que chegava consagrado pela aura de vitorioso em Palmas e no Amapá — um reforço inestimável. Ainda naquele mês de dezembro de 1902 Rio Branco fora convidado para a solenidade que inauguraria, na sede do instituto, um quadro que o retratava como sócio ilustre. Alegando doença de última hora, o Barão permaneceu em Petrópolis e escusou-se de comparecer à cerimônia de descerramento de seu próprio retrato, pintado por Teixeira da Rocha, que ocorreu sem o homenageado no dia 15 de dezembro. Dias depois, ele visitou a instituição para agradecer a deferência, mas manteve dela uma distância prudente em seus anos iniciais como ministro das Relações Exteriores.

Em 1907, a conjuntura era outra. O IHGB já era composto por republicanos e monarquistas e estes não mais representavam uma ameaça política. Fortalecido internamente, Rio Branco, por sua vez, tampouco tinha o que temer nesse front. Assim, na assembleia geral de 21 de novembro de 1907, ele foi eleito presidente da entidade. Dois anos depois, passaria a ser seu presidente perpétuo. Muito mais desinibido por lá que na Academia Brasileira de Letras, em cujas eleições influía com frequência, mas da qual pouco participava, o chanceler teria no instituto uma tribuna privilegiada onde expor seu pensamento, com o valor agregado de estar num ambiente acadêmico especializado em matérias que dominava plenamente.

Alguns dos mais importantes discursos do Barão tiveram o IHGB como palco. Sua identidade com o instituto era completa. Criado sob os auspícios do imperador d. Pedro II, a entidade revivia a tradição da monarquia e cultivava um tipo de saber historiográfico e geográfico com o qual Paranhos se identificava desde jovem e que o deixava inteiramente seguro e à vontade. O caráter científico da instituição contribuía para legitimar a narrativa que ele ia impondo à política externa brasileira. Ciência e política não deixavam de se entrelaçar.

Como primeira iniciativa depois de empossado presidente do instituto, Rio Branco inaugurou, em 30 de janeiro de 1908, uma grande exposição sobre o centenário da imprensa no Brasil, outro tema de sua predileção. O ano que se abria marcava, ainda, os cem anos da vinda da família real portuguesa, e a efeméride seria o pretexto para que ele liderasse outras iniciativas na qualidade de presidente do IHGB e de ministro das Relações Exteriores. O historiador e o diplomata se encontravam.

28. O ataque surpresa
contra o Rio de Janeiro

Quando teremos aqui uns 16 *destroyers*? Dentro de dois meses? E uma esquadrilha de dezesseis canhoneiras protegidas em Mato Grosso e dois bons encouraçados de rio? Dentro de quatro meses? E no Amazonas, uma boa flotilha de canhoneiras protegidas? Antes do fim do ano? E dois bons navios de combate comprados para esperar os três grandes? *Si vis pacem...*

Rio Branco não escondia a ansiedade na carta que enviou ao ministro da Marinha, Alexandrino de Alencar, em 20 de março de 1908. Embora a competição entre Brasil e Argentina ganhasse visibilidade cada vez maior na imprensa do Rio de Janeiro e de Buenos Aires, naquele momento a preocupação mais aguda do Barão não parecia ser o país platino, mas o Peru. A hipótese de uma guerra entre os dois países não estava afastada. A fronteira ainda não fora definida e a situação militar na Amazônia não favorecia o Brasil, como reconhecia o próprio Rio Branco:

Nas vizinhanças de Iquitos os peruanos têm 20 canhões de tiro rápido que podem facilmente seguir pelo Ucayale para os varadouros do Juruá e do Purus. Nós não temos um só no Amazonas. [...] Só nos amparam ainda a força moral e o antigo prestígio que nos restam dos tempos já remotos em que havia previdência nessa terra.

422

O desenlace da questão com o Peru, contudo, seguia pendente do resultado da arbitragem sobre a fronteira boliviano-peruana, ainda nas mãos do presidente argentino.

Enquanto não chegassem os *dreadnoughts*, o balanço das forças militares desfavorecia o Brasil também no Atlântico. Por esse lado, a ameaça não eram os peruanos, mas os argentinos, cuja Marinha de Guerra, ainda que temporariamente, superava em muito a brasileira. Buenos Aires poderia apoiar as pretensões peruanas e imiscuir-se na resolução da última questão de fronteira brasileira ainda em aberto. Poderia obter do Uruguai o reconhecimento da soberania argentina sobre as águas do rio da Prata até a costa uruguaia, tornando-se a única instância a regular a navegação do estuário, o que afetaria as comunicações internas brasileiras com o oeste dos estados da região Sul e com o Mato Grosso. Em caso extremo, poderia até impor a Montevidéu um governo pró-argentino, como fizera em 1904 no Paraguai — sem reação por parte do Brasil. Mas isso eram hipóteses relativamente remotas. Inexistiam razões objetivas para um desentendimento incontornável entre Brasil e Argentina (ao contrário do que acontecia em relação ao Peru, com o qual persistia uma grave disputa de fronteira), e o custo de uma guerra seria desastroso para os dois adversários, o que desencorajava a aventura.

Assim, apesar da tensão latente, não parecia haver razão para alarme imediato. Ao contrário: o ano de 1908 começava prometendo grandes festas. O centenário da abertura dos portos e da chegada da família real portuguesa seria comemorado com vários eventos, entre eles uma grande feira — a Exposição Nacional —, para a qual o governo português fora convidado a montar um pavilhão onde expor seus produtos. A República já não aparecia como um rompimento radical com o Império: agora o período colonial e a herança da metrópole eram incorporados à narrativa da especificidade da nação brasileira. Além do pavilhão português na exposição, um golpe de maior efeito seria tentado para exprimir a continuidade histórica desde a colônia. O próprio rei d. Carlos I de Portugal concordara em realizar uma visita oficial. Um século depois da chegada da rainha d. Maria I e do regente d. João, a vinda do monarca da Casa de Bragança simbolizaria um abraço definitivo entre Brasil e Portugal e o encerramento das divergências entre monarquistas e republicanos no país. Ao mesmo tempo, havia interesses concretos em discussão, como a criação de uma linha de navegação entre Lisboa e Rio de Janeiro, a abertura de um porto franco para as importações e exportações brasileiras, assim como um entreposto para produtos brasileiros na capital portuguesa. O assassinato do rei d. Carlos e do príncipe, em 1º de fevereiro, abortou a visita. Um par de anos depois, a maré republicana alcançaria a mãe-pátria.

A Exposição Nacional, porém, seguiu como programado. Entre janeiro e agosto surgiu um canteiro de obras para a construção de uma "pequenina cidade de palacetes nos areais da Urca". Não era a primeira feira do tipo realizada no Rio de Janeiro, mas esta ultrapassava em muito as antecessoras em termos de grandeza e prestígio. Numa área de 182 mil metros quadrados, entre a praia da Saudade e a praia Vermelha, ergueram-se mais de trinta prédios. Distrito Federal, Bahia, Minas Gerais, São Paulo e Santa Catarina construíram edifícios próprios — além de Portugal. As demais unidades da federação partilharam o Pavilhão dos Estados. Havia também, entre outros, um pavilhão da fábrica de tecidos Bangu (em estilo mourisco), outro da Sociedade Nacional de Agricultura (de arquitetura renascentista) e até um Pavilhão Egípcio, no qual se realizaram concertos. O edifício mais imponente foi erguido pelo estado de São Paulo, com 1,5 mil metros quadrados e munido de doze cúpulas, ricamente decorado com estátuas e relevos.

A exposição funcionou de 11 de agosto até 15 de novembro, período em que recebeu mais de 1 milhão de visitantes para passear na "pequenina cidade de palacetes" e conhecer os produtos de seus quase 12 mil expositores brasileiros e portugueses. No dia seguinte à abertura da mostra, no Teatro da Exposição Nacional estreou a peça *A herança*, da escritora Júlia Lopes de Almeida, premiada no evento. Muito querida pelo público e respeitada pela crítica, Júlia tinha sido cogitada para constar entre os fundadores da Academia Brasileira de Letras, mas acabara excluída por ser mulher. Como forma de compensação, seus companheiros de letras elegeram seu marido, o poeta Filinto de Almeida, como primeiro titular da cadeira número 3 da Academia.

O Brasil festejava e esperava o futuro. A Argentina vivia o presente, um momento de grande prosperidade. Seus setores mais nacionalistas, porém, mostravam-se cada vez mais alarmados com a aproximação da data de entrega da nova frota brasileira, capitaneada pelos *dreadnoughts*. Afinal, na época aqueles eram os navios de guerra mais poderosos de todos os oceanos; em tese, poderiam destruir facilmente o grosso da Marinha argentina, baseada em Bahía Blanca. Com tal poder de fogo, caso o Brasil quisesse bloquear Buenos Aires não seria preciso nem penetrar no Prata. A ideia de que as belonaves estavam destinadas a patrulhar o extenso litoral brasileiro soava ridícula, considerando o custo do deslocamento daqueles monstros de 20 mil toneladas, com tripulações de cerca de mil homens.

Na verdade, os navios eram instrumentos de intimidação, e por isso o Congresso argentino também discutia um programa de rearmamento naval. Pela imprensa, o debate sobre o ressurgimento do "imperialismo brasileiro" prosseguia, mas o tema não sensibilizava a classe política argentina como um todo, cujo interesse primordial era mesmo a manutenção do bom momento econômico. A perspectiva de uma guerra, ou mesmo de uma grande escalada armamentista, nem de longe animava todos os partidos argentinos.

O chanceler Zeballos e seu jornal *La Prensa* estavam, porém, entre os belicosos, e a perspectiva da supremacia naval brasileira no Atlântico Sul fornecia alimento para toda classe de projeções e paranoias, e também de planos, mesmo os mais mirabolantes. Em 10 de junho, Zeballos expôs seu projeto secreto ao presidente Alcorta e a seus colegas de gabinete. Tratava-se de dar um ultimato a Rio Branco; se não fosse acatado, seria deslanchada uma guerra-relâmpago contra o Brasil antes que os estaleiros europeus concluíssem a construção dos novos navios. Assim, a equivalência naval seria arrancada à força. O Brasil deveria contentar-se com um só *dreadnought*. O segundo, dos dois que já estavam sendo fabricados, teria de ser vendido à Argentina, e a encomenda do terceiro, cancelada. Seriam mobilizados 50 mil reservistas e, num prazo de oito dias contados a partir do encaminhamento do ultimato, caso o Brasil não cedesse, as Forças Armadas argentinas ocupariam o Rio de Janeiro, "que segundo os ministros da Marinha e da Guerra, era um ponto estudado e fácil, por conta da situação indefesa do Brasil". No dia seguinte à reunião ministerial, contudo, o plano ultrassecreto apareceu estampado nas páginas do jornal *La Nación*, da família Mitre. Zeballos era opositor político dos herdeiros do general Bartolomé Mitre, bem como do grupo do ex-presidente Roca, cujo ministro da Marinha (Onofre Betbeder) era o mesmo de Alcorta e, presente à reunião, possivelmente terá sido o responsável pelo vazamento. Para não ir a uma guerra contra o Brasil anunciada com antecedência pela imprensa, a política interna argentina teria de buscar um novo equilíbrio.

A ideia de exigir que o Brasil desistisse de suas aquisições navais sob a ameaça de uma guerra não era novidade. Em fins de 1906, ou seja, quando da entrada de Zeballos no governo, o presidente Alcorta esteve de acordo com o projeto, mas, segundo o que Paranhos informou a Nabuco na ocasião, "declarações [do] general Roca agora em Paris muito amigáveis ao Brasil e [a] atitude [do *La*] *Nación* concorreram [para] conter [o] governo argentino". As relações com o Brasil e com o Chile tinham um papel importante na luta interna dos vários grupos da política argentina, e isso podia ser aproveitado em prol dos interesses brasileiros.

Assim, no dia em que o plano de Zeballos ganhou as páginas do diário portenho e suas intenções foram reveladas, Rio Branco aproveitou a tribuna do IHGB para fazer um pequeno discurso lembrando o fato de o general Roca ter-se referido ao Brasil, em passado recente, como "nossos pacíficos vizinhos do norte", em contraste com a pregação antibrasileira de parte da imprensa argentina. Bateu na tecla da autocontenção do Brasil, um país que apenas queria "merecer o afeto, não a desconfiança ou o terror dos vizinhos". Justificou os investimentos militares em curso pela necessidade que "todas as nações previdentes e pundonorosas sentem, de estar preparadas para a pronta defesa de seu território, de seus direitos e da sua honra, contra possíveis provocações e ofensas". Era uma resposta clara, serena, pacífica, mas firme, que contribuiu para acentuar o mal-estar interno e externo contra o governo argentino com a revelação do projeto agressivo de seu ministro das Relações Exteriores. No dia seguinte, prosseguindo em seu esforço de relações públicas, Rio Branco recebeu para um almoço no Itamaraty os jogadores da seleção argentina de futebol, em excursão pelo Brasil.

Zeballos fora longe demais; ao presidente Alcorta só restava a alternativa de demitir o belicoso chanceler. Como compensação, foi-lhe oferecida uma transferência para o Ministério da Justiça e Instrução Pública, que ele recusou. Em 16 de junho, Zeballos entregou sua carta de demissão e no dia 21 transmitiu o comando da pasta para Victorino de La Plaza. Deixou o cargo, mas não abandonou sua obsessão. Confiou aos arquivos da chancelaria argentina, "contra recibo", um documento que, segundo ele, provaria as más intenções do Brasil em relação a seu país. Em setembro, publicou em sua *Revista de Derecho, Historia y Letras* um artigo em que dizia ter provas de que as representações diplomáticas brasileiras na América Latina e nos Estados Unidos estavam instruídas a fazer uma campanha de difamação contra a Argentina. Segundo ele, as instruções de Rio Branco a seus agentes diriam literalmente o seguinte:

> Divulgue as pretensões imperialistas da República Argentina, fazendo saber nos altos círculos políticos que em sua vaidade sonha com o domínio da Bolívia, do Paraguai, do Uruguai e também do nosso Rio Grande. Demonstre que o Brasil em homenagem à justiça ampara aos fracos em defesa dos interesses internacionais,

com cujo proceder humanitário mostra-se conforme com a chancelaria de Washington.

Rio Branco respondeu pelo *Diário Oficial*, negando a acusação e assegurando que nunca, em mensagem oficial ou particular, dirigira a quem quer que fosse mensagens que "tenham sequer a mais remota semelhança" com a que Zeballos lhe atribuía. O desmentido era esperado pelo argentino. Ele imaginara um enredo teatral para sua revanche pessoal contra o adversário na arbitragem sobre a região de Palmas. Pediu ao Barão que revisasse "no seu arquivo secreto do Pacífico" um documento enviado no dia 17 de junho de 1908, às 6h57, que teria o "número 9". A partir daí, propôs a criação de uma comissão composta por diplomatas europeus, que o próprio Rio Branco escolheria, para examinar tal documento. A missão desse tribunal ad hoc seria apenas pronunciar-se laconicamente pela existência ou não da prova da má-fé brasileira.

Com esses dados, Rio Branco identificou a mensagem cifrada à qual Zeballos se referia. Tratava-se do Telegrama nº 9, de 17 de junho, enviado do Rio de Janeiro para a legação brasileira em Santiago do Chile. A linha de telégrafo passava pela Argentina e a mensagem fora interceptada e decifrada a mando de Zeballos. Rio Branco solicitou que os governos da Argentina e do Chile fornecessem cópias autenticadas da mensagem tal como ela fora transmitida e recebida, e estampou nas páginas do *Diário Oficial* a mensagem cifrada, o código usado em sua encriptação e a mensagem decifrada. Publicou ainda, para o devido cotejo, o texto falso atribuído ao Telegrama nº 9, conforme a versão que circulava na imprensa argentina, repleta de diatribes contra o país vizinho e seu povo.

O verdadeiro texto do Telegrama nº 9 nada tinha de ofensivo contra a Argentina. Além de algumas queixas contra a atuação de Zeballos, reiterava, em documento confidencial, o objetivo de manter boas relações com aquele país e com o Chile, tal como constava do discurso oficial brasileiro. A divulgação do telegrama desmoralizou Zeballos, que reagiu pondo em dúvida a autenticidade da cifra publicada. O fato é que, comparado com as centenas de outras comunicações do mesmo período mantidas até hoje no Arquivo Histórico do Itamaraty, o teor atribuído por Zeballos ao Telegrama nº 9 é totalmente incomum, e o estilo, discrepante dos textos habituais de Rio Branco. Já a mensagem dada a público pelo Barão está em perfeita sintonia, em termos de estilo e conteúdo, com as demais comunicações ostensivas ou confidenciais da época. Ficou claro que Zeballos fora enganado por quem contratara para decifrar a mensagem brasileira — ou se engajara de propósito em uma completa fraude.

A questão ainda rendeu, pois quando Domício da Gama, que substituíra Assis Brasil em Buenos Aires, quis obter uma desculpa formal do novo chanceler, Victorino de La Plaza, a conversa acabou em discussão exaltada durante um jantar no Jockey Club no início de dezembro. Rio Branco repreendeu o discípulo com suavidade, numa longa carta pessoal datada de 15 daquele mês. Avisou-o de que no meio político brasileiro não se via necessidade de desculpa formal do governo argentino, que o presidente Afonso Pena desaprovara sua discussão pública com La Plaza e o instruíra a manter-se "sempre calmo, embora firme". Secundando o presidente, o Barão disse a Domício que "o *fortiter in re, suaviter in modo* é a regra que devemos observar".

Os *dreadnoughts* ainda tardariam meses a chegar; tanto Afonso Pena como seu chanceler consideravam altamente desaconselhável um rompimento com a Argentina àquela altura, até porque, nas palavras de Rio Branco, o estado das forças de terra e mar brasileiras era "o mais lamentável possível". Detalhou a situação para Domício:

Há dias verificou-se que a nossa fraquíssima esquadra está quase sem munição para combate. Telegrafou-se pedindo à Inglaterra com urgência esse elemento indispensável para alguma honrosa ainda que inútil resistência. Prevendo que no período das novas construções poderia o tresloucado governo Alcorta pensar em alguma agressão ao Brasil — ideia essa discutida em Buenos Aires há dois anos —, pedi ao presidente Rodrigues Alves, com o então ministro da Marinha Noronha, a compra de uns navios ingleses, compra que nos daria logo esquadra superior à Argentina, pondo-nos ao abrigo de qualquer premeditado insulto. Nada consegui. O presidente Afonso Pena estava inclinado a essa proposta, mas o meu colega Alexandrino de Alencar mostrou-se decididamente contrário a ela, receando que a compra viesse a prejudicar a inteira execução do seu programa de navios mais modernos e perfeitos.

Com relação às forças de terra, a situação tampouco era melhor. A superioridade da artilharia terrestre argentina era flagrante:

Temos, portanto, apenas 36 canhões modernos de campanha, e encomendamos agora 48, ou 12 baterias de 4. Ficaremos com 84 canhões. Os argentinos já têm, foi dito na discussão, 500, e o projeto, que é o do Senado argentino, mandava encomendar mais 40 baterias de 6, isto é, mais 240 canhões.

Houve o anúncio de que a esquadra argentina faria manobras ao longo do litoral brasileiro, em atitude de franca provocação. A Armada brasileira e as fortificações do litoral foram postas em prontidão, mas caso houvesse conflito as perspectivas eram muito ruins. Para piorar, como mais uma prova de que a ideia de coordenação entre Brasil e Estados Unidos decorria antes das aspirações brasileiras que da realidade dos fatos, Washington não se entusiasmava pelo rearmamento brasileiro e simpatizava com a tese da equivalência naval entre os três países do Cone Sul, o que irritou sobremaneira o Barão. Nabuco informou-o de que o secretário de Estado Elihu Root se oferecia para evitar que a América do Sul se lançasse a uma corrida por grandes armamentos. Decepcionado, Rio Branco respondeu a Nabuco dizendo-se "muito triste" com a posição manifestada por Root. Desabafou:

> Se esse governo [dos Estados Unidos] compreendesse bem a situação, as vantagens que para sua política pode retirar de um Brasil forte, deveria ajudar-nos neste perigoso momento em que a propaganda zebalista se esforça para que o governo [argentino] nos dirija um golpe enquanto estamos mais fracos, antes da chegada dos novos navios, e expediria logo aqui espontaneamente uns quatro navios. Isto bastaria para impedir que a esquadra argentina viesse de janeiro a março fazer manobras nas nossas costas. Em vez de uma demonstração amigável em favor do Brasil, o que vejo é um certo pendor diante das provocações que temos sofrido.

Rio Branco concluiu que a amizade americana só existia nas "palavras bonitas" de Roosevelt e Root, e que a única amizade com que o Brasil podia realmente contar era a do Chile. Ainda assim, sondou o governo estadunidense quanto à possibilidade de assumir a representação diplomática dos interesses brasileiros em Buenos Aires em caso de rompimento das relações Brasil-Argentina. Diante da situação, seu conselho a Domício da Gama foi claro: "Não se exalte nunca aí. Afete a maior calma. Isso não faz mal a ninguém".

O plano de reequipamento naval também tinha seus adversários no Brasil. David Campista, então ministro da Fazenda e possível sucessor de Afonso Pena, estava entre eles, contrapondo-se a Rio Branco, que se alinhava com os militares na manutenção das compras de armamentos, como programado. Política externa não se faz sem o respaldo da força. Além do mais, havia a questão sempre presente da imagem que o Barão queria projetar:

> Não concorri para a adoção desses planos. Mas, adotado um, e depois de todo o ruído feito do nosso lado e das ameaças do atual governo argentino, entendo que recuar, modificar o plano, é um vergonhoso desastre e um golpe mortal no nosso prestígio.

Essa busca de prestígio redundou em corrida armamentista, pois em 19 de dezembro o Congresso argentino aprovava a compra de dois encouraçados do tipo *dreadnought*, seis caça-torpedeiros de primeira classe para a frota oceânica e doze para a defesa da foz do rio da Prata, podendo o Executivo comprar adicionalmente, se necessário, outro encouraçado, três caça-torpedeiros de primeira classe e quatro de segunda. O governo argentino desistira de pressionar o Brasil contra a aquisição de armamentos, mas passara a responder com o aumento proporcional de sua esquadra. Em 1910, também o governo chileno aprovou um plano naval para adquirir uma armada de dois *dreadnoughts*, seis caça-torpedeiros e dois submarinos. A relutância absoluta do Brasil em admitir qualquer conversação para limitar os armamentos encurralou os três países do ABC em uma corrida armamentista que se estenderia pelas décadas seguintes. A questão do controle dos armamentos navais acabaria sendo discutida nas conferências pan-americanas seguintes e arrastou-se até 1923, com o Brasil isolado, acusado de intenções militaristas.

Em janeiro de 1909, o ex-chanceler chileno Puga Borge, de passagem pelo Rio, renovou a proposta de um entendimento formal entre Argentina, Brasil e Chile, e Rio Branco acabou por redigir uma minuta de um Tratado do ABC, um "pacto de cordial inteligência", que pediu que fosse apresentado à Argentina como uma nova iniciativa chilena. Sua proposta girava, fundamentalmente, em torno de dois elementos: gestão coletiva de crises em terceiros países e compromisso de cada signatário de reprimir movimentos insurrecionais que partissem de seus territórios contra os governos dos demais Estados. Adicionalmente, do seu ponto de vista, o acordo dificultaria uma eventual aliança argentino-peruana e serviria para embaraçar toda iniciativa argentina hostil ao Brasil enquanto a nova esquadra brasileira não chegasse. Em vista do desinteresse de Buenos Aires, o projeto não foi adiante.

No âmbito interno, as discussões com a Argentina só aumentavam a popularidade de Rio Branco — os inimigos, inclusive, o acusavam de fomentar a disputa com esse propósito. O caso do Telegrama nº 9 rendeu até um curta-metragem de grande sucesso nos cinemas brasileiros em 1909. O humor nacional consagrou o episódio no filme *Zé Bolas e o famoso Telegrama nº 9*, de Eduardo Leite. O Barão era cada vez mais popular, e não só passou a ter sua posição no Itamaraty plenamente assegurada como essa popularidade começou a torná-lo também um ator de relevo no jogo da política interna. O personagem que conquistara os cariocas também confirmava a cada passo sua fama de ministro gastador. Seus passeios pelas ruas da cidade ganharam um elemento novo. Rio Branco mandou comprar na Alemanha para o governo brasileiro quatro modernos automóveis da marca Protos, modelo 17/35 PS Landaulet, um deles para uso pessoal. Seu luxuoso carro ostentava as iniciais R. E. (Relações Exteriores) nas portas da cabine de passageiros e fazia grande sucesso ao trafegar — sempre a baixa velocidade, por instrução do chanceler.

No ministério, seu séquito de jovens discípulos se ampliava. Em 1908, José Joaquim de Lima Moniz Aragão foi contratado pelo Itamaraty. Tratava-se do filho da antiga namorada de juventude, Maria Bernardina, agora viúva. Sem dúvida a proximidade do sobrinho-neto do duque de Caxias lhe trazia boas recordações. Afinal, Juca Paranhos um dia confessara ao amigo Tomás Bezzi, referindo-se à mãe de José Joaquim: "*Se pudesse casar-me*, enfim, não seria senão com nossa encantadora amiguinha". Também o sobrinho Gastão Paranhos, filho do finado irmão João Horácio, veio para perto do tio famoso e até agregou a expressão Rio Branco ao próprio sobrenome.

Em 28 de setembro falecia Machado de Assis, em sua casa na rua Cosme Velho, número 18. A doença o acompanhava havia muito, mas se agravou com a profunda tristeza trazida pela morte da esposa, pouco menos de quatro anos antes. Na véspera do passamento, Rio Branco lhe fez uma visita desastrosa. O enfermo, feliz com a vinda do amigo, esforçou-se para sentar na cama e esperou um abraço que não veio. O Barão teria dito apenas: "Então que é isso Machado? Está melhor, não é? Amanhã voltarei a vê-lo". Apenas apertou a mão do escritor e saiu da casa em seguida, não sem antes lavar as mãos.

A saúde fugia também de Rio Branco, e o aspecto do moribundo presidente da Academia Brasileira de Letras decerto lembrou-o da morte dos irmãos, devastados pela tuberculose. O Barão, aliás, não era dado a demonstrações físicas de afeto, e a possibilidade de contágio de doenças o afligia.

> Apertos de mão não seriam muito de seu agrado. Por isso trazia sempre um lenço no bolso da calça, à direita. Se não era de cerimônia a pessoa que ia a seu encontro, metia, mais do que depressa, a mão direita nesse bolso da calça. Daí só a retirava com o lenço enrolado na palma da mão, bem seguro pelo polegar. E, dos outros dedos, ao erguer o braço direito, dava-lhe dois ou três, tratando logo de enxugá-los bem no lenço, tanto o afligia apertar mãos suarentas.

A visita a Machado foi, sem dúvida, um fiasco, mas não se sustenta a narrativa da arrogância de um poderoso barão do Rio Branco desprezando um pobre enfermo. Machado de Assis brilhava havia muito como uma das personalidades mais importantes da vida carioca e brasileira, e a gafe diz mais do horror de Paranhos pela doença e pela morte do que de alguma falta de respeito ou amizade pelo maior escritor brasileiro, reconhecido como tal ainda em vida.

A presidência da Academia passou a Rui Barbosa, que inicialmente recusou o encargo porque, apesar de eleito pela unanimidade dos presentes, a sessão sobre a sucessão de Machado contara com apenas catorze dos quarenta acadêmicos. Euclides da Cunha pediu a Rio Branco que convencesse Rui a voltar atrás, e o Barão, por intermédio de Batista Pereira, conseguiu demover o senador da recusa. Este continuava o mesmo, suscetível e orgulhoso, mas suas relações com Rio Branco haviam chegado a bom porto.

Na vida privada, o círculo familiar íntimo de Paranhos se estreitava. Também naquele ano de 1908, já formado em medicina, Paulo veio ao Brasil visitar o pai. Acompanhava-o um amigo, Amédée Léon Hamoir, que iniciou um romance com Hortênsia. Paulo se afirmava profissionalmente em Paris e já não dependia da ajuda paterna. Em compensação, mantinham-se as agruras financeiras das filhas mais velhas, que viviam com os maridos na Europa. Além da parte de seus rendimentos que reservava todo mês para sustentar as duas famílias, auxílios extraordinários eram liberados esporadicamente para Clotilde e Amélia. Com Hortênsia seria diferente. Os Hamoir eram uma linhagem de prósperos industriais belgas e, depois de cuidadosa pesquisa sobre a solvência dos futuros contraparentes, Rio Branco aprovou a união da caçula com Amédée.

Para evitar os imensos gastos envolvidos e as dificuldades com a lista de convidados caso a festa fosse realizada no Brasil, o Barão admitiu que a cerimônia de casamento ocorresse na Alemanha, sob a supervisão de Amélia, afinal ela também baronesa, e o suporte financeiro dos Hamoir. Para evitar constrangimentos, Hortênsia embarcou para a Europa na companhia do irmão Raul, e o anúncio do casamento só foi feito meses depois, em março de 1909. No Brasil, foi rezada uma missa em Petrópolis, com a presença de uns poucos amigos íntimos. Casada Hortênsia, Rio Branco ainda tentou conseguir um bom partido para o filho mais velho, àquela altura já um solteirão consumado. A pressão paterna levou Raul a ficar noivo de Cecília Leitão da Cunha, de família tradicional, mas o arranjo acabou desfeito com a ida, ainda que provisória, do noivo para a Alemanha. Raul acabaria se casando com uma francesa, em Berna, anos depois da morte do pai.

Com a partida de Hortênsia, Rio Branco foi ficando cada vez mais sozinho. Colecionara uma pequena multidão de jovens discípulos, é verdade, mas amigos a quem permitisse o tratamento pelo primeiro nome eram poucos: Francisco Veiga, Heráclito Graça, José Carlos Rodrigues e Tomás Bezzi. Hilário de Gouveia se distanciara por causa do cunhado, Joaquim Nabuco, que acumulava queixas contra o chefe. Domício da Gama estava em Buenos Aires. O velho amigo Nicolas Dumontier falecera em 1904, na Europa. Sua companhia mais constante na solidão noturna do Palácio Itamaraty era o criado Salvador, que lhe servia as refeições e cuidava de sua roupa. Salvador também era seu cúmplice em uma das atividades que o distraíam nas noites quietas no palácio. O criado preparava os baldes d'água que Paranhos jogava nos gatos que vinham fazer suas serenatas sob as escadas que dão para o jardim do Itamaraty. Também era conhecida sua mania de matar insetos com a cera derretida da vela que tinha sempre à mão, dia e noite, para manter acesos seus incontáveis cigarros. Já iam bem longe os tempos de Juca, o animado boêmio que frequentava os espetáculos pícaros do Rio.

A desordem da sala onde ele trabalhava e dormia, no palácio, ficara lendária e contribuía para a construção de sua persona. Também em Petrópolis, seu escritório era atulhado de documentos, telegramas, jornais, livros e mapas, que iam sendo depositados em diversas mesas e largados nos cantos, chegando a impedir a abertura das janelas. Em seu gabinete no Palácio Itamaraty, a situação era similar ou pior. O aposento chegou a abrigar catorze mesas das dimensões e feitios mais diversos, todas cobertas por montanhas de papéis acumulados desordenadamente. Em determinada ocasião, um formigueiro instalou-se numa delas e, ao combatê-lo, foram descobertas no meio da papelada "3 ou 4 latas de marmelada mais ou menos mofadas". Por gula, mas com a desculpa de que seria um antídoto para o tabaco, o Barão consumia o doce com fervor, sem deixar de fumar desbragadamente. Os horários das refeições eram desencontrados e com cada vez mais frequência ele almoçava e jantava em seu próprio gabinete de trabalho, em uma das mesas repletas de papéis. À noite, tomava mate, mas "se não lhe lembravam serem dez horas e que o Salvador, seu criado, era casado e morava longe, seria servido à meia-noite. Passada esta hora, de tempo em tempo, o Barão ia ao quarto e caía na marmelada...".

Se a vida privada se estreitava, o homem público era cada vez mais celebrado. O 64º aniversário de Rio Branco foi saudado com uma grande comemoração, cuidadosamente preparada. Às duas da tarde daquele 20 de abril de 1909 teve início uma concentração de automóveis e carruagens nos arredores do Palácio Monroe; um par de horas depois, dali partiu uma grande carreata, acompanhada de motociclistas da Guarda Civil, bandas de música e uma multidão de populares. Seguiram todos pela avenida Central (hoje avenida Rio Branco) até a rua Larga (hoje avenida Marechal Floriano), para uma manifestação em frente ao Palácio Itamaraty, onde o Barão almoçara com os colegas de ministério e estava sendo objeto de homenagens de crianças das escolas públicas. O cortejo chegou ao Ministério das Relações Exteriores por volta das cinco e meia. A multidão aclamou o Barão, que assomou à janela do palácio, e "durante muitos minutos os entusiásticos vivas ecoaram até aos extremos do préstito". As autoridades entraram no Itamaraty; coube ao deputado Germano Hasslocher, antigo adversário, proferir o discurso em que o aniversariante foi descrito como um "grande e glorioso brasileiro, incansável trabalhador, intemerato obreiro da República, [que] na modéstia e simplicidade de vossa vida, nada aspirais, contentando-vos com a consciência do dever cumprido". Consta que Hasslocher propunha para a sucessão de Afonso Pena uma chapa composta por Rio Branco como candidato a presidente e o marechal Hermes da Fonseca como vice.

O discurso de resposta do chanceler, ainda que curto como de hábito, continha muitos recados de ordem doméstica e internacional. Desde o fim do ano anterior faziam-se articulações para a sucessão de Afonso Pena, que ocorreria em 1910. O presidente queria como sucessor seu ministro da Fazenda, David Campista, solução que encontrava resistências. Aquela grande comemoração parecia prenunciar o lançamento da candidatura do Barão à presidência. Ele não mordeu a isca e fez um pronunciamento que, se não fechava inteiramente as portas, desencorajava a ideia:

Há 34 anos separei-me das lides da política interna, sem dúvida das mais belas e nobres quando só inspiradas pelo ideal da felicidade e grandeza da pátria. E afastei-me porque, ensaiando-me nelas obscuramente, pude logo verificar que me faltavam as aptidões e qualidades brilhantes que se requerem nos combatentes dos partidos políticos. Entreguei-me desde então ao serviço do país nas suas relações exteriores porque, ocupando-me, na serenidade do gabinete, com assuntos ou causas incontestavelmente nacionais, eu me sentiria mais forte e poderia habilitar-me a merecer o concurso das animações de todos os meus concidadãos.

Para os países vizinhos, mandou um recado em favor da paz como "condição essencial para o desenvolvimento dos povos". Sua preleção dirigia-se aos que, em Buenos Aires e Lima, o acusavam de imperialista:

Entre as [nações] da América Latina, são de todo injustificáveis as ambições e rivalidades de influência e de predomínio. Todos estes países têm muito o que fazer ainda para povoar os seus sertões e aproveitar as grandes riquezas naturais que eles encerram. Quando, pelo trabalho de anos, e muitos anos, pela nobre e fecunda emulação no caminho de todos os progressos morais e materiais, tiverem conseguido igualar em poder e riqueza a nossa grande irmã do norte e as mais adiantadas nações da Europa, terá chegado então a oportunidade de pensarem, algum ou alguns deles, em entregar-se à loucura das hegemonias ou ao delírio das grandezas pela prepotência; mas estou persuadido de que o nosso Brasil do futuro há de continuar invariavelmente a confiar, acima de tudo, na força do direito e do bom senso e, como hoje, pela sua cordura, desinteresse e amor à justiça, procurar merecer a consideração e o afeto de todos os povos vizinhos, em cuja vida interna se absterá sempre de intervir.

Terminados os discursos, o cortejo seguiu do Palácio Itamaraty para a travessa do Senado, que naquele dia foi rebatizada como rua Barão do Rio Branco (hoje, chama-se rua Vinte de Abril). O homenageado escusou-se de acompanhar a multidão e permaneceu no Itamaraty. No logradouro em que nascera o Barão ergueu-se um arco de triunfo com sua efígie, decorada com crisântemos e rosas.

Na antiga casa dos Paranhos afixou-se uma placa comemorativa de bronze e o republicano histórico Lopes Trovão discursou para a multidão. À noite, a festa popular continuou com uma longa queima de fogos. A edição do dia seguinte de *O País* relatava:

> Os *bonds* desciam repletos, trazendo para o centro os habitantes dos arrabaldes; na avenida e nas adjacências do Palácio Monroe, uma grande multidão apinhava-se compacta e movediça, oscilando em correntes várias, mal deixando trafegar os veículos diversos, que, estendendo-se em duas filas contrárias, se sucediam ininterruptamente. E alegre e vivaz, entusiástica em suas manifestações contínuas e calorosas, a multidão aumentava cada vez mais, comentando o efeito surpreendente da iluminação fulgurante dos edifícios públicos e muitas casas particulares, a beleza da ornamentação de vários locais.

A comemoração do aniversário de Paranhos confundia-se com a celebração da cidade renovada e modernizada. Para encerrar a queima de fogos, a apoteose coube ao arranjo pirotécnico que formava as palavras "Salve, Rio Branco".

É indiscutível que naquele momento o Barão figurava como uma das personalidades mais populares do Brasil, mas seu renome e a estima do povo em nada garantiriam que tivesse sucesso em uma eleição naquele início do século XX. A maior parte da população brasileira vivia no campo e respondia aos chefes políticos locais. Além de o voto ser aberto, sujeitando o eleitor a toda sorte de pressões, inclusive à violência física, as juntas apuradoras municipais e estaduais e, no plano federal, a Comissão de Verificação de Poderes do Congresso garantiam a eleição dos representantes das oligarquias regionais. Rio Branco não pecava pela ingenuidade. Em carta a José Carlos Rodrigues, datada de agosto de 1908, quando apenas começavam as especulações sobre o futuro presidente, mostrou que não se impressionava com as sucessivas manifestações populares de que vinha sendo alvo:

> Os aplausos a qualquer homem público tiram o sono aos candidatos à presidência ou aos promotores de candidaturas presidenciais. Eles deviam saber, entretanto, que se aplausos e manifestações levassem à presidência, o [José do] Patrocínio e outros teriam sido presidentes. Não são os estudantes entusiastas, o povo que se aglomera para ouvir discursos nas ruas ou para assistir a festas públicas, nem os

advogados e senhoras que enchiam a sala do congresso jurídico que fazem os presidentes: são os chefes políticos aqui e os governadores dos estados. E ninguém me viu, nunca, procurando cortejar esses eleitores.

Assim, quando o presidente Afonso Pena começou as articulações para a escolha de seu sucessor, Paranhos sabia que, se por um lado já era um ator relevante no jogo das elites brasileiras, por outro não possuía bases próprias de poder para se lançar a uma aventura que contrariasse o consenso que viesse a se formar entre os reais detentores do poder político. Em compensação, sua popularidade estava solidamente consolidada e, ao contrário do ocorrido na sucessão presidencial anterior, bastaria não se opor ao vitorioso para que sua continuidade à frente do Itamaraty ficasse tranquilamente assegurada. Assim, sua estratégia consistiu em manter-se equidistante dos dois grupos que tentavam indicar o sucessor de Afonso Pena; seu nome chegou até a ser aventado como solução para o impasse que se formou. Euclides da Cunha resumiu a situação em carta a Domício da Gama:

> O nosso Barão continua triunfante e açambarcador das simpatias nacionais. A sua habilidade tem feito prodígios entre as duas facções que o disputam — como duas sultanas histéricas disputam o lenço de um sultão. E ele tem realizado o milagre de não desagradar ambas.

O presidente do estado de Minas Gerais, João Pinheiro da Silva, aparecia como candidato natural à presidência da República, mas morreu em outubro de 1908. A tentativa de Afonso Pena de impor a candidatura de seu ministro da Fazenda, David Campista, não foi bem-aceita pela oligarquia mineira, que se dividiu. O senador Pinheiro Machado aproveitou a ocasião para impulsionar uma candidatura de oposição. Vários nomes foram aventados, em especial o de Rui Barbosa, então estreito aliado de Pinheiro Machado. A intimidade entre os dois senadores foi descrita por Viana Filho, em sua biografia de Rui, da seguinte forma:

> Muitas vezes, indo visitá-lo pela manhã, a fim de concertarem planos para os debates no Parlamento, Pinheiro, conduzido ao quarto de vestir, examinava as coleções de gravatas, não se furtando ao prazer de levar alguma que lhe agradasse. Rui achava deliciosa a sem-cerimônia desse homem de aspecto varonil, cujo semblante de linhas fortes se destacava sob a cabeleira em caracóis.

Rio Branco também chegou a ser sondado, mas escusou-se com o argumento de que não poderia disputar a candidatura com um colega de ministério.

Outro colega de ministério, o marechal Hermes da Fonseca, ministro da Guerra, não teve tais escrúpulos. Sua candidatura agradava também aos setores mais jacobinos e aos militares. Depois de sofrer pressão do presidente para que negasse publicamente estar na disputa, em maio de 1909, com o apoio de Pinheiro Machado, Hermes renunciou ao cargo de ministro e oficializou sua candidatura para o pleito que ocorreria no ano seguinte. O novo presidente do estado de Minas Gerais, Venceslau Brás, aceitou completar a chapa como candidato a vice-presidente, deixando Afonso Pena isolado. Desgostoso com a reviravolta, o presidente adoeceu, vindo a falecer dois meses depois. O vice-presidente Nilo Peçanha assumiu e passou a apoiar a chapa Hermes da Fonseca/Venceslau Brás, que perdeu seu caráter oposicionista e ganhou, de quebra, o apoio de várias oligarquias nordestinas.

Sentindo-se traído, Rui Barbosa rompeu com Pinheiro Machado e passou a atacar o caráter militar da candidatura de Hermes. Lançou seu próprio nome na disputa, tendo como candidato a vice o então presidente do estado de São Paulo, Manuel Joaquim de Albuquerque Lins. Assim, São Paulo e Minas Gerais ficavam em campos opostos no pleito. Pela primeira vez na República Velha, haveria uma verdadeira disputa eleitoral pela presidência. Apoiado pelas oligarquias dos estados da Bahia, de São Paulo, de Pernambuco e do Rio de Janeiro, além das camadas urbanas da capital e de outras cidades, Rui comandou a "campanha civilista" contra seu adversário, com ênfase nos ataques à origem militar da candidatura da situação. A derrota não foi nenhuma surpresa. Na eleição de 1º de março de 1910, a chapa Hermes/Brás conquistou 404 mil votos, quase o dobro da votação de Rui Barbosa e Albuquerque Lins.

Antes de definir-se candidato, Rui Barbosa chegou a oferecer a candidatura presidencial contra Hermes a Rio Branco. Se não quisera bater-se contra David Campista, cujo apoio era negado até mesmo por parte da bancada de seu estado, muito menos enfrentaria o candidato de Pinheiro Machado. No mesmo dia em que Hermes oficializou sua candidatura, 22 de maio, Rio Branco escreveu a Rui Barbosa:

Quando, nos primeiros dias deste mês, o dr. Batista Pereira me comunicou, pedindo o máximo segredo, a lembrança de v. excia, logo declarei a esse meu bom amigo que em caso algum eu poderia aceitar o elevado e difícil posto em que v. excia e outros ilustres brasileiros desejavam-me ver-me colocado, e não poderia aceitar, ainda mesmo que o presidente e todos os chefes políticos, aqui e nos estados, sem discrepância, me pedissem esse sacrifício. Igual linguagem eu tinha tido uns vinte e dois dias antes em conversação com o presidente da República. Meu pai completou sua carreira neste mundo aos 61 anos de idade. Eu já tenho mais de 64. Estou velho e cansado para entrar agora nas lides da política interna, saindo da vida de retraimento que há tantos anos vou levando, e de que apenas me tenho desviado ocasionalmente e a contragosto para cumprir deveres de cortesia internacional no desempenho de cargos que me têm sido confiados.

Paranhos não se equivocava (ainda que não pelas razões alegadas) ao refugar a aventura de se candidatar. Prova seu acerto a derrota de Rui Barbosa, que, ao contrário dele, era um político experiente, com base eleitoral forte em um estado grande, a Bahia. Na verdade, Rio Branco tinha ido mais além de sua propalada neutralidade naquela disputa: participara de parte das conversas comandadas por Pinheiro Machado em que se selou o lançamento de Hermes. Assim, sem sobressaltos, permaneceu como chanceler durante a gestão de pouco mais de um ano de Nilo Peçanha, sendo confirmado no cargo por Hermes da Fonseca. Já começava a circular a piada de que Rio Branco teria adotado como lema a divisa "Do ministério ao cemitério!".

O apoio à candidatura de Hermes da Fonseca custou-lhe certa erosão na popularidade, fato perceptível no Rio de Janeiro, onde a "campanha civilista" conquistou muitos adeptos. Com boa dose de exagero, expressando muito mais os anseios dos dois missivistas que a realidade, Leão Veloso Filho, o recente aliado do Barão na imprensa, escreveu ao arquirrival deste na diplomacia, Oliveira Lima, garantindo que "sua popularidade vem descendo, como a escala de um termômetro removido, de súbito, do equador para o polo. Já não é senão um sopro de um agonizante, que um abalo mais leve há de acabar de adormecer". A leitura do termômetro certamente não estava tão baixa quanto Gil Vidal e Oliveira Lima gostariam, e a popularidade de Rio Branco voltaria a subir.

Se o Barão se equilibrava para manter uma posição equidistante nas lutas domésticas, a política externa continuava a exigir-lhe atenção. Em 9 de julho de 1909, o presidente argentino José Figueroa Alcorta anunciou sua decisão sobre a fronteira entre Peru e Bolívia. Determinou que desde a confluência dos rios Toromonas e Madre de Dios seria traçada uma reta até o rio Tahuamanu na longitude de 69 graus a oeste de Greenwich, e daí a fronteira seguiria para o norte sobre a linha dessa longitude até encontrar "a soberania territorial de outra nação que não seja parte do tratado de arbitragem". Essa "outra nação" era, naturalmente, o Brasil. A leste da linha de 69 graus, a parte do Acre que era atribuída à Bolívia pela arbitragem (cerca de um terço) ficava indubitavelmente sob a soberania brasileira, já que todo o Acre fora cedido ao Brasil pelo Tratado de Petrópolis. Igualmente, a reivindicação peruana sobre parte do sul do estado do Amazonas a leste dos 69 graus deixava de fazer sentido, pois a soberania peruana começava apenas a oeste daquela linha. A disputa entre Brasil e Peru ficava assim reduzida aos dois terços ocidentais do Acre e, no estado do Amazonas, ao triângulo formado pela "Linha Cunha Gomes", a longitude de 69 graus e a reta que corre pela latitude da nascente do rio Javari até os 69 graus de longitude. Não era a decisão ideal para o Brasil (e menos para a Bolívia), mas por fim estava incontestavelmente delimitado o objeto da disputa com o Peru. Era hora de negociar a solução definitiva para o imbróglio do Acre.

O laudo do presidente Alcorta teve péssima recepção na Bolívia. A legação e os consulados argentinos foram atacados por multidões enfurecidas, e as relações diplomáticas entre Buenos Aires e La Paz chegaram a ser interrompidas. A chancelaria boliviana recusou-se a aceitar a decisão, e Peru e Bolívia estiveram a ponto de entrar em guerra. A situação do Peru com o Chile em relação às províncias de Tacna e Arica continuava indefinida, e Lima passou a temer uma aliança entre Chile e Bolívia. Ao norte, o Peru também tinha problemas. Com o fracasso da mediação espanhola acertada em 1904, a fronteira peruano-equatoriana voltou a ser foco de tensão, com a possibilidade de novo conflito bélico entre os dois países. Em um cenário extremo, o Peru poderia ser atacado simultaneamente por quatro de seus cinco vizinhos: Chile, Bolívia, Brasil e Equador. Na Argentina, parte da imprensa passou a acusar o Brasil de fomentar o repúdio boliviano ao laudo de Alcorta, o que não encontra respaldo na documentação brasileira. Ao contrário, Rio Branco explicou, em telegrama a Domício da Gama, que era "do interesse do Brasil, como também do Chile, não se indispor com a Argentina por causa desta questão. O Chile precisa da neutralidade argentina na Questão Tacna-Arica e o Brasil na Questão do Acre". Rio Branco, inclusive, procurou aconselhar o Peru a fazer pequenas concessões territoriais para que a Bolívia aceitasse o laudo e fosse evitado um conflito.

Por outro lado, aproveitando essa difícil conjuntura para o Peru, Paranhos tratou de negociar com rapidez e de forma amistosa a solução da disputa de limites. Em menos de dois meses, conseguiu celebrar com o ministro peruano no Rio de Janeiro (que era outra vez o mesmo Hernán Velarde com quem assinara o *modus vivendi* de 1904) o tratado de limites de 8 de setembro de 1909. O Brasil ficou com a posse definitiva de todo o território povoado majoritariamente por brasileiros e o Peru reteve as áreas do Alto Purus e do Alto Juruá, com um pequeno acréscimo entre o Catay e o rio de Santa Rosa. Dos 442 mil quilômetros quadrados do litígio original, o Brasil recebeu 403 mil quilômetros quadrados e o Peru contentou-se com cerca de 39 mil. Como o laudo argentino já reduzira a pretensão peruana a menos de metade da exigência original, o ganho desses 39 mil quilômetros quadrados e o fim da ameaça de um conflito também com o Brasil não deixavam de ser uma vantagem para o Peru. O Congresso peruano aprovou o tratado Rio Branco-Velarde em janeiro do ano seguinte, apesar das duras críticas que o convênio recebeu da opinião pública e da historiografia daquele país. Mais recentemente, os historiadores peruanos têm admitido uma visão mais favorável do resultado, considerado agora inevitável e até positivo, pois substituiu expectativas irrealistas por um acordo sensato, que teria detido a expansão brasileira. Jorge Basadre, por exemplo, assinalou que: "Se o tratado tivesse sido firmado antes, a solução teria sido mais benéfica. Se tivesse sido anos depois, os danos seguramente teriam sido muito piores". Em todo caso, estava encerrado o último litígio de fronteira brasileiro. O Peru e a Bolívia acertaram seus limites também, ainda naquele mês de setembro, com a aceitação boliviana do laudo argentino retificado por pequenas concessões territoriais feitas por Lima.

Pouco antes da conclusão das negociações do tratado definitivo com o Peru, Rio Branco perdeu um de seus mais importantes colaboradores na questão. Em 15 de agosto, Euclides da Cunha dirigiu-se à casa do cadete do Exército Dilermando de Assis, amante de sua mulher, Ana, disposto a "matar ou morrer". Euclides feriu a tiros Dilermando e seu irmão, mas foi atingido por uma bala no pulmão que lhe tirou a vida. Na "Tragédia da Piedade" faleceu um dos mais destacados escritores do país e também autor da maioria dos mapas que orientaram a negociação com o Peru. Euclides chefiara a parte brasileira da comissão bilateral que explorara o Alto Purus, em missão que durou mais de um ano, período, aliás, em que a relação entre Ana e Dilermando teria deslanchado. O Barão nunca lhe dera um emprego estável no Itamaraty, como pretendia o escritor, mas usara de sua

441

influência para garantir-lhe o cargo de professor de lógica no Colégio Pedro II meses antes de sua morte.

Com o acerto com o Peru, as fronteiras terrestres do Brasil com seus dez vizinhos estavam definidas. Havia, entretanto, uma reclamação uruguaia que se arrastava havia décadas e que encontrou em Rio Branco — por cálculo de interesse, sentido de justiça ou uma combinação de ambos — um firme aliado para uma solução mutuamente satisfatória. O tratado que definia os limites entre Brasil e Uruguai, assinado em 1851 após intervenção militar brasileira naquele país, determinava que todo o espelho d'água da lagoa Mirim e todas as águas do rio Jaguarão estivessem sob soberania brasileira. O domínio uruguaio começava apenas na margem do rio e da lagoa, não podendo os uruguaios neles navegar ou aproveitar seus recursos aquáticos. O arranjo causava grande desconforto, chegando a ser qualificado por um chanceler uruguaio como "monstruosamente injusto e humilhante". Inconformados, os uruguaios fizeram gestões infrutíferas em 1857, 1878, 1887, 1890 e 1895 para modificar a disposição. Em 1864, o presidente Atanasio Aguirre declarou a nulidade do tratado, mas em seguida o governante foi derrubado com o apoio de outra intervenção militar brasileira. No início do século XX a situação uruguaia piorara, com a adoção, pelo governo Alcorta, da doutrina da plena soberania argentina das águas do estuário da Prata e do rio Uruguai. Assim, o país teria "fronteiras secas" em toda a sua extensão, o que não interessava ao Brasil, pois a Argentina ficaria sendo o único país a regular a navegação no Prata, ainda vital para as comunicações com o oeste dos estados do Sul e com o Mato Grosso.

Essa era a situação quando o presidente uruguaio Claudio Williman enviou, em novembro de 1907, uma missão ao Brasil para nova tentativa de retificar o tratado de 1851. O chefe da delegação uruguaia, Carlos María de Pena, foi recebido pelo chanceler brasileiro e, para sua surpresa, Rio Branco assegurou-lhe que o Brasil concederia o condomínio das águas da lagoa Mirim e do rio Jaguarão "sem sombra de compensação alguma, uma vez que o Brasil o faria [...] por princípio de justiça internacional". O Barão esclareceu que para adotar essa medida necessitava do "concurso dos homens políticos" brasileiros, especialmente do senador gaúcho Pinheiro Machado.

Antes do retorno de Pena a Montevidéu, Rio Branco adiantou-lhe que consultara e obtivera a "cooperação decidida de seus amigos e do sr. senador Pinheiro Machado", mas pediu que o assunto ficasse sob reserva, pois "para a declaração se deve esperar a devida oportunidade", o que poderia tardar alguns meses. A cautela se justificava, pois era impossível prever a reação argentina. Nesse ínterim, as relações uruguaio-argentinas tornaram-se ainda mais tensas com a realização, em abril de 1908, de manobras navais argentinas nas cercanias da ilha das Flores, à vista da população de Montevidéu. Era uma demonstração de força e um aviso de Zeballos a Rio Branco. Apenas após a saída do argentino da chefia de sua chancelaria o Barão confirmou ao ministro uruguaio no Rio de Janeiro, ainda confidencialmente, a decisão de concluir um tratado de retificação de limites.

Em outubro de 1908, pouco menos de um ano depois da entrevista entre Rio Branco e Carlos Pena, o Barão cumpriu a promessa e entregou um primeiro projeto de tratado. O texto ainda sofreria pequenas alterações, mas confirmava a concessão unilateral brasileira. Por aquela época, Zeballos já renunciara ao cargo de chanceler, mas as relações entre Brasil e Argentina continuavam difíceis. Em dezembro, em entrevista com Rio Branco, o ministro uruguaio no Rio de Janeiro, Rufino T. Domínguez, garantiu:

> Em qualquer conflito armado que desgraçadamente pudesse ocorrer entre [o Brasil] e a Argentina nós os uruguaios seríamos aliados naturais do Brasil, que espontaneamente vai resolver, de acordo com os desejos de meu país, o condomínio do Jaguarão e da lagoa Mirim, enquanto os argentinos, contra todo o direito, pretendem apoderar-se da parte que nos corresponde no rio da Prata.

Em 3 de maio de 1909, coube ao próprio presidente Afonso Pena tornar pública a negociação com o Uruguai em sua mensagem anual ao Congresso. Explicou que com a retificação "nos conformaremos com as regras de demarcação observadas por todos os demais países na América e na Europa, no tocante aos rios fronteiriços". Não era dito, mas com a medida a única exceção seria a Argentina, que insistia na tese do Uruguai como país de "fronteiras secas". A relação entre os dois temas foi publicamente negada por Rio Branco a partir de sua tribuna no IHGB. Em discurso no instituto, três dias depois da exposição do presidente, o Barão negou que houvesse "de nossa parte o mínimo pensamento de melindrar nenhum outro governo ou de influir na solução de alguma outra questão pendente". Justificou a pequena cessão da soberania brasileira com um sentimento abstrato: "Se queremos hoje corrigir parte da nossa fronteira meridional, em proveito de um povo vizinho e amigo, é principalmente porque esse testemunho do nosso amor ao direito fica bem ao Brasil e é uma ação digna do povo brasileiro". Não poderia haver melhor confirmação para a imagem do "gigante cheio de bonomia", com a vantagem de estreitar relações com o Uruguai e constranger a Argentina.

Seja como for, arrematada a negociação com o Peru, firmou-se o tratado de retificação da fronteira brasileiro-uruguaia em 30 de outubro de 1909. O último tratado territorial assinado por Rio Branco consagrou o condomínio do Brasil e do Uruguai sobre as águas da lagoa Mirim e do rio Jaguarão e, além disso, transferiu a soberania de pequenas ilhas para o país vizinho. O Uruguai procurava negociar também com a Argentina e, ainda em 1908, designara o experiente diplomata Gonzalo Ramírez para ministro em Buenos Aires. Fortalecido pelo exemplo da concessão feita por Rio Branco, em janeiro de 1910, meses depois da assinatura do tratado com o Brasil, Ramírez assinou com Roque Sáenz Peña (que no final daquele ano assumiria a presidência argentina) um acordo sobre as águas do Prata e do rio Uruguai. Ainda que o protocolo Ramírez-Sáenz Peña não tenha resolvido a questão dos limites fluviais entre os dois países — o que só aconteceria décadas depois —, o ajuste sepultou de vez a tese da "costa seca" para o Uruguai. A diplomacia uruguaia conquistava outra grande vitória.

Mesmo com o sucesso no campo diplomático, o Uruguai atravessava uma fase de confusão em sua política interna. Rio Branco temia que o governo colorado fosse derrubado por uma revolução do Partido Blanco, com o apoio da Argentina. Recomendou ao novo presidente, Nilo Peçanha, que a fronteira do Rio Grande do Sul fosse reforçada para evitar que grupos armados vindos da Argentina passassem ao território uruguaio. Como de praxe, considerava a conjuntura militar desfavorável, pois, pelas informações obtidas, "é deplorável a situação em que se acham os nossos meios de defesa no Rio Grande do Sul e em Mato Grosso". Ainda assim, tinha confiança de que, àquela altura, um eventual conflito bélico com a Argentina era bastante improvável: "Não penso que o governo argentino pense em alguma agressão próxima ao Brasil. Ele deve desejar que corram brilhantes em 1910 as festas do Centenário, e tranquilos os trabalhos da Conferência Pan-Americana". De fato, em 25 de maio do ano seguinte comemoravam-se os cem anos da independência argentina e, em seguida, caberia a Buenos Aires sediar a IV Conferência Pan-Americana. Os temores quanto ao Uruguai não se concretizaram. O presidente Claudio Williman concluiu o mandato e, em 1911,

444

transmitiu o poder a seu sucessor, José Batlle y Ordóñez, mantendo-se a longa hegemonia do Partido Colorado.

Também em fins de 1909, um incidente entre uma companhia estadunidense e o governo chileno deu ensejo a uma curiosa disputa diplomática entre Brasil e Argentina. A empresa Alsop detinha concessões feitas previamente pelo governo boliviano sobre território conquistado pelo Chile na Guerra do Pacífico. Com a ocupação chilena, o negócio não pôde prosperar; ao contrário, gerou uma dívida expressiva. Pelo tratado de paz de 1904, cabia a Santiago entender-se com os capitalistas estrangeiros que se sentissem prejudicados. O tribunal arbitral de Washington declarou-se incompetente para julgar a disputa e remeteu a queixa para a jurisdição da justiça chilena. Os representantes da Alsop preferiram, entretanto, pressionar diretamente o governo chileno para obter a indenização desejada. Este aceitou pagar a dívida original, de 835 mil pesos bolivianos, mas a Alsop exigia também o pagamento dos juros acumulados desde a década de 1880. O assunto estava num impasse quando o ministro dos Estados Unidos em Santiago tomou o partido da Alsop e fez uma reclamação diplomática, em termos muito duros, demandando o pagamento imediato de 1 milhão de dólares à empresa. O governo chileno aceitou levar o caso ao Tribunal de Haia, com o depósito da quantia exigida em garantia, desde que o ministro estadunidense retirasse sua nota, considerada ofensiva. Em resposta, em 19 de novembro, o diplomata apresentou um ultimato que previa que, se o pagamento não fosse efetuado em dez dias, a legação dos Estados Unidos deixaria Santiago, e as relações diplomáticas entre os dois países estariam rompidas.

O caso teve grande repercussão, não só na imprensa chilena como no Rio de Janeiro e em Buenos Aires. As diplomacias brasileira e argentina correram para interceder em favor do Chile no incidente em que, obviamente, o ministro estadunidense em Santiago atuara com prepotência desmedida. Nos Estados Unidos, em março daquele ano, Roosevelt fora sucedido pelo presidente William Taft; Joaquim Nabuco não tinha com o novo secretário de Estado, Philander Knox, o mesmo bom trânsito mantido com Elihu Root. Assim, recorreu a Root, que pressionou pessoalmente seu sucessor em favor de uma solução amistosa e marcou uma entrevista com Knox para Nabuco.

A conversa com o secretário de Estado ocorreu ainda no dia 23, pondo-se Nabuco à frente de seu colega argentino, que só foi recebido por Knox quatro dias depois. O jornal *O País*, em sua edição daquele 27 de novembro, informava sobre a audiência do ministro argentino com o secretário de Estado, não sem comentar que "o assunto já estava virtualmente resolvido desde a conferência que o secretário de Estado Knox teve com o embaixador brasileiro Joaquim Nabuco em 23 do corrente". A reação de Knox à gestão de Nabuco aparentemente teria sido positiva, pois o ultimato foi retirado em seguida. A divulgação da atuação eficaz do embaixador brasileiro, orientada por Rio Branco, obteve excelente repercussão junto ao governo e à imprensa chilena. Mesmo posterior, não é de descartar, porém, que a gestão argentina tenha sido o fator realmente decisivo, pois Buenos Aires negociava a compra de seus encouraçados em estaleiros dos Estados Unidos e o ministro daquele país na Argentina alertou o Departamento de Estado de que a péssima repercussão da atitude estadunidense punha o negócio em risco.

O litígio entre o governo chileno e a Alsop acabou submetido à arbitragem do rei da Inglaterra, e as boas relações entre Santiago e Washington foram preservadas. Qualquer que tenha sido a causa do recuo estadunidense, Rio Branco não deixou de propagar que a diplomacia brasileira se mostrara "mais amiga" do Chile do que a argentina. No fim, ainda que superada a crise com os Estados Unidos, em termos práticos o resultado da pendência não chegou a favorecer o Chile, pois em 1911 o laudo final determinou que o país pagasse o principal da dívida, de 853 mil bolivianos, acrescidos de 1 440 375 bolivianos relativos aos juros acumulados.

Os primeiros acordos sobre os limites brasileiros haviam sido assinados em 1851, com o Uruguai e com o Peru. Curiosamente, 58 anos depois, foram novos ajustes com esses mesmos dois países que encerraram o processo que dava forma definitiva ao corpo da pátria brasileira. Nas palavras de Rui Barbosa, o barão do Rio Branco se tornara o *deus terminus* das fronteiras. Ainda que com a popularidade arranhada pelo apoio emprestado à candidatura de Hermes da Fonseca, Paranhos viveu, em fins de 1909, o auge de seu prestígio e poder. O acordo alcançado com o governo peruano enfim dissipou as dúvidas sobre as vantagens obtidas pelo Tratado de Petrópolis. Por outro lado, as pequenas cessões territoriais feitas ao Peru e ao Uruguai pouco significavam diante dos cerca de 700 mil quilômetros quadrados que Rio Branco incorporara definitivamente ao território brasileiro nas arbitragens de Palmas (31 mil) e do Amapá (255 mil), e pelos acordos com a Bolívia e o Peru (413 mil). Trata-se de uma extensão de terra superior à área conjunta dos três estados da região Sul (Rio Grande do Sul, Santa Catarina e Paraná), acrescida do estado de Pernambuco.

Rio Branco seguia pendente da imagem internacional do Brasil. Estava atento aos visitantes ilustres que passavam pela América do Sul e não deixou de influir junto à Academia Brasileira de Letras para que convidasse o escritor Anatole France (contratado para proferir uma série de conferências em Buenos Aires) para também expor seus pontos de vista perante plateias brasileiras. O autor francês, que receberia o prêmio Nobel de literatura em 1921, estava então no auge de sua popularidade. Em sua curta escala carioca — no percurso de ida para a capital argentina, em maio de 1909 —, uma delegação da Academia fora buscá-lo a bordo do navio em que viajava, homenageando-o em seguida com uma sessão solene na qual foi saudado pelo novo presidente da casa, Rui Barbosa. Como de praxe, foi também convidado de honra de um almoço no Palácio Itamaraty. Na volta de Buenos Aires, um par de meses depois, fez duas conferências no Rio de Janeiro e outra em São Paulo. Duas delas versaram sobre "O positivismo no Brasil e no mundo" e a última sobre Pierre Laffitte. Como seria de esperar, Anatole France mostrou-se cordial com seus anfitriões e previu que a república brasileira "será forte, será profundamente civilizadora, humana e pacífica". Sobraram elogios também para a ação de Rui Barbosa em Haia, para Rio Branco e para o falecido Machado Assis.

No final do ano, surgiu a iniciativa mais ambiciosa e mais consistente de fixar a narrativa sobre a política continental que Rio Branco tentava promover. A *Revista Americana* foi fundada em outubro de 1909, no Rio de Janeiro. O periódico, comandado pelo discípulo Araújo Jorge, sobreviveria ao Barão. Com curtas interrupções, foi publicado mensalmente até junho de 1913, quando sofreu uma paralisação prolongada, voltando a circular apenas em outubro de 1916, para deixar de existir em outubro de 1919. Segundo o editorial do número inaugural, a publicação tinha por objetivo divulgar as manifestações culturais das Américas e servir como "traço de união entre as figuras representativas da intelectualidade" continental. Propunha-se ainda a contribuir para a "aproximação política" entre os países americanos. Se Zeballos comandava sua *Revista de Derecho, Historia y Letras*, o pensamento de Rio Branco seria expresso por meio da *Revista Americana*.

29. Há muito tempo nas águas da Guanabara

Naquela semana avistava-se no céu o cometa Halley, em uma das visitas que faz a cada 76 anos às vizinhanças do planeta Terra. Ainda assim, a imaginação dos cariocas estava voltada para a chegada de outro astro ainda mais importante. No dia 17 de abril de 1910, entrava na baía de Guanabara o encouraçado *Minas Gerais*, o navio de guerra mais poderoso a singrar os mares naquele momento. Em tonelagem e poder de fogo, superava até o *HMS Dreadnought*, da Marinha britânica, que servira de modelo para sua construção. O recém-chegado provocou um surto de patriotismo: o Brasil juntava-se às maiores potências navais do globo. Apenas as Marinhas da Inglaterra e dos Estados Unidos (e, em seguida, da Alemanha) contavam com belonaves daquela classe, e o *Minas Gerais* levava vantagem em armas e tamanho sobre todas as concorrentes.

No dia seguinte, os jornais cobriram o evento com matérias que ocuparam as primeiras páginas e se estenderam pelas páginas internas das edições daquele domingo. A imprensa vendia o orgulho nacional em cores vibrantes. *O País* qualificou a chegada do *Minas Gerais* como "grande acontecimento, que ontem fez palpitar toda a alma nacional". A população do Rio compareceu em massa à orla da baía para ver a aquisição imponente da Armada e os brasileiros, continuava o jornal, saudavam no vulto de aço do *Minas Gerais*, o Brasil novo, opulento e poderoso que vai na rota de progresso e civilização com a mesma galhardia que o primeiro de seus *dreadnoughts* — o primeiro *dreadnought* do mundo — entrou nas águas espelhadas da Guanabara.

O País não foi o único a se entusiasmar com a nova Armada brasileira. A *Gazeta de Notícias* qualificou o encouraçado como "pedaço flutuante da pátria, destinado a ser nos mares pertencentes a todos os homens a grande força afirmadora da nossa cultura, da nossa grandeza, da nossa generosidade e da nossa civilização". Até mesmo o oposicionista *Correio da Manhã* se rendeu e se emocionou com a chegada do *Minas Gerais*: "Assim, águas do Rio de Janeiro, deixai abrir o salso coração da Guanabara para o recipiendário que ainda não ganhou batalha mas é já festejado como um herói".

A imprensa alimentou o fervor popular, que cantou em prosa e verso o poderio brasileiro. O compositor Eduardo das Neves aproveitou a melodia italiana "Vieni sul mar" para compor uma canção em homenagem ao encouraçado. O estribilho dizia: "Louros triunfais o século nos traz, vamos saudar o gigante do mar/ Oh, *Minas Gerais*". Com a letra modificada, "Oh, Minas Gerais" tornou-se depois o hino semioficial do estado de mesmo nome. Meses depois da chegada do *Minas Gerais*, juntou-se a ele o segundo dos três *dreadnoughts* comprados pelo Brasil, o *São Paulo*. A esquadra brasileira tornava-se, ao menos em teoria, uma das mais poderosas do planeta e, sem dúvida, imbatível na América do Sul.

Do estaleiro onde foi construído, em Newcastle, na Inglaterra, antes de dirigir-se ao Brasil, o *Minas Gerais* cruzara o Atlântico para encontrar-se, nos Estados Unidos, com o *USS North Carolina*, que trazia para o Brasil o corpo de Joaquim Nabuco, falecido em 17 de janeiro. De lá, as duas embarcações navegaram em comboio até o Brasil. Como deferência muito especial, o governo estadunidense disponibilizara um navio de sua Marinha de Guerra para transportar os despojos do político e diplomata pernambucano até sua cidade natal. A homenagem fazia justiça ao bom trabalho desenvolvido pelo primeiro embaixador brasileiro nos Estados Unidos, mas não chegava a esconder as fissuras na propalada amizade entre os dois países.

Mesmo antes da morte de Nabuco, as relações com os Estados Unidos já haviam entrado em um período difícil. Em Haia, as divergências se revelaram inocultáveis. No decorrer de 1909, discutiu-se no Congresso estadunidense a criação de uma taxa sobre as importações do café brasileiro. Além de o produto concorrer com a pequena produção porto-riquenha, a política de sustentação dos preços do café, inaugurada pelo Convênio de Taubaté em 1906, incomodava os compradores estadunidenses. Ademais, apesar de o café ter isenção de impostos de importação ao ingressar nos Estados Unidos, os consumidores arcavam com a taxa de exportação retida pelos estados produtores e embutida no preço final. Nabuco desenvolveu um intenso trabalho de convencimento junto às autoridades locais e conseguiu manter livre de tarifas a importação do café, do cacau, da borracha e das peles vindas do Brasil, porém a pressão estadunidense se manteve, e em 1911 o governo brasileiro aumentou de 20% para 30% a preferência concedida às importações vindas dos Estados Unidos. Ainda assim, a ameaça de taxação do café tornou-se recorrente. Com a mudança de governo em Washington, o *big stick* dera lugar à "diplomacia do dólar", e as questões de comércio e investimento passaram para primeiro plano nas preocupações do governo daquele país.

A embaixada em Washington ficaria por mais de um ano sob chefia interina. Rio Branco transferiria de Buenos Aires para lá seu homem de confiança, Domício da Gama, mas apenas em maio de 1911. À medida que o tempo passava, a parceria entre o Brasil e os Estados Unidos se deteriorava, contrastando com as relações mais fluidas de ambos com a Argentina. Buenos Aires encomendou seus encouraçados a estaleiros estadunidenses, vitória importante para a indústria bélica ianque, já que a América do Sul até então se mantinha mercado cativo para os armamentos europeus, com Inglaterra, França e Alemanha competindo ferozmente pelas compras da região. O Brasil adquiria seus navios de guerra na Inglaterra e Rio Branco favorecia a cooperação da força terrestre brasileira com a Alemanha, que fora seu único posto propriamente diplomático no exterior. O marechal Hermes da Fonseca visitou duas vezes aquele país — como ministro da Guerra e como presidente eleito —, para conhecer as instalações militares e as fábricas de armamentos alemãs.

Para desgosto de Washington, as tentativas de empresas estadunidenses de penetrar no mercado bélico brasileiro falharam repetidas vezes. Em telegrama para Domício, meses antes de sua morte, Rio Branco pediu ao embaixador que explicasse aos estadunidenses que os "elementos de defesa não podiam ser equiparados a artigos de marinha mercante e cada país tinha direito de escolher livremente só consultando seu próprio interesse nacional". Para piorar, em 1911 um senador do Nebraska acusou o esquema de valorização do café de causar um

450

prejuízo anual de 35 milhões de dólares aos consumidores estadunidenses. Arguindo a legislação antitruste, pediu a abertura de um inquérito e o processo foi acolhido pela corte do Nebraska. O procurador do caso exigiu a venda imediata das 930 mil sacas de café de propriedade do estado de São Paulo armazenadas nos Estados Unidos, o que ocasionaria uma forte queda no preço do produto. O sequestro do café estocado afinal não ocorreu, mas derivou em áspera discussão diplomática, já que os Estados Unidos estavam pondo em questão o esquema de defesa dos preços do principal produto de exportação brasileiro. Segundo o historiador estadunidense Joseph Smith, no fim da gestão do Barão as relações entre os dois países estavam em "seu ponto mais baixo em décadas".

No plano da política interna, as discussões em torno do último ajuste de fronteiras promovido por Rio Branco — a retificação dos limites com o Uruguai — são particularmente interessantes se comparadas à via crucis da aprovação da excelente barganha conseguida na Questão do Acre. Com o Tratado de Petrópolis, o Brasil incorporara cerca de 191 mil quilômetros quadrados contra a cessão de pouco mais de 3 mil quilômetros quadrados, 2 milhões de libras e a construção da Estrada de Ferro Madeira-Mamoré — uma troca muito vantajosa, como se pode ver. Ao Uruguai, o Brasil concedeu unilateralmente a navegação e o condomínio da lagoa Mirim e do rio Jaguarão, o direito de navegação da lagoa Mirim até o oceano Atlântico por águas brasileiras e a propriedade de três ilhas existentes no rio Jaguarão. O Brasil cedeu cerca de 724 quilômetros quadrados da lagoa Mirim e não recebeu compensação alguma. Foi uma cessão unilateral e incondicional.

A discrepância não poderia ser mais clara. Para obter a ratificação do Tratado de Petrópolis, obviamente vantajoso, Rio Branco enfrentou uma verdadeira batalha na imprensa e no Congresso. A aprovação do ajuste de limites com o Uruguai, ainda que polêmica, foi muito mais tranquila. É verdade que o Barão não se descuidou e buscou com muita antecedência fazer "algum trabalho para preparar a opinião no Congresso e no Rio Grande do Sul". Desde o início, as boas relações estabelecidas com o poderoso senador gaúcho Pinheiro Machado (que se opusera ao Tratado de Petrópolis) foram de fundamental importância para o andamento das negociações e para a ratificação do acordo com o Uruguai. Ainda assim, houve alguma resistência. Como seria de esperar, o *Correio da Manhã* se opôs e contou com a adesão do *Jornal do Brasil* e do *Diário do Comércio*. Este último chegou a qualificar o acordo como um "crime de lesa-pátria". Na seção "A Pedidos" do *Jornal do Comércio*, em artigo sugestivamente intitulado "Monólogo de um solitário", o monarquista Andrade Figueira alertou que "a posteridade verterá lágrimas de sangue por tão imprudentes concessões em pontos delicados de nossas fronteiras, que hoje acariciam a seus autores e lhes valem efêmeros triunfos". Contudo, essas críticas esparsas não se compararam, nem de longe, à violentíssima campanha comandada pelo *Correio da Manhã* em fins de 1903 e no início do ano seguinte.

No Congresso também se ouviram críticas, mas o tom geral foi de confiança no bom juízo de Rio Branco. Em fins de 1909, a oposição obstruiu a discussão do tratado e o tema só foi analisado no ano seguinte, depois do recesso parlamentar. Para o deputado Henrique Valga, o tratado com o Uruguai era inconstitucional, mas, como fora proposto pelo Barão, estaria "de acordo com os altos interesses da pátria". Acrescentou que "entre a pátria e a Constituição, sou e serei sempre pela pátria". Para o deputado João Dunshee de Abranches, o endosso de Rio Branco dissipava qualquer dúvida, pois ele "já não é um nome, é um símbolo — um símbolo de paz, de previdência, de sabedoria e de justiça, sendo hoje em dia a nossa história viva e encarnando em sua própria glória a glória do Brasil!". O acordo foi aprovado com 107 votos a favor e sete contra na Câmara dos Deputados, e por unanimidade no Senado, resultado ainda melhor que no caso do Tratado de Petrópolis (118 a favor e treze contra na Câmara e 27 a quatro no Senado) e com muitíssimo menos críticas, a despeito de as vantagens da retificação das fronteiras com o Uruguai não serem nada evidentes.

O tratado de limites entre o Brasil e o Peru foi discutido e aprovado em cinco sessões secretas do Congresso, entre 19 e 25 de abril de 1910. Ainda em meio à euforia gerada pela chegada do *Minas Gerais,* sua repercussão na imprensa foi discreta e quase invariavelmente favorável. Apenas o oposicionista *Correio da Manhã* — como não poderia deixar de ser — ensaiou algumas críticas, ainda que contidas, à aprovação do tratado. Na edição de 24 de abril, o jornal de Edmundo Bittencourt lamentou: "Agora que o Brasil está forte e armado, entramos lastimavelmente no caminho das condescendências". Nos debates na Câmara, o deputado maranhense João Dunshee de Abranches confirmou sua fama de principal aliado de Rio Branco na casa — como tal, ocuparia o lugar deixado por Gastão da Cunha, que abandonara a vida parlamentar e ingressara na diplomacia pelas mãos do chanceler. Dentre os deputados de 1906-12, seria de Abranches a voz que sempre se levantaria em defesa dele no Parlamento, como no debate que travou com o deputado Barbosa Lima na sessão de 21 de outubro de 1911. Sua longa intervenção, na oportunidade, foi publicada com título sugestivo, *Rio Branco: Defesa de seus atos*, um dos vários livros que Abranches dedicou ao Barão em sua extensa bibliografia.

Relator na discussão do tratado com o Peru — na Comissão de Diplomacia e Tratados da Câmara —, Dunshee de Abranches se esmerou nos elogios ao convênio. Seu parecer era, além disso, uma defesa do Tratado de Petrópolis. Afora apontar as vantagens políticas do acordo com a Bolívia, Abranches fez a contabilidade dos impostos pagos ao governo federal sobre as exportações do território do Acre e concluiu que, de 1903 a 1909, 58 mil contos de réis haviam sido arrecadados, total que superava com folga os 34,4 mil contos gastos com as indenizações concedidas ao governo boliviano e ao Bolivian Syndicate. O saldo era de 23,6 mil contos. O ajuste com o Peru foi "o complemento glorioso do Tratado de Petrópolis", concluiu ele, e arrematou: "Encarados sob todos os aspectos, difícil seria concluir com justiça e propriedade qual dos dois é o mais notável e mais digno da destinação histórica do Brasil na América do Sul".

Na Comissão de Diplomacia e Tratados, o parecer foi aprovado por unanimidade, ainda que "com restrições" do então doublé de jornalista e político Pedro Leão Veloso, eleito deputado pela Bahia em 1906. O texto também foi aprovado sem tropeços nos plenários da Câmara e no Senado. Abranches tinha razão ao ligar o acordo com o Peru ao Tratado de Petrópolis. A historiografia brasileira confere grande ênfase ao convênio assinado com a Bolívia, mas na verdade a soberania sobre o Acre só ficou garantida com a conclusão do acordo com o Peru. O próprio Rio Branco, para proteger-se das críticas de que teria corrido o risco de precisar "comprar duas vezes" o Acre, iniciou a narrativa que minimiza a negociação com o Peru, mas na verdade, em termos da extensão do território em litígio (442 mil quilômetros quadrados), essa foi a maior vitória do Barão. Foi também o processo negociador mais longo (de 1904 a 1909) e, talvez, aquele em que houve maior risco de guerra — contra um adversário muito mais forte que a Bolívia.

Com a chegada dos navios que constituíram a Esquadra de 1910, as relações com a Argentina alcançaram novo equilíbrio. O Brasil saíra na frente na corrida armamentista para a qual arrastara aquele país e o Chile. Em Buenos Aires, o governo de José Figueroa Alcorta chegava a seu último ano em grande estilo. Em maio, as festas da comemoração do centenário da Independência do país contaram com a presença da infanta Isabel de Bourbon como representante da realeza espanhola. Entre julho e agosto, a IV Conferência Pan-Americana, realizada na capital argentina, marcou um momento de especial harmonia nas relações entre Argentina e Estados Unidos. A inclusão de Zeballos na delegação do país anfitrião irritou Rio Branco, que, em reação, postergou o quanto pôde a confirmação da presença brasileira. Em comunicação a Joaquim Nabuco, ainda em 1909, o Barão explicava:

> Não está resolvido que o Brasil deixe de comparecer à conferência de Buenos Aires, mas em presença da escolha de Zeballos que pirronicamente há dias afirmou que o Brasil deseja conquistar a República Oriental, o Paraguai e as províncias argentinas de Corrientes e Entre Ríos, entendeu o governo que, sem fazer reclamação alguma, como também não fez no caso da falsificação do telegrama número 9, deve reservar para mais tarde o problemático comparecimento à conferência.

Nabuco reagiu em seguida, insistindo que a ausência brasileira teria péssimo efeito nas relações com os Estados Unidos e concluindo ironicamente: "Confio que não deixaremos de lá ir ainda que tivéssemos que pedir salvo-conduto". Afinal o bom senso prevaleceria. O Brasil compareceu, mas só confirmou presença no mês anterior ao início do evento.

As discussões sobre a agenda da IV Conferência haviam começado no ano anterior. No plano simbólico, os Estados Unidos buscavam associar-se à série de comemorações dos centenários das Independências dos países latino-americanos, inaugurada pela Argentina. Joaquim Nabuco, ao dar ciência da proposta de programa a Rio Branco, sugeriu que o Brasil apresentasse uma moção de reconhecimento da Doutrina Monroe. O texto proposto por Nabuco era direto:

> O largo período decorrido desde a declaração da Doutrina Monroe habilita-nos a reconhecer nela um fator permanente da paz externa do continente americano. Por isso, festejando os primeiros esforços para a sua independência, a América Latina envia à grande irmã do norte a expressão do seu reconhecimento por aquela nobre e desinteressada iniciativa, de tão grande benefício para todo o Novo Mundo.

Para explicar o porquê dessa declaração, Nabuco sugeriu a Rio Branco que o Brasil teria interesse em antecipar-se a uma eventual iniciativa de outro país e que, se antes as "nações espanholas tinham outra orientação a respeito deste país [os Estados Unidos]", naquele momento elas "emulam em conquistar-lhe a confiança". O alto grau de irrealismo contido na ideia de que os demais países latino-americanos endossariam um agradecimento pela Doutrina Monroe, ainda mais classificada como uma política "nobre e desinteressada", não foi percebido por Rio Branco, que nas negociações preliminares à conferência fez circular uma variação dessa proposta entre as delegações do Chile e da Argentina. Em face da reação francamente negativa, a moção não chegou nem sequer a ser apresentada formalmente. Aliás, sondados a respeito, os próprios Estados Unidos manifestaram-se contrários. Para eles, as conferências pan-americanas eram em grande medida um exercício de relações públicas; trazer à tona um tema que, afinal, estava na raiz das queixas contra o intervencionismo ianque seria uma atitude claramente infeliz.

Ao descrever o episódio como um dos "raros momentos *irrealistas* na argumentação diplomática do Barão", o diplomata Gelson Fonseca o interpreta como uma tentativa de "multilaterizar" a Doutrina Monroe, com o intuito de transportar essa política para um cenário multilateral e, a partir da ação da maioria parlamentar, "controlar" sua aplicação. Pode ser. Esse raciocínio, porém, parece projetar uma visão contemporânea e sua intencionalidade a um fato passado. Não há indícios de que moderar a Doutrina Monroe estivesse entre os objetivos, mesmo remotos, de Rio Branco. Em termos de sua visão de mundo, o poder de polícia dos Estados Unidos sobre os países instáveis do continente era não somente justificado como desejável. Uma explicação melhor e mais simples — que não desculpa a avaliação irrealista, tanto de Joaquim Nabuco como de Rio Branco — parece estar na justificativa dada pelo primeiro (que na altura da IV Conferência já havia falecido): antecipar-se a uma eventual proposta de outro país, numa iniciativa supostamente agradável aos Estados Unidos. A melhora das relações de Washington com Buenos Aires e o esfriamento da amizade da primeira com o Rio de Janeiro davam o contexto para mais essa pequena competição. Em todo caso, a proposta não foi à frente.

Ao longo de 1910, as relações com os Estados Unidos esfriaram, mas com a Argentina — a despeito de alguns tropeços — foram melhorando. Fator importante no processo foi o fato de a Argentina ainda não ter recebido seus *dreadnoughts*. Com isso, mesmo os setores mais nacionalistas do país adotaram uma atitude de cautela diante da possibilidade de um conflito sério com o Brasil, que já contava com o grosso da Esquadra de 1910. Mesmo assim, a reversão do clima pesado foi lenta e turvada esporadicamente por pequenos incidentes.

A indicação de Zeballos para a delegação argentina na Conferência Pan-Americana irritara Rio Branco, que decidiu que o Brasil não enviaria delegação especial nem divisão naval para as comemorações do centenário da Independência argentina, como faziam alguns outros países. Essa ausência foi o pretexto para que uma bandeira brasileira fosse rasgada e pisada publicamente em Buenos Aires por populares. A notícia gerou o apedrejamento dos consulados argentinos no Rio Grande do Sul, em Santa Catarina, em São Paulo e na Bahia. Novas manifestações hostis ao Brasil na Argentina foram respondidas em cidades brasileiras, alimentando um círculo vicioso de exacerbação dos sentimentos patrioteiros nos dois países que só se interrompeu com a intervenção dos respectivos governos. Além de mandar reprimir as manifestações antiargentinas, Rio Branco, num gesto simbólico que se revelou muito bem pensado, saiu a passeio a pé pelo centro do Rio acompanhado do encarregado de negócios argentino. A cena transformou a irritação popular em aplauso.

Em março, Roque Sáenz Peña fora eleito presidente da Argentina em substituição a Alcorta, mas ainda não assumira. O novo mandatário era conhecido por seu posicionamento favorável às boas relações com o Brasil, por isso as perspectivas eram claramente de restabelecimento da confiança mútua. A melhoria das relações entre Brasil e Argentina teria repercussões em outros aspectos da política sul-americana.

Em coordenação com a Argentina e os Estados Unidos, em maio daquele ano o Brasil já agira para apaziguar o conflito entre o Peru e o Equador, que com o fracasso da mediação espanhola voltavam a se desentender. A harmonia entre Rio de Janeiro e Buenos Aires vinha em boa hora, pois naquele mesmo mês Chile e Peru romperam relações diplomáticas; a escalada da tensão entre os dois países prenunciava nova guerra entre eles. Reconciliado com o Peru depois do acordo de limites, em fevereiro de 1911 Rio Branco tentou intermediar um acordo entre Santiago e Lima, sem sucesso. Ao contrário, a iniciativa gerou desconforto nas relações entre o Brasil e um Chile intransigente. Surpreso com a reação chilena, Paranhos insistiu, em correspondência com a legação brasileira em Santiago: "Tenho direito de ser acreditado". Ele recomendava que o Chile fizesse concessões e devolvesse parte dos territórios adquiridos na Guerra do Pacífico, lamentando que a solução fosse recusada. "Foi transigindo com os nossos vizinhos que conseguimos pôr termo a todas as nossas questões de limites. Aconselhávamos, portanto, ao Chile que fizesse o que nós próprios temos feito."

O verdadeiro divisor de águas nas relações entre Brasil e Argentina foi a assunção de Sáenz Peña, em outubro de 1910. Mesmo antes disso, ao fazer escala no Rio de Janeiro vindo da Europa, em agosto, já na qualidade de presidente eleito, ele contribuiu para desanuviar as tensões. Rio Branco caprichou na solenidade da acolhida, e Sáenz Peña foi recebido em grande estilo. Entre outras muitas homenagens, sob aclamação popular, desfilou em carro aberto pela avenida Central na companhia do presidente Nilo Peçanha, cercado de todo o aparato militar reservado aos chefes de Estado. A visita rendeu uma frase de efeito que até hoje é invariavelmente repetida nos discursos de diplomatas dos dois países. Sáenz Peña decretou, com muita propriedade: "Tudo nos une, nada nos separa".

As relações com a Argentina entravam em fase de tranquilidade, as fronteiras brasileiras estavam definidas com todos os vizinhos e as Forças Armadas nacionais pareciam ter readquirido a antiga preeminência no contexto sul-americano. A posse de Hermes da Fonseca, em 15 de novembro de 1910, dava a impressão de consolidar um Brasil próspero, moderno, estável e poderoso militarmente. Por fim o país se mostrava em condições de exercer um papel preponderante na política sul-americana e tinha meios de dissuasão contra intromissões até mesmo das grandes potências. Parecia que os sonhos de Rio Branco se tornavam realidade.

Essa fantasia desmoronou inapelavelmente dias depois, na noite de 22 de novembro. Ao voltar para bordo, depois de jantar em um navio francês em visita ao Rio, o comandante do *Minas Gerais*, João Batista das Neves, foi recebido com gritos de "Viva a liberdade" e "Abaixo a chibata". Ensaiou uma resistência ao motim e na luta pelo controle do encouraçado foi morto, junto com outros oficiais e marinheiros.

A Revolta da Chibata, a despeito de ter sido deflagrada pela punição de um marinheiro com 250 chibatadas, dois dias antes, vinha sendo planejada havia dois anos. O *dreadnought Minas Gerais* hasteou a bandeira vermelha, simbolizando sua insubmissão ao governo. Dispararam-se tiros de canhão para alertar os marinheiros dos demais navios que participavam da rebelião. Nos encouraçados *São Paulo* e *Deodoro*, no *scout Bahia* e nos cruzadores *Timbira* e *República* as tripulações se amotinaram, aprisionando ou expulsando os oficiais. Juntos, esses navios constituiriam uma das mais poderosas armadas dos mares e estavam nas mãos de seus marinheiros, sob o comando de João Cândido Felisberto, logo alcunhado "Almirante Negro".

A reação em terra foi de incredulidade e confusão. Hermes acusou a oposição de estar tentando derrubar o governo que recém tomava posse. Na verdade, para aquela república conservadora, vivia-se algo muito mais perigoso. Ao contrário da Revolta da Armada de 1893-4, não se tratava de uma luta entre facções das elites, com os navios sob o comando de oficiais e refletindo interesses partidários, mas de uma revolta dos marinheiros contra as péssimas condições de trabalho e a arbitrariedade dos oficiais. A insurreição tinha o potencial de se espraiar pelas classes subalternas e descambar para uma verdadeira revolução social. Era inescapável o paralelo com as então recentes revoltas populares na Rússia — coroadas pela rebelião do encouraçado *Potemkin* — apenas um lustro antes, com a diferença de que o caso brasileiro era muito pior. Aqui, em lugar de um único navio, as belonaves que compunham a espinha dorsal da poderosa frota é que ostentavam a bandeira vermelha.

As acusações contra a oposição como promotora da rebelião cessaram na manhã seguinte, com a divulgação do manifesto dos marinheiros. O texto reclamava que "vinte anos de República ainda não foi bastante para tratar-nos como cidadãos fardados em defesa da pátria". Os revoltosos exigiam a retirada dos oficiais "incompetentes e indignos", o fim "da chibata, do bolo e outros castigos semelhantes", a adoção de uma proposta de aumento do soldo feita pelo deputado José Carlos de Carvalho, a educação dos "marinheiros que não têm competência para vestir a orgulhosa farda" e a reforma da tabela de serviço diário. A pauta de reivindicações, além de inegavelmente justa, era, na verdade, bastante modesta.

O governo e a classe política se dividiram quanto à resposta a dar aos amotinados. Ceder às exigências ou tratar de submeter os marinheiros, mesmo ao custo de uma batalha capaz de causar grande destruição na capital federal e, quem sabe, resultar no afundamento dos navios recém-comprados, deixando o país outra vez em situação precária em termos navais? Se as belonaves rebeldes se mantivessem a uma distância segura das fortalezas do litoral, só a utilização de torpedos ou a colocação de minas seriam capazes de destruí-las. O inventário dessas armas revelou-se pífio: havia nos arsenais apenas uma mina e doze torpedos, estes em condições duvidosas de uso. Ademais, como poderiam os oficiais contar com a lealdade dos marinheiros dos navios não rebelados em uma ação contra seus companheiros? Ainda assim, em 25 de novembro o presidente autorizou o ministro da Marinha a preparar um ataque contra os rebeldes.

Rio Branco se desesperou. Assustava-o a perspectiva de ver os principais navios da Armada brasileira destruídos e, em consequência, o Brasil outra vez em total inferioridade de meios militares frente a seus vizinhos. Aliás, o país ficaria em situação ainda pior que antes, pois a Argentina encomendara dois *dreadnoughts* e, afundados o *Minas Gerais* e o *São Paulo*, o Brasil estaria à mercê da frota argentina. Valendo-se de suas amizades na Marinha, o Barão convidou o oficial designado para chefiar o ataque aos rebeldes para almoçar no restaurante Brahma e procurou convencê-lo de que os encouraçados insubmissos representavam o equilíbrio naval sul-americano e não poderiam ser perdidos em nenhuma hipótese. Para alguém cioso como ele da disciplina militar, só o desespero justificava essa tentativa de contornar a cadeia de comando constituída pelo ministro da Marinha e pelo presidente. Ao mesmo tempo, como muitos, Paranhos se recusava a acreditar que a iniciativa e a direção daquela revolta estivessem nas mãos de simples marinheiros.

Com o antigo pseudônimo dos tempos de Juca Paranhos, "Nemo", ele publicou um artigo no *Correio da Noite* especulando que não "tenham faltado aos revoltosos sugestores hábeis e malévolos" e chegando a insinuar que o deputado José Carlos de Carvalho (o mesmo que, antes da revolta, propusera o aumento do soldo e outros benefícios), "conscientemente ou não", estaria entre esses "sugestores". Nemo pedia uma investigação "longe da reportagem" e sugeria que, como conclusão da devassa, talvez se encontrasse "o rastilho de uma conspiração muito mais vasta e antipatriótica".

O movimento dos marinheiros gerara uma onda de notícias e denúncias contra o tratamento que a Marinha dava aos subordinados. O recurso à chibata como punição fora oficialmente proibido logo após a proclamação da República, para depois ser reinstituído por instruções internas da força naval. A origem social e racial dos marinheiros, em sua maioria negros e pardos, em contraste com uma oficialidade majoritariamente branca, fez do paralelo com a escravidão um tema recorrente. Na imprensa, na opinião pública e no Congresso, passou a predominar um sentimento de simpatia pelos revoltosos, que adotaram o lema "Ordem e Liberdade". Depois de negociações conduzidas pelo deputado José Carlos de Carvalho, em 26 de novembro o Congresso aprovou um projeto anistiando os revoltosos e encaminhando suas reivindicações. Aparentemente, a Revolta da Chibata terminara com a vitória dos marinheiros. Os jornais dos dias seguintes estamparam imagens até então inconcebíveis, como a cerimônia de passagem do comando dos navios dos marinheiros para os oficiais. Fotografias de João Cândido inundaram as páginas da imprensa brasileira.

A alegria durou pouco, pois, a despeito da anistia, já em 28 de novembro começaram a ocorrer expulsões e mesmo prisões de dezenas e depois centenas de marinheiros. Na noite de 9 de dezembro, um confronto entre marinheiros e oficiais do navio *Rio Grande do Sul*, logo abafado, foi seguido de uma rebelião do batalhão de fuzileiros navais da ilha das Cobras. Dessa vez o governo reagiu imediatamente, e canhões do Exército passaram a bombardear a base naval, o que resultou em dezenas de mortos e feridos. A despeito da tensão, não houve nenhum ensaio de adesão à rebelião de dezembro nos navios que participaram da revolta de 22 a 26 de novembro. Isolados e instalados em um alvo fixo ao alcance das baterias terrestres, os amotinados da ilha das Cobras não tinham como resistir e se renderam.

Foi decretado estado de sítio, e os revoltosos, tanto os de dezembro como os de novembro, foram presos às centenas, inclusive João Cândido. Cerca de cem marinheiros e outros 150 homens e mulheres que cumpriam pena na Casa de Detenção foram embarcados no navio *Satélite* e degredados para a Amazônia. No percurso, quinze deles foram fuzilados. Depois de quase morrer em uma cela onde dezesseis de seus dezessete companheiros de cativeiro pereceram sufocados, João Cândido permaneceu preso, com uma passagem por um manicômio, até 1912, quando foi absolvido, mas expulso da Marinha. Por aquela época, entre 20% e 40% do efetivo da instituição também havia sido afastado. A insurreição deixou a descoberto a total inadequação dos métodos e da própria estrutura de comando da Marinha. O prestígio da Armada brasileira levaria décadas para recuperar-se, e a Esquadra de 1910 vegetaria durante meses sem contar com condições mínimas para operar.

O episódio conta muito sobre a ilusão de modernidade e prosperidade de um país no qual pouco mais de um par de décadas antes a posse de outros seres humanos era legalizada e cuja economia se baseava na exportação de uns poucos produtos agrícolas. Acordar de repente do sonho de grandeza daquela geração terá sido especialmente difícil para Paranhos. De acordo com um de seus contemporâneos, Carlos de Laet:

A revolta dos *dreadnoughts*, em 1910, foi, para Rio Branco, um abalo tremendo. Sonhara ele um Brasil forte e capaz de, pela sua união e tranquila robustez, dominar os destinos desta parte sul do continente. [...] Para mim tenho que o fúnebre episódio por muito entrou no declínio da já combalida saúde de Rio Branco.

Os problemas de saúde do Barão eram conhecidos: hipertenso, fumante compulsivo, obeso, sedentário, alimentava-se e dormia de forma irregular. Padecia de varizes, que, nos momentos de crise, o impediam de andar. Sua pouca obediência às recomendações médicas já fazia parte do folclore que envolvia sua personalidade. Mesmo antes de 1910, são comuns os registros, em suas anotações pessoais, de noites maldormidas e dias seguidos de indisposição, nevralgia e crises de varizes. Em seus últimos anos de vida ele perdeu cerca de vinte quilos, tinha as pernas frequentemente inchadas e não raro se mostrava ofegante e tinha dificuldade para respirar. Hilário de Gouveia, que também o assistia como médico, chegou a prever que, em vista de sua má saúde, Rio Branco não teria como continuar no cargo até o fim do quadriênio de Hermes da Fonseca. Ainda no início de 1910, Hilário escreveu a Nabuco:

> O Rio Branco não anda bem, ele tem tido nestes últimos tempos dois acessos de angina no peito, que nos deram cuidado, sendo que, além da lesão cardiovascular que tem, sua vida irregular e anti-higiênica, e sobretudo o abuso do fumo, têm agravado bastante sua doença e não irá longe se não ouvir os conselhos que lhe estou a repetir quase diariamente.

Os problemas internacionais já não eram tão agudos e o novo contexto de relaxamento da competição com a Argentina contribuía para o encaminhamento das crises que surgissem, como a guerra civil que estalou no Paraguai em 1911 e se estendeu pelo ano seguinte. Buenos Aires e o Rio de Janeiro ajustaram de comum acordo uma postura de neutralidade perante as duas facções em luta. Essa neutralidade não chegou a ser perfeita, mas as aparências foram mantidas.

Um lado mais amável da diplomacia dos três últimos anos de vida de Rio Branco centrou-se na assinatura de uma série de acordos bilaterais que determinavam que eventuais disputas fossem resolvidas mediante arbitragem. Firmada a convenção de arbitramento com os Estados Unidos em janeiro de 1909, o Brasil assinou acordos similares com Portugal, França, Espanha, México, Honduras, Venezuela, Panamá, Equador, Costa Rica, Cuba, Grã-Bretanha, Bolívia, Nicarágua, Noruega, China, El Salvador, Peru, Suécia, Haiti, República Dominicana, Colômbia, Grécia, Rússia, Áustria-Hungria, Uruguai, Paraguai, Itália e Dinamarca. Além da ressalva sobre a possibilidade da utilização prévia dos bons ofícios, as questões referentes à honra, à independência e à integridade territorial foram excluídas desses tratados. Rio Branco tampouco concordou com a indicação obrigatória da Corte Permanente de Arbitragem de Haia como árbitro exclusivo. Os juízes deveriam ser escolhidos pelas partes caso a caso.

O espírito dos tempos favorecia a ideia da resolução pacífica e jurídica dos conflitos entre Estados. Ao mesmo tempo, a Primeira Guerra Mundial estava por eclodir, sem que o mundo se desse conta disso. Não por acaso, um das obras mais significativas daquele período foi o livro *A grande ilusão*, de Norman Angell, publicado em 1909, no qual era sustentada a tese de que as guerras entre as grandes potências teriam se tornado inviáveis devido ao crescimento do comércio e à interdependência entre elas.

Ajustadas as fronteiras e amortecidas as tensões com a Argentina, a relativa tranquilidade das relações internacionais e o esplendor da pequena corte de Rio Branco no Itamaraty ajudavam a disfarçar a decadência de sua saúde. Ele continuava a recepcionar pessoalmente os visitantes ilustres. Em 1910, políticos como o francês Georges Clemenceau e o estadunidense William J. Bryan vieram ao Brasil e foram devidamente homenageados pelo chanceler, cuja vida social se resumia cada vez mais aos eventos oficiais. Havia muito ele perdera o hábito e o gosto de frequentar os teatros cariocas — em 1905, aplaudira a última apresentação de Sarah Bernhardt no Brasil. O boêmio de outrora tampouco tinha disposição para assistir a filmes nas salas de cinema que se multiplicavam pelo Rio de Janeiro, e o tempo ganho com a diminuição das preocupações profissionais não era ocupado por leituras fora das áreas de seu estrito interesse profissional. Segundo Oliveira Lima — cuja opinião, no caso, parece acertada —, as "preocupações propriamente literárias ou artísticas eram de fato estranhas, senão avessas ao seu temperamento".

O início de 1911 foi marcado por novas preocupações com os filhos. O primogênito Raul caiu gravemente enfermo, com problemas neurológicos derivados, ao que consta, do fato de sofrer de sífilis. Raul esteve vários dias entre a vida e a morte, e nesse quadro adverso, apesar de sempre contido e pouco dado a intimidades e gestos expansivos, Rio Branco confidenciou a Gastão da Cunha: "Este filho era tão bom e tão dedicado a mim, o que mais companhia me fez. O Paulo é um moço bom e distinto, mas não tem por mim a dedicação deste...". Completou o desabafo: "Este filho fez uma revolução na minha vida. O senhor sabe: foi ele quem me fez tomar rumo". Por sorte, Raul se recuperou sem maiores sequelas, mas a possibilidade de perder o primogênito certamente representou um golpe adicional para Paranhos e acentuou seu sentimento de velhice e decadência.

Em compensação, por essa época os barões de Werther se mudaram para o Brasil, e Rio Branco passou a desfrutar da companhia da filha Amélia, do genro Gustav e dos cinco filhos do casal — alegria que tinha seu preço, pois desde o início do casamento, em 1901, o barão de Werther só confirmava sua total inapetência para o trabalho e sua incapacidade para exercer qualquer atividade remunerada. A família se instalou na casa da rua Westphália, em Petrópolis, e dependia inteiramente de Rio Branco.

O casamento não ia bem e acabaria em tragédia. Meses após a morte do sogro, Gustav foi atingido por três tiros dentro de casa. Sobreviveu. Segundo a versão oficial, os disparos teriam sidos feitos por um sobrinho de Amélia ao confundi-lo com um ladrão. No ano seguinte, 1913, iniciou-se o processo de separação do casal, a princípio consensual e depois litigioso. Entre outras coisas, Amélia acusou o barão de Werther de ter espionado em favor do Império Germânico e repassado documentos e segredos diplomáticos para o ministro alemão no Rio de Janeiro. Apesar das denúncias, Gustav ganhou a guarda dos filhos, porém a mãe não permitia que ele os visse. Ela mantinha um relacionamento com o deputado pelo Partido Republicano Rio-Grandense José Tomás Nabuco de Gouveia (filho de Hilário), médico da família, que, segundo testemunhas, mesmo casado, "chegava diariamente à noitinha, saindo pela manhã" da casa no bairro carioca da Gávea onde Amélia e os filhos tinham passado a morar.

Nabuco de Gouveia pertencia ao grupo de Pinheiro Machado, e a influência do senador na justiça e na polícia e a proteção de seus capangas tornava, na prática, inexequível a execução da ordem de entrega dos filhos ao pai. Assim, no início de agosto de 1915, o barão Gustav von Werther, com o auxílio de um grupo de criminosos liderado por um ex-detento conhecido como "Gasolina", tentou invadir a casa da ex-mulher para sequestrar os próprios filhos. O barão convocara um pequeno exército para a operação, pois, de acordo com a polícia, além de "Gasolina" tomaram parte no assalto os seguintes indivíduos: "Pai João", "Bananeira", "Matruco", "Russo Mão Certa", "Braguinha", "Bitu", "Chora Minha Nega" e mais alguns outros.

A primeira página da edição de 4 de agosto de 1915 do *Correio da Manhã* ilustrou a "Tragédia da Gávea" com uma grande foto do cadáver do barão de Werther na morgue. A tentativa de sequestro falhara graças à pronta e violenta reação da segurança disponibilizada pelo senador Pinheiro Machado. Viúva, Amélia ficou livre para casar-se com Nabuco de Gouveia, quando este deixou a mulher. Depois de longo percurso na política ele ingressou na carreira diplomática e, com a filha de Rio Branco como esposa, foi ministro no Uruguai, no Paraguai e em Berna. De todo modo, o infeliz Gustav, barão de Werther, contribuíra para a realização de uma das grandes metas do bisavô e do avô maternos de seus filhos: deu antigas raízes na nobreza para parte do clã criado a partir do sucesso do visconde do Rio Branco na política brasileira.

O barão do Rio Branco não viveria o bastante para assistir ao triste fim do genro, mas não lhe faltaram desgostos. O último ano de sua vida ainda lhe reservava uma grave polêmica com um velho conhecido dos tempos de Paris, Gabriel de Toledo Piza e Almeida, seu antigo chefe nas negociações preliminares relativas ao litígio da fronteira entre o Brasil e a Guiana Francesa. As relações de Rio Branco com Piza nunca haviam sido boas. Foi de mau grado que o Barão se subordinou a ele nas negociações com o governo francês, pois ambicionava a liderança das discussões e, sem chegar a romper com o chefe, considerou desastrosa sua atuação como negociador, o que, afinal, o favoreceu, pois a disputa acabou sendo levada à arbitragem em que Paranhos atuou como advogado brasileiro.

Gabriel Piza, rico fazendeiro, positivista fervoroso e um dos fundadores, em 1873, do Partido Republicano Paulista, foi indicado para ministro em Berlim logo depois da proclamação da República. Ficou pouco tempo na Alemanha, que demorou a reconhecer o novo regime no Brasil, e foi designado ministro em Paris, cargo que ocupou por 21 anos. Quando Hermes da Fonseca passou pela cidade, na viagem que fez à Europa como presidente eleito, a atuação de Piza deve ter deixado a desejar, pois o novo presidente chamou para trabalhar com ele, como secretário da Presidência, o segundo secretário da legação, Álvaro de Tefé, e determinou o fim da longa gestão de Gabriel Piza na Cidade Luz. (Hermes, aliás, anos depois se casou com a irmã de Álvaro, Nair de Tefé, personagem extraordinária, que, entre outras coisas, foi a primeira mulher cartunista do Brasil, sob o pseudônimo de "Rian".)

Inconformado por deixar Paris, entre junho e julho de 1911 Piza disparou uma série de telegramas oficiais ofensivos contra Rio Branco, a quem atribuía sua desgraça, em conluio com Álvaro. Acreditava que os dois o tivessem caluniado junto ao presidente, que definiu como um "guapo militar, sem experiência política, homem honesto, mas simples, cujo nome e autoridade moral não devem ser comprometidos por amigos indignos e interesseiros". Quanto ao Barão, Piza foi direto e o acusou de imperialista e de conduzir o Brasil a "abismos e desastres". A questão adquiriu um viés pessoal, e Piza diria, entre outros impropérios, que "notei que sua inteligência, embotada pelos abusos da mesa e do fumo, estava em estado avançado e lamentável de decrepitude". E prosseguiu, sem trégua:

Sua cegueira em relação a um velho amigo mostra quanto v. ex. está abaixo do diplomata mais vulgar. Em sua inferioridade moral, v. ex. só pode julgar pessoas de nível muito baixo. Bom cartógrafo e conhecedor dos nossos trabalhos de limites, v. ex. prestou ótimos serviços nas nossas questões de fronteiras. Sua profunda ignorância de síntese histórica, filosófica e moral, o inabilita para dirigir a política em qualquer parte, sobretudo numa grande e nobre nação como o Brasil.

Piza se dizia disposto a salvar o país "de um ministro das Relações Exteriores intrigante, desleal, tortuoso, indigno, invejoso, injusto, imoral, ciumento, torpe e vingativo".

O telegrama seguinte foi tão insultuoso quanto o anterior: "Sabe até onde irei. Explicarei a nosso país sua abjeção administrativa e política pela sua incurável amoralidade privada e pela sua conhecida vileza". Dias depois, o surto de ameaças prosseguiu em nova comunicação que, entre outras ofensas, acusava:

Para apunhalar-me friamente pelas costas, v. ex. oculta-se atrás do presidente da República, que tem moral que Rio Branco nunca possuiu. Sabendo ser sua culpa, atira-a para ombros alheios. É covarde. Não é chefe diplomático nobre, cortês, leal. Parece chefe de bandidos.

Acrescentou que, "pelo amor do nosso país", daria publicidade a suas acusações para expor "a indigna e miserável situação do nosso ministro das Relações Exteriores, o mais pretensioso, corrompido, cego, incapaz, caprichoso e fatal dos diretores da nossa política externa". Cumpriu com sua ameaça. Em 1º de agosto, o *Diário de Notícias* publicava os telegramas em que Piza atacava seu chefe. No dia seguinte eles não só estavam reproduzidos em muitos outros jornais como se tornaram o assunto que mobilizava tanto as colunas políticas como as de variedades.

As queixas de Piza por sua remoção ganharam ares de escândalo. O resultado, porém, não foi o que ele esperava. Seu evidente desequilíbrio por motivo

465

fútil e o fato de ele estar em Paris havia mais de duas décadas com uma atuação diplomática bastante apagada não o beneficiavam na polêmica que queria travar. Embora o incidente sem dúvida não tenha sido positivo para Rio Branco, a imprensa foi impiedosa com Piza. *O País*, por exemplo, depois de longa resenha contra o trabalho dele em Paris (que, segundo o jornal, justificava plenamente sua transferência), comentou que, por isso, "o batráquio, perdendo toda a compostura, aparenta de um positivismo de fancaria, deita três telegramas que são a prova mais irrefutável da luminosa inspiração do governo, eliminando aquele mentecapto do rol de representantes do Brasil". Nem a imprensa de oposição ao governo tomou o partido de Piza. Insuspeito de simpatias por Rio Branco, o *Correio da Manhã* acusou-o de agir de má-fé e concluiu: "Este homem perdeu, evidentemente, o juízo e o bom senso, perdeu sua compostura de diplomata".

Um dos poucos a sair em favor de Piza foi Oliveira Lima. Para defendê-lo, enalteceu também o caráter distinto da mulher do ministro em Paris e a importância das esposas na atuação dos diplomatas. Aproveitou o mote para atacar Paranhos de maneira vil: "Se alguns a não contaram [com uma esposa distinta], não é razão para que procurem diminuir-lhe a importância e o prestígio". Marie estava morta havia mais de treze anos, mas o preconceito seguia vivo. Com absoluta precisão, o *Correio da Manhã* definiu o fim do incidente como "um desfecho de comédia". Em nome de Piza, o Apostolado Positivista fez publicar no *Jornal do Comércio* um artigo assinado por Teixeira Mendes em que este retirava as acusações contra Rio Branco e pedia desculpas pelo infeliz episódio. Paranhos apressou--se em aceitar as justificativas e dar a questão por encerrada. Piza ainda publicaria, depois da morte do Barão, o livro *L'Incident Piza-Rio Branco*, em que faz ofensas ainda mais pesadas, sempre em tom pessoal, do que as dos telegramas de 1911.

Ainda que desagradável, a polêmica foi vista por alguns como tendo um efeito positivo sobre a popularidade de Rio Branco, que andava em baixa. As grandes questões externas estavam encaminhadas ou resolvidas e, assim, fazia tempo que seu nome não frequentava as manchetes. Além disso, o governo de Hermes, que começara mal, seguia conturbado. A quebra do consenso entre as oligarquias paulista e mineira na eleição do marechal desorganizara a política brasileira. O presidente reagiu lançando uma política de "salvações" em que o governo federal interferia nos estados, inclusive por via militar, para forçar uma troca de comando entre as oligarquias locais.

Os problemas do governo Hermes se refletiam na popularidade de Rio Branco, que desde as articulações para a eleição do marechal passara a ser visto, justa ou injustamente, como um político ligado a ele. Os desafetos — novos e antigos — não perdiam a esperança de que seus dias de fastígio estivessem próximos do fim. Em abril, José Veríssimo escrevera para Oliveira Lima assegurando que o chanceler andava "descontentíssimo, sentindo, e acabrunhando-se com isso, a perda porventura definitiva do seu prestígio e influência". Mas, depois dos ataques de Piza, em que apareceu como vítima de uma agressão absurda, mesmo os inimigos previram uma recuperação de sua popularidade "por alguns meses".

Além de acusações de perseguição e injustiças não só contra Piza mas também contra Oliveira Lima e Olinto de Magalhães, os detratores de Paranhos o acusavam de outros pecados, supostos ou verdadeiros. Apontavam a falta de transparência do Itamaraty, que simplesmente deixara de apresentar os relatórios anuais ao Congresso, o que contrariava a legislação. Criticavam, com insistência, os gastos excessivos do ministro e das legações no exterior. Apontavam a exagerada centralização das decisões no Itamaraty, responsável por transformar os diplomatas brasileiros em meros "moços de recados" de seu chefe. Em termos do conteúdo da política externa, as queixas tinham por alvo o suposto militarismo do chanceler e seu papel na criação de um clima de desconfiança com a Argentina. Finalmente, a natureza de sua relação com a imprensa e os métodos que utilizava eram motivo de inquietação para muitos. Essas críticas apareciam vez ou outra nos jornais e nos meios políticos e, eventualmente, chegavam ao plenário do Congresso. O já mencionado debate na Câmara entre Barbosa Lima e Dunshee de Abranches, em outubro daquele ano, é ilustrativo. Todos os argumentos mencionados foram utilizados por Barbosa Lima para atacar Rio Branco, e o fiel aliado do chanceler naquela casa procurou rebatê-los sistematicamente.

O Barão se defendia dessas acusações em artigos na imprensa, muitos deles inspirados ou escritos por ele, e também em pronunciamentos públicos. No dia 15 de outubro, em duas ocasiões, procurou deixar clara sua versão sobre algumas dessas queixas. Em uma sessão cívica no Teatro Municipal, procurou aparentar distância do presidente, cuja candidatura, segundo alguns, teria sido indicação direta sua. Repisou o discurso quanto a seu afastamento da política interna e garantiu que tudo "quanto em contrário se tem propalado nestes últimos dois anos não passa de engenhosos inventos ou infundadas suposições de alguns compatrícios que se tornaram meus desafetos pelo exaltamento passageiro de paixões partidárias". Lembrou que teria resistido ao oferecimento da candidatura presidencial e negou ter indicado o marechal Hermes da Fonseca em seu lugar. Reconheceu, entretanto, que nas discussões sobre a sucessão de Afonso Pena teria "mencionado vários nomes". Argumentou que "lembrar vários nomes, 10 ou 12, entre os quais o do ilustre militar já então indigitado por muitos grupos políticos, não é indicar um só nome, nem levanta uma candidatura". Para arrematar sua justificativa, usou de um argumento decisivo: "Aliás, todo o país sabe que não disponho de força eleitoral alguma, nem aqui, nem nos estados da União, para sequer patrocinar com alguma probabilidade de êxito a candidatura de um intendente municipal".

No mesmo dia, a resposta recorrente do chanceler às críticas sobre seu suposto militarismo seria recitada no ambiente mais adequado possível, durante a cerimônia de inauguração de um retrato seu no Clube Militar. Ele lembrou que os laços afetivos que mantinha com os militares vinham da casa paterna, e que "desde a adolescência e na idade viril" fora um dedicado estudioso da história militar brasileira. Ainda assim, isso não significava que fosse militarista, "como, no ardor das recentes lutas políticas, me acoimaram às vezes de o ser alguns dos combatentes mal informados dos meus sentimentos e ações".

Resumiu sua defesa em um parágrafo que, desde então, é citado com frequência:

> Também todos os meus atos e afirmações solenes no serviço diplomático, continuando no desempenho das funções que desde alguns anos exerço, protestam contra as tendências belicosas e imperialistas que alguns estrangeiros e nacionais me têm injustamente atribuído. Nunca fui conselheiro ou instigador de armamentos formidáveis, nem da aquisição de máquinas de guerra colossais. Limitei-me a lembrar, como tantos outros compatriotas, a necessidade de, após vinte anos de descuido, tratarmos seriamente de reorganizar a defesa nacional, seguindo o exemplo de alguns países vizinhos, os quais, em pouco tempo, haviam conseguido aparelhar-se com elementos de defesa e ataque muito superiores aos nossos.

Contudo, o poder militar não serve apenas para dissuadir as ameaças externas e logo voltou a se imiscuir na política interna. Hermes não esquecia a oposição comandada pelo senador Rui Barbosa e estava decido a enfraquecer o baiano em seu próprio estado. Queria, ademais, construir uma base política própria nos estados para livrar-se da tutela de Pinheiro Machado. Assim, apoiou a candidatura de seu ministro de Viação e Obras Públicas, José Joaquim Seabra, ao governo da Bahia. Os cargos federais no estado foram postos à disposição dos seabristas, e o general Sotero de Menezes, comandante militar da Bahia, alistou-se nas hostes contra o governador Araújo Pinho, aliado de Rui. Como demonstração de força e apoio político, Seabra levou o presidente da República a Salvador para participar das comemorações do centenário da Associação Comercial do Estado, em julho de 1911. A comitiva viajou a bordo do *dreadnought São Paulo*, que desfilou pela baía de Todos os Santos.

O governo federal exigia que a data da nova eleição para o governo do estado fosse marcada, mas o governador procrastinava. Em 22 de dezembro, Araújo Pinho não resistiu à pressão e renunciou. O segundo na linha de sucessão, o presidente do Senado estadual, alegou problemas de saúde e não assumiu. O poder passou às mãos do presidente da Câmara, Aurélio Viana. Para ficar fora do alcance das forças do general Sotero de Menezes, o governador interino convocou uma assembleia estadual em Jequié, transferindo a capital do estado para o interior. Os partidários de Seabra decidiram não acatar a decisão e fazer uma assembleia alternativa na própria Câmara de Salvador. Tropas da polícia e jagunços de Aurélio Viana foram mobilizados para impedir a entrada desses deputados na Câmara. O espaço continuou fechado mesmo depois de os deputados seabristas obterem um habeas corpus para realizar sua convenção alternativa.

O impasse seria rompido à força. Em 10 de janeiro de 1912, o general Sotero de Menezes deu um ultimato ao governo da Bahia. A Câmara de Salvador seria reaberta pelos meios que se fizessem necessários. Para espanto dos soteropolitanos, os canhões das fortalezas que deviam proteger a baía de Todos os Santos de invasores externos se voltaram para a capital baiana e, depois de uma salva de advertência, os canhões dos fortes de São Marcelo e de São Pedro e também os da fortaleza do Barbalho dispararam contra a cidade. Foram atingidos o palácio do governo, a Câmara, o teatro São João, a biblioteca pública e a prefeitura. Findo o bombardeio, tropas do Exército tomaram as ruas, enfrentando a polícia e os jagunços fiéis ao governador em exercício, Aurélio Viana, que finalmente se refugiou no consulado da Venezuela. O governo da Bahia foi entregue a Bráulio Xavier, presidente do Tribunal da Relação.

No Rio de Janeiro e Brasil afora houve uma grande reação negativa ao ato de força desmedida, que causou um número indeterminado de vítimas — certamente dezenas, senão centenas. Aurélio Viana reassumiu o cargo para renunciar em seguida, e Bráulio Xavier acabaria organizando a eleição, que, sem surpresa para ninguém, foi vencida por José Joaquim Seabra, que tomou posse como governador da Bahia em 28 de março de 1912.

Rio Branco não estava alheio às intervenções do governo federal nos estados. Na política pernambucana, Hermes impusera a candidatura de seu ministro da Guerra, general Emídio Dantas Barreto, contra o tradicional chefe da oligarquia local, Francisco de Assis Rosa e Silva. As duas candidaturas eram inconciliáveis; anunciava-se um desfecho sangrento. Diante do impasse, o Barão sugeriu uma saída alternativa, com a escolha de um *tertius* que evitasse o embate. Não foi atendido. As eleições se realizaram em clima de guerra. Os dois lados proclamaram vitória nas eleições de novembro de 1911 e a questão só foi resolvida depois de violentos incidentes nas ruas do Recife, com a participação de tropas federais em favor do general Dantas Barreto, que afinal foi proclamado governador do estado.

De sua tribuna no Senado, Rui Barbosa comandou as denúncias contra o massacre de Salvador, que afetava diretamente seus interesses no estado, e atacou o presidente Hermes com contundência, enquanto estranhava o silêncio de Rio Branco. O debate na imprensa foi intenso. Houve idas e vindas na situação, até o retorno temporário do governador deposto. Identificado com o marechal Hermes pela população e pelos políticos, Paranhos também foi alvo de críticas, censuras e ressentimentos. Embora negasse, seu papel na política interna era cada vez mais comentado. O jornal *A Noite*, em sua edição de 30 de dezembro de 1911, exibia uma manchete que proclamava: "O *imbróglio* da politicagem: o Barão do Rio Branco é o '*leader*' da política nacional". Exagero, sem dúvida, mas não se pode descartar a hipótese de que, àquela altura, ele até alimentasse ambições presidenciais. Caso Hermes tivesse sucesso em seu esforço de remontagem das oligarquias estaduais a seu favor, teria condições de impor um de seus ministros como candidato, a exemplo do que vinha fazendo no governo dos estados da Bahia e de Pernambuco. Se isso acontecesse, ninguém melhor que o Barão.

Garantido o apoio das oligarquias dos estados mais fortes, a candidatura da situação, como de hábito, seria imbatível. O fato de Rio Branco não ser um político não representaria inconveniente maior, desde que ele fosse apoiado por uma coalizão poderosa, como provava a vitória do próprio marechal, na eleição anterior. As articulações para a sucessão de Hermes apenas começavam, mas fortes elementos indicam o envolvimento de Rio Branco no projeto político hermista em gestação. Outro sinal nesse sentido foi sua curiosa reação, em fins de 1911, ao

470

saber que os deputados oposicionistas José Joaquim Medeiros e Albuquerque e Carlos Peixoto Filho haviam apresentado seu nome como candidato ao prêmio Nobel da paz. O Barão instruiu o ministro brasileiro na Dinamarca e Noruega, seu velho aliado Gastão da Cunha, a procurar a comissão do prêmio e insistir que ele não era e nunca tinha sido candidato. A explicação mais simples para tal gesto — vindo de alguém cuja imensa vaidade era notória — pode estar no desejo de não se prestar a uma manobra para distanciá-lo de Hermes, pois a origem da iniciativa fora devidamente publicitada no jornal *A Noite*, ligado a Medeiros e Albuquerque, talvez com o objetivo de atraí-lo para a oposição ao marechal. O lance não surtiu efeito, e o Barão passou a ser atacado pelo periódico.

Nas disputas internas, sua estratégia tinha sido e continuava a ser a de aparentar equidistância. Se uma candidatura presidencial viável lhe caísse no colo, provavelmente não seria recusada (a despeito das alegações em contrário). Era necessário, contudo, manter o equilíbrio e a distância necessários para não aparecer como mera cria do presidente e ao mesmo tempo permanecer próximo de Hermes. O chanceler buscava, sobretudo, conservar sua popularidade inalterada. O bombardeio de Salvador originara o clamor popular contra o governo, e seu silêncio tivera uma repercussão negativa. Alberto de Faria conta ter interpelado Rio Branco sobre sua posição em relação à questão baiana e que este teria reagido com irritação: "E esta! Mas eu sou o ministro do Exterior: não posso entrar em seara alheia; a pasta política tem ministro e a da Guerra também; bem sabe que estamos no regime presidencialista; sou responsável pela minha repartição, que não me dá poucos cuidados".

Como Faria insistisse, Rio Branco apelou para sua saúde debilitada:

> Depois, aqui onde me vê, parecendo perfeitamente são, levezinho (e fez um passo de agilidade), estou muito doente; passei o dia de ontem de perna estendida, infiltrada, sem poder caminhar; umas pílulas que me receitou o Hilário operaram esta maravilha; mas estou abatido e fatigado, nem posso ir à cidade.

Como decorrência dessas pressões, na madrugada de 17 para 18 de janeiro Rio Branco teria redigido, com o auxílio de Graça Aranha (no Rio de Janeiro desde novembro), uma carta ao presidente ameaçando renunciar: "Seria profundamente doloroso que não pudesse continuar ao governo de v. ex. os serviços que meu precário estado de saúde ainda permite". Moniz Aragão foi incumbido de levar a carta e lê-la em voz alta ao presidente antes de entregá-la. Hermes não quis receber a carta, mas concordou em repor Aurélio Viana no governo. Ordenou, ainda, a saída do general Sotero de Menezes do comando militar da Bahia até a posse do novo governador. Diante da reação do marechal, Rio Branco teria concordado em tornar sua carta sem efeito. Se confirmada essa narrativa, o envio da missão chefiada pelo general Vespasiano Gonçalves de Albuquerque e Silva para pacificar os ânimos em Salvador teria sido produto dessa gestão.

Antes que o general Vespasiano obtivesse algum resultado, no dia 5 de fevereiro o chanceler sofreu uma síncope durante um jantar no Palácio Itamaraty. Não se recuperaria, mas a agonia ainda se prolongou por alguns dias. Às 9h10 da manhã de 10 de fevereiro de 1912, o barão do Rio Branco morria em seu gabinete de trabalho/quarto de dormir, no Ministério das Relações Exteriores. Na bela imagem de Álvaro Lins, "seu criado Salvador fez parar nesse momento o relógio do Itamaraty". De fato, superava-se uma era na diplomacia brasileira.

A notícia da morte de Rio Branco paralisou o Rio de Janeiro. As diversões públicas foram canceladas e o comércio fechou suas portas. Na manhã daquele sábado, uma multidão se reuniu na porta do Palácio Itamaraty. O corpo foi velado nos salões do próprio palácio e visitado por autoridades e pela população em geral. Se no dia de seu retorno à capital brasileira depois de 26 anos no exterior o Barão fora recebido por milhares de pessoas no cais Pharoux, também uma multidão acompanhou seu cortejo fúnebre até o cemitério do Caju.

A imprensa repercutiu intensamente a perda. Até quarta-feira, dia 14, depois do enterro, as primeiras páginas de *O País* foram todas dedicadas ao falecimento de Paranhos, numa série de reportagens intitulada "Barão do Rio Branco: passamento de um grande brasileiro". Na edição de domingo, 11 de fevereiro, o jornal assinalava:

> A morte de Rio Branco não representa só um desastre irreparável para o Brasil, mas uma perda para a civilização americana. Servindo seu país com uma inteligência brilhante, uma energia fecunda e uma abnegação exemplar, ele honrou a cultura do continente pela sua obra extraordinária de apologia do direito, regulando pela arbitragem velhas pendências internacionais e realizando o milagre de estender o nosso território de forma definitiva e simultaneamente estreitar com os povos litigantes relações de amizade mais duradoura. Chamou-se-lhe com razão o maior dos brasileiros, porque nenhum do tempo em que a nação assim o vitoriava

dispunha de um ativo tão precioso de campanhas intelectuais, feridas com glorioso êxito em benefício da grandeza da pátria.

O governo decretou luto oficial de oito dias. Na segunda e na terça-feira as repartições públicas permaneceram fechadas. Até os festejos de Momo foram afetados. O Carnaval começaria no sábado seguinte, dia 17, e houve uma grande discussão sobre a conveniência de cancelá-lo, ou pelo menos adiá-lo. Os defensores da medida argumentavam que a festa popular poderia ensejar confrontos entre foliões e patriotas em luto, podendo até gerar violência pela ofensa dos brios nacionalistas e do pesar dos brasileiros. A solução foi adiar o Carnaval para o período entre 6 e 10 de abril, logo depois da Semana Santa. Em fevereiro, a folia na rua, se houvesse, não poderia ser impedida, mas os bailes e os desfiles da Terça-Feira Gorda dependiam de licenças da prefeitura. O prefeito do Rio de Janeiro decidiu: "Sou pessoalmente contra o Carnaval neste momento e adio as licenças até abril. O povo que faça o que melhor lhe parecer". Segundo a saborosa descrição de um cronista da época, no sábado de Carnaval o "dia passou como os outros: as bandeiras continuaram envoltas em crepe, à meia driça, e as portas se mantiveram fechadas".

A crônica prossegue, contando o fracasso da tentativa de adiar os festejos:

O domingo apareceu de bom tempo, mas ardente. O calor, sendo mais forte, antecipou a saída para o ar livre das ruas. A cidade encheu-se muito cedo. A noite encontrou as avenidas entupidas de gente, que queria desabafar.

— Que faz aqui?

— Vim respirar. Em casa torrava.

E toda a gente ia e vinha, de uma extremidade à outra das ruas, no seu inofensivo passeio.

Um vendedor ambulante arriscou o primeiro grito:

— Olha o lança-perfume! Olha a serpentina.

Pronto! Nada mais foi preciso. A cidade transformou-se. O grito do pregoeiro foi o advento do Carnaval. Em um minuto, toda aquela multidão ostentou seu tubo de vidro contendo éter perfumado e começaram imediatamente as escaramuças, que logo se generalizaram em batalhas. As serpentinas coleavam nervosas, de um carro a outro carro, do solo às altas sacadas, e assim se estabeleceu, de chofre, o primeiro Carnaval do ano.

Nos dois dias restantes ninguém mais se deu ao trabalho de fingir que ia tomar fresco. Quem saía de casa dizia francamente para onde e o que ia fazer.

Assim, graças a Rio Branco, os cariocas terminaram por brincar dois Carnavais em 1912. A *Revista da Semana* não deixou de fazer circular sua tradicional edição de Carnaval em fevereiro, com um editorial que zombava da tentativa das autoridades de fazer do luto pela morte do Barão um obstáculo para a celebração popular: "O povo que sentiu mais, mas muito mais, muitíssimo mais do que eles o golpe rude que sofreu o Brasil, compreendeu bem que não havia desrespeito ou ingratidão em vir para a rua animá-la com seus folguedos prediletos". O segundo Carnaval, em abril, foi igualmente vibrante. A irreverência dos foliões imaginou, em uma das marchinhas que alegraram a nova festa, a continuidade dos Carnavais de 1912 com a morte também do presidente, o marechal Hermes da Fonseca:

> *Com a morte do Barão*
> *Tivemos dois Carnavá*
> *Ai que bom! Ai que gostoso!*
> *Se morresse o Marechá!*

30. Sim, agora, morto, é que ele começava realmente a viver

Winston Churchill desempenhou um papel fundamental no modo como os historiadores e o público entenderam as origens, o desenvolvimento e as consequências da Segunda Guerra Mundial. Além do caráter crucial de sua participação pessoal nas decisões tomadas no curso do conflito, sua influência na interpretação dos fatos não só persistiu como cresceu depois da guerra, pois ele foi um dos principais artífices da narrativa que se consolidou e se tornou hegemônica na historiografia de língua inglesa nas décadas seguintes. Seu livro *Memórias da Segunda Guerra Mundial*, publicado entre 1948 e 1953, valeu-lhe o prêmio Nobel de literatura de 1953. Mais que uma homenagem ao primeiro-ministro vitorioso, o galardão refletiu a influência que teve como historiador e criador de uma interpretação do conflito. Churchill é um bom exemplo do quanto a permanência de um estadista também reflete sua capacidade de moldar uma narrativa sobre a vida política, a identidade de seus seguidores e a visão do passado e do futuro da comunidade, com consequências que vão muito além do alcance imediato de seus atos e decisões no momento dos acontecimentos, por mais importantes que estes tenham sido.

Respeitadas as óbvias diferenças entre ambos, é possível traçar um paralelo com o caso de José Maria da Silva Paranhos Júnior. A longevidade do mito criado em torno da figura do barão do Rio Branco comprova que sua atuação transcendeu em muito suas vitórias nas questões de limites — em si já excepcionais — e seu manejo da política exterior brasileira durante quase uma década. Essa permanência não é obra do acaso e merece ser discutida. A visão convencional mostra um Rio Branco arredio e distante, fechado em si mesmo, que sempre é retirado quase à força de seu isolamento por outros que, espontaneamente, lembram-se de suas extraordinárias qualidades. Contra a vontade, por patriotismo, o herói relutante se vê obrigado a aceitar as missões que lhe são confiadas, sem buscar recompensas ou homenagens. O discurso em torno de Rio Branco, ademais, projeta seu total alheamento da política interna, tratada como esfera absolutamente independente da política externa, na qual ele teria desfrutado de total autonomia decisória.

Para começar, como apontou com muita perspicácia o íntimo amigo José Carlos Rodrigues, Paranhos nutria uma "constante preocupação do cultivo da glória". De fato, desde o tempo em que ainda era um obscuro cônsul, ele perseguiu não só o reconhecimento público de sua capacidade intelectual como também o fortalecimento de sua posição política, objetivos sem dúvida legítimos. Sua trajetória começou mal. Herdeiro do poderoso visconde do Rio Branco, foi ofuscado pelo prestígio paterno — que, afinal, só lhe garantiu uma sinecura que, apesar de rendosa, poucas perspectivas oferecia em termos de poder, e que podia ser-lhe retirada a qualquer momento. Ao contrário da narrativa que ele próprio buscou consolidar, Paranhos desenvolveu desde o início de seu quase exílio no consulado em Liverpool um esforço constante de se reinserir nos círculos decisórios brasileiros, e de aproximação ao imperador e aos demais membros da casa real. Com a morte do pai, assumiu o papel que lhe cabia como patriarca da família Paranhos, e a nova responsabilidade aumentou seu empenho e sua aflição em obter uma posição de maior relevo e poder, que lhe permitisse superar a situação precária que ocupava na burocracia consular.

Nesse trabalho de reconstrução de sua imagem e de seu lugar no mundo saquarema, o maior capital de que dispunha — além das amizades herdadas do pai — eram a capacidade intelectual e os conhecimentos de história e geografia. Ao contrário do mito de Paranhos como intelectual distante e totalmente recolhido em suas pesquisas, ele foi antes de tudo um publicista: buscou ativamente e com grande empenho reforçar a própria posição, inserindo-se no esforço de promover a monarquia já em seus estertores. A despeito dos muitos projetos,

Rio Branco não chegou a escrever obras de maior relevo — e não por falta de tempo, em vista dos longos anos como cônsul em Liverpool, residindo boa parte do tempo em Paris. Sua pequena produção "acadêmica" se resume praticamente a textos preparados com a intenção de louvar o regime que, sem que ele tivesse como saber, seria derrubado em seguida. Seu forte engajamento na tentativa, afinal fracassada, de promover a dinastia e sua continuidade num Terceiro Reinado, patente nos trabalhos que escreveu entre 1888 e 1889, explica-se por uma afinidade ideológica com a monarquia e pelo empenho em assumir o papel que parecia lhe caber na ordem saquarema, como herdeiro do poderoso visconde do Rio Branco. O lugar a que aspirava na hierarquia do Segundo Reinado lhe fora negado — menos por questões de ordem pessoal, como fazem crer algumas versões, mas sobretudo pelo fato de ele e sua família não disporem de terras e escravos, base real do poder naquela sociedade. Perdida a chance de ingressar no patriarcado rural pela via do casamento, repetir o feito do visconde, que se afirmara no mundo saquarema sem ter propriedades expressivas, era um desafio extraordinário.

Derrubada a monarquia, a despeito de suas convicções e trabalhando secretamente contra o novo regime, Rio Branco empreendeu ao mesmo tempo um esforço sistemático para se aproximar das autoridades republicanas. Sua indicação como advogado brasileiro na arbitragem relativa ao território de Palmas deve ser vista como a consagração dessa campanha: não procede a ideia de que tenha sido um agente passivo na escolha, tomado de surpresa por uma nomeação devida unicamente a seus (sem dúvida verdadeiros) méritos intelectuais. Tampouco é certo que tenha aceitado a incumbência apenas por elevado sentido de patriotismo e dever. Mesmo adotando o discurso do desprendimento, até como estratégia para o sucesso, buscava também, como é natural, encaminhar seus interesses pessoais. Convém ressaltar que Rio Branco defendeu a causa brasileira na arbitragem de Palmas de forma brilhante. Com justiça, a vitória finalmente o retirou da obscuridade em que vivia. Ainda assim, o trajeto até a segunda conquista, na disputa com a França, tampouco esteve isento de dificuldades e incertezas. A noção corrente de que a trajetória de Rio Branco foi sempre ascendente, sem sobressaltos depois da arbitragem da disputa com a Argentina, simplesmente não corresponde aos fatos.

Vitorioso em Palmas e no Amapá, Paranhos era a escolha quase inescapável para Rodrigues Alves diante da difícil questão dos limites com a Bolívia e com o

Peru, que se tornara premente pela crise do Acre. Ao ver o tamanho do desafio, Rio Branco hesitou, receoso de perder a posição conquistada a duras penas. Confrontado com a impossibilidade de recusar o convite, iniciou-se uma nova etapa em sua vida. Nas delicadas tratativas com os dois vizinhos, mostrou possuir apurada capacidade de negociação e grande senso político. Nas discussões com Bolívia e Peru, a comprovada erudição do Barão e seu domínio dos antecedentes históricos das questões de limites, ainda que continuassem sendo relevantes, deixavam de ser o elemento crucial. A Questão do Acre, além de envolver muitos atores externos, constituía-se também em complicado problema de política interna, que ele soube manejar — com o apoio do presidente Rodrigues Alves, cujo papel na conjuntura foi também fundamental. A propalada quase autonomia que Rio Branco viria a ter nos temas internacionais só seria conquistada muito depois e nunca seria absoluta. Basta lembrar a necessidade do aval de Pinheiro Machado para a retificação das fronteiras com o Uruguai.

Com os acordos obtidos com Argentina, Uruguai, Bolívia, Peru, Equador, Colômbia, Inglaterra, Holanda e França, em 1909 completava-se a obra da diplomacia imperial, e toda a extensíssima fronteira terrestre brasileira ficou definida mediante tratados plenamente reconhecidos e juridicamente perfeitos. Não há como diminuir o significado dessa vitória do *deus terminus* dos limites brasileiros. A superação das questões fronteiriças de forma relativamente precoce foi um dos esteios da história de paz e segurança do Brasil ao longo do século xx e evitou um incomensurável desvio de recursos e energia em discussões estéreis com os vizinhos, como ocorre até hoje com inúmeros países.

Não há dúvida de que o cerne da obra político-diplomática de Rio Branco está na definição final do corpo da pátria brasileira. Por seus conhecimentos de história e geografia, sua capacidade argumentativa, seu temperamento obstinado e sua imensa visão política, seja nas negociações diplomáticas, seja no manejo das vicissitudes da ordem doméstica, Paranhos mostrou ser a pessoa certa para enfrentar o desafio. Mais que definir as fronteiras, consolidou o discurso brasileiro sobre os limites do território nacional. Os argumentos que esgrimiu nas exposições de motivos que acompanharam os tratados encaminhados ao Congresso e nas explanações aos árbitros que julgaram as disputas de Palmas e do Amapá foram adotados não apenas pela diplomacia (previsivelmente) como também pela academia brasileira (curiosamente), como expressão indiscutível da verdade.

Seus argumentos são repetidos desde então por diplomatas e intelectuais brasileiros quase como um reflexo adquirido.

Nas outras áreas de sua gestão de pouco mais de nove anos como chanceler, o balanço é menos claro, ainda que quase sempre percebido como positivo.

Um consenso na historiografia determina que o "longo século XIX" só se encerrou com a Primeira Guerra Mundial. Do mesmo modo, ainda que a parte mais importante da atuação política de Rio Branco tenha se dado nos primeiros anos do que seria cronologicamente o século XX, ele pode muito bem ser classificado como o último dos estadistas saquaremas. Seus valores e sua visão do mundo e do funcionamento das relações internacionais refletem a sociedade hierárquica e oligárquica em que foi socializado, bem como sua longa experiência com a diplomacia das potências europeias, em suas relações entre si e com o resto do mundo. Tendo vivido mais de um quarto de século no exterior, Paranhos conheceu por dentro as engrenagens que moviam a Era dos Impérios. Aceitava a ordem internacional como natural e provavelmente imutável. Era, no sentido mais estrito da palavra, um conservador: não considerava uma prioridade transformar as estruturas políticas ou a sociedade.

Em sintonia com seu realismo, seu conservadorismo e sua crença num mundo oligárquico e hierarquizado, Paranhos via com naturalidade as diferenças de poder entre os países e o uso — e mesmo o abuso — da força nas relações internacionais. Aos fracos restava o recurso ao direito, como afinal ocorreu em Haia (vencidas suas tentativas de ver o Brasil reconhecido entre os dominantes).

O elemento decisivo continuava sendo o poder. Assim como a partilha descarada da África, o exemplo do milenar Império Chinês não lhe escapou. Para justificar o reaparelhamento das Forças Armadas brasileiras, argumentou:

> Os povos que, a exemplo dos do Celeste Império, desdenharam as virtudes militares e se não prepararam para a eficaz defesa do seu território, dos seus direitos e da sua honra, expõem-se às investidas dos mais fortes e aos danos e humilhações consequentes da derrota.

Rio Branco via com resignação a possibilidade de intervenção dos poderosos contra os fracos. Cabia, portanto, fortalecer-se e buscar alianças que reforçassem a segurança e a autonomia do país. Percebia com clareza o funcionamento do sistema internacional baseado no concerto das grandes potências — na prática, estabelecendo uma hierarquia (ainda que sujeita a alterações no tempo) entre as nações. A posição de cada país nessa ordem determinaria as regras a que teria de se submeter quanto aos demais nas relações econômicas e políticas. As nações fracas, instáveis ou avessas às regras do sistema (pagar dívidas, por exemplo) estavam expostas a intervenções que ele considerava justificáveis. Os países fortes, estáveis e "civilizados" estariam, em contraste, a salvo das expressões mais cruas do imperialismo. Assim, a imagem internacional do Brasil — uma das maiores preocupações do Barão — era um elemento crucial no manejo das relações do país com as potências, inquietude que ia muito além da simples expressão de sua vaidade e de sua plena identificação com os valores e ideias dominantes.

Em consequência, a manutenção da paz e da estabilidade na América do Sul aparecia como imperativa para reduzir o risco de intervenções imperialistas. Os países "responsáveis" da região, Brasil, Argentina e Chile, deveriam cooperar entre si para evitar revoluções e convulsões internas nos vizinhos menos organizados, sobretudo não dando abrigo territorial ou fomentando facções internas desses países, de modo a evitar guerras civis que pudessem criar condições para intervenções estrangeiras. Em princípio, no caso de disputas internas no Uruguai, Paraguai e Bolívia, a atitude mais indicada seria a da não intervenção, em contraste com a tradição do século XIX, em que o Brasil costumava apoiar ativamente uma das partes em conflito.

Na concepção de Rio Branco de um "concerto americano" para gerir as relações continentais, o poder relativo das potências participantes dessa oligarquia variava com o tempo. O Brasil fora dominante durante o Império, mas em 1902 estava enfraquecido. Com a Esquadra de 1910, reafirmava sua potência perante a Argentina e o Chile. Como no concerto europeu, a preeminência militar de um dos atores não significava guerra, ao contrário: em sua longa permanência na Europa, Paranhos assistira a um longo período de "paz armada" e de equilíbrio, ainda que sempre instável. Não apenas pelas repetidas declarações públicas que cimentavam a visão do "gigante cheio de bonomia", mas também pelos documentos privados e — mais importante — pelo histórico das decisões tomadas, fica claro que o Barão não alimentava anseios expansionistas ou mesmo intervencionistas na esfera sul-americana. Em compensação, aspirava claramente a resgatar a posição de preeminência desfrutada pelo Império no Prata durante os anos do apogeu do Segundo Reinado, que vivenciara muito de perto a partir da posição

480

privilegiada que a brilhante carreira política de seu pai, o visconde do Rio Branco, lhe proporcionara, e que ele estudara obsessivamente como intelectual.

Essa "nostalgia da grandeza", magnificada, para Rio Branco, pelo longo interregno em que viveu afastado do Brasil, sem acompanhar o dia a dia da decadência da ordem saquarema, pareceu em determinado momento estar prestes a encontrar sua redenção. O retorno da supremacia brasileira, porém, foi ilusório. Mesmo com a esquadra renovada e o progressivo reequipamento do Exército, a Argentina do início do século xx mostrava-se incomparavelmente mais poderosa e próspera do que tinha sido o vizinho dividido e conflituoso da juventude de Juca Paranhos. Ainda que seja inadequada a ideia de que Rio Branco tivesse em mente uma política de hegemonia compartida com a Argentina na América do Sul (hegemonia, se houvesse, teria de ser brasileira, como no passado), o fulcro da política sul-americana passava necessariamente pela relação Rio-Buenos Aires.

Em artigo anônimo publicado na imprensa em 1908, Rio Branco revelava as principais linhas de seu pensamento estratégico. O texto foi enviado "por ordem do ministro de Estado" para todas as legações brasileiras no exterior, com a explicação de que provinha "da pena de um dos nossos mais estimados escritores e traduz bem o espírito de concórdia que inspira, hoje como sempre, a política internacional do governo brasileiro". A circular, assinada pelo diretor-geral Frederico Afonso de Carvalho, instruía os diplomatas brasileiros no exterior quanto ao propósito brasileiro "de não intervir nas questões internas dos povos vizinhos", mas negava "o desinteresse dos assuntos sul-americanos e da sorte dos países do nosso continente" em detrimento de alianças com potências europeias. Como prova desse americanismo, Carvalho mencionava em sua explicação a atuação brasileira em Haia, onde "o Brasil soube defender não só o seu direito, mas também o direito e a dignidade de todos os Estados latino-americanos". Em conclusão, o diretor-geral reafirmava o desejo brasileiro de "viver bem com todos os outros países, grandes e pequenos, da América e da Europa", mas fazia a ressalva de que "é com o Chile e com os Estados Unidos da América que o Brasil mantém relações de mais íntima amizade e recíproca confiança".

O artigo, intitulado "Brasil e Argentina", partia de um diagnóstico de realismo quase brutal sobre a conjuntura internacional. Dizia Rio Branco:

Os países deste continente não têm uma organização bastante forte, uma estabilidade de instituições que possa lhes manter as posições, adquiridas, ainda, às custas do esforço de uma guerra. A existência internacional de muitas das nações sul-americanas é precária. Estão inermes e desarticuladas diante de grandes unidades nacionais, a cujo embate não resistirão e terão de soçobrar se no dia do encontro fatal não estiverem amparadas por um sistema de defesa, que são as amizades e as alianças com algumas dessas mesmas unidades tremendas e devastadoras.

Nesse mundo hobbesiano, as ideias de um "concerto americano" e do guarda-chuva protetor dos Estados Unidos estão claramente expostas como únicos abrigos contra o imperialismo europeu.

Rio Branco projetava uma visão mais benigna sobre o período em que a América Latina estivera sob a hegemonia britânica, já que, no seu entender, a Inglaterra era então uma potência menos intervencionista. A relativa autocontenção do país que naquela época dominava os mares teria isolado o continente das ambições das demais potências, permitindo que tivesse um desenvolvimento relativamente autônomo: "Longo tempo a América do Sul esteve entregue a si mesma, fez e desfez nacionalidades, ergueu e matou a liberdade, armou e extinguiu despotismos, estabeleceu preponderâncias e supremacias, perfeitamente independente em matéria internacional". Aquele contexto de caudilhismo e instabilidade nos países vizinhos, já esgotado, teria justificado as sucessivas intervenções brasileiras nesses países "para dirimir pelas armas e pela diplomacia desavenças sanguinárias no período difícil da gestação dos Estados". Essas ingerências, porém, teriam tido sempre objetivos nobres, pois o Brasil interviria como "agente de paz e liberdade". Em conclusão, quando "se acabou a sua missão histórica no Prata, o Brasil deixou ali nações organizadas e o nosso território não foi aumentado pela fácil incorporação de províncias desgovernadas. Estávamos expurgados para sempre do tenebroso espírito de conquista".

Na verdade, foi menos pelo fim de "sua missão histórica" do que devido a problemas internos que o Brasil passara a se abster de intervir nos países vizinhos. Além disso, a balança de poder no Prata fora radicalmente alterada com o fortalecimento argentino. Com muita inteligência, a narrativa de Rio Branco transformava necessidade em virtude. O artigo prosseguia:

Há muito a nossa intervenção no Prata está terminada. O Brasil nada mais tem que fazer na vida interna das nações vizinhas; está certo de que a liberdade e a independência internacional não sofrerão ali um desequilíbrio violento. O seu interesse político está em outra parte. É para um ciclo maior que ele é atraído. Desinteressando-se das rivalidades estéreis dos países sul-americanos, entretendo com esses Estados uma cordial simpatia, o Brasil entrou resolutamente na esfera das grandes amizades internacionais, a que tem direito pela aspiração de sua cultura, pelo prestígio de sua grandeza territorial e pela força de sua população.

De fato, no início do século passado a manutenção da política intervencionista do Império no Prata era impensável, pois uma Argentina fortalecida não o permitiria. Rio Branco justificou o papel do Brasil "na esfera das grandes amizades internacionais" não por seu poder ou riqueza (elementos que então lhe faltavam), mas por seu potencial — território e população — e por sua identidade com o projeto de civilização ocidental (com sua cultura), com seus valores e com as ideias dominantes. Também nisso Paranhos se mostrava um saquarema, um conservador: aceitando a ordem internacional tal como ela se apresentava, buscava inserir nela o Brasil da melhor maneira possível, sem questionar as regras do jogo. A exceção a esse preceito ficou por conta da Conferência de Haia, mas apenas depois de irremediavelmente fracassada a estratégia original.

A despeito do entusiasmo de Rio Branco e do incentivo que ofereceu ao programa de rearmamento brasileiro, não há — em declarações e documentos, públicos ou reservados — indícios de que ele alimentasse intenções ofensivas contra os países vizinhos. É certo que a ocupação brasileira do Acre lhe permitiu negociar a partir de uma posição de força, mas o Acre foi um caso especial em vista do anterior fluxo de população brasileira sobre território boliviano e, mesmo naquela ocasião, houve preocupação em evitar o recurso às armas — solicitado por setores da opinião pública. Sobre a possibilidade de um conflito com o grande vizinho do Prata, nesse artigo, "Brasil e Argentina", Rio Branco não poderia ser mais claro e sensato: "Fosse qual fosse o vencedor, a difícil e custosa vitória não teria frutos, a existência dos Estados sul-americanos estaria envenenada pelo sentimento de vendeta, e a desforra passaria a ser para eles o novo princípio político".

Embora em alguns momentos o rompimento entre Brasil e Argentina tivesse sido uma possibilidade concreta, não houve conflito armado entre os dois países. Por outro lado, a coordenação entre Brasil e Argentina — e de ambos com o Chile — tampouco pôde ser alcançada durante a gestão de Rio Branco. Ao contrário, os três países acabariam por se engajar em uma corrida armamentista que sem dúvida poderia ter sido evitada. Uma das (poucas) críticas recorrentes ao desempenho do Barão no comando da chancelaria brasileira fica por conta desse fracasso em levar a melhores termos as relações com a Argentina. Seus contemporâneos afirmaram, inclusive, que na verdade ele teria alimentado essa rivalidade, da qual se aproveitaria para reforçar a própria popularidade. A personalização desse antagonismo na contraposição entre ele e Zeballos serviu, ao mesmo tempo, de símbolo e explicação da disputa.

Essas críticas são parcialmente improcedentes. É verdade que eventuais concessões comerciais à Argentina (na linha do proposto por Assis Brasil e Domício da Gama) provavelmente teriam tido um efeito benéfico. Do mesmo modo, parece evidente que havia muito de pessoal nas difíceis relações do Barão com Zeballos e que, em alguns momentos, a animosidade entre os dois personagens contaminou as relações entre os países. Uma competição pessoal de fato existiu, e esse é um elemento a ser considerado, mas, em si, ele fica longe de fornecer uma explicação abrangente para a aguda tensão entre Brasil e Argentina num contexto sem razões objetivas sólidas que justificassem tal antagonismo. O elemento factual que determinou a deterioração das relações bilaterais foi o programa naval de 1904 e seu redimensionamento em 1906.

Mesmo sendo uma das principais vozes favoráveis ao reaparelhamento das Forças Armadas, Rio Branco não tinha poder decisório sobre o elenco de armamentos a encomendar. Pode-se argumentar com muita propriedade que a Esquadra de 1910 estava superdimensionada para as reais necessidades do país e que por isso houve uma reação — previsível e plenamente justificável — por parte da Argentina. O Barão, contudo, não pode ser responsabilizado pela escolha da Marinha, sobre a qual não foi ouvido. Por outro lado, a resposta argentina e a política agressiva de Zeballos atendiam aos interesses do grupo que chegara ao poder em Buenos Aires com a morte do presidente Manuel Quintana. O movimento não se restringia a Zeballos e na verdade era liderado politicamente por Figueroa Alcorta, até por ele ter ascendido à presidência. O objetivo de quebrar o pacto de equivalência naval com o Chile aparecia como ponto fundamental da plataforma desse grupo, e a competição naval com o Brasil criou o argumento perfeito. Reduzir o mau momento das relações entre Brasil e Argentina à antipatia mútua — verdadeira e profunda — entre Rio Branco e Zeballos não se sustenta como explicação suficiente. Em todo caso, são pertinentes as dúvidas sobre o bom manejo, por parte do Barão, das relações com o principal vizinho.

Outro elemento que costuma ser associado ao legado de Rio Branco diz

484

respeito a uma suposta relação especial com os Estados Unidos. Ele teria "mudado o eixo das relações internacionais do Brasil de Londres para Washington", o que é falso, pois esse movimento fazia parte do programa republicano desde 1870 e foi perseguido com estridência a partir de 1889. Diz-se ainda que ele teria conduzido a amizade entre os dois países a uma espécie de "aliança não escrita" (assim definida muitas décadas depois, vale dizer). Ainda que essencialmente ligado à cultura europeia, desde as discussões de limites com a Guianas Inglesa e a Guiana Francesa o Barão teve presente o caráter instrumental da Doutrina Monroe, que preservaria o continente americano do estabelecimento de novas colônias europeias, ao contrário do que ocorria em ritmo acelerado em outras regiões do planeta, em especial na África. Afinal, o Brasil tinha limites, por muito tempo indefinidos, com três potências europeias na região menos habitada e mais desprotegida do país.

Os Estados Unidos resguardariam o continente de intervenções europeias "injustificadas", mas, na avaliação de Rio Branco, não teriam condições de "eficazmente exercer a polícia amigável ou paternal que desejariam exercer, salvo no mar das Antilhas". De acordo com esse raciocínio, a distância, o maior poder relativo e a identidade de valores preservaria o Brasil de ingerências indesejadas por parte dos Estados Unidos. O custo de desfrutar da proteção estadunidense contra possíveis intervenções europeias parecia, portanto, relativamente baixo: concessões na área comercial para aquele que era, afinal, o maior mercado para as exportações brasileiras e apoio retórico a eventuais aventuras estadunidenses no Caribe, na América Central e mesmo no norte da América do Sul, encaradas, em geral, como justificáveis do ponto de vista dos valores e da visão de mundo de Rio Branco.

Em relação à política sul-americana, Paranhos esperava que os Estados Unidos mantivessem uma posição de neutralidade, o que de fato aconteceu — para sua frustração — até quando ele buscou uma manifestação clara de apoio militar estadunidense contra uma possível agressão argentina, enviando "espontaneamente uns quatro navios" para manobras em águas brasileiras. Houve um inegável esforço de perseguir e exibir íntima amizade com os Estados Unidos, mas Washington só correspondeu a esse empenho na medida de seus próprios interesses e, até prova em contrário, jamais cogitou nenhum tipo de relação especial com o Brasil, ainda que certamente apreciasse os repetidos gestos de validação de suas políticas no momento em que crescia o sentimento antiestadunidense nos demais países latino-americanos.

A despeito das simpatias que Nabuco soube despertar em Washington, a experiência em Haia e, depois, a questão da equivalência naval com a Argentina e a discussão sobre a taxação do café (que questionava a política brasileira de valorização de seu principal produto de exportação) deixaram claro que as atitudes dos Estados Unidos obedeciam unicamente a seus próprios desígnios. De modo um tanto irrealista, Rio Branco entendia que Washington também teria interesse em cultivar uma relação especial com o Brasil, com vantagens para os dois países. Decepcionou-se várias vezes. Durante a crise com a Argentina, em 1908, chegou a reclamar com Nabuco que se o governo estadunidense "compreendesse bem a situação, as vantagens que para sua política pode retirar de um Brasil forte, deveria ajudar-nos neste perigoso momento". Sem nada que indicasse uma "aliança não escrita", as relações com os Estados Unidos se deterioraram nos últimos anos da gestão de Rio Branco. Domício da Gama, já embaixador em Washington, teria um diagnóstico claro sobre o fracasso da política de alinhamento:

> Nabuco forçou a nota de amizade, supondo que do outro lado ela existia. Nós sabemos que os Estados Unidos não querem alianças nem mesmo amizades íntimas, que lhes criam obrigações. Inglaterra, Alemanha, talvez Japão, nações com esquadras mais fortes que a deles, podem inspirar-lhes respeito. O resto é desprezível, quando muito mercados consumidores para os seus produtos.

Com os grandes acertos e os erros que possa ter tido, o direcionamento dado por Rio Branco à política externa brasileira projetou-se para muito além de sua morte, em 1912. Sua figura e suas ideias tornaram-se referência inescapável para os sucessores, que na verdade interpretaram esse legado de acordo com os próprios interesses e visão. Na medida em que sempre partiu dos problemas concretos para a definição de suas políticas, Paranhos não deixou um receituário pronto para ser aplicado sem maiores considerações. Essa é uma das grandes chaves para explicar a permanência de seu legado. Seus muitos escritos — em discursos, instruções às legações no exterior e textos jornalísticos — sempre trataram de questões imediatas, sem pretender propor doutrinas ou fórmulas mais abrangentes. Têm, portanto, alto grau de ambiguidade e até revelam contradições entre si. Desse corpo de textos é possível, assim, retirar diretrizes muito diversas.

Em todo caso, o sucesso de Rio Branco passou a conferir legitimidade às políticas amparadas na invocação de seu nome, ainda que com grande grau de liberdade interpretativa. Essas características — legitimidade e ambiguidade — criaram uma referência de autoridade que ganhou permanência, um "evangelho do Barão" que encerraria uma verdade revelada que não deve ser discutida, mas que pode ser interpretada livremente.

Ancorar determinada orientação numa suposta sintonia com as prescrições de Rio Branco tornou-se a estratégia mais fácil para a legitimação das políticas dos sucessores. O primeiro deles, Lauro Müller, chegou a entrar em choque com o maior discípulo do Barão, Domício da Gama, quanto à conveniência de alinhamento com os Estados Unidos. O novo chanceler, ao consultar o embaixador em Washington sobre a posição do governo daquele país quanto à crise interna do Paraguai, adiantou que pretendia emular a política estadunidense e recebeu de Domício uma advertência: "Penso entretanto [que] não devemos buscar nos Estados Unidos nenhum conselho sobre nossa política sul-americana, nem aprovação para resoluções tomadas a fim de não abrir caminho a pretensões inadmissíveis, como vai sendo tendência". Lauro Müller alegava seguir as diretrizes de Rio Branco. Não foi o único. De forma quase absoluta, até pelo menos o início da década de 1960, praticamente todos os ministros das Relações Exteriores trataram de fundamentar suas decisões políticas — às vezes contraditórias — em interpretações pessoais de uma suposta doutrina emanada de Rio Branco, proclamando-se sempre fiéis intérpretes de seu evangelho.

O discurso do Barão sobre a independência da política externa das vicissitudes das lutas partidárias também se incorporou aos dogmas desse evangelho. Para Rio Branco, por um lado, essa noção refletia sua percepção sobre a política externa do Segundo Reinado, um dos pontos altos dos elementos consensuais da ordem saquarema. Por outro lado, no início essa prédica foi uma estratégia de sobrevivência política no contexto ainda muito polarizado entre monarquistas e republicanos, em que ele era ainda visto como simpatizante do regime derrotado. Superada a fase aguda dessa polarização, a insularidade da política externa afirmou-se como um discurso que fortalecia sua posição na política interna e lhe conferia maior liberdade na condução do Itamaraty.

O desdobramento lógico dessa concepção de separação completa entre política externa e política interna é a noção de um saber especializado e, em grande medida, inacessível para os atores da política doméstica. No campo externo estariam em jogo os grandes interesses da nação, cuja determinação estaria acima das lutas partidárias. Como ganho adicional, essa suposta posição privilegiada para a compreensão do verdadeiro interesse nacional passa a ser fonte de legitimidade, também no plano da política interna, para os executores da política exterior.

Ainda de acordo com essa lógica, o evangelho do Barão prega a continuidade da política externa a despeito das eventuais mudanças da ordem interna. Ao assumir o Itamaraty, em 1902, seguia vigente o discurso de que a República havia sido uma ruptura também em termos de orientação da diplomacia. Rio Branco desfez os signos de ruptura e impôs a visão de continuidade da política externa desde a Independência (em alguns sentidos até desde a colônia). As similaridades com a política da monarquia foram resgatadas e as diferenças, explicadas como parte de uma evolução natural. Casos extremos, como as relações com os Estados Unidos, mereceram a criação de narrativas que reinterpretavam os fatos a ponto de ocultar rupturas que pouco antes eram celebradas.

Os sucessores do Barão mantiveram a tradição de ocultar eventuais rupturas ao buscar antecedentes — ainda que, em alguns casos, pouco convincentes — na tradição diplomática que se inventava. O pacto do ABC passaria a ser uma antevisão do Mercado Comum do Sul (Mercosul). O estreitamento das relações com a Argentina viria da gestão de Rio Branco. A "aliança não escrita" com os Estados Unidos seria uma orientação do Barão. Mesmo rupturas claras, como a proposta da Operação Pan-Americana e a Política Externa Independente, são apresentadas cuidadosamente como uma evolução necessária, ancorada nas diretrizes tradicionais.

Rio Branco soube cercar-se de auxiliares que, depois de sua morte, organizaram e disseminaram a narrativa sobre a política externa que ele criara, bem como propagaram a legenda de sua persona: Araújo Jorge, Hélio Lobo, Pandiá Calógeras, entre outros. O centenário do nascimento de Paranhos, em 1945, deu ensejo a uma série de iniciativas em favor da consolidação do mito que cerca Rio Branco, com reflexos positivos, alguns intangíveis e outros bem concretos, para o corpo diplomático brasileiro. Araújo Jorge encarregou-se de reunir alguns discursos, os estudos, as exposições de motivos sobre os tratados de limites e as defesas preparadas por seu mentor nas arbitragens e publicou, em nove volumes, uma coleção das obras de Rio Branco cujo tomo inicial trazia um longo ensaio sobre sua obra assinado pelo discípulo. Além disso, o Itamaraty patrocinou a publicação de livros sobre o homenageado e encomendou a Álvaro Lins uma biografia que se tornou clássica. Com isso, Lins participou do esforço de realizar a profecia que fez sobre Rio Branco na conclusão da obra: "Sim, agora, morto, é que ele começava realmente a viver".

A criação do Instituto Rio Branco também se inseriu no contexto das celebrações do centenário e consolidou Paranhos como patrono da diplomacia brasileira. O funcionalismo federal começava a se profissionalizar e, como parte essencial desse processo, o Departamento Administrativo do Serviço Público (Dasp), criado em 1938, começou a promover concursos para o recrutamento dos servidores do Estado, inclusive os do Ministério das Relações Exteriores. O centenário do nascimento do Barão ofereceu a oportunidade para retirar o processo de recrutamento e treinamento dos diplomatas da esfera do Dasp, criando-se um estamento claramente diferenciado. O decreto nº 7473, de 18 de abril de 1945, fundou o Instituto Rio Branco como um "centro de investigações e ensino". A inauguração do instituto ocorreu no mês seguinte, com a presença de Getúlio Vargas.

O estamento diplomático apropriou-se da ideia, difundida por Rio Branco, da total separação da política externa das lutas partidárias internas, para fortalecer-se como detentor de um saber técnico específico e impermeável às orientações partidárias — isso por entender o interesse nacional a partir de um ponto de vista situado fora da esfera das paixões políticas. O discurso sobre a continuidade — sem sobressaltos ou rupturas — da política externa reforça a ideia de insularidade da ação do Itamaraty em relação ao restante do governo e da sociedade. Até recentemente, os partidos políticos brasileiros não dispunham de plataformas de política externa clara. Ainda assim, grande parte das inflexões sofridas pela política externa brasileira se originou fora do Itamaraty ou de seus quadros — por exemplo, a Operação Pan-Americana (Juscelino Kubitschek/Augusto Frederico Schmidt) e a Política Externa Independente (Jânio Quadros/Afonso Arinos e João Goulart/San Tiago Dantas). Essa personalização — que reflete a realidade política — contornou a ideia de se falar, nos exemplos acima, de uma política externa do Partido Social Democrático (PSD), do Partido Democrata Cristão (PDC) ou do Partido Trabalhista Brasileiro (PTB). Em todo caso, fica clara a vinculação da política externa às plataformas de política interna.

A narrativa de Rio Branco para a política externa encontrou ampla aceitação nos meios acadêmicos, sendo o exemplo mais claro o discurso sobre a formação das fronteiras brasileiras. Apesar de seus poucos escritos propriamente acadêmicos, pela força de sua atuação na imprensa e pela continuidade dada por seus discípulos historiadores-diplomatas ou, em alguns casos, somente historiadores, Rio Branco teve — e ainda tem — grande influência sobre a historiografia e o entendimento mais generalizado da política externa brasileira. Também de enorme importância foi a capacidade que demonstrou de criar para si uma persona extremamente popular e atraente. Durante sua gestão, os temas de política exterior foram debatidos com uma intensidade nunca vista, antes ou depois. A personalização da política externa — Rio Branco contra Zeballos, o "Águia de Haia", Nabuco em Washington — facilitava a percepção popular quanto à relevância dos temas diplomáticos.

Até mesmo os críticos mais contumazes do barão do Rio Branco não deixaram de reconhecer seus méritos e sua popularidade. Lima Barreto dedicou um capítulo de seu livro satírico *Os bruzundangas* à diplomacia daquele país imaginário que espelhava as idiossincrasias brasileiras. O escritor descreveu o chanceler daquela nação como "um embaixador gordo e autoritário, megalômano e inteligente" que,

> tendo por lei sua vontade, baseado na popularidade, fez o que entendeu e a sua preocupação máxima foi dar à representação externa da Bruzundanga um brilho de beleza masculina, cujo cânon ele guardava secretamente para si. Daí veio essa total modificação no espírito da representação exterior do país e não houve bonequinho mais ou menos vazio e empomadado que ele não nomeasse para esta ou aquela legação.

Apesar da má vontade com Paranhos, Lima Barreto não deixou de apontar sua obra e sua popularidade, ao comparar os bruzundanguenses com os brasileiros:

> São assim como nós que temos grande admiração pelo barão do Rio Branco por ter adjudicado ao Brasil não sei quantos milhares de quilômetros quadrados de terras, embora, em geral, nenhum de nós tenha de seu nem os sete palmos de terra para deitarmos o cadáver.

Uma observação amarga, mas que não deixa de ser um louvor ao chanceler.

O arquirrival Oliveira Lima, ainda que com algumas incorreções, foi responsável por uma das apreciações mais equilibradas sobre o balanço de qualidades e defeitos de Paranhos no perfil psicológico que publicou a título de elogio fúnebre em um jornal de Bruxelas, onde vivia, depois ampliado e reproduzido em *O Estado de S. Paulo*:

> As qualidades do barão do Rio Branco eram muitas e notáveis. Sua inteligência era direta, lúcida, vigorosa [...]. Se a sua alma tinha refolhos, a sua inteligência era toda banhada de luz. A análise de sua mentalidade refletida, em que os impulsos, os generosos e os não generosos, eram cuidadosamente sopitados ao sabor das conveniências públicas — porque nele o interesse pessoal se confundia com o público, assim como a sua personalidade mergulhava toda na nacionalidade —, incidia sobre todos os aspectos de uma questão do mesmo modo que o seu tino provia todas as soluções de um problema. Esgotava por assim dizer qualquer assunto, e isto lhe era tanto mais fácil [...] quanto o seu espírito era o que havia de menos dispersivo.

A despeito de suas contradições, inseguranças e erros de apreciação, Rio Branco produziu uma obra político-diplomática insuperável no Brasil e com poucos paralelos no mundo. Para além do voyeurismo que anima a leitura de toda biografia, muito se ganha em conhecer a vida e a obra desse personagem complexo e multifacetado: José Maria da Silva Paranhos Júnior, Juca, Juca Paranhos, José Maria, Paranhos Júnior, Paranhos, barão do Rio Branco, José Maria da Silva Paranhos do Rio Branco, Rio Branco ou, simplesmente, o Barão.

Notas

I. E AGORA, JOSÉ? [pp. 21-8]

* Juca Paranhos terá sido informado da gravidez de Marie por uma carta dela ou de terceiros. Não se sabe, pois esse documento, se existiu, se perdeu. Tomou-se uma liberdade literária com a hipótese, certamente a mais provável, de que Marie tenha escrito essa carta, cujo teor é óbvio.

* O presente texto mantém um diálogo constante com duas biografias "clássicas" sobre o barão do Rio Branco, Álvaro Lins (1995) e Viana Filho (2008). O texto de Álvaro Lins, escrito em 1945 por encomenda do Itamaraty, em grande medida escamoteia o caráter ilícito, aos olhos de então, da relação de Juca Paranhos e Marie Stevens. Viana Filho, por sua vez, escrevendo em fins da década de 1950, enfrentou a questão com bastante clareza.

* A correspondência de Paranhos Júnior com Francisco Luís da Veiga encontra-se depositada no Arquivo Histórico do Itamaraty, no Rio de Janeiro (de agora em diante, AHI). A íntegra da carta mencionada, de 15 de setembro de 1868, foi reproduzida em Lins (1995, pp. 448-9).

* A vida do visconde do Rio Branco foi contada, entre outros, por Besouchet (1985). A biografia que Rio Branco escreveu sobre o pai foi republicada no volume VII, "Biografias", das *Obras do barão do Rio Branco* (2012, pp. 149-286).

2. EM FAMÍLIA [pp. 29-35]

* A epidemia de cólera no Rio de Janeiro em 1855-6 está descrita em Kodama (2012).

* Sobre o surto de febre amarela na mesma cidade, iniciado em 1849, ver Franco (1969) e Rodrigues (1999).

* A história do Palácio São Cristóvão está bem descrita em Dantas (2007).

* As recordações da época de infância de Paranhos Júnior estão relatadas no livro de memórias escrito por seu filho, Raul do Rio Branco (1942). Trata-se da fonte mais rica não apenas sobre os temas da convivência familiar, mas também sobre os pensamentos íntimos e detalhes mais amenos da biografia do pai. As *Reminiscências do barão do Rio Branco* são aproveitadas em diversas partes do presente texto, a começar pela imagem da família Paranhos em visita aos amigos do patriarca na década de 1850.

3. JUCA PARANHOS [pp. 36-41]

* A viagem do menino Juca, de sete anos e meio, do Rio de Janeiro a Montevidéu está registrada na Caderneta 45 (referente aos anos de 1906 e 1907) dos *Cadernos de notas* do então já barão do Rio Branco e ministro das Relações Exteriores. Os *Cadernos de notas* de Rio Branco constituem uma coleção de cadernetas de tipo Moleskine numeradas de 1 a 58. As cadernetas de números 13, 42 e 52, se existiram, foram extraviadas. Os registros seguem, em alguma medida, a ordem cronológica, ainda que existam anotações que terão sido sobrepostas, anos depois em alguns casos, aos apontamentos originais. Mesmo que haja cadernetas relativamente organizadas, com lançamentos muitas vezes longos e detalhados, na maior parte das páginas justapõem-se anotações de índoles diversas, caricaturas, desenhos, apontamentos, pequenos comentários e registros financeiros dispostos de forma bastante desordenada. Em várias cadernetas predominam os registros de haveres, dívidas e investimentos. Outras trazem descrições e comentários sobre passagens de sua vida e de seus familiares e amigos de grande utilidade para o pesquisador. Algumas são menos úteis, como o caso da de número 49, um caderno de endereços provavelmente anotados por uma das filhas. A despeito da grande dificuldade encontrada para extrair-lhes sentido, os *Cadernos de notas* são uma janela única para a intimidade de Rio Branco.

* A correspondência entre Paranhos e seu cunhado Bernardo está na coleção do visconde do Rio Branco, AHI.

4. VIDA DE ESTUDANTE [pp. 42-52]

* Os exames de Paranhos Júnior na Faculdade de Direito de São Paulo foram estudados por Lins (1995).

* As citações referentes à vida de estudante de Paranhos Júnior em São Paulo provêm da obra de Raul do Rio Branco (1942). Sobre a juventude de Rio Branco em São Paulo, ver também Vampré (1924).

* A íntegra do discurso do senador Paranhos de 5 de junho de 1865 está reproduzida em Rio Branco, visconde do (2005).

* Os artigos publicados entre 1865 e 1866 por Paranhos Júnior no jornal *Vinte e Cinco de Março* foram transcritos na edição especial (2012) dos *Cadernos do CHDD*, Rio de Janeiro: CHDD/Funag. Nascimento (1970) faz uma breve análise do jornal e de seu programa.

5. VIAGEM À EUROPA E DIFÍCIL COMEÇO NO BRASIL [pp. 53-8]

* As citações relativas à viagem de Paranhos Júnior à Europa são extraídas do livro de Raul do Rio Branco (1942). A impressão causada pela imagem dos brasileiros nos palcos europeus foi forte, como atesta o vívido testemunho dado ao filho sobre a opereta de Offenbach (p. 49): "Um dos papéis principais era o do 'brasileiro', papel ao mesmo tempo cômico e quase simpático, com sua fantasia divertida. Esse papel foi criado pelo ator Baron pai, que se vestia, como 'brasileiro', à moda mexicana, com muitos pompons no bolero e um largo chapéu. Infelizmente, dizia meu pai, essa caricatura de brasileiro folgazão e pródigo fez escola na imaginação geral, repetindo-se com linhas mais carregadas numa opereta alemã da época, *Der Seekadet*. O Brasil era, nessa criação, um país dos mais ricos da Terra, povoado por nababos de prodigalidade fenomenal, sem preocupação mesmo de seus interesses legítimos; e a opereta contribuiu para a popularidade fantasista de nossa nacionalidade e de alguns compatriotas que viajavam e cuja única preocupação era se deixarem explorar com certa ingenuidade e até um consentimento juvenil".

* Sobre a contribuição de Paranhos Júnior na revista *L'Illustration*, ver Assumpção (1945).

6. O DEPUTADO PARANHOS JÚNIOR [pp. 59-68]

* A citação atribuída a Torres Homem foi recolhida originalmente por Taunay na coletânea *Reminiscências* (1923), publicada originalmente em 1908.

* O original da carta, de 13/10/1870, em que o visconde do Rio Branco comenta que se fará acompanhar na missão ao Prata por seus filhos, está no Arquivo do IHGB.

* A referência ao fato de o visconde do Rio Branco dirigir a Secretaria dos Negócios Estrangeiros a partir de sua residência é de testemunho do próprio Paranhos Júnior, registrado em cartas de 1902 (AHI).

* Discuto em maior profundidade a relação de Paranhos Júnior com a chamada Geração de 1870 no texto "O barão do Rio Branco e a Geração de 1870", publicado em Gomes Pereira (2012, pp. 291-322).

* A frase atribuída a José Avelino Gurgel do Amaral está citada em Viana Filho (2008, p. 70).

7. EM NOME DO PAI: *A NAÇÃO* E *A VIDA FLUMINENSE* [pp. 69-75]

* A resenha sobre a imprensa carioca no século XIX se baseia no artigo do próprio barão do Rio Branco publicado originalmente no verbete sobre o Brasil na edição de *La Grande Encyclopédie*, dirigida por Émile Levasseur. Ver Levasseur (2001).

* Além de as diversas edições do jornal *A Nação* (bem como dos outros periódicos aqui estudados) estarem arquivados na Biblioteca Nacional, sendo acessíveis inclusive via internet por meio de sua Hemeroteca Digital, o Centro de História e Documentação Diplomática (de agora em diante, CHDD) realizou um levantamento dos artigos que seriam atribuídos claramente a Paranhos Júnior nos diversos órgãos de imprensa em que publicou de forma anônima ou sob pseudônimo. O resultado dessa pesquisa apareceu em diversas edições dos *Cadernos do CHDD* (números publicados entre 2002 e 2009) e o conjunto dos artigos foi reunido no volume x, "Artigos de imprensa", da reedição das *Obras do barão do Rio Branco* pela Fundação Alexandre de Gusmão (de agora em diante, Funag) em 2012. As citações de artigos de imprensa atribuídas a Paranhos Júnior ao longo deste livro se baseiam nas transcrições feitas pelo CHDD das fontes citadas. As citações de outros artigos de jornais e revistas, referenciadas no corpo do texto, são feitas com base nos originais mantidos na Biblioteca Nacional.

    * A carta de Paranhos Júnior a Osório foi citada pela primeira vez por Antunes (1942, p. 21) e depois transcrita por Álvaro Lins. Deoclécio Paranhos Antunes era sobrinho do barão do Rio Branco.

    * A amizade de Paranhos Júnior com o general paraguaio Bernardino Caballero e a anedota citada estão registradas em Dias (1945, p. 51).

8. O BOÊMIO [pp. 76-84]

    * O trecho citado sobre a vida social na casa da viscondessa de Rio Branco está em Calógeras (1936, p. 204).

    * Sobre o Alcazar Lyrique du Père Arnaud, ver Menezes (2007) e Magri (2010). O excerto citado de Machado de Assis está em *Crônicas do dr. Semana* (1861-4).

    * A referência a Juca Paranhos como tendo sido capoeirista está em Conduru (2011).

    * A maior parte das biografias tradicionais é omissa sobre a relação de Juca Paranhos com Marie Stevens. Nas duas mais conhecidas, Álvaro Lins trata o tema com evidente constrangimento em uma obra que, afinal, tinha sido encomendada pelo Itamaraty como peça-chave das comemorações do centenário de nascimento de Rio Branco. O autor chega a induzir seus leitores a erro. Por exemplo, ao tratar do nascimento do primogênito do casal, Lins inclui — sem precisar a data do documento — um trecho de carta de Rodolfo Dantas que felicita Rio Branco por seu casamento com Marie, sem mencionar que o casamento só se realizou (e essa carta só foi escrita) dezesseis anos depois do nascimento de Raul. Viana Filho foi o pioneiro na abordagem mais franca do tema. Escrevendo em fins da década de 1950, tratou da relação do casal com desenvoltura, e a maior parte das referências sobre a questão feitas ao longo da presente biografia baseia-se nessa obra. É Viana Filho (2008, pp. 76-7) quem traz esclarecimentos sobre a biografia de Marie Philomène Stevens: "Nascida em Acoz, pequena aldeia belga, aos quinze anos perdera o pai, um artesão chamado Joseph Stevens, cuja viúva, Eugénie Henry, logo contraiu novas núpcias com Julien Mayer, homem também modesto. O que então ocorreu à adolescente Marie, e a levou a se transportar sozinha para o Novo Mundo, possivelmente nunca se desvendará. Sabe-se, porém, que nos fins de 1870 já divertia os frequentadores daquela famosa casa de espetáculos, onde, ao lado de representações teatrais, havia gaiatas exibições de café-concerto".

    * A mocidade boêmia de Paranhos Júnior está registrada em vários testemunhos, como Fazenda (1943).

    * Sobre Oliveira Lima, a obra essencial é Malatian (2001). A relação entre Oliveira Lima e Rio Branco foi muito bem trabalhada por Paulo Roberto de Almeida no artigo "O barão do Rio Branco e Oliveira Lima — vidas paralelas, itinerários diferentes", publicado em Almino e Cardim (2002, pp. 233-78).

    * Há abundância de biografias sobre Joaquim Nabuco, a começar pela de autoria de sua filha

Carolina Nabuco (1958). Dentre as mais recentes, mencione-se Alonso (2007) e a sucinta e muito bem trabalhada contida em Bethell (2016).

* O conselho do imperador a seu primeiro-ministro sobre como encaminhar a relação de Maria Luísa com José Bernardino Silva foi dado por intermédio do visconde de Itaúna: carta do visconde de Itaúna (Cândido Borges Monteiro) ao visconde do Rio Branco, de 20/08/1871, coleção do visconde do Rio Branco, AHI.

9. A TORMENTOSA REMOÇÃO [pp. 85-95]

* O texto fundamental sobre a Geração de 1870 é de Alonso (2002).

* A questão da nomeação de Paranhos Júnior como cônsul é tratada extensamente por diversos autores, a começar por Lins (1995) e Viana Filho (2008). Para um texto mais recente sobre o tema, ver Vasco Mariz, "A mocidade do barão do Rio Branco e sua tormentosa nomeação para a carreira diplomática", publicado em Gomes Pereira (2012, pp. 19-29).

* A pressão do visconde do Rio Branco pela nomeação do filho foi exercida especialmente sobre o barão de Cotegipe e está documentada na correspondência trocada nessa ocasião, publicada em Pinho (1919). Os originais encontram-se na coleção do barão de Cotegipe, AHI.

* A correspondência entre Paranhos Júnior e Tommaso Bezzi encontra-se arquivada no AHI e está bem aproveitada por Viana Filho (2008).

* A correspondência entre Paranhos Júnior e Gusmão Lobo encontra-se arquivada no AHI e foi, em sua maior parte, publicada no número 5 (2004, pp. 91-236) dos *Cadernos do CHDD*.

10. CÔNSUL-GERAL DO BRASIL NOS DOMÍNIOS DA RAINHA VITÓRIA [pp. 99-110]

* A melhor biografia do barão de Penedo continua sendo a de Renato de Mendonça (2006).

* A cuidadosa e extensiva pesquisa contida na obra de Castro (1970) é a fonte para os dados apresentados sobre as atividades funcionais de Paranhos Júnior no consulado-geral em Liverpool. A correspondência entre Paranhos e o barão de Penedo encontra-se arquivada no AHI. Castro, ademais, é referência fundamental no estudo histórico da organização do Ministério das Relações Exteriores.

* As informações sobre a evolução do patrimônio, das dívidas, dos créditos e dos haveres de Paranhos Júnior são extraídas de seus *Cadernos de notas*. A questão financeira foi uma preocupação sempre presente ao longo da vida de Rio Branco, como comprova a leitura dessas cadernetas, em que as anotações mais recorrentes são, justamente, sobre dívidas, haveres, proventos e evolução patrimonial. Assim, ainda que meramente em caráter indicativo, para dar ao leitor ou leitora um sentimento da ordem de grandeza dos valores envolvidos, em alguns casos apresentei uma aproximação da correspondência das quantias mencionadas em dólares estadunidenses de 2017. A atualização monetária desses valores em moeda corrente contemporânea é um exercício complexo e é inevitável que gere distorções, pois a própria cesta de bens e serviços disponíveis em cada momento histórico (em especial desde o século XIX) varia enormemente. A evolução das taxas de câmbio entre as três moedas mencionadas na documentação (mil-réis, francos e libras) é conhecida e pude transformar todos os valores para uma moeda de referência, no caso a libra. Com recurso a sítios na internet especializados na questão (em especial <www.measuringworth.com/ppoweruk/>), procedi à atualização monetária das quantias em libras de cada ano para o valor atual dessa moeda e transformei o resultado em sua expressão em dólares de 2017. Na discussão desse procedimento servi-me da amizade de longa data e da inestimável ajuda de meu colega Paulo Roberto de Almeida, a quem agradeço o apoio e o constante diálogo intelectual. A responsabilidade por eventuais falhas nessa atualização monetária (e pelos demais aspectos do livro) continua, naturalmente, sendo minha. Em todo caso, insisto, são apenas aproximações para ilustrar alguns aspectos biográficos, com pouca pretensão de precisão científica. Um estudo consubstanciado específico sobre a evolução das finanças de Rio Branco ainda está pendente.

* Os detalhes sobre os ganhos de Paranhos Júnior na incursão que fez aos cassinos de Monte Carlo acompanhado do pai também estão registrados nos *Cadernos de notas*.

* O original da carta, de 4/10/1881, reproduzida em Lins (1995, pp. 452-3), em que Paranhos Júnior recomenda a Nabuco que obtenha o cargo de correspondente do *Jornal do Commércio* em Londres, está depositado no AHI.

II. PARIS E SÃO PETERSBURGO [pp. 111-9]

* A correspondência entre Paranhos Júnior e o barão Homem de Melo encontra-se no AHI.

* O relatório de Paranhos Júnior sobre a participação do Brasil na Exposição Internacional de São Petersburgo, datado de 02/06/1884 (e publicado originalmente no *Diário Oficial* de 4 de agosto daquele ano) foi republicado recentemente no número 23 (2013, pp. 629-51) dos *Cadernos do CHDD*. O catálogo geral da exposição de cafés do Brasil naquela exposição foi, igualmente, publicado pelo CHDD na edição especial dos *Cadernos* (2012, pp. 103-257) pelo centenário da morte de Rio Branco. A parte mais extensa do catálogo é uma reprodução adaptada de um texto sobre o café escrito por Santana Néri para a Exposição Internacional de Amsterdam (1883).

* A profícua relação intelectual entre Capistrano de Abreu e Paranhos está bem documentada nas cartas que o primeiro remete ao segundo entre 1886 e 1903, publicadas em Franco e Cardim (2003). Capistrano seguiria por mais alguns anos insistindo com o amigo para que publicasse seus estudos históricos. Em uma carta de 1890, ele resumiu sua frustração: "Quando me lembro de que pode dar-se o caso de seus trabalhos não serem publicados, fico fora de mim, e meu desejo era ser ditador para desligá-lo de tudo e de todos, dar-lhe tudo de que precisasse, mas com um prazo, o mais curto possível, para escrever sua *História naval* e sua *História militar*".

* A Biblioteca Histórica do Itamaraty no Rio de Janeiro guarda o manuscrito preparado por Jango Fischer (João Guilherme Fischer) para o livro, que não chegou a ser publicado, *Introdução às anotações do barão do Rio Branco*. O volume faria parte do elenco das obras a ser publicadas por ocasião do centenário de nascimento de Rio Branco, em 1945, mas não chegou a ser finalizado. Fischer foi um dos introdutores da classificação decimal universal no Brasil. Essa interessante pesquisa era, até agora, uma fonte inexplorada pelos biógrafos de Rio Branco.

* O comentário feito por Quintino Bocaiúva a Salvador de Mendonça sobre a saúde de Pedro II foi transcrito de Viana Filho (2008, pp. 155-6).

12. O PUBLICISTA DO TERCEIRO REINADO [pp. 120-34]

* Há uma lamentável lacuna no que se refere aos estudos sobre a vida e a obra de Frederico José de Santana Néri, amigo e interlocutor constante de Rio Branco em Paris e um dos mais notáveis publicistas da Amazônia e do Brasil em fins do século XIX. A tese de doutorado de Carneiro (2013) aparece como o trabalho mais sólido sobre esse interessante personagem.

* Domício da Gama (Domício Afonso Forneiro) não apenas deve ser reconhecido como o discípulo mais fiel e o diplomata mais próximo a Rio Branco. Mesmo depois da morte do Barão, continuou a ocupar postos de grande projeção (embaixador em Washington e Londres), tendo ocupado brevemente a chefia da chancelaria brasileira. Ainda assim, são escassos os estudos sobre sua trajetória e suas ideias. A tese de doutorado de Teresa Cristina N. França (2007) constitui-se em notável exceção e foi aproveitada como fonte para muitas das referências a Domício.

* As opiniões de Rio Branco sobre a prática dos duelos foram relatadas pelo filho Raul.

* A transcrição do comentário de imprensa sobre os funerais da irmã de Paranhos, Maria Luísa, está em Viana Filho (2008, p. 165). O autor cita recorte de jornal não identificado, apenso a carta, datada de 13/07/1888, de Militão M. de Souza ao barão do Rio Branco.

* A correspondência entre Rio Branco e o imperador d. Pedro II foi publicada por Miguel do Rio Branco (1957).

* A relação de amizade e confiança entre Rio Branco e Élisée Reclus foi realçada por Antônio Carlos Robert de Moraes em "O barão do Rio Branco e a geografia", em Gomes Pereira (2012).

13. DISCUTINDO A ABOLIÇÃO [pp. 135-43]

* A questão da escravidão no Brasil e de sua abolição é objeto de vastíssima bibliografia e de inúmeras discussões historiográficas. Naturalmente, esse debate foge por completo aos objetivos do presente trabalho, que se restringe a apresentar e contextualizar as visões do biografado.

* A biografia de d. Pedro II atribuída a Benjamin Mossé, mas de autoria do barão do Rio Branco, foi recentemente reeditada pela Fundação Alexandre de Gusmão (Mossé, 2015). Trata-se do mais extenso e interessante trabalho historiográfico de Rio Branco, ainda que se tenha de levar em conta o objetivo de servir como peça de propaganda em favor da monarquia e de d. Pedro II, o que, aliás, em nada colidia com suas convicções pessoais.

14. ENFRENTAR A REPÚBLICA OU ADERIR A ELA? [pp. 144-60]

* Além da documentação guardada no AHI, parte da correspondência de Rio Branco com o barão Homem de Melo encontra-se no Museu David Carneiro, em Curitiba, a qual não tive a oportunidade de consultar diretamente. Para as citações desses documentos, baseei-me nas transcrições feitas por Viana Filho (2008).

* A correspondência de Joaquim Nabuco está disponível em diversos arquivos e publicações complementares, com destaque, como é óbvio, para a fundação que leva seu nome. Entre as mais importantes para a presente pesquisa, além do material existente no AHI, encontram-se a coleção de cartas de Nabuco a seus amigos compilada por Carolina Nabuco (1949) e os próprios diários de Joaquim Nabuco (2005). A correspondência oficial entre a embaixada em Washington, na gestão de Nabuco, e a Secretaria de Estado, dirigida por Rio Branco, foi publicada, em dois volumes, pela Funag (2011).

* A correspondência de Rio Branco com Alfredo de Taunay encontra-se no AHI.

* A relação entre Rio Branco e Rui Barbosa foi objeto de alguns estudos, a começar pelo trabalho de Américo Jacobina Lacombe (1945), publicado no contexto das comemorações do centenário de nascimento de Rio Branco. A correspondência entre os dois está transcrita em diversas fontes, a começar pelo citado trabalho de Lacombe, e seus originais encontram-se no AHI e na Casa de Rui Barbosa. A biografia de Rui Barbosa elaborada por Viana Filho (1981) serviu de fonte básica para as informações sobre o personagem. Há, contudo, uma vasta bibliografia sobre ele, amparada principalmente no trabalho de pesquisa e divulgação desenvolvido pela Casa de Rui Barbosa, cujo exame aprofundado fugiria ao foco deste livro.

* A transcrição dos artigos atribuídos a Rio Branco no *Jornal do Brasil*, inclusive a série "Cartas de França", foi publicada nos *Cadernos do CHDD* e posteriormente incluída no volume x da reedição feita pela Funag em 2012 das *Obras do barão do Rio Branco*.

* A correspondência entre Rio Branco, Rodolfo Dantas, Joaquim Nabuco, Gusmão Lobo, Paul Leroy-Beaulieu, Edmundo De Amicis, Emile de Laveleye e outros, depositada no AHI, concernente à criação do *Jornal do Brasil*, foi publicada no número 5 (2004, pp. 237-339) dos *Cadernos do CHDD*.

* Os originais da correspondência entre Rio Branco e Rodolfo Dantas encontram-se depositados no AHI.

15. A QUESTÃO DE PALMAS [pp. 161-76]

* A citação sobre o conselho dado a Rio Branco desanimando-o da ideia de comprar uma fazenda em São Paulo é atribuída por Viana Filho (2008, p. 219) a "um colega que tratava do inventário da viscondessa".

* A exposição submetida por Rio Branco, na qualidade de advogado brasileiro, ao presidente Cleveland continua a ser insumo fundamental para o exame da Questão de Palmas. O texto foi publicado como o volume I das *Obras do barão do Rio Branco* (1945), reeditadas em 2012 pela Funag.

* A correspondência da missão especial nos Estados Unidos encontra-se no AHI, bem como um dos exemplares originais da defesa brasileira.

* Há versões desencontradas sobre como Rio Branco teria refutado o argumento baseado na cópia do Mapa das Cortes apresentado pela parte argentina. Durante muito tempo prevaleceu a tese de que ele teria desencavado em arquivos europeus a "versão verdadeira" do mapa, que refutava a carta apresentada pelos argentinos. Uma "aparição surpreendente", nas palavras de Gilberto Amado (1947), que comparou esse "novo" mapa com o "personagem central de um romance". Hélio Lobo (1952) explica que, na verdade, Rio Branco apenas teria "reabilitado" o mapa descoberto pelos argentinos: "Estudando-o longamente, mediu Rio Branco a distância da foz do Peperi Guaçú, segundo o mapa da comissão mista brasileira-argentina". O golpe de graça na defesa argentina foi a confirmação de Levasseur de que o Pepiri retratado no Mapa das Cortes coincidia com as coordenadas do rio pelo qual o Brasil defendia que se marcasse a fronteira. Ainda segundo Lobo,

500

Dionísio Cerqueira e Guillobel, "poucos dias depois, confirmaram as previsões de Rio Branco". A redação, algo ambígua, não deixa clara a precedência dos cálculos feitos por Dionísio Cerqueira sobre os de Levasseur. Na verdade, Rio Branco recorreu primeiro a Dionísio Cerqueira para confirmar sua intuição. Após o veredito técnico deste, o Barão solicitou a seu amigo Levasseur um novo parecer, em tese mais neutro e qualificado, para submeter ao árbitro. A mágoa de Cerqueira contra Rio Branco explica-se pelo ocultamento, justificável pela maior autoridade de Levasseur junto ao árbitro, de sua participação no processo.

O próprio Rio Branco desmentiu a alegada descoberta de uma nova — e supostamente a verdadeira — versão do Mapa das Cortes em carta dirigida a Rui Barbosa em 07/07/1895 (apud Lacombe, 1945, pp. 24-5): "A *Gazeta de Notícias* e outros jornais do Brasil disseram que quando fui nomeado eu já tinha uma memória pronta sobre a questão. V. excia. vê, por esta informação, que a notícia nenhum fundamento tinha. Eu possuía apenas alguns materiais não conhecidos no Brasil e notas de trabalho, mas entre esses documentos não figurava o Mapa Oficial de 1749, ou o Mapa das Cortes, cuja descoberta me foi também atribuída. Esse mapa foi achado por um comissário argentino em 1892 e era reputado favorável aos argentinos por estar o Pequiri ou Pepiry acima do Uruguai Pitã. Os próprios comissários portugueses na demarcação subsequente ao tratado de 1777 admitiram que o rio do limite, no mapa de 1749, não era o demarcado em 1759. Os defensores da nossa causa basearam-se por isso no tratado de 1777 e nas instruções dadas para a sua execução. Mostrei na minha exposição que a três rios diferentes foi aplicado sucessivamente pelos espanhóis, no XVIII século, o nome de Uruguai Pitã, e que Pequiri do mapa de 1749 estava acima do primeiro desse nome, único assim conhecido naquela data, e não o terceiro, inventado em 1788, como pretendiam os comissários espanhóis da segunda demarcação e o governo argentino. Provei também que o antigo Pequiri dos mapas dos jesuítas era um rio abaixo do Salto, mais ocidental, portanto, que o Pepiri do mapa de 1749 e do tratado de 1750. A posição da foz daquele Uruguai Pitã, abaixo do Salto Grande, e a longitude do Pequiri ou Pepiri, segundo o trabalho feito sob a direção de Levasseur (mapa 7 A no vol. VI), mostraram que o documento oficial de 1749 nos era favorável".

* Sobre o Mapa das Cortes, além da análise clássica de Jaime Cortesão (2006), ver Cintra (2009 e 2012).

16. NOVA YORK E WASHINGTON [pp. 177-98]

* A correspondência entre Rio Branco e Souza Corrêa encontra-se no AHI. Há também cartas citadas por Viana Filho do arquivo de Silvino Gurgel do Amaral.

* Além da (escassa) correspondência arquivada no AHI, no Arquivo Nacional também há cartas de Rio Branco dirigidas a Floriano Peixoto, depositadas na coleção do presidente.

* Os originais da correspondência citada entre Rio Branco e Assis Brasil encontram-se no AHI. O CHDD publicou, em 2006, dois volumes com a transcrição dos documentos mais relevantes de autoria de Assis Brasil ou a ele dirigidos arquivados no AHI.

* Os comentários de Domingos Olímpio sobre Rio Branco estão citados em Viana Filho (2008, pp. 229 e 237) e foram extraídos de artigo publicado no jornal *O Comércio*, de 18/01/1901.

* A correspondência entre Rio Branco e Salvador de Mendonça encontra-se no AHI. Sobre Salvador de Mendonça, duas obras são fundamentais: Mendonça (1960) e Azevedo (1971).

* O trecho citado de Machado de Assis está no livro *A semana* (1892-1900).

* Os *Cadernos de notas* de Rio Branco são a fonte das informações sobre os bastidores da entrega da defesa brasileira. A descrição feita por Paranhos da cerimônia de entrega do parecer está reproduzida, diretamente ou por paráfrase, nas principais biografias. Com razão, pois se trata do único testemunho de primeira mão de um dos protagonistas da cena, escrito de forma clara e atraente.

* A correspondência de Rio Branco com Graciano de Azambuja encontra-se no AHI. O testemunho de Azambuja sobre o Barão (1895) traz muitas informações, bem aproveitadas nas muitas biografias dele, inclusive nas de Lins (1995) e Viana Filho (2008).

18. A QUESTÃO DO AMAPÁ [pp. 209-28]

* O texto que melhor explora a complexa relação entre Rio Branco e Marie, inclusive em seus anos finais, continua a ser Viana Filho (2008).

* O difícil relacionamento de Rio Branco com Gabriel Piza e seu pouco apreço por quem então era seu chefe direto fica claro na leitura de suas anotações sobre o andamento das negociações com a França em seus *Cadernos de notas*. Em uma excelente contribuição para os estudos sobre Rio Branco, Affonso Santos (2017) transcreveu as anotações sobre a questão entre o Brasil e a França nos *Cadernos de notas* do Barão. No volume VI da citada obra, Affonso Santos comenta e transcreve documentação sobre as desavenças entre Rio Branco e o general Dionísio Cerqueira. Além de trazer a troca de correspondência entre o Barão e Virgile Rossel, o mesmo volume transcreve a correspondência trocada com Emílio Goeldi, cuja atuação criticou, inclusive, pelo custo: "Este sr., enquanto esteve na Suíça, recebeu o seu ordenado por inteiro, como diretor do Museu do Pará, o necessário para a viagem, e mais 30 contos em ouro. Não tinha despesas de representação, e, sem as ter, recebia mais dinheiro do que o ministro do Brasil em missão especial".

* O debate público entre Nabuco e Jaceguai está documentado e bem explorado em Alencar e Pessoa (2002).

* A resenha sobre a evolução histórica da disputa de limites com a França apoia-se fortemente nas duas memórias ao árbitro preparadas pelo barão do Rio Branco, publicadas como volumes III e IV das *Obras do barão do Rio Branco* (1945/2012).

* A correspondência da missão em Berna encontra-se no AHI.

* Em livro recente, Kämpf (2016) faz uma boa resenha da questão da ocupação da ilha da Trindade, tema pouco explorado na historiografia brasileira.

* Agradeço ao embaixador Affonso Santos por ter me alertado sobre a real autoria da resposta dada à ameaça feita pelo chanceler francês sobre a possibilidade de ocupação militar da área em litígio com a França. Erroneamente, Lins atribuiu a Rio Branco esse diálogo com Hanotaux e o consequente blefe sobre uma suposta aliança com os Estados Unidos ou a Inglaterra, quando na verdade o próprio Barão deixa claro em seus *Cadernos de notas* que tal diálogo foi travado com o então governador eleito Paes de Carvalho. Na verdade, Rio Branco, por sua posição subordinada a Piza, nem chegou a participar diretamente das negociações com Hanotaux.

* A correspondência de Rio Branco com Olinto de Magalhães, pessoal e oficial, encontra-se no AHI.

19. BERNA [pp. 229-43]

* A correspondência entre Rio Branco e Goeldi encontra-se no AHI e foi muito bem aproveitada na tese de doutorado de Sanjad (2005). Recentemente, foi transcrita e publicada por Affonso Santos (2017).

* As descrições sobre o cotidiano de Rio Branco e família em Berna apoiam-se principalmente na obra de Raul do Rio Branco (1942) e nos *Cadernos de notas*.

* O curioso comentário de Rio Branco sobre Duarte da Ponte Ribeiro foi recolhido por Jango Fischer (1945).

* As *Memórias* de Oliveira Lima (1937) são prenhes em comentários, em geral marcados pelo ressentimento, sobre Rio Branco.

* Os *Cadernos de notas* são a fonte primária para a descrição sobre a entrega do laudo suíço.

* A correspondência entre Rio Branco e José Carlos Rodrigues encontra-se no AHI. Parte dessa documentação foi publicada nos Anais da Biblioteca Nacional (v. 90, 1970).

* O texto de Ferretti (2013) traz novas evidências e uma boa análise sobre o laudo do Conselho Federal suíço, do ponto de vista da influência dos diversos autores franceses e de outras nacionalidades nas conclusões dos árbitros da questão de limites.

20. BERLIM [pp. 244-58]

* O original da carta de Rio Branco à filha Maria Clotilde, escrita em francês (tradução minha), encontra-se no AHI. O texto citado foi reproduzido na íntegra por Lins (1995, pp. 467-8).

* Corrêa (2009) é talvez o único texto, ainda que curto, que se estende com algum detalhe sobre a gestão de Rio Branco em Berlim.

* Os *Cadernos de notas* são a fonte para as informações sobre o estado de ânimo de Rio Branco com as sucessivas mortes de parentes e amigos.

* A correspondência entre Rio Branco e Rodrigues Alves encontra-se no AHI. Lins (1995, pp. 473-9) reproduz uma longa carta de Rio Branco a Frederico Abranches em que ele faz um minucioso arrazoado sobre os motivos que alegava para não aceitar o convite de Rodrigues Alves.

21. *TEL BRILLE AU SECOND RANG QUI S'ECLIPSE AU PREMIER* [pp. 261-81]

* A gestão de Rio Branco no Itamaraty foi objeto de ampla cobertura da imprensa brasileira. Além do recurso aos jornais da época na Biblioteca Nacional ou por meio da Hemeroteca Digital, a vasta coleção de recortes de imprensa arquivada no AHI, cuja seleção obedeceu à própria subjetividade do Barão, constitui-se em fonte de grande valia para os pesquisadores. Afora milhares de textos, a coleção de recortes de jornais reúne um acervo de centenas de caricaturas sobre o próprio Rio Branco ou sobre temas de seu interesse. As caricaturas mencionadas no texto e selecionadas para compor a iconografia deste livro pertencem a essa coleção.

* Conforme já assinalado, os artigos de imprensa cuja autoria pode ser atribuída a Rio Branco — como no caso dos textos assinados por Kent no *Jornal do Comércio* — foram reunidos pelo CHDD em diversas edições dos *Cadernos do CHDD*, consolidados como o volume X da reedição, pela Funag, das *Obras do barão do Rio Branco* (2012), um livro adicional aos nove tomos originalmente publicados em 1945.

22. NO IMBRÓGLIO DO ACRE, NO MEIO DO FOGO POLÍTICO DO RIO, ENTRE GENTE TODA NOVA [pp. 282-307]

* Há várias descrições do retorno festivo de Rio Branco ao Brasil, algumas certamente contaminadas por deslizes de memória, como o testemunho de Levi Carneiro no texto "Rio Branco e a sempre tão limpa e generosa política internacional do Brasil", republicado em Franco e Cardim (2003, pp. 157-203). Ao descrever a festa, o autor menciona ter sido Paranhos recepcionado ao som do dobrado que leva seu nome. O "Dobrado do Barão" seria composto depois, em 1904, pelo maestro Francisco Braga. O relato deste livro está baseado nas matérias de imprensa do dia seguinte, de vários jornais, mas em especial da *Gazeta de Notícias*.

* Os textos dos discursos de Rio Branco estão reunidos no volume IX das *Obras completas do barão do Rio Branco* (2012).

* A despeito da proximidade que teve com Rio Branco em seus anos finais, ainda que em posição subordinada, há informações muitos esparsas sobre Salvador Gonzalez. A descrição de Vasconcellos (1954) minora essa lacuna, sem preenchê-la totalmente.

* O encontro entre Rio Branco e João do Rio foi objeto da crônica "A minha primeira entrevista e o meu primeiro pedido", deste último, publicada originalmente na *Revista Americana*, em 1913, e reeditada em coletânea sobre Rio Branco na visão de seus contemporâneos (CHDD, 2002, pp. 215-22).

* As desventuras da baronesa de Santana Néri, cuja correspondência com Rio Branco encontra-se no AHI, foram resgatadas por Carneiro (2013).

* Grande parte da correspondência de Rio Branco e de seus secretários com os diversos jornalistas e órgãos de imprensa encontra-se no AHI. Parte dela foi transcrita pelo CHDD e publicada no número 5 (2004, pp. 341-428) dos *Cadernos do CHDD*. Há, ainda, documentos depositados na Biblioteca Nacional.

* A correspondência entre Rio Branco e Domício da Gama encontra-se no AHI.

* A correspondência entre Domício da Gama e Graça Aranha encontra-se no Arquivo da Academia Brasileira de Letras.

* Os comentários sobre o funcionamento da Secretaria de Estado durante a gestão de Rio Branco têm como fonte principal o testemunho de Luís Gurgel do Amaral (2008).

* O trabalho mais completo sobre Rio Branco e Euclides da Cunha continua a ser o livro publicado por Francisco Venâncio Filho (1948). No contexto das comemorações do centenário da assunção de Rio Branco no Itamaraty, seu filho, Alberto Venâncio Filho, contribuiu com o capítulo "O barão do Rio Branco e Euclides da Cunha" na obra organizada por Almino e Cardim (2002).

23. O TRATADO DE PETRÓPOLIS [pp. 208-37]

* Os dados relativos às transações comerciais do Brasil têm como fonte principal os trabalhos de Paulo Roberto de Almeida, em especial Almeida (2001) e o texto "A economia do Brasil nos tempos do barão do Rio Branco", publicado em Gomes Pereira (2012, pp. 523-63).

* A carta de Rio Branco a José Veríssimo, de 16/02/1903, encontra-se no Arquivo da Academia Brasileira de Letras.

* A documentação oficial sobre a questão do Acre pode ser consultada no AHI. Trata-se de

tema bastante estudado e muitos livros contêm a evolução dos acontecimentos. A despeito de interpretações desencontradas, a resenha dos fatos é praticamente incontroversa. A obra de referência, contudo, continua a ser Tocantins (2001). São também fundamentais as considerações do próprio Rio Branco sobre o tema, disponíveis na "Exposição de motivos" que encaminhou o Tratado de Petrópolis ao Congresso brasileiro, publicada como seção do volume V, "Questões de limites — Exposições de limites", das *Obras do barão do Rio Branco* (2012, pp. 43-77). Para uma visão mais atualizada, cabe indicar o texto "Acre, momento decisivo", de Rubens Ricupero, publicado em Gomes Pereira (2012, pp. 119-61).

* O manuscrito da minuta da referida carta de Rio Branco para Hilário de Gouveia, datada de 23/07/1903, está depositado no AHI. O texto foi parcialmente transcrito por Viana Filho (2008, p. 367).

* Sobre os investimentos belgas no Mato Grosso e na Amazônia no período, ver Garcia (2009).

* A correspondência entre Rio Branco e Rui Barbosa sobre a questão do Acre foi transcrita por Lacombe (1945).

* Sobre a relação entre Rio Branco e Gastão da Cunha, ver Andrade (1953).

24. O PESADELO DO BARÃO [pp. 338-63]

* A historiografia tradicional continua a situar na gestão de Rio Branco o "verdadeiro ponto de inflexão" (Cervo e Bueno, 1992, p. 162) da reorientação da política externa brasileira da Europa para os Estados Unidos. O processo, como se viu, começou antes, com notável contundência, e nos anos finais da gestão do Barão na chancelaria brasileira as relações com Washington passaram por momentos difíceis. Se a suposta tradição de relações estreitas com os Estados Unidos desde o Império foi, em grande parte, construção de Rio Branco, a ideia de excelência inabalável das relações entre os dois países durante sua gestão se deve, em grande medida, a seus sucessores no Ministério das Relações Exteriores, como suporte para suas próprias decisões políticas. Na verdade, a política de Rio Branco para os Estados Unidos pode ser avaliada como um relativo fracasso, ao menos em relação a sua ilusão de ver o Brasil reconhecido e tratado por Washington como um aliado a ser consultado e considerado na elaboração e execução de suas próprias políticas.

* A Revolta da Vacina foi muito bem tratada em um texto conciso de Sevcenko (2010).

* Rodrigo Otávio (Menezes, 1935) privou da intimidade de Rio Branco em seus anos como chanceler e atuou como advogado do Itamaraty e nas questões pessoais da família do diplomata. Constitui-se em fonte privilegiada para detalhes do dia a dia do Barão. Ainda que haja exageros e persista a dificuldade em separar o mito da realidade, os hábitos, manias e superstições de Rio Branco são relatados por muitos contemporâneos e biógrafos seus, entre os quais Antunes (1942), Carvalho (1995), Fazenda (1943), Fleiuss (1931), Lyra Filho (1936), Macedo Soares (1944), Medeiros e Albuquerque (1942), Napoleão (1941), Vasconcellos (1954) e Villaça (1945). Lyra Filho chegou a dedicar um capítulo específico de sua biografia às "Esquisitices do homem célebre". Além desses, entre muitos, seguem valiosíssimas as informações contidas nas reminiscências do filho Raul (1942).

* Ainda que não trate de tema completamente inédito, mas certamente pouquíssimo explorado pela historiografia brasileira, o acordo secreto Rio Branco-Tobar, de 05/05/1904, merece ser discutido com maior detalhe e contextualizado no âmbito da atuação do barão do Rio Branco na direção do Itamaraty e das complicadas relações entre os países sul-americanos no início do século

xx. Deve-se destacar que nenhum dos biógrafos de Rio Branco — a começar pelos dois autores considerados "clássicos", Lins e Viana Filho — faz qualquer menção ao acordo. Tratei do tema especificamente em artigo publicado no número 27 (2015) dos *Cadernos do CHDD*, que traz não só o texto completo do tratado como a reprodução do manuscrito.

* Seguindo uma tradição iniciada pelo próprio Rio Branco, a historiografia brasileira tende a minimizar a importância da negociação de limites com o Peru, apontando-a quase como um tema meramente subsidiário ao Tratado de Petrópolis. Dentre as questões resolvidas pelo diplomata, contudo, a pendência com o Peru foi o maior litígio, em termos de extensão de área em disputa, podendo o Brasil ter perdido, inclusive, todo o território do Acre que havia sido adquirido da Bolívia pelo Tratado de Petrópolis, normalmente apontado como a maior conquista diplomática de Rio Branco. Além da correspondência oficial depositada no AHI, a fonte documental mais importante sobre o tema continua a ser o texto da "Exposição de motivos" que encaminhou o tratado ao Congresso, publicado como seção do volume v das *Obras do barão do Rio Branco* (2012, pp. 107-57). O parecer do relator Dunshee de Abranches é também um texto de grande relevância no estudo do tema.

* A cena descrita no Hotel dos Estrangeiros em 14/07/1904 consta das *Memórias* de Oliveira Lima (1937).

* A correspondência de Graça Aranha, além das fontes já indicadas no caso de Joaquim Nabuco, encontra-se no Arquivo da Academia Brasileira de Letras. O intercâmbio de informações e opiniões sobre Rio Branco entre Graça Aranha e Nabuco, ao amparo da grande amizade e cumplicidade entre os dois, é fonte de grande valor para a compreensão dos rumores e apostas políticas dentro do Itamaraty de então. Viana Filho tem a precedência no bom aproveitamento desse manancial.

* Os comentários de Gastão da Cunha ao final do capítulo têm como fonte Andrade (1953).

25. POR PREGUIÇA E HÁBITO [pp. 364-84]

* As circulares aos postos no exterior são comunicações destinadas à totalidade ou a parte das legações e consulados com informações ou instruções gerais. Trata-se, portanto, de um tipo de documento que merece especial atenção por parte do pesquisador, pois reflete uma orientação mais ampla, para informar ou guiar a ação dos diplomatas no exterior. No caso, o fato de Rio Branco distribuir às legações brasileiras cópia do trabalho preparado por Bassett Moore dá uma ideia da importância que atribuía à tarefa de difundir junto à imprensa e aos governos estrangeiros o ponto de vista brasileiro sobre a questão de limites com o Peru. As circulares relativas ao período 1902-11, depositadas no AHI, estão publicadas no número 7 (2005, pp. 11-387) dos *Cadernos do CHDD*.

* Os esforços de Rio Branco em prol da eleição de um cardeal brasileiro são tratados de maneira dispersa por vários autores, normalmente sem ultrapassar uma rápida menção ao tema. O livro recente de Adelar Heinsfeld (2012), *O Barão e o cardeal*, figura como a pesquisa mais ampla e sólida sobre a questão.

* Nos trabalhos sobre Rio Branco, o caso *Panther* somente é tratado com algum destaque na obra de Lins (1995), que resgatou as ameaças do chanceler brasileiro ao ministro alemão no Rio de Janeiro. Apenas a partir da obra de Burns (1966) a questão ganhou maior visibilidade, sendo abordada depois por Costa (1968) e Moniz Bandeira (1978), entre outros. O tema recebeu abordagem abrangente no livro de José Joffily (1988) e tem sido revisitado por outros autores como Bueno (1995). Contribuição mais recente que merece destaque é o texto de Renato Peixoto (2011). Em Nabuco (2011, pp. 70-87) está transcrita a correspondência de Joaquim Nabuco e Rio Branco sobre o tema.

26. RIO BRANCO, OS ESTADOS UNIDOS E O MONROÍSMO [pp. 385-402]

* A documentação relativa à III Conferência Pan-Americana encontra-se depositada no AHI. A correspondência entre Rio Branco e Nabuco está reproduzida em Nabuco (2011). Os discursos do chanceler brasileiro no encontro estão reproduzidos no volume IX, "Discursos", das *Obras do barão do Rio Branco* (2012, pp. 135-50).

* As reformas feitas no Palácio Itamaraty em preparação à III Conferência Pan-Americana foram comentadas por Rodrigo Otávio (Menezes, 1935) e em Dias (1945). Os comentários críticos ao banheiro que Rio Branco mandou construir foram recolhidos por Oliveira Lima (1937) em suas *Memórias*. A obra também é mencionada em Vasconcellos (1954).

* O grupo de jovens discípulos de Rio Branco no Itamaraty foi objeto de análise competente por Lúcia M. Paschoal Guimarães no texto "Colaboradores de Rio Branco: Fiéis escudeiros do barão do Rio Branco", publicada em Gomes Pereira (2012, pp. 455-73).

* O processo de reequipamento da Marinha de Guerra brasileira que resultou na Esquadra de 1910 foi tratado com grande acuidade pelo almirante Max Justo Guedes no texto "O barão do Rio Branco e a modernização da defesa", publicado em Almino e Cardim (2002, pp. 307-30). Livro recente de João Paulo Alsina Júnior (2015) traz uma visão renovada sobre a questão. A carta particular de Rio Branco para Domício da Gama de 15/12/1908 encontra-se arquivada na Biblioteca Nacional.

* A comparação feita por Tobias Monteiro entre Rio Branco e Rui Barbosa está em carta particular a Rodrigo Otávio citada por Viana Filho (2008, p. 441).

27. QUE CLASSE DE PAÍS É ESTE? [pp. 403-21]

* A correspondência entre Rio Branco e Rui Barbosa durante a II Conferência da Paz de Haia encontra-se depositada no AHI e foi publicada no CHDD (2014).

* A carta de Graça Aranha a Rio Branco sobre o jantar em homenagem a Ferrero dá ideia do clima de adulação que prosperava na pequena corte montada em torno do chanceler: "Naquela noite memorável em que Gugliermo Ferrero foi recebido no Itamaraty, não lhe pude dizer todo meu entusiasmo pelo nobre acolhimento que v. excia. fez à inteligência e ao gênio estrangeiros. Tive a deliciosa ilusão de que Cícero era recebido por Péricles... Jantamos em Atenas. O seu discurso foi uma excelente e fina interpretação do gênio do hóspede e a sua evocação de Lombroso uma delicada homenagem à filha e à italiana. E em tudo se excedeu a sua magnífica graça; e uma rara harmonia foi o traço de toda aquela tarde e da noite. Ferrero jamais esquecerá esse momento grego no Brasil, em que ele foi recebido por Péricles — Rio Branco, conversou com Platão — Machado de Assis, e foi iluminado pelo olhar e pela fronte de Minerva... Ainda como atenienses, nós poderíamos dizer ao historiador da Antiguidade que o juramento de Rio Branco na mocidade foi

o mesmo da juventude grega no altar da Deusa: 'Não deixarei diminuir minha pátria, mas a engrandecerei'. Seu amigo muito — Graça Aranha".

28. O ATAQUE SURPRESA CONTRA O RIO DE JANEIRO [pp. 422-47]

* Pereira (2010) faz uma resenha concisa, mas bastante informativa, da Exposição Nacional de 1908.

* A questão do Telegrama nº 9 está muito bem documentada em Lins (1995, pp. 383-91). Esse autor, na linha prevalecente até então em biografias e estudos sobre as relações entre Brasil e Argentina na gestão de Rio Branco, praticamente reduz a questão entre os dois países a um choque de egos entre o chanceler brasileiro e Zeballos. A comparação dos dois personagens (Lins, 1995, pp. 381-2) é paradigmática desse tipo de abordagem: "O que se tornava evidente era a superioridade da figura de Rio Branco em comparação com Zeballos. Não que as deficiências de Zeballos fossem de ordem intelectual: ele era sem dúvida um dos políticos de maior talento e cultura de seu país. Os seus artigos, os seus ensaios, os seus livros, os seus cursos de professor — revelavam uma personalidade brilhante, discursiva, exuberante. Mas havia na sua natureza humana uma zona de leviandade, de irresponsabilidade, de mórbida fantasia, para a qual não encontrou compensação nem nos estudos nem na experiência da vida política. A toda hora surgia o desequilíbrio entre as suas possibilidades e as suas realizações. Não dispunha de autoridade, nem na política interna, nem na política externa, por causa de seu caráter irrequieto, versátil e por demais impetuoso. Para a diplomacia faltava-lhe o tato, a ponderação, a plasticidade, o senso de realidade. Deixava-se dominar pelas próprias paixões até a perda de todas as medidas. O seu feitio era mais de agitador do que de estadista. Perturbou-o ainda mais a fatalidade de se encontrar defronte de Rio Branco, que dispunha precisamente de uma oposta constituição humana. Um representava o senso realista, o domínio de si mesmo, a calma, a prudência, a astúcia, o temperamento do diplomata; o outro a visão fantasista, a impetuosidade, o brilho da inteligência, a cultura um tanto superficial por efeito da sua variedade, o verbalismo explosivo, o temperamento exaltado dos homens de partidos e grupos. Sente-se que Rio Branco, a despeito de tudo, tinha fascinado Zeballos".

Essa ideia da rivalidade entre Rio Branco e Zeballos, este último supostamente desequilibrado e o brasileiro seguro de si e dono da razão, como principal eixo explicativo para os problemas da relação entre Brasil e Argentina, foi tema recorrente na imprensa escrita e ilustrada da época e, como se vê, persistiu por muitas décadas na historiografia e nos estudos biográficos sobre Rio Branco. Para uma abordagem mais recente, por viés bastante distinto, ver Heinsfeld (2015).

* A questão da proposta de pacto do ABC redigida por Rio Branco, ainda que com escasso resultado prático imediato, sendo retomada na gestão de Lauro Müller, é bastante discutida na historiografia recente, algumas vezes chegando-se a ponto de tal projeto ser apontado como uma antevisão do Mercosul. Essa discussão foi resumida por Conduru (1998). O autor vê, por um lado, Rubens Ricupero e Clodoaldo Bueno defendendo a tese de que não haveria no tratado "qualquer sinal de uma política contrária aos Estados Unidos; ao contrário, o ABC marcharia ao compasso de Washington". Em contraste, Moniz Bandeira interpreta o tratado assinado por Müller como "uma tentativa de bloquear a penetração dos interesses imperialistas dos Estados

Unidos e das potências europeias na América do Sul". Após análise das duas interpretações, Conduru (1998, p. 78) conclui que: "A análise do texto do tratado [de 1915], artigo por artigo, revela que a preocupação maior que norteou sua redação foi a de reduzir ao mínimo as possibilidades de conflito entre os Estados contratantes. Nesse sentido, seu conteúdo preventivo dirigia-se às eventuais diferenças que surgissem entre os próprios países do ABC. Não há, no texto do tratado, qualquer indicação de que pretendesse 'resistir' à penetração econômica dos Estados Unidos ou ' da Europa".

A ideia de que Rio Branco buscava, com sua proposta de pacto com a Argentina e o Chile, moderar a ação da primeira com o concurso chileno tem ampla aceitação, ainda que muitas vezes a recusa argentina tenha sido atribuída ao apenas ao destempero de Zeballos. Moniz Bandeira (2003, p. 103), por exemplo, afirma: "Estanislau Zeballos, no entanto, era 'impulsado por um nacionalismo primário, agressivo ingênuo', conforme as palavras de Miguel Angel Scenna, e alimentava antiga desavença com Rio Branco, desde que perdera para ele, no litígio das Missões, a causa da Argentina. Esta quiçá foi uma das razões pelas quais Zeballos efetivamente obstaculizou qualquer entendimento com o Brasil e buscara aliança apenas entre Argentina e o Chile para que as esquadras de ambos os países lhe impusessem a paridade de forças".

* A descrição algo anedótica dos trejeitos de Rio Branco e de seu medo de contrair doenças se encontra em Vasconcellos (1954, p. 142).

* A carta de Euclides da Cunha a Domício da Gama é citada por Viana Filho (2008, p. 484).

* O excerto da carta citada de Leão Veloso para Oliveira Lima está transcrito em Viana Filho (2008, p. 499).

29. HÁ MUITO TEMPO NAS ÁGUAS DA GUANABARA [pp. 448-74]

* Gelson Fonseca não está sozinho na interpretação de que Rio Branco teria tido a intenção de "multilaterizar" a Doutrina Monroe. Celso Lafer, em "Uma interpretação das relações internacionais do Brasil" (Lafer e Peña, 1973, p. 87), afirma que "não negligenciou Rio Branco o interesse geral da América Latina, pois tentou refrear o caráter unilateral das intervenções americanas, sobretudo na América Central — fundamentadas na Doutrina Monroe, ao propor a multilateralização desta doutrina que, segundo ele, deveria ser incorporada ao direito internacional público americano para ser aplicada através da ação conjunta das principais repúblicas do continente". Trata-se da atribuição a posteriori de uma racionalidade que não estava presente como tal no momento de sua elaboração. As evidências documentais apontam, sim, para a hipótese de que Rio Branco nutrisse uma ideia de "concerto americano", que de certa forma é multilateral, pois envolve algum tipo de coordenação entre alguns países de um sistema, mas nem de longe no sentido que a noção de multilaterismo tem hoje.

* A obra de referência sobre a Revolta da Chibata continua sendo Morel (1979).

* A indicação de Rio Branco para o prêmio Nobel da paz é um assunto pouco explorado. Sobre o tema, Gonzalo Mello Mourão publicou em Gomes Pereira (2012, pp. 77-118) o interessante artigo "Fins de semana em Copenhague: O barão do Rio Branco e o prêmio Nobel da paz — política externa ou política interna?".

30. SIM, AGORA, MORTO, É QUE ELE COMEÇAVA REALMENTE A VIVER [pp. 475-91]

* A tese equivocada da completa autonomia de Rio Branco na condução da política externa de sua gestão segue presente nos principais manuais. Cervo e Bueno (1992, p. 164), por exemplo, afirmam: "Em razão de se ter privilegiado a figura de Rio Branco, é preciso advertir que no período em tela, o Itamaraty possuía, praticamente, autonomia absoluta de ação, decorrente do prestígio de seu titular".

Fontes

Arquivos:
Arquivo da Academia Brasileira de Letras
Arquivo do Instituto Histórico e Geográfico Brasileiro
Arquivo Histórico do Itamaraty
Arquivo Nacional
Biblioteca Nacional
Mapoteca do Itamaraty

Além da pesquisa direta nos arquivos citados, de modo muito especial no Arquivo Histórico e na Mapoteca do Itamaraty, uma expressiva massa de documentos já se encontra transcrita nas diversas publicações editadas pelo Centro de História e Documentação Diplomática (CHDD) da Fundação Alexandre de Gusmão, em especial nas diversas edições da revista *Cadernos do CHDD*. O trabalho pioneiro do embaixador Álvaro da Costa Franco na direção do centro e na publicação das sucessivas edições dos *Cadernos* teve, desde o início, o suporte e a continuidade da coordenadora de Pesquisas e Publicações do CHDD, Maria do Carmo Strozzi Coutinho.

Periódicos:

A Avenida (1903-4)

A Marmota Fluminense (1855)

A Nação — Jornal Político, Comercial e Literário (1872-5)

A Noite (1911-2)

A Notícia (1902-12)

A Tribuna (1902-6)

A Vida Fluminense (1869-75)

Correio da Manhã (1903-36)

Correio da Noite (1910)

Diário de Notícias (1889)

Diário do Rio de Janeiro (1868-78)

Diário Oficial (1903-12)

Gazeta de Notícias (1902-12)

Gazeta Fluminense (1905)

Jornal do Brasil (1891-1959)

Jornal do Comércio (1860-1912)

O Coió (1903-4)

O Comércio de São Paulo (1895-1904)

O Estado de S. Paulo (1906-12)

O Malho (1903-4)

O Mosquito (1876)

O País (1902-12)

O Tagarela (1903-4)

Revista da Semana (1912)

Vinte e Cinco de Março (1865-6)

512

Referências bibliográficas

ABRANCHES, João Dunshee de. *A lagoa Mirim e o barão do Rio Branco*. Rio de Janeiro: Imprensa Nacional, 1910.

_____. *Os limites com o Peru: Anotações do barão do Rio Branco*. Rio de Janeiro: Imprensa Nacional, 1910.

_____. *Rio Branco: Defesa de seus atos*. Rio de Janeiro: Imprensa Nacional, 1911.

_____. *Rio Branco e a política exterior do Brasil*. Rio de Janeiro: [s.n.], 1945. 2 v.

ACCIOLY, Hildebrando. "O barão do Rio Branco e a 2ª Conferência de Haia". *Revista do Instituto Histórico e Geográfico Brasileiro*, Rio de Janeiro, v. 187, pp. 61-104, 1944.

ALENCAR, José Almino; PESSOA, Ana (Orgs.). *Joaquim Nabuco, o dever da política — Nabuco e Jaceguai: Um debate sobre a monarquia*. Rio de Janeiro: Casa de Rui Barbosa, 2002.

ALENCAR, Luiz Carlos Fontes. *História de uma polêmica: Rio Branco, Rui Barbosa, Gumercindo Bessa*. Brasília: Thesaurus, 2005.

ALMEIDA, Paulo Roberto de. *Formação da diplomacia econômica no Brasil: As relações econômicas internacionais no Império*. São Paulo: Senac; Brasília: Funag, 2001.

ALMINO, João; CARDIM, Carlos Henrique. *Rio Branco, América do Sul e a modernização do Brasil*. Brasília: Funag; Rio de Janeiro: EMC, 2002.

ALONSO, Angela. *Ideias em movimento: A geração de 1870 na crise do Brasil-Império*. São Paulo: Paz e Terra, 2002.

_____. *Joaquim Nabuco: Os salões e as ruas*. São Paulo: Companhia das Letras, 2007.

ALSINA JÚNIOR, João Paulo Soares. *Rio-Branco, grande estratégia e o poder naval*. Rio de Janeiro: Ed. FGV, 2015.

ALVES, Antônio Constâncio. *Figuras, perfis biográficos*. Rio de Janeiro: [s.n.], 1921.

AMADO, Gilberto de Lima A. S. Ferreira. *Rio-Branco*. Rio de Janeiro: Ministério das Relações Exteriores, 1947.

AMARAL, Luís Gurgel do. *O meu velho Itamaraty (de amanuense a secretário de legação 1905-1913)*. 2. ed. Brasília: Funag, 2008.

ANDRADE, Rodrigo Mello Franco de. *Rio-Branco e Gastão da Cunha*. Rio de Janeiro: Ministério das Relações Exteriores/Instituto Rio Branco, 1953.

ANGELL, Norman. *The Great Illusion*. Nova York: Cosimo, 2010.

ANTUNES, Deoclécio Paranhos. *História de um grande chanceler*. Rio de Janeiro: Bloch, 1942.

ARAMAYO, Félix Avelino. *La Cuestión del Acre y la legación de Bolivia en Londres*. Londres: Imprenta de Wertheimer, 1903.

ASSIS, Machado de. *A semana* (1892-1900). In: _____. *Obra completa*. Rio de Janeiro: Nova Aguilar, 1994. v. III. Disponível em: <www.machadodeassis.ufsc.br/obras/cronicas/CRONICA,%20 A%20semana,%201892.htm>. Acesso em: 15 fev. 2015.

_____. *Contos fluminenses* (1870). In: _____. *Obra completa*. Rio de Janeiro: Nova Aguilar, 1994. v. II. Disponível em: <machado.mec.gov.br/obra-completa-lista/itemlist/category/24-conto>. Acesso em: 15 set. 2014.

_____. *Correspondência de Machado de Assis, com Joaquim Nabuco, José Verissimo, Lucio de Mendonça, Mario de Alencar e outros, seguida das respostas dos destinatários*. Org. e anot. de Fernando Nery. Rio de Janeiro: Officina Industrial Graphica, 1932.

_____. *Crônicas do dr. Semana* (1861-4). In: _____. *Obra completa*. Rio de Janeiro: W. M. Jackson, 1938. Disponível em: <machado.mec.gov.br/obra-completa-lista/item/download/60_91a833 4e492806f21af56c0dc876db6f>. Acesso em: 13 set. 2014.

_____. *O velho Senado* (1898). In: _____. *Obra completa*. Rio de Janeiro: Nova Aguilar, 1994. v. II. Disponível em: <machado.mec.gov.br/obra-completa-lista/item/download/41_a7e-9562f84316f673ba75cd8acfea0fe>. Acesso em: 13 set. 2014.

_____. *Ressurreição* (1872). In: _____. *Obra completa*. Rio de Janeiro: Nova Aguilar, 1994. v. I. Disponível em: <machado.mec.gov.br/obra-completa-lista/item/download/20_f90feea-4579f3d4964f49e34dc473155>. Acesso em: 16 out. 2014.

ASSIS BRASIL, Joaquim Francisco de. *Assis Brasil: Um diplomata da República*. Rio de Janeiro: CHDD, 2006. 2 v.

ASSUMPÇÃO, Roberto. "Rio Branco e *L'Illustration*". *Revista do Instituto Histórico e Geográfico Brasileiro*, Rio de Janeiro, v. 188, pp. 10-3, 1945.

AZAMBUJA, Graciano A. de. "O barão do Rio Branco — José Maria da Silva Paranhos Filho". *Anuário do Estado do Rio Grande do Sul para o Ano de 1896*. Porto Alegre: Gundlach & Cia., 1895.

AZEVEDO, José Afonso Mendonça. *Vida e obra de Salvador de Mendonça*. Rio de Janeiro: Ministério das Relações Exteriores, 1971. (Coleção Documentos Diplomáticos).

BARRETO, Lima. *Recordações do escrivão Isaías Caminha*. 2. ed. São Paulo: Penguin Classics Companhia das Letras, 2010.

_____. *Vida e morte de M. J. Gonzaga de Sá*. São Paulo: Revista do Brasil, 1919.

_____. *Contos completos de Lima Barreto*. São Paulo: Companhia das Letras, 2010.

_____. *Triste fim de Policarpo Quaresma*. 5. ed. São Paulo: Martin Claret, 2011.

_____. *Os Bruzundangas*. 2. ed. São Paulo: Martin Claret, 2013.

BARROS, Glimedes Rego. *Nos confins do extremo Acre: Alvorecer do poente acreano*. Rio de Janeiro: Biblioteca do Exército, 1993. t. II.

BARROSO, Gustavo. *História do Palácio Itamaraty*. 2. ed. Rio de Janeiro: Ministério das Relações Exteriores, 1968.

BASADRE, Jorge. *Historia de la República del Perú 1822-1933*. Lima: Editorial Universitaria, 1968. t. XII.

BELARMINO, Mendonça. *Reconhecimento do rio Juruá, 1905*. Belo Horizonte: Itatiaia; Rio Branco: Fundação Cultural do Estado do Acre, 1989.

BERNARDEZ, Manuel. *Le Brésil, as vie, son travail, son avenir (Itinéraire de journaliste)*. Buenos Aires: [s.n.], 1908.

BESOUCHET, Lídia. *Rio-Branco e as relações entre o Brasil e a Argentina*. Rio de Janeiro: Ministério das Relações Exteriores, 1949.

_____. *José Maria Paranhos, visconde do Rio Branco: Ensaio histórico-biográfico*. Rio de Janeiro: Nova Fronteira, 1985.

BETHELL, Leslie. *Joaquim Nabuco no mundo: Abolicionista, jornalista e diplomata*. Rio de Janeiro: Bem-Te-Vi, 2016.

BITTENCOURT, Liberato F. "Quem escreveu e como escreveu acerca do barão do Rio Branco". *Revista do Instituto Histórico e Geográfico Brasileiro*, Rio de Janeiro, v. 187, pp. 3-60, 1944.

BITTENCOURT, Liberato F.; FAZENDA, José Vieira; GALVÃO, Ramiz; SENNA, Ernesto; LIMA, Drummond. *O barão do Rio Branco*. Rio de Janeiro: [s.n.], [s.d.].

BOURDIEU, Pierre. "A ilusão biográfica". In: AMADO, Janaína; FERREIRA, Marieta de Moraes (Orgs.). *Usos e abusos da história oral*. Rio de Janeiro: Ed. FGV, 1996.

BRECHT, Bertolt. *Teatro completo*. Rio de Janeiro: Paz e Terra, 1991.

BUENO, Clodoaldo. "A competição alemã no Brasil no início do século XX: O incidente da *Panther*". *Revista Brasileira de Política Internacional*, Brasília, v. 38, n. 1, 1995.

_____. *Política externa da Primeira República: Os anos de apogeu (1902-1918)*. São Paulo: Paz e Terra, 2003.

BURNS, E. Bradford. *The Unwritten Alliance: Rio-Branco and Brazilian-American Relations*. Nova York: Columbia University Press, 1966.

CALÓGERAS, João Pandiá. *Rio Branco e a política exterior*. Rio de Janeiro: Imprensa Nacional, 1916.

_____. *Estudos históricos e políticos (res nostra)*. 2. ed. São Paulo: Companhia Editora Nacional, 1936. (Coleção Brasiliana, 74).

_____. *A política exterior do Império*. Brasília: Senado Federal, 1998. 3 v.

CARDIM, Elmano. "José Carlos Rodrigues: Sua vida e sua obra". *Revista do Instituto Histórico e Geográfico Brasileiro*, Rio de Janeiro, v. 185, pp. 126-57, 1944.

_____. "A imprensa na vida e obra de Rio Branco". *Revista do Instituto Histórico e Geográfico Brasileiro*, Rio de Janeiro, v. 188, pp. 123-37, 1945.

CARDOSO, Fernando Henrique. "Dos governos militares a Prudente-Campos Sales". In: FAUSTO, Boris (Org.). *História geral da civilização brasileira*. 5. ed. Rio de Janeiro: Bertrand, 1989. t. III: O Brasil republicano, v. 1: Estrutura de poder e economia (1889-1930).

CARDOSO, Luciene Pereira Carris. *Intelectuais, militares, instituições na configuração das fronteiras brasileiras (1883-1903)*. São Paulo: Alameda, 2016.

CARNEIRO, Antônio David. *Duas histórias em três vidas: O Tiro Rio Branco através de seu patrono e de seu fundador*. Curitiba: Papelaria Universal, 1939.

CARNEIRO, João Paulo Jeannine Andrade. *O último propagandista do Império*: O "barão" de Santa-Anna Nery (1848-1901) e a divulgação do Brasil na Europa. São Paulo: FFLCH-USP, 2013. Tese (Doutorado em Geografia Humana). Disponível em: <www.teses.usp.br/teses/disponiveis/8/8136/tde-06112014-163044/>. Acesso em: 28 maio 2015.

CARNEIRO, Levi. "Rio Branco e seu espírito de tradição". *Revista do Instituto Histórico e Geográfico Brasileiro*, Rio de Janeiro, v. 188, pp. 113-22, 1945.

CARONE, Edgar. *A República Velha (evolução política)*. 2. ed. São Paulo: Difusão Europeia do Livro, 1974.

CARVALHO, Affonso de. *Rio Branco: Sua vida e sua obra*. 2. ed. Rio de Janeiro: Biblioteca do Exército, 1995.

CASTRO, Flávio Mendes de Oliveira. *Rio-Branco em Liverpool (1876-1896)*. Rio de Janeiro: Ministério das Relações Exteriores, 1970.

_____. *História da organização do Ministério das Relações Exteriores*. Brasília: Ed. UnB, 1974.

CASTRO, Flávio Mendes de Oliveira; CASTRO, Francisco Mendes de Oliveira. *Dois séculos de história da organização do Itamaraty (1808-2008)*. Brasília: Funag, 2009. 2 v.

CENTRO DE HISTÓRIA E DOCUMENTAÇÃO DIPLOMÁTICA. *O barão do Rio Branco visto por seus contemporâneos*. Rio de Janeiro: CHDD; Brasília: Funag, 2002.

_____. *II Conferência da Paz, Haia, 1907: A correspondência telegráfica entre o barão do Rio Branco e Rui Barbosa*. Rio de Janeiro: CHDD; Brasília: Funag, 2014.

CERVO, Amado Luiz; BUENO, Clodoaldo. *História da política exterior do Brasil*. São Paulo: Ática, 1992.

CHARTIER, Roger. "A história hoje: Dúvidas, desafios e propostas". *Estudos Históricos*, Rio de Janeiro, v. 7, n. 13, pp. 97-113, 1994.

CIDADE, F. de Paula; CORREIA, Jonas. *Barão do Rio Branco*. Rio de Janeiro: DIP, 1941.

CINTRA, Jorge Pimentel. "Mapa das Cortes: Perspectivas cartográficas". *Anais do Museu Paulista: História e cultura material*, São Paulo, v. 17, n. 2, 2009. Disponível em: <ref.scielo.org/bz7vf2>. Acesso em: 2 jan. 2015.

_____. "O Mapa das Cortes e as fronteiras do Brasil". *Boletim de Ciências Geodésicas*, Curitiba, v. 18, n. 3, pp. 421-45, 2012. Disponível em: <www.producao.usp.br/handle/BDPI/40590>. Acesso em: 2 jan. 2015.

CONDURU, Guilherme Frazão. "O subsistema americano, Rio Branco e o ABC". *Revista Brasileira de Política Internacional*, Brasília, v. 41, n. 2, pp. 59-82, jul./dez. 1998.

_____. "As metamorfoses da capoeira: Contribuição para uma história da capoeira". *Textos do Brasil*, Brasília, n. 14, 2011.

CORRÊA, Luiz Felipe de Seixas. *O barão do Rio Branco: Missão em Berlim, 1901/1902*. Brasília: Funag, 2009.

CORREIA, Oswaldo. "Rio Branco e a política exterior do Brasil". *Revista do Instituto Histórico e Geográfico Brasileiro*, Rio de Janeiro, v. 187, pp. 163-72, 1944.

CORREIA FILHO, Virgílio. "Rio Branco, educador". *Revista do Instituto Histórico e Geográfico Brasileiro*, Rio de Janeiro, v. 187, pp. 133-7, 1944.

CORTESÃO, Jaime. *Alexandre de Gusmão e o Tratado de Madrid*. São Paulo: Imprensa Oficial; Funag, 2006. 2 v.

COSTA, João Frank da. *Joaquim Nabuco e a política exterior do Brasil*. Rio de Janeiro: Record, 1968.

COSTA, Sergio Corrêa da. *A diplomacia do marechal: Intervenção estrangeira na Revolta da Armada*. 2. ed. Rio de Janeiro: Tempo Brasileiro, 1979.

CRAVEIRO COSTA, João. *A conquista do deserto ocidental: Subsídios para a história do território do Acre*. São Paulo: Companhia Editora Nacional; Brasília: INL, 1973.

D'AMARAL, Márcio Tavares. *Barão do Rio Branco*. São Paulo: Editora Três, 1974. (Coleção A Vida dos Grandes Brasileiros).

DANTAS, Regina Maria M. C. *A casa do imperador: Do Paço de São Cristóvão ao Museu Nacional*. Rio de Janeiro: UFRJ, 2007. Dissertação (Mestrado em Memória Social).

D'ESPANET, A. *Barão do Rio Branco*. Rio de Janeiro: A República, 1912.

DIAS, Demósthenes de Oliveira. *Pequena biografia do barão do Rio-Branco (1845-1912)*. Rio de Janeiro: A Noite, 1945.

EDMUNDO, Luiz. *O Rio de Janeiro do meu tempo*. Brasília: Senado Federal, 2003.

FARIA, Alberto de. "Recordações do barão do Rio Branco". *Revista Brasileira*, Rio de Janeiro, v. 34, n. 105, pp. 10-27, 1930.

FARIAS, Rogério de Souza. *Filhos da rua Larga: O processo de recrutamento da diplomacia brasileira (1930--1950)*. Manuscrito.

FAZENDA, José Vieira. "Antiqualhas e memórias do Rio de Janeiro: Rio Branco no Instituto Histórico". *Revista do Instituto Histórico e Geográfico Brasileiro*, Rio de Janeiro, t. 95, v. 149, pp. 419-24, 1943.

FERNANDES, Hirson Bezerra; ELTON, Elmo. *O ex libris e o barão do Rio Branco*. Rio de Janeiro: [s.n.], 1953.

FERREIRA, Gabriela Nunes et al. "'O Brasil em 1889': Um país para consumo externo". *Lua Nova*, São Paulo, n. 81, 2010. Disponível em: <www.scielo.br/scielo.php?script=sci_arttext&pid =S0102-64452010000300005>. Acesso em: 5 dez. 2014.

FERRETTI, Federico. "O fundo Reclus-Perron e a controvérsia franco-brasileira de 1900". *Terra Brasilis* (Nova Série), Niterói, n. 2, 2013. Disponível em: <terrabrasilis.revues.org/744?lang=en>. Acesso em: 5 dez. 2014.

FISCHER, Jango. *Introdução às anotações do barão do Rio Branco*. Rio de Janeiro: [s.n.], 1945.

FLEIUSS, Max. *Rio Branco*. Rio de Janeiro: Imprensa Nacional, 1931.

FONSECA JÚNIOR, Gélson. *A diplomacia multilateral do Brasil: Constantes e variações (1889-2010)*. Porto Alegre: Leitura XXI, 2015.

FRANÇA, Teresa Cristina Nascimento. *Self-Made Nation: Domício da Gama e o pragmatismo do bom senso*. Brasília: Universidade de Brasília, 2007. Tese (Doutorado em Relações Internacionais).

FRANCO, Álvaro da Costa; CARDIM, Carlos Henrique. *O barão do Rio Branco por grandes autores*. Rio de Janeiro: EMC, 2003.

FRANCO, Odair. *História da febre-amarela no Brasil*. Rio de Janeiro: Ministério da Saúde, 1969. Disponível em: <bvsms.saude.gov.br/bvs/publicacoes/0110historia_febre.pdf>. Acesso em: 15 maio 2016.

GARAY VERA, Cristián. "El Acre y los 'Asuntos del Pacífico': Bolivia, Brasil, Chile y Estados Unidos, 1898-1909". *Historia*, Santiago, v. 41, n. 2, pp. 341-69, jul./dez. 2008.

GARCIA, Domingos Savio da Cunha. *Os belgas na fronteira oeste do Brasil*. Brasília: Funag, 2009.

GARZONI, Lerice de Castro. "Disputas políticas e disputas por leitores: A criação do *Correio da Manhã* (1898-1901)". *Topoi*, Rio de Janeiro, v. 12, n. 22, pp. 158-77, jan./jun. 2011. Disponível em:

<www.revistatopoi.org/numero_atual/topoi22/topoi%2022%20-%20artigo%209.pdf >. Acesso em: 16 maio 15.

GOIS, Synésio Sampaio. *Navegantes, bandeirantes, diplomatas: Aspectos da descoberta do continente, da penetração do território extra-Tordesilhas e do estabelecimento das fronteiras da Amazônia*. Brasília: Funag, 1991.

GOYCOCHÉA, Luís Felipe de Castilhos. *Fronteira e fronteiros*. Rio de Janeiro: Companhia Editora Nacional, 1943. (Coleção Brasiliana, 230).

HEINSFELD, Adelar. *A geopolítica de Rio Branco: As fronteiras nacionais e o isolamento argentino*. Joaçaba: Unoesc, 2003.

_____. *Fronteira Brasil/Argentina: A Questão de Palmas — De Alexandre de Gusmão a Rio Branco*. Passo Fundo: Méritos, 2007.

_____. *O Barão e o cardeal: Rio Branco e a conquista do cardinalato para o Brasil*. Passo Fundo: PPGH/ UPF, 2012.

_____. *Fronteira e ocupação do espaço: A questão de Palmas com a Argentina e a colonização do vale do rio do Peixe-SC*. São Paulo: Perse, 2014.

_____. *A geopolítica do Barão: As ações de Rio Branco e seus reflexos na Argentina*. Curitiba: Prismas, 2015.

HERMES, João Severiano da Fonseca. "O barão do Rio Branco". *Revista do Instituto Histórico e Geográfico Brasileiro*, Rio de Janeiro, v. 187, pp. 142-62, 1944.

HOBSBAWM, Eric. *The Age of Empire: 1875-1914*. Nova York: Vintage, 1989. [Ed. bras.: *A era dos impérios: 1875-1914*. Rio de Janeiro: Paz e Terra, 2012.]

HOLANDA, Sérgio Buarque de. *Raízes do Brasil*. 25. ed. Rio de Janeiro: José Olympio, 1993.

JOFFILY, José. *O caso Panther*. Rio de Janeiro: Paz e Terra, 1988.

JORGE, Artur Guimarães de Araújo. *Ensaios de história diplomática do Brasil no regímen republicano: Primeira série (1889-1902)*. Rio de Janeiro: Jacintho Silva, 1912.

_____. *Introdução às obras do barão do Rio-Branco*. Rio de Janeiro: Ministério das Relações Exteriores, 1945.

_____. *Rio Branco e as fronteiras do Brasil*. Brasília: Senado Federal, 1999.

KÄMPF, Martin Normann. *Ilha da Trindade: A ocupação britânica e o reconhecimento da soberania brasileira (1895-1896)*. Brasília: Funag, 2016.

KODAMA, Kaori. "Africanos no Rio de Janeiro na epidemia de cólera, 1855-1856". *História, Ciências, Saúde — Manguinhos*, Rio de Janeiro, v. 19, supl. 1, dez. 2012. Disponível em: <http://www. escravidaoeliberdade.com.br/site/images/Textos.6/kaorikodama.pdf>. Acesso em: 8 ago. 2014.

LACOMBE, Américo Jacobina. *Rio-Branco e Rui Barbosa*. Rio de Janeiro: Ministério das Relações Exteriores, 1945.

LAFER, Celso; PEÑA, Félix, *Argentina e Brasil no sistema das relações internacionais*. São Paulo: Duas Cidades, 1973.

LAIDLER, Christiane Vieira (Org.). *O barão do Rio Branco: Política externa e nação*. Rio de Janeiro: Fundação Casa de Rui Barbosa, 2014.

LEVASSEUR, Pierre Émile et al. *O Brasil*. Rio de Janeiro: Letras & Expressões, 2001.

LIMA, Manuel de Oliveira. *Memórias (estas minhas reminiscências...)*. Rio de Janeiro: José Olympio, 1937.

LIMA, Manuel de Oliveira. *O Império brasileiro: 1821-1889*. Belo Horizonte: Itatiaia; São Paulo: Edusp, 1989.

LINS, Álvaro. *Rio Branco (biografia)*. São Paulo: Alfa-Omega; Brasília: Funag, 1995.

LOBO, Hélio. "Rio Branco". *Revista do Instituto Histórico e Geográfico Brasileiro*, Rio de Janeiro, v. 187, pp. 138-41, 1944.

_____. "Rio Branco e o território de Palmas". *Revista do Instituto Histórico e Geográfico Brasileiro*, Rio de Janeiro, v. 188, pp. 108-12, 1945.

_____. *Rio-Branco e o arbitramento com a Argentina: A questão do território de Palmas, também chamada das Missões*. Rio de Janeiro: José Olympio, 1952.

LYRA, Heitor. *Minha vida diplomática*. Brasília: Ed. UnB, 1972.

LYRA FILHO, João. *O Barão*. Rio de Janeiro: Tipografia Alba, 1936.

MACEDO, Roberto. *Floriano — Memórias e documentos: A administração de Floriano*. Rio de Janeiro: Ministério da Educação, 1939. v. 5.

MAGNOLI, Demétrio. *O corpo da pátria: Imaginário geográfico e política externa no Brasil (1808-1912)*. São Paulo: Ed. Unesp, 1997.

MAGRI, Dirceu. "Rendez-vous no Alcazar Lyrique". Blog Revista Philomatica, 2010. Disponível em: <http://revistaphilomatica.blogspot.com.br/2010/08/rendez-vous-no-alcazar-lyrique.html>. Acesso em: 15 set. 2015.

MALATIAN, Teresa. *Oliveira Lima e a construção da nacionalidade*. Bauru: Edusc; São Paulo: Fapesp, 2001.

MARANHÃO, Jarbas. *Barão do Rio Branco*. Rio de Janeiro: Dasp, 1960.

MATOS, Ilmar Rohloff de. *O Tempo Saquarema*. São Paulo: Hucitec, 1987.

MEDEIROS E ALBUQUERQUE, José. *Quando eu era vivo: Memórias 1867-1934*. Porto Alegre: Globo, 1942.

MENDONÇA, Carlos Süssekind de. *Salvador de Mendonça: Democrata do Império e da República*. Rio de Janeiro: Instituto Nacional do Livro, 1960.

MENDONÇA, Renato Firmino Maia de. *Um diplomata na corte de Inglaterra: Penedo e sua época*. Brasília: Senado Federal, 2006. (Edições do Senado Federal, 74).

MENEZES, Lená Medeiros de. "(Re)inventando a noite: O Alcazar Lyrique e a *cocotte comédiénne* no Rio de Janeiro oitocentista". *Revista Rio de Janeiro*, Niterói, n. 20/21, jan./dez. 2007.

MENEZES, Rodrigo Otávio Langgaard de. *Minhas memórias dos outros*. Rio de Janeiro: Nova Série, 1935.

MONIZ BANDEIRA, Luiz Alberto. *Presença dos Estados Unidos no Brasil (dois séculos de história)*. 2. ed. Rio de Janeiro: Civilização Brasileira, 1978.

_____. *Brasil, Argentina e Estados Unidos: Da Tríplice Aliança ao Mercosul*. Rio de Janeiro: Revan, 2003.

MOREL, Edmar. *A Revolta da Chibata*. Rio de Janeiro: Graal, 1979.

MOSSÉ, Benjamin. *Dom Pedro II, imperador do Brasil: O imperador visto pelo barão do Rio Branco*. Brasília: Funag, 2015.

MOURA, Cristina Patriota de. "Herança e metamorfose: A construção social de dois Rio Branco". *Revista Estudos Históricos*, Rio de Janeiro, v. 14, n. 25, 2000. Disponível em: <www.bibliotecadigital.fgv.br/ojs/index.php/reh/article/view/2113>. Acesso em: 2 dez. 2014.

_____. *Rio Branco: A monarquia e a República*. Rio de Janeiro: Ed. FGV, 2003.

NABUCO, Carolina. *A vida de Joaquim Nabuco*. 4. ed. Rio de Janeiro: José Olympio, 1958.

NABUCO, Joaquim. *O dever dos monarquistas: Carta ao almirante Jaceguay*. Rio de Janeiro: Typ. Leuzinger, 1895.

_____. *Cartas a amigos: Coligidas e anotadas por Carolina Nabuco*. São Paulo: Instituto Progresso, 1949.

2 v. Disponível em: <digital.bbm.usp.br/handle/bbm/4737> (v. 1), <digital.bbm.usp.br/view /?45000009332&bbm/4734#page/1/mode/2up> (v. 2). Acesso em: 13 maio 2018.

NABUCO, Joaquim. *Minha formação*. Rio de Janeiro: Topbooks, 1999.

_____. *Diários*. São Paulo: Bem-Te-Vi; Recife: Massangana, 2005.

_____. *Joaquim Nabuco: Embaixador.* Rio de Janeiro: CHDD; Brasília: Funag, 2011. 2 v.

NAPOLEÃO, Aluizio. *O segundo Rio-Branco*. Rio de Janeiro: A Noite, 1941.

_____. *Rio Branco e as relações entre o Brasil e os Estados Unidos*. Rio de Janeiro: Ministério das Relações Exteriores, 1947.

NASCIMENTO, Luiz do. *História da imprensa de Pernambuco*. Recife: Imprensa Universitária da Universidade Federal de Pernambuco, 1970. v. v: Periódicos do Recife, 1851-75. Disponível em: <http://www.fundaj.gov.br/geral/200anosdaimprensa/historia_da_imprensa_v05.pdf>. Acesso em: 8 set. 2014.

NAVA, Pedro. *Balão cativo*. São Paulo: Companhia das Letras, 2012.

NOVAK, Fabián. *As relações entre Peru e Brasil, 1826-2012*. Rio de Janeiro: Fundação Konrad Adenauer, 2013.

PEIXOTO, Artur Vieira. *Floriano memórias e documentos: Biografia do marechal Floriano Peixoto*. Rio de Janeiro: Ministério da Educação, 1939. v. I.

PEIXOTO, Renato A. "Depois aconteça o que acontecer". *Revista Brasileira de Política Internacional*, Brasília, v. 54, n. 1, pp. 44-66, 2011.

PEIXOTO, Sylvio Vieira. "Floriano e Rio Branco". *Correio da Manhã*, Rio de Janeiro, 22 mar. 1936.

PEREIRA, Manoel Gomes (Org.). *Barão do Rio Branco: 100 anos de memória*. Brasília: Funag, 2012

PEREIRA, Margareth da Silva. "A Exposição de 1908 ou o Brasil visto por dentro". *Arqtexto*, Porto Alegre, n. 16, 2010. Disponível em: <www.ufrgs.br/propar/publicacoes/ARQtextos/pdfs_revista_16/01_MSP.pdf>. Acesso em: 13 abr. 2016.

PINHO, Maurício Wanderley de Araújo. "Os papéis de 1876. A nomeação de J. M. da Silva Paranhos (depois barão do Rio Branco) para cônsul do Brasil em Liverpool". *Revista Americana*, Rio de Janeiro, pp. 120-51, ago./set. 1919.

PIZA E ALMEIDA, Gabriel de Toledo. *L'Incident Piza-Rio Branco: Grave situation politique au Brésil*. Paris: [s.n.], [s.d.].

PRADO, Eduardo. *Fastos da ditadura militar no Brasil*. São Paulo: Escola Tipográfica Salesiana, 1902.

_____. *A ilusão americana*. 5. ed. São Paulo: Ibrasa, 1980.

PREUSS, Ori. "'Um gigante cheio de bonomia': La imagen de Brasil en el discurso visual de las relaciones internacionales sudamericanas, 1902-1912". In: SCHUSTER, Sven (Org.). *La nación expuesta: Cultura visual y procesos de formación de la nación en América Latina*. Bogotá: Editorial Universidad del Rosario, 2014.

QUEIRÓS, Eça de. *A cidade e as serras*. Porto Alegre: L&PM, 2010.

RECLUS, Élisée. *Estados Unidos do Brasil: Geografia, etnografia, estatística*. Trad. e breves notas de F. Ramiz Galvão e anot. sobre o território contestado pelo barão do Rio Branco. Rio de Janeiro, Paris: H. Garnier, 1899.

RICUPERO, Rubens. *José Maria da Silva Paranhos, barão do Rio Branco: Uma biografia fotográfica 1845-1995*. Brasília: Funag, 1995.

_____. *Rio Branco: O Brasil no mundo*. Rio de Janeiro: Contraponto, 2000.

RIO BRANCO, José Maria da Silva Paranhos, visconde do. *A Convenção de 20 de Fevereiro demonstrada à luz dos debates do Senado e dos sucessos de Uruguaiana*. Rio de Janeiro: B. L. Garnier, 1865.

_____. *Com a palavra, o visconde do Rio Branco: A política exterior no parlamento imperial*. Rio de Janeiro: CHDD; Brasília: Funag, 2005.

RIO BRANCO, José Maria da Silva Paranhos Júnior, barão do. *Obras do barão do Rio Branco*. Brasília: Funag, 2012. 10 v.

RIO BRANCO, Miguel do. *Correspondência entre d. Pedro II e o barão do Rio-Branco*. São Paulo: Companhia Editora Nacional, 1957. (Coleção Brasiliana, 294).

RIO BRANCO, Raul da Silva Paranhos do. *Reminiscências do barão do Rio-Branco*. Rio de Janeiro: José Olympio, 1942. (Coleção Documentos Brasileiros, 32).

RODRIGUES, Cláudia. "A cidade e a morte: A febre amarela e seu impacto sobre os costumes fúnebres no Rio de Janeiro (1849-50)". *História, Ciências, Saúde — Manguinhos*, Rio de Janeiro, v. 6, n. 1, jun. 1999. Disponível em: <www.scielo.br/scielo.php?script=sci_arttext&pid=S0104-597019990002 00003&lng=en&nrm=iso>. Acesso em: 9 ago. 2014.

RODRIGUES, José Carlos. "Correspondência passiva de José Carlos Rodrigues". *Anais da Biblioteca Nacional*, Rio de Janeiro, v. 90, pp. 9-39, 1970.

SANJAD, Nelson Rodrigues. *A coruja de Minerva: O Museu Paraense entre o Império e a República, 1866-1907*. Rio de Janeiro: Fundação Oswaldo Cruz, Casa de Oswaldo Cruz, 2005. 439 p. Tese (Doutorado em História das Ciências e da Saúde). Disponível em: <www.arca.fiocruz.br/handle/icict/6144>. Acesso em: 13 maio 2018.

SANTANA NÉRI, Frederico José de et al. *Le Brésil en 1889*. Paris: Charles de Delegrave, 1889.

SANTOS, Affonso José. *Barão do Rio-Branco: Cadernos de notas: A questão entre o Brasil e a França (maio de 1895 a abril de 1901)*. Brasília: Funag, 2017. v. I-VI.

SANTOS, Luís Cláudio Villafañe G. "O barão do Rio Branco e a ideia de nacionalismo no Brasil". *Tensões Mundiais*, Fortaleza, v. 6, pp. 13-34, 2010.

_____. *O dia em que adiaram o Carnaval: Política externa e a construção do Brasil*. São Paulo: Ed. Unesp, 2010.

_____. "O barão do Rio Branco como historiador". *Revista Brasileira*, Rio de Janeiro, v. 69, pp. 11-35, 2011.

_____. "O barão do Rio Branco e a imprensa". *Revista Brasileira*, Rio de Janeiro, v. 72, pp. 135-68, 2012.

_____. *O evangelho do Barão: Rio Branco e a identidade brasileira*. São Paulo: Ed. Unesp, 2012.

_____. *Rio Branco: 100 anos de memória*. Catálogo da exposição de mesmo nome, 2012. Brasília: Ministério das Relações Exteriores /Funag, 2012.

_____. "Desvendando a Esfinge: Paranhos Júnior e a vida privada no Segundo Reinado e no início da República". *Revista do Instituto Histórico e Geográfico Brasileiro*, v. 460, pp. 13-50, jul./set. 2013.

SARNEY, José (Org.). *Rio Branco e a questão de fronteiras com a Guiana Francesa*. Brasília: Senado Federal, 2003.

SCHWARCZ, Lilia Moritz. *As barbas do Imperador: D. Pedro II, um monarca dos trópicos*. São Paulo: Companhia das Letras, 1998.

SEVCENKO, Nicolau. *A Revolta da Vacina*. São Paulo: Cosac Naify, 2010.

SILVEIRA, Helder Gordim da. *Joaquim Nabuco e Oliveira Lima: Faces de um paradigma ideológico da americanização nas relações internacionais do Brasil*. Porto Alegre: EDIPUCRS, 2003.

SMITH, Joseph. *Unequal Giants: Diplomatic Relations between the United States and Brazil*. Pittsburgh: University of Pittsburgh Press, 1991.

SOARES, Álvaro Teixeira. "O barão do Rio Branco e a diplomacia brasileira". *Revista do Instituto Histórico e Geográfico Brasileiro*, Rio de Janeiro, v. 187, pp. 175-85, 1944.

SOARES, José Carlos Macedo. "Rio Branco". *Revista do Instituto Histórico e Geográfico Brasileiro*, Rio de Janeiro, v. 187, pp. 123-7, 1944.

SODRÉ, Nelson Werneck. *História da imprensa no Brasil*. 3. ed. São Paulo: Martins Fontes, 1983.

TAUNAY, Alfredo Maria Adriano d'Escragnolle, visconde de Taunay. *Reminiscências*. São Paulo: Melhoramentos, 1923.

_____. "S. Leopoldo e Rio Branco". *Revista do Instituto Histórico e Geográfico Brasileiro*, Rio de Janeiro, v. 187, pp. 128-32, 1944.

TOCANTINS, Leandro. *Formação histórica do Acre*. 4. ed. Brasília: Senado Federal, 2001. 2 v.

VAMPRÉ, Spencer. *Memórias para a história acadêmica de São Paulo*. São Paulo: Acadêmica, 1924. v. II.

VASCONCELLOS, Mário de Barros e. *O barão do Rio Branco*. Rio de Janeiro: Ministério das Relações Exteriores, 1954.

VENÂNCIO FILHO, Francisco. *Rio-Branco e Euclides da Cunha*. Rio de Janeiro: Ministério das Relações Exteriores, 1948.

VIANA FILHO, Luís. *A vida de Rui Barbosa*. Porto: Lello & Irmão, 1981.

_____. *A vida do barão do Rio Branco*. 8. ed. São Paulo: Ed. Unesp; Salvador: Edufba, 2008.

VILALVA, Mário. "O barão do Rio Branco: Seu tempo, sua obra e seu legado". *Revista Brasileira de Política Internacional,* Brasília, v. 38, n. 1, pp. 117-24, 1995.

VILLAÇA, Antônio Carlos. *Perfil de um estadista da República: Ensaio biográfico do barão do Rio-Branco*. Rio de Janeiro: Muniz, 1945.

ZEBALLOS, Estanislao (Org.). *El tesoro de la juventud*. Buenos Aires: W. M. Jackson, 1915. v. v.

Cronologia

1845 Em 20 de abril nasce, no Rio de Janeiro, José Maria da Silva Paranhos Júnior, filho primogênito de José Maria da Silva Paranhos e Teresa de Figueiredo de Faria.

1852 Faz sua primeira viagem ao exterior, com a mãe e as irmãs, em visita ao pai, que servia como ministro residente (embaixador) em Montevidéu.

1853 Retorna com a família para o Rio de Janeiro, após seu pai assumir o cargo de ministro da Marinha.

1856 Ingressa no Colégio Pedro II.

1861 Deixa o Colégio Pedro II e termina os estudos preparatórios em casa.

1862 Ingressa na Faculdade de Direito de São Paulo.

Publica, na *Revista Popular*, a biografia do capitão de fragata Luís Barroso Pereira.

1864 Publica na revista do grêmio estudantil uma série de artigos intitulados "Episódios da Guerra do Prata".

1865 Escreve a biografia de José de Abreu Mena Barreto (1771-1827), o barão de Cerro Largo, texto que, em 1868, sob o título de "Esboço biográfico do barão do Serro Largo", será publicado na *Revista do Instituto Histórico e Geográfico Brasileiro*.

Passa a enviar artigos e desenhos sobre a Guerra do Paraguai para a revista francesa *L'Illustration*.

1866   Transfere-se para a Faculdade de Direito de Recife, onde conclui o curso superior em novembro.
Colabora com o jornal *Vinte e Cinco de Março*, editado pelo monsenhor Pinto de Campos.
Tem o nome proposto para sócio do Instituto Histórico e Geográfico Brasileiro, tendo sido apresentada para sua admissão a biografia do barão de Cerro Largo.

1867   É aceito como sócio correspondente do Instituto Histórico e Geográfico Brasileiro.
Inicia, em março, viagem à Europa que vai se estender até janeiro do ano seguinte.

1868   Leciona história e geografia do Brasil no Colégio Pedro II.
Toma posse como sócio efetivo do Instituto Histórico e Geográfico Brasileiro.
É eleito deputado geral pela província de Mato Grosso.
Em fins de dezembro assume o cargo de promotor público na cidade de Nova Friburgo.

1869   Atua por alguns meses, em caráter não oficial, como secretário do pai em missão diplomática no Paraguai.
Em maio, toma posse do mandato de deputado geral.

1870   Em outubro licencia-se da Câmara para secretariar, em caráter oficial, o pai na missão que negociava a assinatura do tratado de paz definitivo entre Paraguai, Uruguai, Brasil e Argentina.

1871   Eleito segundo secretário na Câmara dos Deputados.
Passa a escrever no jornal *A Nação*, do qual, em seguida, torna-se coeditor.
É aceito como membro da Loja Maçônica do Rio de Janeiro.

1872   Conhece Marie Philomène Stevens, jovem atriz belga do Alcazar, casa de espetáculos no Rio de Janeiro, com quem inicia um relacionamento íntimo.
Reeleito deputado geral pela província de Mato Grosso.

1873   Em 20 de fevereiro nasce, em Paris, seu primeiro filho com Marie Stevens: Raul.

1874   O jornal *A Nação* publica tradução de capítulos da obra *Der Krieg der Triple Allianz gegen die Regierung der Republik Paraguay* [*A Guerra da Tríplice Aliança contra o governo da República do Paraguai*], de L. Schneider, acompanhada de comentários críticos de autoria de Paranhos.

1875   Em 17 de maio, no Rio de Janeiro, nasce seu segundo filho com Marie Stevens: Maria Clotilde.
Publica, sob a forma de livro, a primeira parte do texto comentado da tradução brasileira de *A Guerra da Tríplice Aliança*, de L. Schneider.
Deixa a redação do jornal *A Nação*.

1876   Publica, em livro, a segunda parte do texto comentado da tradução da obra de L. Schneider.

524

Em 27 de maio é nomeado pela regente, princesa Isabel, cônsul-geral do Brasil em Liverpool.

Em 10 de julho, em Paris, nasce seu terceiro filho com Marie Stevens: Paulo.

1878 Em 22 de junho, em Paris, nasce seu quarto filho com Marie Stevens: Maria Amélia.

1879 Acompanha o pai em parte de sua viagem pela Europa.

1880 Viaja ao Brasil devido à doença do pai, que morre no dia 1º de novembro.

1881 Recebe o título de Cavaleiro da Ordem da Rosa.

1883 Viaja ao Brasil para buscar a mãe, o irmão caçula e um sobrinho, que passam a residir em Paris.

É elevado ao grau de Dignitário na Ordem da Rosa.

1884 Chefia a delegação do Brasil na Exposição Internacional de São Petersburgo.

Recebe o título de Conselheiro de Sua Majestade.

Publica *Le Brésil à l'Exposition de St. Petersbourg*.

1885 Em 12 de abril, em Paris, nasce seu quinto filho com Marie Stevens: Hortênsia.

1887 Viaja outra vez ao Brasil para apoiar sua irmã, Maria Luísa.

1888 Recebe o título de barão do Rio Branco.

1889 Em 18 de setembro casa-se, em Londres, com Marie Philomène Stevens, mãe de seus cinco filhos.

Redige parte do verbete relativo ao Brasil em *La Grande Encyclopédie*, de Levasseur.

Participa do livro *Le Brésil en 1889*, coordenado por Santana Néri, no qual é responsável pelo capítulo sobre história do Brasil.

Organiza a Exposição e o livro *L'Album des vues du Brésil*.

É lançada uma biografia de d. Pedro II escrita por Rio Branco, mas assinada pelo rabino Benjamin Mossé.

1890 Em 9 de setembro falece, em Paris, sua mãe, viscondessa de Rio Branco.

1891 Inicia sua colaboração para o *Jornal do Brasil*, do Rio de Janeiro, com a seção assinada "Efemérides Brasileiras" e também sob pseudônimo em artigos muitas vezes críticos ao regime republicano.

É nomeado superintendente-geral do Serviço de Emigração para o Brasil na Europa, cargo exercido a partir de Paris, que acumula com o de cônsul-geral em Liverpool.

1892 Reúne e publica em livro suas *Efemérides brasileiras*.

1893 É indicado para chefiar a missão brasileira na arbitragem da disputa fronteiriça com a Argentina, referente ao território Palmas.

Em 24 de maio chega a Nova York e assume a chefia da missão brasileira.

1894 Em 10 de fevereiro entrega as memórias em defesa da causa brasileira.

1895	Em 5 de fevereiro recebe a sentença favorável ao Brasil na disputa com a Argentina pela posse do território de Palmas.
1896	Em 2 de fevereiro é exonerado do Consulado em Liverpool para trabalhar na defesa brasileira na arbitragem da disputa com a França pela posse do Amapá e outros territórios amazônicos.
1898	Em 12 de janeiro falece, em Paris, sua esposa, Marie Stevens. É eleito titular da cadeira número 34 da Academia Brasileira de Letras, na sucessão de João Manuel Pereira da Silva. Eleito membro correspondente da Royal Geographical Society de Londres. Nomeado ministro plenipotenciário em missão especial junto ao governo da Suíça para preparar a defesa na arbitragem da questão fronteiriça entre o Brasil e a França.
1899	Em 6 de abril entrega ao governo suíço a primeira memória da defesa brasileira na disputa de fronteira com a França, e em 5 de dezembro, a segunda.
1900	Em 1º de dezembro, recebe o laudo favorável ao Brasil na questão fronteiriça com a França.
1901	Em 15 de abril chega a Berlim para assumir o cargo de ministro do Brasil junto ao Império Alemão, seu único posto como representante diplomático permanente.
1902	Em 6 de julho recebe telegrama que transmite o convite do presidente eleito Rodrigues Alves para ocupar o cargo de ministro das Relações Exteriores no novo governo. Em 30 de agosto aceita formalmente o convite para ocupar a pasta. Em 1º de dezembro desembarca no Rio de Janeiro. Em 3 de dezembro toma posse no cargo de ministro das Relações Exteriores.
1903	Em 17 de novembro assina o Tratado de Petrópolis, que encerrou a disputa territorial entre o Brasil e a Bolívia pelo território do Acre.
1904	Aprovação do Tratado de Petrópolis no Congresso. Grande manifestação popular em 20 de fevereiro. Em 5 de maio assina o tratado secreto de aliança militar entre o Brasil e o Equador contra o Peru. Em 6 de maio assina tratado de limites entre o Brasil e o Equador, estabelecendo as fronteiras que os dois países teriam se a definição dos limites de ambos com o Peru viesse a criar uma área de contato territorial entre o Brasil e o Equador. Em 14 de julho é divulgado o laudo do rei da Itália sobre a questão entre o Brasil e a Guiana Inglesa.
1905	Eleva a representação diplomática no Brasil nos Estados Unidos ao status de embaixada. Joaquim Nabuco é nomeado primeiro ocupante do cargo recém-criado de embaixador do Brasil junto ao governo dos Estados Unidos da América.

Criação do cardinalato brasileiro.

1906 Realiza-se, no Rio de Janeiro, a III Conferência Pan-Americana, que reuniu representantes de dezenove países do continente.
É mantido no cargo de ministro das Relações Exteriores pelo novo presidente da República, Afonso Pena.
Assina em 5 de maio o tratado de limites com a Guiana Holandesa (hoje Suriname).

1907 Assume a presidência do Instituto Histórico e Geográfico Brasileiro.
Em 24 de abril assina-se tratado de limites e navegação fluvial com a Colômbia.

1908 Grande tensão com a Argentina. Caso do Telegrama nº 9.

1909 É mantido no cargo de ministro das Relações Exteriores pelo novo presidente da República, Nilo Peçanha, que assume o poder após o falecimento do presidente Afonso Pena.
Em 20 de abril ocorre grande manifestação popular em homenagem a Rio Branco, com a colocação de placa na casa em que nasceu.
Em 8 de setembro assina tratado de limites com o Peru que encerra a questão entre os dois países.
Em 30 de outubro assina o tratado de retificação de limites entre o Brasil e o Uruguai.
Assina convenções de arbitramento com diversos países: 23 de janeiro com os Estados Unidos da América, 25 de março com Portugal, 7 de abril com a França, 8 de abril com a Espanha, 11 de abril com o México, 26 de abril com Honduras, 30 de abril com a Venezuela, 5 de maio com o Panamá, 13 de maio com Equador, 18 de maio com a Costa Rica, 10 de junho com Cuba, 18 de junho com a Grã-Bretanha, 25 de junho com a Bolívia, 28 de junho com a Nicarágua, 13 de julho com a Noruega, 3 de agosto com a China, 3 de setembro com El Salvador, 7 de dezembro com o Peru e 14 de dezembro com a Suécia.
Em 27 de novembro é eleito presidente perpétuo do Instituto Histórico e Geográfico Brasileiro.

1910 É mantido no cargo de ministro das Relações Exteriores pelo novo presidente da República, marechal Hermes da Fonseca.
Assina convenções de arbitramento: 25 de abril com o Haiti, 28 de abril com a República Dominicana, 7 de julho com a Colômbia, 28 de julho com a Grécia, 26 de agosto com a Rússia e 19 de outubro com a Áustria-Hungria.

1911 Assina convenções de arbitramento: 6 de janeiro com o Uruguai, 24 de fevereiro com o Paraguai, 22 de setembro com a Itália e 27 de novembro com a Dinamarca.

1912 Em 3 de fevereiro sofre uma síncope durante o jantar.
Em 10 de fevereiro, falece no Palácio Itamaraty, vitimado por insuficiência renal.

Árvore genealógica

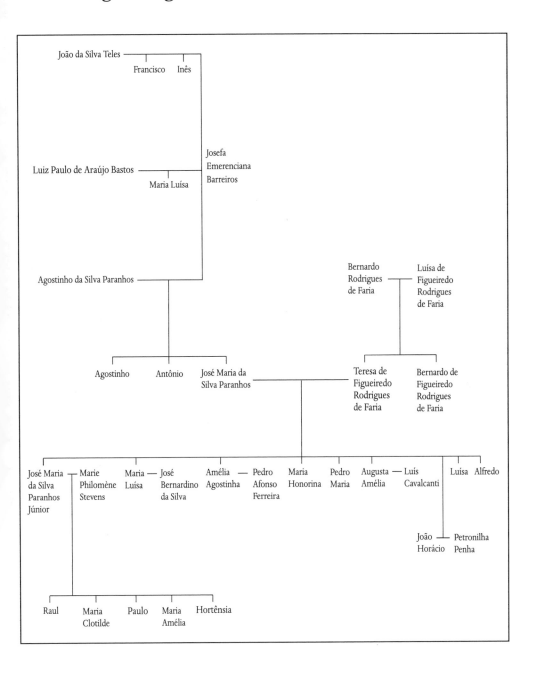

Créditos das imagens

Todos os esforços foram feitos para reconhecer os direitos autorais das imagens publicadas neste livro. A editora agradece qualquer informação relativa a autoria, titularidade e/ou outros dados, se comprometendo em incluí-las em futuras edições.

1. Louis Guédy, 1884, óleo sobre tela, 150 x 109 cm. Reprodução de Jaime Acioli / Ministério das Relações Exteriores / Escritório de Representação no Rio de Janeiro / Itamaraty – Iconografia.

2. Reprodução de Jaime Acioli / MRE / ERERIO / Itamaraty – Iconografia – BR RJ CDHI ICO BRB 8.678.

3. Coleção Roberto Paranhos do Rio Branco. Instituto Histórico e Geográfico Brasileiro.

4. Foto de autor desconhecido. Reprodução de Jaime Acioli / MRE / ERERIO / Itamaraty – Iconografia – BR RJ CDHI ICO BRB 11.125.

5. Jusley Pacheco. Reprodução de Jaime Acioli / MRE / ERERIO / Itamaraty – Iconografia – BR RJ CDHI ICO BRB 7.547.

6 e 7. Fotos de autor desconhecido / Fundação Alexandre de Gusmão – Centro de História e Documentação Diplomática.

8. Reprodução de Jaime Acioli / MRE / ERERIO / Itamaraty – Iconografia – BR RJ CDHI ICO BRB 1.845.

9. Foto de autor desconhecido. Reprodução de Jaime Acioli / MRE / ERERIO / Itamaraty – Iconografia – BR RJ CDHI ICO BRB 4.303.

10. Caricatura de Rafael Bordalo Pinheiro, *O Mosquito*, 20 maio 1876. Fundação Biblioteca Nacional.

11. J. F. Guimarães / Casa Imperial. Reprodução de Jaime Acioli / MRE / ERERIO / Itamaraty – Iconografia – BR RJ CDHI ICO BRB 1.074.

12. Reprodução de Jaime Acioli / MRE / ERERIO / Itamaraty – Iconografia – BR RJ CDHI ICO BRB 10.849.

13. Foto de autor desconhecido. Reprodução de Jaime Acioli / MRE / ERERIO / Itamaraty – Iconografia – BR RJ CDHI ICO BRB 10.675.

14. Foto de autor desconhecido. Reprodução de Jaime Acioli / MRE / ERERIO / Itamaraty – Iconografia – BR RJ CDHI ICO BRB 224.

15. Reprodução de Jaime Acioli / MRE / ERERIO / Itamaraty – Iconografia – BR RJ CDHI ICO BRB 11.033.

16. Reprodução de Eduardo Prado, *Fastos da ditadura militar no Brasil*. São Paulo: Escola Tipográfica Salesiana, 1902. p. 135.

17. Estúdio David and Sanford. Reprodução de Jaime Acioli / MRE / ERERIO / Itamaraty – Iconografia – BR RJ CDHI ICO BRB 3.162.

18. Alberto Campi / Bibliothèque de Genève, Département de Cartes et Plans, tiroir Amérique latine – cartes partielles.

19. Foto de autor desconhecido. Reprodução de Jaime Acioli / MRE / ERERIO / Itamaraty – Iconografia – BR RJ CDHI ICO BRB 11.013.

20. A. Wick. Reprodução de Jaime Acioli / MRE / ERERIO / Itamaraty – Iconografia – BR RJ CDHI ICO BRB 4.047.

21. Foto de autor desconhecido. Reprodução de Jaime Acioli / MRE / ERERIO / Itamaraty – Iconografia – BR RJ CDHI ICO BRB 11.031.

22. Waldemar Titzenthaler / ullstein bild via Getty Images.

23. Reprodução de Rubens Ricupero, *José Maria da Silva Paranhos, Barão do Rio Branco: Uma biografia fotográfica*. Rio de Janeiro: Funag, 2002. p.58.

24. Reprodução de Jaime Acioli / MRE / ERERIO / Itamaraty – Iconografia – BR RJ CDHI ICO BRB 4.040.

25. Augusto Malta. Reprodução de Jaime Acioli / MRE / ERERIO / Itamaraty – Iconografia – BR RJ CDHI ICO BRB 12.153.

26. Charge sem título, de K. Lixto, *O Malho*, 24 jan. 1903. Reprodução de Jaime Acioli / Fundação Biblioteca Nacional.

27. *Grande exibição de forças ocultas*, de Raul, *Tagarela*, 29 jan. 1903. Reprodução de Jaime Acioli / Coleção de Recortes do Barão do Rio Branco / MRE / ERERIO / Itamaraty – Arquivo Histórico do Itamaraty: 383/2/3.

28. *Pilhéria ministerial*, de autor desconhecido, *O Coió*, 16 jul. 1903. Reprodução de Jaime Acioli / Coleção de Recortes do Barão do Rio Branco / MRE / ERERIO / Itamaraty – AHI: 383/2/3.

29. *Mons parturiens (O parto da montanha)*, de Alfredo Cândido, *A Larva*, 25 out. 1903. Reprodução de Jaime Acioli / Coleção de Recortes do Barão do Rio Branco / MRE / ERERIO / Itamaraty – AHI: 383/3/2.

30. *Desilusão*, de Alfredo Cândido, *A Larva*, 25 out. 1903. Reprodução de Jaime Acioli / Coleção de Recortes do Barão do Rio Branco / MRE / ERERIO / Itamaraty – AHI: 383/2/3.

31. *No talho*, de Crispim do Amaral, *A Avenida*, 31 out. 1903. Fundação Alexandre de Gusmão – CHDD / Caricatura colorida pelo próprio Barão.

32. *Na Bolívia*, de Zane, *O Coió*, 2 nov. 1903. Reprodução de Jaime Acioli / Coleção de Recortes do Barão do Rio Branco / MRE / ERERIO / Itamaraty – AHI: 383/2/3.

33. *Resultado final*, de K. Lixto, *Correio da Manhã*, 21 nov. 1903. Fundação Biblioteca Nacional.

34. Charge sem título, de Falstaff, *Tagarela*, 19 nov. 1903. Fundação Alexandre de Gusmão – CHDD.

35. *Finalmente*, de Crispim do Amaral, *A Avenida*, 28 nov. 1903. Fundação Alexandre de Gusmão – CHDD.

36. *A célebre questão*, de Falstaff, *Tagarela*, 3 dez. 1903. Fundação Alexandre de Gusmão – CHDD.

37. *Pum!*, de K. Lixto, *O Malho*, 26 dez. 1903. Reprodução de Jaime Acioli / Coleção de Recortes do Barão do Rio Branco / MRE / ERERIO / Itamaraty – AHI: 383/2/3 / Caricatura colorida pelo próprio Barão.

38. *O Acre*, de Raul, *Tagarela*, 9 jan. 1904. Fundação Alexandre de Gusmão – CHDD.

39. *Resolução inabalável*, de K. Lixto, *Jornal do Brasil*, 4 jan. 1904. Reprodução de Jaime Acioli / Coleção de Recortes do Barão do Rio Branco / MRE / ERERIO / Itamaraty – AHI: 383/2/4.

40. Charge sem título, de A. R., *A Tribuna*, 20 fev. 1904. MRE / ERERIO / Itamaraty – AHI.

41. Otto Hess. Reprodução de Jaime Acioli / MRE / ERERIO / Itamaraty – Iconografia – BR RJ CDHI ICO BRB 3.019.

42. Reprodução de Jaime Acioli / MRE / ERERIO / Itamaraty – Iconografia – AHI: 6/3h.

43. Reprodução de Jaime Acioli / MRE / ERERIO / Itamaraty – Iconografia – Cartografia – BR RJ CDHI MAP ITM 26.

44. Casa do Barão na rua Westphália em Petrópolis, de João Batista da Costa, *c.* 1905, óleo sobre tela, 89,5 x 115,5 cm. Reprodução de Jaime Acioli / MRE / ERERIO / Itamaraty – Iconografia.

45. Foto de autor desconhecido. Reprodução de Jaime Acioli / MRE / ERERIO / Itamaraty – Iconografia – BR RJ CDHI ICO ITM.

46. Capa do jornal *Correio da Manhã* de 4 de agosto de 1915. Fundação Biblioteca Nacional.

47. Foto de autor desconhecido. Rio de Janeiro, *c.* 1911. Instituto Histórico e Geográfico Brasileiro.

48. Foto de autor desconhecido. Fundação Alexandre de Gusmão – CHDD.

49. Augusto Malta, 11 fev. 1912. Reprodução de Rubens Ricupero, *José Maria da Silva Paranhos, Barão do Rio Branco: Uma biografia fotográfica.* Rio de Janeiro: Funag, 2002. pp. 130-1.

50 e 51. Fotos de autor desconhecido. Fundação Alexandre de Gusmão – CHDD.

Índice remissivo

À margem da história (Cunha), 348

Abaeté, visconde de, 29, 168

ABC, pacto do (Argentina, Brasil e Chile, 1910), 430, 488, 508n

abertura dos portos (1808), 423

Abolição da escravatura (1888), 130, 135, 138-40, 143; *ver também* Lei Áurea

abolição gradual da escravatura, 60-2, 89, 137

abolicionismo, 64, 88, 106, 117-9, 131, 137-40, 142-3, 148

Abranches, Frederico, 255

Abranches, João Dunshee de, 452-3, 467

Abreu, Capistrano de, 117, 121-2, 133, 149, 498n

Academia Brasileira de Letras (ABL), 43, 205-6, 224, 263, 291, 294, 326, 369, 372, 383, 397, 418, 421, 424, 432, 447

Academia de Marinha (Rio de Janeiro), 26, 33, 35

Acre, 179, 214, 253, 256, 258, 261-2, 265-8, 273-5, 277, 279, 282, 285, 288, 292, 296-7, 299, 301-3, 308, 311-3, 315-23, 325-7, 329, 334, 336-7, 340-2, 346, 352, 355, 361, 363, 396-7, 407-8, 440, 451, 453, 478, 483, 506n

açúcar, engenhos de, 23, 33, 82

Adelaide (Austrália), 99

África, 140, 142, 206-8, 214, 252, 319, 350, 353, 386, 397, 415, 479, 485

África do Sul, 350

agricultura, 89, 138-9, 142

Aguiar, João Fausto de, 146

Aguiar de Andrada, Francisco Xavier da Costa, barão, 164-6, 180-2, 185

Aguirre, Atanasio, 47, 442

Ajuste de contas (Mendonça), 220

Album des vues du Brésil, L' (org. Barão do Rio Branco), 129

Albuquerque, Flora Cavalcanti de, 83

Albuquerque e Silva, Vespasiano Gonçalves de, 472

Albuquerque Lins, Manuel Joaquim de, 438

Alcazar Lyrique du Père Arnaud (Rio de Janeiro), 22, 78, 80, 83-4, 95, 105, 132

Alemanha, 53, 107-8, 206, 245, 248-9, 252-3, 313, 365, 367, 375, 380, 382-4, 386, 402, 411-2, 431, 433, 448, 450, 464, 486; *ver também* Império Alemão

Alencar, Alexandrino Faria de, 400

Alencar, Augusto Cochrane de, 146
Alencar, José de, 91, 370
Alencar, Mário de, 370
algodão, exportações de, 102
Alhandra, barão de *ver* Figueiredo, José Bernardo de
alianças familiares, matrimônio e, 83
Almeida, Filinto de, 424
Almirante Grau (navio), 401
"Almirante Negro" *ver* Felisberto, João Cândido
Alonso, Angela, 497*n*
Alsop (empresa), 445-6
Alves, Constâncio, 15, 196
Amado, Gilberto, 12-3, 91, 93, 500*n*
Amapá, 132, 170, 209-10, 212-3, 220-3, 226, 233, 242, 246-7, 253, 280, 283, 287, 299, 336, 355, 372, 396, 420, 446, 477-8
Amaral, Crispim do, 266
Amaral, Joaquim Tomás do (barão e depois visconde de Cabo Frio), 116, 147, 164-6, 169, 178, 180-2, 245, 255, 289, 291-2, 305-6, 331-2, 373, 392-3, 406
Amaral, José Avelino Gurgel do, 67, 79, 114, 116, 165, 168, 244, 246, 250, 287-8, 372-3
Amaral, Luís Avelino Gurgel do, 372
Amaral, Oscar Reydner do, 146
Amazon Stream (empresa inglesa), 345
Amazonas, província/estado do, 121, 210-2, 232, 242, 252, 256, 265, 267, 272, 295-6, 301, 308-9, 311-3, 315, 317-8, 323, 326, 329, 334, 337, 341-2, 344-6, 349, 408, 422, 440
Amazonas, rio, 211, 252, 309, 312, 320, 348, 353; *ver também* Bacia Amazônica
Amazônia, 212, 249, 308-11, 318, 320, 337, 342-3, 346, 350, 354, 401, 422, 460, 499*n*
América Central, 345, 350, 365, 367, 389, 411-2, 485, 509*n*
América do Norte, 349, 353, 387
América do Sul, 131, 185, 248, 252, 313, 319, 350, 352, 365-7, 385, 389, 400-1, 412-3, 429, 447, 449-50, 453, 480-2, 485, 509*n*
América Latina, 206, 353, 365, 377, 386, 391, 414, 416, 420, 426, 435, 454, 482, 509*n*
americanismo, 72, 286, 348-51, 367, 385, 410, 481

Américo, Pedro, 296, 356, 393
Amoedo, Rodolfo, 393
analfabetismo, 22, 30, 131
Andrada, Martim Francisco Ribeiro de, 265, 273-4
Angell, Norman, 462
Angoteros, 343
"Anotaçam" (Pfeil), 234
Antigo Regime, 32, 103
Antunes, Deoclécio de Paranhos, 12
Anuário do Estado do Rio Grande do Sul, 196
Apa, rio, 60
Apostolado Positivista, 298, 332, 466
Apóstolo, O (folha católica), 69, 75
Araguari, rio, 210-5, 219, 232-3, 235, 242-3
Aramayo, Félix Avelino, 312, 329
Araújo, Ferreira de, 129
Araújo, Hipólito Alves de, 225, 240, 247
Araújo, Nabuco de, 77
Araújo Bastos, Luiz Paulo de (visconde de Fiais), 26
Araújo e Abreu, Marco Antônio de (barão de Itajubá), 129
Araújo Jorge, Artur Guimarães de, 394, 447, 488
Arcos, conde dos, 48
Arcoverde, cardeal (Joaquim Arcoverde de Albuquerque Cavalcanti), 378
Areias, José Carlos de Almeida (visconde de Ourém), 124
Argentina, 57, 62, 71-2, 113, 151, 160, 164, 169, 171-3, 175-7, 181, 191, 193, 207, 209, 222, 228, 265, 273, 286, 312, 320, 329, 341, 345-6, 351-3, 356, 366-7, 369, 377-9, 383, 385-6, 388-90, 395, 397-9, 401, 406-7, 411, 413, 419-20, 422-31, 440, 442-6, 450, 453-7, 459, 461-2, 467, 477-8, 480-1, 483-4, 486, 488, 508-9*n*
Arica, 329, 343, 419, 440
Arinos, Afonso, 489
Arinos, barão de *ver* Brito, Tomás Fortunato de
aristocracia, 76-7, 103
Arizona, 207
Armada do Brasil *ver* Marinha; Revolta da Armada (Rio de Janeiro, 1893-94)

536

Arquivo Geral de Simancas (Espanha), 174

Arquivo Histórico do Itamaraty, 12, 14, 17, 150, 167, 305, 391, 427

Arsenal de Marinha (Rio de Janeiro), 31

Ásia, 206, 214, 409

Assembleia Legislativa do Rio de Janeiro, 33

Assis, Dilermando de, 441

Assis, Machado de, 48, 78, 83-4, 189, 190, 205-6, 294, 358, 370-1, 418, 431-2, 447, 507n

Assis Brasil, Joaquim Francisco de, 146, 179, 253, 268, 317-8, 322-8, 334, 358, 393-4, 400, 406-8, 428, 484

Associação Comercial (Rio de Janeiro), 284

Associação Comercial (Salvador), 469

Atlantique (navio), 282

Ato Adicional de 1834, 131

Atualidade (jornal), 70

Austrália, 377

Áustria, 53, 107-8, 247, 251, 411

Áustria-Hungria, 230, 461

Avenida, A (revista), 266, 272

Azambuja, Graciano Alves de, 45, 165, 196

Azambuja, Joaquim Maria Nascentes de, 372

Azevedo, Ciro de, 146

Azevedo, Gregório Taumaturgo de, 315

Azevedo, José da Costa (barão de Ladário), 163, 165-6

bacharéis, 22, 26, 41, 46, 373

Bacia Amazônica, 208, 313, 318, 353; *ver também* Amazonas, rio

Baden-Baden, estação de águas de (Alemanha), 216-7, 220, 239

Bahia, 25-6, 35, 134, 309, 424, 438-9, 453, 456-7, 469-70, 472

bailes, 57, 76-7, 79, 193, 473

Baltimore, 171, 179

Baltimore (navio estadunidense), 171, 399

"Bananeira" (criminoso), 463

Banco do Brasil, 166

Banco Mauá, 85

Barão do Rio Branco, O (Barros e Vasconcellos), 13

Barão, O (Lyra Filho), 12

Barbosa Lima, Alexandre José, 262-3, 271, 329, 334, 361, 379, 383, 452, 467

Barbosa, Alves, 129

Barbosa, Maria Adélia, 417

Barbosa, Rui, 12, 133-4, 145, 149-50, 159, 199, 205, 219, 242, 263, 265, 267-8, 270-1, 279, 287, 302, 304-5, 316, 318, 325-8, 335, 337, 393, 397, 409-15, 417, 432, 437-9, 446-7, 468, 470, 490, 500n

Barreiros, Eusébio, 26, 35

Barreiros, Josefa Emerenciana (avó paterna de Juca Paranhos), 25-6, 35; *ver também* Paranhos, Agostinho (avô paterno de Juca Paranhos)

Barreto, Emídio Dantas, 470

Barreto, Lima, 304-5, 361, 379, 490

Barreto, Paulo Emílio Coelho (João do Rio), 290, 293

Barros Arana, Diego, 113

Barros e Vasconcellos, Mário de, 13, 290

Barroso (navio), 380

Basadre, Jorge, 343, 441

Bastos, Maria Luísa, 26

Batalha, Henrique (pseudônimo de Juca Paranhos, o Barão), 157

Batalha de Santa Luzia (MG, 1842), 34

Batalha de Sarandi (Uruguai, 1825), 73

Batalha de Tsushima (Japão, 1905), 400

Batlle y Ordóñez, José, 445

Baviera, 230

Bazar Volante (jornal), 70

Belém (PA), 296, 308-9, 311, 314, 345

Beléns, Francisca, 79

Belfast, 99

Bélgica, 23, 90, 128, 206, 230, 291, 319, 408, 411-2

Beni, rio, 314-6

Benjamin Constant (navio), 380

Berg, baronesa de *ver* Von Berg, Therese, baronesa

Berlim, 146, 208, 244-5, 247-8, 250-1, 264, 280, 288, 290-1, 296, 317, 350, 375, 380-1, 396, 402, 464

Berna, 219-21, 223-4, 226, 229, 231-2, 234-5, 239, 241-2, 244, 246-8, 289-90, 292, 300, 325, 375, 433, 464

Bernhardt, Sarah, 462

Bessa, Gumersindo, 337

Betbeder, Onofre, 425

Bethell, Leslie, 497n

Bezzi, Tommaso Gaudenzio (Tomás), 79, 93-5, 114, 288, 296, 392, 431, 433

biblioteca do Barão do Rio Branco, 117-8

Biblioteca Embaixador Antonio Francisco Azeredo da Silveira (Itamaraty, Brasília), 17

Biblioteca Nacional (Paris), 222-3

Biblioteca Nacional (Rio de Janeiro), 143, 222-3, 495n, 503n

Bibliotheca Americana Vetustissima (Harrisse), 55

Bien & Co., 188

Bierrenbach, Bueno, 373

big stick, 367, 386, 450; *ver também* Doutrina Monroe

Bilac, Olavo, 339, 370

Birkenhead, primeiro conde de *ver* Smith, Frederick Edwin

Bittencourt, Anastácio Teixeira de Souza, 44

Bittencourt, Edmundo, 261, 267-8, 270-1, 277, 304-5, 333, 346, 409, 452

"Bitu" (criminoso), 463

Blake, Guillermo, 315

Bocaiúva, Félix, 294

Bocaiúva, Quintino, 64, 69, 72, 118, 148, 150-1, 160, 165, 173, 177, 194, 273, 285, 294, 334

bôeres, 350

Bogotá, 362, 406, 408

Bolívia, 113, 252, 261-7, 269-74, 276, 278-80, 292, 296, 301, 303, 309, 312-28, 331-2, 335-7, 339, 341-2, 353, 361-3, 371, 388-90, 396-7, 399, 403, 408, 419, 426, 439-41, 446, 453, 461, 477-8, 480, 506n

Bolivian Syndicate (Nova York), 249, 252, 301, 312-3, 317-9, 321-2, 325, 329, 453

Bolognesi (cruzador), 401

Bombaim, 99

bordéis, 82

borracha, produção e exportação de, 252, 301, 308-16, 328, 337, 346, 350-1, 450

"bota-abaixo", reformas do (Rio de Janeiro), 340

Boulevard Saint-Michel (Paris), 115, 162

Bourdieu, Pierre, 15

Braga, Francisco, 504n

Braga, José Marques, 100

Bragança, dinastia de, 32, 282, 423

"Braguinha" (criminoso), 463

Brahma, restaurante (Rio de Janeiro), 339, 459

Branco, rio (RR), 210, 212, 233, 242

Brás, Venceslau, 438

"Brasil na Grande Enciclopédia, O" (Rui Barbosa), 145

"Brasil, os Estados Unidos e o monroísmo, O" (Rio Branco), 390

Brasília, 12, 17

Brazil and Peru Boundary Question (Moore), 371

Brazil Magazine (revista britânica), 415

Brazil, O (jornal), 70

Brecht, Bertolt, 194

Brésil à l'Exposition de St. Petersbourg, Le (Rio Branco), 115

Brésil en 1889, Le (Comissão Franco-Brasileira), 126-8, 156

Brésil, Le (jornal parisiense), 121, 391

Brésil, Le (separata de *La Grande Encyclopédie*), 126, 128

Breves, Joaquim José de Souza, 230

Breves, Paulina, 230

Brício Filho, 334

Bristol, 99

Brito, Tomás Fortunato de (barão de Arinos), 123

Bruxelas, 90, 222, 227, 247, 292, 356, 406, 491

Bruzundangas, Os (Lima Barreto), 490

Bryan, William J., 462

Bueno, Antônio, 294, 372

Bueno, Clodoaldo, 508n

Bueno, José Antônio Pimenta (visconde de São Vicente), 61

Bueno, Lucilo Cunha, 294, 372

Buenos Aires, 59, 62, 72, 146, 151, 164, 170, 177, 179, 253, 274, 346, 352, 394, 400, 406-8, 419, 422-4, 428-9, 431, 433, 435, 440, 444-7, 450, 453-6, 461, 481, 484

Bühlstrasse (Berna), 230

Burckhardt-Finsler, Albert, 238

Burns, Bradford, 416
burocracia, 116, 306, 406, 476
Bylandt, conde de, 230

Caballero, Bernardino, 73-4, 107
cabarés, 24, 28, 78, 80
Cabo Frio, barão/visconde de ver Amaral, Joaquim Tomás do
Cabral, Pedro Álvares, 393
Cadernos de notas (Rio Branco), 49, 106, 147, 191, 202, 218-9, 239-40, 248-9, 345, 368, 494n, 497n, 502n
Café Brito (Rio de Janeiro), 330, 339
café, plantações/economia do, 23, 33-4, 77, 86, 102, 111, 115, 120, 141, 146, 148, 162, 171, 252, 309, 330, 350-2, 390, 407, 450-1, 486
Caiena, 210
Calçoene, rio, 210-1, 213, 220, 240
Califórnia, 207
Calógeras, Pandiá, 76, 288, 334, 394, 488
Calvo, Nicolau, 164, 177, 182
Câmara Baixa, 22, 57, 59, 65, 328, 331
Câmara dos Deputados, 22-3, 55-6, 61, 67-9, 87, 107, 124, 177, 263, 287, 328-9, 334, 362, 396, 408, 452
Camaragibe, visconde de, 50, 59
Campista, David, 329, 392, 396, 429, 434, 437-8
Campo de Marte (Paris), 54
Campos Sales, Manuel Ferraz de, 203-4, 220, 223-7, 236, 263, 271-2, 302-3, 311, 313, 317, 322, 330, 344, 352, 372, 378, 409-10
Canaã (Graça Aranha), 359
Canadá, 377
Candelária, freguesia de (Rio de Janeiro), 31
Cândido, Alfredo, 264-5
Canudos, movimento messiânico em, 203, 340
Capitólio (Washington), 207
capoeira, 79
Caracas, 324, 358, 367, 372, 375, 396
Carapanatuba, rio, 210
Cardiff, 99
cardinalato brasileiro, 377-9, 506n
Caribe, 206, 350, 365, 367, 389, 485
caricaturas, 265-7, 272, 279-80, 305, 320, 339

Carlos I, rei de Portugal, 423-4
Carnaval, 11, 57, 75, 81, 189-90, 193, 338-9, 473-4
Carneiro, David, 12
Carneiro, Levi, 504n
Carneiro Leão, Honório Hermeto (visconde e depois marquês do Paraná), 27, 29-30, 33-4, 38, 290
Carneiro Leão, Maria Henriqueta, 290
"Cartas de França" (seção assinada por Rio Branco no *Jornal do Brasil*), 157-8
Carvalho, Afonso de, 12, 406, 481
Carvalho, Carlos Augusto de, 197, 213, 216-7, 222, 241, 458-9
Carvalho, Homem de, 334
Carvalho, Isaltino José Mendonça de, 315, 332
Carvalho, José de, 311
Carvalho Moreira, Francisco Inácio de (barão de Penedo), 100-4, 106, 108, 111-3, 120, 133, 168, 203-4, 230, 232, 237, 251, 288, 297, 497n
Casa Garraux (livraria de São Paulo), 46
Casamento de Baco (tela de Platzer), 115, 232
Cassino Fluminense, 77
Castelo, morro do (Rio de Janeiro), 31
Castera, Suzana, 81-2
Castilhos, Júlio de, 272
Castro, Cipriano, 367
Castro, José Ferreira Borges de, 174, 185
Castro, Plácido de, 317, 319-20, 323, 342, 344
Castro e Lima, Artur Moreira de, 146
caudilhismo, 482
Cavalcanti, Amaro, 129, 294
Cavalcanti, Holanda de, 34
Cavalcanti, Luís (cunhado de Juca Paranhos, o Barão), 84, 109
Cavalcanti, Luís (sobrinho de Juca Paranhos, o Barão), 109-10, 114, 156, 162, 230, 240-1, 247
Cavalcanti, Tomás, 334, 379
Cavalcanti, viscondessa de, 204
Caxias, marquês/duque de ver Lima e Silva, Luís Alves de
Celso, Afonso, 114
Centro da Lavoura e do Comércio, 114, 116
Cerqueira, Dionísio Evangelista de Castro, 164-

5, 169, 178-9, 186-7, 189, 191-3, 217-20, 223, 232, 245, 255, 288, 297, 313, 316, 333, 370, 501n

Cerro Corá, 74

Cerro Largo, barão de ver Mena Barreto, José de Abreu

Chaco, região do, 312

Chapecó, rio, 172, 174-5, 186

Charivari Nacional (jornal), 70

Charlottenburg (Berlim), 248

Charpentier, Alexandre, 306, 393

Chartier, Roger, 13

Chaves, João Lopes, 304

Chicago, 175, 196-7

Chile, 113, 171, 217, 266, 312, 329, 343, 346, 351-2, 366-7, 369, 373, 386-90, 398-401, 407, 413, 419-20, 426-7, 429-30, 440, 445-6, 453, 455-6, 480-1, 483-4, 509n

China, 350, 404, 461, 479

Choate, Joseph H., 413, 418

Chopim, rio, 172

"Chora Minha Nega" (criminoso), 463

Chronista, O (jornal), 70

Churchill, Winston, 103, 475

"Cidade da Morte", Rio de Janeiro como, 31, 254, 393

Cidade do México, 386

Cidade e as serras, A (Eça de Queirós), 122

"Cidade Maravilhosa" (canção), 393

Clark, Mr., 106

Clemenceau, Georges, 462

Clemont-Ferrand, 109

Cleveland, Grover, 170-1, 183, 187, 190-3, 195, 214, 500n

clientelismo, 289

Clube dos Fenianos (sociedade carnavalesca), 193

Clube Militar (Rio de Janeiro), 468

Clube Naval (Rio de Janeiro), 283-4, 286, 296

Cobras, ilha das (Rio de Janeiro), 31, 361, 460

Coelho Neto, 372

Coió, O (revista), 266, 323

Coleção de recortes de jornais (Arquivo Histórico do Itamaraty), 305

Coleção dos tratados, convenções, contratos e atos

públicos celebrados entre a Coroa de Portugal e as mais potências desde 1640 até ao presente (Borges de Castro), 174

Colégio Pedro II (Rio de Janeiro), 35, 39, 44, 55-6, 112, 442

cólera-morbo, 29

Colômbia, 351, 353, 357, 367, 372, 386, 389, 408, 461, 478

Colônia do Sacramento, 113, 175, 186

colonialismo, 206-7, 210; ver também Era dos Impérios (1875-1914); imperialismo

Colorado (EUA), 207

Comércio de São Paulo, O (jornal), 165, 229, 265, 273-4

Comissão de Diplomacia e Tratados da Câmara, 279-80, 328, 330-1, 453

Comissão de Verificação de Poderes do Congresso, 436

Comissão Franco-Brasileira, 126, 128

Comitê Olímpico Internacional, 247

Compagnie des Caoutchoucs du Matto Grosso, 319

Comptoir Colonial Français Société Anonyme, 319

Comte, Augusto, 300

Conciliação ("gabinete da conciliação", 1853-6), 29, 34

Conduru, Guilherme Frazão, 508-9n

Cone Sul, 407, 429

Conferência de Berlim (1884-5), 208, 350, 375

Conferência de Paris (1855-6), 226

Conferência Internacional da Paz (Haia, 1899), 409, 412-3

Conferência Internacional da Paz (Haia, 1907), 409, 411, 417-8

Conferência Pan-Americana (Washington, 1889-90), 170, 286, 348

Conferência Pan-Americana (Rio de Janeiro, 1905), 385, 391-4, 396, 403, 444

Conferência Pan-Americana (Buenos Aires, 1906), 444, 454, 456

Congresso argentino, 425, 430

Congresso boliviano, 328-9, 332

Congresso brasileiro, 61, 65, 142, 152, 160, 165,

540

220, 246, 249, 251, 256, 262, 271-3, 277, 279-80, 287, 296-7, 301, 303, 306, 313, 325, 328, 330, 333-4, 340, 344, 347, 350, 357-8, 361-2, 372, 383, 436, 443, 451-2, 459, 467, 478

Congresso Científico Latino-Americano (Rio de Janeiro, 1905), 376

Congresso de Viena (1815), 210

Congresso estadunidense, 366, 449

Congresso peruano, 441

Conselho de Estado, 61, 87, 154, 233, 286

Conselho de Ministros, 22, 28-9, 38, 60, 63, 77, 86, 89, 100, 118

Conselho Federal, 132, 219, 231, 234-7, 239, 242

conservadores, 24, 27, 34, 50, 56, 65-6, 69, 89, 100, 104, 114, 124, 138, 302; *ver também* Partido Conservador

Constant, Benjamin, 149-50, 152, 298-9

Constitucional, O (jornal), 70

Constituição brasileira de 1824, 51

Constituição brasileira de 1891, 153, 161, 275, 316, 402

Contos fluminenses (Machado de Assis), 83

Convenção de Paz (Uruguai, 1865), 47-8

Convênio de Taubaté (1906), 450

Corcovado (Rio de Janeiro), 31, 122

Cork, 99

Corot, Jean-Baptiste Camille, 232

Corrêa, Luiz Felipe de Seixas, 249

Correia, Manuel Francisco, 63

Correio da Manhã (jornal), 167, 261-4, 267-71, 273, 275-8, 299, 303-5, 313, 330-1, 333-5, 340-1, 346, 360, 371, 383, 391, 395, 403-4, 409, 449, 451-2, 463, 466

Correio da Noite (jornal), 459

Correio da Tarde (jornal), 70

Correio de São Paulo (jornal), 271

Correio Mercantil (jornal), 27, 70

Correio Nacional (jornal), 70

corrupção, 66, 263

Corte Permanente de Arbitragem (Haia), 409, 445, 462

corte portuguesa, vinda da (1818), 31, 393, 423

Cortesão, Jaime, 186

Costa, Craveiro, 310

Costa e Silva, Antônio Francisco da, 294

Costa Neto, 334

Costa Rica, 131, 461

Cotegipe, barão de *ver* Wanderley, João Maurício

Coudreau, Henri Anatole, 211-2, 217, 242-3

Courrier de la Conférence (jornal da Conferência de Haia), 415

Coutinho, Aureliano (visconde de Sepetiba), 27, 33

Crédit Lyonnais, 246, 250

Crête-à-Pierrot (navio haitiano), 382

Cruls, Luís, 129

Cruz, Oswaldo, 31, 340

Cruzeiro, visconde do, 290

Cruzeiro, viscondessa do, 290

Cuba, 63, 207, 365, 461

Cuestión del Acre y la legación de Bolivia en Londres, La (Aramayo), 329

Cunha, Ana da, 441

Cunha, Cecília Leitão da, 433

Cunha, Euclides da, 294, 306, 310, 347, 369-70, 408, 418, 432, 437, 441

Cunha, Francisco Xavier da, 146

Cunha, Leitão da, 129

Cunha Matos, coronel, 118

Curso Superior de Letras (Lisboa), 40

Curtius, Ernst, 40

D. Pedro II, imperador do Brasil (Rio Branco), 129-30, 137-8, 142, 499n

D'Eu, conde, 58, 77, 92, 119, 126, 138

D'Ostiani, Alessandro Fé, 230

Da propaganda à presidência (Campos Sales), 302

daguerreótipos, 36

Dantas, Manuel Pinto de Souza, 114, 134, 165

Dantas, Rodolfo, 114, 117, 121, 133, 145, 147, 149-50, 156-9, 166, 168, 204, 229-30, 250, 288, 496n

Dantas, San Tiago, 489

Darío, Rubén, 365

De Amicis, Edmundo, 157-9

De la Blache, Paul Vidal, 212-3, 233, 242

Del mar a la montaña (Dublé Urrutia), 373

Delagrave, Charles, 123

Delaney, padre, 133

Departamento Administrativo do Serviço Público (Dasp), 489

Depósito Geográfico do Ministério dos Negócios Estrangeiros (França), 175, 185

Despertador, O (jornal), 70

despotismo, 34, 87, 145, 153

Detaille, Édouard, 232

Dia em que adiaram o Carnaval, O (Santos), 11

Diário de Notícias, 133, 145, 149, 465

Diário do Comércio, 451

Diário do Povo, 70

Diário do Rio de Janeiro, 66, 69-70

Diário Oficial, 47, 70, 427

Dias, Demósthenes de Oliveira, 12

Dinamarca, 142, 404, 461, 471

diplomacia, 12, 14, 43, 57, 61, 81, 90, 103, 136, 154, 180, 185, 201, 207, 210, 222, 249, 264-5, 287, 288-9, 291, 295, 297, 299, 311, 315, 332, 348, 353-4, 359, 361, 367, 378, 382, 391, 393, 395-8, 403-4, 408, 420, 439, 444-6, 450, 452, 461, 472, 478-9, 482, 488-90

Direção de Instrução Pública, 39-40

Dom Pedro II, empereur du Brésil ver *D. Pedro II, imperador do Brasil* (Rio Branco)

Dom Pedro visitando os coléricos (tela de Moreaux), 30

Domínguez, Rufino T., 443

Doumer, Paul, 418

Doutrina Drago, 351, 387, 388, 409, 411

Doutrina Monroe, 206-7, 214, 248, 252-3, 319, 350, 353, 366-7, 383, 386, 454-5, 485, 509*n*; *ver também* Monroe, James; monroísmo

Dragão (escaler), 282

Drago, Luis María, 366, 387, 411

dreadnought, navios do tipo, 400-1, 423-5, 428, 430, 449, 455, 457, 459-60, 469

Duarte, Higino Pereira, 386

Duas histórias em três vidas (Carneiro), 12

Dublé Urrutia, Diego, 373

Dublin, 99

Ducasble, Alfredo, 129

Dumontier, Isidore Nicolas, 113-4, 116, 288, 433

Eduardo VII, rei da Inglaterra, 103

Efemérides brasileiras (Rio Branco), 52

"Efemérides Brasileiras" (seção assinada por Rio Branco no *Jornal do Brasil*), 71, 157-8, 163

El Salvador, 461

elites brasileiras, 32, 39, 54, 89, 143, 340, 437

Engenho Velho, freguesia do (Rio de Janeiro), 31

Ensaios de história diplomática do Brasil no regime republicano (Araújo Jorge), 394

entrudo, 57, 189; *ver também* Carnaval

epidemias no Rio de Janeiro, 29-31, 254

"Episódios da Guerra do Prata" (Rio Branco), 43

Equador, 343-4, 353, 440, 456, 461, 478

equador, linha do, 314, 341

Era dos Impérios (1875-1914), 206, 208, 375, 479

Esboço da história do Brasil ver *Esquisse de l'histoire du Brésil* (Rio Branco)

Escandinávia, 104

Escola de Minas de Ouro Preto, 124

Escola de Tática de Realengo (Rio de Janeiro), 360

Escola Militar da Praia Vermelha (Rio de Janeiro), 360

Escola Politécnica (Rio de Janeiro), 284, 316

escravidão, 34, 42, 60, 63, 65, 87-9, 124, 130, 136-8, 140-2, 459

escravocratas, 61, 67, 80, 89, 124

escravos, 22-3, 28-30, 33, 38, 42, 45, 61, 64, 88, 119, 138-42, 242, 339, 477

Espanha, 53, 107, 164, 172, 174, 176, 185, 206-7, 217, 234, 324, 365, 411, 461

"Esperneia, bandido!" (Bittencourt), 271

espiritismo, 118

Esquadra de 1910 (Marinha brasileira), 453, 455, 460, 480, 484, 507*n*

Esquisse de l'histoire du Brésil (Rio Branco), 128-9, 136

Estado de S. Paulo, O (jornal), 367, 491

Estados Unidos, 30-1, 46, 79, 103-4, 151-2, 154, 160, 170-1, 173, 176, 181, 183-5, 187, 190-1, 196, 199, 205-7, 212, 214, 218, 236, 240, 253, 301, 311, 313, 318, 336, 346, 348-52, 358, 364-7, 368, 371, 375-7, 382-3, 385-90, 393-5, 397, 399, 407,

411-8, 420, 426, 429, 445-6, 448-51, 454-6, 461, 481-2, 485-8, 502*n*, 505*n*, 508-9*n*

Estados Unidos do Brasil: Geografia, etnografia, estatística (Reclus), 237

Estrada de Ferro Madeira-Mamoré, 274, 451

Etoile du Sud, L' (jornal), 149

Europa, 23-4, 40, 46, 53-5, 80, 83-4, 101, 107-10, 112, 114, 117, 119-21, 139, 142, 150-3, 157, 159-60, 185, 197, 199-200, 205, 210, 216, 220-1, 223, 230, 253, 256-7, 262, 280, 282, 288, 290, 292, 297, 301, 308, 311, 324, 345, 350, 352, 358-9, 364-5, 367, 374, 387, 391-2, 394, 396-7, 406, 408-10, 415, 417, 432-3, 435, 443, 457, 464, 480-1, 505*n*, 509*n*

Evangelho do Barão, O (Santos), 12

Executivo, poder, 350

Exército alemão, 402

Exército argentino, 481

Exército brasileiro, 26, 61, 110, 113, 125, 144, 151, 266-7, 272, 344-5, 397, 401-2, 441, 460, 469

Exército francês, 113, 201

exploração geográfica/científica, colonialismo e, 210-1

exportações brasileiras, 34, 115, 171, 252, 301, 309, 312-4, 328-30, 336, 350-1, 385-6, 423, 450-1, 453, 460, 485-6

Exposição Internacional de São Petersburgo (1884), 102, 114, 116, 290, 395

Exposição Nacional (Rio de Janeiro, 1908), 423-4

Exposição que os Estados Unidos do Brasil apresentam ao presidente dos Estados Unidos da América como árbitro, segundo as estipulações do tratado de 7 de setembro de 1889, concluído entre o Brasil e a República Argentina (Rio Branco), 189

Exposição Universal de Paris (1867), 54

Exposição Universal de Paris (1889), 126, 128

F. H. (pseudônimo de Juca Paranhos, o Barão), 157-8

Fachoda, Questão de (Alto Nilo), 227

Faculdade de Direito de São Paulo, 40, 42, 50, 67, 117

Faculdade de Direito do Recife, 41, 50, 59

"Fala do Trono" (discurso anual de abertura do Parlamento), 61, 138

Falmouth, 99

Faria, Bernardo de (pseudônimo de Juca Paranhos, o Barão), 123

Faria, Bernardo de Figueiredo Rodrigues de (tio materno de Juca Paranhos, o Barão), 38, 109

Farias, Rogério de Souza, 293

Fastos da ditadura militar no Brasil (Prado), 150, 155, 285

Fatos da linguagem (Heráclito Graça), 370

Faustina (escrava), 26

"favela", popularização do termo, 340

Favilla-Nunes, 129

febre amarela, 30-1, 250, 254-5, 290, 340, 374

federalismo, 64-5, 88, 119, 124, 130, 135-6, 254, 309

Feira Mundial de Chicago (1893), 196

Feitosa, Antônio do Nascimento, 146

Felisberto, João Cândido ("Almirante Negro"), 457, 459-60

Fernando de Noronha, ilha de, 204

Ferreira, Pedro Afonso, 84, 107, 125

Ferreira, Pires, 73

Ferrero, Guglielmo, 418, 507*n*

Ferretti, Federico, 243, 503*n*

Ferrez, Marc, 129

Fiais, visconde de *ver* Araújo Bastos, Luiz Paulo de

Figaro, Le (jornal francês), 242

Figueira, Andrade, 332-3, 452

Figueiredo, José Bernardo de (barão de Alhandra), 115-6

Figueroa Alcorta, José, 398, 400, 406, 425-6, 428, 439-40, 442, 453, 456, 484

Figuras, perfis biográficos (Constâncio Alves), 196

Filipinas, 207

fim do tráfico de escravos, 33, 63, 139

Financial News (jornal britânico), 209

Fischer, Jango, 117, 183, 498*n*

Fleiuss, Max, 12

Flores, Venancio, 47

folhetim, literatura de, 70

Fonseca, Deodoro da, 66, 118, 145, 149-50, 152, 157, 159, 161, 165, 302, 457

Fonseca, Gelson, 509n

Fonseca, Hermes da, 360, 402, 434, 438-9, 446, 450, 457, 461, 464, 468, 470, 474

Fontes, Custódio, 165

Forças Armadas, 58, 144, 266, 342, 344, 376, 401, 408, 425, 457, 479, 484

Foreign Office (Inglaterra), 357

França, Teresa Cristina N., 499n

França, 53-4, 93, 105, 107-8, 116, 121, 126, 129, 142-3, 169-70, 175, 185, 191, 200-1, 206, 208, 210-6, 218-9, 221-2, 227, 230, 232, 234, 237, 239-43, 245, 253, 265, 273, 313, 336, 365, 367-8, 404, 411-2, 450, 461, 477-8, 502n

France, Anatole, 447

freguesias do Rio de Janeiro, 31

Freire, Felisberto, 333-4

Freyre, Gilberto, 104, 139

Fritz, Samuel, 234

Früh, Johann Jakob, 238

Fundação Ford, 416

Gabinete Português de Engenharia e Arquitetura, 308

gabinete Rio Branco, 28, 63, 65, 69, 72, 75, 85, 88-9, 92, 100, 136

galeota de d. João VI, 282

Gales, príncipe de ver Eduardo VII, rei da Inglaterra

Galileu Galilei, 194

Gallois, Lucien, 212

Galvão, Dario Barreto, 241

Gálvez de Arias, Luis, 252, 311, 314, 316-7, 319

Gama, Domício da, 121, 143, 156-7, 159, 163, 165, 178, 180, 183, 188, 191, 200, 206, 216, 218, 224-5, 229, 239, 240-1, 245, 247, 249-50, 257, 285, 288-9, 291, 303, 305, 325, 343, 356, 369-72, 406, 408, 419, 428-9, 433, 437, 440, 450, 484, 486-7, 499n

Garay, Cristián, 343

Garraux, Anatole Louis, 46

Gascoyne-Cecil, Robert (terceiro marquês de Salisbury), 215, 217, 229

"Gasolina" (criminoso), 463

Gastão da Cunha, Miguel, 279-81, 328-31, 333-4, 336, 346-7, 354, 357, 362-3, 396, 400, 404, 408, 452, 462, 471

Gavarni, Paul, 231

Gazeta de Notícias, 121, 149, 274, 283, 299, 304, 330, 336, 346, 391, 449

Gazeta Fluminense, 375

Genebra, 243

Gênova, 324

geografia, 33, 39, 43-4, 55, 117, 131-2, 160, 168-9, 212, 237-8, 298-9, 305, 314, 332, 396, 476, 478

"Geração de 1870", intelectuais da, 64, 88, 131, 136

Gibraltar, 324

Girardot, Charles Edmond, 178, 197, 234

Glasgow, 99

Glasson, Ernest D., 127

Globo, O (jornal), 70, 304-5

Globo, restaurante (Rio de Janeiro), 339

Glória, freguesia da (Rio de Janeiro), 31

Goeldi, Emílio, 217, 234-5, 237-9, 502n

Góis e Vasconcelos, Zacarias de, 55-6, 100

Gomes, Carlos, 284

Gonzalez, Salvador, 290, 392, 433, 472

Goodyear, Charles, 309

Gorceix, Claude-Henri, 124, 129

Gorostiaga, Manuel, 352

Goulart, João, 489

Gouveia, Hilário de, 53, 200, 204, 226, 229-30, 239, 245, 288, 317-8, 433, 461, 463

Gouveia, José Tomás Nabuco de, 463-4

Grã-Bretanha ver Inglaterra

Graça, Heráclito, 296, 370, 433

Graça Aranha, José Pereira da, 227, 229, 239, 292, 294, 303, 358, 363, 370-1, 397, 398, 410, 418, 471, 506-7n

Graffina, Gustavo, 239-1

Graham, Maria, 32

Grande de Curituba, rio, 173

Grande Encyclopédie, La (org. Levasseur), 124, 126-30, 133, 149, 212, 220, 325

"Grande Esquadra Branca" (Estados Unidos), 417

Grande ilusão, A (Angell), 462

544

Grécia, 104, 418, 461
Greenwich, meridiano de, 440
Gresham, Walter Quintin, 190-2
Griscom, Lloyd, 390
Groenlândia, 186
Gros, Jules, 211
Gross, Jacó, 107
Grosvenor Gardens (Londres), 103
Guachalla, Fernando, 276, 323-6
Guam, 207
Guanabara, baía de, 31, 122, 145, 282, 285, 360, 448
Guantánamo, base de, 207
Guarani, O (ópera de Carlos Gomes), 284
Guarda Nacional (Rio de Janeiro), 77
Guatemala, 131
Guédy, Louis, 290
Guerra Anglo-Americana (1812), 207
Guerra Cisplatina (1825-28), 40, 73
Guerra civil do Paraguai (1911), 461
Guerra civil do Uruguai (1904), 352
Guerra civil dos Estados Unidos (1861-65), 61, 63, 348-9
Guerra da Tríplice Aliança contra o governo da República do Paraguai, A (Schneider), 74, 112, 122, 152
Guerra do Pacífico (1879-83), 312, 343, 399, 419, 445, 456
Guerra do Paraguai (Guerra da Tríplice Aliança, 1864-70), 28, 47, 50-1, 61, 63, 71-3, 77, 88, 104, 144, 150, 152, 272, 348-9; ver também Paraguai
Guerra Franco-Prussiana (1870-1), 169
Guerra Russo-Japonesa (1904-5), 400
Guiana Francesa, 128, 202, 209-10, 213, 219, 241, 353, 372, 464, 485
Guiana Holandesa, 210, 241, 372
Guiana Inglesa, 207, 210, 215, 221, 226-7, 238, 251, 258, 264, 288, 353-4, 372, 397
Guilherme II, imperador alemão, 248, 381
Guillobel, José Cândido, 164, 169, 178-9, 188, 501n
Gusmão, Alexandre de, 185

Gusmão Lobo, Francisco Leopoldino de, 24, 67-8, 71-2, 79, 81, 92-3, 100, 106, 109, 114-7, 120, 125, 137, 140, 145, 147, 150, 157-8, 237, 245, 250, 288, 301, 395

Haia, 321, 388, 396-7, 409-13, 415-8, 445, 447, 449, 462, 479, 481, 483, 486
Haiti, 32, 461
Halley, cometa, 448
Hamburgo, 91, 151
Hamoir, Amédée Léon, 432-3
Hanotaux, Gabriel, 217-8, 502n
Harrison, Benjamin, 171
Harrisse, Henry, 55
Hasmann (marinheiro), 381-2
Hasslocher, Germano, 263, 404, 434
Hauser, Walter, 219, 240
Havre, 142
Hébert, Hélène (neta de Juca Paranhos, o Barão), 251
Hébert, Henry, 201
Heinsfeld, Adelar, 379, 506n
Herança, A (Almeida), 424
Hevea brasiliensis (seringueira), 309
Hex, Ferdinand (pseudônimo de Juca Paranhos, o Barão), 157-8
hidroterapia, 216
Hino Nacional, 241, 251, 282-5
Histoire de la Guerre du Pacifique (Barros Arana), 112-3
História da Guerra do Paraguai (projeto de Rio Branco), 112
História da missão especial em Washington (Olímpio), 371
História do grande chanceler (Antunes), 12
História militar e diplomática do Brasil (projeto de Rio Branco), 50, 74, 117
História militar e diplomática no rio da Prata de 1680 a 1828 (projeto de Rio Branco), 113, 122
História naval dos conflitos no Prata (projeto de Rio Branco), 117, 122
HMS Dreadnought (navio britânico), 400, 448
Hobsbawm, Eric, 206
Holanda, 142, 206, 208, 214, 230, 396, 411, 417

Holanda, Sérgio Buarque de, 376
Homem de Melo, barão, 112-3, 148-9, 152-3
Honduras, 461
Horta, Bernardo, 333
Hospital de Santa Isabel (Rio de Janeiro), 30
Hotel Arlington (Washington), 190, 200

identidade nacional brasileira, 11, 39
Igreja e Estado, separação entre, 64-5, 135-6, 378-9
Iguaçu, rio, 173
Illustration Française, L' (revista), 51, 56
Ilusão americana, A (Prado), 184, 365
Imperatriz (navio), 40
imperialismo, 211, 253, 313, 317, 333, 350-1, 366-7, 377, 419, 425, 480, 482
Império Alemão, 249, 381, 463
Império Britânico, 209, 227, 386
Império Chinês, 479
Império do Brasil, 15, 22-5, 28, 30-5, 38-9, 41, 43-4, 47, 51, 53, 61-4, 66-7, 73, 78, 82, 85, 88, 91, 103, 109, 112-4, 116, 119, 124, 141, 144, 151, 170, 172, 194, 233, 274, 287, 289, 293, 296, 314, 340, 348-9, 352, 356, 367, 372, 376-7, 393, 395, 408, 416, 423, 480, 483, 505n; *ver também* Pedro I, d.; Pedro II, d.; Primeiro Reinado; Segundo Reinado
Império Espanhol, 186
Império Romano, 418
imprensa, 24, 26, 47-8, 51-2, 66, 68-72, 75, 87, 93, 100, 104-5, 115, 124, 128, 143, 148, 159, 161, 170, 176-7, 179, 184, 190, 194, 197, 205, 209, 213, 217, 220, 241-2, 251, 253, 262-4, 271-2, 274-5, 278, 280, 292, 298, 301-5, 320, 325-6, 328, 332, 334-5, 339-41, 346, 348, 352, 354, 360, 368-70, 375, 381, 382-4, 386, 391, 395, 399, 401, 403, 406, 408-9, 411, 415, 418, 421-2, 425-7, 439-40, 445-6, 448-9, 451-2, 459, 466-7, 470, 472, 481, 489; *ver também* jornalismo
Imprensa, A (jornal), 304, 316
Incident Piza-Rio Branco, L' (Piza e Almeida), 466
indenizações aos antigos senhores de escravos, 137, 140-2

Independência ou morte (tela de Pedro Américo), 356
índios, 22, 266, 310, 315
Indochina, 350
indústria automobilística, 309
Inglaterra, 90, 100, 103-5, 107-9, 128, 142, 169-70, 178, 206-9, 211, 214-5, 217-8, 227, 229-30, 234, 236, 308, 313, 336, 354, 365, 367, 383, 386, 411-2, 428, 446, 448-50, 461, 478, 482, 486, 502n; *ver também* Império Britânico
Inoã, barão de, 83
Institut de France, 126, 210
Instituto Científico (grêmio estudantil), 43
Instituto Geográfico Argentino, 177
Instituto Histórico e Geográfico Brasileiro (IHGB), 39, 43-4, 55-6, 101, 112, 150, 223, 420-1, 426, 443
Instituto Rio Branco, 404, 489
Instrucción (Marquês de Valdelírios), 187, 197
Intervenção estrangeira durante a revolta de 1893, A (Nabuco), 184
Iquitos, 342, 345, 422
Irlanda, 105
Isabel de Bourbon, infanta espanhola, 453
Isabel, princesa, 66, 67, 92, 105-6, 119-20, 124, 126, 137, 205
Itaboraí, visconde de, 56, 60
Itajaí, 380-1
Itajubá, barão de *ver* Araújo e Abreu, Marco Antônio de
Itália, 107-8, 170, 206, 227, 251, 258, 353-4, 365, 367, 404, 411, 461
Itambi, barão de, 83
Itapuca, pedra de (Niterói), 122
Ivins, William, 180-1

Jaceguai, barão de *ver* Mota, Artur Silveira da
jacobinos, 203, 205, 270, 286, 360, 438
Jaguarão, rio, 399, 442-4, 451
Jangada, rio, 172
Japão, 206, 322, 324, 350, 404, 411, 414, 486
"Japoc", rio (ou "Vicente Pinzón"), 210-1, 213, 219, 232-5, 243; *ver também* Oiapoque, rio

546

Javari, rio, 314-6, 331, 341, 362, 408, 440
Jeltsch, Saurma, conde, 380
João do Rio *ver* Barreto, Paulo Emílio Coelho
João VI, d., 210, 393, 423
Jornal do Brasil, 71, 92, 156-9, 168, 194, 223, 274, 280, 451
Jornal do Comércio, 27, 70, 77, 106-7, 114-5, 121, 123, 153, 157, 184, 192, 194-5, 199, 220, 223, 241, 262, 264, 268, 270-2, 274, 280, 282, 288, 298-9, 302-3, 330, 332, 346, 354, 380, 384, 390-1, 397, 400, 405, 409, 451, 466
jornalismo, 26, 51, 72, 75, 86, 179, 195, 293, 303; *ver também* imprensa
José Maria da Silva Paranhos, barão do Rio Branco: Uma biografia fotográfica (Ricupero), 14
Juruá, rio, 316, 321, 341-2, 344-7, 361, 422, 441

K. Lixto (cartunista), 267, 279-80
Kent (pseudônimo de Juca Paranhos, o Barão), 274-8, 303, 330-1
Knickerbocker Press (New Rochelle), 188
Knox, Philander, 445-6
Kratké, Charles-Louis, 115, 232
Krieg der Triple Allianz gegen die Regierung der Republik Paraguay, Der ver Guerra da Tríplice Aliança contra o governo da República do Paraguai, A (Schneider)
Kubitschek, Juscelino, 489
Kufstein, conde de, 230
Kurfürstendamm (Berlim), 247

La Paz, 252, 274, 298, 311-4, 320, 323, 327, 329, 336, 341, 362, 440
La Plaza, Victorino de, 426, 428
Lacombe, Américo Jacobina, 500n
Ladário, barão de *ver* Azevedo, José da Costa
"Ladrem..." (Bittencourt), 272
Laet, Carlos de, 149, 460
Lafer, Celso, 509n
Laffitte, Pierre, 447
Lagos, Manuel Ferreira, 43-4
Lalaing, conde de, 230
Lamenha Lins, Bento José, 328, 330
Landis, Kenesaw, 191

Lantara, Simon Mathurin, 232
Lardy, Charles, 217
Larva, A (revista), 264-5
látex brasileiro *ver* borracha, produção e exportação de
latifundiários, 26, 35
Leão XIII, papa, 121, 378
Legeaux, Arthur, 187
Legislativo, poder, 273, 287-8
Lei Áurea (1888), 124, 137, 139, 141, 393; *ver também* Abolição da escravatura
Lei do Ventre Livre (Lei Rio Branco, 1871), 24, 28, 42, 63, 65, 67, 69, 80, 84, 117, 137, 139, 393
Lei dos Sexagenários (1885), 139
Lei Eusébio de Queirós (1850), 139
Leite, Eduardo, 431
Leite, Eufrásia Teixeira, 83
Lemos, Miguel, 298-9, 301
Leopoldo II, rei da Bélgica, 313, 319
Leroy-Beaulieu, Paul, 157, 223
Levasseur, Émile, 123-4, 126-8, 130, 133, 145, 149, 175, 187, 192-3, 198, 212-3, 220, 242, 500-1n
liberais, 26-7, 33, 53, 55, 59-60, 63, 65, 69-70, 85, 88-100, 106-7, 114, 118, 124, 134-5, 144, 302, 390; *ver também* Partido Liberal
liberalismo, 91, 138, 205, 377
Lima (Peru), 288, 321, 344, 358, 362, 371, 374, 435, 456
Lima e Silva, Luís Alves de (marquês e depois duque de Caxias), 51, 56, 58, 82, 85-6, 89, 91-3, 107, 112, 144, 289, 431
Lima e Silva, Maria Bernardina de, 82, 90, 94, 431
Limerick, 99
"Limites: fronteiras, costas e ilhas, Os" (Levasseur), 212
limões de cheiro, proibição de, 57; *ver também* Carnaval
Lindemann, Rodolfo, 129
línguas indígenas, 126
"Linha Cunha Gomes" (na Questão do Acre), 316, 319, 323, 326, 332, 336, 341, 440
linha de Tordesilhas, 186

547

"linha paralela", tese da (na Questão do Acre), 316, 319, 321-2

Lins, Álvaro, 12-3, 42, 44, 60, 472, 488, 493n, 496-7n, 502n, 506n, 508n

Lisboa, Joaquim Marques (barão de Tamandaré), 47, 51-2

Lisboa, Miguel Maria, 372

Lisboa, 40, 90, 92, 147, 151, 155, 185, 220, 244-5, 296, 313, 324, 344, 423

literatura brasileira, 70

Liverpool, 90, 93-4, 99, 101-2, 105, 107, 109-12, 114, 116, 118-9, 122-3, 133-4, 142, 146, 151, 156, 162, 168, 179, 195-6, 199, 201-2, 216-7, 221, 244, 258, 288-9, 291, 476-7, 497n

Liverpool Daily Post (jornal), 105

Lobato, Francisco de Paula de Saião, 63

Loberant, Ricardo, 304-5

Lobo, Hélio, 394, 488, 500n

Loja Maçônica do Rio de Janeiro, 24; *ver também* maçonaria

Lombroso, Cesare, 418

Lombroso-Ferrero, Gina, 418

Londres, 99-102, 104-9, 116, 122, 132, 141-2, 148, 152, 157, 165, 178, 199, 204, 209, 214, 217, 223, 229, 234, 237-8, 242, 247, 297, 312, 322, 348, 355, 358-9, 362, 365, 382, 410, 485, 499n

Lorena, Frederico Guilherme de, 163

Luxemburgo, 101, 226, 411

Luzia-Homem (Olímpio), 370

Lyra, Antônio Alves Pereira de, 328

Lyra, Heitor, 247

Lyra Filho, João, 12, 505n

MacDowell, Samuel Wallace, 129

Macedo, Joaquim Manuel de, 39, 44, 55

Machado, Irineu, 334

maçonaria, 24, 26, 66

Madeira, rio, 274, 315, 326, 341, 451

Madre de Dios, rio, 440

Madri, 172, 175, 185-7, 197, 207, 234, 324

Magalhães, Domingos Gonçalves de, 92

Magalhães, Olinto de, 164, 178-9, 188, 223-7, 236, 240, 245, 289, 293, 298, 313, 316-7, 319, 325, 330, 362, 409, 467

Magé, 285

Maias, Os (Eça de Queirós), 121

Maiorista, O (jornal), 70

Maison Koch Frères (Paris), 308

malária, 30

Malho, O (revista), 266, 279, 304, 320

Malvinas, ilhas, 215

Mamoré, rio, 274, 314-6, 326-7, 451

Manaus, 295, 308-9, 311, 314, 345, 347

Manchester, 99

Mangabeira, Otávio, 391

"Manifesto republicano" (Brasil, 1870), 64, 88, 154, 171, 349

"Mapa da Linha Verde", 315, 331-2

Mapa das Cortes (1749), 164, 172, 174-6, 185, 186-7, 500-1n

mapa do Brasil, 123

Mapoteca do Itamaraty, 12, 17, 37, 332, 391-2

Maria I, d., 423

Maria da Glória, princesa, 32

Maria Patrícia "Você me Mata" (quitandeira), 61

Marinha, 26-7, 29, 31, 33, 38, 52, 63, 144, 163, 166-7, 184, 193, 209, 266, 286, 330, 344-5, 360, 362, 369, 382-3, 400, 402, 422-3, 425, 428-9, 448-9, 458-60, 484, 507n

Marinho, Saldanha, 66

Marmota Fluminense, A (jornal), 30

Marquês de Olinda (navio), 47

Martí, José, 365

Martim Vaz, ilha de, 209

Martins, Enéas, 329-30, 334, 343, 362, 372, 408

Mato Grosso, 22-3, 25, 28, 47-8, 56-7, 60, 67, 80, 204, 263, 301, 319-20, 327, 330, 335, 422-3, 442, 444

"Matruco" (criminoso), 463

Mattos, Ilmar Rohloff de, 34

Mauá, barão de, 85

Maurício, ilhas, 99

Mauriti, Joaquim Antônio, 73

Maury, Paul, 124

Mayfair (Londres), 103, 105

Medeiros e Albuquerque, José Joaquim, 395, 471

Meissonier, Jean-Louis, 232

Melbourne, 99

Melo, Custódio de, 73, 159, 166, 167, 184

Melo, Francisco A. Cabral de, 107

Mello Neto, Ladislau de Souza, 129

Mémoire sur la question des limites entre les États--Unis du Brésil et la Guyane Britannique (Rio Branco), 227

Memórias (Oliveira Lima), 82

Memórias da Segunda Guerra Mundial (Churchill), 475

Mena Barreto, José de Abreu (barão de Cerro Largo), 43-4, 48

Mendonça, Bernardo de, 330

Mendonça, Renato de, 497n

Mendonça, Salvador de, 64, 72, 118, 146, 170-1, 179-80, 184, 190, 192-3, 205-6, 220, 288, 296-7, 348-9, 396, 416

Menezes, Artur Stockler Pinto de, 146

Menezes, Rodrigo Otávio de Langgaard, 291, 394, 505n

Menezes, Sotero de, 469, 472

Mequetrefe, O (jornal), 70

Mercosul (Mercado Comum do Sul), 488, 508n

Mesquita, Roberto de, 241

"Mestre do patriotismo, por quê?" (Bittencourt), 261

México, 32, 207, 350, 365, 388-90, 396, 409, 411, 420, 461

Milão, 124

Milford, 99

Minas Gerais, 33, 79, 248, 287, 309, 328, 424, 437-8, 449

Minas Gerais (encouraçado), 448-9, 452, 457, 459

Minha formação (Nabuco), 82, 365

Ministério da Agricultura, 114-5, 156, 395

Ministério da Agricultura, Comércio e Obras Públicas, 63

Ministério da Fazenda, 27, 61, 149-50, 166, 168, 263, 330, 392, 429, 434, 437

Ministério da Guerra, 63, 74, 102, 112-3, 116, 118, 149-50, 152, 163, 167, 366, 395, 402, 438, 450, 470-1

Ministério da Indústria, Viação e Obras Públicas, 323

Ministério da Instrução Pública, Correios e Telégrafos, 152

Ministério da Justiça, 63, 114, 395

Ministério da Justiça e Negócios Interiores, 371

Ministério da Marinha, 27, 33, 38, 163, 166-7, 345, 369, 400, 422, 428, 458-9

Ministério das Relações Exteriores, 14, 78, 101, 116, 147-8, 151, 164-6, 171, 177, 181-2, 192, 197, 221, 223-4, 241, 253-4, 258, 261-2, 264, 269, 278, 280-1, 283, 285-6, 292, 296-7, 301-2, 328, 348, 357, 368, 378, 391, 395-6, 399-400, 404-5, 421, 431, 434, 465, 472, 487, 489, 497n, 505n; *ver também* Palácio Itamaraty

Ministério de Viação e Obras Públicas, 469

Ministério dos Negócios Estrangeiros, 27-9, 33, 44, 49, 56-7, 60-3, 85, 91, 109, 116, 124, 147, 217, 248, 252, 255, 289, 300, 392

Miranda, Aurora, 393

Miranda, Joaquim Teixeira de, 101

Mirim, lagoa, 399, 442-4, 451

Mitre, Bartolomé, 400, 425

Moderador, poder, 88, 135

modus vivendi (instrumento de acordo), 321-3, 347, 361-2, 406, 441

Mommsen, Theodor, 40

monarquia, 30, 32, 34, 39, 54, 64, 72, 87, 88, 104, 119-20, 124-8, 130-1, 133, 135-8, 140, 142, 145-6, 149, 151-6, 158-9, 170, 185, 194, 204, 207, 229-30, 266, 269, 277, 286, 289, 296, 302, 333, 339, 348-9, 352, 395, 421, 476-7, 488

monarquistas, 145-7, 150, 152-4, 161, 168, 194, 203-5, 227, 254, 265, 274, 286, 332, 360, 421, 423, 487

Moniz Aragão, José Joaquim de Lima, 431, 471

Moniz Bandeira, Luiz Alberto, 506n, 508-9n

"Monólogo de um solitário" (Figueira), 451-2

Monroe, James, 206

monroísmo, 207, 382, 385-6, 388, 390, 395

Monserrate, Camilo de, frei, 39

Monte Carlo, cassinos de, 55, 108

Monteiro, Cândido Borges (visconde de Itaúna), 497n

Monteiro, Tobias, 223, 397

Montevidéu, 27, 33, 38, 47-8, 73, 423, 442, 494n

Montgelas, conde de, 230

Montholon, Charles Jean Tristan de (conde de Montholon-Sémonville), 230

Moore, John Bassett, 180, 188, 190, 322, 371, 506n

Morais, Prudente de, 193-4, 202-5, 217, 297, 313

Moreaux, François-René, 30

Morel, Charles, 149

Moreninha, A (Macedo), 39

Morize, Henri, 129

Morning Post (jornal britânico), 382

morro da Favela (Canudos), 340

"Morte e os funerais de d. Pedro II, A" (Rio Branco), 158

Mosquito, O (jornal), 70, 93

Mossé, Benjamin, 126-7, 129-30, 137, 139, 141-2, 198, 499n

Mota, Artur Silveira da (barão de Jaceguai), 105, 204, 263-4, 282, 334, 369, 417

Müller, Eduard, 235-6, 238, 240

Müller, Juvenal, 334

Müller, Lauro, 323, 487, 508n

Müller, Otfried, 40

Murtinho, Joaquim, 263, 330, 335, 393

Museu, 234, 238

Museu Britânico (Londres), 234

Museu de Arte de São Paulo, 296

Museu de História Natural (Berna), 235

Museu do Ipiranga (São Paulo), 79, 296

Museu Histórico e Diplomático do Itamaraty, 12, 17

Museu Paraense (Belém), 217, 502n

Nabuco, Carolina, 497n, 500n

Nabuco, Joaquim, 77, 82-3, 103-7, 114, 117, 121, 130, 135, 137, 140, 143, 145, 148, 150, 153-4, 157-9, 161, 163, 165, 168, 184, 195-6, 200, 204-5, 224, 226-7, 229, 236, 238-9, 245, 247, 251, 253, 254-6, 258, 263-4, 280-1, 285-6, 288, 324, 326, 349, 353-5, 358-9, 363-5, 367-9, 374, 381-3, 385-7, 393-8, 409-11, 417-9, 425, 429, 433, 445-6, 449-50, 454-5, 461, 486, 490, 496n, 499-500n

Nação, A (jornal), 24, 69-72, 74, 81, 86, 100, 136, 177, 179, 301-2, 333, 346, 495n

Nación, La (jornal argentino), 320, 368, 381, 400, 425

Napo, rio, 343

Napoleão, Aluízio, 12

Nava, Pedro, 294

Nebraska, 450

Nemo (pseudônimo de Juca Paranhos, o Barão), 75, 81, 86, 299-300, 459

Néri, Constantino, 296

Néri, Raimundo, 295

Néri, Silvério, 295-6, 311, 317

Neues Palais (Friedrichskron), 248

Neuville, Alphonse-Marie de, 231-2

Nevada, 207

Neves, Eduardo das, 449

Neves, João Batista das, 457

New Rochelle, 188

Newport, 99

Nicarágua, 461

Nicolau II, tsar da Rússia, 409

Nilo, rio, 227

Nioac, conde de, 108, 127, 129, 147

Nioac, condessa de, 204

Niterói, 122, 374

Nobel da paz, prêmio, 415, 471

Nobel de literatura, prêmio, 447, 475

nobreza, extinção dos foros de (1891), 153

Noite, A (jornal), 470-1

Nordeste brasileiro, 33, 64

Noronha, Júlio César de, 345, 369, 398-9

Norton, James, 123

Noruega, 419, 461, 471

Nossa Senhora do Amparo, 81

Notícia, A (jornal), 269-70, 275, 304, 334, 346, 384, 391, 395

Nouvelle Géographie universelle (Reclus), 131-2, 168, 212, 237

Nova Friburgo, 56-7

Nova York, 79, 117-8, 151, 164, 168, 170, 176-7, 179, 183-4, 200, 312, 322, 348, 386, 404

Novo México, 207

Novo Mundo (revista), 79

Novo Tempo, O (jornal), 26, 70

"O que fizemos como ministro do Exterior" (Serzedelo Correia), 165

Offenbach, Jacques, 54, 495n

Oiapoque, rio, 128, 210-5, 222, 234-5, 238, 240-2, 244

oligarquias, 83, 436-7, 438, 466, 470, 480

Olímpio, Domingos, 164, 178-9, 188-92, 219-20, 333, 370-1

Oliveira, Cardoso de, 241

Oliveira, João Alfredo Correia de, 59, 61, 63, 65, 67, 124, 133, 140

Oliveira, Luiz Rodrigues d', 129

Oliveira Lima, Manuel de, 40, 62, 82-3, 103, 146, 157, 206, 237, 240, 263, 280-1, 288, 294, 297, 322, 324-6, 354-5, 358, 365, 367-9, 371-2, 385-6, 388, 392, 395-6, 408, 439, 462, 466-7, 490

Oliveira Martins, Joaquim Pedro de, 40, 121, 157

Olney, Richard, 207

Ombou, M. (pseudônimo de Juca Paranhos, o Barão), 157

Operação Pan-Americana, 488-9

Ordem da Rosa (Império brasileiro), 101, 112, 114

Ordem Imperial de Santo Estanislau (Rússia), 116

Organização das Nações Unidas, 404

Oriente Médio, 104

Ortigão, Ramalho, 121-2

Osório, marechal, 73

Otávio, Rodrigo ver Menezes, Rodrigo Otávio de Langgaard

Ourém, visconde de ver Areias, José Carlos de Almeida

Ouro Preto, 122, 124

Ouro Preto, visconde de, 133, 145, 149, 152

Oyapok et l'Amazone, L' (Silva), 211, 226, 232

Pacheco, Félix, 384, 405

Pacheco, Joaquim Insley, 129

Pacífico, oceano, 206, 312, 343, 353, 399, 419, 427, 456

Paço Imperial (Rio de Janeiro), 31, 57, 79

Pactos de Mayo (Argentina-Chile, 1902), 346, 398-9, 419

Paes de Carvalho, José, 218, 502n

Pahn, Frederico, 371

"Pai João" (criminoso), 463

Pais de Barros, Antônio (Totó Pais), 335

País, O (jornal), 190, 194, 219, 270-2, 274, 277-8, 299, 346, 391, 436, 445, 448-9, 466, 472

Paissandu (Uruguai), 47

Palácio da Ajuda (Lisboa), 234

Palácio de Buckingham (Londres), 103

Palácio de São Cristóvão (Rio de Janeiro), 31-3

Palácio do Catete (Rio de Janeiro), 78, 283, 330, 360, 362, 375, 398

Palácio do Itamaraty (Rio de Janeiro), 330

Palácio Itamaraty (Brasília), 12, 17

Palácio Itamaraty (Rio de Janeiro), 12, 77-8, 290, 296, 306, 330, 338-9, 356-7, 391, 418, 433-5, 447, 472

Palácio Monroe (Rio de Janeiro), 37, 393, 418, 434, 436

Palácio Rio Negro (Petrópolis), 375

Palmas, Questão de (Brasil-Argentina), 15, 102, 113, 151, 163, 167-8, 170, 196, 201, 219, 221-2, 226, 234, 247, 253, 273, 280, 286-7, 289, 291, 322, 333-4, 336, 355, 370-2, 399, 420-1, 427, 446, 477-8

Panamá, 351, 367, 386, 411, 461

pan-americanismo, 386

Pando, José Manuel, 276, 313, 315, 320-1

Panther (canhoneira), 380-4, 405, 506n

Pão de Açúcar (Rio de Janeiro), 122

Paquetá, ilha de (Rio de Janeiro), 145

Pará, 210-2, 217-8, 234, 236-8, 242, 272, 285, 308-9, 311, 313, 316, 328

Paraguai, 28, 57-60, 62-3, 73, 107, 166, 186, 312, 353, 388-9, 397, 400, 408, 423, 426, 454, 461, 464, 480, 487; ver também Guerra do Paraguai (Guerra da Tríplice Aliança, 1864-70)

Paraná, 182, 184, 328, 446

Paraná, visconde/marquês do ver Carneiro Leão, Honório Hermeto

Paranhos, Agostinho (avô paterno de Juca Paranhos), 25-6; ver também Barreiros, Josefa Emerenciana (avó paterna de Juca Paranhos)

Paranhos, Alfredo da Silva (irmão de Juca Paranhos, o Barão), 26, 84, 110, 113-4, 125, 156

Paranhos, Amélia Agostinha da Silva (irmã de Juca Paranhos, o Barão), 26, 33, 38, 84, 107, 110, 125, 156

Paranhos, Antônio da Silva (capitão-mor, tio paterno Juca Paranhos, o Barão), 25-6, 38, 50, 56

Paranhos, Augusta Amélia da Silva (irmã de Juca Paranhos, o Barão), 26, 37, 84, 109-10

Paranhos, família, 23, 25-6, 32, 35, 38, 40, 56, 65, 82, 84, 86, 89, 91, 107, 110-1, 125, 134, 256, 285, 476

Paranhos, Gastão (sobrinho de Juca Paranhos, o Barão), 431

Paranhos, João (tio-avô paterno de Juca Paranhos), 25-6

Paranhos, João Horácio da Silva (irmão de Juca Paranhos, o Barão), 26, 37, 84, 107, 110, 113, 125, 156, 237, 250, 431

Paranhos, José Maria da Silva (visconde do Rio Branco, pai de Juca Paranhos, o Barão), 21-2, 24-6, 28, 33, 37-8, 44, 48, 60-9, 77, 80-2, 84-5, 92, 100, 102-3, 107-8, 112, 116, 118, 123, 129, 137, 164, 171, 179, 206, 237, 241, 249, 288, 289, 464, 476-7, 481

Paranhos, Luísa da Silva (irmã de Juca Paranhos, o Barão), 26, 84, 107, 109-10

Paranhos, Maria Honorina da Silva (irmã de Juca Paranhos, o Barão), 26, 110

Paranhos, Maria Luísa da Silva (irmã de Juca Paranhos, o Barão), 26, 33, 37-8, 84, 110, 118, 125, 497n

Paranhos, Marie Philomène (esposa de Juca Paranhos, o Barão), 21-5, 80-6, 90-1, 93-5, 102, 105, 108, 115-6, 132, 133, 156, 162, 178, 199-200, 211, 216, 221, 291, 466, 493n, 496n

Paranhos, Pedro Maria da Silva (irmão de Juca Paranhos, o Barão), 26, 84, 110

Paranhos, Teresa de Figueiredo Rodrigues de Faria da Silva (viscondessa do Rio Branco, mãe de Juca Paranhos, o Barão), 26, 33, 37, 76-7, 80-1, 84, 107-10, 113-5, 125, 156, 162, 237

Paris, 21, 25, 51, 54-5, 80, 93, 101-2, 105, 108-10, 112-4, 116, 119-23, 126, 128, 142-3, 145, 147, 150-1, 155-7, 162, 164, 168, 175, 178, 183-4, 187, 192, 199-201, 204, 210-1, 213, 216-9, 223, 226-7, 229-30, 232, 234, 239, 241-2, 244, 246-8, 250-1, 258, 261, 290, 295-6, 300, 308, 406, 425, 432, 464, 466, 477

Parlagreco, Benjamin, 356

Parlamento, 57, 59, 61, 63, 65, 80, 154, 262, 287, 328, 362, 437, 452

Partido Blanco (Uruguai), 47, 444

Partido Colorado (Uruguai), 47, 445

Partido Conservador, 23-4, 27, 33, 48-9, 56, 59-60, 63-7, 70, 82, 86, 137, 215; ver também conservadores

Partido Democrata Cristão (PDC), 489

Partido Liberal, 26-7, 33, 47, 55, 60, 64, 69, 134, 215, 277; ver também liberais

Partido Republicano, 64-5, 463-4

Partido Social Democrático (PSD), 489

Partido Trabalhista Brasileiro (PTB), 489

patrimonialismo, 103, 203

patrimônio do Barão do Rio Branco, 107, 202-3, 497-8n

patriotismo, 37, 50, 72, 128, 155, 181, 195-6, 261, 268-70, 275-6, 283, 448, 476-7

Patrocínio, José do, 370

Paula Bittencourt, Manuel Francisco de, 44, 79, 81

Paula Souza, Antônio Francisco de, 165-6, 169

Paz e Concórdia (tela de Pedro Américo), 296, 356, 393

Peçanha, Nilo, 438-9, 444, 457

Pecegueiro do Amaral, Gregório Taumaturgo, 291, 302, 305, 330, 354, 372, 392

Pecegueiro do Amaral, Henrique ("Pecegueirinho"), 372

Pecegueiro do Amaral, Raimundo Nonato, 291, 307, 372

Pedro I, d., 34, 393; ver também Primeiro Reinado

Pedro II, d., 22, 30-1, 36, 39, 44, 61, 63, 84, 88, 91-2, 104-5, 119, 124-30, 134, 138-9, 142-4, 147, 152, 155, 157-8, 170, 177, 205, 237, 286, 421, 499n; ver também Segundo Reinado

Pedro Augusto, príncipe (neto de d. Pedro II), 143

Peixoto, Artur Vieira, 166

Peixoto, Floriano, 58, 66, 73, 152, 159, 161, 163-7, 169, 178, 181, 184, 189, 193-4, 199-200, 203, 225, 268, 302

Peixoto Filho, Carlos, 471

Pena, Afonso, 114-6, 395, 397-8, 400, 402, 414, 428-9, 434, 437-8, 443, 468

Pena, Carlos María de, 442-3

Penedo, barão de *ver* Carvalho Moreira, Francisco Inácio de

Penha, visconde da, 204

Penn, J. (pseudônimo de Juca Paranhos, o Barão), 390

Pepiri, rio, 172-6, 184-7, 197

Pequena biografia do barão do Rio-Branco (Dias), 12

Pereira, Antônio Batista, 417, 432, 438

Pereira, Luís Barroso, 40

Pereira da Silva, João Manuel, 43, 224

Pereira Passos, Francisco, 323, 339, 391

Pereira Pinto, João Carlos da Fonseca, 202

Perfil de um estadista da República: Ensaio biográfico do barão do Rio Branco (Villaça), 12

Pernambuco, 50, 52, 59, 67, 106, 125, 156, 309, 328, 334, 396, 438, 446, 470

Peru, 73, 113, 252, 266, 269, 292, 296, 301, 312, 315, 321, 324, 329, 336, 340-8, 352-4, 356-8, 361, 363, 369, 371, 373-4, 376, 386-8, 390, 396-7, 399, 401, 406, 408, 419, 422-3, 439-42, 444, 446, 452-3, 456, 461, 478, 506n

Peru versus Bolívia (Cunha), 408

peste negra, 30

Petrópolis, 138, 254-5, 285, 290, 292-4, 306, 346, 356, 359, 361, 373-5, 380, 392, 405-6, 421, 433, 463; *ver também* Tratado de Petrópolis (Brasil-Bolíva, 1903)

Pfeil, Aloisio Conrado, 234, 236

Pharoux, cais (Rio de Janeiro), 283, 472

Piabanha, rio, 290

Piauí, 84

Pichon, Stephen, 219

Pinheiro, Fernandes, 129

Pinheiro Machado, José Gomes, 263, 396, 437-9, 442, 451, 463-4, 468, 478

Pinho, Araújo, 469

Pinilla, Claudio, 276, 323, 326

Pinto de Campos, monsenhor, 50-1, 59

Pio X, papa, 378

Pirara, Questão do (Inglaterra-Itália, 1904), 170, 374

Pitanga, Antônio Ferreira de Sousa, 420

Piza e Almeida, Gabriel de Toledo, 146, 202, 212-3, 215-9, 223, 244, 464-7

Plast Hotel (Postdamer Platz), 247

Platzer, Johann Georg, 115, 232

Plymouth, 99

política brasileira, 28, 34, 66, 122, 130, 133, 138, 155, 199, 203, 254, 464, 466, 486

"política dos governadores", 203, 287, 334

política externa, 11, 71, 207, 249, 283, 285-6, 288, 301, 305, 348-9, 364, 375, 394-5, 421, 430, 439, 465, 467, 476, 486-9

Política Externa Independente, 488-9

Pompeia, Raul, 121

Ponte Ribeiro, Duarte da, barão, 172, 233, 315, 331-2, 341

Porto (Portugal), 25, 91

Porto Alegre, 237

Porto Rico, 207, 386

Porto Velho, 341

Porto-Alegre, Manuel de Araújo (barão de Santo Ângelo), 90, 92

Portugal, 25, 40, 53, 107, 121, 172, 174, 185-6, 206, 210, 217, 231, 234, 411-2, 423, 424, 461

positivismo, 150, 299-300, 447, 466

Postdamer Platz (Berlim), 247

Potemkin (encouraçado russo), 458

Potsdam, 248

Prado, Antônio da Silva, 124, 140, 156

Prado, Eduardo, 120-4, 129, 143, 150, 155-6, 162-3, 184, 201, 204-6, 224, 226, 229, 250, 254, 265, 285, 288, 365, 369, 417

Prado, Paulo, 250

Prado, Veridiana, 250

Prata, rio da, 27, 38, 40, 50, 62, 71-3, 77, 112-3, 122,

186, 207, 323, 352, 356, 376, 399, 401, 407, 423-4, 430, 442-3, 480, 482-3

Prensa, La (jornal argentino), 399, 425

presidência da República, 37, 78, 434, 437

Primeira Guerra Mundial, 249, 462, 479

Primeiro Reinado, 34, 87, 349

Proclamação da República (1889), 144-5, 156, 293, 309, 359-60, 378, 393, 459, 464

Protos, automóveis, 431

Providência, morro da (Rio de Janeiro), 340

Puerto Alonso, 309, 311, 314, 316-7, 319, 333

Puga Borge, chanceler, 430

Punshon, William Oliver, 101, 133

Purus, rio, 294, 306, 316, 341-2, 344-8, 408, 422, 441

Quadros, Jânio, 489

Quai d'Orsay (França), 357

Queirós, Eça de, 121-2, 150, 239

Quental, Antero de, 122

Questão Christie (Brasil-Inglaterra, 1862-65), 100

Questão do Acre, A (Olímpio), 371

Questão Militar (Brasil, 1884-87), 118, 120

Questão Religiosa (Brasil, década de 1870), 69, 72, 85, 136

Quintana, Manuel, 398, 484

Quito, 353, 357

Raízes do Brasil (Holanda), 376

Ramírez, Gonzalo, 444

Ramiz Galvão, Benjamin Franklin de, barão, 126-7, 237

Ramos, Hermano da Silva, 44-5

Rangum, 99

Rebouças, André, 129

Recife, 41, 50-1, 59, 470

Reclus, Jean Jacques Élisée, 131-2, 168, 212-3, 237, 242-3

Recordações do escrivão Isaías Caminha (Lima Barreto), 304

Reforma Rio Branco (1905), 372

Reforma, A (jornal), 69-71, 100

Regências, 34, 87

Regenerador, O (jornal), 70

Regulamento Rio Branco (1906), 358

Reino Unido, 99, 102, 209, 215; *ver também* Inglaterra

Reis, Paulo Rodovalho Marcondes dos, 44

relações internacionais, 12, 14, 71, 169, 286, 287, 378, 389, 409, 462, 479, 485

República (cruzador), 457

República Democrática do Congo, 319

"República do Acre", 311-2, 317, 320

"República do Cunani", 211

República Dominicana, 461

"república dos conselheiros", 206, 289, 395

República Velha, 16, 66, 309, 438

República, A (jornal), 69-72

republicanismo, 118

"repúblicas" de estudantes, 44, 50

Repúblico, O (jornal), 70

Ressurreição (Machado de Assis), 83

restauração portuguesa (1640), 393

restaurantes do Rio de Janeiro, 339

Review of Reviews (revista britânica), 415

Revista Americana, 123, 394, 447

Revista da Semana, 474

Revista de Derecho, Historia y Letras (periódico argentino), 399, 426, 447

Revista de Portugal, 150, 285

Revista do Instituto Histórico e Geográfico Brasileiro, 43

Revista Ilustrada, 70

Revista Popular, 40

Revolta da Armada (Rio de Janeiro, 1893-94), 159, 193, 200, 286, 344, 349, 458

Revolta da Chibata (Rio de Janeiro, 1910), 457, 459

Revolta da Vacina (Rio de Janeiro, 1904), 278, 359, 393

revoltas liberais (década de 1840), 34

Revolução Federalista (1893-95), 182, 184, 317, 344

Revue Coloniale (revista francesa), 211

Revue du Monde Latin (periódico parisiense), 121

Rezende, Severiano de, 370

Riachuelo (encouraçado), 151

"Rian" (pseudônimo) *ver* Tefé, Nair de
Ribeiro, Evelina Torres Soares, 83
Ribeiro, João, 326
Richelieu, duque de, 185
Richthofen, barão de *ver* Von Richthofen, Oswald
Ricupero, Rubens, 14, 508n
Riedel, Augusto, 129
Rio Branco (biografia) (Lins), 12
Rio Branco, baronesa do (esposa de Juca Paranhos, o Barão) *ver* Paranhos, Marie Philomène
Rio Branco, Hortênsia da Silva Paranhos do (filha de Juca Paranhos, o Barão), 94, 116, 230, 232, 239, 241, 244, 247, 251, 255, 282, 373-5, 418, 432-3
Rio Branco, Maria Amélia da Silva Paranhos do (filha de Juca Paranhos, o Barão), 94, 105, 230, 231, 239, 241, 247, 249-51, 432-3, 463-4
Rio Branco, Maria Clotilde da Silva Paranhos do (filha de Juca Paranhos, o Barão), 81, 85-6, 93-4, 162, 201, 203, 221, 230, 245, 432
Rio Branco, Paulo da Silva Paranhos do (filho de Juca Paranhos, o Barão), 93-4, 162, 201, 221, 241, 256, 261, 462
Rio Branco, Raul da Silva Paranhos do (filho de Juca Paranhos, o Barão), 37, 49, 54, 80-1, 86, 94, 105, 113, 137, 162, 165, 191, 201, 202-3, 205, 216, 221-2, 225-6, 230-2, 236, 239-40, 246-8, 251, 256, 289, 374-5, 433, 462, 494-6n, 505n
Rio Branco, visconde do (pai de Juca Paranhos, o Barão) *ver* Paranhos, José Maria da Silva
Rio Branco, viscondessa do (mãe de Juca Paranhos, o Barão) *ver* Paranhos, Teresa de Figueiredo Rodrigues de Faria da Silva
Rio Branco: 100 anos de memória (obra coletiva), 14
Rio Branco: A América do Sul e a modernização do Brasil (obra coletiva), 14
Rio Branco: Defesa de seus atos (Abranches), 453
Rio Branco: O Brasil no mundo (Ricupero), 14
Rio de Janeiro, província / estado do, 27, 33, 56, 285

Rio Grande do Sul, 26, 79, 173, 182, 184, 251, 262, 271, 309, 325, 444, 446, 451, 456
Rio Grande do Sul (navio), 460
Rio Minho, restaurante (Rio de Janeiro), 339
Rio-Branco (Amado), 12
Rio-Branco (Carvalho), 12
Rio-Branco (Fleiuss), 12
Ripert-Monclar, marquês de, 230
Riviére Vincent Pinzón: Étude sur la cartographie de la Guyane, La (De la Blache), 233
Roca, Julio, 352, 406, 425, 426
Rocha, Manuel Jorge de Oliveira ("Rochinha"), 270, 275, 303-4
Rocha Pombo, José Francisco da, 261, 268, 273, 276-7
Rodó, José Enrique, 365
Rodrigues, José Carlos, 44, 79, 117, 157, 192, 220, 229, 239, 241, 251, 258, 271, 280, 282, 285, 288, 384, 405, 410, 433, 436, 476
Rodrigues Alves, Francisco de Paula, 253-8, 264, 266-7, 270, 272, 278, 282-3, 294, 296-7, 323, 326, 328, 330, 335, 348, 359, 361-3, 379, 392-3, 395, 409, 428, 477-8
Rodrigues Alves, José de Paula, 294
Rojas, Rosendo, 317
Roma, 121, 146, 159, 258, 362, 378, 410
Romanisches Haus I (Berlim), 247, 290
Romênia, 412
Romero, Lino, 319
Rondônia, 341
Roosevelt, Theodore, 207, 364, 366, 368, 386, 413, 429, 445
Root, Elihu, 382, 385-6, 394, 405, 413, 429, 445
Roraima, 210, 212, 242
Rosa e Silva, Francisco de Assis, 294, 372, 470
Rosas, Juan Manuel de, 27, 136, 155, 393
Rossel, Virgile, 231, 236
Rothschild, família, 100, 223, 297, 322
Rothschild, Lionel Nathan de, 100, 103
Royal Geographical Society (Londres), 132, 242
Rue de Rennes (Paris), 115, 162
rúgbi, 201, 216
Rússia, 114-5, 290, 400, 409, 411, 458, 461
"Russo Mão Certa" (criminoso), 463

Sacramento, freguesia do (Rio de Janeiro), 31

Sáenz Peña, Roque, 444, 456-7

Saint John, Sir, 230

Saint-James, corte de (Reino Unido), 100, 104, 232

Saint-Quentin, Alfred de, 211

Salamonde, Eduardo, 270-1

Saldanha da Gama, almirante, 73, 193

Salisbury, terceiro marquês de ver Gascoyne-Cecil, Robert

Salvador (Bahia), 469-72

San Carlos, fortaleza de (Venezuela), 383

Santa Ana, freguesia de (Rio de Janeiro), 31

Santa Casa de Misericórdia (Manaus), 295

Santa Catarina, 84, 151, 174, 182, 184-6, 290, 328, 380-1, 424, 446, 456

Santa Cruz de la Sierra, 312

Santa Helena, ilha de, 99

Santa Luzia, batalha de (MG, 1842), 34

Santa Rita, freguesia de (Rio de Janeiro), 31

Santa Sé, 377-9; ver também Vaticano

Santa Vitória, barão de, 204

Santana Néri, Frederico José de, barão de, 121, 128-9, 143, 156, 204, 250, 288, 295-6, 499n

Santiago do Chile, 146, 329, 342-3, 419, 427, 445-6, 456

Santo Ângelo, barão de ver Porto-Alegre, Manuel de Araújo

Santo Antônio, rio, 173, 176

Santos, Affonso, 502n

Santos, porto de (SP), 40, 141

Santos, Soares de, 334

São José, freguesia de (Rio de Janeiro), 31

São Paulo (encouraçado), 449, 457, 459, 469

São Paulo, cidade de, 40-2, 44, 46, 48-50, 67, 79, 117, 140, 157, 204, 296, 406, 447

São Paulo, província/estado de, 33, 40, 46, 111, 148, 162, 168, 184, 193, 202, 236, 309, 424, 438, 451, 456

São Petersburgo, 102, 114-6, 290, 395-6

São Vicente, visconde de ver Bueno, José Antônio Pimenta

saquaremas, 33-4, 56, 59, 63-5, 82-3, 87-9, 131, 135-9, 144, 154, 197, 204, 207, 254, 285-6, 352, 366,

416, 476-7, 479, 481, 483, 487; ver também Tempo Saquarema

sarampo, 30

Sarandi, batalha de (Uruguai, 1825), 73

saraus, 76-8

Satélite (navio), 460

Scenna, Miguel Angel, 509n

Schimper, Wilhelm, 157

Schmidt, Augusto Frederico, 489

Schneider, Louis, 74, 102, 112, 114, 116-7, 152, 160

Schweizer, Paul, 238

Seabra, José Joaquim, 297, 371, 409, 469-70

Secretaria de Estado (Rio de Janeiro), 249, 293, 295, 306, 356-8, 372

Século, O (jornal), 194

Séguier, Jaime Amorim de, 157

Segunda Guerra Mundial, 99, 475

Segundo Reinado, 16, 28, 66, 70, 79, 87, 125, 254, 285, 389, 401, 477, 480, 487; ver também Pedro II, d.

Segundo Rio-Branco, O (Aluízio Napoleão), 12

Sena Madureira, coronel, 118

Senado, 22-3, 28, 33, 37-8, 48-9, 59, 61, 65-7, 87, 199, 220, 239, 263, 273, 279, 286-7, 296, 302, 325, 328, 335-6, 338, 368, 429, 435, 452-3, 469-70

senzalas, 30, 63

Seoane, Buenaventura (pai de Guillermo Alejandro), 347

Seoane, Buenaventura Guillermo (filho de Guillermo Alejandro), 347, 371, 374

Seoane, Guillermo Alejandro, 347, 361, 371

Sepetiba, visconde de ver Coutinho, Aureliano

Sergipe, 333-4

Serra, Lindolfo, 334

Sertões, Os (Cunha), 294, 370

Serzedelo Correia, Inocêncio, 165-6, 168, 246, 287, 316

Sete Povos das Missões, 186

Sevigné, Madame de, 48

Seybold, Christian Friedrich, 126-7

sífilis, 462

Silogeu Brasileiro (Rio de Janeiro), 371

Silva, Joaquim Caetano da, 211, 226, 232-3

Silva, José Bernardino, 84, 118, 497n

Silva, Moreira da, 333
Silva, Teodoro Machado Pereira da, 63
Silva Telles, João da, 25
Simbschen, barão de, 247
Sinhá, d. (esposa de Gusmão Lobo), 79
Smith, Frederick Edwin (primeiro conde de Birkenhead), 103
Smith, Joseph, 451
Smith, Mrs., 200
Soares, Duarte Gustavo Nogueira, 231
sociedade brasileira, 21-2, 24-6, 30, 32, 34-5, 340
Sociedade de Geografia do Rio de Janeiro, 196, 243, 316
Sociedade Nacional de Agricultura, 424
Société de Géographie de Paris, 242
Sodré, Lauro, 217, 219-20, 336, 361
Sodré, Nelson Werneck, 70
Solano López, Francisco, 47, 57, 74, 393
Solimões (navio), 311
sopa Leão Veloso, 404
South American Journal and Brazil and River Plate Mail (jornal britânico), 391
South John Street (Liverpool), 99
Southampton, 99
Souza, Paulino de, 141
Souza, Paulino José Soares de (visconde do Uruguai), 172, 211, 289
Souza Bastos, Antônio Felinto de, 328
Souza Corrêa, João Artur de, 133, 165, 168, 178, 199, 205, 209, 214-7, 221, 225-7, 229, 232, 237-8, 354
Souza e Silva, Luís Bartolomeu de, 304
Souza Lage, João de, 270
Spektor, Matias, 12
Stade Français (equipe de rúgbi), 201
Stead, William Thomas, 415
Steinoff, Fritz, 380-3
Stern (amante de Santana Néri), 295
Stevens, Marie Philomène (amante de Juca Paranhos, o Barão) *ver* Paranhos, Marie Philomène (esposa de Juca Paranhos, o Barão)
Stoll, Otto, 238
Suárez, Francisco, 234
Sudão, 227

Suécia, 142, 461
Suíça, 170, 219, 222, 224, 230, 237-40, 242, 245, 313, 365, 375, 404, 411, 502n
Superintendência Geral do Serviço de Emigração para o Brasil na Europa (Paris), 101, 162, 178
Suriname, 210, 372
Swansea, 99
Sydney, 99
Syndicat de la Banque Africaine, 319

Tacna, 343, 419, 440
Taft, William, 445
Tagarela, O (revista), 267, 273, 280, 320, 338
Tahuamanu, rio, 440
Tamandaré (navio), 380
Tamandaré, barão de *ver* Lisboa, Joaquim Marques
Tamanduateí, rio, 46
Tânagra, 231
Taunay, Alfredo Maria Adriano d'Escragnolle, visconde de, 145, 148, 205, 230, 250, 288, 326
Teatro Amazonas (Manaus), 308, 310
Teatro da Exposição Nacional (Rio de Janeiro), 424
Teatro da Paz (Belém), 308
Teatro Municipal (Rio de Janeiro), 467
Tefé, Álvaro de, 464
Tefé, barão de *ver* Von Hoonholtz, Antônio Luís
Tefé, Nair de ("Rian"), 464
Teixeira Mendes, Raimundo, 332, 466
Tejedor, Carlos, 177-8
Telegrama nº 9, caso do (Brasil-Argentina), 427, 431, 508n
Tempo Saquarema, 34, 65, 87, 104, 206-7; *ver também* saquaremas
Temps, Le (jornal francês), 242
Terceiro Reinado, perspectivas do, 67, 119-20, 125, 134, 138, 477
Terra Nova, ilha de, 99
Tesoro de la juventud, El (enciclopédia argentina), 399
Tesouro Nacional, 151-2, 333

Texas, 207
Théâtre du Palais-Royal (Paris), 54
Tietê, rio, 46
tifo, 30
Tijuca, floresta da (Rio de Janeiro), 31
Timbira (cruzador), 457
Tobar, Carlos Rodolfo, 343, 505n
Tobias, dr., 271-2
Tocantins (engenheiro), 241
Tocantins, Leandro, 314, 505n
Tocantins, visconde de, 82
Todos os Santos, baía de (Salvador), 469
Tóquio, 288, 322, 325
Toromonas, rio, 439-40
Torres Homem, Francisco Sales, 61, 100
Tratado Bocaiúva-Zeballos (Brasil-Argentina, 1890), 194, 273, 334
Tratado da Tríplice Aliança (1865), 60, 62, 393; *ver também* Guerra do Paraguai (Guerra da Tríplice Aliança, 1864-70)
Tratado de Amiens (1802), 210-1, 219
Tratado de Amizade, Limites, Navegação, Comércio e Extradição (Tratado de Ayacucho, Brasil-Bolívia, 1867), 311, 314, 322
Tratado de Badajoz (1801), 210
Tratado de Limites (Brasil-Argentina, 1857), 164
Tratado de Limites (Brasil-Peru, 1909-10), 452
Tratado de Limites (Brasil-Uruguai, 1851), 47
Tratado de Limites e Navegação (Brasil-Colômbia, 1907), 408
Tratado de Madri (Espanha-Portugal, 1750), 172-4
Tratado de Petrópolis (Brasil-Bolívia, 1903), 262, 264, 267, 271, 279-80, 302, 305, 308, 328-30, 333-6, 338, 340-2, 344, 348, 353, 357, 361, 369, 396, 403-4, 409, 440, 446, 451-3, 506n
Tratado de Santo Ildefonso (Espanha-Portugal, 1777), 172-3, 176, 318, 341, 362
Tratado de Tordesilhas (Espanha-Portugal, 1494), 185, 189
Tratado de Utrecht (1713), 210-1, 213, 219, 222, 232-5, 241
Tratado de Viena (1725), 219

Tratado Preliminar de Paz (Brasil-Paraguai, 1870), 60
Tratado Rio Branco-Velarde (Brasil-Peru, 1909), 441
Travassos, Silvestre, 360
Tribuna Liberal (jornal), 149
Tribuna, A (jornal), 274, 298-9, 301-2, 338, 346
Tribunal Arbitral Peruano, 404
Tribunal da Relação (Salvador), 469
Tribunal de Haia *ver* Corte Permanente de Arbitragem
Trindade, ilha da, 209, 214-5, 217, 221
Trinidad, 99
Trouessart, Édouard Louis, 124
Trovão, Lopes, 436
Tsushima, Batalha de (Japão, 1905), 400
tuberculose, 30, 107, 109, 125, 156, 237, 254, 432
Tumucumaque, cordilheira do, 241-2, 372
tupi, língua, 77-8, 127
Turquia, 142, 409, 412

Uhl, Edwin, 190
Universidade Columbia, 180
Universidade de Genebra, 243
Universidade de Roma, 121
Universidade de Zurique, 238
Universidade Federal do Rio de Janeiro, 48
Uruguai, 38, 43, 47-8, 51, 57, 187, 352-3, 386, 388-9, 397, 399-400, 423, 426, 442-4, 446, 451-2, 461, 464, 478, 480
Uruguai, rio, 47, 173-4, 176, 442, 444
Uruguai, visconde do *ver* Souza, Paulino José Soares de
Uruguai-Pitã, rio, 174, 187, 501n
USS North Carolina (navio), 449
Utah, 207
uti possidetis, critério do, 172-3

Valdelírios, marquês de, 187
Vale do Paraíba, 33
Varela, Alfredo, 334, 361
varíola, 30, 254-5, 340, 359, 374
Varnhagen, Francisco Adolfo de, 43, 326
Vaticano, 121, 247, 378-9; *ver também* Santa Sé

Veiga, Francisco Luís da, 23, 44, 55-6, 79, 122, 287-8, 398, 433

Velarde, Hernán, 344, 346, 441

Velho Senado, O (Machado de Assis), 48

Veloso Filho, Pedro Leão (Gil Vidal), 261, 277, 304, 346, 395, 403, 439

Veloso Neto, Pedro Leão, 404

Venezuela, 207, 234, 353, 358, 365-6, 368, 372, 383, 385, 389, 461, 469

Verboeckhoven, Charles-Louis, 232

Veríssimo, José, 133, 136, 206, 224, 294, 321, 397, 467

Verne, Júlio, 75

Viagem de sua excelência Paul Doumer ao Brasil (filme de Ferrez), 418

Viagens de Paul Doumer pelo Brasil em diversas estradas de ferro (filme de Ferrez), 418

Viana, Aurélio, 469, 472

Viana Filho, Luís, 13, 43-4, 65, 108, 119, 130, 437, 493n, 496-7n, 499-500n, 502n, 506n

Vianna, Antônio Ferreira, 69

Vida de Galileu, A (Brecht), 194

Vida do barão do Rio Branco, A (Viana Filho), 13

Vida Fluminense, A (jornal), 69-70, 74-5, 79, 81, 86, 136, 193, 299

Vidal, Gil (pseudônimo) *ver* Veloso Filho, Pedro Leão

Vie parisienne, La (opereta de Offenbach), 54, 495n

"Vieni sul mar" (canção), 449

Villa Trautheim (Berna), 230-2, 240, 290

Villaça, Antônio Carlos, 12

Vinte e Cinco de Março (jornal), 51-2, 59

Vinte mil léguas submarinas (Verne), 75

Visita do general Roca (tela de Parlagreco), 356

Vítor Emanuel III, rei da Itália, 227, 354

Vitória, rainha da Inglaterra, 99, 103-4, 125

Vitorino, Manuel, 219, 313, 333

Voltaire, 264, 334

Von Berg, Karl Wolfgang, barão, 247

Von Berg, Therese, baronesa, 247, 249, 251, 282, 285, 290, 363, 373-4

Von Bülow, Alfred Victor, 230, 248

Von Bülow, Bernhard, 248, 252

Von Hohenlohe-Oehringen, Pauline, princesa (duquesa d'Ujest), 247

Von Hoonholtz, Antônio Luís (barão de Tefé), 129, 315-6

Von Ranke, Leopold, 40

Von Richthofen, Oswald (barão de Richthofen), 248, 252-3

Von Treutler, Karl Georg von, 380, 384

Von Werther, Gustav, barão, 249, 463

Von Werther, Marguerite Marie (neta de Juca Paranhos, o Barão), 251

Wandenkolk, Eduardo, 73

Wanderley, João Maurício (barão de Cotegipe), 85-6, 91-3, 118, 124

Washington, DC, 102, 106, 146, 163, 170-1, 176-80, 183-4, 187-8, 190, 192-3, 199-202, 207, 213, 219-20, 223, 225, 234, 237, 241, 244, 246, 253, 269, 286, 289, 298, 300, 317-8, 322-4, 326, 346, 348-9, 351, 355, 357-9, 364-7, 370, 376, 381-3, 386-8, 390, 405, 410-3, 416-7, 419-20, 427, 429, 445-6, 450, 455, 485-7, 490, 499n, 505n, 508n

Waterloo, Batalha de (Bélgica, 1815), 230

Watteau, Louis-Joseph, 232

Wellesty, Annie-Louis, 295-6

Whitridge, Frederick Wallingford, 313, 322

Williman, Claudio, 442, 444

X (pseudônimo de Juca Paranhos, o Barão), 43

Xapuri, 317

Xavier, Bráulio, 469-70

Zaborowski, Sigismond, 124

Zé Bolas e o famoso Telegrama nº 9 (filme de Eduardo Leite), 431

Zeballos, Estanislao Severo, 171-2, 177-9, 183-4, 189-92, 194, 222, 273, 334, 352, 399-401, 406, 419, 425-7, 443, 447, 454, 456, 484, 490, 508-9n

Ziem, Félix-François Philibert, 232

Zurique, 238

1ª EDIÇÃO [2018] 1 reimpressão

ESTA OBRA FOI COMPOSTA EM DANTE PELO ESTÚDIO O.L.M. / FLAVIO PERALTA
E IMPRESSA EM OFSETE PELA GEOGRÁFICA SOBRE PAPEL PÓLEN SOFT
DA SUZANO S.A. PARA A EDITORA SCHWARCZ EM JULHO DE 2021

A marca FSC® é a garantia de que a madeira utilizada na fabricação do papel deste livro provém de florestas que foram gerenciadas de maneira ambientalmente correta, socialmente justa e economicamente viável, além de outras fontes de origem controlada.